Tenth Edition

經濟學原理

Principles of ECONOMICS

N. GREGORY MANKIW

王銘正　譯著

Cengage

Australia • Brazil • Canada • Mexico • Singapore • United Kingdom • United States

經濟學原理 / N. Gregory Mankiw 原著；王銘正譯著.
-- 七版. -- 臺北市：新加坡商聖智學習亞洲私人有限公司臺灣分公司, 2023.07
　　面；公分
譯自：Principles of Economics, 10th ed.
ISBN 978-626-96852-6-4 (平裝)

　1. CST: 經濟學

550   112005255

經濟學原理

© 2024年，新加坡商聖智學習亞洲私人有限公司台灣分公司著作權所有。本書所有內容，未經本公司事前書面授權，不得以任何方式（包括儲存於資料庫或任何存取系統內）作全部或局部之翻印、仿製或轉載。

© 2024 Cengage Learning Asia Pte. Ltd.
Original: Principles of Economics, 10e
　　By N. Gregory Mankiw
　　ISBN: 9780357722718
　　©2024 Cengage Learning
　　All rights reserved.

　　1 2 3 4 5 6 7 8 9 2 0 2 3

出 版 商　新加坡商聖智學習亞洲私人有限公司台灣分公司
　　　　　104415 臺北市中山區中山北路二段 129 號 3 樓之 1
　　　　　http://www.cengageasia.com
　　　　　電話：(02) 2581-6588　傳真：(02) 2581-9118
原　　著　N. Gregory Mankiw
譯　　著　王銘正
執行編輯　吳曉芳
印務管理　吳東霖
總 經 銷　臺灣東華書局股份有限公司
　　　　　地址：100004 臺北市中正區重慶南路一段 147 號 3 樓
　　　　　http://www.tunghua.com.tw
　　　　　郵撥：00064813
　　　　　電話：(02) 2311-4027
　　　　　傳真：(02) 2311-6615
出版日期　西元 2023 年 7 月　七版一刷

ISBN 978-626-96852-6-4

(23SRM0)

譯著者序

在日常生活中，不管是看電視、閱讀報章雜誌、上網購物、去買泡麵，或去加油，經濟現象隨處可見。因此，有人說：「經濟就是生活」，也因此，選擇一本好的經濟學入門教材是相當重要的。本書原著已翻譯成二十幾種語言，且超過百萬讀者閱讀，是一本相當值得推薦的經濟學入門教科書。

本書原著最大的特色是作者「說故事」的寫書風格。個人使用 Mankiw 教授的書教學已超過十年，對他說故事的能力大為折服。例如，他以魯賓遜捕魚為例，說明一國產出的決定因素；又例如，他以一個騙子宣稱發明一種可以只用小麥為投入就可以生產出紡織品的技術，來說明自由貿易可以提升一國人民的生活水準，而這個騙子是一個經濟學家。他這樣的寫書風格讓不少讀者覺得經濟學是一門有趣又有用的學問，也因此，他的書在許多國家都很受歡迎，就不令人意外了。

在維持有趣易懂的寫作風格基礎上，本書原著第十版除了數據資料已根據最新年份更新外，也新增以下與 Covid-19 疫情相關的內容：

- 嚴重疫情對商品供需、勞動供需與總合供需的影響。
- Covid-19 疫情中的臺灣口罩市場。
- 臺灣的股價指數：2020 - 2022。
- 2020 的 Covid 衰退。
- 風險評估的錯誤 (不理性的 Covid 恐懼)。
- 為何美國透過《晶片法案》的生產補貼措施，而不是進口關稅，希能增加美國的半導體產量，以降低對台積電與三星等半導體廠的過度依賴。

另外，本版次也增加了「共乘市場的供需彈性」、「最低工資每小時是否應是 15 美元」、「美國實質利率的下降：1984 - 2020」與「有 Y 染色體的投資危險」…等內容。希望以上這些新增內容可以讓讀者理解當前的經濟與金融情勢的變化。

本書在譯著期間，承蒙中央大學經濟系李芸臻、吳佳穎與陳思穎等同學的諸多協助，在此致上最誠摯的謝意。也感謝出版公司給予個人絕對的譯著空間。

王銘正
於中央大學研究室

簡明目錄

譯著者序　i

Part I 簡介

Chapter 1　經濟學十大原理　1
Chapter 2　經濟學家如何思考　19
Chapter 3　相互依存與交易利得　35

Part II 市場如何運作

Chapter 4　供給與需求的市場力量　53
Chapter 5　彈性與其應用　79
Chapter 6　供給、需求與政府政策　103

Part III 市場與福利

Chapter 7　消費者、生產者與市場效率　125
Chapter 8　應用：課稅的成本　145
Chapter 9　應用：國際貿易　159

Part IV 公共部門經濟學

Chapter 10　外部性　181
Chapter 11　公共財與公有資源　205
Chapter 12　稅制的設計　221

Part V 廠商行為與產業組織

Chapter 13　生產成本　235
Chapter 14　完全競爭市場的廠商　255
Chapter 15　獨占　277
Chapter 16　獨占性競爭　305
Chapter 17　寡占　319

Part VI 勞動市場經濟學

Chapter 18　生產要素市場　339
Chapter 19　薪資與歧視　361
Chapter 20　所得不均與貧窮　377

Part VII 進階篇

Chapter 21　消費者選擇理論　391
Chapter 22　個體經濟學的新領域　419

Part VIII 總體經濟學資料

Chapter 23　一國國民所得的衡量　439
Chapter 24　生活成本的衡量　465

Part IX 長期的實質經濟

Chapter 25　生產與經濟成長　483
Chapter 26　儲蓄、投資與金融體系　501
Chapter 27　財務的基本分析工具　523
Chapter 28　失業　541

Part X 長期的貨幣與物價

Chapter 29　貨幣體系　563
Chapter 30　貨幣供給成長與物價膨脹　587

Part XI 開放體系的總體經濟學

Chapter 31　開放體系的總體經濟學：基本概念　609
Chapter 32　開放體系的總體經濟理論　631

Part XII 短期經濟波動

Chapter 33　總合需求與總合供給　653
Chapter 34　貨幣與財政政策對總合需求的影響　691
Chapter 35　物價膨脹與失業之間的短期取捨　715

Part XIII 終曲

Chapter 36　總體經濟政策的六項爭議　743

索引　762

目　錄

譯著者序　i

Part I　簡介

Chapter 1
經濟學十大原理　1

1-1 人們如何做決策　2
1-2 人們如何互動　9
增廣見聞：亞當・斯密與那隻看不見的手　10
個案研究：亞當・斯密會愛上 UBER（優步）　11
1-3 整體經濟如何運作　13
1-4 結論　16

Chapter 2
經濟學家如何思考　19

2-1 經濟學家也是科學家　20
2-2 為何經濟學家意見不一　28
如是我聞：為何科技公司會僱用經濟學家　29
2-3 經濟學之旅即將展開　31

Chapter 3
相互依存與交易利得　35

3-1 現代經濟寓言　36
3-2 比較利益：專業化生產的驅動力　40
增廣見聞：亞當・斯密和大衛・李嘉圖的遺贈　45
3-3 比較利益的應用　45

如是我聞：婚姻中的經濟學　46
3-4 結論　48

Part II　市場如何運作

Chapter 4
供給與需求的市場力量　53

4-1 市場與競爭　54
4-2 需求　55
個案研究：兩個降低吸菸需求量的方法　60
4-3 供給　62
4-4 結合供給與需求　66
如是我聞：天災後物價上漲　73
4-5 結論：如何透過價格配置資源　74

Chapter 5
彈性與其應用　79

5-1 需求彈性　80
增廣見聞：現實生活中的一些彈性　83
5-2 供給彈性　89
5-3 供給、需求與彈性的三個應用　93
如是我聞：共乘市場的供需彈性　98
5-4 結論　99

Chapter 6
供給、需求與政府政策　103

6-1 價格管制的驚人效果　104
個案研究：加油站前大排長龍　106

iii

個案研究：房租管制的長短期效果　107

個案研究：Covid-19 疫情中的臺灣口罩市場　108

個案研究：最低工資的爭議　111

個案研究：「一例一休」新制的影響　113

6-2 令人訝異的稅負歸屬　114

如是我聞：最低工資每小時是否應是 15 美元？　116

個案研究：國會是否可以分配薪資稅的負擔比例？　119

6-3 結論　122

Part III　市場與福利

Chapter 7
消費者、生產者與市場效率　125

7-1 消費者剩餘　126

7-2 生產者剩餘　131

7-3 市場效率　135

個案研究：應不應該有器官市場？　138

如是我聞：「黃牛」如何幫助稀少性資源的配置　140

7-4 結論：市場效率與市場失靈　141

Chapter 8
應用：課稅的成本　145

8-1 課稅的無謂損失　146

8-2 無謂損失的決定因素　151

個案研究：無謂損失的爭辯　152

8-3 稅額變動對無謂損失與稅收金額的影響　153

個案研究：拉弗曲線和供給面經濟學　154

8-4 結論　156

Chapter 9
應用：國際貿易　159

9-1 貿易的決定因素　160

9-2 自由貿易下的贏家與輸家　162

增廣見聞：進口限額：限制貿易的另一種方法　167

如是我聞：貿易作為經濟發展的策略　170

9-3 限制貿易的論點　171

個案研究：貿易協定、ECFA 與世界貿易組織　173

9-4 進口關稅 vs. 生產補貼　174

9-5 結論　175

Part IV　公共部門經濟學

Chapter 10
外部性　181

10-1 外部性與市場無效率　183

個案研究：技術外溢、產業政策及專利權的保護　186

10-2 解決外部性問題的公共政策　187

個案研究：為什麼汽油會被課這麼重的稅？　190

如是我聞：氣候變遷下的應有作為　192

個案研究：氣候變遷與碳稅　194
10-3 外部性的私人解決方法　196
如是我聞：活躍的寇斯定理　199
10-4 結論　200

Chapter 11
公共財與公有資源　205

11-1 不同的物品種類　206
11-2 公共財　208
個案研究：燈塔是否是公共財？　210
個案研究：生命無價？　211
11-3 公有資源　212
個案研究：為何牛沒有絕種？　215
如是我聞：社群媒體如同一種公有資源　216
11-4 結論：財產權的重要性　217

Chapter 12
稅制的設計　221

12-1 稅與效率　222
個案研究：該對所得還是對消費課稅？　223
12-2 稅與公平　226
個案研究：誰付企業所得稅？　229
如是我聞：加值稅　231
12-3 結論：公平與效率的取捨　230

Part V　廠商行為與產業組織

Chapter 13
生產成本　235

13-1 成本是什麼？　236
13-2 生產與成本　239
13-3 不同種類的成本衡量　242
13-4 短期成本與長期成本　248
增廣見聞：來自製針廠的啟示　250
13-5 結論　251

Chapter 14
完全競爭市場的廠商　255

14-1 什麼是完全競爭市場？　256
14-2 利潤極大化與完全競爭廠商的供給曲線　258
個案研究：生意冷清的餐廳與冬季的海水浴場　264
14-3 完全競爭市場的供給曲線　268
14-4 結論：供給曲線的背後　273

Chapter 15
獨占　277

15-1 為何會有獨占？　278
15-2 獨占廠商如何做生產與訂價決策　281
個案研究：專利藥與俗名藥　288
15-3 獨占的社會福利成本　289
15-4 差別取價　291
15-5 針對獨占的公共政策　295
15-6 結論：獨占的普遍程度　298

Chapter 16
獨占性競爭　305

16-1 獨占與完全競爭之間的市場結構　306
16-2 產品異質下的競爭　308
16-3 廣告　313
個案研究：廣告如何影響價格　314
16-4 結論　315

Chapter 17
寡占　319

17-1 只有少數幾家廠商的市場　320
17-2 合作經濟學　325
個案研究：石油輸出國家組織與全球石油市場　328
個案研究：「囚犯困境」賽局競賽　329
17-3 針對寡占的公共政策　330
個案研究：微軟案　333
17-4 結論　334

Part VI　勞動市場經濟學

Chapter 18
生產要素市場　339

18-1 勞動需求　340
增廣見聞：要素需求與產出供給：一體的兩面！　346
18-2 勞動供給　347
18-3 勞動市場均衡　348
個案研究：移民爭議　351
個案研究：生產力與工資　353

18-4 其他生產要素：土地與資本　354
增廣見聞：何謂資本所得？　355
個案研究：黑死病經濟學　357
18-5 結論　357

Chapter 19
薪資與歧視　361

19-1 均衡工資的一些決定因素　362
個案研究：與日俱增的技能價值　363
個案研究：美貌的好處　365
如是我聞：Covid 疫情的餘波　367
19-2 歧視經濟學　369
個案研究：Emily 比 Lakisha 容易找到工作嗎？　370
個案研究：對球員的歧視　372
19-3 結論　374

Chapter 20
所得不均與貧窮　377

20-1 所得不均度的衡量　378
20-2 減少貧窮的政策　384
20-3 結論　388

Part VII　進階篇

Chapter 21
消費者選擇理論　391

21-1 預算限制：消費者買得起的組合　392
21-2 偏好：反映消費者的嗜好　395
21-3 消費者如何做選擇　400

增廣見聞：效用：描述偏好與最適選擇的另一種方式　402
21-4 兩個應用　407
個案研究：所得效果對勞動供給的影響：歷史趨勢、彩券得主及卡內基臆測　410
21-5 結論：人們真的這樣想嗎？　414

Chapter 22
個體經濟學的新領域　419

22-1 資訊不對稱　420
個案研究：用禮物發送訊號　423
22-2 政治經濟　425
22-3 行為經濟學　430
如是我聞：風險評估的錯誤　435
22-4 結論　434

Part VIII 總體經濟學資料

Chapter 23
一國國民所得的衡量　439

23-1 一國的所得與支出　440
23-2 國內生產毛額的衡量　442
增廣見聞：其他的所得衡量指標　445
23-3 GDP 的組成項目　446
個案研究：美國與臺灣的 GDP 組成項目　448
23-4 實質 GDP 與名目 GDP　450
個案研究：過去半世紀的實質 GDP　453
23-5 GDP 是否是衡量經濟福祉的良好指標？　455

個案研究：國際間 GDP 與生活品質的差異　456
如是我聞：性交易、毒品與 GDP　458
23-6 結論　457
附錄：加權連鎖實質 GDP　462

Chapter 24
生活成本的衡量　465

24-1 消費者物價指數　466
24-2 修正物價膨脹對經濟變數的影響　471
增廣見聞：消費者物價指數替《亂世佳人》出了一口氣　473
個案研究：美國的利率水準　475
個案研究：臺灣的實質薪資：1980-2022　476
24-3 結論　480

Part IX 長期的實質經濟

Chapter 25
生產與經濟成長　483

25-1 世界各國的經濟成長　484
25-2 生產力：它的角色與決定因素　486
增廣見聞：生產函數　489
25-3 經濟成長與公共政策　489
個案研究：為什麼非洲窮人何其多？　497
25-4 結論：長期成長的重要性　498

CHAPTER 26

儲蓄、投資與金融體系　501

26-1 美國的金融機構　502

26-2 國民所得會計帳中的儲蓄與投資　508

26-3 可貸資金市場　510

個案研究：美國實質利率的下降：1984－2020　516

增廣見聞：金融危機　519

26-4 結論　519

CHAPTER 27

財務的基本分析工具　523

27-1 現值：衡量金錢的時間價值　524

增廣見聞：複利的魔法與 70 法則　526

27-2 風險管理　527

27-3 資產評價　532

增廣見聞：股市參與者不可不知的數字　533

個案研究：隨機漫步與指數型基金　534

如是我聞：有 Y 染色體的投資危險　535

27-4 結論　538

Chapter 28

失業　541

28-1 失業的認定　542

個案研究：美國男性與女性的勞動力參與率　546

28-2 工作搜尋　549

28-3 最低工資法　551

28-4 工會與集體談判　554

增廣見聞：結構性失業的成因　556

28-5 效率工資理論　556

個案研究：亨利·福特和非常慷慨的 5 美元日薪　558

28-6 結論　559

Part X　長期的貨幣與物價

Chapter 29

貨幣體系　563

29-1 貨幣的意義　564

增廣見聞：加密虛擬貨幣：一時的流行還是未來　566

增廣見聞：信用卡、簽帳卡與貨幣　568

個案研究：我國的通貨都跑去哪裡了？　569

29-2 美國聯邦準備體系　570

29-3 銀行與貨幣供給　572

29-4 Fed 控制貨幣的工具　578

個案研究：銀行擠兌與貨幣供給　581

29-5 結論　583

Chapter 30

貨幣供給成長與物價膨脹　587

30-1 物價膨脹的古典理論　588

個案研究：四個惡性物價膨脹下的貨幣與物價　596

30-2 物價膨脹的成本　600

如是我聞：惡性物價膨脹期間的生活　605

30-3 結論　606

Part XI 開放體系的總體經濟學

Chapter 31
開放體系的總體經濟學：基本概念　609

31-1 國際間商品與資本的流通　610
個案研究：美國經濟開放程度日益提升　611
個案研究：美國的貿易逆差是美國的國家問題嗎？　617
31-2 國際交易的價格：實質匯率與名目匯率　620
增廣見聞：歐元　622
31-3 決定匯率的第一個理論：購買力平價　623
個案研究：惡性物價膨脹期間的名目匯率　626
個案研究：大麥克指數　628
31-4 結論　628

Chapter 32
開放體系的總體經濟理論　631

32-1 可貸資金與外匯的供給與需求　632
增廣見聞：購買力平價是一個特例　636
32-2 開放經濟體系的均衡　637
增廣見聞：解開供給與需求的結　640
32-3 政策和事件如何影響開放經濟體系　640

個案研究：來自中國的資本移動　647
如是我聞：區分真相與謊言　648
32-4 結論　650

Part XII 短期經濟波動

Chapter 33
總合需求與總合供給　653

33-1 經濟波動的三個主要特徵　654
33-2 解釋短期經濟波動　657
33-3 總合需求曲線　660
33-4 總合供給曲線　664
33-5 經濟波動的兩個成因　673
增廣見聞：再論貨幣中立性　676
個案研究：美國史上總合需求的兩大移動：經濟大蕭條與第二次世界大戰　676
個案研究：美國 2008-2009 年的經濟大衰退　678
個案研究：我國 2008-2009 年的經濟衰退　679
個案研究：石油價格與經濟表現　683
增廣見聞：總合需求與總合供給的起源　684
如是我聞：2020 年的 Covid 衰退　684
33-6 結論　686

Chapter 34
貨幣與財政政策對總合需求的影響　691

34-1 貨幣政策如何影響總合需求　692

增廣見聞：長期與短期利率　695

個案研究：為何美國 Fed 會關注股票市場（反之亦然）　699

34-2 財政政策如何影響總合需求　701

增廣見聞：財政政策可能會影響總合供給　706

34-3 政府是否應該運用政策穩定經濟？　707

個案研究：白宮的凱因斯信徒　708

34-4 結論　710

Chapter 35
物價膨脹與失業之間的短期取捨　715

35-1 菲力浦曲線　716

35-2 菲力浦曲線的移動：預期所扮演的角色　719

35-3 菲力浦曲線的移動：供給面衝擊所扮演的角色　727

35-4 降低物價膨脹的成本　730

35-5 最近歷史　734

35-6 結論　739

Part XIII　終曲

Chapter 36
總體經濟政策的六項爭議　743

36-1 政策制定者應該多積極穩定經濟？　744

36-2 政府應藉由增加支出還是減稅來對抗經濟衰退？　745

36-3 貨幣政策的制定應該依法則還是依權衡？　748

36-4 中央銀行應該以近零物價膨脹率為目標嗎？　750

36-5 政府應該平衡其預算嗎？　753

36-6 稅法應該進行改革以鼓勵儲蓄嗎？　756

36-7 結論　758

索引　762

線上教師資源

➡ 健康照護經濟學 (The Economics of Healthcare)

➡ 經濟學家如何運用資料 (How Economists Use Data)

請洽詢東華書局

Chapter 1

經濟學十大原理

經濟（economy）一詞源自於希臘字 *oikonomos*，其意為管理家戶的人。為何經濟會與家戶管理扯上關係？其原因為不管大至整個經濟，還是小至一個家戶，主事者都必須做很多決策。

就家戶而言，它必須決定家中的每一件事須由誰負責，且每位成員各可以得到什麼樣的報酬。例如，誰煮晚餐？誰可以在晚餐多吃一塊甜點？誰洗衣服？誰可以開車？不管一個家戶其所得是高、是低，還是介於其中，它都必須決定其資源（時間、所得與財富）要如何在不同的用途之間分配。

PART I 簡介

就整個社會而言,它就像一個放大的家戶,也面臨很多決策。每個社會都必須決定哪些工作必須完成,以及由誰完成:它必須決定由誰去生產食物、誰去製作衣服,以及誰去設計軟體。一旦社會分配好人們(以及土地、建築物與機器)的工作,社會接下來要決定生產出來的商品與服務要如何分配:誰可以吃魚翅,誰又只能吃饅頭;誰可以開法拉利跑車,誰又只能搭公車。

家戶與整個社會之所以必須要做各式各樣的決策,是因為資源是稀少的。**稀少性**是指社會所擁有的資源相對於人們的慾望是有限的本質。受限於此一本質,任何一個社會都無法讓它的每個成員都可以過隨心所欲的生活。例如,有些學生必須打工賺取生活費。如果社會的每一種資源都像空氣一樣充塞於天地之間,那麼,一些學生可能就不需要煩惱書是要用買的,還是要用影印的。

經濟學是一門研究社會如何管理其稀少性資源的科學。就大多數社會而言,資源如何配置是由成千上萬的家戶與廠商所共同決定的。他們的行為反映他們的決策,因此,經濟學家研究人們如何做決策。例如,要不要工作?要不要做第二份工作?要不要買名牌包?要不要變成「卡奴」?經濟學家也研究人們之間如何互動。例如,經濟學家研究某項商品的眾多買者與賣者如何共同決定該商品的銷售價格與數量。最後,經濟學家分析影響整體經濟表現的決定因素。例如,為何有些國家其平均所得的成長率高,而有些國家則很低?為何每個國家的失業率不同?為何有些國家的物價穩定,有些則飛漲?

雖然人們和社會面臨眾多的決策問題,且人們的行為與彼此之間的相互影響非常複雜,但我們仍可以歸納出一些基本觀念。接下來,我們介紹**經濟學十大原理**,希望讀者對經濟學能有一些概括性的認識;未來我們會更詳細說明這些觀念。

稀少性 scarcity
社會資源有限的本質

經濟學 economics
研究社會如何管理其稀少性資源的科學

1-1 人們如何做決策

不管經濟體系的大小,它都是由個人所組成的,且如前所述,經濟學家研究人們如何做決策,因此,我們就先介紹四個關於個人決策的原理。

1-1a 原理 1:人們面臨取捨

此一原理即中國古諺「魚與熊掌不可兼得」。以學生為例,他必須決定其有限的時間要如何分配到各個活動上面:要花多少時間上課、念書、打工、打球、打電動、談情說愛……?每個學生可能都巴不得有更多的時間(與金錢)來從事他所想要從事的活動;奈何時間(與金錢)是有限的,所以每個學生都會面臨時間

（與金錢）如何分配的取捨（trade-off）問題。

父母也同樣面臨很多取捨問題。例如，家庭的收入有多少要被儲蓄下來供年老時花用或作為小孩的教育費用？儲蓄又要如何投資？收入用於支出的部分又要如何分配到食衣住行育樂各方面？就一般家庭而言，如果要買汽車，則可能必須縮減其他的支出。

就一個社會而言，其所面臨的取捨問題更是不勝枚舉。一個常見的例子是「槍砲與奶油」之間的取捨：如果我們投入更多的資源在武器的生產上，則社會所能生產的民生用品數量勢必會減少。另一個常見的例子是「環境品質與所得」之間的取捨：如果我們要提升環境品質，則必須投入更多的資源在汙染防治上，從而可投入於生產的資源會減少，進而整個經濟的產值與人們的所得水準會下降。相反地，如果我們追求更高的產值與所得水準，則通常必須以環境品質惡化為代價。例如，臺灣在 1961 到 2000 年期間的平均每人所得成長率是全世界最高的；不過，在 1950 年代，人們敢隨便就跳入溪中戲水，但現在你敢嗎？又例如，晶圓廠其設立有助於就業與所得的增加，但它是高耗電的[1]，所以會間接破壞生態環境。再例如，相較於太陽能、風力等再生能源，核能發電的發電成本較低[2]且其供電（一般而言）不受天候影響，從而增加核能發電量可以降低電價，而使生活成本與生產成本下降，進而可以提升國人的生活水準與國內廠商的產出水準，但也會使核災的風險升高，且核廢料可能汙染環境。簡言之，沒有一種發電方式可以既低廉又安全又對環境友善的。

還有一個常見的例子是「效率與均等」之間的取捨。**效率**意指社會從它的稀少性資源獲取最大的效益，而**均等**意指這些效益在它的成員之間平均分配。換言之，效率指的是經濟餅（economic pie）的大小，而均等指的是整個餅如何切割。一般而言，政府政策無法同時兼顧效率與均等。

例如，假設政府透過提高所得稅來增加政府稅收，並將這些增加的稅收用於失業救濟或其他社會福利支出（如老農津貼）。雖然這些措施可以提升均等程

效率
efficiency
社會從它的稀少性資源獲取最大效益的性質

均等
equality
平均分配經濟繁榮成果給社會成員的性質

---

[1] 以台積電為例，根據其 2020 年企業社會責任報告書，當年台積電用電量突破 160 億度（含海外），占全臺用電量 2,711 億度約 5.9%（《自由財經》，2022 年 2 月 11 日）。

[2] 根據台電公司網站（首頁）資訊揭露〉經營資訊〉電價成本）的資料，2022 年截至 11 月底，燃煤、燃氣、核能、風力與太陽光電等發電方式的每度成本分別為 3.50、3.22、1.45、3.01 與 3.23 元。其中，燃煤發電的穩定性高，但所產生的空氣汙染最嚴重；風力與太陽光電的發電成本略低於火力發電且也不會產生空氣汙染，但會有破壞景觀與生態的問題，也會有供電不穩而無法作為基載電力的問題；燃氣的空氣汙染程度輕，但天然氣的國際價格的波動幅度大。

度，但由於人們的工作意願與廠商的投資意願會因所得稅稅率提高而降低，因此，整個社會的產出會減少。換言之，當政府試圖把經濟餅切得更平均時，整個餅會變小。

知道人們面臨取捨這件事實，並無法告訴我們人們將如何或應該如何做決策。以下三個原理回答此一問題。

1-1b 原理 2：天下沒有白吃的午餐

此一原理告訴我們，你要獲取任何一件事物，都必須付出代價或成本，所以你會比較獲取某一事物所帶給你的效益與你所付出的成本。為了解此一原理，讓我們先看以下的一則報導：

> 臺北市清潔隊隊員月薪達 4 萬元，除了工作時間穩定，又不用擔心裁員的問題，近年來吸引大批年輕人、高學歷者加入這個行業。有一名年輕女孩，大學剛畢業就考上清潔隊，她對此表示，自己的同學目前都還沒有人「月薪能到 4 萬元」。自己原本的目標是投入廣告業，但由於入行薪水只有 25,000 元，儘管迫於無奈成為清潔隊員的一員，但對於現在工作待遇非常滿意[3]。

廣告業可能是最「燒腦」的行業，且工時長、起薪不高，但一旦你成為傑出的廣告人，不單會有很大的成就感，且身家會數以億計。如果是你，你會選擇當清潔隊隊員，還是投入廣告業？

你最後所做的選擇反映你對這兩份工作其各自的效益（benefit，你滿足水準的提升幅度所量化成的金額）與成本（cost，你滿足水準的降低幅度所量化成的金額）所做的評估與比較。

與工作有關的效益，不單只有一開始的月薪的高低而已，還包括未來所得的多寡、名片上的頭銜、工作環境的和諧與成就感……。與工作有關的成本，除了因工作而產生的花費（如交通費與服裝費）外，還包括工作壓力、工時與工作環境，對身心可能造成的負面影響……。

接下來，我們用一點簡單的數學來說明，人們如何透過比較效益與成本來做出選擇。

假設有 X（如廣告業）與 Y（如清潔隊）兩份工作讓你選擇，且經你評估之

---

[3] 《三立新聞網》，2019 年 7 月 21 日。

後，X 與 Y 的效益分別為 B_X 與 B_Y，且其成本分別為 C_X 與 C_Y。就 X 工作而言，其**淨效益**（net benefit，簡寫成 NB_X）為 $B_X - C_X$；就 Y 工作而言，其淨效益為 $B_Y - C_Y$。當 X 工作的淨效益大於 Y 工作時，亦即當

$$B_X - C_X > B_Y - C_Y$$

時，你會選擇 X 工作。

上面的不等式可以改寫成：

$$\begin{aligned} B_X &> C_X + (B_Y - C_Y) \\ &= C_X + NB_Y \end{aligned}$$

上式等號右邊的 C_X 為與 X 工作直接相關的成本（如上面所提到的交通費與工作壓力等），經濟學稱其為 X 工作的**外顯成本**（explicit costs）；而 NB_Y 則為你選擇 X 工作而必須放棄的 Y 工作的淨效益，經濟學稱其為選擇 X 工作的**內隱成本**（implicit costs），我們可以把 NB_Y 視為選擇 X 工作的間接成本。經濟學稱人們把資源投入某一機會的總成本為**機會成本**〔opportunity costs，又稱經濟成本（economic costs）〕，它包括上述的外顯成本與內隱成本。

以上例而言，雖然 X 工作辛苦多了（C_X 高），且 Y 工作一開始的月薪較高，同時其成本低（工作時間穩定使 C_Y 低），而讓 Y 工作的淨效益 NB_Y 不低，但你可能因想出人頭地，所以最後選擇了 X（B_X 高到讓上式成立）。相反地，如果你追求的是穩定的生活，則你會選擇 Y[4]。

如果你可以選擇的機會不只兩個，且你最終選了 X，則這意味著 X 的淨效益是這些機會裡面最高的，且其內隱成本為所有淨效益裡面次高的。

因此，由上式可以得知，人們會選擇某一機會的充分且必要條件為其總效益大於總成本。

1-1c 原理 3：理性的人們進行邊際思考

經濟學家通常假設人們是理性的。**理性的人們**會在機會存在下，有目的且有系統地盡其所能，達成其目標。本書在後面章節會提到，理性的廠商必須決定要僱用多少勞工以及生產多少產量，才能使其利潤極大；理性的消費者會考量其所

外顯成本
explicit costs
將資源投入某用途時，與該用途直接相關的成本

內隱成本
implicit costs
將資源投入某用途時，所放棄的其他用途的最高淨效益

機會成本
opportunity cost
將資源投入某用途所付出的總代價

理性的人們
rational people
有目的且有系統地盡其所能達成其目標的人們

---

[4] 一些經濟學教科書會說，選擇月薪 4 萬元的工作其機會成本會是放棄的 2 萬 5 千元，從而大家都會選高薪工作；但實際上，有人會選低薪但未來展望佳，或低薪但輕鬆的工作。

得以及商品與服務的價格，然後決定該購買什麼樣的商品與服務的組合，才能使其滿足水準極大。

理性的人們知道，生命中的決策很少是「全要或全不要」那麼涇渭分明的。以學生為例，在大考期間，其所要做的決策並不是一天要不要念二十四小時的書，而是要不要少上一小時的「臉書」，以多念一小時的書。經濟學家利用**邊際變動**一詞來描述既有行動的額外微幅調整。**邊際**意味「邊緣」，所以邊際變動指的是你正在做的事其邊緣附近的調整。理性的人們在做決策時，通常會比較**邊際效益**（marginal benefits）與**邊際成本**（marginal costs）。

例如，你在考慮要不要用手機打電話給你的朋友。你認為跟她講 10 分鐘的電話所帶給你的效益值 40 元。你每個月的手機通訊帳單包括 200 元的固定費用及每分鐘 3 元的通話費。你通常每個月打 100 分鐘的手機，所以你每個月的帳單金額通常是 500 元（200 元的固定費用加上每分鐘 3 元乘上 100 分鐘）。在此情況下，你該不該打這通電話？〔假設你很閒，所以這 10 分鐘的內隱成本（此時又稱為時間成本）為零。〕你可能會這樣想：「我每個月打 100 分鐘的手機要付 500 元，所以每打 10 分鐘要花 50 元，但效益只有 40 元。由於成本大於效益，所以還是算了吧！」如果你這樣想的話，你就錯了。雖然打 10 分鐘手機的平均成本為 50 元，但邊際成本——你每多打 10 分鐘所增加的帳單金額——只有 30 元。你唯有透過比較邊際效益與邊際成本，你才會做出正確的決策。因為此時 40 元的邊際效益大過 30 元的邊際成本，所以你應該用手機打電話給你的朋友。邊際概念也可以用來說明為何「上網吃到飽」的方案，會讓人花太多的時間上網[5]。這是因為在這樣的方案下，上網的邊際成本幾近於零（假設你很閒）。還有，你現在應該知道為何你每次到「吃到飽」的餐廳，你總是會吃太撐了吧！

邊際概念也可以幫助我們理解一些看似矛盾的經濟現象。例如，為何生命所需的水如此便宜，而不是生命所需的鑽石卻如此昂貴？原因在於人們多購買一單位的某商品其所願意支付的價格的高低，決定於這一單位商品所帶給人們的邊際效益；而邊際效益會有多大則決定於人們已擁有的商品數量。由於水非常充沛，因此額外一杯水的邊際效益是非常小的，從而人們所願意支付的水價也很低。相反地，由於鑽石是非常稀有的，所以有很強的炫耀效果，從而人們會認為從無到

邊際變動
marginal change

一項行動的額外微幅調整

---

[5] 根據一項全球性的調查，臺灣平均每日手機上網時間為 3 小時 22 分、電腦上網時間為 4 小時 17 分，總合達到 7 小時 39 分，在全部統計的 150 個國家中排名第 13，比平均每日上網時間 6 小時 42 分超出約 1 小時。排名第 1 的國家為菲律賓，其總合時間為 10 小時 2 分（《中時新聞網》，2019 年 2 月 7 日）。

有或多一顆鑽石，其邊際效益是非常大的。

同樣地，一個理性的決策者採取某一行動的充分且必要條件為其邊際效益大於邊際成本。除了上述的例子外，本書後續還會舉很多例子，讓讀者了解此一重要原理。

1-1d 原理 4：人們的行為隨誘因起舞

誘因是誘使人們行動的事物（如獎懲）。人們在做決策時會考慮效益與成本；當誘因改變時，效益或成本也會跟著變動，從而人們的行為也會因而改變。

我們如要了解市場如何運作，必須先了解各個誘因如何影響人們的行為。例如，當蘋果的價格上漲時，由於蘋果相對於梨子變貴了，所以人們會多買梨子而少買蘋果。同時，因為此時採收蘋果的邊際效益提高了，所以蘋果園會決定僱用更多的勞工以採收更多的蘋果。我們以後會學到價格對市場買賣雙方行為的影響，這對了解經濟體系如何配置其稀少性資源至為重要。

公共政策制定者更不可或忘，其所推出的政策措施會提供什麼樣的新誘因，從而會如何改變人們的行為。例如，提高汽油的稅額會鼓勵人們多開較小、較省油的汽車。歐洲的汽油稅較美國來得高，所以小車在歐洲比較普遍。較高的汽油稅會鼓勵人們多開油電混合車；如果汽油稅進一步調高，則會有更多人改開電動汽車，或改搭乘大眾運輸工具，或搬到離工作地點比較近的地區居住。

當政策制定者未能充分考慮到他們的政策如何改變誘因時，通常會有一些出乎他們預料的結果，例如，汽車安全帶。今天，所有的汽車均配有安全帶，但在六十年前並非如此。在 1965 年，納德（Ralph Nader）所著的《**任何速度都不安全**》（*Unsafe at Any Speed*）一書，喚起社會大眾對汽車安全的重視。結果，美國國會立法要求所有的新車必須配備安全帶。

此一安全帶的法律如何影響行車安全？其直接效果為提升繫上安全帶的駕駛與乘客在重大車禍中的存活機率；但也因為如此，人們的開車速度變快，從而車禍事件也變多了。

根據經濟學家佩茲曼（Sam Peltzman）在 1975 年的研究，安全帶法律使每次車禍的死亡人數降低，但車禍事件卻增加。淨效果為駕駛死亡人數並沒有什麼改變，但行人死亡人數卻增加。

佩茲曼的研究結果告訴我們，政策訂定者不能只想到立法或政策措施的直接效果，也須考慮到新誘因（如繫安全帶可提升車禍存活機率）對人們行為產生影響（如開車速度變快），所造成的間接效果（如車禍事件與行人死亡人數增加）；

> **誘因**
> incentive
> 誘使人們行動的事物

否則，可能會產生政策旨意良善，但最後淨效果卻反其道而行的結果。

這個原理也可以說明為何臺灣投保農民健康保險（簡稱農保）的人數遠超過實際農業人口數。這是因為政府每月發放的 7,550 元（2020 年元月起）老農津貼相當誘人，且農保資格寬鬆、審查浮濫[6]，遂造成「假農民」人數大增。在 2013 年，臺灣的實際農業人口數明明只有約 54 萬人，但投保農保的人數竟高達約 145 萬人[7]；發放金額也從最初 1995 年的 124 億元，大幅增加到一年 562 億元，約占行政院農委會一半的預算[8]。為解決這個問題，立法院於 2014 年 7 月 16 日通過《老年農民福利津貼暫行條例》修正案，規定未來若要領取老農津貼，門檻將從原先投保農保六個月，提高到投保 15 年以上才能領取（比照勞保年金最低標準）。這項新政策提高假農民的保費支出，再加上確實審查投保人資格，而讓農保的投保人數持續減至 2020 年年底的約 104 萬人[9]。

即席測驗

1. 下列答案何者最為正確？經濟學是
   a. 研究社會如何管理其稀少性資源的科學。
   b. 研究廠商如何賺取最大利潤的科學。
   c. 預測物價膨脹、失業與股價的科學。
   d. 研究政府如何抑制奸商的科學。
2. 你去看電影的機會成本為
   a. 電影票價。
   b. 電影票價加上可樂與爆米花的支出。
   c. 去看電影的所有花費加上你的時間成本。
   d. 零，只要你覺得電影值回票價。
3. 邊際變動
   a. 對公共政策不重要。
   b. 是既有行動的額外微幅調整。
   c. 會減損效率。
   d. 不影響誘因。
4. 因為人們會隨誘因起舞，
   a. 政策制定者可以藉由改變獎懲來改變結果。
   b. 政策可能會有旨意良善，但最後淨效果卻反其道而行的結果。
   c. 社會面臨效率與均等之間的取捨。
   d. 以上皆是。

（答案在章末）

---

[6] 加保年資僅需六個月，農會會員僅需持有 0.1 公頃農地，非農會會員只需切結每年農業收入超過 10,200 元，即可請領津貼。
[7] 監察院 102 財正 0051 號糾正案文。
[8] 《聯合報》，2014 年 1 月 6 日。
[9] 行政院農委會農業統計資料查詢〉動態查詢〉農民健康保險投保人數。

1-2 人們如何互動

前面四個原理說明個人如何做決策。個人的決策不單影響自己，有時也會影響他人。接下來的三個原理是關於人與人之間如何互動的原理。

1-2a 原理 5：交易可以讓每個人變得更好

就美國與中國而言，它們的廠商生產很多相似的產品，例如，衣服、玩具、太陽能面板、汽車輪胎……，從而彼此在世界市場中相互競爭。就光電、手機與半導體產品而言，南韓是我國的主要競爭對手，例如，台積電與三星在世界晶圓代工市場中爭取相同的客群。

不過，國與國之間的貿易並不是像球類競賽那樣，有一方贏且另一方輸；相反地，國際貿易可以使交易的兩國都變得更好，亦即國際貿易可以使雙方同時獲利。

何以如此？讓我們先考慮個別家庭的情況。如果你的家庭「閉關自守」，不跟外界有任何交易，則你家必須要自己生產食物、自己製作衣服、自己蓋房子……。你可以想像，在此自給自足的狀態下，你大概不用上學了。還好，實際的情況是，你的家庭專業化生產少數商品或服務，然後跟其他人交易，以換取眾多的其他商品與服務，而使你家的生活水準遠高於自給自足下的水準。

整個國家也和個別家庭一樣，同樣受惠於國際貿易。以臺灣這樣一個天然資源算貧瘠的經濟體而言，如果我們不開放貿易，則我們的生活水準可能跟北韓一樣。臺灣使用的能源幾乎全部來自於進口，如果我們不進口石油等能源，不單絕大多數的交通工具都動不了，且只能有少數的電力供應。在此情況下，你可能需要「鑿壁引光」才能完成學業。所以，雖然我們有很多產品在國內外市場跟很多國家競爭，但如果沒有國際貿易，我們就不會有今天的生活水準。

1-2b 原理 6：市場通常是組織經濟活動的良好方式

過去半個世紀以來，全世界最重要的變化可能是蘇聯與東歐的共產主義制度在 1980 年代後期與 1990 年代初期瓦解；而今天的中國之所以能夠成為「世界工廠」，也是拜 1990 年代初期起的大幅改革開放，向市場經濟靠攏之賜。

在**市場經濟**中，一個社會要生產什麼、生產多少、如何生產，以及生產成果如何分配，是由成千上萬的廠商與家戶所共同決定。廠商與家戶在市場中互動，它們的決策受價格與自利動機的引導。

乍看之下，我們可能無法理解為何這樣一個看似散漫的市場經濟可以成功運

> **市場經濟**
> **market economy**
> 一個透過眾多廠商與家戶的分權式決策以及它們在商品與服務市場中的互動來決定社會資源如何配置的經濟體系

作。畢竟，在市場經濟中，每個人基本上都在關心自我利益，僅有少數人在關心整體社會福祉；但事實證明，很多先進國家其生活水準是很高的。為何市場經濟能有如此神奇的結果？

經濟學家亞當·史密斯（Adam Smith）在其 1776 年的《**國富論**》（*An Inquiry into the Nature and Causes of the Wealth of Nations*）一書中，做了一個經濟學中最著名的觀察：家戶與廠商在市場中的互動，彷彿受到「一隻看不見的手」（"an invisible hand"）的引導，而產生令人滿意的結果。本書的目標之一即在闡明這隻看不見的手如何發揮它的魔力。

簡單地說，價格是這隻看不見的手所持有的「魔杖」。在任何一個市場，買者看價格來決定要購買多少數量，而賣者也是看價格來決定要供給多少數量。個別買者的決策合起來構成市場的需求，個別賣者的決策合起來構成市場的供給，而市場的價格是由市場供需雙方所共同決定的，從而一項商品的市場價格不單一方面反映此一商品對社會的價值，另一方面也反映社會生產此一商品的成本；尤有進者，在很多情況下，市場價格會調整至使社會福利達到最大的水準。

如果政府干預市場，例如，課稅與價格管制，則會扭曲市場價格。這就如同綁住這隻看不見的手，不讓它引導社會資源的配置，這對整個社會的效率會有不

增廣見聞：亞當·斯密與那隻看不見的手

亞當·史密斯的巨著《國富論》在 1776 年出版，而那年正好是美國先賢簽署獨立宣言的年份。兩份文件都展現當時盛行的觀點：政府最好不要干預個人的計畫。此一政治哲學為市場經濟與自由社會提供了知識性的基礎。

為何分權式的市場經濟可以運作得很好？是因為愛與慈悲嗎？一點都不是。以下是亞當·史密斯對人們在市場經濟中如何互動的描述：

> 我們的晚餐並非來自肉販、釀酒人或麵包師傅的善心，而是來自他們對自身利益的追求……
>
> 每一個人……既沒有打算提升公共利益，也不知道他能提升多少……他所想的只是自己的利得；也因為如此，他的所做所為會受到一隻看不見的手的引導，讓他不自覺且有效地提升社會利益，且其提升程度更勝於他刻意去提升下的結果。

史密斯講的是，經濟體系的參與者受到自利動機的驅使，而被那隻看不見的手引導，從而其自利行為反倒能提升一般大眾的經濟福祉。

史密斯的許多真知灼見依然是現代經濟學的核心。我們在未來的章節中，會更精確表達史密斯的觀點，並完整分析市場那隻看不見的手如何發揮它的作用，以及它力有未逮之處。

亞當·史密斯

個案研究：亞當・斯密會愛上 UBER（優步）

你是否曾在大雨滂沱中，或在跨年夜演唱會散場時，因攔不到計程車而抱怨連連？的確，在很多城市，市政府會對計程車市場設下嚴格的管制，包括計程車司機的執照數，還有計程車的車資，並對未取得計程車司機執照而收取出租車資的駕駛課以罰金。這些管制讓你在最需要它們時望天興嘆！

但最近，這個受高度管制的市場卻因為 Uber 的出現而起了翻天覆地的變化。Uber 創立於 2009 年，叫車 APP 讓它出奇制勝。Uber 駕駛不需要開著車漫遊，看路旁有沒有人在攔車。雖然 Uber 車不是計程車，但卻提供幾乎一樣的服務。的確，搭 Uber 車通常要方便多了。當天氣又濕又冷時，誰不想待在室內，用手指輕輕點幾下手機，然後等著載你的車上門？

Uber 車的車資通常比計程車來得便宜，但也不一定。當需求湧現時（如本個案研究一開始所提到的那些情況），Uber 允許駕駛大幅提高車資。相反地，如果計程車司機不照表收費，通常會被投訴。

並不是所有人都喜歡 Uber。計程車司機抱怨 Uber 車搶了他們的生意，而讓他們的收入減少。這一點也不令人意外：商品與服務的供給者通常不喜歡新競爭者的加入。但就消費者而言，他們會喜歡供給者愈多愈好；當供給者之間的競爭愈激烈時，消費者所花的每一塊錢就可以有愈高的回報。

這就是為什麼經濟學家會喜歡 Uber。一項 2014 年對幾十位經濟學家的調查結果顯示，受訪的每一位都同意 Uber 提升了消費者的福祉。另外，也有 85% 的受訪者認為，消費者反倒會因 Uber 駕駛大幅提高車資而受益。雖然消費者付的車資大幅增加，但 Uber 駕駛的出車意願也因此而大幅提升，而讓更多的消費者在非常需要搭車時能搭得到車。車資大漲有助於將載客服務配置給那些最珍視這些服務的消費者，也使找車與等車的成本得以減少。

如果亞當・史密斯活在今天，他的手機一定會有 Uber APP。

〔譯著按：自 2019 年 12 月 1 日起，有「Uber 條款」之稱的《汽車運輸業管理規則》103 條之 1 正式在臺灣上路，明確規範租賃車計費以 1 小時起跳，Uber 駕駛若要維持計程車營運模式，需考取計程車駕駛執業登記證，車輛也必須掛計程車牌。另外，交通部也規定，任何 APP 估價，必須比計程車跳表貴，否則就是違法。雖然這項規定讓計程車費率無法變得便宜，但市面上有多款的叫車 APP，而使得在臺灣搭計程車要比以往方便許多（《風傳媒》，2019.12.16）。〕

利的影響，而使社會福利水準無法達到最大。這可以解釋為何共產主義國家其經濟無法繁榮。

1-2c 原理 7：政府有時可以改善市場結果

如果市場那隻看不見的手如此偉大，那麼我們為什麼還需要政府？

我們需要政府的一個理由是，只有在政府確實執行法令與維護讓市場能夠順利運作的制度，那隻看不見的手才能發揮魔力；其中，又以**財產權**能夠確保最為

財產權 property rights
個人擁有與掌控稀少性資源的權利

重要。如果每個人無法保有他的生產成果，例如，商人無法取得貨款，那麼就沒有人願意到市場進行交易，從而那隻看不見的手就無法發揮作用。

我們需要政府的另一個更深切的理由是：雖然那隻看不見的手威力強大，但它並非是全能的。在某些情況下，會有**市場失靈**的結果，亦即讓市場自由運作，並無法使社會資源的配置最有效率。另外，讓市場自由運作，也可能造成所得分配非常不平均。當這兩種情況存在時，政府確實可以透過一些政策措施來改善結果。

造成市場失靈的原因包括：外部性、市場影響力（與公共財）。**外部性**指的是一個人的行為對不相干第三者的福祉所造成的衝擊；常見的例子是汙染。**市場影響力**指的是一個人（或一小群人）不當影響市場價格的能力。例如，某個小鎮只有一家銀行，其鎮民向該銀行貸款的利率很有可能高於大城市的利率。在外部性或市場影響力存在時，讓市場自由運作，並無法使社會的福利水準達到最大，從而政府可以採取措施來矯正市場失靈。

另外，那隻看不見的手也可能無法確保經濟繁榮的果實可以均等地分配。在市場經濟，每個人可以獲得多少報酬決定於他所生產的東西的市場價值。這也是為什麼有些職業球星其年薪可以超過 3,000 萬美元，而有些人卻必須依靠救濟金才能過活。許多公共政策，如所得稅與社會福利制度，其目標就是要讓經濟福祉能更均等地分配。

當我們說政府**可以**改善市場結果時，並不意味著政府一定**會**。這是因為政策的制定有一套政治程序，而此一程序通常是不完美的。有時候，政策只是用來圖利那些具政治影響力的人，而無助於國計民生。希望你念完本書之後，可以比較有能力判斷哪些政策是合理的，哪些又是不當的。

市場失靈 market failure
市場自由運作下社會資源無法有效率配置的情況

外部性 externality
一個人的行為對不相干第三者的福祉所造成的衝擊

市場影響力 market power
單一經濟行為者（或一小群行為者）對市場價格有顯著影響的能力

即席測驗

5. 如果政府宣布從明天起禁止國際貿易，則國內
   a. 糧食價格會下跌。
   b. 汽車價格會上漲。
   c. 再生能源發電占比會上升。
   d. 以上皆非。
6. 亞當‧史密斯的「看不見的手」指的是
   a. 企業剝削消費者的手法。
   b. 自由市場產生令人滿意結果的能力，即使人們是追求自利的。
   c. 政府提升消費者福利的管制措施。
   d. 在自由市場，人們「以鄰為壑」的手段。
7. 在市場經濟，政府可以
   a. 保護財產權。
   b. 矯正市場失靈。
   c. 改善所得分配。
   d. 以上皆是。

（答案在章末）

1-3 整體經濟如何運作

本章一開始說明人們如何做決策，接著說明人與人之間如何互動。所有的這些決策與互動合起來形成「經濟體系」。最後的三個原理是關於整個經濟體系如何運作的原理。

1-3a 原理 8：一國的生活水準決定於該國生產商品與服務的能力

世界各地的生活水準有相當大的差異。在 2021 年，臺灣以購買力平價（purchasing power parity，簡稱 PPP）匯率[10]所換算的平均每人國民所得為 $59,398，排在全世界第 25 名；雖然低於新加坡（$102,742）、美國（$69,375）與香港（$62,839），但高於南韓（$47,027）、日本（$44,585）與中國（$18,193）[11]。我們可以想像得到，高所得國家其人民的生活水準與低所得國家的生活水準會有天壤之別。

即使就同一個國家來看，其不同時期的生活水準也可能會有很大的差別。以美國為例，其每人國民所得（經物價膨脹調整後）每年大約以平均 2% 的速度成長；這意味著其每人國民所得每 35 年會增加一倍，且現在的水準大約是一個世紀前的 8 倍。

究竟是什麼因素造成上述生活水準的巨大差異？答案其實很簡單，**生產力**不同罷了。我們用一名勞工每小時所能生產的商品與服務的數量來衡量一國的生產力。一個生產力愈高的國家，其所生產出來的商品與服務數量愈多，從而其所得水準愈高。因此，一國平均所得的成長率決定於該國生產力的成長率。

> **生產力**
> productivity
> 每單位勞動投入所生產的商品與服務數量

由生產力與生活水準的緊密關係可知，如果一項政策要能提升人民的生活水準，則關鍵在於這項政策會如何影響我們生產商品與服務的能力。我們會在後續章節詳細說明一國生產力的決定因素。

1-3b 原理 9：當政府印太多鈔票時，物價會上漲

在 1921 年 1 月的德國，一份日報賣 0.3 馬克；但不到兩年的時間，在 1922

---

[10] 假設在美國購買某一籃子的商品要花 100 美元，而在臺灣購買同一籃子的商品要花 1,500 元新臺幣，那麼，如果 1 美元可以兌換 15 元新臺幣，則每一塊美元在美國跟臺灣都有相同的購買力；也可以說，每一塊新臺幣在臺灣跟美國都有相同的購買力。我們稱 1 美元可以兌換 15 元新臺幣為此例的 PPP 匯率。

[11] 資料來源：List of countries by GDP (PPP) per capita, Wikipedia, the free encyclopedia.

**物價膨脹
（通貨膨脹）
inflation**

經濟體系整體物價水準持續上揚的現象

年 11 月，同樣的一份報紙，價格飆漲到 70,000,000 馬克。德國其他商品的價格也有類似的上漲幅度。此一事件是歷史上最可觀的**物價膨脹**的例子之一。所謂物價膨脹是經濟體系整體物價水準持續上揚的現象。

雖然美國不曾經歷過類似德國在 1920 年代的物價膨脹，但美國經濟也曾因物價膨脹而出現問題。例如，在 1970 年代，美國的整體物價水準上漲超過一倍。當時的總統福特（Gerald Ford）就稱物價膨脹是「全民的頭號公敵」。相形之下，美國在二十一世紀前 20 年的物價膨脹率，每年約只有 2%；在此上漲率下，大約要 35 年物價才會上漲一倍。因為物價膨脹會造成各式各樣的社會成本，所以物價膨脹維持在一個較低的水準，是全世界各國的政策目標。

物價膨脹的成因為何？幾乎在所有巨幅且持續的物價膨脹的案例中，罪魁禍首都是貨幣數量成長太快了。當一國政府大量發行該國的貨幣時，人們手中的錢會變多，從而人們的支出會增加，物價自然就漲上去。在 1920 年代初期的德國，其物價平均每個月上漲兩倍，而其貨幣數量也以幾乎相同的速度成長。臺灣在 1946 年 5 月至 1949 年 6 月的舊臺幣期間，通貨發行額也以驚人的速度增加，造成當時每年的物價漲幅都在 500% 至 1,200% 之間[12]。如果物價膨脹的主要成因為政府印了太多的鈔票，那麼要使物價穩定下來，政府就必須要回收大量的鈔票。這也是為什麼政府會在 1949 年 6 月 15 日進行以四萬圓舊臺幣換一元新臺幣的幣制改革的原因。

在 2022 年，美國有較高的物價膨脹率；在當年的 2 月，其消費者物價的年增率為 7.9%，創 40 年來的新高。在 2020 年，當 Covid-19 疫情造成美國經濟衰退之際，美國政府透過大幅增加支出，與極端寬鬆的貨幣政策來刺激經濟，而造成經濟體系中的貨幣數量大幅增加。這些政策，加上疫情讓供應中斷，讓美國的物價膨脹問題日趨嚴重。此一問題會是暫時性的，還是會像 1970 年代那樣，持續困擾美國，在相當程度上，取決於美國未來的貨幣政策。

1-3c 原理 10：社會面臨物價膨脹與失業的短期取捨

雖然在長期，貨幣數量的增加會造成物價膨脹，且大多數的經濟學家認為，貨幣數量的多寡並不會影響一國的生產力，進而不會影響一國的產出水準，但經濟學家對於在短期貨幣數量的增加是否會影響產出，進而影響失業水準，則有比較分歧的看法。大多數經濟學家將貨幣數量增加的短期影響描述如下：

---

[12] 中央銀行網站首頁〉統計與出版品〉出版品〉不定期〉認識通貨膨脹〉五、通貨膨脹的經驗。

- 一個經濟體系的貨幣數量增加會刺激整體的支出水準,從而使商品與服務的需求增加。
- 隨著時間經過,需求增加會導致廠商提高產品售價,且會鼓勵廠商僱用更多的勞工以生產更多的產出。
- 廠商僱用更多的勞工意味著失業水準的下降。

此一推論得到一個整體經濟方面的取捨關係:物價膨脹與失業的短期取捨。

此一取捨關係意味著在短期(一兩年之內),一個經濟體系不會出現物價膨脹與失業同時下降的結果。換言之,如果一個經濟體系的短期目標是要穩定物價,則必須使整體的需求減少,但這會造成失業的增加;相反地,如果一個經濟體系的短期目標是要降低失業率,則必須使整體的需求增加,不過這會使物價膨脹率進一步上升。此一短期取捨關係在**景氣循環**的分析上扮演相當重要的角色。景氣循環是經濟活動不規則且難以預測的波動,通常是以商品與服務的產出水準或就業人數來衡量。

景氣循環
business cycle
經濟活動(如就業與生產)的波動

政策制定者可以透過不同的政策工具,如改變政府的支出、稅收或通貨發行額,來影響經濟體系所面臨的物價膨脹與失業的組合。因為這些政策工具在短期可能有相當大的效果,但在長期可能又會有一些副作用,因此,政府該如何運用這些政策工具,經濟學界長期以來一直爭論不休。

此一爭論在 2008 與 2009 年美國次級房貸風暴愈演愈烈之際達到高峰。當時,不少國家都陷入嚴重的經濟衰退;不單人們的收入減少,且失業率持續上升。我國的失業率就從 2008 年 4 月的 3.81% 持續攀升至 2009 年 8 月的 6.13%。各國政府試圖以不同的方式去刺激整體需求。以我國為例,政府推出一連串的增加支出(如四年 5,000 億擴大公共建設方案)與減稅措施(如營利事業所得稅稅率由 25% 降至 17%),且中央銀行試圖讓貨幣數量增加。這些措施雖然使我國的經濟成長率從 2009 年的 -1.57% 大幅上揚至 2010 年的 10.63%(一部分拜全球經濟復甦之賜),且失業率在 2010 年 12 月降至 4.67%,但也使我國付出政府財政惡化且大臺北地區房地產價格飆漲的代價[13]。這樣的結果是否令人滿意,經濟學家有不同的看法。類似的情況出現在 2020-2022 年疫情肆虐期間,我們會在後續的相關章節,說明經濟體系在這段期間的一些顯著變化。

---

[13] 在 2008 年第三季雷曼兄弟倒閉事件發生後,到 2013 年第二季,臺北市房價指數上漲 69%,新北市上漲 79%。(NOWnews,2013 年 9 月 13 日)

即席測驗

8. 一些國家其人民的平均生活水準高於其他國家，主要是因為這些國家
   a. 剝削窮國。
   b. 其中央銀行創造更多的貨幣。
   c. 有保障勞工權益的嚴格法令。
   d. 有較高的生產力。
9. 如果一個國家出現巨幅且持續的物價膨脹現象，通常是因為
   a. 中央銀行印了太多的鈔票。
   b. 工會漫天要求工資調漲。
   c. 政府大幅增稅。
   d. 廠商濫用市場影響力，大幅調高商品售價。
10. 如果政府利用貨幣政策工具降低商品與服務的需求，則短期的可能結果為 ＿＿＿＿ 的物價膨脹與 ＿＿＿＿ 的失業。
    a. 較低；較低
    b. 較低；較高
    c. 較高；較高
    d. 較高；較低

（答案在章末）

1-4 結論

你現在對經濟學應該有一些初步的認識。在往後的章節中，我們會陸續介紹許多關於人們決策、市場與經濟表現的內容；要精通這些內容需要花點工夫，但也沒你想像的累。本書會不斷提到本章所介紹的**經濟學十大原理**，它們總結在表1。你應該牢記這些基礎原理。即使是最複雜的經濟分析，也是建築在本章所介紹的十大原理之上。

表 1　經濟學十大原理

人們如何做決策
1. 人們面臨取捨
2. 天下沒有白吃的午餐
3. 理性的人們進行邊際思考
4. 人們的行為隨誘因起舞

人們如何互動

5. 交易可以讓每個人變得更好
6. 市場通常是組織經濟活動的良好方式
7. 政府有時可以改善市場結果

整體經濟如何運作

8. 一國的生活水準決定於該國生產商品與服務的能力
9. 當政府印太多鈔票時，物價會上漲
10. 社會面臨物價膨脹與失業的短期取捨

摘要

- 關於個人決策的原理包括：魚與熊掌不可兼得；天下沒有白吃的午餐；理性的人們透過比較邊際成本與邊際效益來做決策；以及人們的行為隨誘因起舞。
- 關於人與人之間互動的原理包括：交易可使雙方同時獲利；市場通常是協調人們交易的較好方式；以及在外部性或市場影響力存在的情況下，政府可能可以改善市場結果。
- 關於整體經濟的原理包括：生活水準決定於生產力；貨幣成長造成物價膨脹；以及社會面臨物價膨脹與失業之間的短期取捨。

複習題

1. 舉出三個你生活中面臨的重要取捨的例子。
2. 去阿里山旅行的機會成本為何？
3. 水是生命元素。一杯水的邊際效益是大還是小？
4. 為何政策制定者須考慮誘因？
5. 為何國與國的交易，不像競賽一樣有贏家和輸家？
6. 市場的「那隻看不見的手」做了什麼？
7. 說明造成市場失靈的兩個原因，並各舉一例說明。
8. 生產力為何重要？
9. 何謂物價膨脹？其成因又為何？
10. 物價膨脹與失業的短期關係為何？

問題與應用

1. 描述下列決策者所面臨的取捨：
   a. 一個家庭在決定要不要買新車。
   b. 一位國會議員在決定國家公園的預算。
   c. 一家公司的老闆在決定要不要蓋一間新廠。
   d. 一位教授在決定花多少時間備課。
   e. 一位剛出校門的大學畢業生在決定要不要念研究所。
   f. 一位小孩年紀還小的單親媽媽在決定要不要工作。
2. 你正在決定要不要去度假。大部分的度假成本（如機票、住宿費用與少賺的薪水）都是以金額來衡量，但度假的效益則屬於心理層面的。在此情況下，你如何比較效益與成本？
3. 假設你本來要在今晚打工，但你的死黨打電話給你，要你一起去滑冰。如果你去滑冰，你的成本為何？如果你本來要在今晚準備明天的考試，那麼你去滑冰的成本又為何？
4. 你在籃球比賽的賭局中贏了 100 美元。你有兩個選擇，現在花掉這筆錢，或把它存到銀行，年利率為 5%。在此情況下，你現在花掉這筆錢的機會成本為何？

5. 你經營的公司已投資 500 萬美元開發一項新的產品，但尚未完成。最近，你的行銷人員跟你報告，競爭對手推出的產品，讓公司這項新產品的預期銷售收入降為 300 萬美元。如果公司還需花費 100 萬美元開發和生產這項產品，你是否應該繼續進行下去？你最多還願意花多少金額繼續開發並生產這項產品？

6. 假設政府將福利津貼（如中低收入戶生活津貼）的領取年數大幅調降為 2 年。
   a. 此一改變會如何影響人們的工作意願？
   b. 此一改變意味著政府在均等與效率上做了什麼樣的取捨？

7. 說明下列各項政府行動是基於均等還是效率的考量。如果是基於效率，則說明所涉及的市場失靈種類。
   a. 管制有線電視的收費。
   b. 提供窮人食物券。
   c. 公共場所禁止吸菸。
   d. 將標準石油公司（曾擁有美國 90% 以上的煉油產能）拆成數間規模較小的公司。
   e. 提高高所得者適用的所得稅率。
   f. 立法禁止酒醉駕車。

8. 從效率與均等的角度討論下列各項敘述。
   a.「社會上的每一個人都應該得到最好的醫療照顧。」
   b.「當工人被解僱時，他們應該可以在找到下一個工作之前，一直領取失業津貼。」

9. 你的父母和祖父母在和你一樣年齡時的生活水準跟你的有何不同？為什麼會有這些變化？

10. 假設人們決定多儲蓄，而存更多的存款。如果銀行把這些新增的存款借給企業去蓋新的工廠，那麼生產力的成長速度是否會提高？為什麼？你認為誰可以從更高的生產力中獲利？社會是否不需為這些獲利付出代價？

11. 在美國獨立戰爭期間，美方沒有收到足夠的稅收來支應戰爭支出，而決定印更多的鈔票。此一做法有時稱為政府在課「物價膨脹稅」（"inflation tax"）。你認為誰會因政府印更多的鈔票而被「課」到稅？為什麼？

即席測驗答案

1. a 2. c 3. b 4. d 5. c 6. b 7. d 8. d 9. a 10. b

Chapter 2 經濟學家如何思考

　　本書的目的是幫助讀者能像經濟學家一般地思考，這可以有相當大的助益。當你試圖理解新聞報導，為你的家庭或企業進行財務管理，或評估政治人物其從解決地方交通壅塞到全球氣候變遷問題的各項承諾，讀懂經濟學可以讓你能更明智且更有系統地思考，而獲致更好的結果。

　　每一門科學都發展出自己的術語與方法。例如，數學家談公理、積分與向量空間；心理學家談自我、潛意識與認知失調；律師談案發地點、侵權行為與履行承諾。經濟學家也不例外，供給、需求、彈性、比較利益、消費者剩餘、無謂損失等，是經濟學家常用的語言。在後續的章節中，你會碰到許多經濟學的專有名詞；你要確實理解它們的意義並熟悉它們如何用於解釋實際的經濟現象。

本書最重要的目的是讓你學得經濟學家的思考模式。當然，你不可能一夕之間變成經濟學家。我們在本章介紹經濟學的方法論，並在後續的章節中介紹各式各樣的理論與應用。希望愈到後面的章節，你看問題的角度與思考模式會愈來愈像個經濟學家。

2-1 經濟學家也是科學家

就初學者而言，經濟學似乎稱不上是一門科學，因為經濟學家並沒有用到試管或望遠鏡。跟其他社會科學家一樣，經濟學家研究人們的行為，這個看似每個人都可以有他自己一套主張的主題。不過，科學的本質在於**科學方法**——客觀地發展與檢測關於世界如何運作的理論。經濟學家研究一國經濟表現所使用的方法，與其他科學家研究地心引力或物種進化時所使用的方法並無不同。如愛因斯坦（Albert Einstein）所言：「整個科學不過是每日思考的精益求精罷了。」雖然愛因斯坦的評論也適用於經濟學之類的社會科學，但大多數人並不習慣以科學家的眼光來觀察社會。接下來，我們就說明經濟學的一些研究方法。

2-1a 科學方法：觀察、理論與更多的觀察

十七世紀著名的科學家與數學家牛頓（Isaac Newton），有一天看到一顆蘋果從樹上掉下來；這個觀察讓牛頓發展出萬有引力理論。此一理論不僅適用於一顆蘋果掉到地上，也適用於宇宙中的任何兩個物體。後續對牛頓理論的測試顯示，在很多情況下它都成立。因為這樣，全世界各大學的物理課程都還在教授牛頓的理論。

經濟學家也是先觀察到某一經濟現象，然後試圖發展出理論來解釋，最後利用更多的資料來檢測此一理論的解釋能力。例如，某一個經濟學家觀察到他的國家的物價快速上漲，然後就發展出一個物價膨脹理論。該理論可能主張，當政府印太多鈔票時，會引發高度的物價膨脹。為了驗證這個理論，經濟學家蒐集和分析很多國家的物價和貨幣數量的資料。如果大部分國家的貨幣成長速度與物價膨脹率毫無關係，則經濟學家會拒絕此一理論；如果相反，則經濟學家會對此一理論更具信心。

雖然經濟學家和其他科學家一樣，利用理論與觀察，但他們無法像部分自然科學家一樣，在實驗室中進行實驗來驗證理論。以物價膨脹為例，經濟學家並無法操縱一國的貨幣政策，以取得相關的資料，來分析貨幣成長與物價膨脹是否具

有顯著的正向關係。

所以，經濟學家只能在歷史所提供的自然實驗中尋找有用的資料。例如，當中東爆發戰爭而阻礙石油的輸送時，全球的油價會飆漲，進而帶動絕大多數國家物價的上漲。之後，有些國家的物價水準持續上升，有些則呈現下跌。在這樣一個全世界各個國家的物價表現具高度差異的歷史事件中，經濟學家便可進一步利用各個國家的貨幣數量資料，來驗證「貨幣成長是造成物價膨脹主因」的理論是否成立。在本書我們會提及許多歷史事件，希望讀者對相關理論的形成能有更深刻的認識。

2-1b 假設所扮演的角色

如果你問一位物理學家，一塊大理石從十樓樓頂掉到地面需多久時間，她可能會這樣回答你：「假設在真空狀態下，那麼根據公式，共需……秒。」當然，這個假設是錯誤的，從而她的答案會因為沒有考慮空氣摩擦力而不是百分之百正確。不過，她可能也會跟你講，空氣對大理石的摩擦力微小到足以忽略，所以她所作的假設可以在不損及答案正確性之下，大大地簡化問題。

經濟學家也因同樣的理由作假設：假設可以簡化複雜的世界，而使我們更容易了解這個世界。例如，為了研究國際貿易的影響，我們可能假設全世界只有兩個國家，且只有兩種商品。當然，這是一個極度簡化的假設，不過，透過此一假設，可以讓我們順利分析出為何一國會出口某一項商品並進口另一項商品，從而我們可以將分析的結果應用到有成千上萬種商品的真實世界。不管是物理學、生物學還是經濟學，科學思考的藝術都在於決定要作哪些假設。例如，如果從大樓頂樓掉下來的是沙灘球而非大理石，那麼由於此時空氣摩擦力會影響沙灘球掉落的速度，因此我們不應把空氣摩擦力給「假設掉」；換言之，我們不能作「真空狀態」的假設。

同樣地，經濟學家利用不同的假設來回答不同的問題。例如，我們想要研究政府改變流通中的貨幣數量會對經濟造成什麼樣的影響。在此一分析中，一個很重要的部分是物價會如何反應。在經濟體系中，很多價格鮮少變動；例如，書報攤的雜誌價格可能幾年才變動一次。了解這個事實讓我們在研究政策效果時，會針對不同長度的期間做出不同的假設。例如，在分析政策的短期效果時，我們可能假設物價不會有大幅度變動，我們甚至會做出所有價格完全固定不變的極端假設；但在分析政策的長期效果時，我們可能會假設所有的價格是完全自由波動的。就像物理學家在研究掉落的大理石與沙灘球時，使用不同的假設一樣，經濟

學家在研究貨幣數量變動的長短期效果時，也會採用不同的假設。

2-1c 經濟模型

高中生物老師用塑膠製的人體模型來教基本解剖。這些模型包括所有的主要器官：心臟、肝臟、腎臟等。透過這些模型，老師可以用簡單易懂的方式告訴學生，人體如何運作。當然，沒有人會把這些塑膠模型當作真人。這些模型高度格式化，且忽略很多細節，不過，正因為如此，這些模型讓人對人體如何運作一目瞭然。

經濟學家也利用模型來認識世界，只不過這些模型並不是塑膠做的，而是由圖形與方程式所建構而成的。如同人體模型，經濟模型也忽略許多細節，從而能彰顯出真正重要的部分。就像人體模型並未包括每一條肌肉與微血管，經濟模型也並未包括經濟體系的每一個細節。

當我們在本書利用模型來研究不同的經濟議題時，你會看到所有模型都是建立在一些假設上。就像物理學家在分析掉落的大理石時，一開始就假設摩擦力不存在一樣，經濟學家也把與研究議題不相干的許多經濟細節給假設掉。總之，所有的模型──不管是物理學、生物學還是經濟學的──都簡化真實的情況以增進我們對它們的了解。

2-1d 我們的第一個模型：循環流程圖

經濟體系包括數以百萬計的人們，從事很多活動──購買、銷售、工作、僱用、製造……。為了解經濟體系如何運作，我們必須要找出可以簡化我們對所有經濟活動的思考的一些方法；換言之，我們需要一個能夠解釋經濟體系如何組成以及人們在經濟體系中如何互動的模型。

圖 1 呈現一個經濟體系的視覺模型，稱為**循環流程圖**。在此一模型中，經濟體系簡化成只包括兩類決策者──廠商（firms）與家戶（households）。廠商使用生產投入，如勞動、土地與資本（建築物與機器）來生產商品與服務。這些生產投入稱為**生產要素**（factors of production）。家戶擁有生產要素並消費廠商所生產的所有商品與服務。

家戶與廠商在兩類市場中互動。在**商品與服務市場**（markets for goods and services），家戶是買者，而廠商是賣者；在**生產要素市場**（markets for the factors of production），家戶是賣者，而廠商是買者。因此，在圖 1 的簡單循環流程圖中，整個經濟體系只包括家戶與廠商兩個部門，且它們在不同的市場中扮演不同的角

循環流程圖
circular-flow diagram
一個顯示金錢如何透過市場在家戶和廠商之間流轉的經濟體系視覺模型

圖 1　循環流程圖

```
                    收益  ←——  商品與服務市場  ——→  支出
                              ·廠商銷售
                              ·家戶購買
       銷售商品                                         購買商品
       與服務                                           與服務

    ┌─────────────┐                              ┌─────────────┐
    │   廠商      │                              │   家戶      │
    │·生產並銷售商品│                              │·購買並消費商品│
    │  與服務      │                              │  與服務      │
    │·僱用並使用生產│                              │·擁用並出售生產│
    │  要素        │                              │  要素        │
    └─────────────┘                              └─────────────┘

                                                       勞動、
                                                       土地與
       生產要素  ←——  生產要素市場  ←——              資本
                     ·家戶銷售
                     ·廠商購買
    工資、地租與利潤                                 所得

                                    ——→ = 投入與產出的流動
                                    ——→ = 金錢的流動
```

本圖是經濟體系其組織的圖解說明。假設經濟體系只包含家戶與廠商兩個部門。家戶與廠商在商品與服務市場（家戶是買者而廠商是賣者）以及生產要素市場（廠商是買者而家戶是賣者）中互動。外圈的箭頭顯示金錢的流向，而內圈的箭頭顯示對應的投入與產出的流向。

色。循環流程圖的內圈代表投入與產出的流向。在生產要素市場中，家戶銷售它們的勞動、土地與資本給廠商，廠商再利用這些要素來生產商品與服務，接著再將生產出來的商品與服務在商品與服務市場中賣給家戶。因此，生產要素由家戶流向廠商，而商品與服務則由廠商流向家戶。

循環流程圖的外圈代表對應的金錢流向。家戶花錢向廠商購買商品與服務，廠商則將部分的銷貨收入支付給生產要素，如勞工的工資；剩下來的部分便是股東的利潤，而股東本身也是家戶的成員。因此，商品與服務的支出由家戶流向廠商，而工資、利息與利潤等形式的所得則由廠商流向家戶。

接下來我們以購買咖啡為例，來看上一段所提的金錢流向。想像你用皮夾中的百元鈔票買了一杯咖啡。當這張鈔票進到咖啡店的收銀機時，它就變成廠商的收益（revenue）。但這張鈔票並不會在咖啡店停留太久，因為老闆會用它來支付

他所使用的生產要素，例如，付房租或員工薪水；它也可能變成老闆了利潤。不管是哪一種情況，這張鈔票變成某一家戶的所得，而再度進到某人的皮夾裡，從而再度展開循環流程圖外圈的旅程。

圖 1 的循環流程圖是經濟體系的一個簡化模型，它排除了現實世界中的政府部門與國外部門，而讓我們更容易了解商品與服務、生產要素以及金錢基本上是如何流動的，同時，也讓我們更容易了解人們在不同的市場中如何互動。就了解經濟體系基本上如何運作這個目標而言，考慮進政府部門與國外部門以及其他細節只是讓問題變得更複雜而已，並沒有太多實質助益。循環流程圖是經濟學一個相當基本且重要的模型，讀者應牢記。

2-1e 我們的第二個模型：生產可能曲線

不像循環流程圖，大部分的經濟模型都會用到數學工具。在此我們介紹其中一個最簡單的模型，稱為生產可能曲線，來說明一些經濟基本概念。

生產可能曲線
production possibilities frontier
一個顯示在當前可使用的生產要素數量與生產技術水準下，經濟體系所可能生產的不同產出組合的圖形

雖然實際的經濟社會生產數以千計的商品與服務，但讓我們假設經濟體系只生產兩種商品──汽車與電腦。汽車產業與電腦產業合起來使用所有的生產要素。**生產可能曲線**是在當前可使用的生產要素數量與生產技術水準下，經濟體系所可能生產的不同產出組合的圖形。

圖 2 顯示在只有汽車與電腦兩種商品下的生產可能曲線。在這個經濟體系中，如果所有的資源都用來生產汽車，它每天可以生產 1,000 輛汽車與 0 台電腦；

圖 2　生產可能曲線

生產可能曲線顯示經濟體系所可能生產的不同產出組合。在本例中，只考慮汽車與電腦兩種商品。經濟體系可以在線上或線內生產；線外的生產點不是經濟體系在當前的資源與技術水準下可以達成的。

如果都用來生產電腦，它可以生產 3,000 台電腦與 0 輛汽車。生產可能曲線的兩個端點代表這兩種極端情形。

比較有可能的情況是，經濟體系將資源分配在這兩個產業，從而我們可以得出生產可能曲線上其他不同的點。例如，A 點所表示的 600 輛汽車與 2,200 台電腦；或是藉由將部分資源由電腦產業移向汽車產業而生產出 700 輛汽車與 2,000 台電腦的 B 點。

由於資源是稀少的，所以並不是經濟體系想生產哪一個產出組合就一定可以達成。例如，不管資源如何在這兩個產業之間分配，經濟體系無法生產 C 點所代表的汽車與電腦數量。在現行的汽車與電腦製造技術水準下，經濟體系並沒有足夠的生產要素數量可以支持該產出組合。在既有的資源與技術水準下，經濟體系可以在生產可能曲線線上或線內的任何點生產，但它並無法在線外的任何點生產。

如果經濟體系能從其有限的資源中獲得最大的產量，則此一結果稱為**有效率的**（efficient）。生產可能曲線上（而非線內）的點代表有效率的產出組合。當經濟體系在這樣一個點上面生產時，如 A 點，若要多生產一種商品，則必須減少另一種商品的生產。D 點則代表**無效率的**（inefficient）生產點；一個可能的原因是失業情況比較嚴重，因此只生產 300 輛汽車和 1,000 台電腦。如果造成無效率的原因能夠清除，那麼經濟體系可以同時增加兩種商品的產量。例如，從 D 點移至 A 點，汽車的產量可以增加 300 輛且電腦的產量可以增加 1,200 台。

第 1 章所提到的**經濟學十大原理**之一是：人們面臨取捨。生產可能曲線顯示社會所面臨的一種取捨。當經濟體系已經在線上生產時，要增加一種商品的產量（取），必須以減少另一種商品的產量為代價（捨）。例如，當經濟體系由 A 點移至 B 點時，汽車產量增加 100 輛，但這是以電腦產量減少 200 台為代價。

這個取捨也幫助我們了解另一個**經濟學十大原理**：天下沒有白吃的午餐。當經濟體系由 A 點移至 B 點時，汽車產量增加 100 輛，但電腦產量減少 200 台。這 200 台電腦即是那 100 輛汽車的機會成本；換言之，此時 1 輛汽車的機會成本是 2 台電腦。此一機會成本可以用 A 點切線的斜率（取絕對值）來表示。

一輛汽車以電腦數量所表示的機會成本並不是固定的，而是決定於當時經濟體系所生產的汽車與電腦數量。由於圖 2 的生產可能曲線是向外凸出的，所以當經濟體系生產大量的汽車與少量的電腦時，如在 E 點，生產可能曲線的切線就比較陡；換言之，此時多生產一輛汽車的機會成本就比較大。相反地，如果經濟體系只生產少量的汽車，如 F 點，那麼此時多生產一輛汽車的機會成本就比較小。

經濟學認為生產可能曲線通常具有這樣的凸出形狀。當經濟體系將大部分的資源用來生產電腦時，如在 F 點，那些最適合用在生產汽車的資源，如熟練的汽車工人，也都被用在生產電腦。在此情況下，如果經濟體系將這些工人移至生產汽車，那麼電腦產量的減少幅度可能因這些工人不擅長生產電腦而不致太大；換言之，此時以電腦減產數量所表示的多生產一輛汽車的機會成本並不大。相反地，如果原先經濟體系在 E 點生產，那麼那些最適合用於生產汽車的資源都已用在汽車產業，且留在電腦產業的是製造電腦的頂尖高手。這時候如果還要增產汽車，則必須將部分電腦製造高手移出電腦產業；這意味著電腦的減產數量會比較大，亦即此時多生產一輛汽車會有比較大的機會成本。

生產可能曲線所顯示的不同商品間的取捨關係是會隨時間經過而改變的。例如，當電腦產業發生技術進步時，每個工人每週的產量會提高。這意味著如果汽車的產量不變，則電腦的產量可以增加；換言之，此時的生產可能曲線，如圖 3 所示，除了橫軸的端點外，會往外移。

此一移動顯示一國的經濟成長。至於最後的生產點會位於新的生產可能曲線上的哪一點，則決定於社會對這兩種商品的偏好。在圖 3 的例子裡，社會從 A 點移至 G 點，而多了 50 輛汽車與 100 台電腦。

生產可能曲線簡化了複雜的經濟體系而突顯出一些基本但有用的經濟概念：

圖 3　生產可能曲線的移動

電腦產業的技術進步使經濟體系能在任何給定的汽車產量下生產更多的電腦，從而生產可能曲線往外移。如果經濟體系由 A 點移至 G 點，則汽車與電腦的產量都會同時增加。

稀少性、效率、取捨、機會成本與經濟成長。這些概念會在本書以不同形式不斷地出現；生產可能曲線提供一個思考這些概念的簡單方式。

我們可以利用生產可能曲線來理解最近幾年臺灣半導體產業的蓬勃發展對臺灣經濟所造成的一些影響。

當 Covid-19 疫情爆發時，由於人們會減少外出，遂造成「宅經濟」的昌盛，從而使資通訊產品的需求增加（在家上班或上課會用到電腦、在家玩遊戲會用到電腦或手機），進而讓半導體產品（如電腦晶片與手機晶片）的需求與產出也跟著增加，也讓半導體廠商（如台積電）積極擴廠，而讓臺灣 2021 年的經濟成長率高達 6.53%，高於全世界的 6.1%。

不過，由於在短期，經濟體系的生產要素數量是固定的，所以，臺灣半導體產業的蓬勃發展所造成的生產要素雇用量增加，意味著有些產業其所能僱用到的要素數量會減少，而造成其產出的減少。如果我們將圖 2 的橫軸變數改成半導體產量，且將縱軸變數改成非半導體產量，則以上的內容意味著生產點由 A 點移至 B 點。

尤有甚者，臺灣半導體廠商開出高薪積極搶人也讓大學相關研究所的博士班學生人數變少[1]（博士畢業生擔任教職其年薪通常不到新臺幣 100 萬元，但台積電具碩士學位的新進員工的平均年薪上看新臺幣 200 萬元[2]），從而不利於臺灣未來基礎科學與應用科學的研究能量（大學教師招不到可以協助其研究的足額博士班學生）。

2-1f 個體經濟學與總體經濟學

傳統上，經濟學分成兩個主要的次領域：個體經濟學與總體經濟學。**個體經濟學**研究家戶與廠商如何做決策以及它們如何在特定的市場中互動；**總體經濟學**則研究整體經濟現象。個體經濟學家可能研究基本工資對就業市場的影響，或開放國外產品進口對本國相關產業的衝擊，或義務教育對勞工薪資的影響。總體經濟學家可能研究政府舉債的影響，或一國失業率的長期走勢，或提升國民生活水準成長速度的不同政策。

個體經濟學
microeconomics
研究家戶與廠商如何做決策以及它們如何在市場中互動的經濟學次領域

總體經濟學
macroeconomics
研究包括物價膨脹、失業與經濟成長等整體經濟現象的經濟學次領域

---

[1] 根據教育部統計，110 學年博士班招生數為零的相關系所包括臺灣大學綠色永續材料與精密元件博士學位學程博士班、成功大學奈米積體電路工程博士學位學程博士班、中央大學材料科學與工程研究所工學博士班、電機工程學系產業博士班、機械工程學系工學博士班、工業管理研究所博士班等。（《聯合新聞網》，2021 年 12 月 28 日）

[2] 《中央社》，2022 年 3 月 5 日。

個體經濟學與總體經濟學是緊密關聯的，因為數以百萬計的個人其決策會影響一個經濟的整體表現。因此，如果我們不了解個體經濟決策，是無法了解總體經濟發展的。例如，一個總體經濟學家可能研究所得稅的調降對整體產出的影響；要分析此一議題，他或她必須考慮減稅會如何影響家戶的支出決策。

雖然個體經濟學與總體經濟學在本質上是相關聯的，不過由於它們所探討的問題不同，所以這兩個領域各有其模型，也通常在不同的課程中教授。

即席測驗

1. 經濟模型
   a. 是複製經濟體系之運作的機器。
   b. 巨細靡遺地描述實際的經濟體系。
   c. 是經濟體系某一面向的簡化描述。
   d. 是預測經濟體系之未來的電腦程式。
2. 在循環流程圖中的生產要素市場，
   a. 廠商是買者而家戶是賣者。
   b. 廠商是賣者而家戶是買者。
   c. 廠商和家戶都是買者。
   d. 廠商和家戶都是賣者。
3. 生產可能曲線線內的點是
   a. 有效率的，但無法達成。
   b. 可以達成的，但無效率。
   c. 既有效率又可以達成的。
   d. 既無效率又無法達成的。
4. 下列何者**不**屬於個體經濟學的研究範疇？
   a. 對香菸增稅對青少年吸菸行為的影響。
   b. 微軟的市場影響力對軟體價格的影響。
   c. 反貧窮計畫能否有效減少無家可歸者的人數。
   d. 政府預算赤字對經濟成長的影響。

（答案在章末）

2-2 為何經濟學家意見不一

經濟學家意見不一致且五花八門，使得經濟學家常常成為笑話中的主角。有一幅漫畫曾這樣畫著：有一個人拿著一張地圖向走在一起的四個經濟學家問路，結果那四個經濟學家各指著東南西北四個不同的方向。

為何經濟學家意見會那麼容易分歧，而讓政策制定者無所適從？有兩個基本原因：

- 經濟學家對關於世界如何運作的理論其有效性有不同的看法。
- 經濟學家可能有不同的價值觀，因而對政策應有的目標有不同的看法。

以下依序討論這些原因。

CHAPTER 2　經濟學家如何思考

如是我聞：為何科技公司會僱用經濟學家

很多高科技公司發現，經濟學家有助於提升其決策品質。

再見，象牙塔。哈囉，矽谷黃金屋
（Goodbye, Ivory Tower. Hello, Silicon Valley Candy Store）

史提夫‧羅爾（Steve Lohr）撰[1]

多年來，企業界一直持續僱用經濟學家。他們的主要工作是研究總體經濟趨勢，包括經濟波動與即期匯率等，並提供應對對策給雇主。愈來愈多的高科技公司，如 Amazon、Facebook、Google、Microsoft、Airbnb、Uber、Netflix 等，也開始僱用經濟學家，但他們的主要工作不在研究總體經濟趨勢，而是研究消費資料，以幫助公司做出聰明決策，而提升它們在廣告、電影、音樂、旅遊與住宿等線上領域的市場地位。

這些經濟學家可能精通大數據分析與行為經濟學，他們跟電腦科學家與企業界人士一起合作，試圖解答以下的問題：廣告的有效性？折扣戰的可能結果？人們會提前多久訂房？訂房習慣是否會有年齡、性別與國籍的差別？如何解決雲端服務的尖峰負載？……。

簡單地說，雖然最後的決定權不在經濟學家，但經濟學家可以影響企業的決策。

討論題目

1. 想出一些你曾購買過其產品或服務的企業。你認為經濟學家可以對這些企業有什麼樣的貢獻？
2. 在大學學過經濟學之後，你認為在哪些行業工作會是最有趣的？

原文出處：*New York Times*, September 4, 2016.

---

[1] 原文經本書譯著者大幅改寫。

2-2a 不同的科學判斷

幾個世紀以前，天文學家為地球或太陽才是太陽系的中心而爭論不休。最近，氣象學家為地球是否正面臨全球暖化現象而吵個不停；即使是持贊同意見的，對形成原因也有不同的主張。人本身就很複雜，更何況是由很多人所組成的社會。經濟現象是社會現象的一種，經濟現象有時也很複雜，而經濟學又是一門年輕的科學，因此，經濟學家會有眾多不同的意見也就不足為奇了！

經濟學家有時候會有不同的意見是因為他們對不同理論的有效性，或對衡量經濟變數間如何關聯的重要參數其值的大小，有不同的直覺想法。例如，經濟學家對政府應該對家戶的所得還是消費課稅就有不同的意見。贊成從現在的所得稅制改成消費稅制的人認為，這樣的改變可以鼓勵家戶少消費而多儲蓄，而使整個社會可以有更多的資金用於投資，從而可以促進生產力與生活水準更快速地成長。贊成維持目前所得稅制的人則主張，家戶儲蓄不會因稅制改變而有太大的變

化。因此，這兩派經濟學家意見之所以不同，是因為他們對於稅制改變對家戶儲蓄的影響有不同的看法。

2-2b 價值觀不同

假設阿甘和志明都從鎮上的水井汲取相同數量的水。為了維護水井，小鎮決定向居民課稅。阿甘的所得是 150,000 美元，被課 10% 或 15,000 美元的稅；志明的所得是 30,000 美元，被課 20% 或 6,000 美元的稅。

這個政策你認為公平嗎？如果不公平，是誰繳了太多的稅？你的看法是否會因志明所得低是因為他身體殘障或好吃懶做而改變，或是否會因阿甘所得高是因為他繼承大筆遺產或他從事危險性工作而改變？

根據你的價值觀，你可能會認為，管他錢從哪裡來，有錢人多繳稅是天經地義的事。你也可能會認為，有錢難道是一種罪過？為什麼大家喝同量的水，有錢人就要多繳稅？由這個簡單的例子可以了解，經濟學家有時會因價值觀不同而對公共政策有不同的主張。即使經濟學變得再完美，它對上述問題還是不會有「標準答案」的。

再舉一例。你是否贊成政府調降遺產稅稅率？為什麼？你的答案是否與你的價值觀有關？有些經濟學家贊成，是因為此一政策可以讓先前為了規避高遺產稅稅率而滯留海外的資金大舉回流，而有助於經濟繁榮，且因此增加的稅收可以彌補因遺產稅稅率調降所減收的稅收。有些經濟學家則認為上述經濟學家的看法過於樂觀（所持的原因可能是香港與新加坡不課遺產稅），而認為不單政府稅收會減少且未來的貧富差距會擴大。這個例子說明了為何經濟學家會因「科學判斷的不同」或「價值觀不同」而有不同的意見。

2-2c 認知與實際

雖然經濟學家的意見時常不一致，但我們也不用誇大經濟學家意見分歧的程度。事實上，在不少情況下，經濟學家的意見還是相當一致的。

以「房租上限降低租屋數量與品質」這個命題為例，在一份針對美國經濟學家的問卷調查中，有高達 93% 的受訪者同意。房租管制為對房東所收取的房租設法定上限的政策。幾乎所有的經濟學家都認為，房租管制對租屋的數量與品質有不利影響，且需耗費相當大的成本才能幫助到社會最有需要的成員。不過，美國有很多市政府不理會經濟學家的忠告，仍設房租上限。

再以「關稅與進口限額通常會使整體的經濟福祉降低」這個命題為例，也是

有高達93%的受訪經濟學家同意。關稅與進口限額（import quotas）這兩項政策都具有限制進口的效果。我們在本書後面會詳細說明，為何絕大多數的經濟學家會反對設立貿易障礙。不過，長期以來，美國政府經常採取限制某些商品進口的政策。

如果專家都反對，那麼政府為何仍會一意孤行？一個可能的原因是，經濟學家並未說服社會大眾這些政策是不當的。本書的目的之一即在於讓你了解經濟學家對這些議題與其他議題的觀點，並說服你這些觀點是正確的。

聽專家怎麼說　門票轉售（Ticket Resale，俗稱「黃牛票」）

「限制表演活動和運動賽事其門票轉售的法令通常會讓這些活動的可能觀眾其福祉降低。」

經濟學家這麼說：
- 8% 不同意
- 12% 不確定
- 80% 同意

資料來源：IGM Economic Experts Panel, April 16, 2012.

即席測驗

5. 經濟學家有時候會有不同意見是因為他們
   a. 對不同理論的有效性有不同的直覺想法。
   b. 對重要參數其值的大小有不同的判斷。
   c. 有不同的價值觀。
   d. 以上皆是。

6. 如果稅制從現在的所得稅制改成消費稅制，則下列敘述何者錯誤？
   a. 整個社會可以有更多的資金用於投資。
   b. 這樣的改變可以鼓勵家戶多消費。
   c. 可以促進生產力更快速地成長。
   d. 以上敘述皆正確。

（答案在章末）

2-3 經濟學之旅即將展開

本書前兩章介紹了經濟學的觀念與研究方法。在後續的章節，我們會更詳細介紹經濟行為的原理與政府政策。在出發之前，讓我們先看下一段由偉大的經濟學家凱因斯（John Maynard Keynes）所提的忠告：

> 經濟學的學習似乎不需要任何特殊的天賦，不過，它又似乎沒那麼簡單。此一矛盾現象或許可以從要成為經濟學大師必須擁有罕見的天賦組合找到答案。在某種程度上，他必須是數學家、歷史學家、政治家、哲學家。他必須了解符號並轉說其意義。他不單要能見樹也要能見林，且能夠抽象與具體並蓄。他必須要能以古鑑今並放眼未來。他必須留意人類的本質與社會制度。他必須有決心但同時是無私的；如藝術家般地孤傲與廉潔，但有時必須像政客般地世俗。

它是一個高標準。不過，經由練習，你的思考模式會愈來愈像個經濟學家，而能比沒學過經濟學的人更能深入看問題。例如，一般選民會問候選人：「牛肉在哪裡？」但學過經濟學的人會問：「端出牛肉的錢在哪裡？」畢竟，天下沒有白吃的午餐。

再例如，一般民眾可能會上破窗謬誤（broken window fallacy）的當。破窗謬誤講的是：有一名小混混拿磚頭砸破了麵包店的窗戶；很多人過來看熱鬧。這時候有人告訴麵包店老闆：「凡事要往好處想。你換玻璃，可以增加玻璃店老闆的收入。他收入增加後，支出也會隨之增加；他所增加的支出又會使別人的所得增加。以此類推，整個社會的所得與就業水準會因破了一扇窗戶而增加，且破的窗戶愈大，所得與就業的增加幅度就愈大。」

但經濟系的學生不會上這樣的當。他們會說：「嗨！等一下！」如果麵包店老闆沒有花錢修窗戶，他可以把錢拿來買新西裝，從而西裝店的老闆會有更多所得與支出，以此類推。所以，破窗戶並不會使淨支出增加，它只是讓支出由西裝轉到玻璃罷了；或是說，破窗戶並沒有創造新的活動，只是讓活動不同而已。人們看到的是窗戶破了以後的活動，而看不到窗戶沒破時的活動。

破窗謬誤以許多種形式存在。例如，在經濟不景氣時，不少人會要求政府要盡其所能地創造就業。但如果政府要讓就業能很快增加，勢必要增加政府支出。政府支出增加的財源來自於現在稅收或未來稅收的增加，這會使現在稅後所得或未來稅後所得減少，從而民間支出會因為政府增稅而減少，而使得社會的淨支出可能不會因政府支出增加而增加。這就跟窗戶破了之後，麵包店老闆的支出由原先購買西裝轉向修理玻璃，但社會淨支出並沒有增加的道理一樣。

總之，經濟學是一門研究人們如何做決策的科學：你更清楚別人如何做決策，可以提高你的決策的正確度。

摘要

- 經濟學家嘗試以科學的客觀態度來分析問題。就像所有的科學家，他們作適當的假設並建構簡化的模型來了解周遭的世界。兩個簡單的經濟模型是循環流程圖與生產可能曲線。
- 經濟學分為兩個次領域：個體經濟學與總體經濟學。個體經濟學研究家戶與廠商如何做決策以及它們在市場中如何互動。總體經濟學研究影響整體經濟的力量與趨勢。
- 經濟學家會因科學判斷不同與價值觀不同而提出不同的政策建議。有時候，經濟學家對某些政策效果有高度共識，但政策制定者可能不予理會。

複習題

1. 為何經濟學是一門科學？
2. 為何經濟學家會作假設？
3. 經濟模型是否應該巨細靡遺地描述實際情況？
4. 各舉出一種你家在生產要素市場與產品市場與他人的互動方式。
5. 舉出一種簡化的循環流程圖未涵蓋的經濟互動方式。
6. 畫出並說明一個只生產牛奶與餅乾的經濟體系其生產可能曲線。如果發生了牛瘟而造成乳牛數目減半，則生產可能曲線會如何變動？
7. 利用生產可能曲線描述「**效率**」概念。
8. 經濟學分為哪兩個次領域？它們各研究什麼？
9. 為何經濟學家會有不同的政策建議？

問題與應用

1. 畫出循環流程圖。就下列各項活動，指出模型中對應的商品與服務的流向以及金錢的流向部分。
   a. 阿丹花了 1 美元買一瓶牛奶。
   b. 阿甘在工廠工作每小時賺 8 美元。
   c. 阿嬤剪頭髮花了 40 美元。
   d. 阿桃賺了 20,000 美元的股利。
2. 假設一個經濟體系只生產大砲和奶油。
   a. 畫出此一經濟體系的生產可能曲線。利用機會成本的概念說明為什麼它的形狀是向外凸出的。
   b. 指出此一經濟體系無法達成的生產點。指出此一經濟體系可達成但無效率的生產點。
   c. 想像此一社會有兩個政黨：鷹派（主張大砲多一點）與鴿派（主張大砲少一點）。在生產可能曲線上，點出這兩派可能選擇的生產點。
   d. 假設敵對的鄰國裁減軍隊，因此，兩派都降低他們所希望的大砲數量，且降幅

一樣。如果以奶油產量的增加來衡量，則在哪一派主政下，社會可以獲得較大的「和平紅利」？請說明。

3. 第 1 章提到的第一個經濟學原理是「人們面臨取捨」。利用生產可能曲線說明社會在乾淨環境與工業產量之間所面臨的取捨。生產可能曲線的形狀與位置的決定因素為何？如果一工程師發明一種可以減少污染排放量的新發電方法，則生產可能曲線會如何變動？

4. 假設一經濟體系有三位勞工：悟空、悟能與悟淨。每人每天工作 10 小時，且提供兩種服務：除草和洗車。在每一小時，悟空可以除一片草或洗一輛車；悟能可以除一片草或洗兩輛車；悟淨可以除兩片草或洗一輛車。

   a. 計算在下列 A、B、C 與 D 四種情況下，各項服務的提供數量：
   - 三人都將時間用來除草。（A）
   - 三人都將時間用來洗車。（B）
   - 三人都花一半時間在各項活動上。（C）
   - 悟空花一半時間在各項活動上，悟能只洗車，而悟淨只除草。（D）

   b. 畫出此一經濟體系的生產可能曲線。利用（a）小題的答案，點出 A、B、C 與 D 四點。

   c. 說明你所畫的生產可能曲線形狀。

   d. 在（a）小題中的四個數量組合，是否存在無效率的情形？請說明。

5. 指出下列各項議題是屬於個體經濟學還是總體經濟學的研究範圍。
   a. 一個家庭的儲蓄決策。
   b. 政府管制汽車廢氣排放量的影響。
   c. 一國儲蓄增加對經濟成長的影響。
   d. 廠商的勞工雇用量決策。
   e. 物價膨脹率與貨幣數量變動率之間的關係。

6. 假設一經濟體系只生產手機與電腦兩種商品，只有勞動一項生產要素，且共有 10 名勞工。再假設各名勞工每天可生產 2 支手機或 1 台電腦。
   a. 畫出此一經濟體系每天的生產可能曲線。
   b. 假設手機產業發生技術進步（電腦產業技術不變），而使得每位勞工每天可生產 3 支手機。畫出此一情況下的生產可能曲線。
   c. 假設電腦產業發生技術進步（手機產業技術維持在一開始的水準），而使得每位勞工每天可生產 2 台電腦。畫出此一情況下的生產可能曲線。
   d. 假設政府開放手機廠商僱用外籍勞工，名額 10 名，且每位外勞每天可生產 1 支手機（國內勞工每天可生產 2 支手機或 1 台電腦）。畫出國內手機廠商引進 10 名外勞下的生產可能曲線。

即席測驗答案

1. c 2. a 3. b 4. d 5. d 6. b

Chapter 3
相互依存與交易利得

想想你典型的一天。早上醒來，盥洗完後，穿好衣服，騎腳踏車去吃早餐；吃完後去上課，然後再吃中餐；下午去打球，然後再去吃晚餐。當了一天的「老外」（三餐在外）後，你可能去家教，或回到寢室打電動或上網；有時候，你老媽會打你手機「噓寒問暖」。

在這樣的一天當中，你享用了多少商品與服務？有些商品與服務甚至是由國外進口來的。例如，你的手機、你用的毛巾、你穿的衣服和運動鞋，以及你喝的由美國進口的大豆所做成的豆漿。可以想像的，如果沒有人提供你所享用的這些商品與服務，你就不會有現在的生活水準；而別人也會因你在家教或打工，而享用你所提供的服務。因此，由於人們彼此交易，所以形成了相互依存（interdependence）關係。當然，絕大多數

的人並不是基於慷慨或慈悲而提供你商品與服務，也不是政府要他們這麼做，而是他們可以從交易中獲得報酬。

為何人們會有經濟上的相互依存關係？在第 1 章所介紹的**經濟學十大原理**之一是：交易可以讓每個人變得更好。此一原理可以解釋為何人與人之間以及國與國之間會進行交易。在本章，我們會更詳細說明此一原理，包括：為何人們會選擇彼此相互依存？以及人們進行交易時，他們究竟獲得什麼好處？

3-1 現代經濟寓言

為了解人們為何會選擇依賴別人所提供的商品與服務，以及此一選擇如何改善他們的生活，讓我們看下面的簡單經濟體系。想像世界上只有兩種商品：牛肉和馬鈴薯，且世界上只有兩個人：名叫阿信的牧牛人和名叫鹹蛋的農夫，他們都喜歡吃牛肉與馬鈴薯。以下是幾種可能的情況：

第一種情況是阿信只生產牛肉而鹹蛋只生產馬鈴薯，但他們不進行交易，那麼阿信在吃了幾個月的烤牛肉、燉牛肉、滷牛肉和鐵板牛肉之後，他會受不了。同樣地，鹹蛋在吃了幾個月的馬鈴薯泥、炸馬鈴薯、烤馬鈴薯和焗烤馬鈴薯之後，他也會受不了。顯而易見地，交易可以讓他們都能享受更豐盛的餐點：牛排配烤馬鈴薯，或漢堡配薯條。

第二種情況是，阿信與鹹蛋都同時生產牛肉與馬鈴薯，只不過他們各自都只擅長一項產品。例如，鹹蛋很會種馬鈴薯但不太會牧牛，阿信則很會牧牛，但他的土地並不適合種馬鈴薯。在此情況下，如果他們各自多生產他們拿手的產品，然後進行交易，他們也都可以從交易中獲利（或稱彼此都會有交易利得）。

第三種情況是，其中一個人不管是生產牛肉還是馬鈴薯都比另一個人在行。例如，不管是牧牛還是種馬鈴薯，阿信都比鹹蛋厲害。這時候阿信還願意跟鹹蛋進行交易嗎？如果願意，那麼他們又會各自生產哪一項產品？我們利用生產可能曲線來回答這個問題。

3-1a 生產可能

假設鹹蛋和阿信每天都工作 8 小時，且這 8 小時可以用來種馬鈴薯、牧牛或兩件事都做。圖 1（a）顯示兩人生產 1 公斤的牛肉與 1 公斤的馬鈴薯所需要的時間。鹹蛋生產 1 公斤的牛肉需 60 分鐘，1 公斤的馬鈴薯需 15 分鐘；阿信生產 1 公斤的牛肉只需 20 分鐘，1 公斤的馬鈴薯只需 10 分鐘。圖 1（a）的最後兩

圖 1　生產可能曲線

（a）生產機會

	生產1公斤所需的分鐘數		8小時的產量	
	牛肉	馬鈴薯	牛肉	馬鈴薯
鹹蛋	60分鐘／公斤	15分鐘／公斤	8公斤	32公斤
阿信	20分鐘／公斤	10分鐘／公斤	24公斤	48公斤

（b）鹹蛋的生產可能曲線

鹹蛋在沒有交易下的生產點與消費點。

（縱軸：牛肉（公斤）；橫軸：馬鈴薯（公斤）；端點為8與32，A點位於(16, 4)）

（c）阿信的生產可能曲線

阿信在沒有交易下的生產點與消費點。

（縱軸：牛肉（公斤）；橫軸：馬鈴薯（公斤）；端點為24與48，B點位於(24, 12)）

圖（a）顯示鹹蛋和阿信的生產機會；圖（b）顯示鹹蛋可以生產的牛肉與馬鈴薯的不同組合；圖（c）顯示阿信可以生產的牛肉與馬鈴薯的不同組合。兩條生產可能曲線的導出係依據圖（a）的數字與鹹蛋和阿信每天都工作8小時的假設。如果沒有交易，則兩人的生產可能曲線也是他們各自的消費可能曲線。

欄顯示，若阿信和鹹蛋一天8小時全部用於生產牛肉或馬鈴薯，他們這兩項產品的產量。

圖1（b）顯示鹹蛋所能生產的牛肉和馬鈴薯的不同組合。如果鹹蛋將每天的8小時工作時間全部用來生產馬鈴薯，那麼他可以生產32公斤的馬鈴薯與0公斤的牛肉（橫軸的端點代表此一產量組合）。如果鹹蛋將每天的8小時工作時間全部用來生產牛肉，那麼他可以生產8公斤的牛肉與0公斤的馬鈴薯（縱軸的端點）。如果鹹蛋各花4小時生產馬鈴薯與牛肉，那麼他可以生產16公斤的馬鈴薯與4公斤的牛肉（如A點所示）。該圖顯示這三種可能的結果與所有介於其中的其他可能結果。

此圖為鹹蛋的生產可能曲線。你可能還記得我們在第2章所介紹的生產可能曲線其形狀是向外凸出的，其原因為一項產品的機會成本隨其產量增加而提高。

但如圖 1（a）所示，不管鹹蛋已花費多少時間生產馬鈴薯，他再多花費 15 分鐘生產 1 公斤的馬鈴薯，他都必須以減少 0.25 公斤的牛肉產量為代價。換言之，鹹蛋生產 1 公斤馬鈴薯的機會成本固定為 0.25 公斤的牛肉，也可以說鹹蛋生產 1 公斤牛肉的機會成本固定為 4 公斤的馬鈴薯。因此，鹹蛋的生產可能曲線是一直線。

圖 1（c）顯示阿信的生產可能曲線。如果他將 8 小時全部用來生產馬鈴薯，那麼他可以生產 48 公斤的馬鈴薯和 0 公斤的牛肉；如果他將 8 小時全部用來生產牛肉，那麼他可以生產 24 公斤的牛肉和 0 公斤的馬鈴薯；如果他將 8 小時平分，則如 B 點所示，他可以生產 24 公斤的馬鈴薯和 12 公斤的牛肉。同樣地，阿信的生產可能曲線也是一直線。

如果鹹蛋和阿信都選擇自給自足，而不和另一人交易，則兩人可以消費的產品數量正好是兩人所生產的數量。在此情況下，生產可能曲線也是消費可能曲線（consumption possibilities frontier）。亦即，在沒有交易下，圖 1 顯示他們兩人各自可以消費的牛肉和馬鈴薯的可能組合。

雖然生產可能曲線可以告訴我們，鹹蛋和阿信所面臨的取捨，但並無法告訴我們，他們究竟會選擇哪一點進行生產和消費。要確定他們的選擇，我們需要知道兩人的偏好。我們在此假設鹹蛋選擇 A 點（16 公斤馬鈴薯和 4 公斤牛肉），而阿信選擇 B 點（24 公斤馬鈴薯和 12 公斤牛肉）。

3-1b 專業化生產和交易

吃了幾年的產品組合 B 餐後，阿信想到一個主意並跑去跟鹹蛋講：

阿信：鹹蛋，我親愛的朋友，我想跟你進行一項交易！我知道如何同時改善我們兩個人的生活。我認為你應該完全停止牛肉的生產，並把所有的時間用來生產馬鈴薯。根據我的計算，如果你一天 8 小時都生產馬鈴薯，你可以生產 32 公斤的馬鈴薯。如果我用 5 公斤牛肉跟你換 15 公斤馬鈴薯，那麼你每天可以吃到 17 公斤馬鈴薯和 5 公斤牛肉，而不是像你現在每天只吃 16 公斤馬鈴薯和 4 公斤牛肉。這樣子，這兩種食物你每天都可以多吃 1 公斤。〔為了說明他的論點，阿信拿圖 2（a）給鹹蛋看。〕

鹹蛋：對我來說，這似乎是一個很棒的交易。不過，有一點我搞不太懂：如果這交易對我是有利的，那怎麼可能同時對你也是有利的？

阿信：喔，但它對我也真的是有利的。假如我每天花 6 小時生產牛肉且花 2 小時種馬鈴薯，那麼我可以生產 18 公斤的牛肉和 12 公斤的馬鈴薯。在我用 5 公斤牛肉跟你換 15 公斤馬鈴薯之後，我總共可以吃到 13 公斤的牛肉和 27

圖 2　交易如何擴展消費機會的集合

（a）鹹蛋的生產與消費　　　　　　（b）阿信的生產與消費

- 交易下鹹蛋的消費點：A*
- 沒有交易下鹹蛋的生產點與消費點：A
- 交易下鹹蛋的生產點：(32, 0)
- 交易下阿信的生產點：(12, 18)
- 交易下阿信的消費點：B*
- 沒有交易下阿信的生產點與消費點：B

（c）交易利得：總結

	鹹蛋		阿信	
	牛肉	馬鈴薯	牛肉	馬鈴薯
沒有交易：				
生產與消費	4公斤	16公斤	12公斤	24公斤
有交易：				
生產	0公斤	32公斤	18公斤	12公斤
交易	得5公斤	給15公斤	給5公斤	得15公斤
消費	5公斤	17公斤	13公斤	27公斤
交易利得：				
消費增量	＋1公斤	＋1公斤	＋1公斤	＋3公斤

阿信所提議的交易使鹹蛋和阿信均可以消費交易前所無法達成的數量組合。在圖（a），鹹蛋在A*點消費，而不是在A點；在圖（b），阿信在B*點消費，而不是在B點。交易允許雙方都可以消費更多的牛肉和馬鈴薯。

　　　　公斤的馬鈴薯，要比我現在吃到的 12 公斤的牛肉和 24 公斤的馬鈴薯來得多。〔他拿圖 2（b）給鹹蛋看〕

鹹蛋：我不曉得耶……這交易聽起來好到讓人無法置信。

阿信：它其實也沒有那麼複雜。我把它整理成一個簡表。〔圖 2（c）〕

鹹蛋：這些計算似乎沒有問題，但我還是有點搞不懂，為什麼這個交易可以讓你我都變得更好？

阿信：這是因為你比較在行的是生產馬鈴薯，而我比較在行的是生產牛肉。在我

的提議下，你會花較多的時間生產馬鈴薯，而我會花較多的時間生產牛肉。換句話說，我們會專業化生產我們所在行的產品，因此，我們兩個人合起來的生產力會提升；亦即我們不需要增加工作時間就可以使牛肉和馬鈴薯的產量增加，從而在交易之後，這兩種產品我們兩個人的消費量都得以增加。

即席測驗

1. 在鹹蛋和阿信進行交易之前，
   a. 其消費點位於生產可能線之內。
   b. 其消費點位於生產可能線之上。
   c. 其消費點位於生產可能線之外。
   d. 他們消費相同數量的牛肉與馬鈴薯。

2. 在鹹蛋和阿信進行交易之後，
   a. 其消費點位於生產可能線之內。
   b. 其消費點位於生產可能線之上。
   c. 其消費點位於生產可能線之外。
   d. 他們消費相同數量的牛肉與馬鈴薯。

（答案在章末）

3-2 比較利益：專業化生產的驅動力

阿信關於交易利得的解釋，雖然是正確的，但仍有一點令人感到困惑：不管是牛肉還是馬鈴薯，阿信的生產力都要比鹹蛋來得高，那為什麼阿信要少生產馬鈴薯，而由鹹蛋多生產？要解決這個困惑，我們需要了解**比較利益**（comparative advantage）原則。

讓我們先思考下列的問題：在我們的例子中，鹹蛋還是阿信可以用比較低的成本生產馬鈴薯？這有兩個可能的答案。這兩個答案可以解答上述的困惑，也是了解交易利得的關鍵。

3-2a 絕對利益

回答上述問題的一個方法是比較兩人生產馬鈴薯所需的投入。在比較一個人（其實也包括廠商或國家）的生產力和另一個人的生產力時，經濟學家使用**絕對利益**這個概念。若某一個生產者生產某產品所需的生產投入數量比較少，則我們稱該生產者對生產該產品具有絕對利益。

在我們的例子中，時間是唯一的投入，所以我們透過比較兩人生產 1 公斤的牛肉和生產 1 公斤的馬鈴薯所需的時間，就可以看出哪一個人對哪項產品具有絕對利益。從圖 1（a）可以看出，不管是牛肉還是馬鈴薯，阿信生產所需的時間都要比鹹蛋來得少，因此，阿信同時對牛肉和馬鈴薯具有絕對利益，也因

絕對利益
absolute advantage

比其他生產者使用較少投入生產某產品的能力

此，如果我們以生產投入數量的多寡來衡量成本，則阿信生產馬鈴薯的成本要比鹹蛋來得低。

3-2b 機會成本和比較利益

我們也可以從另一個角度來看馬鈴薯的生產成本，那就是比較機會成本，而不是比較所需的生產投入數量。我們在第 1 章曾提到，某物的**機會成本**是獲取該物所付出的總代價。在我們的例子中，我們假設鹹蛋和阿信每天都工作 8 小時。因此，在工作時間固定下，如果兩人花多一點的時間生產馬鈴薯，那麼他們用於生產牛肉的時間就會變少，從而牛肉的產量會減少。這一點可以由生產可能曲線線上的移動來理解。

機會成本
opportunity cost
為獲取某物所付出的總代價

就阿信而言，根據圖 1（a），他花 10 分鐘生產 1 公斤的馬鈴薯。當他多花 10 分鐘生產馬鈴薯時，他用於生產牛肉的時間就少了 10 分鐘；而他生產 1 公斤牛肉需花 20 分鐘，因此，當他多花 10 分鐘生產 1 公斤的馬鈴薯時，他的牛肉產量就少了 $\frac{1}{2}$ 公斤。所以，阿信生產 1 公斤馬鈴薯的機會成本是 $\frac{1}{2}$ 公斤的牛肉。

利用同樣的推論方式，我們也可以得到鹹蛋生產 1 公斤馬鈴薯的機會成本是 $\frac{1}{4}$ 公斤牛肉。這是因為鹹蛋生產 1 公斤馬鈴薯所需的時間僅有生產 1 公斤牛肉所需時間的 $\frac{1}{4}$。

表 1 顯示兩人生產牛肉和馬鈴薯的機會成本。如表所示，牛肉的機會成本是馬鈴薯機會成本的倒數。這是因為阿信多生產 1 公斤馬鈴薯的代價是少生產 $\frac{1}{2}$ 公斤牛肉，所以他多生產 1 公斤牛肉的代價是少生產 2 公斤馬鈴薯。同樣地，鹹蛋多生產 1 公斤馬鈴薯的代價是少生產 $\frac{1}{4}$ 公斤牛肉，所以多生產 1 公斤牛肉的代價是少生產 4 公斤馬鈴薯。

表 1　牛肉與馬鈴薯的機會成本

	機會成本	
	1 公斤牛肉	1 公斤馬鈴薯
鹹蛋	4 公斤馬鈴薯	1/4 公斤牛肉
阿信	2 公斤馬鈴薯	1/2 公斤牛肉

比較利益
comparative advantage
比其他生產者以較小的機會成本生產某產品的能力

在比較兩個人的機會成本後，我們就可以得到**比較利益**這個概念。當某一生產者為生產 X 物品所放棄的其他物品的數量較少時，亦即其生產 X 的機會成本較低時，我們稱他對生產 X 具有比較利益。就我們的例子而言，鹹蛋生產 1 公斤馬鈴薯的機會成本——$\frac{1}{4}$ 公斤牛肉，低於阿信生產 1 公斤馬鈴薯的機會成本——$\frac{1}{2}$ 公斤牛肉，所以，鹹蛋對生產馬鈴薯具有比較利益。相反地，阿信生產 1 公斤牛肉的機會成本——2 公斤馬鈴薯，低於鹹蛋生產 1 公斤牛肉的機會成本——4 公斤馬鈴薯，所以阿信對生產牛肉具有比較利益。

雖然某一個人可能對兩種商品都具有絕對利益（如我們例子中的阿信），但一個人不可能同時對兩種產品都具有比較利益。這是因為一項產品的機會成本是另一項產品機會成本的倒數，所以如果某人生產某一項產品的機會成本較低，那就表示他生產另一項產品的機會成本會較高。除非兩人有一模一樣的機會成本，否則，當某一個人對某一項產品具有比較利益時，則另一個人對另一項產品也一定具有比較利益。

3-2c 比較利益與交易

專業化生產與交易所產生的利得並非立基於絕對利益，而是立基於比較利益。當每個人都專業化生產其具比較利益的產品時，整個經濟的總產出會增加；經濟餅變大之後，每個人就有可能都變得更好。

在我們的例子中，鹹蛋花更多的時間生產馬鈴薯，且阿信花更多的時間生產牛肉。結果，兩個人合起來的馬鈴薯產量由原先的 40 公斤增加為 44 公斤，且牛肉的產量由原先的 16 公斤增加為 18 公斤。鹹蛋和阿信共享此一產量增加的效益。

我們也可以從每個人付給對方的價格來理解交易利得。因為鹹蛋和阿信有不同的機會成本，所以他們都可以透過付出比他們自行生產的機會成本更低的代價而獲取交易的好處。

就阿信所提議的交換比率而言，站在鹹蛋的角度，他可以用 15 公斤的馬鈴薯換到 5 公斤的牛肉。換言之，鹹蛋以 3 公斤馬鈴薯的代價換到 1 公斤的牛肉，比他自行生產 1 公斤牛肉的機會成本——4 公斤馬鈴薯，要來得低。因此，此一交換比率對鹹蛋而言是有利的。

換個角度來看，在交易後，鹹蛋可消費 17 公斤的馬鈴薯和 5 公斤的牛肉。根據圖 1（a），如果鹹蛋要自行生產此一數量組合，他必須工作 $9\frac{1}{4}$ 小時（15

分鐘 ×17 ＋ 60 分鐘 ×5）。這多出來的 $1\frac{1}{4}$ 小時，就是以時間衡量的鹹蛋交易利得。

就阿信而言，上述的交換比率意味著他可以用 1 公斤的牛肉換到 3 公斤的馬鈴薯，亦即其取得 1 公斤馬鈴薯的代價是 $\frac{1}{3}$ 公斤牛肉，要小於其自行生產 1 公斤馬鈴薯的機會成本——$\frac{1}{2}$ 公斤牛肉。換個角度來看，阿信若是自行生產交易後的數量組合（27 公斤馬鈴薯和 13 公斤牛肉），則他必須工作 $8\frac{5}{6}$ 小時。因此，阿信也能從交易中獲利。

這個寓言告訴我們：**因為交易會讓人們專業化生產其具有比較利益的產品，所以交易可以使每個人都獲利。**

我們也可以從另一個角度來理解此一結論。根據圖 1（a），阿信生產 1 公斤牛肉所需的時間只有鹹蛋的 $\frac{1}{3}$，也就是說，阿信生產牛肉的生產力是鹹蛋 3 倍。另外，阿信生產 1 公斤馬鈴薯所需的時間只有鹹蛋的 $\frac{2}{3}$，也就是說，阿信生產馬鈴薯的生產力是鹹蛋 1.5 倍。在此情況下，我們稱阿信對牛肉的生產有比較高的相對生產力。由於阿信對牛肉的生產具有比較利益，所以一個人具有比較利益的產品，也就是他相對生產力比較高的產品。同理，根據圖 1（a），鹹蛋生產牛肉的生產力是阿信的 $\frac{1}{3}$ 倍，而生產馬鈴薯的生產力是阿信的 $\frac{2}{3}$ 倍，所以鹹蛋對馬鈴薯的生產有比較高的相對生產力，而馬鈴薯是鹹蛋具有比較利益的產品。因為交易會讓兩人專業化生產其具有比較利益的產品，也就是專業化生產其相對生產力比較高的產品，所以在交易後兩人合起來的生產力要高於沒有交易下的情況，從而兩人可以生產並消費更多的數量，因此雙方可以同時獲利。

3-2d 交易價格

比較利益原則確立了來自於專業化生產與交易的利得。但一些相關的問題我們並未說明，包括：雙方願意進行交易的價格其決定因素為何？交易利得如何分配？這些問題的精確解答超出本書的範圍，但一個一般性原則是：**雙方要能同時獲利，則交易價格須介在雙方的機會成本之間。**

在我們的例子當中，鹹蛋和阿信同意以 3 公斤馬鈴薯換 1 公斤牛肉的交換比率進行交易；此一交易價格介在阿信的機會成本（每公斤牛肉 2 公斤馬鈴薯）和

鹹蛋的機會成本（每公斤牛肉 4 公斤馬鈴薯）之間。此一交易價格不一定要剛好是中間值，雙方才都能獲利，但它必須位在 2 和 4 之間。

何以如此？這是因為如果交易價格不是位在雙方的機會成本之間，則有一方會不願意進行交易。在 3 公斤馬鈴薯換 1 公斤牛肉的交換比率下，鹹蛋用馬鈴薯換阿信的牛肉。如果交換比率為 1 公斤馬鈴薯換 1 公斤牛肉，亦即阿信少了 1 公斤的牛肉，只能多出 1 公斤的馬鈴薯，則阿信寧可少生產 1 公斤牛肉，以自己多生產 2 公斤馬鈴薯。如果交換比率為 5 公斤馬鈴薯換 1 公斤牛肉，則鹹蛋寧可少生產 4 公斤馬鈴薯，以自己多生產 1 公斤牛肉。

如果交易價格位在雙方的機會成本之間，則雙方所付出的代價均小於其機會成本。例如，在 3 公斤馬鈴薯換 1 公斤牛肉的交換比率下，阿信要多消費 3 公斤馬鈴薯，只需少消費 1 公斤牛肉，低於他在自給自足下的 1.5 公斤；而鹹蛋要多消費 1 公斤牛肉，只需少消費 3 公斤馬鈴薯，低於他在自給自足下的 4 公斤。因此，只要交易價格位在雙方的機會成本之間，則雙方都能獲利，從而雙方都會專業化生產其具有比較利益的產品，以享有交易利得。

即席測驗

3. 在每一小時，春嬌可以洗兩輛車或除一片草；志明可以洗三輛車或除一片草。在此情況下，
   a. 春嬌對洗車具絕對利益，志明對除草具絕對利益。
   b. 志明對洗車具絕對利益，春嬌對除草具絕對利益。
   c. 春嬌對洗車具絕對利益，兩人對除草都不具絕對利益。
   d. 志明對洗車具絕對利益，兩人對除草都不具絕對利益。
4. 在每一小時，春嬌可以洗兩輛車或除一片草；志明可以洗三輛車或除一片草。在此情況下，
   a. 春嬌對洗車具比較利益，志明對除草具比較利益。
   b. 志明對洗車具比較利益，春嬌對除草具比較利益。
   c. 春嬌對洗車具比較利益，兩人對除草都不具比較利益。
   d. 志明對洗車具比較利益，兩人對除草都不具比較利益。
5. 當兩個人都有效率地生產，且根據比較利益進行雙方都能同時獲利的交易時，
   a. 春嬌除更多草且志明洗更多車。
   b. 春嬌洗更多車且志明除更多草。
   c. 春嬌與志明都洗更多車。
   d. 春嬌與志明都除更多草。

（答案在章末）

增廣見聞　亞當‧史密斯和大衛‧李嘉圖的遺贈

大衛‧李嘉圖

經濟學家很早就了解比較利益原則，以下是偉大經濟學家亞當‧史密斯對此一原則的闡述：

> 每一個節儉持家的人都會奉行：如果外面買的比在家裡自己做的便宜，那就不要自己做。裁縫師不會想要自己做鞋子，而會跟製鞋人買。製鞋人不會想要自己做衣服，而會跟裁縫師訂做。同樣地，農夫也不會想要自己做鞋子和衣服。他們都發現，全心全力做自己比鄰人擅長的工作，並將產量的一部分拿去換鄰人的產品，或以出售自己產品的收入的一部分拿去購買鄰人的產品，會是對自己有利的做法。

亞當‧史密斯的書激勵大衛‧李嘉圖（David Ricardo），一個身價百萬的股票經紀人，成為一個經濟學家。在他 1817 年的著作《*政治經濟與賦稅原理*》（*On the Principles of Political Economy and Taxation*），李嘉圖發展出今日我們所熟知的比較利益原則。他對自由貿易的捍衛並非僅止於學術上的空言而已；他在擔任英國國會議員時，曾將他的經濟信仰付諸實行，反對限制穀物進口的穀物法（Corn Laws）。

亞當‧史密斯和大衛‧李嘉圖對交易利得的結論經得起時間的考驗。雖然經濟學家在很多政策上意見不一，但絕大多數經濟學家支持自由貿易。尤有進者，在過去兩個世紀以來，自由貿易的中心論點並沒有太大的改變。即使自史密斯與李嘉圖以降，經濟學領域的範圍日益擴大且理論日趨精練，經濟學家仍主要基於比較利益原則而反對限制貿易。

3-3 比較利益的應用

比較利益原則說明了相互依存與交易利得。因為在現代世界中，相互依存是如此地普遍，所以比較利益原則有許多的應用。以下我們提出兩個例子，一個是虛構的，另一個則有實際的重要性。

3-3a 戴資穎應該自己修剪草坪嗎？

戴資穎在 2016 年榮登世界羽球球后。很有可能，她不是只會打羽球而已。假設資穎修剪草坪的速度要比任何人都快，但這是否意味著她**應該**自己修剪她家的草坪？

我們可以利用機會成本和比較利益的觀念來回答這個問題。假設資穎能在 2 小時之內割完草坪；在同樣的時間內，她可以拍電視廣告而賺 30,000 美元。相形之下，住在資穎家隔壁的阿甘（Forrest Gump）需花 4 小時才能割完資穎家的草

坪；在同樣的時間內，他可以在麥當勞打工並賺 50 美元。

在本例中，資穎割草坪的機會成本是 30,000 美元，而阿甘的機會成本是 50 美元。資穎因為割草的時間投入比較少，所以她對割草坪具有絕對利益。不過，阿甘對割草坪具有比較利益，因為他的機會成本比較低。

如是我聞 婚姻中的經濟學

一位經濟學家主張，你不應該只因為你比你的另一半會做家事，家事就全部由你做。

蠟燭兩頭燒
（You're Dividing the Chores Wrong）

艾蜜莉·歐斯特（Emily Oster）撰[1]

沒有人喜歡做家事。一項調查指出，做家事跟通勤是人們最不喜歡的活動。也許因為這樣，所以通常在討論家事該由誰負責時，輕則會引發口角，重則會引發家暴。

如果每個人擅長的家事不同，那麼分配家事會很容易。如果你的另一半擅長煮飯也願意煮飯，而你擅長洗碗也願意洗碗，那麼天下太平！但情況通常不是這樣。比較常看到的是，有一方做所有的家事都比較在行。承認吧！這一方通常是女生。但這是否意味著所有的家事都應該由女生做？

在我女兒出生前，我既煮飯又洗碗。其實這也沒什麼，因為我也沒花太多的時間。但若由我先生煮飯，那菜餚就清一色跟蛋有關。

女兒出生後，事情就變多且時間變少了；看起來家事須重新分配。一份時間運用資料顯示，女生做家事的時間比男生多了 44 分鐘（131 分鐘比 87 分鐘）。我可以要求我先生多做一些家事，來改正此一失衡狀態，來讓我們的女兒覺得爸媽是平權的且一起做家事是有趣的。我也可以大吐苦水、摔東摔西的，讓我的先生覺得內疚而主動提出他會多做一些家事。

但幸運的是，我是一個經濟學家，我有比上面方式更有效的方法。經濟學的比較利益原則告訴我們，即使我對做所有的家事都具有絕對利益，我跟我先生還是可以根據各自的比較利益來分攤家事，這會讓我們做家事的總時間縮短。（譯著按：我們在 3-2c 小節曾舉例說明，如果阿信和鹹蛋維持自給自足，而去生產交易後的消費組合，他們每天工作的時間都會超過 8 小時。這意味著如果他們進行交易，則兩個人合起來每天花不到 16 小時，就可以生產他們原先在自給自足下的消費組合，因為兩個人合起來的生產力提升了。這可以對應到上述「讓我們做家事的總時間縮短」的結果。）

還好，我們家的情況還算簡單。我煮的菜比我先生煮的好吃多了，而我洗碗的功夫只比我先生好一點，因此很明顯的，我對煮菜具有比較利益，而我先生對洗碗具有比較利益，也因此，我

就負責煮菜，他就負責洗碗。如果我跟我先生的煮菜跟洗碗功夫所差有限，那就要花一點時間決定我們各自的比較利益所在了！（譯著按：本文說的是，如果夫妻雙方都願意分擔家事，則比較利益原則可以提升一家的福祉；但實際的情況跟阿信和鹹蛋的情況是有差別的，從而比較利益原則有時候並無法適用。差別在哪？讀者可先自己想一下，答案在下面的註腳[2]。）

討論題目
1. 你家裡的工作是否根據成員的比較利益分派？如果是，如何分派？如果不是，該如何改善？
2. 你認為跟經濟學家結婚會有助於家庭和諧，還是正好相反？

歐斯特女士為布朗大學經濟學教授。

原文出處：Slate, November 21, 2012.

---

[1] 原文經本書譯著者大幅改寫。
[2] 阿信和鹹蛋原本是自給自足，若各自多生產具比較利益的產品，然後進行交易，則雙方都可以享有交易利得。但一般夫妻原本就住在同一個屋簷下，不會各煮各的餐，各洗各的碗，亦即雙方原本並沒有自給自足。如果原先就有一方明顯得利（如在一開始，先生就是大老爺，完全不做家事），那你跟他講比較利益原則，就如同對牛彈琴一樣，因為任何家事分配只會讓他變得更差。所以，如果你不想變成兩頭燒的蠟燭，婚前眼睛睜大一點會比較實在。

本例中的交易利得是很明顯的。資穎不應該自己割草坪，而是應該僱阿甘來割，然後去拍電視廣告。只要資穎付給阿甘的錢多於 50 美元且不超過 30,000 美元，則雙方都可以變得更好。

3-3b 一國應該和其他國家貿易嗎？

就如同鹹蛋和阿信的例子，個人可以因專業化生產與交易而獲利，不同國家的人們也是如此。國人享有的許多商品是國外製造的，且很多我國生產的商品賣到國外。國外生產且在本國銷售的商品稱為**進口**，而本國生產且在國外銷售的商品稱為**出口**。

為了解各國如何從貿易中獲利，假設只有美國和日本兩個國家，且只有食物和汽車兩種商品。再假設美國工人和日本工人對生產汽車有相同的生產力——每月生產 1 輛汽車。相形之下，由於美國有更多肥沃的土地，美國工人生產食物的生產力要高於日本——美國工人每月生產 2 噸食物，而日本工人每月只生產 1 噸。

比較利益原則告訴我們，每項商品應該由機會成本較小的國家生產。因為美國生產 1 輛汽車的機會成本為 2 噸食物，而日本只有 1 噸食物，所以日本對生產汽車具比較利益，從而日本應生產比它自己所需更多的汽車，並將部分汽車出口到美國。同樣地，由於日本生產 1 噸食物的機會成本是 1 輛汽車，而美國只有 $\frac{1}{2}$

進口
imports
國外生產且在本國銷售的商品

出口
exports
本國生產且在國外銷售的商品

聽專家怎麼說：中美之間的貿易（Trade between China and the United States）

「跟中國貿易可以提升大多數美國人的福祉，這主要是因為美國人可以買到中國製造或組裝的比較便宜的商品。」

經濟學家這麼說：
- 0% 不同意
- 0% 不確定
- 100% 同意

「跟中國貿易會降低那些生產跟中國進口品競爭的商品（如衣服與家具）的美國人的福祉。」

經濟學家這麼說：
- 0% 不同意
- 4% 不確定
- 96% 同意

資料來源：IGM Economic Experts Panel, April 16, 2012.

輛汽車，所以美國對生產食物具比較利益，從而美國應生產比它自己所需更多的食物，並將部分食物出口到日本。透過專業化生產與貿易，兩國都可以同時享有更多的食物和更多的汽車。

當然，國和國之間貿易的實際課題要比上面的例子來得更複雜。在這些課題中，最重要的是，每個國家的居民有其各自的利益，而國際貿易雖可能使整個國家變得更好，但有時會使某些人變得更差。例如，當美國由日本進口汽車時，美國汽車工人可能因美國汽車產量下降而失業，從而變得更差。不過，國際貿易絕非像某些政客或政治評論人所說的，是一場戰爭。換言之，國際貿易絕非像球賽那樣，有贏隊也有輸隊，而在相當程度上，所有的國家都可以因國際貿易而提升其人民的生活水準。特別是像臺灣這樣一個天然資源貧瘠的經濟體，我們所需能源有98%來自於進口，糧食自給率也不到40%，一旦臺灣無法進行國際貿易，則可以想像地，我們的生活水準會受到多大的不利影響。

3-4 結論

根據比較利益原則，交易可以讓每個人變得更好。你現在應該更了解在相互依存的經濟體系中生活的好處。但即使了解這一點，你可能會進一步問，在現實的世界中，不可能只有鹹蛋和阿信兩個人，且不可能只有牛肉和馬鈴薯兩種商品；在那麼多人且那麼多商品的情況下，整個經濟體系有什麼樣的機制可以決定社會資源的配置──誰該生產什麼、生產多少？每個人又該消費什麼、消費多少？

我們在下一章，透過供給和需求的市場力量來回答這些問題。

即席測驗

6. 一國會進口哪些商品？
   a. 它具絕對利益的商品。
   b. 它具比較利益的商品。
   c. 他國具絕對利益的商品。
   d. 他國具比較利益的商品。
7. 在美國，造一架飛機需投入 10,000 小時的勞動，做一件襯衫需投入 2 小時的勞動；在中國，造一架飛機需投入 40,000 小時的勞動，做一件襯衫需投入 4 小時的勞動。在此情況下，
   a. 中國會出口飛機，美國會出口襯衫。
   b. 中國會出口襯衫，美國會出口飛機。
   c. 兩國都出口襯衫。
   d. 兩國不會有貿易利得。
8. 阿嬌可以在 30 分鐘內煮好晚餐，在 20 分鐘內洗好衣服。她的室友做這兩件工作都只需花一半的時間。兩人應如何分配工作？
   a. 阿嬌應多煮晚餐。
   b. 阿嬌應多洗衣服。
   c. 這兩件工作兩人平均分擔。
   d. 兩人不會有交易利得。

（答案在章末）

摘要

- 每個人消費本國和其他國家人民所生產的商品與服務。相互依存與交易是我們所希望的，因為它們可以讓每個人享有更多種類和數量的商品與服務。
- 有兩種方式可以用來比較兩個人生產某一項產品的能力。我們稱能以較少的投入生產某產品的人對生產該產品具有**絕對利益**；能以較小的機會成本生產某產品的人對生產該產品具有**比較利益**。交易的利得立基於比較利益，而不是絕對利益。
- 交易會使人們專業化生產其具比較利益的產品，而使每個人變得更好。
- 比較利益原則不單適用於人們，也適用於國家。基於比較利益原則，經濟學家提倡國與國之間的自由貿易。

複習題

1. 在什麼情況下，生產可能曲線是一直線，而不是向外凸出的？
2. 說明絕對利益和比較利益的差異。
3. 舉例說明某人在做某件事上有絕對利益，但另一人對做該事具比較利益。
4. 對交易而言，絕對利益還是比較利益較為重要？用你在問題 3 中的例子說明你的答案。
5. 如果兩人基於比較利益進行交易且雙方同時獲利，則交易條件的範圍為何？
6. 為何經濟學家反對限制國際貿易的政策？

問題與應用

1. 瑪利亞在 1 小時內可以讀 20 頁經濟學或 50 頁社會學。她每天花 5 小時念書。
   a. 畫出瑪利亞讀經濟學和社會學的生產可能曲線。
   b. 瑪利亞讀 100 頁社會學的機會成本為何？

2. 假設每名美國工人和日本工人每年都可以生產 4 輛汽車；一名美國工人每年可以生產 10 噸的稻米，而一名日本工人每年可以生產 5 噸的稻米。再假設每個國家有 1 億名工人。
   a. 根據上述的假設，畫出如圖 1（a）中最後兩欄的表。
   b. 畫出美國和日本的生產可能曲線。
   c. 就美國而言，一輛汽車的機會成本為何？一噸稻米的機會成本又為何？就日本而言，一輛汽車的機會成本為何？一噸稻米的機會成本又為何？根據你的答案，畫出如表 1 的表。
   d. 哪一國對生產汽車具絕對利益？對生產稻米具絕對利益？
   e. 哪一國對生產汽車具比較利益？對生產稻米具比較利益？
   f. 假設在沒有貿易下，每個國家都各有一半的工人生產汽車和稻米。每個國家這兩種商品的產量各為何？
   g. 舉例說明在進行貿易後，和沒有貿易下的情況相比，兩國都變得更好。

3. 郭靖和楊過是室友。他們把時間花在他們最喜歡做的兩項活動上：釀沙士和做披薩。郭靖花 4 小時釀 1 瓶沙士，花 2 小時做 1 塊披薩；楊過花 6 小時釀 1 瓶沙士，花 4 小時做 1 塊披薩。
   a. 兩人做 1 塊披薩的機會成本各為何？誰對做披薩具絕對利益？誰對做披薩具比較利益？
   b. 如果兩人進行交易，誰會用披薩換沙士？
   c. 我們可以用多少瓶的沙士來表示披薩的價格。如果交易可以使兩人同時變得更好，則披薩的最高價為多少？最低價又是多少？請說明。

4. 假設加拿大有 1,000 萬名工人且每名工人一年可以生產 2 輛汽車或 30 噸的小麥。
   a. 加拿大生產 1 輛汽車的機會成本為何？生產 1 噸小麥的機會成本為何？說明這兩項機會成本之間的關係。
   b. 畫出加拿大的生產可能曲線。如果沒有國際貿易且加拿大決定消費 1,000 萬輛汽車，則加拿大可以消費多少小麥？在生產可能曲線上標出此點。
   c. 現在假設美國提議用 20 噸小麥換 1 輛汽車的比率向加拿大購買 1,000 萬輛汽車。如果加拿大仍決定消費 1,000 萬輛汽車，則在此交易下，加拿大可以消費多少小麥？在你的圖形上標出此點。加拿大是否應接受此一提議？

5. 英格蘭和蘇格蘭都生產鬆餅和毛衣。假設一名英格蘭工人每小時可生產 50 塊鬆餅或 1 件毛衣，一名蘇格蘭工人每小時可生產 40 塊鬆餅或 2 件毛衣。

a. 就這兩項產品的生產而言，哪個國家具絕對利益？哪個國家具比較利益？
b. 如果英格蘭和蘇格蘭決定要貿易，則蘇格蘭會出口哪項產品？請說明。
c. 如果一名蘇格蘭工人每小時只能生產 1 件毛衣，則蘇格蘭仍能從貿易中獲利嗎？英格蘭呢？請說明。

6. 有一個國家叫棒球國。下表描述該國兩個城市的生產可能：

	每名工人每小時生產的紅襪子	每名工人每小時生產的白襪子
波士頓	3 雙	3 雙
芝加哥	2 雙	1 雙

a. 若沒有貿易，則在波士頓以紅襪子所表示的白襪子價格為何？在芝加哥呢？
b. 就這兩種顏色的襪子而言，哪個城市具絕對利益？哪個城市具比較利益？
c. 若兩城進行貿易，則它們會各出口哪一種顏色的襪子？
d. 價格介於什麼範圍，兩城會進行貿易？

7. 一名德國工人花 400 小時生產 1 輛汽車，花 2 小時生產 1 瓶酒；一名法國工人花 600 小時生產 1 輛汽車，花 X 小時生產 1 瓶酒。
a. X 之值為何時，兩國不會有貿易利得？
b. X 之值為何時，德國會出口汽車並進口酒？

8. 假設一名美國工人一年可生產 100 件 T 恤或 20 台電腦，而一名中國工人一年可生產 100 件 T 恤或 10 台電腦。
a. 畫出兩國的生產可能曲線。假設在沒有貿易下，兩國的工人各花一半的時間生產這兩種商品，在你的圖形上標示出此點。
b. 如果兩國開放貿易，則哪一國會出口 T 恤？舉出一個特定的數值例，並將它標示在你的圖形上。哪一國可以從貿易中獲利？請說明。
c. 說明兩國會進行貿易的電腦價格（以多少件 T 恤表示）範圍。
d. 假設中國的生產力迎頭趕上美國，變成跟美國一樣，每名工人一年可生產 100 件 T 恤或 20 台電腦。在此情況下，兩國是否還會進行貿易？中國此一生產力的提升會如何影響兩國居民的福祉？

9. 下列敘述為真或為偽？請說明。
a.「即使一國對所有商品的生產都具有絕對利益，兩國依然都可以從貿易中獲利。」
b.「某些天賦異稟的人做所有事都具有比較利益。」
c.「如果某項交易對一方有好處，則對另一方不可能有好處。」
d.「如果某交易條件對一方有好處，則對另一方也一定會有好處。」
e.「如果一國享有貿易的好處，則該國每個人也都會享有好處。」

即席測驗答案

1. b 2. c 3. d 4. b 5. a 6. d 7. b 8. d

Chapter 4
供給與需求的市場力量

當颱風來襲時，蔬果的價格會上漲；當禽流感的疫情發布時，雞肉的價格會應聲下跌；當中東爆發戰爭時，汽油的價格會上漲，且耗油車的價格會下跌。這些事件有何共通點？它們都顯示出供給與需求的運作。

毫無疑問地，供給（supply）與需求（demand）是經濟學家最常使用的兩個名詞。供給與需求是讓市場經濟運行的兩股力量，它們合起來決定每一種商品的銷售數量和價格。如果你要知道任何事件或政策如何影響經濟體系，你必須先思考它將如何影響供給與需求。

本章介紹供給與需求的理論。此一理論考慮買者與賣者的行為以及他們彼此之間如何互動。它說明在市場經濟中，供給與需求如何決定價格，進而說明經濟體系如何透過價格來配置其稀少性資源。

4-1 市場與競爭

供給與**需求**這兩個名詞指的是人們在競爭市場中與他人互動的行為。在探討買者與賣者的行為之前,我們先詳細說明**市場**(market)與**競爭**(competition)這兩個名詞。

4-1a 何謂市場?

市場是某一特定商品或服務其買者與賣者所合起來的群體。買者合起來的群體決定該產品的需求,而賣者合起來的群體決定該產品的供給。

市場有很多種形式。有時市場是很有組織的,如小麥與玉米等農產品市場。在這些市場,買者與賣者在特定的時間與地點會面。買者與賣者都知道他們在不同價格下,想要購買與銷售的數量;然後拍賣人(auctioneer)會維持秩序、安排銷售,並敲定使買者與賣者的力量達成平衡的價格,而讓整個交易過程得以順暢。

大部分的市場通常不是那麼有組織。以小鎮的冰淇淋市場為例,買的人不會在某一特定時點集會,而賣的人則在不同的地點設店,且口味與品質不一。在這個市場,並沒有拍賣人喊出冰淇淋價格,而是由每個賣者在冰淇淋筒上貼上價格標籤,買者再決定要購買多少數量。儘管如此,冰淇淋的買者與賣者還是緊密地聯繫著;冰淇淋的買者在不同的賣者之間進行選擇,而冰淇淋賣者試圖留住老客戶並開發新客源。即使它並不是那麼有組織,但冰淇淋的買者與賣者合起來也形成一個市場。

4-1b 何謂競爭?

冰淇淋市場,如同經濟體系的大多數市場,是高度競爭的。每個買者知道有哪些冰淇淋店可供他選擇,且每個賣者知道他的產品與其他賣者的產品類似。因此,冰淇淋的價格與銷售數量並非由單一的買者或賣者所決定,而是由所有的買者與賣者所共同決定的。

經濟學家用**競爭市場**一詞來描述一個有很多買者和很多賣者,且每個參與者對市場價格幾乎不具影響力的市場。每個冰淇淋賣者對價格的控制能力有限,因為其他賣者也在銷售類似的產品。每個賣者不太有理由賣得比現行價格便宜,且如果他賣得比較貴,就不會有人上門。同樣地,因為每個買者的購買數量很小,所以也沒有任何一個買者可以影響冰淇淋價格。

市場
market
某一特定商品或服務其買者與賣者所合起來的群體

競爭市場
competitive market
一個有很多買者和很多賣者,且每個參與者對市場價格幾乎不具影響力的市場

在本章，我們假設市場是**完全競爭的**（perfectly competitive）。一個完全競爭市場有兩個特徵：（1）銷售的產品一模一樣，（2）買賣雙方人數眾多以致沒有任何一個買者或賣者足以影響市場價格。由於完全競爭市場中的買者與賣者必須接受市場所決定的價格，我們稱他們為**價格接受者**（price takers）。在市場價格下，買者可以購買他們所想要購買的數量，而賣者則能賣出他們所想要賣的數量。

有些市場適用完全競爭市場的假設。例如，在稻米市場，有數以千計的農夫販售稻米，和數以百萬計的消費者購買米和米製品。因為沒有單一的買者或賣者可以影響稻米價格，所以每個人都接受現行的市場價格。

不過，並不是所有的商品與服務都在完全競爭市場中銷售。有些市場只有一個賣者，因而價格是由他定的。這樣的一個賣者稱為**獨占者**（monopoly）。例如，在地的有線電視業者可能就是一個獨占者。在現實世界中，大部分的市場介於完全競爭與獨占這兩個極端之間。

雖然世界上有各種類型的市場，但由於在完全競爭市場，每個市場參與者都是價格接受者，所以完全競爭市場是最容易分析的；且由於絕大多數市場存在某種程度的競爭性，因此，我們在完全競爭市場所得到的分析結果，在相當程度上，可以應用到更為複雜的市場。尤有進者，完全競爭市場有相當豐富的社會福利意涵，因此，我們以完全競爭市場作為我們的起點。

即席測驗

1. 市場的定義為
   a. 供應不同商品與服務的一間商店。
   b. 買者聚集且拍賣人喊出價格的地方。
   c. 某一商品或服務其買者與賣者所合起來的群體。
   d. 一項商品的唯一賣者供應其商品的地方。
2. 在完全競爭市場，
   a. 每一個賣者會使出渾身解數吸引買者。
   b. 每一個賣者接受市場所決定的價格。
   c. 每一個賣者會將價格訂得比其競爭對手低。
   d. 最後只剩一個競爭力強的賣者。
3. 下列哪一個市場最接近完全競爭市場？
   a. 蛋。
   b. 自來水。
   c. 電影。
   d. 電腦作業系統。

（答案在章末）

4-2 需求

我們藉由檢視買者的行為來開始我們對市場的研究。在以下的分析中，我們以冰淇淋為例。

4-2a 需求曲線：價格與需求量之間的關係

需求量
quantity demanded
買者願意且有能力購買的商品數量

任何商品的**需求量**是指買者願意且有能力購買的數量。影響需求量的因素有很多，其中最關鍵的是商品的自身價格。如果每球冰淇淋的價格上漲為 20 美元，你可能改買低脂冰淇淋（frozen yogurt）。因為需求量隨商品價格上漲而減少且隨價格下跌而增加，我們稱需求量與價格呈負向關聯（negatively related）。此一價格與需求量之間的關係就絕大部分商品而言是成立的，且實際上這樣的關係相當普遍，經濟學家稱它為**需求法則**：在其他條件不變下，當商品的價格上漲時，其需求量減少，且當價格下跌時，其需求量增加。

需求法則
law of demand
在其他條件不變下，當商品的價格上漲時，其需求量會減少的普遍性質

圖 1 中的表顯示，黃蓉在不同的冰淇淋價格下，每個月的購買數量。如果冰淇淋是免費的，她每個月消費 12 球；當一球為 1 美元時，她每個月買 10 球。當價格節節上升時，她買的數量愈來愈少。當價格上升至 6 美元時，她就不再買冰淇淋。此表稱為**需求表**，它顯示在影響消費者購買數量的其他因素不變下，商品價格與需求量之間的關係。

需求表
demand schedule
顯示商品價格與需求量之間關係的表

由該表的價量組合可以畫出圖 1 中的圖形。習慣上，縱軸為價格，橫軸為數量。連結價格與需求量的負斜率的線稱為**需求曲線**。

需求曲線
demand curve
顯示商品價格與需求量之間關係的圖形

圖 1　黃蓉的需求表和需求曲線

冰淇淋價格	冰淇淋需求量
$0	12 球
1	10
2	8
3	6
4	4
5	2
6	0

1. 價格下跌…
2. …冰淇淋需求量增加。

需求表顯示每一價格下的需求量。根據需求表可以繪出需求曲線，它顯示出當價格改變時，需求量會如何變動。因為當價格下跌時，需求量會增加，所以需求曲線斜率為負。

4-2b 個別需求與市場需求

圖 1 的需求曲線顯示個人對商品的需求。為分析市場如何運作，我們需要決定**市場需求**（market demand），其為某一商品或服務之個別需求的總和。

圖 2 中的表顯示黃蓉和郭靖兩個人的冰淇淋需求表。為簡化分析，假設市場只有他們兩個人。將每一價格下兩個人的需求量相加，即可得到該價格下的市場需求量。

圖 2 中的圖形顯示對應這些需求量的需求曲線。市場需求曲線是由個別需求曲線**水平**加總而來，亦即在每一價格下，將兩人在此一價格下橫軸的需求量相加，即可得到市場需求量。由於我們的重點在分析市場如何運作，所以我們考慮的大部分是市場需求曲線。市場需求曲線顯示，在影響買者購買數量的其他因素（如所得）不變下，當商品價格改變時，總需求量會如何變動。

圖 2　市場需求為個別需求的總和

冰淇淋每球價格	黃蓉	郭靖	市場
$0	12	7	19 球
1	10	6	16
2	8	5	13
3	6	4	10
4	4	3	7
5	2	2	4
6	0	1	1

每一價格下的市場需求量是所有個別需求量的總和，因此，市場需求曲線由個別需求曲線水平加總而來。當每球的價格為 4 美元時，黃蓉需求 4 球，郭靖需求 3 球，所以此一價格下的市場需求量為 7 球。

4-2c 需求曲線的移動

冰淇淋的需求曲線顯示，在冰淇淋價格之外，其他會影響人們購買決策的因素不變下，人們在每一價格下的購買數量。因此，當這些其他因素變動時，人們的需求量會跟著變動，從而個別需求曲線，進而市場需求曲線會變動。

例如，假設美國醫學會發現，常吃冰淇淋的民眾身體會比較健康，也比較長壽。此一發現會使冰淇淋需求增加，亦即在每一價格下，人們會購買更多的冰淇淋，因此冰淇淋的需求曲線會移動。

圖 3 顯示需求曲線的移動。任何使每一價格下之需求量增加的變化，如上述虛構的醫學發現，會造成需求曲線往右移，我們稱為**需求增加**（increase in demand）。相反地，任何使每一價格下之需求量減少的變化，會造成需求曲線往左移，我們稱為**需求減少**（decrease in demand）。

有很多變數其變動會造成需求曲線移動。以下是最重要的幾個：

所得 當你在夏天丟掉工作時，你對冰淇淋的需求會如何變動？很有可能你的需求會減少。所得減少意味著你的總支出會減少，從而大部分商品的支出會減少。如果商品的需求隨所得減少而減少，則此商品稱為**正常財**。

並非所有的商品都是正常財。如果商品的需求隨所得增加而減少，則此商品稱為**劣等財**。劣等財的一個可能的例子是搭公車。

正常財
normal good
在其他條件不變下，需求隨所得增加而增加的商品

劣等財
inferior good
在其他條件不變下，需求隨所得增加而減少的商品

圖 3　需求曲線的移動

任何引起買者在任一價格下願意購買更多數量的變化，會使需求曲線往右移。任何引起買者在任一價格下的購買數量減少的變化，會使需求曲線往左移。

相關商品價格　假設低脂冰淇淋的價格下跌。需求法則告訴我們，你會多買低脂冰淇淋；同時，你可能會少買冰淇淋，因為它們屬於同類冰品。如果一項商品的價格下跌，造成另一項商品的需求減少，那麼這兩項商品稱為**替代品**。替代品通常是一組彼此可以互相替代的商品，如熱狗與漢堡，毛衫與套頭衫，以及電影和線上影音串流。

　　現在假設熱巧克力醬的價格下跌。根據需求法則，你會買更多的熱巧克力醬；同時，你也會買更多的冰淇淋，因為巧克力醬和冰淇淋通常是加在一起的。如果一項商品的價格下跌，造成另一項商品的需求增加，那麼這兩項商品稱為**互補品**。互補品通常是一組一起使用的商品，如汽油與汽車，電腦與軟體，以及咖啡豆與咖啡機。

嗜好　決定你的需求的最明顯因素是你的嗜好（tastes）。如果你喜歡吃冰淇淋，你會多買。經濟學家通常不會去解釋人們的嗜好，因為嗜好受歷史與心理等因素的影響，這超出經濟學的範疇。不過，經濟學家會探討嗜好改變所造成的影響。

預期　你對未來的預期可能會影響你對某一商品或服務的現在需求。例如，如果你預期下個月的收入會增加，那麼你可能會減少儲蓄而去買更多的冰淇淋。如果你預期明天冰淇淋的價格會下跌，那麼你可能會比較不願意用今天的價格買冰淇淋。

嚴重疫情　疫情也會影響人們的需求。當疫情嚴重時，人們為降低染疫的風險，會減少外出旅遊與消費，從而減少對大眾運輸（特別是航空客運）、旅館與民宿、餐飲、遊樂場、演唱會與電影等產品的需求。不過，由於人們減少外出，所以，嚴重的疫情也造成「宅經濟」的昌盛。宅經濟指的是在家所從事的經濟活動的總稱，這些活動包括在家上班／上課、消費及休閒，從而造成對電腦、外送餐飲、家電、遊戲機與遊戲軟體、健身器材與等產品的需求增加。另外，嚴重疫情也會讓口罩、酒精、乾洗手液與清潔劑等防疫物資的需求增加。

買者人數　由於市場需求是由個別需求加總而來，所以當買者的人數增加時，市場需求會增加，從而市場需求曲線會往右移。

小結　需求曲線顯示，在其他影響需求的因素不變下，當商品自身價格變動時，需求量會如何變動。當其他影響因素變動時，需求曲線會移動。表 1 列出影響需求的最重要因素。其中，當商品自身價格變動時，需求量會沿著需求曲線移動；我們稱此為商品自身價格變動造成需求曲線線上的移動。當商品自身價格以外的

替代品
substitutes
一項商品的價格上漲，造成另一項商品需求增加的兩項商品

互補品
complements
一項商品的價格上漲，造成另一項商品需求減少的兩項商品

影響因素變動時，每一價格下的需求量會改變，從而需求曲線會移動；我們稱此為這些因素的變動造成需求曲線整條線的移動。

表 1　影響買者的變數

本表列出影響需求量的因素。商品自身價格的變動，造成需求曲線線上的移動，而其他變數的變動，造成需求曲線整條線的移動。

變數	此變數變動…
價格	代表沿著需求曲線的移動
所得	造成整條需求曲線移動
相關商品價格	造成整條需求曲線移動
嗜好	造成整條需求曲線移動
預期	造成整條需求曲線移動
嚴重疫情	造成整條需求曲線移動
買者人數	造成整條需求曲線移動

個案研究　兩個降低吸菸需求量的方法

公共政策制定者通常會想要降低人們的吸菸量。以下是可以達成這個政策目標的兩個方法。

一個方法是讓香菸的需求曲線往左移。政府宣導吸菸的害處，香菸盒上印製吸菸會危害健康的警語，以及禁止電視播放香菸廣告跟禁止在公共場所吸菸，都有使香菸需求減少的效果。如果成功，則這些措施會如圖 4（a）所示，使香菸的需求曲線往左移。

另一個方法是，設法使香菸的價格上漲。例如，如果政府對香菸製造商課稅，那麼香菸公司會將大部分的稅以提高香菸售價的方式轉嫁給消費者。在香菸價格上漲之後，如圖 4（b）所示，香菸的需求量會減少。

在香菸價格上漲之後，吸菸量會減少多少？研究結果發現，價格上漲 10% 造成香菸需求量減少 4%。就青少年而言，效果更明顯：價格上漲 10%，青少年的吸菸量減少 12%。

一個相關的問題是，香菸價格如何影響違禁品（如大麻）的需求。反對對香菸課稅的人主張，由於香菸和大麻是替代品，所以香菸價格因課稅而提高之後，反而會使大麻的需求增加。相反地，很多研究毒品濫用的專家視香菸為「入門毒品」，人們通常不會沒學會抽菸就直接吸食大麻等違禁品。大部分的研究結果支持此一觀點：研究結果顯示，香菸價格愈低，大麻吸食量愈大。換言之，香菸與大麻似乎是互補品，而非替代品。

圖 4　整條需求曲線的移動與沿著需求曲線的移動

(a) 需求曲線的移動

降低人們吸菸慾望的政策使需求曲線往左移。

(b) 沿著需求曲線的移動

課稅使香菸價格上漲，造成沿著需求曲線的移動。

如果人們因香菸盒上的警語而少吸菸，香菸的需求曲線會往左移。在圖 (a)，需求曲線由 D_1 移至 D_2。在每包 5 美元的價格下，如從 A 點移至 B 點所示，香菸的需求量由每天 20 根減少為 10 根。相形之下，如果課稅使香菸價格上漲，則香菸需求曲線並不會移動，而是人們的香菸需求量沿著需求曲線移動。在圖 (b)，如從 A 點移至 C 點所示，在香菸的價格由每包 5 美元上漲至 10 美元後，香菸的需求量由每天 20 根減為 12 根。

即席測驗

4. 下列何者的變動不會造成漢堡需求曲線的移動？
   a. 熱狗的價格
   b. 漢堡的價格
   c. 漢堡麵包的價格
   d. 漢堡消費者的所得

5. 假設漢堡是披薩的替代品，且沙士是披薩的互補品。下列何者會造成披薩的需求曲線往右移？
   a. 漢堡的價格上漲
   b. 沙士的價格上漲
   c. 聚會常吃披薩的大學生放暑假
   d. 披薩的價格下跌

6. 如果泡麵是劣等財，則當 _____ 提高時，泡麵的需求曲線往 _____ 移。
   a. 泡麵的價格；右
   b. 消費者的所得；右
   c. 泡麵的價格；左
   d. 消費者的所得；左

（答案在章末）

4-3 供給

接下來我們探討市場的另一邊並檢視賣者的行為。我們同樣以冰淇淋為例。

4-3a 供給曲線：價格與供給量之間的關係

任一商品或服務的**供給量**是指賣者願意且有能力賣出的數量。有很多因素會影響供給量；如同需求量一樣，商品自身價格是最重要的影響因素。當冰淇淋的價格上漲時，賣冰淇淋的利潤會增加，從而冰淇淋的供給量會隨著增加；冰淇淋賣者願意工作更長的時間，購買更多的冰淇淋機器，以及僱用更多的員工。相反地，當冰淇淋價格下跌時，賣冰淇淋的利潤下降，從而冰淇淋的供給量隨著減少。有些賣者甚至會選擇關門歇業，此時的供給量降為零。因為供給量隨價格上漲而增加，且隨價格下跌而減少，我們稱供給量與價格呈正向關聯（positively related）。此一價格與供給量的關係稱為**供給法則**：在其他條件不變下，當商品的價格上漲時，其供給量隨之增加；且當價格下降時，其供給量隨之減少。

圖 5 中的表顯示冰淇淋賣者志明在不同的冰淇淋價格下，每個月的供給量。在每球的價格低於 2 美元時，志明不會供給任何數量的冰淇淋；隨著價格的上升，他會供給愈來愈多的冰淇淋。此表稱為**供給表**，它顯示在其他會影響供給量

供給量 quantity supplied
賣者願意且有能力賣出的數量

供給法則 law of supply
在其他條件不變下，當商品的價格上漲時，其供給量隨之增加的普遍性質

供給表 supply schedule
顯示商品價格與供給量之間關係的表

圖 5　志明的供給表和供給曲線

冰淇淋價格	冰淇淋供給量
$0	0 球
1	0
2	1
3	2
4	3
5	4
6	5

1. 價格上升…
2. …冰淇淋供給量增加。

供給表顯示每個價格下的供給量。根據供給表可以繪出供給曲線，它顯示當價格改變時，供給量會如何變動。因為當價格上升時，供給量會增加，所以供給曲線斜率為正。

的因素不變下,商品價格與供給量之間的關係。

由該表的價量組合可以畫出圖 5 中的線。此線連結價格與供給量,稱為**供給曲線**。因為在其他條件不變下,當價格愈高時,供給量會愈大,所以供給曲線的斜率為正。

> **供給曲線**
> supply curve
> 顯示商品價格與供給量之間關係的圖形

4-3b 個別供給與市場供給

就像市場需求是所有買者需求的總和一樣,市場供給是所有賣者供給的總和。圖 6 中的表顯示志明與春嬌這兩個冰淇淋賣者的供給表。任一價格下的市場供給量為他們兩人在此一價格下的供給量的加總。

圖 6 的圖形顯示對應供給表的供給曲線。如同需求曲線,透過將個別供給曲線**水平**加總,可以得到市場供給曲線;亦即在每一價格下,將兩人在此一價格下橫軸的供給量相加,即可得到市場供給量。市場供給曲線顯示當商品價格改變時,總供給量的變動情形。

圖 6　市場供給為個別供給的總和

冰淇淋價格	志明	春嬌	市場
$0	0 +	0 =	0 球
1	0	0	0
2	1	0	1
3	2	2	4
4	3	4	7
5	4	6	10
6	5	8	13

每一價格下的市場供給量為所有賣者在此一價格下供給量的總和。因此,市場供給曲線為個別供給曲線的水平加總。當冰淇淋每球的價格為 4 美元時,志明供給 3 球,且春嬌供給 4 球,從而市場的供給量為 7 球。

4-3c 供給曲線的移動

供給曲線顯示,在其他會影響賣者銷售決策的因素不變下,賣者在每一價格下的供給量。此一關係若發生變化,則供給曲線會移動。

例如,假設糖的價格下跌;由於糖是冰淇淋的生產投入之一,所以糖價下跌會使賣冰淇淋的利潤增加。這會使冰淇淋賣者在每一價格下的供給量增加,亦即供給曲線往右移。

圖 7 描繪供給曲線的移動。任何使每一價格下供給量增加的變化,例如,糖價下跌,會使供給曲線往右移,此稱為**供給增加**(increase in supply)。相反地,任何使每一價格下供給量減少的變化,會使供給曲線往左移,此稱為**供給減少**(decrease in supply)。

有很多變數其變動會造成供給曲線整條線的移動。以下是最重要的幾個:

投入價格　為了要生產冰淇淋,賣者會使用不同的投入:奶油、糖、香料、冰淇淋機器、廠房,以及攪拌原料和操作機器的勞工。當其中一項或多項投入的價格上漲時,冰淇淋的生產利潤會降低,從而廠商會減少冰淇淋的供給量。若投入價格巨幅上揚,則廠商甚至有可能會選擇關門歇業而不再提供任何的冰淇淋。因此,商品的供給量與用於該商品生產之投入的價格呈負向關聯。

技術　將投入轉換成冰淇淋的生產技術是供給的另一項決定因素。例如,冰淇淋生產機器的發明會降低製造冰淇淋所需的勞動數量。透過降低廠商的成本,技術

圖 7　供給曲線的移動

任何引起賣者在任一價格下願意生產更多數量的變化,會使供給曲線往右移。任何引起賣者減少在任一價格下其所願意生產的數量的變化,會使供給曲線往左移。

進步會使冰淇淋的供給增加。

預期　廠商今天的冰淇淋供給量可能決定於其對未來的預期。例如，如果廠商預期冰淇淋的價格明天會上漲，它可能會把部分今天生產出來的冰淇淋放進冷凍庫，然後在明天賣到更高的價格，因此，今天的供給會減少。

嚴重疫情　嚴重疫情也會影響供給。當勞工染疫而無法工作時，廠商的產出與其供給會被迫減少；廠商也可能因上游廠商的供給減少，或貨運服務的供給減少，而減少其自身的供給。舉例來說，自 2020 年第二季起，隨著染疫的貨櫃裝卸工人與貨櫃車司機人數不斷增加，貨櫃裝卸與貨櫃輪離港速度跟著變慢，而使不少貨櫃輪滯留港外，亦即不少港口有「塞港」現象，從而使全球的貨櫃運輸服務的供給大幅減少，進而使不少國家的出口廠商因貨櫃量不足而造成其供給減少。再例如，晶片短缺使汽車的供給減少[1]。

賣者人數　由於市場供給為個別供給的總和，因此，當賣者人數增加（減少）時，市場供給也會隨著增加（減少）。

小結　供給曲線顯示，在其他影響因素不變下，當價格變動時，供給量會如何變動。當其他影響因素變動時，供給曲線會移動。表2列出影響賣者供給量的因素。

　　總之，橫軸或縱軸變數的變動造成線上的移動，而其他影響因素的變動則造成整條線的移動。由於價格位於縱軸，所以價格變動代表沿著供給曲線的移動。相形之下，因為投入價格、技術、預期、嚴重疫情和賣者人數等變數並未位於橫軸或縱軸，所以其變動會造成整條供給曲線的移動。

表2　影響賣者的變數

本表列出影響供給量的因素。商品自身價格的變動，造成供給曲線線上的移動，而其他變數的變動，造成供給曲線整條線的移動。

變數	此變數變動…
價格	代表沿著供給曲線的移動
投入價格	造成整條供給曲線移動
技術	造成整條供給曲線移動
預期	造成整條供給曲線移動
嚴重疫情	造成整條供給曲線移動
賣者人數	造成整條供給曲線移動

---

[1] 全球晶片短缺的原因，有興趣的讀者可參考《維基百科》。

即席測驗

7. 給定披薩市場的某一供給曲線。下列何者會造成沿著該曲線的往上移動？
   a. 披薩的價格上漲
   b. 沙士的價格上漲
   c. 起司（披薩的投入）的價格下跌
   d. 披薩人氣店發生火災
8. 下列何者會造成披薩的供給曲線往右移？
   a. 披薩的價格上漲
   b. 沙士的價格上漲
   c. 起司（披薩的投入）的價格下跌
   d. 披薩人氣店發生火災
9. 電影票與影片串流服務是替代品。如果影片串流服務的價格上漲，則電影票市場的
   a. 供給曲線往左移。
   b. 供給曲線往右移。
   c. 需求曲線往左移。
   d. 需求曲線往右移。

（答案在章末）

4-4 結合供給與需求

在分析過需求和供給之後，我們現在將兩者結合來探討它們如何決定一項商品的市場銷售量及價格。

4-4a 均衡

圖 8 同時顯示市場供給曲線與市場需求曲線。這兩條線交在一點，此點稱為**市場均衡**。此點所對應的價格稱為**均衡價格**，所對應的數量稱為**均衡數量**。這裡的均衡價格是每球 4 美元，均衡數量是 7 球。

均衡這個名詞的定義為不同力量處在平衡狀態，而這也可以用來描述市場均衡。**在均衡價格下，買者願意且有能力購買的數量恰好等於賣者願意且有能力賣出的數量。**均衡價格有時候稱為**市場結清價格**（market-clearing price）。這是因為在這個價格下，每個市場參與者都獲得滿足：買者買到他們想要購買的數量，而賣者則賣出他們想要賣出的數量。

買者與賣者的行為會很自然地使市場趨向均衡。何以如此？我們可以透過當市場價格不等於均衡價格時會發生什麼變化來理解。

假設如圖 9（a）所示，市場一開始的價格為每球 5 美元，高於 4 美元的均衡價格。在每球 5 美元的價格下，市場供給量（10 球）超過市場需求量（4 球）。我們稱此時有**剩餘**現象：賣者無法在現行價格下賣出他們想要賣出的所有數量。剩餘有時稱為**超額供給**（excess supply）。當冰淇淋市場有剩餘現象時，賣者會發現他們的冷凍櫃中塞滿了他們想要賣卻無法賣出的冰淇淋。面對此一情況，賣者會降價求售。當價格下降時，從圖 9（a）可以看出，需求量會增加且供給量會減

均衡
equilibrium
市場價格達到使供給量等於需求量之水準的狀態

均衡價格
equilibrium price
使供給量與需求量達成平衡的價格

均衡數量
equilibrium quantity
均衡價格下的供給量與需求量

剩餘
surplus
供給量大於需求量的情況

圖 8　供給與需求的均衡

均衡發生在市場供給曲線與需求曲線的交點。在均衡價格下，市場供給量等於市場需求量。這裡的均衡價格是每球 4 美元：在此一價格，供給量為 7 球，且需求量也是 7 球。

圖 9　未達均衡的市場

在圖（a），市場有剩餘現象。因為市場價格（5 美元）高於均衡價格，所以供給量（10 球）超過需求量（4 球）。賣者透過降價來增加銷售量，此舉促使價格趨向均衡水準。在圖（b），市場有短缺現象。因為市場價格（3 美元）低於均衡價格，所以需求量（10 球）超過供給量（4 球）。由於太多的買者追逐太少的商品，賣者可以提高售價以增加獲利。在上述兩種情況下，價格的調整促使市場趨向供給量與需求量相等的均衡。

少，從而剩餘情況獲得改善。賣者會持續降價，直到市場達成均衡為止。

圖 9（b）顯示另一種情況。市場一開始的價格為每球 3 美元，低於均衡價格。在每球 3 美元的價格下，市場需求量（10 球）超過市場供給量（4 球）。我們稱此時有**短缺**現象：買者無法在現行價格下買到他們想要購買的所有數量。短缺有時稱為**超額需求**（excess demand）。當冰淇淋市場有短缺現象時，買者排很長的隊伍，還不一定買得到。賣者看到這樣的現象，會調高售價來增加獲利。當價格調高時，從圖 9（b）可以看出，供給量會增加，且需求量會減少，從而短缺情況獲得改善。賣者會持續調高價格，直到市場達成均衡為止。

因此，當市場價格偏離均衡價格時，賣者與買者的行為會自動地促使市場價格重新回到均衡價格，而使市場重新達成均衡。此時，市場價格不會有向上或向下調整的壓力。市場重新回到均衡的速度會有多快，決定於價格調整的速度有多快，而每個市場的價格調整速度並不相同。在大部分的自由市場裡，因為價格最終會回到均衡水準，所以剩餘或短缺現象只是暫時的。的確，這種情況相當普遍，所以我們稱它為**供需法則**：任一商品的價格會調整，而使該商品的供給量與需求量達成平衡。

短缺
shortage
需求量大於供給量的情況

供需法則
law of supply and demand
任一商品價格會調整，而使供給量與需求量達成平衡的普遍性質

4-4b 分析均衡變動的三個步驟

到目前為止，我們分析了供給與需求如何共同決定市場均衡，進而決定買者購買和賣者生產的商品其價格與數量。當然，均衡價格與數量決定於供給曲線與需求曲線的位置。當某個事件使其中一條曲線移動時，市場均衡隨之變動，從而產生新的均衡價格與數量。

在分析某個事件如何影響市場均衡時，我們分三個步驟進行。第一，我們決定該事件會使供給曲線、需求曲線或兩條曲線同時移動。第二，我們決定曲線是往右移動還是往左移動。第三，我們利用供需圖形來比較新舊均衡，進而看均衡價格與數量如何變動。表 3 總結這三個步驟。接下來，我們以影響冰淇淋市場的一些事件來練習這三個步驟。

表 3　分析均衡變動的三步驟

1. 決定事件會如何影響供給或需求曲線（兩線可能同受影響）。
2. 決定曲線的移動方向。
3. 利用供需圖形看曲線的移動如何影響均衡價格與數量。

範例：需求的改變造成市場均衡的變動　假設某個夏天天氣異常炎熱。這個事件如何影響冰淇淋市場？我們根據上述三步驟來回答這個問題。

1. 炎熱的天氣會改變人們對冰淇淋的嗜好而影響需求曲線，亦即，天氣會改變人們在每一價格下想要購買的冰淇淋數量。因為天氣不會影響冰淇淋賣者的數量決策，所以供給曲線的位置不變。
2. 因為天氣炎熱使人們想要吃更多的冰淇淋，所以需求曲線往右移。在圖 10，需求曲線由 D_1 右移至 D_2 反映此一需求的增加。與原先的需求相較，現在每一價格下的需求量都比原先的來得大。
3. 如圖 10 所示，需求增加使均衡價格由原先的 4 美元上漲為 5 美元，且均衡數量由原先的 7 球增加為 10 球。換言之，天氣變熱使冰淇淋價格上漲且銷售量增加。

整條線的移動與線上的移動　當天氣炎熱造成冰淇淋價格上漲時，即使供給曲線並沒有移動，但冰淇淋的供給量依然增加。在此情況下，「供給量」增加，但「供

圖 10　需求增加如何影響均衡

1. 天氣變熱使冰淇淋的需求增加…
2. …造成價格上漲…
3. …以及銷售量增加。

使任一價格下的需求量增加的事件造成需求曲線往右移，從而使均衡價格與均衡數量同時上升。在此，天氣變熱使消費者購買更多的冰淇淋，而使需求曲線由 D_1 右移至 D_2，進而造成均衡價格由 4 美元上升至 5 美元，且均衡數量由 7 球增加為 10 球。

給」並沒有改變。

供給指的是供給曲線的位置，而**供給量**指的是供給者想要賣的數量。在此例中，天氣炎熱並沒有改變廠商在任一價格下其所願意銷售的數量；但消費者因天氣炎熱而改變了他們在任一價格下想要購買的數量，從而造成需求曲線往右移，進而造成均衡價格上漲。當價格上漲時，供給量增加；此一供給量的增加反映在供給曲線線上的移動。

總之，整條供給曲線的移動稱為「供給的變動」（change in supply），而整條需求曲線的變動稱為「需求的變動」（change in demand）。**沿著**固定的供給曲線的移動稱為「供給量的變動」（change in the quantity supplied），而**沿著**固定的需求曲線的移動稱為「需求量的變動」（change in the quantity demanded）。

範例：供給的改變造成市場均衡的變動　假設在另一個夏天，颱風摧毀部分甘蔗田，而造成糖價上漲。此一事件如何影響冰淇淋市場？我們還是依循那三個步驟進行分析。

1. 由於糖是冰淇淋的原料，所以糖價的變動會影響供給曲線。由於生產成本上升，所以冰淇淋賣者在任一冰淇淋價格下的產量與銷售量會減少。因為投入價格的變動並不會直接影響消費者在任一價格下的冰淇淋購買數量，所以需求曲線並沒有移動。
2. 因為廠商在每一價格下願意且有能力賣的數量減少了，所以供給曲線會往左移。如圖 11 所示，供給曲線由原先的 S_1 左移至 S_2。
3. 此一左移造成均衡價格由原先的 4 美元上漲至 5 美元，但均衡數量由原先的 7 球減為 4 球。因此，糖價上漲後，冰淇淋的價格也跟著上漲，但冰淇淋的銷售量下降。

範例：供需同時變動　現在假設在同一個夏天，天氣變熱且颱風來襲。我們依然依循那三個步驟進行分析。

1. 此時，兩條線同時移動。天氣變熱影響消費者對冰淇淋的嗜好，而糖價上漲影響廠商的生產成本，進而影響廠商的供給意願。
2. 兩條線的移動方向與之前的分析相同：需求曲線往右移，供給曲線往左移。
3. 如圖 12 所示，會有兩個可能的結果，最後會是哪一種結果，視供給曲線與需求曲線的相對移動幅度而定。不過，不管是哪一種結果，均衡價格都上漲。在圖（a），需求大幅增加，而供給僅小幅減少，結果均衡數量上升。相反地，在圖（b），供給大幅減少，而需求僅小幅增加，結果均衡數量下

圖 11　供給減少如何影響均衡

使任一價格下的供給量減少的事件造成供給曲線往左移，從而造成均衡價格上漲，但均衡數量下降。在此，糖（投入）價上漲使廠商的銷售意願下降，而使供給曲線由 S_1 左移至 S_2，進而造成均衡價格由 4 美元上漲至 5 美元，但均衡數量由 7 球降為 4 球。

圖 12　供需同時變動

（a）價量齊揚　　（b）價漲量縮

在此，需求增加與供給減少同時發生。有兩個可能的結果。在圖（a），均衡價格由 P_1 上漲至 P_2，且均衡數量由 Q_1 增加為 Q_2。在圖（b），均衡價格也由 P_1 上漲至 P_2，但均衡數量由 Q_1 降為 Q_2。

降。因此，這兩個事件合起來確定使均衡價格上漲，但對冰淇淋銷售量的影響則不確定（亦即，有可能上升或下降）。

小結 我們剛剛舉了三個如何運用供需曲線來分析均衡變動的例子。你可以利用那三個步驟來預測某一事件對某一商品的均衡價格與數量的影響。表 4 顯示九種可能的結果。建議你利用供需圖形畫出這九種可能的結果。

表 4　當供需移動時，價格與數量如何變動？

請利用供需圖形畫出表中的九種可能結果。

	供給不變	供給增加	供給減少
需求不變	P 不變 Q 不變	P 下降 Q 上升	P 上升 Q 下降
需求增加	P 上升 Q 上升	P 不確定 Q 上升	P 上升 Q 不確定
需求減少	P 下降 Q 下降	P 下降 Q 不確定	P 不確定 Q 下降

即席測驗

10. 蘊藏量豐富的新油田的技術會造成汽油的 _____ 曲線移動，而使其均衡價格 _____。
    a. 供給，上升　b. 供給，下降
    c. 需求，上升　d. 需求，下降
11. 如果人們的所得因經濟發生衰退而減少，則劣等財的
    a. 價格與數量都會上升。
    b. 價格與數量都會下降。
    c. 價格會上升，數量會下降。
    d. 價格會下降，數量會上升。
12. 下列何者會造成咖啡的均衡價格上升且均衡數量減少？
    a. 咖啡機的價格上升。
    b. 茶（咖啡的替代品）的價格上升。
    c. 咖啡豆的價格上升。
    d. 消費者的所得增加。
13. 給定某一供給曲線。_____ 的增加會造成沿著該曲線的移動，此一移動稱為 _____ 的變動
    a. 供給，需求
    b. 供給，需求量
    c. 需求，供給
    d. 需求，供給量

（答案在章末）

如是我聞　災害後物價上漲

當災害發生時，很多物資的需求會增加或供給會減少，從而物價會飆漲。不過，並不是每一個人都認為那是公平的。

供給與需求法則並不公平
（The Law of Supply and Demand Isn't Fair）

李察‧賽勒（Richard Thaler）撰[1]

在 Covid-19 疫情爆發之後，防疫物資（包括食材）被搶購一空，而讓部分醫院其醫護 Covid-19 病人的量能，因沒買到足夠的醫療用品而受到影響。

身為經濟學家不禁要問：供給法則與需求法則發生了什麼事？為什麼價格沒像經濟模型所預測的，漲到足以讓市場結清的夠高水準？

根據我們的研究，答案可以簡單地歸結成一字：公平性。基本上，發災難財並不被社會所接受。

我們曾問人們一個問題：你怎麼看原先一把 15 美元的雪鏟，在暴風雪之後被店家漲為 20 美元。有 82% 的受訪者認為那並不公平。

大多數的公司其實都知道，應該要遵循公平性的社會規範，否則，一旦被認定是「奸商」，以後就很難經營下去。在疫情期間，大型連鎖零售商看到防疫物資短缺，其因應之道並不是漲價，而是限制每位顧客所能購買的數量。另外，像 Amazon 與 eBay 等電商平臺，則禁止哄抬價格的行為。

我們也可以在颶風過後，看到類似的行為。當暴風雨結束之後，人們對瓶裝水與夾板之類的商品的需求會竄高。像 Home Depot 與 Walmart 這些大型零售商會預料到會有這樣的現象，所以一旦安全之後，它們會載運大量的物資到災區商店，免費提供水，且照價甚至以更低的價格，銷售夾板。它們之所以這麼做，是因為它們了解，要能夠長期經營下去，靠的是足夠的客戶忠誠度。

有些「企業家」則會有完全相反的作為。他們會蒐購附近的夾板，然後運到災區，盡可能地賺取價差。他們不在乎人們覺得他們的行為是多麼的醜陋，反正他們不是當地商家。

不過，如果有人在疫情剛爆發的時候，賣掉航空公司的股票，而轉買像 Netflix 這樣的宅經濟受惠股，則人們會認為他相當聰明。因此，同樣賺取價差，股票可以，但防疫物資不行。人們可以主張，這樣的社會規範會阻礙市場發揮其魔力，而不利於社會。這是因為，價格大幅上漲可以抑制人們的恐慌性超購，而讓更多人買得到真正需要的防疫物資。

不過，以 N95 口罩為例，哪些地方是「真正需要的」？是那些資源豐富的大型醫院，沒什麼錢的小醫院，照護之家，還是食品加工廠？供需會告訴我們，口罩會流向支付意願與支付能力最高的買者，但公平性告訴我們，它不應該是唯一的決定因素。

討論題目

1. 當疫情爆發時，如果價格可以上漲，你認為你比較可能還是比較不可能買到乾洗手液？為什麼？

2. 當天災過後，如果稀少性資源的賣者無法漲價以平衡供需，則你認為這些資源應如何在災民之間分配？你的提議的效益為何？執行上的可能問題又為何？

李察‧賽勒是芝加哥大學經濟學教授，於 2017 年榮獲諾貝爾經濟學獎。

當疫情嚴重時，你願意付多少錢買這瓶乾洗手液？

原文出處：*New York Times*, March 24, 2020.

---

[1] 原文經本書譯著者大幅改寫。

4-5 結論

如何透過價格配置資源

本章分析了單一市場的供給與需求。雖然我們的討論集中在冰淇淋市場，但我們所學到的內容可以運用到大多數的其他市場。每當你到商店買東西的時候，你增加該商品的市場需求；每當你找工作的時候，你增加勞動市場的供給。因為供給與需求是如此普遍的經濟現象，所以供需模型是一個非常有用的分析工具。我們會在後續的章節中，不斷地重複使用供需模型。

第 1 章所提到的**經濟學十大原理**之一是：市場通常是組織經濟活動的良好方式。儘管現在判斷市場結果是好或壞還言之過早，但我們在本章已開始說明市場如何運作。在任何一個經濟制度中，稀少性資源必須配置在競爭性用途中；市場經濟透過供需力量來達成這個目的。供需合起來決定很多商品與服務的價格，接著，價格成為引導資源配置的訊號。

讓我們以臺北市精華地段的豪宅為例。因為這些豪宅的數量有限，所以並不是每個人都可以享有精華地段豪宅的生活品質。誰可以住豪宅？就看誰願意且付得起價格。豪宅的價格會持續調整，直到豪宅的需求量正好與供給量達成平衡為止。因此，市場經濟透過價格分配稀少性資源。

同樣地，價格決定誰生產各項商品以及生產多少。以耕作為例，因為我們需要食物來維生，所以會有人從事耕作。是什麼因素決定誰要當農夫？在一個自由社會，政府無法強迫任何人去當農夫，以確保食物的充分供應，而是，當農產品的價格高，從而農夫的收入好時，自然會有足夠的人下田工作。

農產品只是經濟體系眾多商品之一而已。在市場經濟中，一個社會透過價格機能決定一項商品會不會被生產、生產多少，以及由誰生產。當一項商品（如手機）要的人變多時，市場需求會增加，從而在市場供給不變下，均衡價格會上漲。這透露出這項產品的利潤變高，進而吸引其他廠商及更多的生產投入（如勞動）加入這個市場。市場供給增加，會使這項產品的均衡價格下跌，從而資源不再流入這個市場。

聽專家怎麼說

哄抬物價（Price Gouging）

「防止民生物資的價格在災難發生時因供給短缺而飆高的法律可以提升社會福利。」

經濟學家這麼說：

- 35% 同意
- 36% 不同意
- 29% 不確定

資料來源：IGM Economic Experts Panel, May 26, 2020.

由於價格機能是經濟學相當重要的一個概念，讓我們再舉一例說明如何透過價格機能配置社會資源。當中國大陸有能力生產筆記型電腦時，由於其生產投入的價格較低廉（這是一個訊號），所以吸引臺灣的廠商前仆後繼到大陸設廠，從而全世界筆記型電腦的供給不斷地增加，進而造成筆記型電腦的價格不斷地下降（另一個訊號）。這也讓筆記型電腦在臺灣的生產變成無利可圖，於是最後一條生產線在 2005 年撤出臺灣。

每個經濟社會都有數以萬計的商品種類，也可能有數以百萬計的不同能力和慾望的人們。是什麼因素讓經濟社會的運作可以有條不紊？讓你有豆漿可以喝，有衣服可以穿，有腳踏車可以騎，有手機可以打，有家教可以教？答案只有兩個字：**價格**。如果市場經濟如亞當·史密斯所言，被一隻看不見的手引導，那麼，價格體系就是那隻看不見的手用來指揮經濟交響樂團的指揮棒。

摘要

- 經濟學家利用供需模型來分析競爭市場。在競爭市場中，有很多買者和賣者，每個人對市場價格僅有一點點或絲毫沒有影響力。
- 需求曲線顯示需求量如何受價格影響。根據需求法則，當商品價格下跌時，需求量會增加，所以需求曲線的斜率為負。
- 除了價格以外，其他會影響消費者要購買多少數量的因素包括所得、替代品與互補品價格、嗜好、預期、嚴重疫情和買者人數。如果這些因素其中一項發生變動，則市場需求曲線會移動。
- 供給曲線顯示供給量如何受價格影響。根據供給法則，當價格上漲時，供給量會增加，所以供給曲線的斜率為正。
- 除了價格以外，其他會影響生產者要銷售多少數量的因素包括投入價格、技術、預期、嚴重疫情和賣者人數。如果這些因素其中一項發生變動，則市場供給曲線會移動。
- 供需曲線的交點決定市場均衡。在均衡價格下，供給量等於需求量。
- 買者和賣者的行為會使市場自然趨向均衡。當市場價格高於均衡價格時，存在剩餘現象，從而造成市場價格下跌。當市場價格低於均衡價格時，存在短缺現象，從而造成市場價格上漲。
- 為分析任何事件如何影響市場，我們利用供需圖形來檢視此一事件如何影響均衡價格與數量。我們依循三個步驟進行分析。第一，我們決定該事件是否造成供給曲線或需求曲線（或兩曲線同時）移動。第二，我們決定曲線的移動方向。第三，我們比較新舊均衡。
- 在市場經濟，價格是引導經濟決策，進而引導社會資源配置的訊號。就經濟體系中

的任一項商品而言，價格確保供給與需求會達成平衡；均衡價格接著決定消費者的購買量以及生產者的產量。

複習題

1. 何謂競爭市場？簡短描述一種完全競爭以外的其他類型市場。
2. 何謂需求表與需求曲線？它們之間如何連結？為何需求曲線的斜率為負？
3. 消費者嗜好的改變會造成需求曲線線上的移動還是整條需求曲線的移動？產品自身價格的變動會造成需求曲線線上的移動還是整條需求曲線的移動？
4. 大力水手卜派的所得減少，他因而購買更多的菠菜。就他而言，菠菜是劣等財還是正常財？卜派的菠菜需求曲線有何變化？
5. 何謂供給表與供給曲線？它們之間如何連結？為何供給曲線的斜率為正？
6. 生產者生產技術的改變會造成供給曲線線上的移動還是整條供給曲線的移動？產品自身價格的變動會造成供給曲線線上的移動還是整條供給曲線的移動？
7. 定義市場均衡。描述使市場趨向均衡的力量。
8. 啤酒和披薩為互補品，因為它們常被一起食用。當啤酒價格上漲時，披薩的市場供給、需求、供給量、需求量，與價格會如何變動？
9. 描述價格在市場經濟中的角色。

問題與應用

1. 利用供需圖形說明下列各項敘述。
   a. 「當寒流侵襲佛羅里達州時，全美國超級市場柳橙汁的價格上漲。」
   b. 「當夏天美國東北部新英格蘭地區的天氣變暖時，加勒比海地區度假飯店的房間價格下滑。」
   c. 「中東爆發戰爭時，汽油價格上漲，且凱迪拉克二手車價格下跌。」
2. 「筆記型電腦需求增加使筆記型電腦的需求量增加，但供給量不會增加。」此一敘述為真或為偽？請說明。
3. 考慮休旅車市場。針對下列事件，指出供給或需求的哪一項決定因素受到影響。並指出供給或需求增加或減少。然後畫圖說明休旅車均衡價格與數量如何變動。
   a. 人們決定要有更多的小孩。
   b. 鋼鐵工人罷工造成鋼價上漲。
   c. 有人發明了新的自動化生產機器。
   d. 運動型多用途車的價格上漲。
   e. 股市崩盤使人們的財富大幅縮水。
4. 考慮電影影片串流、電視螢幕和電影票市場。
   a. 就下列各組商品，指出它們是互補品還是替代品：

- 影片串流和電視螢幕。
- 影片串流和電影票。
- 電視螢幕和電影票。

b. 假設技術進步使電視螢幕的製造成本下降。畫圖說明此一事件對電視螢幕市場的影響。

c. 再畫兩個圖說明電視螢幕市場的變化會如何影響影片串流市場與電影票市場。

5. 過去四十年來，技術進步使電腦晶片的生產成本下降。此一事件如何影響電腦市場？如何影響電腦軟體市場？如何影響打字機市場？

6. 利用供需圖形說明下列事件對棉衫市場的影響。
   a. 颶風摧毀棉花田。
   b. 其他布料之衫衣其價格下跌。
   c. 所有大學規定學生須著適當服裝做晨操。
   d. 有人發明了新編織機器。

7. 番茄醬與熱狗是互補品。如果熱狗價格因豬肉價格上漲而上漲，則此一事件對番茄醬市場的影響為何？番茄市場呢？番茄汁市場呢？柳橙汁市場呢？

8. 披薩市場的供給表與需求表如下：

價格	需求量	供給量
$4	135 塊	26 塊
5	104	53
6	81	81
7	68	98
8	53	110
9	39	121

a. 畫出需求曲線與供給曲線。市場的均衡價格與數量為何？

b. 如果實際的價格**高於**均衡價格，是什麼力量使市場趨於均衡？

c. 如果實際的價格**低於**均衡價格，又是什麼力量使市場趨於均衡？

9. 考慮下列事件：科學家發現多吃橘子可能可以降低糖尿病的風險，同時，果農使用新肥料而使橘子產量增加。畫圖說明這些事件對橘子均衡價格與數量的影響。

10. 貝果（bagels）與乳酪起司（cream cheese）為互補品。
    a. 如果乳酪起司的均衡價格與貝果均衡數量同時上升，則這會是麵粉價格下跌還是牛奶價格下跌所造成的？繪圖並說明你的答案。
    b. 如果乳酪起司的均衡價格上漲，但貝果的均衡數量下降，則這是麵粉價格上漲還是牛奶價格上漲所造成的？繪圖並說明你的答案。

11. 假設你就讀大學的籃球比賽門票價格由市場力量決定。目前的需求表與供給表如下：

價格	需求量	供給量
$4	10,000 張	8,000 張
8	8,000	8,000
12	6,000	8,000
16	4,000	8,000
20	2,000	8,000

a. 畫出需求與供給曲線。供給曲線有何不尋常之處？其原因為何？

b. 門票的均衡價格與數量為何？

c. 你的大學計畫明年增加 5,000 名的入學名額。這些新增學生的需求表如下：

價格	需求量
$4	4,000 張
8	3,000
12	2,000
16	1,000
20	0

現在將舊需求表與新增學生的需求表加總，得出整個大學的需求表。新的均衡價格與數量為何？

即席測驗答案

1. c　2. b　3. a　4. b　5. a　6. d　7. a　8. c　9. d　10. b　11. a　12. c　13. d

Chapter

5

彈性與其應用

想像你自己是個稻農。因為你的收入全部來自於稻米的銷售,你非常努力地讓你的土地有最高的生產力。你觀察天氣和土壤狀況,有空就巡田,防止病蟲害,並學習最新的農業技術。你知道你種的稻米愈多,收成後你可以賣的也愈多,從而你的收入與生活水準也會愈高。

有一天,某農業改良場研發出一個可以讓每畝產量提高 20% 的稻米新品種。你應該使用這個新品種嗎?此一研發成果會讓你比以前過得更好還是更差?在本章,透過稻米市場的供需模型,你會發現這個問題的答案出乎你意料之外。

在上一章，我們介紹供給與需求。在任何一個競爭市場，如稻米市場，正斜率的供給曲線代表賣者的行為，而負斜率的需求曲線代表買者的行為。商品價格會調整，而使市場供給量等於需求量。要應用供需模型來回答上面那個問題，我們必須先發展另一個分析工具：**彈性**（elasticity）。

彈性為衡量買者與賣者面對市場情況的變動，其反應的幅度；它可以讓我們更準確地分析供給與需求。有了彈性這個分析概念，我們在分析某個事件或政策如何影響市場時，不單可以探討影響方向，也可以同時探討影響幅度。例如，當中東爆發戰爭而使全球石油供給減少，或中國經濟高度成長而使全球石油需求增加時，汽油的價格會上漲。有研究指出，汽油價格上漲 10% 會使美國的汽油消費量在一年後減少 2.5%，在五年後減少 6%。這 6% 的減幅，一半來自於人們少開車，一半來自於人們換更省油的汽車。

5-1 需求彈性

我們在上一章曾提到，當商品價格下跌、消費者所得增加、替代品價格上漲，或互補品價格下跌時，消費者通常會購買更多的數量。我們對需求的討論是屬質的，而非屬量的，亦即，我們探討需求量的變動方向，而非變動幅度。為衡量當上述變數變動時，消費者的反應程度，經濟學家使用**彈性**這個概念。

5-1a 需求的價格彈性與其決定因素

需求法則講的是商品價格下跌導致需求量增加。**需求的價格彈性**衡量的是，當價格改變時需求量的變動幅度。若價格改變使需求量大幅變動，我們稱商品的需求是**有彈性的**（elastic）；若價格改變時需求量僅微幅變動，我們稱商品的需求是**無彈性的**（inelastic）。一項商品其需求之價格彈性的大小主要決定於下列因素。

近似替代品的多寡 有比較多近似替代品的商品，由於消費者可以很容易將消費轉至其替代品上，所以其需求彈性較大。例如，奶油與人造奶油為近似替代品，當人造奶油的價格不變時，奶油價格只要微幅上揚，奶油的銷售量就會大幅下滑。相形之下，蛋就沒有近似替代品，所以蛋的需求要比奶油來得無彈性。

必需品與奢侈品 必需品的需求通常是無彈性的，而奢侈品的需求通常是有彈性的。當看病的費用提高時，雖然人們看病的次數有可能減少，但不至於不看病。

彈性
elasticity
商品需求量或供給量對其決定因素發生變化時的反應程度的一種衡量

需求的價格彈性
price elasticity of demand
商品需求量對價格變動之反應程度的衡量，其計算公式為需求量變動百分比除以價格變動百分比

相形之下，當遊艇的價格上漲時，遊艇的需求量會大幅減少。這是因為大多數人將看病視為必需品，而將遊艇視為奢侈品。當然，一項商品是必需品還是奢侈品，並非決定於商品本身的特性，而是決定於買者的偏好。例如，就一個不太關心自己的健康而熱衷航海的人而言，遊艇可能是需求彈性不高的必需品，而看病反而是需求彈性大的奢侈品。

市場範圍的大小　任何市場的需求彈性決定於我們如何界定市場。細分類下的市場其商品由於比較容易找到近似替代品，所以其需求彈性要比大分類市場來得大。例如，食物市場涵蓋的範圍很大，因此食物沒有什麼近似替代品，也因此食物的需求無彈性。但像香草冰淇淋這樣一個單項產品，由於其他口味的冰淇淋是它的近似替代品，所以香草冰淇淋的需求非常有彈性。

時間長短　隨著時間長度的增加，商品的需求會愈來愈有彈性。當汽油的價格上漲時，汽油的需求量在頭幾個月只會微幅減少；不過，隨著時間經過，人們會買更省油的汽車，改搭大眾運輸工具，或搬到離上班地點較近的區域居住。在幾年之內，汽油的需求量會明顯減少。

5-1b 以數值表示的需求的價格彈性

接下來我們說明需求的價格彈性實際上是如何計算的。經濟學家將需求的價格彈性定義為，需求量變動百分比除以價格變動百分比，亦即，

$$需求的價格彈性 = \frac{需求量變動百分比}{價格變動百分比}。$$

例如，假設冰淇淋價格上漲10%，你的冰淇淋購買量減少20%，則你的需求彈性為

$$需求的價格彈性 = \frac{20\%}{10\%} = 2。$$

在本例中，彈性為2，反映出需求量的變動比例是價格變動比例的兩倍。

因為商品的需求量與其價格呈負向關聯，所以需求量變動百分比的正負號始終與價格變動百分比的正負號相反。在本例中，價格變動百分比是**正**10%（反映價格上漲），而需求量變動百分比是**負**20%（反映需求量減少），所以，有時候需求的價格彈性前面會加上負號。在本書，我們依慣例去掉負號，而將所有的價格彈性以正值表示（數學家稱此為**絕對值**）。根據這種表達方式，價格彈性愈大意味著需求量對價格變動的反應程度愈大。

5-1c 中點法：一個計算彈性的較好方式

如果你試著計算需求曲線上 A 與 B 兩點之間的價格彈性，你會發現從 A 點到 B 點的彈性不等於從 B 點到 A 點的彈性。例如，

A 點：價格＝4 美元　數量＝120

B 點：價格＝6 美元　數量＝80

從 A 點到 B 點，價格上漲 50%，而數量下降 33%，這意味著需求的價格彈性為 33／50，或 0.66。相反地，從 B 點到 A 點，價格下跌 33%，而需求量增加 50%，所以彈性為 50／33，或 1.5。之所以會有這樣的差異是因為計算基礎不同的緣故。從 A 點到 B 點，是以 A 點為計算基礎，從而，

$$\text{需求的價格彈性} = \frac{\dfrac{Q_B^D - Q_A^D}{Q_A^D}}{\dfrac{P_B - P_A}{P_A}} = \frac{P_A}{Q_A^D} \cdot \frac{Q_B^D - Q_A^D}{P_B - P_A} \text{。}$$

從 B 點到 A 點，是以 B 點為計算基礎，從而，

$$\text{需求的價格彈性} = \frac{\dfrac{Q_A^D - Q_B^D}{Q_B^D}}{\dfrac{P_A - P_B}{P_B}} = \frac{P_B}{Q_B^D} \cdot \frac{Q_B^D - Q_A^D}{P_B - P_A} \text{。}$$

比較上面兩種計算方式可以發現，不同的出發點就會有不同的彈性值。

一種避免此一問題發生的方法是利用**中點法**（midpoint method）來計算彈性。不管是從 A 點到 B 點，還是從 B 點到 A 點，同是以 A 和 B 兩點之間的中點作為計算基礎，因此可以避免上述問題。根據上面所提的數字，4 美元與 6 美元的中點（或平均值）為 5 美元，所以不管是 4 美元到 6 美元，還是 6 美元到 4 美元，依中點法所計算的價格變動百分比（取絕對值）均為〔(6－4)／5〕×100%＝40%。

就需求量而言，120 與 80 的中點是 100，所以不管是 120 到 80，還是 80 到 120，依中點法所計算的數量變動百分比（取絕對值）均為〔(120－80)／100〕×100%＝40%。所以，不管變動方向為何，依中點法計算出來的彈性值均等於 1（40／40）。

就 (Q_1, P_1) 與 (Q_2, P_2) 兩點之間的需求價格彈性而言，中點法的公式如下：

$$\text{需求的價格彈性} = \frac{(Q_2 - Q_1)／〔(Q_2 + Q_1)／2〕}{(P_2 - P_1)／〔(P_2 + P_1)／2〕} \text{。}$$

分子為利用中點法所計算的數量變動百分比,分母為利用中點法所計算的價格變動百分比。如果你需要計算彈性,你應該用這個計算公式(記得取絕對值)。

不過,在本書,我們很少計算彈性。就我們大多數的目的而言,彈性所代表的意義(數量對價格變動的反應程度),要比如何計算彈性來得重要。

5-1d 不同類型的需求曲線

經濟學家根據需求彈性區分不同的需求曲線。當彈性大於 1 時,需求**有彈性**,因此數量變動的比率大於價格變動的比率。當彈性小於 1 時,需求**無彈性**,因此數量變動的比率小於價格變動的比率。如果彈性正好等於 1,則數量與價格呈同比率變動,此時需求有**單位彈性**(unit elasticity)。

因為需求的價格彈性衡量需求量對價格變動的反應程度,所以彈性與需求曲線的斜率關係密切;此點可以從下式看得出來。就 (Q, P) 點而言,

$$需求的價格彈性 = \frac{\frac{\Delta Q}{Q}}{\frac{\Delta P}{P}} = \frac{\Delta Q}{\Delta P} \cdot \frac{P}{Q},$$

其中,$\frac{\Delta Q}{\Delta P}$ 為需求曲線上 (Q, P) 點其切線斜率的倒數。由於需求曲線愈平坦表示

增廣見聞 —— 現實生活中的一些彈性

我們說明了需求價格彈性的意義、其決定因素,以及如何計算。你可能會好奇現實生活中的一些商品或服務其彈性有多大。

為回答這個問題,經濟學家先蒐集市場資料,然後應用統計方法去估算需求的價格彈性。以下是從不同研究中,所得到的一些商品或服務其需求價格彈性值:

商品	彈性值	
蛋	0.1	非常無彈性(需求量對價格變動的反應小)
健康照護	0.2	
香菸	0.4	
米	0.5	
住屋	0.7	
牛肉	1.6	
花生醬	1.7	
餐廳餐點	2.3	
Cheerios(美國的一種早餐麥片)	3.7	非常有彈性(需求量對價格變動的反應大)
Mountain Dew(美國的一種汽水)	4.4	

思考這些數字背後所代表的意義可能很有趣,而且在比較市場時,它們可能很有用。

不過,我們應謹慎看待這些數字。原因之一是,經濟學家在估算這些數字時可能作了一些與現實不符的假設。另一個原因是,需求曲線線上每一點的彈性不一定相同(如同我們即將在圖 4 看到的,直線型需求曲線線上每一點的彈性都不一樣)。因為這兩個原因,所以當你看到不同研究對同一種商品有不同的需求價格彈性估算值時,你也不必太驚訝。

PART II 市場如何運作

圖 1　**需求的價格彈性**

（a）需求完全無彈性：彈性等於 0

價格
$5
4
1. 價格上漲…
需求
0　　　100　　數量
2. …需求量並未改變。

（b）需求無彈性：彈性小於 1

價格
$5
4
1. 價格上漲 22%…
需求
0　　　90←100　　數量
2. …導致需求量減少 11%。

（c）需求為單位彈性：彈性等於 1

價格
$5
4
1. 價格上漲 22%…
需求
0　　　80←100　　數量
2. …導致需求量減少 22%。

（d）需求有彈性：彈性大於 1

價格
$5
4
1. 價格上漲 22%…
需求
0　　50←　100　　數量
2. …導致需求量減少 67%。

（e）需求完全有彈性：彈性等於無窮大

價格
$4
需求
2. 價格只要超過 $4，需求量為零。
1. 當價格正好等於 $4 時，消費者將購買任何數量。
0　　　　　　　數量

需求的價格彈性決定於需求曲線是陡還是平坦。本圖中的變動百分比都是用中點法計算。

斜率（的絕對值）愈小，因此，如果有兩條需求曲線通過同一點，那麼，由於需求曲線較平坦的那一條，其斜率較小，因而其斜率的倒數就較大，從而其彈性也就較大。

圖 1 顯示五種不同的情況。圖（a）中的需求曲線是一條垂直線，線上任一點的彈性都等於零，因為上式中的 $\Delta Q = 0$。我們稱此一需求為**完全無彈性**（perfectly inelastic）。當彈性愈來愈大時，如圖（b）、（c）與（d）所示，需求曲線愈來愈平坦。圖（e）中的需求曲線是一條水平線，由於此時的斜率趨近於零，所以彈性就趨於無窮大。這意味著只要價格稍微一變動，需求量就會大幅變動，我們稱此一需求為**完全有彈性**（perfectly elastic）。完全無彈性與完全有彈性都是極端的情況。

你可以將圖（a）中的垂直線想成一根電線桿。由於它釘在那邊，一動也不動，所以它是完全無彈性的。因此，需求曲線愈陡，它就愈無彈性。

5-1e 總收益與需求的價格彈性

在探討市場供給或需求的變動時，我們時常會碰到的一個變數就是**總收益**，其為買者所支付的總金額，同時也是賣者的銷售總收入。在任何市場，總收益等於 $P \times Q$，亦即價格乘以銷售量。如圖 2 所示，總收益等於長方形的面積。

> **總收益**
> total revenue
> 買者購買商品所支付的總金額與賣者銷售商品所收到的總金額，其為商品價格與銷售量的乘積

圖 2　總收益

買者支付的總金額與賣者銷售的總收入，等於圖中的長方形面積，$P \times Q$。在此，當價格為 4 美元時，需求量為 100，所以總收益為 400 美元。

圖 3　當價格變動時，總收益如何變動

(a) 需求無彈性的情況　　　　(b) 需求有彈性的情況

價格變動對總收益（P×Q）的影響決定於需求彈性。在圖（a），需求無彈性。在此情況下，當價格上漲時，需求量的減少比率小於價格的上漲比率，所以當價格由 4 美元上漲為 5 美元時，總收益由 400 美元（4 美元×100）增加為 450 美元（5 美元×90）。在圖（b），需求有彈性。在此情況下，當價格上漲時，需求量的減少比率大於價格的上漲比率，所以當價格由 4 美元上漲為 5 美元時，總收益由 400 美元（4 美元×100）減少為 350 美元（5 美元×70）。

當價格（P）變動時，需求量（Q）會沿著需求曲線移動，此時總收益（P×Q）會如何變動？答案決定於需求價格彈性的大小。如果需求無彈性，如圖 3（a）所示，那麼價格上漲會導致總收益增加。當價格由 4 美元漲到 5 美元時，需求量由 100 減為 90，總收益由 400 美元（4 美元×100）增加為 450 美元（5 美元×90）。此時總收益（P×Q）之所以會增加是因為價格上漲的比率大於需求量減少的比率，亦即此時的需求無彈性。換言之，價格上漲所增加的收益（以圖中的面積 A 表示）大過銷售量下降所減少的收益（以圖中的面積 B 表示）。

如果需求有彈性，則結果正好相反：價格上漲導致總收益減少。如圖 3（b）所示，當價格由 4 美元上漲至 5 美元時，需求量由 100 減為 70。由於此時價格上漲的比率小於需求量減少的比率，亦即此時需求有彈性，所以總收益由 400 美元（4 美元×100）減少為 350 美元（5 美元×70）。在此情況下，價格上漲所增加的收益（面積 A）小於銷售量下降所減少的收益（面積 B）。

儘管這兩個例子只是虛構的，但它們說明一些一般性原則：

- 當需求無彈性時（價格彈性小於 1），價格與總收益呈同方向變動。
- 當需求有彈性時（價格彈性大於 1），價格與總收益呈反方向變動。
- 如果需求是單位彈性（價格彈性正好等於 1），則總收益不會因價格變動而改變。

5-1f 沿著直線型需求曲線的彈性與總收益

雖然有些需求曲線其線上每一點的彈性都一樣，但大部分的需求曲線並不具有這樣的性質。例如，若需求曲線是一條直線，則線上每一點的 (Q, P) 都不相同，所以由上一個等式可以得知，直線型需求曲線線上每一點的彈性都不一樣。如圖 4 中的表所示，根據中點法所計算出來的彈性，每一點都不相同。而且，**當**

圖 4　直線型需求曲線的彈性

價格	數量	總收益（價格×數量）	價格變動百分比	數量變動百分比	彈性	彈性內容
$7	0	$ 0				
			15	200	13.0	有彈性
6	2	12				
			18	67	3.7	有彈性
5	4	20				
			22	40	1.8	有彈性
4	6	24				
			29	29	1.0	單位彈性
3	8	24				
			40	22	0.6	無彈性
2	10	20				
			67	18	0.3	無彈性
1	12	12				
			200	15	0.1	無彈性
0	14	0				

直線型需求曲線的斜率固定，但彈性並非固定。我們利用圖中的需求表數字以中點法計算需求的價格彈性。**當價格低時，需求無彈性；當價格高時，需求有彈性。**

價格低時，需求是無彈性的；當價格高時，需求是有彈性的。

該表亦顯示需求曲線上每一點所對應的總收益。這些數字說明總收益與彈性之間的關係。例如，當價格是 1 美元時，需求無彈性，從而當價格上升至 2 美元時，總收益增加。當價格是 5 美元時，需求有彈性，從而當價格上升至 6 美元時，總收益減少。在 3 美元與 4 美元之間，需求為單位彈性，所以在這兩個價格之下，總收益是一樣的。

5-1g 其他的需求彈性

除了需求的價格彈性外，經濟學家還利用其他的彈性來描述買者的行為。

需求的所得彈性 需求的所得彈性衡量當所得變動時，需求量的反應程度。它的計算公式為需求量變動百分比除以所得變動百分比，亦即，

$$需求的所得彈性 = \frac{需求量變動百分比}{所得變動百分比}。$$

如我們在上一章所提的，大部分商品是**正常財**：需求量隨所得增加而增加。因為需求量與所得呈同方向變動，所以正常財的所得彈性為正。少數商品，如搭公車，是**劣等財**：需求量隨所得增加而減少。因為需求量與所得呈反方向變動，所以劣等財的所得彈性為負。

即使同為正常財，商品的所得彈性可能有很大的差異。必需品，如食物與衣服，其所得彈性通常都很小；這是因為不管所得減得再低，消費者還是或多或少會買一些必需品。奢侈品，如魚翅和鑽石，其所得彈性通常都比較大，這是因為當消費者的所得減少時，會大幅縮減原先奢侈品的消費。

需求的交叉價格彈性 需求的交叉價格彈性衡量某一商品的需求量對另一商品價格變動的反應程度。其計算公式為商品 1 需求量變動百分比除以商品 2 價格變動百分比，亦即，

$$需求的交叉價格彈性 = \frac{商品 1 需求量變動百分比}{商品 2 價格變動百分比}。$$

交叉價格彈性是正是負決定於這兩種商品是替代品還是互補品。例如，漢堡與熱狗是**替代品**。當熱狗漲價時，人們會多吃漢堡，因此，熱狗價格與漢堡需求量呈同向變動，亦即交叉彈性是正的。又例如，電腦與軟體是**互補品**。因為電腦價格上漲，人們會少買電腦，進而少買軟體，所以交叉彈性是負的。

需求的所得彈性
income elasticity of demand
商品需求量對消費者所得變動之反應程度的一種衡量，其計算公式為需求量變動百分比除以所得變動百分比

需求的交叉價格彈性
cross-price elasticity of demand
一商品需求量對另一商品價格變動之反應程度的一種衡量，其計算公式為第一種商品需求量變動百分比除以第二種商品價格變動百分比

即席測驗

1. 下列何者其需求的價格彈性低？
   a. 必需品
   b. 近似替代品多
   c. 市場範圍小
   d. 時間長度長
2. 如果某物的需求 _____ 彈性 _____ 1，則當其價格上漲時，消費者對其總支出會減少。
   a. 所得；小於
   b. 所得；大於
   c. 價格；小於
   d. 價格；大於
3. 負斜率的直線型需求曲線
   a. 是無彈性的。
   b. 具單位彈性。
   c. 是有彈性的。
   d. 其某些點是無彈性的，其他點則是有彈性的。
4. 甲城市的居民其食物支出的所得占比高於乙城市的。其可能原因為
   a. 甲城市的食物價格較低，且需求的價格彈性為零。
   b. 甲城市的食物價格較低，且需求的價格彈性為 0.5。
   c. 甲城市的所得較低，且需求的所得彈性為 0.5。
   d. 甲城市的所得較低，且需求的所得彈性為 1.5。

（答案在章末）

5-2 供給彈性

我們在上一章介紹供給時曾經提到，當一項商品的價格上漲時，該商品的供給量會增加，這是商品供給的屬質結果。為探討商品供給的屬量結果，我們再度使用彈性概念。

5-2a 供給的價格彈性與其決定因素

根據供給法則，供給量隨價格上漲而增加。**供給的價格彈性**衡量供給量對價格變動的反應程度。若價格改變時供給量大幅變動，我們稱商品的供給是**有彈性的**；若價格改變時供給量僅微幅變動，我們稱商品的供給是**無彈性的**。

供給的價格彈性決定於賣者變動產量的難易程度。例如，臺北市精華地段的土地，受限於有限的面積，所以其供給無彈性。相反地，像書本、汽車和電視機等製造業產品，由於在價格上漲時，廠商可透過加班來增加產量，所以它們的供給有彈性。

在大多數的市場，供給價格彈性的主要決定因素是時間的長短。供給通常在長期比在短期更有彈性。在短期，廠商無法輕易地改變工廠規模以變動產量，因此，供給量對價格的反應比較不敏感。相反地，在長期，廠商可以建新的工廠或關閉舊的工廠；此外，新的廠商可能加入市場且舊的廠商可能退出市場。因此，在長期，供給量對價格變動的反應程度就可能較大。

供給的價格彈性
price elasticity of supply
商品供給量對價格變動之反應程度的一種衡量，其計算公式為供給量變動百分比除以價格變動百分比

5-2b 以數值表示的供給的價格彈性

接下來我們說明如何計算供給的價格彈性。其計算公式為供給量變動百分比

除以價格變動百分比，亦即，

$$供給的價格彈性 = \frac{供給量變動百分比}{價格變動百分比}。$$

例如，假設當每加侖牛奶的價格從 2.85 美元上漲至 3.15 美元時，酪農每個月的產量從 9,000 加侖增加為 11,000 加侖。利用中點法所計算的價格變動百分比為

$$價格變動百分比 = \frac{3.15 - 2.85}{3} \times 100 = 10\%。$$

同樣地，供給量變動百分比為

$$供給量變動百分比 = \frac{11,000 - 9,000}{10,000} \times 100 = 20\%。$$

就此例而言，供給的價格彈性為

$$供給的價格彈性 = \frac{20\%}{10\%} = 2。$$

彈性等於 2 意味著供給量的變動比率是價格變動比率的兩倍。

5-2c 不同類型的供給曲線

因為供給的價格彈性衡量供給量對價格變動的反應程度，所以彈性的大小反映在供給曲線的形狀上。圖 5 顯示五種不同的情況。圖（a）中的供給曲線是一條垂直線，線上任一點的彈性都因供給量不變而等於零，我們稱此一供給為**完全無彈性**。當彈性愈來愈大時，如圖（b）、（c）與（d）所示，供給曲線愈來愈平坦。圖（e）中的供給曲線是一條水平線；由於此時價格稍微一變動，供給量就會大幅度變動，所以彈性趨近於無窮大。我們稱此一供給為**完全有彈性**。

在某些市場，供給的彈性並非固定，而是隨著供給曲線上的位置不同而有所不同。圖 6 顯示廠商有產能限制的典型情況。當供給量小時，供給彈性大，這意味著廠商面對價格變動時，可以大幅度調整其產量。在這個區域，廠商有比較多的閒置產能，從而只要價格微幅上升，使生產變得有利可圖，這些閒置產能就可以馬上派上用場，所以供給量能夠大幅增加；換言之，此時的供給有彈性。當產量隨著價格上升而不斷增加時，廠商就會面臨產能的極限，因而產量再增加的幅度有限，所以這個區域的供給無彈性。

圖 6 以數值例呈現上述的現象。當價格由 3 美元上漲為 4 美元時（根據中點

圖 5　供給的價格彈性

(a) 供給完全無彈性：彈性等於 0

1. 價格上漲…
2. …供給量並未改變。

(b) 供給無彈性：彈性小於 1

1. 價格上漲 22%…
2. …導致供給量增加 10%。

(c) 供給為單位彈性：彈性等於 1

1. 價格上漲 22%…
2. …導致供給量增加 22%。

(d) 供給有彈性：彈性大於 1

1. 價格上漲 22%…
2. …導致供給量增加 67%。

(e) 供給完全有彈性：彈性等於無窮大

1. 當價格高於 $4 時，供給量為無限。
2. 當價格正好等於 $4 時，生產者將供給任何數量。
3. 當價格低於 $4 時，供給量為零。

供給的價格彈性決定於供給曲線是陡還是平坦。本圖中的變動百分比都是用中點法計算。

圖 6　供給的價格彈性如何變動

價格

- $15 —— 彈性小（小於 1）。
- 12
- 4
- 3

數量：0、100、200、500、525

由於廠商通常有最大產能的限制，所以在供給量高時，供給彈性可能非常小，且在供給量低時，供給彈性可能非常大。當價格由 3 美元上漲為 4 美元時，供給量由 100 增加為 200。由於供給量的增加幅度為 67%（依中點法計算），大於價格的上漲幅度 29%，因此這個區域的供給有彈性。相形之下，當價格由 12 美元上漲至 15 美元時，供給量由 500 增加為 525。由於供給量的增加幅度為 5%，小於價格的上漲幅度 22%，所以這個區域的供給無彈性。

法，上漲幅度為 29%），供給量由 100 增加為 200（增加 67%）。因為供給量的增加比率大於價格的上漲比率，所以供給的價格彈性大於 1。相形之下，當價格由 12 美元上漲至 15 美元時（上漲 22%），供給量由 500 增加為 525（增加 5%）。在此情況下，由於供給量的增加比率小於價格的上漲比率，所以彈性小於 1。

即席測驗

5. 某一商品的價格由 16 美元上漲為 24 美元，其供給量由 90 單位增加為 110 單位。用中點法計算，其彈性為
   a. 1/5。　b. 1/2。
   c. 2。　　d. 5。
6. 如果供給的價格彈性為零，則供給曲線
   a. 是正斜率的。
   b. 是水平的。
   c. 是垂直的。
   d. 在數量小時很平，但數量大時很陡。
7. 廠商可自由進出市場，意味著在長期
   a. 需求曲線是較有彈性的。
   b. 需求曲線是較無彈性的。
   c. 供給曲線是較有彈性的。
   d. 供給曲線是較無彈性的。

（答案在章末）

5-3 供給、需求與彈性的三個應用

產量更高的稻米新品種有沒有可能反而對稻農不利？為何石油輸出國家組織（Organization of Petroleum Exporting Countries，簡稱 OPEC）無法維持高油價？加強毒品查緝會增加還是減少與毒品有關的犯罪？乍看之下，這些問題似乎沒有什麼共通點，不過，這三個問題都與市場有關，且所有的市場都受供需力量的影響。在此，我們運用供給、需求與彈性等工具來回答這些看似複雜的問題。

5-3a 稻米新品種是否可能對稻農不利？

讓我們回到本章一開始所提的問題：某農業改良場研發出產量更高的稻米新品種會對稻農和稻米市場造成什麼樣的影響？記不記得我們進行分析的那三個步驟？第一，先看供給曲線或需求曲線是否會移動；第二，會往哪個方向移動；第三，利用供需圖形看市場均衡如何變動。

在本例，新品種的出現會影響供給曲線。因為新品種增加稻米產量，所以在任一價格下，稻農願意且能夠供給更多的數量；換言之，供給曲線往右移。另一方面，需求曲線因消費者對稻米的嗜好不受新品種的影響而不會移動。如圖 7 所示，當供給曲線由 S_1 右移至 S_2 時，稻米的銷售量由 100 增加為 110，價格則由 3 美元降為 2 美元。

這項新品種是否讓稻農過得更好？這決定於稻農的總收益如何變動。稻農的總收益等於 $P \times Q$，亦即稻米價格乘以稻米數量。新品種一方面使銷售量增加（Q 上升），但另一方面使稻米價格下滑（P 下降）。

稻農的總收益會增加還是減少決定於需求的價格彈性。實務上，稻米之類的主食其需求通常是無彈性的，這是因為它們相對便宜且替代品不多。當需求是無彈性時，如圖 7 所示，價格下跌會使總收益減少。你可以從圖 7 看到這樣的結果：稻米價格大幅下跌，而銷售量僅微幅增加，總收益因而從 300 美元（3 美元 ×100）降為 220 美元（2 美元 ×110）。因此，新品種的出現反而使稻農的總收益減少。

如果稻農的總收益因新品種的出現而減少，那麼他們為何還要採用新品種？這個問題的答案與競爭市場如何運作有關。因為每個稻農只是稻米市場的一小部分，所以他或她是市場價格的接受者。在任一既定的稻米價格下，稻農採用新品種可以使產量增加，進而收益會增加。但當所有的稻農都這麼做時，稻米的價格會因供給增加而下跌，從而在稻米需求無彈性下，每個稻農的收益就減少了。想像你自己是稻農，如果其他稻農都採用新品種，而你不採用，那麼在稻米價格下

圖 7　稻米市場供給增加

稻米價格

1. 當需求無彈性時，供給增加⋯
2. ⋯導致價格大幅下跌⋯
3. ⋯而銷售量僅小幅增加。因此，總收益由 $300 降為 $220。

當農業科技進步使稻米供給由 S_1 右移至 S_2 時，稻米價格會下跌。因為稻米的需求無彈性，所以銷售量僅由 100 增加為 110，其增加的比率小於稻米價格下跌的比率。因此，農夫們的總收益從 300 美元（3 美元 × 100）降為 220 美元（2 美元 × 110）。

跌後，你的總收益會比採用新品種要來得少。除非有人可以聯合所有的稻農拒絕採用新品種，否則一有稻農採用，其他的稻農就會因這個採用新品種的稻農其收益增加而跟進，最後就會變成所有稻農都採用新品種。

雖然這是一個假設性的例子，但它可以說明美國過去一個世紀以來的一個重大變化。在兩百年前，大部分的美國人以農為生；那時候的耕作技術還相當原始，所以大多數的美國人必須下田耕種才能餵飽全國的人口。不過，隨著時間經過，農業技術的進步使得每個農夫所能生產的食物數量增加，再加上食物的需求無彈性，遂造成農家收入減少，進而使人口由農村移出。

一些數據可以說明上述的歷史演變。在 1900 年，美國有 1,200 萬的農業工作人口，占勞動力的 40%。在 2020 年，僅有不到 300 萬的農業工作人口，占勞動力的 2%。之所以會有這樣的變化，主要是因為農業生產技術大幅提升。雖然美國農民的人數大幅減少，但美國農田現在的產量足以供應增加了四倍多的美國人口。

上述的分析也可以用來解釋一個看似矛盾的公共政策：有些農業方案透過補貼農民來誘使農民**不要**將農地全部種滿作物來幫助農民。這些方案的目的是要減少農產品的供給以提高價格。在農產品的需求無彈性下，這會使生產該農產品的農民合起來的總收益增加。因為每個農民都是市場價格接受者，他可以賣出他所

想要賣的數量，所以沒有任何一個農民會讓一部分的農地休耕；但如果所有的農民都這樣做，則每個農民都可以變得更好。

在分析農業技術或農業政策的效果時，要記住：對農民有利的，不見得對整個社會有利；對農民不利的，不見得對整個社會有害。農業技術的進步雖然迫使部分農民轉行或甚至失業，但對消費者是有利的，因為農產品變便宜了。同樣地，一個降低農產品供給的政策可以提高農民的收入，但這是以消費者利益減少與納稅人負擔補貼的成本為代價。

5-3b 為什麼 OPEC 無法維持高油價？

過去數十年間，許多對全球經濟最具破壞力的事件都源自於全球石油市場。在 1970 年代，OPEC 決定提高全球石油價格以增加它們的石油銷售收益。這些產油國透過聯合減產來達成這個目標。從 1973 到 1974 年，石油價格（經物價膨脹調整）上漲超過 50%。在幾年後，OPEC 又故技重施；從 1979 到 1981 年，石油價格幾乎上漲一倍。

不過，OPEC 發覺它很難維持高油價。從 1982 到 1985 年，石油價格每年穩定地下跌約 10%；不滿和混亂在 OPEC 會員國之間蔓延。在 1986 年，OPEC 會員國之間的合作關係完全破裂，且石油價格重挫 45%。在 1990 年，石油價格（經物價膨脹調整）回到 1970 年的水準，且在 1990 年代的大部分年間，一直維持在低檔。（在 2000 年代初期，由於中國等新興國家經濟快速成長等因素造成石油需求增加，石油價格又開始上漲；在 2008 年，國際石油價格曾漲破每桶 140 美元。之後，國際石油價格在 2009 年因全球經濟衰退而大幅滑落，在 2010 年因全球經濟復甦而回升，在 2011 年年初因利比亞情勢動盪而又漲破每桶 100 美元，在 2016 年年初又因全球經濟成長趨緩、電動車取代傳統化石燃油汽車、太陽能等綠能發電取代部分燃油發電，以及美國頁岩油產量大增而跌破每桶 30 美元。之後，因全球經濟復甦而回升，但在 2020 年第二季，因 Covid-19 疫情重創全球經濟，而又跌破每桶 30 美元。在 2022 年第一季，因全球經濟強勁復甦，且俄烏戰爭爆發，俄羅斯的石油出口大幅減少，而又漲破每桶 100 美元。）

上述石油價格的演變顯示供給與需求在長短期可能有很大的不同。在短期，石油的供需都相對無彈性。供給之所以無彈性是因為石油開採量無法在短期間內迅速改變；而需求之所以無彈性是因為消費習慣不會因價格變動而迅速調整。因此，如圖 8（a）所示，短期的供給與需求曲線都比較陡，從而當供給由 S_1 左移至 S_2 時，油價就由 P_1 大幅上漲至 P_2。

圖 8　全球石油市場的供給減少

（a）短期石油市場

石油價格

1. 在短期，供給與需求都無彈性，供給曲線左移…

2. …導致價格大幅上漲。

S_2　S_1

P_2
P_1

需求

0　　石油數量

（b）長期石油市場

石油價格

1. 在長期，供給與需求都有彈性，供給曲線左移…

2. …導致價格微幅上漲。

S_2　S_1

P_2
P_1

需求

0　　石油數量

當石油供給減少時，市場會如何反應視時間長短而定。在短期，如圖（a）所示，供給與需求都相對無彈性，因此，當供給曲線由 S_1 左移至 S_2 時，價格大幅上漲。相形之下，在長期，如圖（b）所示，供給與需求都相對有彈性，因此，供給曲線的相同左移幅度（S_1 到 S_2），僅造成價格微幅上漲。

　　長期的情況則大不相同。在長期，OPEC 以外的產油國面對高油價，會加速石油的探勘並興建新的開採設施。消費者面對高油價會節省用油，例如，以省油車取代耗油車。因此，如圖 8（b）所示，長期的供給與需求曲線都比較有彈性，從而當供給曲線由 S_1 左移至 S_2 時，石油價格的上漲幅度會小很多。

　　以上的分析說明了為何 OPEC 僅能在短期成功地維持高油價。當 OPEC 國家同意減產時，供給曲線往左移。即使每個 OPEC 會員國石油銷售量減少，但由於價格大幅上漲，所以 OPEC 的石油收益增加。相形之下，在長期，供給與需求都較有彈性，相同的供給減幅（以供給曲線的水平移動來衡量）僅造成石油價格微幅上漲。因此，OPEC 會員國協議減產下的長期利潤就遠不如短期利潤。

　　在二十一世紀的前二十年，雖然石油開採技術不斷地進步，且 OPEC 並未限制供給，但油價仍隨著全球景氣的榮枯所導致的石油需求的變動，而有很大幅度的波動。展望未來，國際油價一個很重要的決定因素是，全世界對全球氣候變遷問題的關切，會不會讓石油變成劣等財？

5-3c 加強毒品查緝會增加還是減少與毒品有關的犯罪？

　　一個持續困擾我們社會的問題是禁藥的使用，如海洛因、古柯鹼、迷幻藥和

圖 9　降低毒品使用的政策

（a）加強毒品查緝

1. 加強毒品查緝造成毒品供給減少…
2. …而使價格上漲…
3. …且銷售量減少。

（b）反毒教育

1. 反毒教育造成毒品需求減少…
2. …而使價格下跌…
3. …且銷售量減少。

如圖（a）所示，加強毒品查緝使毒品供給曲線由 S_1 左移至 S_2。在毒品需求無彈性下，雖然毒品使用量會由 Q_1 減少為 Q_2，但吸毒者的毒品支出會增加。相形之下，如圖（b）所示，成功的反毒教育會使需求曲線由 D_1 左移至 D_2。因為價格與數量同時下降，所以吸毒者的毒品支出會減少。

快克。有毒癮的人通常為籌錢買毒品而犯下搶劫或其他暴力犯罪。為打擊毒品的使用，美國政府每年都會花數十億美元來減少毒品流入美國。接下來我們利用供需圖形來檢視此一政策的效果。

假設美國政府投入更多的聯邦幹員查緝毒品走私，毒品市場會有什麼變化？我們還是照那三個步驟進行分析。加強毒品走私的查緝會使流入美國境內的毒品減少，亦即美國毒品市場的供給會減少，但毒品的需求不受到影響（有毒癮的人其毒癮不會因政府加強查緝走私毒品而消失）。如圖 9（a）所示，這造成毒品市場的供給曲線由 S_1 左移至 S_2，但需求曲線並沒有移動，從而使均衡價格由 P_1 上漲至 P_2，且均衡數量由 Q_1 減少為 Q_2。均衡數量的減少表示加強毒品查緝確實讓毒品的吸食減少。

但與毒品有關的犯罪其數量會如何變動？為回答這個問題，必須知道吸毒者其購買毒品的支出是否增加。由於毒品的需求彈性很低，因此在毒品價格上漲後，吸毒者的吸食量僅微幅減少（有的甚至沒減少），從而，如圖 9（a）所示，其支出會增加。如果吸毒者不夠有錢，那麼他很可能會以搶劫等快速方式籌錢。因此，加強毒品查緝雖會使毒品使用量減少，但同時很有可能造成與毒品有關的犯罪增加。

如是我聞：共乘市場的供需彈性

根據經濟學家沃斯坦・古爾斯比的估計，共乘的供給要比需求來得有彈性，而這將主導此一市場的未來發展。

乘客可能要付更多的車資，而駕駛不會接受車資減少得太多
（Passengers May Pay a Lot More. Drivers Won't Accept Much Less.）

沃斯坦・古爾斯比（Austan Goolsbee）撰[1]

Uber 與 Lyft 這兩家共乘市場的領導公司已蒙受巨額虧損，且在可預見的未來，不會有利潤。

然而，這兩家上市公司合起來的市值仍超過 800 億美元，這意味著投資人預期它們未來有一天會找到獲利方式；但獲利來自於消費者付更高的價格，還是駕駛的工資會被刪減？

根據經濟學的「相對價格敏感度」（"relative price sensitivity"）的概念，至少在未來幾年，乘客，而不是駕駛，會是共乘公司其財務改善的主要來源。

經濟理論預測，誰會負擔得多，決定於乘客還是駕駛對價格變動的敏感度較低；結論是乘客的敏感度較低，亦即乘客的需求較無彈性——車資每上漲 10%，共乘的需求量大約只減少 5%。

相反地，駕駛對車資（即其工資）的變動相當敏感，這主要是因為很多人可以很快地變身為駕駛，而將平均工資推向「市場水準」。1848 年加州的淘金熱就是其中一例。先行者一天可以賺

20 美元，是當時一般工資的 10 倍。接下來，只不過八年的時間，由於淘金者的大量湧入，其平均收入已無異於一般勞工。

因此，加州淘金熱的熱潮之所以會消退，不是因為金礦被挖光（那段期間的產量是之前的三倍），而是淘金的收入沒比較高。

同樣的場景也發生在今天的共乘市場。當車資高時，自然會吸引很多的新駕駛加入，但不過幾個禮拜，駕駛的平均收入會降到市場水準——跟一般外送員差不多的水準。不過，這也意味著共乘公司無法輕易地調降駕駛的工資，因為當工資被調降時，很多駕駛就不上工了。

一項研究顯示，駕駛的供給彈性約為 2，約是乘客的需求彈性的四倍。經濟學告訴我們，公司利潤增加主要落在彈性較低的那一方（譯著按：這一點類似於下一章會提到的，哪一方的彈性較低，其稅負的負擔會較重）；由於乘客的需求彈性遠低於駕駛的供給彈性，因此，很有可能，乘客會負擔車資調漲的八成，而駕駛負擔兩成，也因此，投資人不應指望，共乘公司可以透過調降駕駛的工資來增加獲利。

討論題目
1. 如果共乘的價格調漲 10%，你的搭乘量會減少多少？你的需求的價格彈性為何？
2. 為何共乘市場的供給比需求來得有彈性？

古爾斯比先生是芝加哥大學商學院的經濟學教授。

原文出處：*New York Times*, June 2, 2019

---
[1] 原文經本書譯著者大幅改寫。

因為此一負面結果，一些分析家主張採取不同的措施來解決毒品問題。他們建議透過推行反毒教育來減少毒品的需求。如圖 9（b）所示，成功的反毒教育使毒品需求曲線由 D_1 左移至 D_2，從而均衡數量由 Q_1 減少為 Q_2，且均衡價格由 P_1 降為 P_2，進而總支出（等於總收益）也跟著下降。因此，與加強毒品查緝不同的是，反毒教育不單可以減少毒品的使用，也能減少與毒品有關的犯罪。

贊成加強毒品查緝的人可能會辯稱，因為需求彈性的大小決定於時間的長短，因此，加強毒品查緝的效果長短期會有所不同。雖然在短期，加強毒品查緝會有以上分析的結果——與毒品有關的犯罪會增加，但毒品價格在短期因加強查緝而維持在高檔後，可以阻卻收入不豐的年輕人接觸毒品，從而隨著時間的經過，吸毒者會愈來愈少。在此情況下，加強毒品查緝雖然在短期可能會造成與毒品有關的犯罪增加，但這類的事件在長期會減少。

即席測驗

8. 某一穀物的供給增加會使農民的總收益減少如果
   a. 供給曲線是無彈性的。
   b. 供給曲線是有彈性的。
   c. 需求曲線是無彈性的。
   d. 需求曲線是有彈性的。
9. 在競爭市場，農民之所以會採用讓他們的收益終究會減少的新技術是因為
   a. 每個農民都是價格接受者。
   b. 農民是短視的。
   c. 法令規定採用最好技術。
   d. 消費者施壓農民降價。
10. 因為石油的長期需求曲線＿＿＿彈性，所以 OPEC 減少石油供給對石油價格的長期影響＿＿＿短期影響。
    a. 較無；小於　　b. 較無；大於
    c. 較有；小於　　d. 較有；大於
11. 隨著時間經過，技術進步一方面使消費者的所得增加，一方面也使智慧型手機的價格下跌。前者在需求的所得彈性大於＿＿＿，且後者在需求的價格彈性大於＿＿＿時，都會使消費者其智慧型手機的支出增加。
    a. 0；0　　b. 0；1
    c. 1；0　　d. 1；1

（答案在章末）

5-4 結論

借用一句古老的諷刺語：即使是鸚鵡，只要學會說「供給與需求」，也可以成為一個經濟學家。本章與上一章應該已經讓你覺得這句話有相當的道理。供給與需求這兩項工具可以讓你分析許多影響經濟體系的重大事件與政策。你現在正朝向成為經濟學家（或至少是一隻受過良好訓練的鸚鵡）的路上邁進。

摘要

- 需求的價格彈性衡量需求量對價格變動的反應程度。如果有較多的近似替代品，或如果是奢侈品而非必需品，或如果市場的範圍較小，或買者有較充裕的時間因應價格的變動，則需求會比較有彈性。
- 需求的價格彈性等於需求量變動百分比除以價格變動百分比。如果彈性小於 1，則需求量變動比率小於價格變動比率，我們稱此一需求無彈性。如果彈性大於 1，則需求量變動比率大於價格變動比率，我們稱此一需求有彈性。
- 總收益，即購買商品所支付的總金額，等於商品價格乘以銷售量。如果需求無彈性，則總收益隨價格上升而增加；如果需求有彈性，則總收益隨價格上升而減少。
- 需求的所得彈性衡量需求量對消費者所得變動的反應程度。需求的交叉價格彈性衡量一商品的需求量對另一商品價格變動的反應程度。
- 供給的價格彈性衡量供給量對價格變動的反應程度，其大小通常決定於考慮的時間長短。在大多數的市場，長期供給彈性大於短期。
- 供給的價格彈性等於供給量變動百分比除以價格變動百分比。如果彈性小於 1，則供給量變動比率小於價格變動比率，我們稱此一供給無彈性。如果彈性大於 1，則供給量變動比率大於價格變動比率，我們稱此一供給有彈性。
- 供給與需求這兩項工具可以運用在許多不同類型的市場。本章利用它們來分析稻米市場、石油市場與毒品市場。

複習題

1. 定義需求的價格彈性與所得彈性。
2. 列出並說明本章所介紹的四項需求價格彈性的決定因素。
3. 如果需求的價格彈性大於 1，則需求是有彈性還是無彈性？如果彈性等於 0，則需求是完全有彈性還是完全無彈性？
4. 在供需圖形上，指出均衡價格、均衡數量，與賣者所收到的總收益。
5. 如果需求是有彈性的，則當價格上升時，總收益會如何變動？
6. 如果商品的所得彈性小於零，則我們如何稱此一商品？
7. 我們如何計算供給的價格彈性？其意義為何？
8. 如果某一商品的供給量固定，則其供給的價格彈性為何？
9. 一場暴風雨摧毀大半的稻田。在稻米的需求非常有彈性還是非常無彈性時，此一事件對稻農的傷害較大？為什麼？

問題與應用

1. 就下列各組商品，指出並說明哪一項商品的需求較有彈性。
   a. 指定教科書或推理小說。
   b. 蔡依林 CD 或一般流行歌曲 CD。
   c. 未來六個月搭乘捷運或未來五年搭乘捷運。
   d. 沙士或水。

2. 假設商務旅客與旅遊者對紐約飛波士頓的機票需求表如下：

價格	需求量（商務旅客）	需求量（旅遊者）
$150	2,100 張	1,000 張
200	2,000	800
250	1,900	600
300	1,800	400

   a. 當機票價格由 200 美元上漲為 250 美元時，這兩類旅客的需求價格彈性各為何？（利用中點法計算。）
   b. 為何兩類旅客的需求彈性會不同？

3. 假設汽油短期的價格彈性為 0.2，且長期為 0.7。
   a. 如果汽油價格由每加侖 1.8 美元漲為 2.2 美元，則短期與長期的需求量會如何變動？（利用中點法計算。）
   b. 為何汽油的長短期需求彈性會不同？

4. 某商品的價格變動使需求量減少 30%，但總收益增加 15%。該商品的需求曲線是有彈性還是無彈性？

5. 咖啡和甜甜圈是互補品，且需求都是無彈性。一場暴風雨摧毀大半的咖啡豆。利用供需圖形回答下列問題。
   a. 咖啡豆的價格會如何變動？
   b. 咖啡的價格會如何變動？咖啡的總收益會如何變動？
   c. 甜甜圈的價格會如何變動？甜甜圈的總收益會如何變動？

6. 阿斯匹靈價格在上個月飆漲，但銷售量不變。下面五個人提出不同的解釋：
   a. 阿甘：需求增加且供給完全無彈性。
   b. 阿丹：需求增加且它是完全無彈性的。
   c. 阿妹：需求增加且供給同時減少。
   d. 阿珠：供給減少且需求為單位彈性。
   e. 阿花：供給減少且需求完全無彈性。
   誰可能是對的？畫圖說明你的答案。

7. 假設你對披薩的需求表如下：

價格	需求量（所得＝$20,000）	需求量（所得＝$24,000）
$ 8	40 片	50 片
10	32	45
12	24	30
14	16	20
16	8	12

   a. 分別在你的所得為 20,000 美元與 24,000 美元下，利用中點法計算披薩價格由 8 美元上漲至 10 美元時，你的需求價格彈性。
   b. 分別在價格為 12 美元與 16 美元下，計算當所得由 20,000 美元增加為 24,000 美元時，你的需求所得彈性。

8. 《紐約時報》報導（1996 年 2 月 17 日），地鐵搭乘人數在票價調漲後下降：「在 1995 年 12 月，地鐵票價上漲 25 美分至

1.5 美元後的首月,地鐵搭乘人數比上年同期減少 4.3%。」

　a. 根據以上報導內容,搭乘地鐵的需求價格彈性為何?

　b. 根據你的估計,在票價調漲後,紐約地鐵局的總收益會增加還是減少?

　c. 你的估計值可能不準嗎?為什麼?

9. 阿湯與阿傑各自開車去加油。在看到油價之前,阿湯說:「我要加 5 加侖的油。」阿傑說:「我要加 20 美元的油。」兩人的汽油的需求價格彈性各為何?

10. 考慮下列關於吸菸的公共政策。

　a. 研究指出香菸的需求價格彈性約為 0.4。如果現在一包菸 5 美元,且政府要讓吸菸量減少 20%,則政府需讓每包香菸的價格漲多少?

　b. 如果政府調高香菸價格後,不讓香菸價格下跌,則此一政策對一年後的吸菸量還是對五年後的吸菸量,有較大的影響?

　c. 研究同時發現,青少年對香菸的需求價格彈性高於成年人。為何會有這樣的研究結論?

11. 假設你是美術館館長。美術館的財務吃緊,你決定要增加門票收入。你應該調高或調降門票價格?請說明。

12. 請說明為何下列敘述可能為真:全球性乾旱使農民的穀物銷售總收益增加,但堪薩斯州的乾旱卻造成堪薩斯農民的總收益減少。

即席測驗答案

1. a　2. d　3. d　4. c　5. b　6. c　7. c　8. c　9. a　10. c　11. b

Chapter 6
供給、需求與政府政策

經濟學家有很多種角色。作為科學家,他們發展和驗證解釋周遭世界的理論;作為政策分析與建議者,他們根據理論提出建議,讓世界變得更美好。我們在前兩章的分析是科學性的,我們利用供給與需求說明商品價格與銷售量之間的關係,也利用供需圖形分析不同事件如何影響供給與需求,進而影響均衡價格與數量;彈性的概念則有助於估測它們的變動幅度。此一理論是很多經濟分析的基礎。

本章聚焦在政策效果分析。在此,我們利用供需圖形分析不同類型的政府政策,我們會得到一些出乎一般人意料之外的結果。政府政策時常會出現政策制定者沒有意想到或非他們本意的效果。

在本章，我們先考慮價格管制政策。例如，房租管制法律限定房東向房客所能收取的房租最高金額；最低工資（我國稱基本工資）法令規定廠商需支付給員工的最低薪資金額。當政策制定者認為一項商品或服務的市場價格太高或太低時，通常會制定價格管制法令；然而，如我們即將看到的，這些政策本身會製造一些問題。

在討論完價格管制後，我們接下來探討政府課稅的影響。政策制定者利用課稅來影響市場結果，以及增加政府收入。政府課稅的影響有時並不明顯。例如，當政府對廠商支付給員工的薪資課稅時，稅是由資方還是由勞方負擔？這個問題並沒有簡單的答案，我們會利用供需圖形分析出不同狀況下的結果。

6-1 價格管制的驚人效果

為了解價格管制如何影響市場結果，讓我們再次以冰淇淋市場為例。如第 4 章所說明的，如果冰淇淋市場是沒有政府管制的競爭市場，則冰淇淋價格會調整至使供需達成平衡的水準：在均衡價格下，買者想要買的冰淇淋數量正好等於賣者想要賣的數量。例如，如圖 1 所示，均衡價格為每球 3 美元。

有些人可能並不滿意此一市場自由運作的結果。假設美國冰淇淋消費者協會抱怨冰淇淋一球 3 美元太貴了，所以每個人無法享受一天一球冰淇淋；同時，美國冰淇淋生產者協會抱怨，冰淇淋一球 3 美元是割喉價，實在太低了，有些會員已經準備跳樓。這兩個協會都向政府遊說，希望通過可以改變市場結果的價格管制法令。

因為買者總是希望價格愈低愈好，而賣者總是希望價格愈高愈好，所以雙方的利益是相衝突的。如果冰淇淋消費者協會勝出，則政府會針對冰淇淋的售價訂出一法定最高售價。因為實際的售價不能高於此一水準，所以該法定最高售價稱為**價格上限**。相反地，如果冰淇淋生產者協會勝出，則政府會針對冰淇淋的售價訂出一法定最低價格。因為實際的售價不能低於此一水準，所以該法定最低售價稱為**價格下限**。接下來，我們探討這兩種政策的效果。

價格上限
price ceiling
一項商品的法定最高售價

價格下限
price floor
一項商品的法定最低售價

6-1a 價格上限如何影響市場結果

當政府對冰淇淋設價格上限時，會有兩個可能的結果。在圖 1（a），政府將價格上限訂為每球 4 美元。在此情況下，由於此一水準高於使市場供需平衡的水準（3 美元），因此，實際售價本來就不會高於 4 美元，也因此，此一價格上限不

具約束力（not binding）。

圖 1（b）顯示另一個比較有趣的結果，政府將價格上限訂為每球 2 美元。因為 3 美元的均衡價格高出價格上限，所以該上限對市場是一個**具約束力的限制**（binding constraint）。供需力量會使價格趨向均衡價格，但當市場價格觸及價格上限時，就無法再漲上去，因此，市場價格等於價格上限。在此一價格下，冰淇淋的需求量（圖中的 125 球）超過供給量（75 球）。因此，市場有短缺現象，從而有些人在現行價格下無法買到他們想要買的冰淇淋數量。

當冰淇淋市場因價格上限而出現短缺現象時，一些冰淇淋的分配機制就會很自然地產生。這個機制可能是大排長龍：那些願意早到排隊的買者可以買到冰淇淋。此外，冰淇淋賣者可以根據自己的偏好來分配冰淇淋，如賣給自己的親朋好友，或同一膚色、種族的人。因此，雖然冰淇淋價格上限是為了要讓消費者買到便宜的冰淇淋，但並不是所有的冰淇淋消費者都受惠於這項政策。

冰淇淋市場這個例子說明了一個一般性的結論：**當政府在競爭市場設下具約束力的價格上限時，該市場會出現短缺現象，從而賣者可以在眾多可能的買者中分配該商品**。不管分配機制為何，其結果通常是不好的。大排長龍會浪費買者的時間，因此是無效率的。根據賣者偏好所產生的差別待遇，不但沒有效率（因為買到冰淇淋的人不一定是支付意願較高的人），而且可能不公平。例如，在 2 美

圖 1　實施價格上限的市場

（a）不具約束力的價格上限

（b）具約束力的價格上限

在圖（a），政府設下 4 美元的價格上限。因為此一水準高於 3 美元的均衡價格，所以此一價格上限沒有任何影響，市場還是會達到供需所決定的均衡。在此均衡下，供給量與需求量都是 100 球。在圖（b），政府設下 2 美元的價格上限。因為此一水準低於 3 美元的均衡水準，所以市場價格等於 2 美元。在此價格下，需求量為 125 球，但供給量只有 75 球，所以有 50 球的短缺。

個案研究：加油站前大排長龍

如我們在上一章所提的，在 1973 年，石油輸出國家組織（OPEC）聯合減產造成全世界石油價格大漲。由於石油是製造汽油的主要投入，所以石油價格大幅上漲導致汽油供給減少（記不記得我們在第 4 章曾提到，投入價格上漲會造成供給減少）。結果，汽車在加油站前大排長龍的現象在當時相當普遍。

大多數人將此一現象怪在 OPEC 頭上。的確，如果 OPEC 沒有聯合減產而造成石油價格大漲，汽油短缺的現象就不會發生。不過，經濟學家將大排長龍現象歸因於政府對石油公司的管制，使它們無法調高汽油價格。

圖 2 顯示實際的情形。如圖（a）所示，在 OPEC 調高石油價格之前，汽油的均衡價格為 P_1，低於價格上限，因此，價格管制並沒有任何影響。不過，當石油價格上漲時，由於汽油的成本上升，所以汽油的供給減少。如圖（b）所示，供給曲線由 S_1 左移至 S_2。若沒有管制，則均衡價格會由 P_1 上漲至 P_2，且不會有短缺現象。但在價格上限下，賣者所願意提供的供給量為 Q_S，小於消費者的需求量 Q_D。因此，在價格管制下，供給曲線左移造成汽油嚴重短缺。

後來，管制汽油價格的法律被廢除。立法者終於了解他們必須為美國民眾浪費許多時間排隊加油負一部分責任。今天，當石油價格變動時，汽油價格可以調整至使供需達成平衡的水準。

圖 2　價格上限下的汽油市場

在圖（a），因為價格上限高於均衡價格 P_1，所以價格上限不會造成任何影響。在圖（b），當石油（汽油的投入）價格上漲時，汽油供給曲線由 S_1 左移至 S_2。若沒有管制，則價格會由 P_1 上漲至 P_2；但如果價格上限具約束力，則市場價格等於價格上限。在此情況下，如圖（b）所示，汽油需求量為 Q_D，大於供給量 Q_S。兩者的差額，$Q_D - Q_S$，為價格上限所造成的汽油短缺。

個案研究：房租管制的長短期效果

價格上限的一個常見的例子是房租管制。在美國很多城市，地方政府對房東向房客收取的房租設上限。此一政策的目的是要讓窮人付得起房租。經濟學家經常批評房租管制，認為對提升窮人的生活水準而言，它是一項非常沒有效率的政策。有一位經濟學家曾稱房租管制是「除了轟炸以外，毀滅一個城市的最好方式。」

房租管制的負面效果對一般民眾而言並不明顯，因為這些效果必須經過幾年才會顯現。在短期，房東可供出租的公寓數量是固定的，當市場情況改變時，他們並無法迅速調整出租公寓的數量。此外，在短期，城市中想要租房子的人數不太隨房租變動而變動，因為人們需要花時間來調整其住屋決策（要租房子或與家人同住）。因此，在短期，租屋的供給與需求都相對無彈性。

圖 3（a）顯示房租管制對租屋市場的短期影響。如同任何一個具約束力的價格上限，房租管制會造成短缺。不過，由於在短期，供給與需求都無彈性，所以房租管制一開始造成的短缺並不嚴重。短期的主要影響為房租下跌。

長期的情況則截然不同，因為這時候房東與房客有比較充裕的時間因應市場情況的改變。就供給面而言，面對低房租，建商不願建新的公寓，且房東不願好好維修現在的公寓。就需求面而言，低房租鼓勵人們自己租房子（而不與父母同住或與室友同住），且誘使人們搬到城裡住。

因此，在長期，供給與需求都變得比較有彈性。

圖 3（b）顯示房租管制對租屋市場的長期影響。當房租管制將房租壓在均衡水準之下時，公寓的供給量大幅減少，且需求量大幅增加，結果造成嚴重的短缺現象。

在房租管制下，房東會用不同的機制來決定房子要租給誰。有些房東只租給沒小孩的，有些只租給女性，有些只租給同種族的人，有些則租給願意給紅包的。實質上，賄賂使房客的總支出接近均衡房租水準。

為完全了解房租管制的影響，讓我們回想第 1 章經濟學十大原理中的一個原理：人們的行為隨誘因起舞。在自由市場下，如果房東要租出好價格，那麼他必須讓房子乾淨且安全。相形之下，當房租管制造成短缺現象時，房東就懶得理會房客的要求，因為他不怕房子租不出去。結果，房客雖然付的房租比較低，但他所住的房子品質也比較差；真的是一分錢一分貨。

政策制定者面對房租管制所造成的負面影響通常以另外的管制來因應。例如，立法規定房東不得有種族歧視的不法行為，且要求房東提供最起碼適宜居住的屋況。不過，這些法律通常因無法執行而形同具文。相反地，在自由競爭市場下，就不需要這些法律，因為房租會調整到均衡水準，而不會有短缺現象，從而不會有上述因短缺而產生的問題。

元的價格上限下，冰淇淋店家賣一球冰淇淋給他一個只願以 2 美元買冰淇淋的朋友，而某個願以 3 美元的（均衡）價格買一球冰淇淋的消費者可能沒辦法買到。相形之下，自由競爭市場下的分配機制，不但有效率，而且一視同仁。所以，任何人只要願以市場（均衡）價格買冰淇淋，就一定買得到。自由市場透過價格來分配商品。

個案研究：Covid-19 疫情中的臺灣口罩市場

當 Covid-19 疫情於 2020 年 1 月爆發時，我國政府除了於當月 24 日宣布禁止口罩出口外，並於 31 日宣布徵用口罩，直接向工廠收購口罩，並限制每人購買量及制定口罩價格。一開始訂為每片 8 元，隨即降為每片 6 元，低於疫情爆發前，超商的 2 片 18 元的售價。

在當時，雖然政府一開始徵用口罩，但由於數量遠小於大幅增加後的需求量，因此有嚴重的供不應求的短缺現象。此一短缺現象在後來由於「口罩國家隊」[1]的產能大幅提升，以及臺灣的疫情不嚴重而趨緩；口罩的價格上限於 2021 年 1 月再降為每片 4 元，且每人每 14 天可買 10 片，同時，不再有排隊現象。

為什麼當時臺灣的口罩市場可以從一開始的短缺到後來價格低且不用排隊？我們可以圖 1（b）來說明。圖 1（b）中的 2 美元（對應每片口罩 4 元）的那一條水平的價格上限線，在「口罩國家隊」迅速開出大量產能後，就變成市場的供給曲線，因此，雖然口罩的需求因疫情爆發而大幅增加，但需求量仍低於「口罩國家隊」的產能。

此一例子算是價格上限中比較特別的，因為臺灣本來就有生產口罩，且工具機產業是臺灣的強項，因此可以讓「口罩國家隊」迅速建立大量產能，也因此最後可以有價格低且不用排隊的結果，這是絕大多數國家無法做到的。

---

[1] 「口罩國家隊」是臺灣在嚴重特殊傳染性肺炎疫情期間，參與口罩生產線架設、口罩生產的多家工具機廠商、口罩製造商、法人組織、中華民國經濟部官員及中華民國國軍的合稱。在 2020 年 1 月 31 日，行政院宣布將擴增口罩生產線，臺灣區工具機暨零組件工業同業公會自告奮勇協助此項政策，在經濟部的協調下，公會累積投入 3,241 人次協助製造，在 40 天之內組建完成 92 台口罩產線，交付數十家口罩生產商生產醫療用口罩，而法人組織和中華民國國軍也派人力支援，齊力促使臺灣的口罩產能從原本 1 月時的日產 188 萬片，在 5 月時達到日產 2,000 萬片。然而，隨著口罩品質良莠不齊、廠商混充口罩、員工過勞等弊端叢生，口罩國家隊的部分廠商也飽受社會批評，並受到政府裁罰。（《維基百科》）

6-1b 價格下限如何影響市場結果

另一種形式的價格管制是價格下限，我們仍以冰淇淋市場為例，說明其影響。想像現在政府為冰淇淋生產者協會所說服，對冰淇淋市場設價格下限。價格下限與價格上限正好相反；價格上限是法定最高售價，而價格下限為法定最低價格，亦即實際售價不能低於價格下限的水準。

當政府對冰淇淋市場設價格下限時，會有兩種可能的結果。當均衡價格為 3 美元時，若政府設下 2 美元的價格下限，那麼如圖 4（a）所示，當市場價格趨向均衡價格時，由於均衡價格高於價格下限，因此，市場價格不會低於價格下限，也因此，此一價格下限不具約束力，從而不會有任何影響。

圖（b）顯示政府設 4 美元價格下限時的結果。此時，由於 3 美元的均衡價格

圖3　房租管制的長短期影響

（a）短期下的房租管制
（供給與需求無彈性）

（b）長期下的房租管制
（供給與需求有彈性）

圖（a）顯示房租管制的短期影響：因為公寓供給與需求都相對無彈性，所以房租管制法所設的價格上限僅造成小幅的出租房屋短缺。圖（b）顯示房租管制的長期影響：因為供給與需求都變得比較有彈性，所以短缺情況嚴重。

圖4　實施價格下限的市場

（a）不具約束力的價格下限

（b）具約束力的價格下限

在圖（a），政府設 2 美元的價格下限。因為此一水準低於 3 美元的均衡價格，所以此一價格下限沒有任何影響，市場還是會達到供需所決定的均衡。在此均衡下，供給量與需求量都是 100 球。在圖（b），政府設 4 美元的價格下限。因為此一水準高於 3 美元的均衡水準，所以市場價格等於 4 美元。在此價格下，供給量為 120 球，而需求量只有 80 球，所以會有 40 球的剩餘。

> **聽專家怎麼說　房租管制（Rent Control）**
>
> 「在過去三十年，限制房租上漲的法令對那些通過法令的城市，如紐約與舊金山，其一般家庭租得起的出租房屋的品質與數量均有正面影響。」
>
> 經濟學家這麼說：
> 4% 不確定　1% 同意　95% 不同意
>
> 資料來源：IGM Economic Experts Panel, February 7, 2012.

低於下限水準，所以此一價格下限對市場具約束力。市場供需力量會使價格趨向均衡水準，但當市場價格觸及下限時，它就無法再往下降，因而市場價格等於價格下限。在此一價位下，供給量（120 球）超過需求量（80 球）。有些賣者無法在現行價格下賣出他想要賣的數量，**因此，具約束力的價格下限造成剩餘**。

正如同價格上限與短缺會導致不好的分配機制，價格下限與剩餘也會。在價格下限下，有些賣者無法依市場價格賣出他想要賣的數量。最後誰會賣得比較多，可能決定於誰的人面廣、關係好，甚至有些賣者會以低於價格下限的價格偷賣。相形之下，自由市場以價格為分配機制，從而賣者可以依均衡價格賣出他所想要賣的數量。

6-1c 評估價格管制

經濟學十大原理之一是：市場通常是組織經濟活動的良好方式。此一原理說明了為何經濟學家通常反對價格上限與價格下限。市場價格是由供給與需求所共同決定，而市場供給與需求各自反映了許多賣者與買者在自由意志下所做的決策。換言之，市場價格反映出許多人的自由意志，因此不應被少數幾個政策制定者的意志所凌駕。此外，價格扮演使供給與需求達成平衡的角色，因而具有協調經濟活動的功能。當政策制定者透過法令訂下價格時，他們遮掩了價格所發出的可以引導社會資源配置的訊號。

另一個**經濟學十大原理**之一是：政府有時可以改善市場結果。的確，政策制定者有時會因市場結果不公平而實施價格管制，且通常是為了幫助窮人。例如，房租管制法是希望讓每個人都租得起房子，而最低工資法是希望人們能脫離貧窮。

不過，價格管制通常會傷害它們想要幫助的人。房租管制雖把房租壓低，但也使房東不想維護舊房，也不想建造新屋，從而租得到房子的窮人反而可能變少。最低工資法雖然可以增加部分勞工的收入，但也會使一些勞工失業。

政府可以採取價格管制以外的方法來幫助那些需要幫助的人。例如，政府可以補助貧窮家庭部分房租。這樣的租屋補助不會像房租管制那樣，會使租屋的供給量減少，因而不會造成租屋短缺現象。同樣地，政府可以藉由工資補助來改善

個案研究：最低工資的爭議

價格下限的一個重要且頗富爭議的例子是最低工資。最低工資法規定雇主付給勞工的最低價格。美國國會於 1938 年的公平勞動標準法案（Fair Labor Standards Act）中首度制定最低工資，以保障勞工能有起碼的生活水準。

在 2021 年，根據美國聯邦法律，最低工資為每小時 7.25 美元；有些州與市甚至訂定更高的最低工資水準，例如，西雅圖 2021 年規定大型雇主所付的最低工資為每小時 16.69 美元。〔譯著按：我國行政院於 1968 年發布《基本工資暫行辦法》，將基本工資（月工資）定為新臺幣 600 元，是臺灣首次的正式法定最低工資。在 1978 年，基本工資調高為 2,400 元。1984 年開始實施的《勞動基準法》第 21 條規定：「工資由勞雇雙方議定之，但不得低於基本工資。」在 1988 年，行政院勞工委員會通過《基本工資審議辦法》；在制定基本工資的相關政策之後，便開始逐年審議調整的階段。基本工資月薪自 2023 年 1 月 1 日起，由原先的新臺幣 25,250 元調升至 26,400 元；時薪則由原先的 168 元調升至 176 元。〕

為檢視最低工資的影響，我們必須考慮勞動市場。圖 5（a）顯示勞動市場的供給與需求。供給決定於勞工，而需求決定於廠商。如果政府沒有干預，工資通常可以調整至使供需達成平衡的水準。

圖 5（b）顯示實施最低工資的勞動市場。如果最低工資高於均衡工資水準，則如圖所示，勞動供給量會超過勞動需求量，從而會有失業。因此，最低工資雖可以提高有工作者的收入，但也會使部分原先有工作的勞工變成沒有工作。經濟體系並非只有單一的勞動市場，而是包括許多不同類型的勞動市場。最低工資會造成什麼樣的影響決定於勞工的技能水準與工作經驗。就那些技能水準較高或工作經驗較豐富的勞工而言，由於他們的均衡工資遠高於最低工資，所以他們不受最低工資的影響；換言之，最低工資不具約束力。

最低工資對青少年勞動市場的衝擊最大。因為青少年的技能水準最低且最沒有工作經驗，所以青少年的均衡工資低。此外，青少年也通常願意接受比較低的工資，以換取在職訓練（on-the-job training）。結果，最低工資通常對青少年勞動市場具約束作用。

很多經濟學家研究過最低工資法如何影響青少年勞動市場。這些研究者比較最低工資的變動與青少年就業的變化。一般而言，最低工資提高 10% 會使青少年就業減少 1% 到 3%。臺灣 2009 年的平均失業率由 2007 年的 3.91% 持續上升為 5.85%，計上升 1.94%。當時，臺灣的經濟成長率由 2007 年的 6.52% 持續下降到 2009 年的 –1.57%；換言之，臺灣經濟在 2008 與 2009 年步入衰退。由這個例子可以知道，一國的失業率上升超過 1%，通常意味著其經濟表現頗差。所以，上述最低工資提高 10% 會使青少年就業減少 1% 以上的研究結論顯示，若最低工資提高 10%，則對青少年就業的衝擊會很顯著。

最低工資除了會改變勞動需求量外，它也會改變勞動供給量。因為最低工資的實施會提高有工作的青少年其收入，所以會使選擇輟學找工作的青少年人數增加。如果此一結果顯著，那就表示圖 5（b）中的勞動供給曲線比較平坦，從而在相同的最低工資下，青少年勞工的失業情況會比較嚴重。

最低工資通常是政治爭議的焦點。贊成者認為這項政策是提高低薪工人收入的一種方法。他們指出，領取最低工資的勞工僅能勉強過活。例如，在 2021 年，美國的最低工資是每小時 7.25

美元。如果夫妻兩人都領最低工資，且每週工作 40 小時，每年工作 52 週，則家庭的年所得只有 30,160 美元，大約是中位數所得家庭的 40%。很多贊成最低工資政策的人雖然也承認該政策會有一些負面影響，包括失業，但他們認為這些影響不大，從而整體而言，更高的最低工資可以改善低收入者的生活水準。

反對最低工資的人認為，這項政策並不是對抗貧窮的最好辦法。他們指出，最低工資造成失業的增加，鼓勵青少年輟學，並使那些無一技之長的勞工得不到他們所需要的在職訓練。尤有進者，最低工資是一項失焦政策：並非所有領取最低工資的勞工，都是家中的主要收入來源。實際上，適用最低工資的勞工，只有不到三分之一的人其家庭屬於低收入戶，反而有不少來自於中產階級家庭的青少年，他們為了賺取更多的零用金去做兼職工作。

在 2021 年，拜登總統提議在 2025 年之前將最低工資提高到每小時 15 美元。他說：「沒有人應該一週工作 40 小時，但仍活在貧窮裡。」根據美國國會預算辦公室的估計，這將讓 1,700 萬人的工資增加，90 萬人脫離貧窮，且 140 萬個工作機會將流失。

聽專家怎麼說　最低工資（The Minimum Wage）

美國目前的聯邦最低工資為每小時 7.25 美元，各州可以自行決定要不要調高　很多州都已調高。聯邦最低工資調高為每小時 15 美元會讓很多州的低薪勞工的就業減少。

經濟學家這麼說：

- 16% 不同意
- 34% 不確定
- 50% 同意

資料來源：IGM Economic Experts Panel, February 2, 2021.

圖 5　最低工資如何影響勞動市場

（a）自由的勞動市場

（b）最低工資具約束力的勞動市場

圖（a）顯示透過工資調整使勞動供給與需求達成平衡的勞動市場。圖（b）顯示具約束力之最低工資的影響。因為最低工資是一種價格下限，所以造成剩餘：勞動供給量超過勞動需求量。結果是失業。

個案研究：「一例一休」新制的影響

我國立法院在 2016 年 12 月修改《勞基法》，通過「一例一休」的新制，明定勞工每七天中應有一天例假日和一天休息日，且這兩日的加班費將加成計算，希望透過「以價制量」抑制過長的工時[1]，落實週休二日的目標。

雖然雇主可事前與勞工協調議定例假日與休息日，但若要求勞工在休息日加班，則須負擔加成計算的加班費。以時薪為 180 元的勞工阿福為例，若阿福在休息日加班，則其前兩小時內的工資額將以 180 元 ×7/3 計算；從第三小時開始，工資額將以 180 元 ×8/3 計算。如果阿福在休息日加班 8 小時，則他當天的工資額為 3,720 元（180×2×7/3 ＋ 180×6× 8/3），是修法前的 2,280 元（180×2×4/3 ＋ 180×6×5/3）的 1.63 倍[2]。

我們可以利用到目前所學的來分析「一例一休」新制對勞資雙方及消費者的影響：

1. 「一例一休」就等同政府提高「例假日與休息日的加班時薪下限」，而使正職員工的例休日的加班時薪大幅提高。根據需求法則，這會讓廠商減少對正職員工例休日的加班需求量。如果廠商其勞動需求的價格彈性高（大於 1），則正職員工的例休日加班費收入會減少。相反地，如果其彈性低（小於 1），則正職員工的例休日加班費收入會增加（即廠商的加班費支出會增加，如滿手訂單的廠商）；但如果廠商因正職員工例休日的加班時薪提高而改僱用派遣或計時勞工，則正職員工的加班費收入會減少。從長期的角度來看，部分廠商可能加速其生產自動化的進程（如用機器人取代勞工，或增設「無人商店」），甚至將生產基地外移，這會使我國勞工的整體收入因勞動市場需求減少而降低。

2. 不少廠商反應其勞動成本會增加。表面上看來，這意味著勞工的收入會增加，但除了上述廠商可能加速其生產自動化的進程，甚至將生產基地外移，而使勞工的整體收入減少外，廠商也可能採取其他的因應措施來降低「一例一休」對它的不利影響。例如，部分企業宣稱未來的年終獎金會包括員工未休的特休假工資，亦即變相減少年終獎金；這也意味著，部分勞工的加班費收入即使能增加，其整體工資收入增加的幅度可能有限。

3. 如上所述，「一例一休」新制等同政府提高「例休日加班時薪下限」，因此，對生產自動化設備以外的資方一定是不利的，對部分勞工可能有利（如果他例休日加班時數的減少有限，或他是工作時數增加的派遣或計時勞工），但對例休日加班時數減少幅度較大且需財孔急的勞工則肯定是不利的。另外，由於廠商會為了反映勞動成本增加而調高商品或服務的價格，或因勞動僱用量減少而減少商品或服務的供給量（如客運業減班、臺大醫院減少週六門診等），所以對消費者來說，也一定是不利的。

綜上所述，「一例一休」在短期不會讓所有的

---

[1] 在 2016 年，臺灣每名勞工平均年工時為 2,034 小時，雖較 2015 年減少 70 小時，但與全球 37 個 OECD（經濟合作暨發展組織）國家相較，排名高居第五。中華民國勞動部全球資訊網首頁〉勞動統計專網〉電子書〉國際勞動統計〉工時〉表 6-2。

[2] 另外，例假日為強制休假日，雇主僅能在天災或突發事件發生時才能要求員工上班，且須給付員工加倍工資，同時，員工還可以補假。立法院曾於 2018 年元月通過「一例一休」的部分修正內容，如「7 休 2」鬆綁為「14 休 4」，但上述的時薪加成內容沒有變動。

勞工獲益，且在長期對絕大多數的勞工很可能是不利的，同時，不管在長短期，對消費者及絕大多數廠商是不利的，因此，在當時它引發不少民怨就不足為奇了[3]。

---

[3] 在「一例一休」實施半年後，《今周刊》與1111人力銀行的問卷調查顯示，二成的上班族認為休閒的時間增加了，但有45.2%認為每月總薪資變少了（50.6%認為不變）；56.7%認為生活變更差；58.7%認為臺灣的長期經濟競爭力會變差；78%認為勞資會更對立。《今周刊》，1072期，2017.07.10~07.16。

貧窮工人的生活，且不會降低廠商的雇用量。

雖然這些不同的政策通常會比價格管制好，但它們也不是完美的。房租與工資補貼會造成政府支出增加，因此政府需要課徵更多的稅。在下一節我們會說明，課稅本身會製造社會成本。

即席測驗

1. 當政府設下具約束力的價格下限時，它會造成
   a. 供給曲線往左移。
   b. 需求曲線往右移。
   c. 短缺。
   d. 剩餘。
2. 當政府提高具約束力的價格上限時，
   a. 剩餘幅度會增加。
   b. 短缺幅度會增加。
   c. 剩餘幅度會減少。
   d. 短缺幅度會減少。
3. 房租管制會造成 _____ 期有較大的短缺幅度，因為隨著時間經過，供給與需求都變得 _____ 彈性。
   a. 長；較有。　　b. 長；較無。
   c. 短；較有。　　d. 短；較無。
4. 如果 _____ 的價格彈性 _____ 於1，則最低工資上調會讓受到影響的勞工們其薪資總額減少。
   a. 供給；大。　　b. 供給；小。
   c. 需求；大。　　d. 需求；小。

（答案在章末）

6-2 令人訝異的稅負歸屬

各級政府——不管是中央的還是地方的——都會藉由課稅來籌措公共計畫（如道路、學校與國防）所需經費。因為課稅是重要的政策工具，且影響我們的生活甚巨，因此本書會不斷探討相關議題。在本節，我們說明課稅如何影響經濟。

想像一個小鎮要辦一個冰淇淋節。為籌措所需經費，鎮公所決定對每球冰淇淋課0.5美元的稅。當此一政策宣布後，可以想像的，冰淇淋生產者協會主張由**消費者**付這個稅，而冰淇淋消費者協會則主張由**生產者**付稅。最後，鎮長提出一

個妥協方案：買者與賣者各付一半的稅。你認為稅全部由買者付，或全部由賣者付，或各付一半這三種方案對冰淇淋市場的影響會不會不一樣？

為評估這些方案，我們首先要問一個簡單但微妙的問題：當政府決定對一項商品課稅時，稅由誰負擔？買者還是賣者？如果是由買者與賣者共同負擔，那麼是什麼因素決定各負擔多少？政府可以透過立法規定雙方的負擔比例嗎？經濟學家使用**稅負歸屬**一詞來表示稅負的分配情況。如我們即將看到的，藉由供需工具的運用，我們會得到關於稅負歸屬的一些令人訝異的結果。

稅負歸屬
tax incidence
稅如何在市場參與者之間分攤的課題

6-2a 對賣者課稅如何影響市場結果

我們首先考慮對賣者課稅的情況。假設小鎮決定對冰淇淋賣者課每球 0.5 美元的稅。這項措施有何影響？我們還是依循第 4 章所提到的那三個步驟進行分析：（1）供給曲線還是需求曲線會受到影響？（2）受到影響的曲線會如何移動？（3）均衡會如何變動？

步驟一　在此情況下，由於買者不需要付稅，所以需求曲線不會受到影響。而賣者由於需要付稅，所以在任一不含稅的銷售價格下，其利潤會減少。因此，供給曲線會移動。

步驟二　賣者付稅可視為其成本增加，從而其在任一價格的供給量會減少。因此，供給曲線會往左移（或相當於往上移）。

我們可以確定課稅所造成的供給曲線移動幅度。就任一供給量而言，賣者現在所要求的價格會比以前無稅下的價格高 0.5 美元，以維持其原先無稅下的利潤。因此，如圖 6 所示，供給曲線會平行**往上移動** 0.5 美元。

步驟三　在供給曲線往上移動之後，如圖 6 所示，冰淇淋的均衡價格由原先的 3 美元上升至 3.3 美元（需求曲線與新的供給曲線交點所對應的價格），且均衡數量由 100 球降為 90 球。因此，對賣者課稅會使冰淇淋的市場規模縮小。因為市場價格由 3 美元上升至 3.3 美元，所以課稅造成買者比以前多付了 0.3 美元。賣者雖然收到 3.3 美元，但扣掉 0.5 美元的稅之後，只收到 2.8 美元，比之前的 3 美元少了 0.2 美元。

意涵　我們現在可以回到稅負歸屬的問題：稅由誰負擔？雖然稅是由賣者付給政府，但卻是由買者與賣者共同負擔。因為市場價格由原先無稅下的 3 美元上漲為 3.3 美元，所以買者變得比以前差。就賣者而言，雖然從買者收到的價格（3.3 美元）要比沒有課稅時來得多，但扣掉付給政府的稅之後，其所收到的完稅後價格

如是我聞：最低工資每小時是否應是 15 美元？

在 2021 年，拜登總統提議將最低工資提高到每小時 15 美元；此一提議在政界與經濟學界都引發相當大的爭議。

提高最低工資勢將以工作機會流失為代價
（Raising the Minimum Wage Will Definitely Cost Jobs）

大衛‧紐馬克（David Neumark）撰[1]

國會預算辦公室最近的一份報告指出，如果聯邦最低工資提高到每小時 15 美元的法案通過，美國將流失 140 萬個工作機會。此一結論受到贊成與反對雙方的不同解讀。

根據我們最近所做的關於最低工資與美國工作機會流失的研究結論的調查，大多數的研究發現，最低工資使低技能勞工的就業減少，特別是最低收入者受到最低工資提高的最直接衝擊。根據此一調查，有 79% 的研究得到，最低工資使就業減少的結論，且有 46% 的研究得到，此一結論在統計上是顯著的。相反地，只有 21% 的研究得到，最低工資使就業小幅增加的結論，且只有 4% 的研究得到，此一結論在統計上是顯著的。

綜觀所有的研究，平均就業彈性約為負 0.15，這意味著最低工資提高 10%，會使低技能勞工的就業減少 1.5%。因此，最低工資如果從原先的每小時 7.25 美元，增加 107% 之後來到每小時 15 美元，則低技能勞工的就業會減少 16%，這應是相當嚴重的。尤有甚者，只有高中或以下學歷的勞工其就業彈性為負 0.24，從而最低工資提高會讓他們的工作流失情況更加嚴重。

因此，雖然最低工資提高會讓繼續保有工作的勞工其所得增加，但也確實會讓工作機會流失；政策制定者在權衡最低工資大幅提高的可能效益與成本時，應將工作機會流失納入考量。

討論題目
1. 如果你負責設計幫助低薪勞工的政策，你會選最低工資還是薪資所得免稅額？為什麼？
2. 如果你要選總統，你認為更高的最低工資還是更高的薪資所得免稅額的政見，可以讓你贏得更多的選票？為什麼？

大衛‧紐馬克是加州大學爾灣（Irvine）分校的經濟學教授。

原文出處：*The Wall Street Journal*, March 19, 2021.

---
[1] 原文經本書譯著者大幅改寫。

（2.8 美元 ＝ 3.3 美元 － 0.5 美元）要比沒有課稅時來得少。因此，賣者也變得比以前差。

總結而言：

- 課稅會壓抑市場活動。當一商品被課稅時，其銷售量會下降。
- 稅由買者與賣者共同負擔。在新的均衡下，買者付的價格比以前高，而賣者收到的價格比以前低。

6-2b 對買者課稅如何影響市場結果

現在考慮對買者課稅的情況。如果小鎮決定對冰淇淋買者課每球 0.5 美元的

供給、需求與政府政策

圖 6　對賣者課稅

對賣者課稅使供給曲線平行往上移，移動幅度等於稅額（$0.5）。

當賣者需付每球 0.5 美元的稅時，供給曲線由 S_1 平行上移 0.5 美元至 S_2。均衡數量由 100 球減少為 90 球。買者所付的價格由 3 美元上升至 3.3 美元；賣者所收到的稅後價格由 3 美元降至 2.8 美元。即使是對賣者課稅，稅是由買者與賣者共同負擔。

稅，亦即買者除了要付給賣者所要求的價格外，還需另外付 0.5 美元的稅。此一政策會如何影響冰淇淋的買者與賣者？我們還是依循那三個步驟進行分析。

步驟一　該稅最初會影響冰淇淋的需求，但供給曲線並不會受到影響，因為賣者不需要付稅。因此，該稅只會移動需求曲線。

步驟二　由於買者除了要付給賣者冰淇淋本身的價格外，還需另外付稅，因此買者購買冰淇淋的意願會降低，亦即其對冰淇淋的需求會減少。因此，如圖 7 所示，冰淇淋需求曲線往左移（或相當於往下移）。

需求曲線往下移的幅度會有多大？因為買者需付 0.5 美元的稅，所以買者實際支付的價格會比市場價格（不管其水準為何）高出 0.5 美元。例如，如果冰淇淋每球的市場價格是 2 美元，則買者總共付了 2.5 美元。因此，如要買者購買原先沒有稅之下每球 2.5 美元的冰淇淋數量，則買者現在只願付給冰淇淋賣者每球 2 美元，這是因為他現在還要付 0.5 美元的稅。要買者購買其他的數量也會有同樣情形：他每球所願支付的價格都比原先沒有稅的情況下少了 0.5 美元。因此，如圖 7 所示，需求曲線平行往下移動 0.5 美元，由 D_1 下移至 D_2。

步驟三　如圖 7 所示，在需求曲線往下移動之後，冰淇淋的均衡價格由原先的 3 美元降至 2.8 美元（供給曲線與新的需求曲線交點所對應的價格），且均衡數量由

PART II 市場如何運作

100 球降為 90 球。因為均衡數量下降，所以對冰淇淋買者課稅同樣也會使冰淇淋的市場規模縮小。

意涵　如果你比較圖 6 與圖 7，你會發現一個令人驚訝的結論：**對買者課稅與對賣者課稅所造成的影響完全一樣**。在這兩種情況下，課稅均會造成買者支付的價格與賣者收到的價格有所差距，且這差距等於單位稅額。因此，在單位稅額相同之下，不管是對誰課稅，買者所支付的完稅後價格一樣，且賣者所收到的完稅後價格也一樣，也因此，不管是對誰課稅，買者有相同的稅的負擔（以上例而言為 0.3 美元），且賣者也有相同的稅的負擔（0.2 美元）。這兩種情況的唯一差別是，在名義上稅是由誰繳的。

6-2c 彈性與稅負歸屬

當一商品被課稅時，稅由買者與賣者共同負擔。雙方實際的負擔比例為何？我們可以利用圖 9 的兩個圖形來回答此一問題。這兩個圖畫的是課稅前的供給曲線與需求曲線。雖是如此，我們只要知道單位稅額，就可以知道新的均衡所在（如我們剛才的分析，不管政府對誰課稅，最後的結果都一樣）。

圖（a）所畫的情況是供給很有彈性，需求則相對無彈性，亦即供給曲線相對平坦，需求曲線相對陡峭。在此情況下，賣者所收到的價格下降幅度有限，所以

圖 7　對買者課稅

當買者需付每球 0.5 美元的稅時，需求曲線由 D_1 平行向下移動 0.5 美元至 D_2。均衡數量由 100 球減少為 90 球。賣者所收到的價格由 3 美元降至 2.8 美元；買者所支付的稅後價格由 3 美元上升為 3.3 美元。即使是對買者課稅，稅還是由買者與賣者共同負擔。

CHAPTER 6 供給、需求與政府政策

個案研究　國會是否可以分配薪資稅的負擔比例？

如果你曾經領過薪水，你可能注意到你的薪資已被預扣一部分的稅。為方便討論，這部分的稅稱為**薪資稅**（payroll tax）。（*譯著按：在我國，薪資是綜合所得的一種，我國並無薪資稅。*）

你認為薪資稅是由誰負擔——廠商還是勞工？如果國會通過的法案規定，你繳一半的薪資稅，另一半由廠商繳，那麼薪資稅是否由廠商與勞工各負擔一半？我們可以將薪資稅視為對商品課稅，只是現在的「商品」是勞動，而「商品價格」是工資。薪資稅如同商品稅一樣，會造成買者（廠商）所支付的價格與賣者（勞工）所收到的價格之間的差距，且差距等於單位稅額。如圖8所示，當政府課徵薪資稅時，勞工所收到的稅後工資下降，且廠商所支付的稅後工資上升。最後，廠商與勞工共同負擔薪資稅，但雙方實際的負擔比例不一定是各一半，且會與薪資稅完全由廠商支付或完全由勞工支付下的實際負擔比例一模一樣。

此例顯示法律雖然可以規定勞資雙方付稅的比例，但無法決定雙方實際的負擔比例。實際的稅負歸屬是由供給與需求的力量所決定的。

圖8　薪資稅

薪資稅造成廠商支付的工資與勞工收到的工資之間的差距。比較課稅前後的情況可以發現，薪資稅由廠商與勞工共同負擔。雙方實際的負擔比例並不受稅完全由廠商支付，或完全由勞工支付，或雙方各付一半的影響。

賣者的稅的負擔較小。相形之下，買者所支付的價格大幅上升，所以稅主要是由買者負擔。

圖（b）所畫的情況正好相反：需求很有彈性，供給則相對無彈性。在此情況

圖 9　稅負歸屬如何決定

（a）供給有彈性，需求無彈性

- 1. 當供給的彈性較需求大時⋯
- 2. ⋯消費者的稅的負擔較⋯
- 3. ⋯生產者來得重。

買者支付的價格／無稅下的價格／賣者收到的價格／稅額／供給／需求

（b）供給無彈性，需求有彈性

- 1. 當需求的彈性較供給大時⋯
- 2. ⋯生產者的稅的負擔較⋯
- 3. ⋯消費者來得重。

買者支付的價格／無稅下的價格／賣者收到的價格／稅額／供給／需求

在圖（a），供給曲線有彈性，但需求曲線無彈性。在此情況下，課稅造成賣者所收到的價格僅小幅下跌，但買者所支付的價格大幅上升，因此，稅主要是由買者負擔。在圖（b），情況正好相反，需求曲線有彈性，但供給曲線無彈性。由於賣者所收到的價格大幅下跌，而買者所支付的價格僅小幅上升，因此，稅主要是由賣者負擔。

下，賣者所收到的價格大幅下降，而買者所支付的價格僅小幅上升，因此，稅主要是由賣者負擔。

從這兩個圖形，我們可以得到一個關於稅負歸屬的一般結論：**市場哪一方比較無彈性，那一方的稅的負擔就比較重**。何以如此？在本質上，彈性衡量的是當市場狀況改變時，供需雙方改變數量的難易程度。需求彈性小，表示買者沒有太

多其他的選擇；供給彈性小，也表示賣者沒有太多其他的選擇。當一商品被課稅時，市場彈性較小的那一方，由於其他的選擇較少，因此較不容易離開該市場，也因此稅的負擔就比較重。

我們也可以想像一種極端的情況來理解彈性與稅負歸屬之間的關係。假設需求是完全有彈性的，但供給不是。在此情況下，若政府沒有課稅，則均衡價格等於水平的需求曲線所對應的價格。若政府對此一商品課稅，則由於買者所願意支付的價格一樣（因為需求曲線是水平的），所以買者並沒有負擔到任何的稅，從而稅全部由賣者負擔。需求完全有彈性表示買者有相當多的其他選擇；要買者負擔稅，買者就乾脆離開這個市場。因此，稅就全部由賣者負擔。

我們可以將以上的分析結果應用到薪資稅上。大多數的勞動經濟學家認為，勞動供給遠較勞動需求來得無彈性。這意味著薪資稅主要是由勞工而非廠商負擔；換言之，即使法律規定薪資稅完全由廠商支付，或各付一半，結果也是大部分由勞工負擔。以特種行業為例，由於大多數從業人員可能有經濟上的困難，所以不容易離開該行業，亦即其勞動供給彈性小，從而與薪資連結的法定支出（如勞保費與勞工退休準備金；因為必須要繳，所以如同被政府課稅一樣），大部分是由從業人員負擔，而非由資方負擔。以上的分析告訴我們，你的專長最好是資方對它的需求是無彈性的。

即席測驗

5. 對某商品的買者課每單位 1 元的稅，等同於
   a. 對該商品的賣者課每單位 1 元的稅。
   b. 對該商品的賣者每單位補貼 1 元。
   c. 對該商品設下讓單價上漲 1 元的價格下限。
   d. 對該商品設下讓單價上漲 1 元的價格上限。
6. 當一商品被課稅時，稅主要是由買者負擔，如果
   a. 政府是對該商品的買者課稅。
   b. 政府是對該商品的賣者課稅。
   c. 供給是無彈性的且需求是有彈性的。
   d. 供給是有彈性的且需求是無彈性的。
7. 下列何者會使供給量增加，需求量減少，且買者付的價格上升？
   a. 政府對商品課稅。
   b. 政府撤銷對商品所課的稅。
   c. 政府設下具約束力的價格下限。
   d. 政府撤銷具約束力的價格下限。
8. 下列何者會使供給量增加，需求量增加，且買者付的價格下跌？
   a. 政府對商品課稅。
   b. 政府撤銷對商品所課的稅。
   c. 政府設下具約束力的價格下限。
   d. 政府撤銷具約束力的價格下限。

（答案在章末）

6-3 結論

一個經濟體系的表現，一方面決定於供需法則，另一方面則受到政府所制定的法律的影響。在本章，我們看到這兩股力量如何互動。在經濟體系中，不同市場裡的價格管制與課稅情形頗為普遍，且它們的影響也常是各界爭論的焦點。

在後續的章節中，我們會更詳細地分析許多政府政策。不過，本章所得到的基本結論並不會改變：在分析政府政策時，供給與需求是最優先且最有用的分析工具。

摘要

- 價格上限是一項商品或服務的法定最高價格。其中一個例子是房租管制。如果價格上限低於均衡價格，則需求量會超過供給量，從而造成短缺現象。在此情況下，賣者會以某種方式將商品或服務在買者之間進行分配。
- 價格下限是一項商品或服務的法定最低價格。其中一個例子是最低工資。如果價格下限高於均衡價格，則供給量會超過需求量，從而造成剩餘現象。在此情況下，買者的需求會以某種方式在賣者之間分配。
- 當政府對一項商品課稅時，均衡數量會減少；換言之，課稅會使市場規模縮小。
- 對一項商品課稅會造成買者所支付的價格與賣者所收到的價格之間有一段差距。當市場趨向新的均衡時，買者支付的價格上升且賣者收到的價格下跌，從而稅由買者與賣者共同負擔。稅負歸屬（亦即稅負的分攤）並不受對買者課稅還是對賣者課稅的影響。
- 稅負歸屬決定於供給與需求的價格彈性。因為彈性較低的那一方較不容易改變數量，所以稅主要是由該方負擔。

複習題

1. 各舉一個價格上限與價格下限的例子。
2. 價格上限還是下限會造成短缺？試畫圖說明。
3. 當商品價格無法使供需達成平衡時，資源的分配機制為何？
4. 說明經濟學家為何通常反對價格管制。
5. 假設政府不對買者課稅而改對賣者課相同幅度的稅。此一改變會如何影響買者

支付給賣者的價格、買者所支付的完稅後價格、賣者所收到的完稅後價格，以及銷售量？

6. 對一項商品課稅會如何影響買者支付的價格、賣者所收到的價格，以及銷售量？

7. 決定買者與賣者稅的負擔比例的因素為何？試說明之。

問題與應用

1. 古典音樂的愛好者說服政府對演奏會門票設下 50 美元的價格上限。此一政策會使更多人或更少人聽到演奏會？

2. 政府認為自由市場中的起士價格太低。

    a. 假設政府對起士市場設下具約束力的價格下限。利用供需圖形顯示此一政策對起士價格與銷售量的影響。此時起士會有短缺或剩餘？

    b. 起士廠商抱怨此一價格下限使它們的總收益減少。這是否可能？請說明。

    c. 針對此一抱怨，政府同意以下限價格收購所有過剩的起士。與原先的價格下限政策比較，誰會從新政策中獲利？誰又會受損？

3. 最近的一項研究發現，飛盤的需求與供給表如下：

價格（每個）	需求量	供給量
$11	100 萬	1,500 萬
10	200	1,200
9	400	900
8	600	600
7	800	300
6	1,000	100

    a. 飛盤的均衡價格與數量各為何？

    b. 飛盤製造商成功說服政府對飛盤設下比均衡價格高 2 美元的價格下限。在此情況下，新的市場價格為何？飛盤的銷售量為何？

    c. 後來學生向政府抗議。政府不單廢除原先的價格下限，還設下比原先價格下限低 1 美元的價格上限。在此情況下，新的市場價格為何？飛盤的銷售量為何？

4. 假設聯邦政府規定啤酒消費者付每箱 2 美元的稅。

    a. 畫出啤酒市場稅前的供需圖形。指出消費者所支付的價格、生產者所收到的價格，與啤酒銷售量。消費者所支付的價格與生產者所收到的價格之間的差距為何？

    b. 現在畫出課稅下的啤酒市場供需圖形。指出消費者所支付的價格、生產者所收到的價格，與啤酒銷售量。消費者所支付的價格與生產者所收到的價格之間的差距為何？啤酒的銷售量增加還是減少？

5. 一位參議員希望稅收增加且讓勞工過得更好。其幕僚建議提高廠商所付的薪資稅，並利用新增稅收的一部分來減少勞工所付的薪資稅。此一建議可以達成參議員的目標嗎？請說明。

6. 如果政府對高級車課 500 美元的稅，則消

費者比稅前多付的價格會超過 500 美元、低於 500 美元,還是剛好是 500 美元?

7. 政府決定透過降低汽油的使用量來減少空氣汙染。政府對每加侖的汽油課 0.5 美元的稅。
   a. 利用供需圖形說明政府應對消費者或生產者課稅。
   b. 如果汽油的需求較有彈性,則就降低汽油的消費量而言,該稅會比較有效還是比較無效?請以文字與圖形說明。
   c. 汽油消費者會因此稅受益或受害?為什麼?
   d. 石油工業的勞工會因此稅受益或受害?為什麼?

8. 本章中的一個個案研究討論聯邦最低工資法。
   a. 假設最低工資高於低技能勞動市場的均衡工資。利用供需圖形顯示市場工資、勞動雇用量與失業量,並顯示支付給低技能勞工的總工資。
   b. 現在假設勞動部部長提議調高最低工資,此一調整對就業量的影響為何?就業量會有多大的變動是決定於需求彈性、供給彈性,或兩者都有,還是根本不受供需彈性影響?
   c. 最低工資調高對失業量的影響為何?失業量會有多大的變動是決定於需求彈性、供給彈性,或兩者都有,還是根本不受供需彈性影響?
   d. 如果低技能勞動的需求無彈性,則調高最低工資會使低技能勞工所收到的總工資增加還是減少?如果需求是有彈性的,你的答案是否會改變?

9. 美國職棒波士頓紅襪隊的主場其座位數為 38,000,因此,每場球賽的售票數為該數字。假設每個座位的票價都一樣。波士頓市政府對每張票的買者課 5 美元的稅。畫圖說明該稅的影響。該稅是由球隊老闆、球迷,還是雙方共同負擔?

10. 假設某一市場的供需曲線如下:
    $$Q^S = 2P$$
    $$Q^D = 300 - P$$
    a. 解出均衡價格與數量。
    b. 如果政府設下 90 元的價格上限,則會出現短缺還是剩餘(還是都不會)?此時的價格、供給量、需求量,以及短缺量或剩餘量各為何?
    c. 如果政府設下 90 元的價格下限,則會出現短缺還是剩餘(還是都不會)?此時的價格、供給量、需求量,以及短缺量或剩餘量各為何?
    d. 假設政府不進行價格管制,而是對生產者課每單位 30 元的稅,從而供給曲線變成:
    $$Q^S = 2(P - 30)$$
    此時會出現短缺還是剩餘(還是都不會)?買者支付的價格、賣者收到的價格、供給量、需求量,以及短缺量或剩餘量各為何?

即席測驗答案

1. d 2. d 3. a 4. c 5. a 6. d 7. c 8. b

Chapter 7
消費者、生產者與市場效率

當消費者去市場買豬肉作為中元普渡的牲禮時,他們可能會對肉價昂貴感到失望。另一方面,當豬農將他們所飼養的豬隻運到市場時,他們會希望肉價能夠再高一點。這些想法並不令人驚訝:買者總是希望價格愈低愈好,而賣者總是希望價格愈高愈好。從整個社會的角度來看,豬肉是否有一個所謂的「正確價格」?

在前面幾章我們看到,在市場經濟下,供給與需求的力量如何決定商品與服務的價格以及銷售量。不過,到目前為止,我們只描述市場如何配置稀少性資源,但並沒有探討市場結果是否令人滿意。我們知道,豬肉的價格會調整至使供需達成平衡的水準,但均衡下的產量與消費量是太多、太少,還是剛好?

福利經濟學
welfare economics
研究資源配置如何影響經濟福祉的經濟學次領域

在本章，我們探討福利經濟學，其為研究資源配置如何影響經濟福祉的經濟學次領域。一開始，我們先檢視買者與賣者參與市場所獲得的利益，接著再檢視社會如何使這些利益達到最大。在一般情況下，讓市場自由運作，可使買賣雙方合起來的利益達到最大。

經濟學的十大原理之一是：市場通常是組織經濟活動的良好方式。福利經濟學對此一原理提出更完整的解釋；它也回答豬肉是否有一個正確價格的問題：使豬肉供需達成平衡的價格是最佳價格，因為它使豬肉消費者與生產者的福利總和達到最大。沒有消費者或生產者以此為目標，但市場價格讓他們如同被一隻看不見的手引導，使他們在追求自利的過程中，其實是往這個目標邁進的。

7-1 消費者剩餘

我們先看消費者參與市場所獲得的利益。一般而言，這是福利經濟學的學習起點。

7-1a 支付意願

假設你收藏一張保存良好的貓王首張唱片。不過，因為你不是貓王的歌迷，你決定把它賣掉。其中一個好辦法是舉辦一場拍賣會。

有四位貓王歌迷到場：王哥、柳哥、菲哥和憲哥。他們每一個人都想擁有這張唱片，但每個人願意出的價格都有其上限。表 1 顯示這四位可能的買者其所願意出的最高價格。我們稱每一個人所願意出的最高價格為其**支付意願**（或稱願付價格）。消費者對一項商品的支付意願反映消費者對該商品的評價。當商品價格低於消費者的支付意願時，他會買下它；當商品價格高於消費者的支付意願時，他不會買；當商品價格等於消費者的支付意願時，他可買可不買。

為賣出你的唱片，你訂一個比較低的起標價格，如 100 美元。因為四位買家

支付意願
willingness to pay
買者購買一項商品所願意出的最高金額

表 1 四位可能買者的支付意願

買者	支付意願
王哥	$1,000
柳哥	800
菲哥	700
憲哥	500

的支付意願都高於 100 美元，所以競標喊價迅速上升。當王哥出價 800 美元（或稍微高一點）時，因為其他三人的支付意願都不高於這個水準，拍賣就結束，王哥付你 800 美元而取得那張唱片。因此，唱片歸於那個對唱片評價最高的人。

王哥買下這張唱片，他獲得多少利益？他最高願意付 1,000 美元買這張唱片，但他實際上只付了 800 美元；我們稱王哥有 200 美元的**消費者剩餘**。**消費者剩餘**等於買者對一商品所願意支付的金額減去他實際支付的金額。

消費者剩餘衡量買者參與市場所獲得的利益。以本例而言，王哥獲得 200 美元的消費者剩餘，但其他三人由於沒有買到唱片，所以都沒有消費者剩餘。不過，他們也沒有付出半毛錢。

讓我們再看另一個例子。假設你有兩張一模一樣的貓王唱片。同樣地，有四位可能的買者參加拍賣。為簡化分析，假設這兩張唱片以同樣的價格賣出，且每位買者只能買一張。

在此情況下，當價格喊到 700 美元（或稍微高一點）時，拍賣就會結束，因為菲哥和憲哥不願再出更高的價格，所以唱片歸於王哥與柳哥這兩個支付意願最高的買者。由於實際支付的價格為 700 美元，所以王哥有 300 美元的消費者剩餘（比上例的 200 美元高），這是因為現在的成交價較低；而柳哥則有 100 美元的消費者剩餘。兩個買到唱片的人其消費者剩餘的總和為 400 美元。

7-1b 用需求曲線衡量消費者剩餘

消費者剩餘與商品的需求曲線有相當緊密的關係。為了解這一點，讓我們繼續貓王唱片的例子，並考慮唱片的需求曲線。

我們利用那四位可能買者的支付意願得出貓王唱片的需求表。圖 1 中的表為對應表 1 的需求表。如果價格高於 1,000 美元，則市場需求量為 0，因為沒有買者願意出這麼高的價格。如果價格介於 800 與 1,000 美元之間，則需求量為 1，因為只有王哥願意出這麼高的價格。如果價格介於 700 與 800 美元之間，則需求量為 2，因為王哥和柳哥都願意付這個價格。以此類推，我們就可以根據四位可能買者的支付意願得到貓王唱片的需求表。

圖 1 中的圖形顯示對應這個需求表的需求曲線。給定任一數量，該數量所對應的需求曲線的高度反映**邊際買者**（marginal buyer）的支付意願。邊際買者是指如果價格微幅上漲，會率先退出市場的買者。例如，在 4 張唱片的數量下，需求曲線的高度為 500 美元，其為憲哥（此時的邊際買者）的支付意願；在 3 張唱片的數量下，需求曲線的高度為 700 美元，其為菲哥（此時的邊際買者）的支付意願。

消費者剩餘
consumer surplus
買者對一商品所願意支付的金額減去他實際支付的金額

圖 1　需求表與需求曲線

價格	買者	需求量
超過 $1,000	無	0
$800~$1,000	王哥	1
$700~$800	王哥、柳哥	2
$500~$700	王哥、柳哥、菲哥	3
$500 以下	王哥、柳哥、菲哥、憲哥	4

上表顯示表 1 中買者的需求表，上圖則顯示對應的需求曲線。需求曲線的高度反映邊際買者的支付意願。

因為需求曲線反映買者的支付意願，我們可以利用它來衡量消費者剩餘。圖 2 用本例的需求曲線來計算消費者剩餘。在圖（a），價格為 800 美元（或稍微高一點），數量為 1。圖中該價格以上及需求曲線以下所圍成的面積為 200 美元。此一金額就是我們先前所提到的在只有一張唱片下的消費者剩餘。

圖 2（b）顯示當價格為 700 美元（或稍微高一點）時的消費者剩餘。在此情況下，該價格以上及需求曲線以下所圍成的面積為兩個長方形面積之和：王哥的消費者剩餘（300 美元）與柳哥的消費者剩餘（100 美元）。所以總面積為 400 美元，其為此時的消費者總剩餘。

以上的結果適用於所有的需求曲線：**價格以上及需求曲線以下所圍成的面積衡量市場的消費者剩餘**。這是因為需求曲線的高度衡量買者對該商品的評價，亦即其支付意願；此一支付意願與市場價格的差是每一個買者的消費者剩餘。因此，價格以上及需求曲線以下所圍成的面積是該商品所有買者之消費者剩餘的總和。

7-1c 價格降低如何提高消費者剩餘

因為買者總是希望能以較低的價格買到商品，所以價格降低可以使買者獲利。當價格降低時，買者的福祉會提升多少？我們可以用消費者剩餘的概念來精確地回答這個問題。

圖 3 顯示典型的市場需求曲線。在有很多買者情況下，圖 2 中的階梯高度就會變得很小。為方便分析，我們把需求曲線畫成如圖 3 中的平滑曲線。我們剛

圖 2　以需求曲線衡量消費者剩餘

（a）價格＝$800　　　　　　　　　（b）價格＝$700

在圖（a），唱片價格為 800 美元，且消費者剩餘為 200 美元。在圖（b），唱片價格為 700 美元，消費者剩餘為 400 美元。

剛所得到的結論依然適用：消費者剩餘等於價格以上及需求曲線以下所圍成的面積。在圖（a），價格為 P_1，消費者剩餘等於三角形 ABC 的面積。

如果價格由 P_1 降為 P_2，則如圖（b）所示，此時的消費者剩餘等於 ADF 的面積，比 P_1 下的消費者剩餘（面積 ABC）多了面積 BCFD。

此一消費者剩餘的增加可以拆成兩個部分。第一，就那些已在 P_1 價格下購買 Q_1 數量的買者而言，價格降低意味著他們可以用比較少的金額就買到相同的數量，所以他們獲利，且獲利程度等於他們少支付的金額，其為面積 BCED。第二，就那些在價格降低之後才進入市場的新買者而言，其購買數量為 Q_1Q_2，從而如圖（b）所示，這部分數量的消費者剩餘等於面積 CEF。

7-1d 消費者剩餘衡量什麼？

想像你自己是一個政策制定者，想要設計出一好的經濟體系。你會關心消費者剩餘的大小嗎？由於消費者剩餘等於買者購買商品所願意支付的最高金額減去實際支付的金額，因此，消費者剩餘就是**買者購買商品所感受到的好處**（講白話一點，消費者剩餘就是消費者覺得自己「賺到」的金額）。所以，如果政策制定者尊重買者的偏好，則消費者剩餘是一個衡量消費者經濟福祉的良好指標。

在某些情況下，政策制定者可能不會關心消費者剩餘。例如，吸毒者願意出高價買海洛因。若海洛因價格下跌，則吸毒者也會覺得自己的消費者剩餘增加；

圖3　價格如何影響消費者剩餘

（a）價格為 P_1 下的消費者剩餘

（b）價格為 P_2 下的消費者剩餘

在圖（a），價格為 P_1，需求量為 Q_1，且消費者剩餘等於面積 ABC。當價格由 P_1 降為 P_2 時，如圖（b）所示，需求量由 Q_1 增加為 Q_2，且消費者剩餘為面積 ADF，較 P_1 下的消費者剩餘增加面積 BCFD。此一消費者剩餘增加一方面源自於既有消費者的支出減少（面積 BCED），另一方面源自於新的消費者也享有消費者剩餘（面積 CEF）。

但就整個社會而言，吸毒者的消費者剩餘並不是經濟福祉的好指標，因為吸毒者並不是在追尋他們自身的最佳利益。

不過，在大多數的市場裡，消費者剩餘的確能夠反映經濟福祉。經濟學家通常假設人們會理性做決策，亦即人們會把握所擁有的機會，盡其可能達成目標。理性的消費者會從事使其滿足水準達到最大的消費行為。消費者剩餘在相當程度上可以代表消費者的滿足水準，因此，消費者剩餘是衡量經濟福祉的良好指標。

即席測驗

1. 阿妹、阿珠與阿花每個都想買一筒冰淇淋。阿妹願意付美元 12 美元、阿珠願意付 8 美元，阿花願意付 4 美元。市場價格為 6 美元。三人合起來的消費者剩餘為
   a. 6 美元。
   b. 8 美元。
   c. 14 美元。
   d. 18 美元。
2. 如果市場價格降為 3 美元，則三人合起來的消費者剩餘增加
   a. 6 美元。
   b. 7 美元。
   c. 8 美元。
   d. 9 美元。
3. 餅乾的需求曲線是負斜率的。當餅乾的價格為 3 美元時，需求量為 100。當餅乾的價格降為 2 美元時，消費者剩餘如何變動？
   a. 它會減少，減少金額不超過 100 美元。
   b. 它會減少，減少金額超過 100 美元。
   c. 它會增加，增加金額不超過 100 美元。
   d. 它會增加，增加金額超過 100 美元。

（答案在章末）

7-2 生產者剩餘

我們現在轉向市場的另一邊,並考慮生產者參與市場所獲取的利益,亦即我們分析生產者的福利。此一分析與消費者的福利分析相似。

7-2a 成本與銷售意願

想像你有一棟房子,且你要找人油漆。假設有四位油漆工:阿甘、阿丹、阿妹和阿嬤。你決定找他們來競標,出價最低者得標。

如果價格高於成本,則每位油漆工都願意接受這份工作。這裡的**成本**指的是油漆工的機會成本:它包括油漆工買油漆、刷子等物品的支出金額,以及他們自己認定的時間價值。表 2 顯示每位油漆工的成本。由於當價格低於成本時,油漆工就不願油漆,因此,成本衡量其提供油漆服務的意願。

當他們開始競標時,價格會一直往下降。一旦阿嬤出價 2,400 美元(或稍微低一點),她就變成唯一僅存的競標者。因為阿嬤的成本只有 2,000 美元,所以她會滿意以 2,400 美元接受這個工作。因此,最後得到工作的是成本最低的那個人。

阿嬤獲得這份工作的利益為何?因為她願意收 2,000 美元做這個工作,但她卻收到 2,400 美元,我們稱她有 400 美元的**生產者剩餘**。**生產者剩餘**等於賣者收到的金額減去其生產成本。生產者剩餘衡量生產者參與市場的利益。

接下來考慮另外一個稍微不同的例子。假設你有兩棟房子需要油漆,你願意付的價格都一樣,同時,每位油漆工只能漆一棟。你還是找那四位油漆工來競標。

在此情況下,當競標價格下降至 3,200 美元(或稍微低一點)時,競標就結束了,且由阿嬤與阿妹得到工作,因為阿甘和阿丹都不願出比 3,200 美元更低的價格。在 3,200 美元的價格下,阿嬤有 1,200 美元的生產者剩餘,而阿妹有 800 美元的生產者剩餘。此時的生產者總剩餘為 2,000 美元。

成本 cost
賣者為生產一項商品所付出的總代價

生產者剩餘 producer surplus
賣者收到的金額減去其生產成本

表 2　四位可能賣者的成本

賣者	成本
阿甘	$3,600
阿丹	3,200
阿妹	2,400
阿嬤	2,000

7-2b 用供給曲線衡量生產者剩餘

正如同消費者剩餘與需求曲線有相當緊密的關係，生產者剩餘與供給曲線也有相當緊密的關係。

我們可以由四位油漆工的成本得到漆油漆服務的供給表。圖4中的表為對應表2的供給表。如果價格低於2,000美元，則沒有哪一位油漆工願意接這個工作，因此供給量為0。如果價格介於2,000與2,400美元之間，則只有阿嬤願意做，所以供給量為1。如果價格介於2,400與3,200美元之間，則阿嬤與阿妹都願意做，所以供給量為2。以此類推，我們可以由四位油漆工的成本得到供給表。

圖4中的圖形顯示對應供給表的供給曲線。供給曲線的高度反映**邊際賣者**（marginal seller）的成本。邊際賣者是指如果價格微幅下跌，會率先離開市場的賣者。例如，在房屋數量為4時，供給曲線的高度為阿甘（此時的邊際賣者）的成本——3,600美元；在房屋數量為3時，供給曲線的高度為阿丹（此時的邊際賣者）的成本——3,200美元。

因為供給曲線反映賣者的成本，所以我們可以利用它來衡量生產者剩餘。如圖5（a）所示，在價格為2,400美元時，供給量為1。此時，價格以下及供給曲線以上所圍起來的面積為400美元。此一金額正好等於阿嬤的生產者剩餘。

圖5（b）顯示在價格為3,200美元下的生產者剩餘。如圖所示，在此價格以下及供給曲線以上包括兩塊長方形，其分別為阿嬤和阿妹的生產者剩餘（1,200與800美元）。此時的生產者總剩餘為2,000美元。

圖4 供給表與供給曲線

價格	賣者	供給量
超過 $3,600	阿甘、阿丹、阿妹、阿嬤	4
$3,200~$3,600	阿丹、阿妹、阿嬤	3
$2,400~$3,200	阿妹、阿嬤	2
$2,000~$2,400	阿嬤	1
$2,000 以下	無	0

上表顯示表2中賣者的供給表，上圖則顯示對應的供給曲線。供給曲線的高度反映賣者的成本。

圖 5　以供給曲線衡量生產者剩餘

（a）價格 = $2,400　　　　（b）價格 = $3,200

在圖（a），商品價格為 2,400 美元，且生產者剩餘為 400 美元。在圖（b），商品價格為 3,200 美元，且生產者剩餘為 2,000 美元。

以上的結果適用於所有的供給曲線：**價格以下和供給曲線以上的面積衡量市場的生產者剩餘**。由於供給曲線的高度代表賣者的成本，而價格與生產成本的差是每一個賣者的生產者剩餘，因此，上述的面積是所有賣者之生產者剩餘的總和。

7-2c 價格上升如何提升生產者剩餘

因為賣者總是希望價格愈高愈好，所以價格上升可以使賣者獲利。當價格上升時，賣者的福祉會提高多少？我們可以用生產者剩餘的概念精確地回答這個問題。

圖 6 顯示在很多賣者下的典型市場供給曲線。雖然此一供給曲線與圖 5 的不同，但衡量生產者剩餘的方法相同：生產者剩餘為價格以下和供給曲線以上所圍成的面積。在圖（a），價格為 P_1，且生產者剩餘為三角形 ABC 的面積。

圖（b）顯示當價格由 P_1 上升為 P_2 時，生產者剩餘的變化。此時的生產者剩餘等於面積 ADF，因而生產者剩餘增加 BCFD。BCFD 可拆成兩個部分。第一，就那些已在 P_1 價格下銷售 Q_1 數量的賣者而言，價格上升意味著他們的收益可以增加，且增加的金額等於面積 BCED。第二，就那些在價格上升之後才進入市場

PART III 市場與福利

圖 6　價格如何影響生產者剩餘

（a）價格為 P_1 下的生產者剩餘

（b）價格為 P_2 下的生產者剩餘

在圖（a），價格為 P_1，供給量為 Q_1，且生產者剩餘等於面積 ABC。當價格由 P_1 上升為 P_2 時，如圖（b）所示，供給量由 Q_1 增加為 Q_2 且生產者剩餘為面積 ADF，較 P_1 下的生產者剩餘增加面積 BCFD。此一生產者剩餘的增加一方面源自於既有生產者的收益增加（BCED），另一方面源自於新的生產者也享有生產者剩餘（CEF）。

的新賣者而言，其銷售數量為 Q_1Q_2，從而如圖（b）所示，這部分數量的生產者剩餘等於面積 CEF。

如這個分析所顯示的，我們用生產者剩餘衡量賣者的福祉，與我們用消費者剩餘衡量消費者的福祉非常相似。由於這個經濟福利的衡量指標非常類似，因此很自然地，我們會把它們合起來一起使用。的確，這正是我們在下一節的做法。

即席測驗

4. 阿妹、阿珠與阿花每個都想當家教。阿妹當家教的每個月的機會成本為 400 美元、阿珠為 200 美元，阿花為 100 美元。市場行情為 300 美元。三人合起來的生產者剩餘為
   a. 100 美元。
   b. 200 美元。
   c. 300 美元。
   d. 400 美元。

5. 阿寬當花匠，每禮拜賺 300 美元。當花匠的酬勞上升為每禮拜 400 美元時，文青也開始當起花匠。在此情況下，生產者剩餘的增加金額
   a. 不超過 100 美元。
   b. 介於 100 美元與 200 美元之間。
   c. 介於 200 美元與 300 美元之間。
   d. 超過 300 美元。

6. 假設某商品的供給曲線為 $Q^S = 2P$。當市場價格為 10 美元時，生產者剩餘為
   a. 5 美元。
   b. 20 美元。
   c. 100 美元。
   d. 200 美元。

（答案在章末）

7-3 市場效率

消費者剩餘與生產者剩餘是經濟學家用來探討買者與賣者之福利的兩個基本工具。這兩個工具可以幫助我們回答以下這個經濟基本問題：自由市場所決定的資源配置是否令人滿意？

7-3a 仁慈的社會計畫者

為評估市場結果，我們在此引進一個假設性人物：仁慈的社會計畫者。她是一個全知全能且充滿愛心的主宰者。你認為她應該如何做才能使整個社會的福利水準達到最大？讓市場自由運作，還是介入市場去改變市場結果？

為回答此一問題，她必須先決定如何衡量整個社會的福利水準。一個可能的衡量指標是消費者剩餘與生產者剩餘的總和，我們稱為**總剩餘**（total surplus）。消費者剩餘是消費者參與市場所獲得的利益，而生產者剩餘是生產者參與市場的獲益，因此，總剩餘是衡量整個社會福利水準的一個很自然的指標。

如前所述，我們把消費者剩餘定義為

消費者剩餘＝商品對買者的價值－買者支付的金額。

同樣地，我們把生產者剩餘定義為

生產者剩餘＝賣者收到的金額－賣者的成本。

把消費者剩餘和生產者剩餘相加，我們可以得到

總剩餘＝（商品對買者的價值－買者支付的金額）
　　　＋（賣者收到的金額－賣者的成本）。

由於買者支付的金額等於賣者收到的金額，因此，上式可以改寫成

總剩餘＝商品對買者的價值－賣者的成本。

因為買者的支付意願衡量的就是商品對買者的價值，所以，市場的總剩餘等於買者支付意願的總和減去生產者成本的總和。

如果資源的配置結果使總剩餘達到最大，我們稱該配置呈現**效率**。如果一項配置是無效率的，則買者與賣者之間的交易利得並未完全實現。例如，如果一項商品並未由成本最低的賣者生產，則該配置是無效率的。在此情況下，將生產由高成本的生產者移給低成本的生產者，總生產成本會下降，從而總剩餘可以增

效率
efficiency
資源配置結果使總剩餘達到最大的性質

加。同樣地，如果一項商品並未由支付意願最高的買者消費，則該配置也是無效率的。在此情況下，將消費由支付意願較低的買者移給支付意願較高的買者，也會使總剩餘增加。

除了效率之外，社會計畫者也須關心**均等**——經濟福祉在買者與賣者之間平均分配。本質上，市場的交易利得就像一塊要在市場參與者之間分配的餅。效率的問題在於這塊餅是否可以儘可能地做大，而均等的問題在於這塊餅是否能夠平均地分配。評斷市場結果是否合乎均等要比評斷市場結果是不是有效率來得困難。這是因為均等與否牽涉到價值判斷，因此，本書只專注在效率問題的探討。在本章，我們假設社會計畫者的目標在於效率；不過，實際的政策制定者通常也會關心均等。

7-3b 評估市場均衡

圖 7 顯示市場達成均衡時的消費者剩餘與生產者剩餘。由於消費者剩餘為價格以上需求曲線以下所圍成的面積，而生產者剩餘等於價格以下供給曲線以上所圍成的面積，因此，供給曲線與需求曲線在均衡點左邊所圍成的面積代表市場的總剩餘。

均衡下的資源配置是否有效率？它是否使總剩餘達到最大？如圖 7 所示，在

> **均等**
> equality
> 平均分配經濟繁榮成果給社會成員的性質

圖 7　市場均衡下的消費者剩餘與生產者剩餘

總剩餘——消費者剩餘與生產者剩餘的總和——等於供需曲線在均衡點左邊所圍成的面積。

均衡達成時,那些支付意願高於均衡價格(線段 AE)的買者選擇購買該商品,而那些支付意願低於均衡價格(線段 EB)的買者選擇不買。同樣地,那些成本低於均衡價格(線段 CE)的生產者選擇生產並銷售該商品,而那些成本高於均衡價格(線段 ED)的生產者選擇不生產。

由以上的說明可以得到下列兩點結論:

1. 競爭市場將商品的供給分配給支付意願最高的那些買者。
2. 競爭市場將商品的需求分配給生產成本最低的那些賣者。

因此,就市場均衡數量而言,由於這些數量歸那些支付意願最高的買者,且這些數量由生產成本最低的賣者生產,所以社會計畫者無法透過重新分配消費與重新分配生產來提升整個社會的經濟福祉。

以上的結論是針對均衡數量,但社會計畫者是否可以透過增加或減少產量來提升整個社會的經濟福祉?答案是否定的,如下面第 3 點結論所陳述的:

3. 競爭市場下的數量使消費者剩餘與生產者剩餘之和達到最大。

圖 8 說明為何此一結論為真。由於需求曲線的高度反映買者的支付意願,且供給

圖 8　均衡數量之效率

若數量小於均衡數量,如 Q_1,則買者的評價高於賣者的成本。若數量大於均衡數量,如 Q_2,則賣者的成本高於買者的評價。因此,市場均衡使總剩餘達到最大。

曲線的高度代表賣者的成本，因此，若數量小於均衡水準，如 Q_1，則此時的邊際買者其對該商品的評價高於此時邊際賣者的成本，從而增加產量可以提升總剩餘，且直到產量增加到均衡水準時，總剩餘都還會隨產量增加而提升。同樣地，若數量大於均衡水準，如 Q_2，則情況正好相反，此時的邊際買者其對該商品的評價低於此時邊際賣者的成本，從而減少產量也可以提升總剩餘，直到產量減至均衡水準為止。因此，為使總剩餘達到最大，社會計畫者會選擇供給與需求曲線交點下的數量。

個案研究：應不應該有器官市場？

幾年前，《波士頓環球報》（*Boston Globe*）的頭版頭條新聞的標題寫著：「一位母親的愛拯救兩條性命。」這位母親是蘇珊·史蒂芬斯（Susan Stephens）。她的兒子需要腎臟移植，可是她的腎臟無法移植給她的兒子，因為會產生排斥現象。醫生提出一個解決辦法：如果蘇珊願意捐一顆腎臟給一個陌生人，她的兒子就可以移到腎臟等待名單上的第一位。她接受了這個提議，而且不久之後，兩位病人都順利移植了等待已久的腎臟。

這是一個皆大歡喜的結果，但這個故事也引起一些問題。如果母親可以用一顆腎臟交換另一顆腎臟，那麼醫院是不是也可以允許她用腎臟抵她付不起的醫藥費，或抵她兒子在醫學院的學費？或者她可以賣腎臟來償還卡債？

在現行的法令下，人們不能販售器官。換個角度來看，這等於政府在器官市場中訂一個金額為零的價格上限，從而如同任何具約束力的價格上限，最後會有短缺現象。不過，蘇珊的例子並未違反法令，因為沒有牽涉到金錢交易。

很多經濟學家相信，允許器官自由交易會有相當大的好處。由於目前器官無法自由交易，一般病人平均需等待幾年才能移植到腎臟，且美國一年有數以千計的病人因等不到腎臟而死亡。如果那些需要一顆腎臟的人能從那些有兩顆腎臟的人買到其中一顆，則價格會上升至使供需達成平衡的水準。買者可以因得到所需器官而存活，而賣者可以獲得解決困境所需的金錢。雙方都可以因器官交易而過得更好且器官短缺的現象會消失。

這樣一個市場可達成資源的效率配置，但有人會批評這是不公平的，因為最後買到器官的會是有錢人，窮人會因等不到器官捐贈而死亡。但你也可以質疑現行制度的公平性。在現在，絕大多數人的身上多了一顆實際上並不需要的腎臟，但我們的一些同胞卻連一顆都求不到，這樣公平嗎？

聽專家怎麼說 供應腎臟（Supplying Kidneys）

「應該建立一個允許付費取得腎臟的試驗性市場來幫助腎臟病人延長其壽命。」

經濟學家這麼說：

- 57% 同意
- 27% 不確定
- 16% 不同意

資料來源：IGM Economic Experts Panel, March 11, 2014.

綜上所述，上面三點結論告訴我們，讓市場自由運作可以使消費者剩餘與生產者剩餘的總和達到最大；換言之，市場均衡下的資源配置是有效率的。因此，仁慈的社會計畫者可以採取**自由放任**（laissez-faire，法文，意為「放任他們去做」）的政策。

如果仁慈的社會計畫者想要自己嘗試而不靠市場力量達成資源的效率配置，則她必須知道每一個市場的每一個可能買者的支付意願及每一個可能賣者的生產成本。這是一項不可能的任務，這也說明了為何中央計畫經濟（如北韓）從未有好的表現。

以上的分析告訴我們，市場均衡下的資源配置通常是有效率的。但在現實生活中，不是每個人都會滿意放任市場自由運作的結果，特別是最後的結果是不均等的。的確，效率與均等本來就是兩個不同的概念，甚至在大多數的情況下，它們是取捨關係：吃大鍋飯是形式上最均等的，但也是最沒有效率的；讓市場自由運作，在大多數的情況下是有效率的，但結果往往也是不均等的。例如，有些藝人或職業球星的年收入動不動就超過新臺幣千萬元，而你可能辛苦工作，一年也賺不到 50 萬元，還得擔心會不會被裁員，或老闆會不會惡性倒閉。

簡單地說，在市場經濟下，人們用錢投票，亦即誰的錢多，誰就可以掌握比較多的社會資源。也許，以上的說明會讓你覺得經濟學是一門「冷血」科學，但上一頁的「個案研究」也許會讓你覺得經濟學也是一門非常實際且可以造福人群的科學。

即席測驗

7. 又青自己認定的時間價值為每小時 60 美元，她跟大仁談妥以 2 小時 200 美元的價格幫他按摩；大仁對此按摩的支付意願為 300 美元。就此交易而言，
   a. 消費者剩餘比生產者剩餘多 20 美元。
   b. 消費者剩餘比生產者剩餘多 40 美元。
   c. 生產者剩餘比消費者剩餘多 20 美元。
   d. 生產者剩餘比消費者剩餘多 40 美元。
8. 有效率的資源配置極大化下列何者？
   a. 消費者剩餘。
   b. 生產者剩餘。
   c. 消費者剩餘加生產者剩餘。
   d. 消費者剩餘減生產者剩餘。
9. 當市場達成均衡時，買者為支付意願 _____ 的那一群，而賣者為成本 _____ 的那一群。
   a. 最高，最高。
   b. 最高，最低。
   c. 最低，最高。
   d. 最低，最低。
10. 產量大於均衡數量是無效率的，因為此時邊際買者的支付意願為
    a. 負數。
    b. 零。
    c. 正數，但小於邊際賣者的成本。
    d. 正數，且大於邊際賣者的成本。

（答案在章末）

「黃牛」如何幫助稀少性資源的配置

賣黃牛票該受譴責還是它可以讓市場更有效率？

賣黃牛票不是在詐財
（Scalping Isn't Scamming）

翠西・米勒（Tracy Miller）撰[1]

百老匯音樂劇 "Hamilton" 的黃牛票飆到每張 1,000 美元，甚至更高，而門票的票面平均價只有 189 美元。有參議員因此提案立法禁止使用黃牛票交易軟體。我們是否真的需要立法來遏止此一行為？

黃牛會搶先在線上買下很多票，然後再以高價賣出。長久以來，此一手法為社會大眾所詬病。

黃牛行徑一定會讓一些消費者得付更高價才能買到門票，但買黃牛票的消費者可以省下排隊或線上搶票的時間。反對者誤以為高價是黃牛的錯，但實際上，高價是因為供不應求。

藉由門票最後歸於願付價格最高的買者，黃牛轉售門票讓黃牛與買者同時受益。主辦方也會因黃牛預購大量門票而提早拿到售票收入而受惠，甚至可能因黃牛搶票使需求增加而提高票面價格。

黃牛的轉售行為讓他們如同掮客一樣，撮合了買者與賣者，而讓雙方同時享有交易利得，黃牛則賺到價差。當黃牛人數愈多時，彼此之間的競爭程度愈高，從而黃牛賺到的價差會愈小。黃牛並非穩賺不賠的；當市場需求不如他們的預期時，手中的票就得賤價求售。

為平息部分消費者的不滿，以免影響到未來的售票收入，有些主辦方會保留部分門票，讓那些消費者可以在特定時點排隊購票。

黃牛行徑只有在訂價過低的情況下才會出現，那些阻止賣黃牛票的法令是不必要的，且會阻止互惠的交易。如果黃牛讓交易更有效率，則可以節省時間與力氣，從而可以讓主辦方、到場的消費者與黃牛都變得更好。

討論題目
1. 為什麼 Hamilton 的主辦方會將票價訂得遠低於黃牛票票價？
2. 你認為該不該立法禁止門票以高於票面的價格轉售？為什麼？

翠西・米勒是 George Mason University 的 Mercatus Center 經濟學家。

原文出處：*U.S. News and World Report*, October 4, 2016.

---
[1] 原文經本書譯著者大幅改寫。

（Lin-Manuel Miranda 飾 Hamilton）

7-4 結論

市場效率與市場失靈

本章介紹了福利經濟學的基本分析工具——消費者剩餘與生產者剩餘，並利用它們來評斷自由市場的效率。我們說明供需力量使資源有效率地配置；換言之，即使市場中的每一個買者與賣者只關心自己的福利，那隻看不見的手仍會引導市場達到使買者與賣者合起來的總利益最大的均衡狀態。

不過，值得注意的是，我們做了一些假設，才得到市場結果是有效率的結論。當這些假設不成立時，此一結論有可能跟著不成立。在此，我們考慮其中兩個最重要的假設。

第一，我們假設市場是完全競爭的。但在現實生活中，大部分市場並非完全競爭市場。在有些市場，單一的買者或賣者（或是一小群的買者或賣者）有能力控制市場價格。此一能力稱為**市場影響力**；市場影響力會使市場沒有效率。關於這一點，我們在後續相關的章節中會再詳細說明。

第二，我們假設市場結果只與該市場的參與者有關。但在現實生活中，市場買者與賣者的行為有時會對沒有參與該市場的人們造成影響，汙染就是一個典型的例子。這些副作用稱為**外部性**。當外部性存在時，由於買賣雙方在決定消費多少和生產多少時，並未考慮這些副作用，從而從整個社會的角度來看，市場結果是沒有效率的，亦即讓市場自由運作，並無法使社會總剩餘達到最大。

市場影響力與外部性都是**市場失靈**的例子。市場失靈是市場無法有效率地分配資源的現象。當市場失靈時，公共政策可能可以解決市場無效率的問題。

雖然市場可能失靈，但市場的那隻看不見的手依然重要。這是因為本章所作的假設適用於大部分市場，亦即大部分市場是高度競爭的且不存在外部性，從而本章所得到的關於市場效率的結論依然成立。

最後，本章的福利經濟學與市場效率的分析可以用來闡明政府政策的效果。在接下來的兩章，我們應用本章所學的工具來探討兩個重要的政策議題——課稅與國際貿易的福利效果。

摘要

- 消費者剩餘等於買者所願意支付的金額減去買者實際支付的金額，且衡量買者參與市場所獲得的利益。在圖形上，消費者剩餘為價格以上需求曲線以下所圍成的面積。

- 生產者剩餘等於賣者實際收到的總金額減去生產成本，且衡量賣者參與市場所獲得的利益。在圖形上，生產者剩餘等於價格以下供給曲線以上所圍成的面積。

- 使消費者與生產者剩餘總和達到最大的資源配置是有效率的。政策制定者通常會關心經濟結果的效率性與均等性。

- 供需均衡使消費者與生產者剩餘的總和達到最大；亦即，市場的那隻看不見的手促使買者與賣者有效率地配置資源。

- 當市場影響力或外部性等市場失靈現象發生時，市場無法有效率地配置資源。

複習題

1. 說明買者的支付意願、消費者剩餘與需求曲線之間的關聯。
2. 說明賣者的成本、生產者剩餘與供給曲線之間的關聯。
3. 在供需圖形上，指出市場均衡下的生產者剩餘與消費者剩餘。
4. 何謂效率？它是政策制定者的唯一目標嗎？
5. 舉出兩種類型的市場失靈。說明它們為何會使市場結果無效率。

問題與應用

1. 阿桃花了 360 美元買了一支 iPhone，且獲得 240 美元的消費者剩餘。
   a. 其支付意願為何？
   b. 如果她是在打折時花 270 美元買的，則其消費者剩餘為何？
   c. 如果 iPhone 的價格為 750 美元，則其消費者剩餘為何？

2. 假設美國加州的檸檬樹遭受嚴重的霜害。畫圖說明此一事件對檸檬市場的消費者剩餘的影響。再畫圖說明此一事件對檸檬汁市場的消費者剩餘的影響。

3. 假設法國麵包的需求增加。畫圖說明法國麵包市場的生產者剩餘會如何變動。再畫圖說明麵粉市場的生產者剩餘會如何變動。

4. 阿吉非常喜歡吃牛肉麵，以下是牛肉麵對他的價值：

第一碗	$7
第二碗	5
第三碗	3
第四碗	1

   a. 畫出阿吉對牛肉麵的需求表及需求曲線。
   b. 如果牛肉麵的價格為 4 美元，則他會吃

幾碗？此時，他的消費者剩餘為何？在圖形上顯示他的消費者剩餘。

c. 如果價格降為 2 美元，則他的需求量會如何變動？他的消費者剩餘呢？在圖形上顯示這兩個變動。

5. 阿莉喜歡賣牛肉麵。以下是她的牛肉麵生產成本：

第一碗	$1
第二碗	3
第三碗	5
第四碗	7

a. 畫出阿莉的供給表與供給曲線。

b. 如果價格為 4 美元，則她會煮幾碗賣？此時，她的生產者剩餘為何？在圖形上顯示她的生產者剩餘。

c. 如果價格為 6 美元，則她的供給量會如何變動？她的生產者剩餘呢？在圖形上顯示這兩個變動。

6. 結合第 4 題與第 5 題。

a. 用阿莉的供給表和阿吉的需求表，找出價格分別為 2、4 及 6 美元下的供給量與需求量。哪一個價格使供需達成均衡？

b. 在此均衡下，消費者剩餘、生產者剩餘與總剩餘各為何？

c. 如果兩人之間的交易數量少了一碗，則總剩餘會如何變動？

d. 如果兩人之間的交易數量多了一碗，則總剩餘會如何變動？

7. 平面電視的生產成本在過去數十年持續下滑。

a. 畫供需圖形顯示此一現象對平面電視價格與銷售量的影響。

b. 在你的圖形上面，指出消費者剩餘與生產者剩餘的變動。

c. 假設平面電視的供給非常有彈性。在此情況下，平面電視的生產成本下降對生產者還是消費者比較有利？

8. 以下是四位消費者理髮的支付意願：

阿傑：$35　　阿普：$10
阿倫：$40　　阿飛：$25

有四家理髮廳，成本如下：

A 店：$15　　B 店：$30
C 店：$20　　D 店：$10

每家店只有一張理髮椅。就效率而言，應該有幾位客人被理髮？哪些店應該營業且哪些消費者可以理到髮？最大的總剩餘為何？

9. 過去數十年來，由於技術不斷地進步，電腦製造成本遂不斷地下降。

a. 畫供需圖形顯示電腦市場的價格、數量、消費者剩餘與生產者剩餘的變化。

b. 電腦與打字機是互補品還是替代品？用供需圖形顯示打字機市場的價格、數量、消費者剩餘與生產者剩餘如何變動。打字機生產者對電腦的進步技術應該感到高興或悲傷？

c. 電腦與軟體是互補品還是替代品？畫供需圖形顯示軟體市場的價格、數量、消費者剩餘與生產者剩餘的變化。軟體生產者對電腦的技術進步應該感到高興還是悲傷？

d. 此一分析是否可以解釋為何比爾·蓋茲是世界上最有錢的人？

10. 你在選手機通訊公司。A 公司的方案為每

月付 120 美元，但可以無限暢打；B 公司的方案為每分鐘 1 美元，而不需支付其他費用。你的手機通訊之月需求為 $Q^D = 150 - 50P$，其中 P 為每分鐘的費率。

a. 就這兩家公司而言，你多打 1 分鐘的成本各為何？

b. 根據（a）小題的答案，你每個月會各打多長時間的手機？

c. 你每個月的帳單金額會各為何？

d. 你的消費者剩餘會各為何？

e. 你最後會選哪一家公司？為什麼？

即席測驗答案

1. b 2. b 3. d 4. c 5. b 6. c 7. a 8. c 9. b 10. c

Chapter 8

應用：課稅的成本

課稅經常是熱門的政治話題。在 1776 年，當時為英國殖民地的美國，因不滿英國的重稅而發動獨立戰爭。兩百多年之後，美國的政黨依然為稅是否過重以及應有的稅制而爭論不休。不過，沒有人會否認某一程度的稅負是必要的。如美國已故的最高法院法官小何默思（Oliver Wendell Holmes, Jr.）所言：「稅是我們為社會文明化所付出的代價。」（"Taxes are what we pay for civilized society."）

當政府課稅時，小至個人的生活水準，大至整體經濟的表現，都會受到影響；我們在本書的相關章節會陸續探討這個議題。在第 6 章，我們曾探討課稅會如何影響均衡價格與數量，以及稅負的歸屬問題。在本章，我們將探討課稅的福利效果。一方面，政府有了稅收之後可以執行它的任務，而使人民受惠，此為課稅的效益；但另一

方面,如我們在第 6 章所分析的,課稅會使買者所支付的價格上升,且賣者所收到的價格下降,因此對買賣雙方都不利,此為課稅的成本。我們以比較課稅的效益與成本孰大孰小作為本章的開始,而我們在上一章所學到的消費者剩餘與生產者剩餘可以幫助我們進行比較。一般而言,課稅的成本通常大於其效益。

不過,這並不意味著政府不應課稅;當政府的效能高或政府要減少汙染等外部成本時,課稅就有其必要性。本章的內容將有助於我們評斷政府的不同政策。

8-1 課稅的無謂損失

我們在第 6 章曾學到,不管是對買者課稅還是對賣者課稅,市場結果是一樣的。如圖 1 所示,課稅不單造成市場交易量的減少,同時,買者所支付的價格上升,且賣者所收到的價格下降,這兩種價格之間的差距就是單位稅額。

8-1a 課稅如何影響市場參與者

我們現在利用福利經濟學的工具來衡量課稅的利得與損失。我們在上一章以消費者剩餘來衡量買者參與市場的利益;消費者剩餘等於買者願意支付的金額減去其實際支付的金額。另外,我們以生產者剩餘來衡量賣者參與市場的利益;生產者剩餘等於賣者實際收到的金額減去其成本。

如果我們以 T 代表單位稅額,Q 代表銷售量,那麼政府的稅收金額就等於

圖 1　課稅的影響

課稅造成買者所支付的價格與賣者所收到的價格之間的差距,且商品交易量減少。

$T \times Q$。政府可以利用它所課到的稅收來提供各項服務,例如,道路、治安、國防、教育……。因政府提供各項服務而受惠的人們,其受惠程度決定於政府支出金額的多寡;而政府支出金額的多寡又決定於政府稅收金額的多寡。因此,我們以政府稅收金額來代表受惠人們的受惠程度,也因此,政府稅收金額代表政府課稅所產生的利得。

如圖 2 所示,供給曲線與需求曲線之間的長方形面積代表政府的稅收金額。長方形的高度為單位稅額 T,而寬度為課稅下的銷售量 Q,因此,長方形的面積——$T \times Q$——代表政府的稅收金額。

未課稅下的福利　要了解課稅所造成的福利變化,我們必須先知道原先沒有課稅時的福利水準。如圖 3 所示,若政府沒有課稅,則均衡價格與數量分別為 P_1 與 Q_1。因為消費者剩餘等於價格以上需求曲線以下所圍成的面積,所以等於面積 A + B + C;而生產者剩餘等於價格以下供給曲線以上所圍成的面積,所以等於面積 D + E + F。由於政府沒有課稅,所以此時的稅收等於零。

此時的總剩餘等於消費者剩餘加生產者剩餘,其為面積 A + B + C + D + E + F;換言之,總剩餘等於供給曲線與需求曲線在均衡數量左邊所圍成的面積。圖 3 中的表其第 1 欄顯示以上的結果。

課稅下的福利　當政府課稅時,如圖 3 所示,買者支付的價格由 P_1 上升為 P_B,從而消費者剩餘只剩面積 A;賣者所收到的價格由 P_1 降為 P_S,從而生產者剩餘只

圖 2　稅收金額

政府課到的稅收金額等於 $T \times Q$,T 為單位稅額,Q 為課稅下的銷售量。因此,稅收金額等於供給曲線和需求曲線之間的長方形面積。

圖 3　課稅如何影響福利

	沒有課稅	課稅	變化
消費者剩餘	A＋B＋C	A	－(B＋C)
生產者剩餘	D＋E＋F	F	－(D＋E)
稅收金額	0	B＋D	＋(B＋D)
總剩餘	A＋B＋C＋D＋E＋F	A＋B＋D＋F	－(C＋E)

總剩餘減少 C＋E，此即課稅的無謂損失。

課稅使消費者剩餘減少（達面積 B＋C），且生產者剩餘也減少（達面積 D＋E）。由於消費者剩餘與生產者剩餘的減幅合起來超過稅收金額（面積 B＋D），因此政府課稅造成無謂損失（面積 C＋E）。

剩面積 F。銷售量由 Q_1 降為 Q_2，且政府稅收金額等於面積 B＋D。

在政府課稅的情況下，總剩餘等於消費者剩餘加生產者剩餘加稅收金額（代表受惠於政府服務之民眾其受惠程度），因此，總剩餘等於 A＋B＋D＋F。表中的第 2 欄顯示以上的結果。

福利的變化　我們現在可以比較政府課稅前後的福利水準。表中的第 3 欄列出福利的變化。政府課稅造成消費者剩餘減少面積 B＋C，且生產者剩餘減少面積 D＋E，稅收金額則增加面積 B＋D。因此，政府課稅使買者與賣者都變差，但政府稅收增加。

總剩餘的變化包括消費者剩餘的變化（其為負值）、生產者剩餘的變化（亦為負值），以及稅收金額的變化（其為正值）。把這三項變化相加，我們可以發現，課稅造成總剩餘減少面積 C＋E。**因此，課稅所造成的買者與賣者的損失超**

過政府稅收的增加。我們稱因政府課稅扭曲市場結果所造成的總剩餘減少為**無謂損失**，其為面積 C + E。

為何政府課稅會造成無謂損失？*經濟學十大原理*之一是：人們的行為隨誘因起舞。另外，我們在第 7 章也曾說明，市場通常可以有效率地分配稀少性資源，亦即在供需達成均衡時，總剩餘最大。當政府課稅造成買者支付的價格上升且賣者收到的價格下降時，它給了買者比未課稅時消費更少且給了賣者比未課稅時生產更少的誘因，從而市場的成交量小於最適下的水準（如從圖 3 中的 Q_1 降為 Q_2）。因此，由於課稅扭曲誘因，所以使市場無法有效率地分配資源[1]。

8-1b 無謂損失與交易利得

我們以下面的例子來說明為何課稅會造成無謂損失。假設春嬌每星期付給志明 100 美元打掃房子，志明的機會成本為 80 美元，而春嬌最多願意付 120 美元。因此，志明和春嬌各有 20 美元的利得，兩個人合起來的總剩餘為 40 美元。

現在假設政府對每次打掃服務課 50 美元的稅。由於志明的成本為 80 美元，所以現在他要求的價格為 130 美元。但春嬌最多只願意付 120 美元，因此雙方無法成交，也因此志明和春嬌各損失了上述 20 美元的利得。由於志明不再替春嬌打掃，所以志明的收入減少，而春嬌的房子也不像以前那麼乾淨。

由於課稅使志明和春嬌各損失了 20 美元的利得，所以總剩餘減少了 40 美元；且此時由於志明並未替春嬌打掃，因此政府也沒有課到稅。所以，此時的無謂損失亦為 40 美元。無謂損失就是買賣雙方的損失無法由政府稅收增加所抵銷的部分。由本例可以了解：**課稅之所以會造成無謂損失是因為課稅造成交易量減少，從而買者與賣者無法實現所有的交易利得。**

如圖 3 所示，課稅使交易數量由 Q_1 減少為 Q_2，而無謂損失就是這一部分的數量所對應之供需曲線所圍成的三角形面積。為何這個三角形面積代表無謂損

無謂損失
deadweight loss
市場受到扭曲（如政府課稅）所造成的總剩餘減少

---

[1] 譯者按：在以上的分析過程中，每一元的消費者剩餘、生產者剩餘和政府稅收對社會總剩餘都有相同的貢獻。但一個較為合理的計算方式應考慮政府效能的高低，以及社會對消費者剩餘和生產者剩餘有不同的看待。例如，如果政府效能很低，把課到的稅拿去蓋很多「蚊子館」，那麼人民會希望不要有政府的存在。在此情況下，在計算社會總剩餘時，政府稅收應乘上一個小於 1 的正數；此時，無謂損失會大於 C＋E。相反地，如果政府效能很高，用課到的稅提供很多很好的公共財（如治安、教育、交通設施等），那麼，在計算社會總剩餘時，政府稅收應乘上一個大於 1 的正數；此時，無謂損失會小於 C＋E，甚至有可能不會有無謂損失，亦即政府課稅反倒使社會總剩餘增加。另外，如果社會普遍認為消費者較為弱勢，政府應更重視其福祉，那麼，在計算社會總剩餘時，消費者剩餘也應乘上一個大於 1 的正數。

圖 4　無謂損失

當政府課稅時，銷售量由 Q_1 減少為 Q_2，而使這些數量下的買賣雙方交易利得無從實現，從而產生了無謂損失。

失？我們以圖 4 說明。需求曲線的高度代表商品對買者的價值，而供給曲線的高度代表賣者的成本。政府課稅造成買者支付的價格上升至 P_B，從而支付意願低於 P_B 的買者會退出市場。政府課稅也造成賣者收到的價格降為 P_S，從而成本高於 P_S 的賣者現在也會退出市場。如圖 4 所示，就課稅所造成的成交量減少部分──線段 Q_2Q_1，買者的支付意願都高於賣者的成本，二者之間的差距就是該單位數量的雙方交易利得的總和，從而課稅所造成的無謂損失為，線段 Q_2Q_1 所對應之供需曲線所圍成的面積。換言之，政府課稅之所以會造成無謂損失，是因為成交量減少，從而造成整個的交易利得減少。

即席測驗

1. 課稅會造成無謂損失如果
   a. 消費者剩餘和生產者剩餘的減少合起來超過稅收。
   b. 消費者剩餘和生產者剩餘的減少合起來小於稅收。
   c. 消費者剩餘的減少大過生產者剩餘的減少。
   d. 消費者剩餘的減少小於生產者剩餘的減少。
2. 春嬌經營一家民宿，每個房間每晚收費 300 美元，剛好等於她的成本。志明、阿呆與阿瓜是三個可能的顧客，分別願意付就 500 美元、325 美元與 250 美元。當政府對民宿課每個房間每晚 50 美元的稅時，春嬌將價格提高到 350 美元。此稅所造成的無謂損失為
   a. 25 美元　　　b. 50 美元
   c. 100 美元　　d. 150 美元
3. 春嬌原本每週付 50 美元請志明幫她割草。後來政府對志明課 10 美元的割草稅，志明就把價格提高為 60 美元。在此情況下，生產者剩餘、消費者剩餘與無謂損失的變動各為何？
   a. 0 美元，0 美元，10 美元
   b. 0 美元，−10 美元，0 美元
   c. ＋10 美元，−10 美元，＋10 美元
   d. ＋10 美元，−10 美元，0 美元

（答案在章末）

圖 5　稅的扭曲與彈性

（a）供給無彈性

當供給彈性較小時，課稅的無謂損失較小。

（b）供給有彈性

當供給彈性較大時，課稅的無謂損失較大。

（c）需求無彈性

當需求彈性較小時，課稅的無謂損失較小。

（d）需求有彈性

當需求彈性較大時，課稅的無謂損失較大。

圖（a）與圖（b）有相同的需求曲線與稅額，但供給的價格彈性不同。供給曲線的彈性愈大，則課稅所造成的無謂損失愈大。圖（c）與圖（d）有相同的供給曲線與稅額，但需求的價格彈性不同。需求曲線的彈性愈大，則課稅所造成的無謂損失也愈大。

8-2 無謂損失的決定因素

　　什麼因素決定課稅所造成的無謂損失的大小？答案在於供給與需求的價格彈性，它們各自衡量在價格變動之後，供給量與需求量的反應程度。

　　我們先探討供給彈性如何影響無謂損失的大小。圖 5（a）與圖 5（b）有相同的需求曲線與單位稅額，但供給彈性不同。圖 5（a）中的供給曲線相較於圖 5（b）中的供給曲線來得無彈性。從這兩個圖可以看出，供給曲線愈有彈性，則無

個案研究：無謂損失的爭辯

無謂損失的概念可以用來探討一個非常重要的政治問題：政府應該是大有為還是小而美。顯而易見的，如果課稅會造成很大的無謂損失，那麼政府的規模就不應該太大。

但課稅所造成的無謂損失是大還是小，經濟學家的看法並不一致。就美國而言，薪資稅是相當重要的稅。我們在第 6 章曾說明，薪資稅會造成廠商所支付的薪資與勞工所收到的薪資之間的差異。如果我們把各種類型的薪資稅（如社會安全稅、醫療保險稅和聯邦所得稅）加在一起，則很多勞工的**邊際稅率**（最後 1 美元薪資所付的稅）幾達 40%。

雖然政府課了多少薪資稅很容易統計，但經濟學家對於它所造成的無謂損失到底有多大，則有相當分歧的看法。這是因為經濟學家對勞動供給彈性的看法不一。

有些經濟學家主張，不管薪資的高低，絕大多數的勞工都希望上全天班，亦即勞動供給曲線幾乎是垂直的。在此情況下，薪資稅所造成的無謂損失很小。

但另外一些經濟學家認為，勞動供給是有彈性的，從而薪資稅是具高度扭曲作用的稅。他們承認有些勞工的供給彈性低，但不少勞工對誘因會有比較大的反應。以下是一些例子：

- 部分勞工可以調整他們的工作時間，如加班。當工資愈高時（加班的時薪較高），他們的工時愈長。
- 有些已婚婦女，可能在景氣好時（薪水高、工作好找）重返職場。就這些人而言，她們的勞動供給也是相當有彈性的。
- 就很多年長者而言，薪資的高低是決定什麼時候退休的重要因素之一。他們一旦退休，要不要做兼差工作，工資高低也是重要的決定因素。

在以上的例子中，勞動供給量對工資有比較大的反應程度，因此，當政府課薪資稅時，他們的決策會受到扭曲。例如，不願加班、已婚婦女不願重返職場、年長者提早退休等。

這兩派至今依舊爭論不休。當你看到兩個候選人在爭辯政府應該提供更多的服務或應該減輕稅負時，他們之間的歧見可能源自於他們對勞動供給彈性以及課稅所造成的無謂損失有不同的看法。

（你對勞動供給彈性的看法為何？）

謂損失愈大。

同樣地，圖 5（c）與圖 5（d）顯示需求彈性如何影響無謂損失的大小。這兩個圖有相同的供給曲線與單位稅額，但 5（c）中的需求曲線相較於圖 5（d）中的需求曲線來得無彈性。從這兩個圖也可以看出，需求曲線愈有彈性，則無謂損失愈大。

為何會有這樣的結果？課稅之所以會造成無謂損失，是因為課稅造成買者支

付的價格上升，而使消費量減少，從而消費者的交易利得也跟著減少；同時，課稅造成賣者收到的價格下降，而使產量減少，從而賣者的交易利得也跟著減少。

由於需求的價格彈性衡量當價格上升時，需求量的減少幅度，而供給的價格彈性衡量當價格下降時，供給量的減少幅度，因此，當需求與供給的價格彈性愈大時，課稅所造成的交易量減少幅度就愈大，從而買賣雙方的交易利得的損失也跟著變大。所以，**供給與需求的彈性愈大，課稅所造成的無謂損失就愈大**。

即席測驗

4. 如果政府想要透過課稅來增加收入，但又希望無謂損失盡量小，則課稅的標的物其需求彈性 _____，且供給彈性 _____。
   a. 要小，要小　b. 要小，要大
   c. 要大，要小　d. 要大，要大
5. 佃農向地主承租土地耕種。如果土地的供給是完全無彈性的，則對土地課稅 _____ 造成無謂損失，且 _____ 負擔所有的稅。
   a. 會；佃農　b. 會；地主
   c. 不會；佃農　d. 不會；地主
6. 假設某物的需求是完全有彈性的，且供給具單位彈性的。對該物課稅 _____ 造成無謂損失，且 _____ 負擔所有的稅。
   a. 會；消費者　b. 會；生產者
   c. 不會；消費者　d. 不會；生產者

（答案在章末）

8-3 稅額變動對無謂損失與稅收金額的影響

稅很少維持長期不變的，各級政府時常在考慮加重某些稅或刪減某些稅。在此，我們探討稅額變動對無謂損失與稅收金額的影響。

圖 6 顯示在市場供需曲線不變下，大中小三種單位稅額的影響。無謂損失為成交量與無稅下均衡數量之間的供需曲線所圍成的三角形面積。由圖（a）至圖（c）可以看出，當單位稅額不斷提高時，無謂損失也跟著不斷擴大。

實際上，課稅所造成的無謂損失其增加的速度要比單位稅額提高的速度來得快。這是因為無謂損失是以單位稅額為底的三角形面積，從而當單位稅額變成原先的兩倍時，無謂損失會是原先的四倍；當單位稅額變成原先的三倍時，無謂損失會是原先的九倍。

政府的稅收金額等於單位稅額乘以銷售量。圖 6（a）至圖 6（c）顯示單位稅額由小到大下的稅收金額。當單位稅額小時，稅收金額亦小；當單位稅額提高時，稅收金額隨之增加；當單位稅額再進一步提高時，稅收金額反而下降。事實上，當單位稅額非常高時，銷售量會降為零，從而稅收金額變成零。

PART III 市場與福利

圖 6 當單位稅額變動時,無謂損失與稅收金額如何變動

(a) 稅額小

(b) 稅額中等

(c) 稅額大

(d) 從圖(a)到圖(c),無謂損失持續增加

(e) 從圖(a)到圖(c),稅收金額先增後減

課稅造成的無謂損失反映在總剩餘的減少;稅收金額等於單位稅額乘以銷售量。在圖(a),單位稅額小,無謂損失與稅收金額也都不大。在圖(b),單位稅額提高使無謂損失與稅收金額都增加。在圖(c),單位稅額繼續提高,無謂損失進一步增加,但稅收金額反而下降(因為銷售量大幅減少)。圖(d)顯示當稅額不斷提高時,無謂損失跟著不斷增加。圖(e)顯示當稅額不斷提高時,稅收金額先增後減,此一關係有時稱為拉弗曲線(Laffer curve)。

個案研究:拉弗曲線和供給面經濟學

1974 年的某一天,經濟學家拉弗(Arthur Laffer)和一群傑出的新聞從業人員與政治家坐在華盛頓的一家餐廳。拉弗拿了一條餐巾並在上面畫了一條類似圖 6(e)的曲線。拉弗主張美國當時處在這條曲線的負斜率部分(或右半部),因此降低稅率不但不會使稅收減少,反而有可能使稅收增加。

很多經濟學家對拉弗的主張抱持懷疑態度。在理論上,拉弗的主張有可能成立;但在實務上,美國的稅率是否已經高到調降稅率反而可使稅收增加的地步,則頗令人懷疑。

不過,**拉弗曲線**(Laffer curve)引起雷根

應用：課稅的成本 **CHAPTER 8**

的注意。曾任雷根政府的預算局局長的史考曼（David Stockman）曾回憶道：

〔雷根〕自己曾經經歷拉弗曲線所描述的現象。在二次大戰期間，雷根從事電影工作。當時的所得稅稅率高達 90%，只要拍攝四部電影，收入就會適用最高的所得稅稅率。因此，大家拍完四部電影後，就到鄉間度假了。高稅率使工時減少，低稅率使工時增加；雷根的經驗證明了這一點。

雷根在 1980 年競選總統的主要政見之一是減稅。雷根主張，當時的稅率過高而打擊人們努力工作的意願，從而稅率應該調降。稅率降低不單可以提升人們的工作意願，且有可能使政府稅收增加。由於減稅的目的是要鼓勵人們多工作，使勞動供給增加，因此，拉弗和雷根的觀點被稱為**供給面經濟學**（supply-side economics）。

經濟學家持續爭辯拉弗的主張。之所以沒有達成共識，是因為對勞動市場的供需彈性大小有不同的看法。在任何市場，供需愈有彈性，則課稅所造成的扭曲程度愈大，從而政府減稅就愈有可能降低扭曲程度，進而可能使政府稅收增加。不過，有一點大家的看法相當一致：單看稅率的變動，無法計算出政府稅收會增加還是減少，還要看稅率變動如何改變人們的行為。

故事的最新發展：拉弗在 2016 年美國總統大選擔任川普的顧問時又躍上檯面。如同在他與摩爾（Stephen Moore）合著的書，川普經濟學（*Trumponomics*），裡面所提到的，他鼓勵候選人大幅減稅。拉弗的論點跟幾十年前類似：為何要

勉強接受大部分經濟學家所預測的 2% 的經濟成長率？當經濟擴張的速度愈快時，難道我們的所有問題不會更容易解決嗎？該書引用川普在宣布他的稅賦計畫時所提到的，減稅不會增加政府的預算赤字（政府總收入小於總支出），因為減稅會讓經濟成長率提高到「3%，或 4%，5%，甚至 6%。」不過，大多數經濟學家持懷疑態度，而且他們是對的。在減稅法案生效後的前兩年，美國的經濟成長率為 2.4%，且政府預算赤字擴大。

聽專家怎麼說 拉弗曲線（Laffer Curve）

「現在調降美國聯邦所得稅率會使美國未來五年的國民所得高於未調降情況下的水準。」

經濟學家這麼說：

- 9% 不同意
- 48% 不確定
- 43% 同意

「現在調降美國聯邦所得稅率會使美國未來五年的可稅所得（taxable income）提高到足以使稅收總額高於未調降情況下的水準。」

經濟學家這麼說：

- 0% 同意
- 4% 不確定
- 96% 不同意

資料來源：IGM Economic Experts Panel, June 26, 2012.

圖 6（d）與圖 6（e）顯示以上關於無謂損失與稅收金額的結果。在圖（d），當單位稅額不斷提高時，無謂損失也不斷增加，且增加的速度比稅額增加的速度還快。在圖（e），當單位稅額不斷提高時，稅收金額呈現先增後減的結果。

即席測驗

7. 根據拉弗曲線，當政府對某物減稅時，可以同時讓
   a. 消費者支付的價格提高。
   b. 均衡數量增加。
   c. 無謂損失增加。
   d. 政府稅收增加。
8. 假設蛋市場的供給曲線為一正斜率的直線，且需求曲線為一負斜率的直線。當每顆蛋的稅額由 2 美分提高為 3 美分時，無謂損失
   a. 的增加小於 50%，甚至有可能會減少。
   b. 的增加正好是 50%。
   c. 的增加大於 50%。
   d. 答案決定於供給與需求的彈性何者較大。
9. 假設皮蛋市場的供給曲線為一正斜率的直線，且需求曲線為一負斜率的直線。當每顆皮蛋的稅額由 10 美分提高為 15 美分時，政府稅收
   a. 的增加小於 50%，甚至有可能會減少。
   b. 的增加正好是 50%。
   c. 的增加大於 50%。
   d. 答案決定於供給與需求的彈性何者較大。

（答案在章末）

8-4 結論

本章利用前幾章所學到的工具，對課稅的影響做更深入的分析。**經濟學十大原理之一是：市場通常是組織經濟活動的良好方式**。在第 7 章，我們利用消費者剩餘與生產者剩餘的概念來闡述此一原理。在本章，我們進一步說明，政府課稅會改變誘因，而造成無謂損失。

本章與第 6 章的分析讓我們了解課稅所產生的經濟衝擊，但這些分析只是經濟學關於稅的研究的一部分而已。個體經濟學還研究如何設計出一套好的稅制，包括如何取得效率與均等之間的平衡。總體經濟學也研究稅會如何影響整體經濟，與政策制定者可以如何運用稅制來維持經濟的穩定以及達成經濟快速成長的目的。因此，在後續章節中，我們還會再探討與稅有關的議題。

摘要

- 對商品課稅會使買者與賣者的福利水準下降，且消費者剩餘與生產者剩餘的減幅通常會超過稅收的增加，從而造成總剩餘（消費者剩餘加生產者剩餘加稅收金額）的減少。此一總剩餘的減少稱為課稅所造成的無謂損失。

- 課稅使買者所支付的價格上升，而使消費量減少；也使賣者所收到的價格下降，而使產量減少。因此，課稅會使成交量小於使總剩餘最大的水準。由於供給彈性與需

求彈性衡量市場參與者對市場情況改變的反應程度，因此，彈性愈大，無謂損失也會愈大。
• 當稅額愈大時，課稅對誘因的扭曲程度也愈大，從而無謂損失愈大。不過，由於課稅使成交量下降，所以稅收金額並不會隨單位稅額提高而持續增加，而是呈現先增後減的結果。拉弗曲線描述此一結果。

複習題

1. 當政府對商品課稅時。消費者剩餘與生產者剩餘會如何變動？它們的變動量與稅收金額相較，何者為大？
2. 畫出課稅下的供需圖形，並在圖上顯示無謂損失與稅收金額。
3. 供需彈性如何影響課稅所造成的無謂損失？為何會有此一結果？
4. 為何經濟學家對薪資稅所造成的無謂損失的大小有不同的意見？
5. 當單位稅額提高時，無謂損失與稅收金額會如何變動？

問題與應用

1. 披薩市場的需求曲線斜率為負，且供給曲線斜率為正。
   a. 畫出競爭市場均衡，並標出價格、數量、消費者剩餘與生產者剩餘。此時是否有無謂損失？請說明。
   b. 假設政府對賣者課徵每塊披薩 1 美元的稅。畫圖說明此稅對消費者剩餘、生產者剩餘與稅收金額的影響，以及此時的無謂損失。
   c. 如果政府撤銷對披薩課的稅，則買者與賣者會變得更好，但政府會損失稅收。假設買者與賣者自願將增加的利得，部分移轉給政府。與課稅的情況相比較，現在買者、賣者與政府是否有可能都變得更好？試繪圖說明之。
2. 你同不同意下列敘述？為什麼？
   a. 「如果政府課稅不會造成無謂損失，則政府收不到稅。」
   b. 「如果政府課稅沒有收到任何稅收，則此稅不會造成任何無謂損失。」
3. 考慮橡皮筋市場。
   a. 如果供給彈性很大且需求彈性很小，則誰的稅的負擔會比較重？買者還是賣者？請利用消費者剩餘與生產者剩餘的概念說明你的答案。
   b. 如果供給彈性很小且需求彈性很大，則誰的稅的負擔會比較重？請與（a）小題的答案做比較。
4. 假設政府對燃油課稅。
   a. 此稅所造成的無謂損失何者較大，一年後還是五年後？請說明。
   b. 政府所收到的稅收何者較多，一年後還是五年後？請說明。
5. 有人認為，因為食物的需求彈性低，所以

對食物課稅是使稅收增加的好辦法。從哪一個角度來看，對食物課稅是增加稅收的「好」辦法？從哪一個角度來看，對食物課稅並不是增加稅收的「好」辦法？

6. 有國會議員曾建議對子彈課徵 10,000% 的稅。
   a. 你認為政府可以因這個稅而收到很多稅收嗎？為什麼？
   b. 如果課這個稅收不到任何稅收，那麼為何會有參議員提這個建議？

7. 假設政府對襪子課稅。
   a. 畫圖說明此稅對襪子市場的均衡價格與數量的影響。標出下列項目稅前與稅後的面積：消費者總支出、生產者總收益與政府稅收金額。
   b. 生產者所收到的價格上升還是下跌？你能夠確定生產者的總收益是增加還是減少嗎？請說明。
   c. 消費者所支付的價格上升還是下跌？你能夠確定消費者的總支出是增加還是減少嗎？請說明。（提示：想想彈性。）如果消費者的總支出減少，那麼消費者剩餘是否增加？請說明。

8. 如果政府對消費者購買某商品進行每單位 2 美元的**補貼**，則消費者剩餘、生產者剩餘與政府支出會如何變動？試繪圖說明之。此時是否也會有無謂損失？為什麼？

9. 假設某市旅館房間的住宿費為每晚 100 美元且每天的住宿量為 1,000 間。
   a. 該市市政府決定對每間住房課 10 美元的稅以增加稅收。在課稅之後，住宿費漲為 108 美元且每天的住宿量減為 900 間。計算此稅的稅收以及它所造成的無謂損失。
   b. 該市市政府現在決定將該稅由 10 美元調高一倍變成 20 美元。住宿費因而漲到 116 美元且每天的住宿量再減為 800 間。計算此一新稅下的稅收以及無謂損失。稅收與無謂損失是否也增加一倍，還是超過一倍，還是少於一倍？請說明。

10. 假設某商品市場的供需方程式如下：
    $$Q^S = 2P$$
    $$Q^D = 300 - P$$
    a. 解出均衡價格與數量。
    b. 假設對買者課每單位 T 的稅，從而新的需求方程式為
    $$Q^D = 300 - (P + T)$$
    解出新均衡下的買者支付價格、賣者收到的價格，以及銷售量。
    c. 計算此稅的稅收金額（以 T 表示），並畫出 T 介於 0 與 300 元的稅收金額曲線。
    d. 計算此稅所造成的無謂損失（以 T 表示），並畫出 T 介於 0 與 300 元的無謂損失曲線。
    e. 政府現在對該商品課每單位 200 元的稅。這是一個好的政策嗎？為什麼？你可以提出一個更好的政策嗎？

即席測驗答案

1. a 2. a 3. b 4. a 5. d 6. b 7. d 8. c 9. a

Chapter 9

應用：國際貿易

如果你檢查你衣服上的標籤，你可能會發現你穿的是別的國家製造的衣服。在 1980 年代，成衣是臺灣的主要出口項目之一，但自 1990 年代起，不少臺灣的成衣廠把工廠移到中國大陸去，一些勞工因而失業。臺灣成衣業的興衰不禁讓人聯想到一些與國際貿易有關的問題：國際貿易如何影響經濟福祉？誰從國際貿易中獲利？誰又遭受損失？獲利與損失相較，孰大孰小？

我們在第 3 章曾介紹比較利益原則。根據此一原則，每個國家在貿易後，會專業化生產並出口其具有比較利益的產品，亦即其相對生產力較高的產品，從而相互貿易的國家合起來的生產力得以提升，進而每個國家會因消費可能曲線往外移而變得更好。但第 3 章的分析並不完整，因為它並未回答上述問題。本章會利用前幾章所學到的分析工具來回答上述問題。

9-1 貿易的決定因素

我們首先以紡織品市場為例。紡織品市場非常適合用來探討國際貿易的利得與損失：很多國家都有生產紡織品，且紡織品的世界貿易量非常大。尤有進者，不少國家的政策制定者會考慮對紡織品的進口設下貿易障礙（如進口關稅）以保護國內的紡織品產業。在此，我們以一個假想國家（以下簡稱本國）的紡織品市場為例進行探討。

9-1a 未開放貿易下的均衡

假設本國一開始並未開放紡織品的國際貿易，亦即本國並未出口，也未進口紡織品。在此情況下，本國紡織品市場的供給與需求只來自於本國的賣者與買者。

如圖 1 所示，紡織品價格會調整至使國內供需達成平衡的水準。圖 1 也顯示在沒有國際貿易的情況下，市場達成均衡時的消費者剩餘與生產者剩餘。消費者剩餘與生產者剩餘的總和衡量本國紡織品市場之買者與賣者的總利得。

現在假設本國選出一位新的女總統。她上任之後立即召集一個財經小組來評估貿易政策，並要求他們針對下列問題提出報告：

- 如果政府開放紡織品的進出口，則國內紡織品市場的價格、消費量和產量會如何變動？
- 誰會從紡織品的自由貿易中獲利？誰又會遭受損失？獲利會超過損失嗎？
- 是否應在新的貿易政策中考慮對紡織品課徵進口關稅？

9-1b 世界價格與比較利益

財經小組研究的第一個問題是，如果本國開放紡織品的進出口，則本國會成為進口國還是出口國？換言之，在自由貿易下，本國會是國際紡織品市場的買者還是賣者？

為回答這個問題，財經小組比較本國現行的紡織品價格與其他國家的紡織品價格。我們稱世界市場的交易價格為**世界價格**。如果紡織品的世界價格高於國內價格，則在開放貿易後，本國會出口紡織品。這是因為本國的紡織品生產者會想把產品賣到國外，以獲取更高的利潤。相反地，如果世界價格低於國內價格，則在開放貿易後，本國會進口紡織品。這是因為本國的紡織品消費者可以跟外國生產者買到更便宜的產品。

世界價格
world price
世界市場的交易價格

CHAPTER 9 應用：國際貿易

圖 1　未開放國際貿易下的均衡

若一國未與其他國家進行貿易，則商品價格由國內供需所決定。本圖也顯示在沒有國際貿易的情況下，市場達成均衡時的消費者剩餘與生產者剩餘。

　　基本上，從比較世界價格與本國貿易前的國內價格，可以知道本國是否對紡織品的生產具比較利益。國內的紡織品價格反映紡織品的機會成本：本國生產一單位紡織品所必須付出的代價。如果本國的價格低，則表示本國生產紡織品的機會成本低，從而本國相對於其他國家在紡織品的生產上具比較利益。如果國內的價格較高，則表示本國生產紡織品的機會成本高，從而外國相對於本國在紡織品的生產上具比較利益。因此，透過比較世界價格與本國在貿易前的國內價格，我們就可以決定本國在紡織品的生產上是否比其他國家在行，進而可以決定在開放貿易後，本國會出口還是進口紡織品。

即席測驗

1. 假設有 A 與 B 兩國，且在貿易前，A 國一件毛衣的價格為 3 兩黃金，B 國則為 2 兩黃金。這意味著在開放貿易後，A 國對毛衣
   a. 具比較利益，且成為毛衣的出口國。
   b. 具比較利益，且成為毛衣的進口國。
   c. 不具比較利益，且成為毛衣的出口國。
   d. 不具比較利益，且成為毛衣的進口國。

2. 假設 A 國原先在自由貿易下出口鋼鐵。如果 A 國政府禁止鋼鐵的出口，則 A 國鋼鐵的國內價格會 ＿＿＿＿，而有利於鋼鐵的 ＿＿＿＿。
   a. 上漲；消費者
   b. 下跌；消費者
   c. 上漲；生產者
   d. 下跌；生產者

（答案在章末）

9-2 自由貿易下的贏家與輸家

為分析自由貿易的福利效果（誰獲利，誰又遭受損失），財經小組假設本國是一個小型經濟體，因此本國的進出口數量相對於世界市場的交易量微不足道，也因此本國是否開放紡織品的貿易並不會影響世界價格，且本國依世界價格與其他國家進行貿易。我們稱本國是世界市場的**價格接受者**，換言之，本國可以依世界價格出口想出口的數量，或進口想進口的數量。

本國是小型經濟體或本國是小國的假設，可以大大簡化貿易的福利效果的分析。我們所得到的結論，在相當程度上，可以適用於大國的情況。

9-2a 出口國的利得與損失

圖 2 顯示在貿易前，國內紡織品市場的均衡價格低於世界價格。一旦允許自由貿易，國內的價格會上升至與世界價格相同的水準。這是因為國內生產者不願以低於世界價格的水準在國內市場銷售，且國內消費者不會支付比世界價格更高的價格。

當國內價格上升至與世界價格相同的水準時，本國的供給量較貿易前的均衡數量大，且本國需求量較貿易前的均衡數量小，從而在開放貿易後，國內的產量超過國內的消費量。本國生產者會把超過的部分賣到國外，因此，本國成為紡織品出口國。

雖然國內產量大於國內消費量，但國內的紡織品市場仍處在均衡的狀態。這是因為本國市場現在有另外的參與者：本國以外的世界。我們可以把對應世界價格的水平線視為本國以外的世界對本國生產之紡織品的需求曲線。此一需求曲線是完全有彈性的，這是因為本國是小國，從而本國可以依世界價格銷售想要銷售的數量。

接下來考慮開放貿易的利得與損失。顯而易見的，並不是每一個人都獲利。開放貿易使國內價格上升至與世界價格相同的水準，因此，國內生產者因售價上升而獲利，但國內消費者會因價格上漲而遭受損失。

我們透過生產者剩餘與消費者剩餘的變化來衡量這些利得與損失。在原先貿易前的均衡價格下，消費者剩餘為圖 2 中的 A＋B，生產者剩餘為 C，所以貿易前的總剩餘為 A＋B＋C。

在開放貿易後，國內價格上升至與世界價格相同的水準。在此一價格下，消費者剩餘只剩下 A（世界價格以上與需求曲線以下所圍成的面積），生產者剩餘則

圖 2　出口國的國際貿易

	貿易前	貿易後	變化
消費者剩餘	A＋B	A	－B
生產者剩餘	C	B＋C＋D	＋(B＋D)
總剩餘	A＋B＋C	A＋B＋C＋D	＋D

面積 D 為總剩餘的增量，代表貿易利得。

在開放貿易後，國內價格上升至與世界價格相同的水準。供給曲線顯示國內生產的紡織品數量，而需求曲線顯示國內的消費數量。本國的出口量等於世界價格下的國內產量與國內消費量的差。生產者剩餘由 C 增加為 B＋C＋D，消費者剩餘則由 A＋B 減為 A。總剩餘增加 D，顯示貿易提升本國整體的經濟福祉。

增加為 B＋C＋D（世界價格以下與供給曲線以上所圍成的面積）。因此，自由貿易下的總剩餘為 A＋B＋C＋D。

由以上的分析可以得知，就開放貿易後成為出口國的國家而言，其生產者會獲利，因為生產者剩餘增加 B＋D，但其消費者會遭受損失，因為消費者剩餘減少 B。由於生產者的獲利超過消費者的損失，所以總剩餘增加，幅度為 D。

總結來說，就出口國而言：

- 生產者因開放貿易而獲利，消費者則遭受損失。
- 由於獲利者的利得超過損失者的損失，所以貿易提升一國的經濟福祉。

9-2b 進口國的利得與損失

現在假設貿易前本國的紡織品價格高於世界價格。同樣地，在開放貿易後，國內的價格會等於世界價格。如圖 3 所示，國內的供給量小於國內的需求量。國

圖 3　進口國的國際貿易

	貿易前	貿易後	變化
消費者剩餘	A	A＋B＋D	＋(B＋D)
生產者剩餘	B＋C	C	－B
總剩餘	A＋B＋C	A＋B＋C＋D	＋D

面積 D 為總剩餘的增量，代表貿易利得。

在開放貿易後，國內價格下降至與世界價格相同的水準。供給曲線顯示國內生產的紡織品數量，而需求曲線顯示國內的消費數量。本國的進口量等於世界價格下的國內消費量與國內產量的差。消費者剩餘由 A 增加為 A＋B＋D，生產者剩餘則由 B＋C 減為 C。總剩餘增加 D，顯示貿易提升本國整體的經濟福祉。

內需求量超過國內供給量的部分由其他國家供應，因此，本國成為紡織品進口國。

在此情況下，對應世界價格的水平線代表本國以外世界的供給。由於本國是小國，因此可以在世界價格下買到本國想要購買的任何數量，所以此一供給曲線是完全有彈性的。

接下來探討貿易所造成的利得與損失。同樣地，並不是每個人都獲利。當貿易迫使國內價格下跌時，國內消費者因可以買到更便宜的紡織品而獲利，而國內生產者則因紡織品售價下跌而遭受損失。消費者剩餘與生產者剩餘的變動衡量貿易利得與損失。在貿易前，消費者剩餘為 A，生產者剩餘為 B＋C，所以總剩餘為 A＋B＋C。在開放貿易後，消費者剩餘變成 A＋B＋D，生產者剩餘為 C，所以總剩餘為 A＋B＋C＋D。

由以上分析可以得知，就開放貿易後成為進口國的國家而言，其消費者會獲

利，因為消費者剩餘增加 B + D，但其生產者會遭受損失，因為生產者剩餘減少 B。由於消費者的獲利超過生產者的損失，所以總剩餘增加，幅度為 D。

總結來說，就進口國而言：

- 消費者因開放貿易而獲利，生產者則遭受損失。
- 由於獲利者的利得超過損失者的損失，所以貿易提升一國的經濟福祉。

以上的分析可以讓我們更了解**經濟學十大原理**之一：交易可以讓每個人變得更好。此一原理應用在國際貿易上就變成：國與國之間的貿易可以讓每個國家的經濟福祉提升。

如果本國開放紡織品的貿易，則不管本國成為出口國或進口國，都會有人獲利，也都會有人遭受損失。不過，獲利者的利得都會超過損失者的損失，從而即使獲利者補償損失者的損失，他還是可以變得更好。因此，若有實際的補償，則沒有人會因開放貿易而變得更差，但有些人可以變得更好，這也是為什麼我們說貿易**可以**提升一國的經濟福祉。但在現實的世界裡，很少國家會針對損失者的損失進行完全的補償，因此，開放貿易雖會使一國的消費可能曲線往外移，但有些人確實會因自由貿易而遭受損失。

由於貿易會同時創造贏家和輸家，所以不管一國的貿易政策是偏向開放還是偏向管制，總是會引發很多爭議。一國有時會因自由貿易下的輸家比贏家來得團結而無法享受貿易利得。你什麼時候看過贏家上街頭的？但就輸家而言，由於事關生計，所以會上街抗議或遊說政府採取限制貿易措施，如進口關稅或進口限額（import quotas）。

9-2c 進口關稅的影響

財經小組接著探討進口關稅的影響。**進口關稅**為對進口品所課的稅。如果本國在開放貿易後成為出口國，那麼政府課進口關稅並不會有任何的影響；但如果成為進口國，則進口關稅會有一些實質的影響。

如圖 4 所示，本國在開放貿易後進口紡織品。在自由貿易下，國內價格等於世界價格。但如果本國課進口關稅，則國內價格會等於進口價格（即世界價格）加上進口關稅，從而國內價格會接近沒有貿易下的國內均衡價格。

由於國內價格因進口關稅而上升，所以國內生產者的供給量會增加，如從 Q_1^S 增加為 Q_2^S，而國內消費者的需求量則會減少，如從 Q_1^D 減少為 Q_2^D。因為進口量等於國內需求量減供給量，**因此，進口關稅會使進口量減少，而使國內市場更接近**

進口關稅
tariff
對進口品所課的稅

圖 4　進口關稅的影響

	關稅前	關稅後	變化
消費者剩餘	A＋B＋C＋D＋E＋F	A＋B	－(C＋D＋E＋F)
生產者剩餘	G	C＋G	＋C
政府關稅收入	0	E	＋E
總剩餘	A＋B＋C＋D＋E＋F＋G	A＋B＋C＋E＋G	－(D＋F)

面積 D＋F 為總剩餘的減少幅度，代表進口關稅所造成的無謂損失。

進口關稅使進口量減少，而使市場更接近沒有貿易下的均衡。總剩餘減少 D＋F，這兩個三角形代表關稅所造成的無謂損失。

沒有貿易下的均衡。

另外，由於國內價格上漲，所以生產者會受益，消費者則會遭受損失，同時，政府會有關稅收入。圖 4 中的表顯示這些變化。

在課徵進口關稅之前，國內價格等於世界價格。消費者剩餘為價格以上需求曲線以下所圍成的面積，其為 A＋B＋C＋D＋E＋F。生產者剩餘為價格以下供給曲線以上所圍成的面積，其為 G。政府此時的關稅收入為零。總剩餘（其為消費者剩餘、生產者剩餘與政府關稅收入之和）等於 A＋B＋C＋D＋E＋F＋G。

在政府課徵進口關稅之後，國內價格等於世界價格加上進口關稅。消費者剩

餘變成 A + B，生產者剩餘變成 C + G，政府關稅收入（其為進口關稅單位稅額乘以關稅下的進口量）變成 E。因此，此時的總剩餘等於 A + B + C + E + G。

我們把消費者剩餘的變化（其為負值）、生產者剩餘的變化（正值）與政府關稅收入的變化（正值）相加，就可以知道進口關稅的總影響。我們發現總剩餘減少 D + F，我們稱此一總剩餘的減少為進口關稅所造成的**無謂損失**。

因為進口關稅也是一種稅，所以進口關稅自然也和其他稅一樣，會扭曲誘因而使稀少性資源的配置偏離最適狀態，從而造成無謂損失。進口關稅所造成的無謂損失可以分成兩個部分。第一，國內產量因進口關稅使國內價格上升而從 Q_1^S 增加為 Q_2^S，因此 D 代表生產過多所造成的無謂損失（稱為生產扭曲，production distortion）。第二，國內消費量因國內價格上升而從 Q_1^D 減少為 Q_2^D，因此 F 代表消費過少所造成的無謂損失（稱為消費扭曲，consumption distortion）。所以，進口關稅所造成的無謂損失為這兩塊三角形面積之和。

9-2d 財經小組的結論

財經小組寫了一封信向新總統報告他們的研究結論：

總統閣下：

您問了三個關於開放貿易的問題。經過仔細研究之後，我們的答案如下。

增廣見聞　進口限額：限制貿易的另一種方法

除了進口關稅之外，一國限制貿易的另一種方法是對進口數量設定上限。本書不會分析此一政策，但進口限額的效果與進口關稅非常相似：它們都會使進口數量減少，施行對象的商品的國內價格上漲，國內消費者的福利水準降低，國內生產者的福利水準提升，且會造成無謂損失。

兩者之間的一個差別是：進口關稅會增加政府稅收，而進口限額創造了取得限額者的利潤，其為該商品的國內價格（取得限額者的賣出價格）減去國際價格（取得限額者的買進價格）。

如果政府針對進口限額收費（或進行拍賣），則兩者就更為相似。假設政府所收取的費用為國內價格與國際價格之間的差（此亦為拍賣價格），在此情況下，取得限額者的利潤就全部用來支付進口限額費用，而全部變成政府收入，從而進口限額下的結果（包括國內價格、進口數量、消費者剩餘、生產者剩餘、政府收入及無謂損失）會跟進口關稅下的完全一致。

不過，實務上，一國很少透過上述方式來決定進口限額的歸屬，反倒美國政府曾經施壓日本政府，「自動」限制日本車在美國的銷售數量，即所謂的「自動出口設限」。在此情況下，限額的利潤歸於日本出口廠商或日本政府。就美國而言，這樣的做法比對日本車課進口關稅來得差，因為美國政府起碼會有關稅收入。

問題：如果政府開放紡織品的進出口，則國內紡織品市場的價格、消費量和產量會如何變動？

答案：一旦開放紡織品的貿易，則國內的價格會等於世界價格。如果世界價格高於本國現行的價格，則國內價格會上漲，而使本國消費量減少且產量增加，從而本國成為紡織品的出口國。這是因為本國對紡織品的生產具比較利益。

相反地，如果世界價格低於本國現在的價格，則國內價格會下跌，而使本國消費量增加且產量減少，從而本國成為紡織品的進口國。這是因為其他國家對紡織品的生產具比較利益。

問題：誰會從紡織品的自由貿易中獲利？誰又會遭受損失？獲利會超過損失嗎？

答案：此問題的答案決定於國內價格會因開放貿易而上漲還是下跌。如果價格上漲，那麼生產者會獲利，消費者則會遭受損失；如果價格下跌，那麼消費者會獲利，生產者則會遭受損失。不過，不管是哪一種情況，獲利者的利得都會超過損失者的損失，從而自由貿易可以提升本國整體的福利水準。

問題：是否應在新的貿易政策中考慮對紡織品課徵進口關稅？

答案：進口關稅會使市場趨向沒有貿易下的均衡，而且會像其他稅一樣造成無謂損失。雖然進口關稅會使國內生產者的福利與政府的關稅收入增加，但消費者的損失更大。因此，就經濟效率而言，自由貿易確實比限制貿易要來得好。

我們希望這些答案對您的決策有所助益。

財經小組　鞠躬

9-2e 國際貿易的其他好處

我們以上的結論是國際貿易理論的標準結果。實際上，自由貿易帶來的好處還包括：

- 消費的產品種類增加：不同國家所生產的產品不會完全一樣，例如，韓國的手機跟臺灣的手機各有其特色。自由貿易讓所有國家的消費者有更多的種類可以選擇。
- 廠商可以實現規模經濟而使成本降低：大量生產可以降低生產的平均成本，此一現象稱為**規模經濟**（economies of scale）。一個小國的廠商如果只

在國內銷售，並無法實現規模經濟。自由貿易讓廠商得以進入更大的世界市場，從而其產量可以增加，進而可以充分實現規模經濟。

- **競爭程度提高**：在自由貿易下，所有國家的廠商，不管是出口廠商，還是與進口品競爭的廠商，都面臨來自其他國家許多廠商的競爭。廠商為求生存，必須不斷提升生產效率與產品品質。這意味著各國的消費者可以享受更便宜以及品質更好的產品。
- **促成新產品的出現**：一國所生產的新產品其零組件可能來自於其他國家。若沒有國際貿易，則這項新產品可能無法出現或會延後推出。例如，日本任天堂公司的遊戲機 Wii 所使用的無線感測晶片是由臺灣的原相科技公司所設計的。又例如，中國不少手機廠商使用臺灣的聯發科技公司所設計且由臺灣的晶圓代工廠所生產的晶片。如果中國手機廠商不使用國外的晶片，那麼中國手機產業就無法不斷推出新的機種。

如果我們先前所得到的「貿易可以提升一國整體福利水準」的結論不足以使一國的政策制定者決定開放貿易，那麼，以上這些其他的好處應可強化他們實施自由貿易政策的決心。

即席測驗

3. 假設一國在開放貿易後，其咖啡豆的國內價格下跌。這意味著
   a. 該國是咖啡豆的進口國，且其國內產量增加。
   b. 該國是咖啡豆的出口國，且其國內產量增加。
   c. 該國是咖啡豆的進口國，且其國內產量減少。
   d. 該國是咖啡豆的出口國，且其國內產量減少。
4. 當一國在開放貿易後成為某一商品的進口國時，
   a. 其生產者剩餘會減少，但其消費者剩餘與總剩餘會增加。
   b. 其生產者剩餘會減少，消費者剩餘會增加，所以其總剩餘可能會增加，也可能會減少。
   c. 其生產者剩餘與總剩餘會增加，但其消費者剩餘會減少。
   d. 其生產者剩餘、消費者剩餘與總剩餘都會增加。
5. 如果一國對進口品課徵關稅，則
   a. 該國的國內需求量會增加。
   b. 該國的國內產量會增加。
   c. 該國的進口量會增加。
   d. 以上皆是。
6. 下列何項貿易政策對生產者有利，對消費者不利，且會使貿易量增加？
   a. 提高進口關稅。
   b. 降低進口關稅。
   c. 當國內價格低於世界價格時開放貿易。
   d. 當國內價格高於世界價格時開放貿易。

（答案在章末）

貿易作為經濟發展的策略

安迪・沃荷對公共政策的啟發
（Andy Warhol's Guide to Public Policy）

亞瑟・布魯克斯（Arthur Brooks）撰[1]

我的專業是公共政策，我通常會問我的同行，他們的靈感來自於哪裡？自由主義者會說來自於約翰・甘迺迪，保守主義者會說來自於隆納德・雷根，而我則會說來自於藝術家安迪・沃荷。

沃荷宣稱：「我喜歡無趣的東西」（I like boring things.），但一般人卻滿腦子新潮事物。沃荷認為反璞歸真、實事求是才能領略生命之美；公共政策又何嘗不是如此。例如，簡單便宜的蚊帳最能有效防範瘧疾，但因為它太過傳統、不夠新潮，所以沒有得到應有的重視。

又例如，自由貿易是消除貧窮的最好方法。如果我們不跟其他人進行交易，所有東西都要自己生產，我們就不會有今天的物質生活水準；就一國整體而言，也是如此。自由貿易可說是人類歷史上反貧窮的最佳策略，但保護主義者卻不斷阻攔自由貿易的進行。

在過去二十多年來，全球的貧窮率以每年大約 1% 的速度在下降；換算成人口數，就是每年大約會有 7,000 萬人（約是土耳其或泰國的總人口數）擺脫貧窮。這也意味著自 1990 年以來，已大約有超過 10 億的人脫離窮困。

何以如此？這不是因為聯合國或是國外援助，而是如 *YaleGlobal Online* 其刊物上所說的：「源自於利用跨境供應鏈的大型開放新興經濟體其高成長所帶動的外溢效果。」這段話指的就是窮國的自由貿易[2]。

你衣服上寫著「中國製」的標籤說明了為何自 1980 年代至今，會有 6 億 8,000 萬中國人脫離貧窮。反對自由貿易的人通常會批評說，開放經濟會造成剝削或環境破壞。這些當然是重要課題，但保護主義絕不是解決之道。抑制貿易保護了國內既得利益者，但不利於全世界的窮人。

也有人批評說，貿易使全世界的所得不均度惡化。這不是真的。世界銀行以及盧森堡所得研究中心（LIS）的研究都顯示，就全世界整體而言，在過去二十年的大多數年間，所得不均度是改善的。這是因為開發中國家的所得因全球化而大幅增加。

幸運地，歐巴馬總統了解貿易的好處，且正為《跨太平洋夥伴關係協定》（Trans-Pacific Partnership, TPP）這個貿易協定奮戰。該協定會消除北美、南美及東亞國家之間的貿易障礙，不管對富人、窮人還是國家都是有利的。當然，貿易並無法解決所有的問題。但在一個充滿怪誕、浪費計畫的政策國度裡，自由貿易就是我們需要的那個充滿美麗單調沃荷味的策略。有淑世之志的美國人應毫無保留地支持自由貿易。

討論題目
1. 你經常使用的哪一項商品是進口的？從哪一國？誰會從你購買這項商品而獲利——你或國外生產者？
2. 美國與窮國之間的貿易會對窮國勞工產生什麼影響？

原文出處：*New York Times*, April 12, 2015.

---

[1] 原文經本書譯著者大幅改寫。

[2] 譯著按：如中國自澳洲進口鐵礦砂，製成鋼鐵後銷往美國。

9-3 限制貿易的論點

財經小組的信使新總統考慮開放紡織品的貿易。她注意到國內現行的紡織品價格高於世界價格，因此，自由貿易會使國內價格下跌，從而國內的生產者會遭受損失。在實行這項新政策之前，她請國內的紡織公司對財經小組的建議表示意見。

國內的紡織公司當然反對自由貿易。他們主張政府應保護國內的紡織產業，免於國外的競爭。接下來我們討論他們的論點，並看財經小組可能會如何回應。

9-3a 就業論

反對自由貿易的人，通常會主張開放貿易會使國內的工作機會減少。在我們的例子中，紡織品自由貿易會使國內價格下跌，從而國內的產量會減少，進而國內紡織產業的勞工雇用量會減少。這意味著部分國內紡織工人會失業。

雖然自由貿易會造成失業，但同時也會創造工作機會。當本國購買其他國家所生產的紡織品時，這些國家可以用這些出口收入來購買本國所生產的其他商品，從而本國具比較利益的產業其就業機會會增加，而吸納部分失業的紡織工人。雖然，部分勞工轉業的過程不會很順利，而使生活暫時陷入困境，但如果有良好的社會福利制度（如失業保險給付），那麼，自由貿易是可以提升本國整體福利水準的。

反對自由貿易的人，通常也會質疑貿易可以創造工作。他們可能會認為**所有產品**在國外生產，會比在本國生產來得便宜，從而自由貿易只會使本國所有產業的工作機會減少。不過，如我們在第 3 章所說明的，即使一國對所有產品的生產具絕對利益（就像牧牛人阿信一樣），其他國家也會有具比較利益的產品（如農夫鹹蛋生產的馬鈴薯），從而貿易後每個國家會出口其具比較利益的產品，進而每個國家的勞工最終可以在其國家具比較利益的產業找到工作。

9-3b 國家安全論

當某個產業遭受來自國外競爭的威脅時，反對自由貿易的人通常會主張這個產業對國家安全非常重要。如果本國進口鋼鐵，則本國的鋼鐵業者可能會說，大砲與坦克的生產要用到鋼鐵，自由貿易會使本國部分的鋼鐵廠關廠，一旦戰爭爆發，外國鋼鐵的供應中斷，則本國無法生產足夠的鋼鐵與武器來防衛國家。

經濟學家承認此一觀點的合理性，但大多數的進口競爭產業通常會誇大其產

品對國家安全的重要性，而要求政府限制進口。如果鋼鐵對國家安全那麼重要，那麼一國應在和平時期，多進口便宜的鋼鐵，以製造並囤積更多的武器。這樣做，不單國家安全可以獲得保障，消費者也可以買到較便宜的鋼鐵。

9-3c 幼稚工業論

剛起步的產業有時會要求政府限制進口，給予它們暫時性的保護，讓它們能夠站穩腳步。等它們成熟之後，就可以跟國外的廠商競爭。

經濟學家通常質疑這些主張。一個主要理由是，政府要如何從眾多的幼稚工業中選出未來能真正茁壯的產業，來給予暫時性的保護。通常的結果是，政治勢力比較大的產業會獲選，而且，一旦產業取得政府的保護之後，它會盡其所能延長保護，而永遠是幼稚工業。

另外，如果一個廠商對其未來的獲利有信心，那麼它會忍受並接受短期的虧損，而著眼於長期的獲利。不少的廠商就是這樣的情況，例如，一些網路公司（如亞馬遜公司，amazon.com），雖然一開始是虧損的，但現在則很成功。正如同溫室裡的小孩不可能強壯一樣，沒有經歷過國外競爭淬煉的產業也不可能茁壯。

9-3d 不公平競爭論

另一個常見的論點是，只有在所有的國家都根據相同的規則競爭時，自由貿易才可行；如果不同國家的廠商面對不同的法律與規定，那麼要求廠商在國際市場中競爭，是不公平的。例如，如果鄰國政府透過給予紡織品公司大幅的租稅減免來補貼其紡織品產業，則本國的紡織品業者會以遭受不公平競爭的理由，要求政府予以保護[1]。

以鄰國補貼後的價格向鄰國進口紡織品，真的會使本國受到傷害嗎？當然，本國的紡織品業者會遭受損失，但本國的紡織品消費者則會因價格低而受惠。在此情況下，自由貿易仍會使本國消費者的利得大於生產者的損失。如圖 3 所示，當貿易後的價格愈低時，本國的總剩餘的增加幅度（面積 D）就會愈大。外國如果以更低的價格賣產品給我們，就等於外國的納稅人補貼我們的消費者，我們又何樂而不為呢？

---

[1] 自 2018 年起，美國總統川普就主要以中國進行不公平競爭（中國政府對其國營企業進行不當的補貼），而偷了美國人的工作為由，對來自中國的進口品加徵 10% 或 25% 的關稅。

CHAPTER 9　應用：國際貿易

個案研究：貿易協定、ECFA 與世界貿易組織

一國可以採取**單邊**（unilateral）法或**多邊**（multilateral）法來達成自由貿易。單邊法是一國自行取消其貿易限制，例子包括十九世紀的英國與最近的智利和南韓。多邊法是簽署貿易協定的國家同時減少貿易限制。

多邊法的一個重要例子是於 1993 年生效的《北美自由貿易協定》（North American Free Trade Agreement, NAFTA），它降低了美國、墨西哥和加拿大三國之間的貿易障礙。另一個重要例子是二次世界大戰之後，透過一連串的談判來降低於 1930 年代經濟大蕭條期間各國所設下的高關稅，以達成自由貿易目標的《關稅暨貿易總協定》（General Agreement on Tariffs and Trade, GATT）。很多經濟學家認為，高關稅加重 1930 年代各國的經濟蕭條程度。GATT 成功地將成員國的平均關稅稅率由二次世界大戰後的超過 20% 降至今天的約 5%。

GATT 的協定目前由世界貿易組織（World Trade Organization, WTO）來執行。WTO 於 1995 年創立，總部設於瑞士的日內瓦。在 2021 年，共有 164 個國家加入 WTO；這些國家的總貿易量占全世界的 98%。WTO 的職責包括執行貿易協定、提供談判平臺，以及處理成員國之間的貿易爭端。

不過，自由貿易的進程並非一帆風順。美國在倡議自由貿易的多邊法數十年之後反其道而行──川普總統對發生貿易摩擦的中國、歐盟與很多其他國家單邊提高關稅。川普總統的論點不脫本節所提到的。有些美國的貿易夥伴透過提高關稅進行報復。例如，在 2018 年年初，美中兩國的相互關稅低，但到了 2020 年年底，超過半數的美中兩國的相互貿易的平均關稅稅率達 20%。在 2022 年 8 月，拜登總統簽署《晶片法案》（CHIPS Act），其中有抑制中國半導體產業發展的條款。在可預見的未來，美中兩國在政治與軍事方面的對抗，將延伸至經濟層面，兩國之間的貿易自由程度將很難回復至 2018 年之前的水準。

聽專家怎麼說：貿易政策與關稅（Trade Deals and Tariffs）

「過去重大貿易政策嘉惠了大多數美國人。」

經濟學家這麼說：
- 93% 同意
- 7% 不確定
- 0% 不同意

「除非對手國採用新的勞工與環境法規，不然就拒絕自由貿易，是一項壞政策，因為即使新的法規可以減少某些層面的扭曲，但由於此一政策涉及威脅要限制貿易，因而會造成更大的扭曲。」

經濟學家這麼說：
- 49% 同意
- 25% 同意
- 26% 不確定

「美國最近一輪（2019 年）的進口關稅主要是由美國家戶負擔。」

經濟學家這麼說：
- 86% 同意
- 14% 不確定
- 0% 不同意

「關稅（與中國的反制措施）對美國物價與就業的衝擊主要落在低所得階層與區域。」

經濟學家這麼說：
- 75% 同意
- 25% 不確定
- 0% 不同意

資料來源：IGM Economic Experts Panel, November 11, 2014, March 27, 2013, and May 29, 2019.

即席測驗

7. 假設有 A 與 B 兩國，A 國從 B 國進口鋼鐵，且 B 國的鋼鐵業者受到其政府的補貼。就 A 國而言，其最有效率的政策為
   a. 以補貼後的價格繼續貿易。
   b. 對鋼鐵課徵進口關稅以抵銷補貼。
   c. 對本國的鋼鐵業者進行相同的補貼。
   d. 中止與 B 國的貿易。

8. 多邊貿易協定的目的為
   a. 讓各國有相同的關稅水準，以維持公平。
   b. 利用針對性關稅，以確保各國生產其具比較利益的產品。
   c. 降低各國的關稅，以阻隔為實踐貿易保護主義的政治壓力。
   d. 確保關稅只用於保護幼稚工業。

（答案在章末）

9-4 進口關稅 vs. 生產補貼

我們之前用圖 4 說明了，一國課徵進口關稅會讓其進口量減少、國內價格上漲、國內消費量減少，且國內產量增加，同時，會造成消費扭曲與生產扭曲等無謂損失。

其實，一國如要增加某項進口品的國內產量，也可以對生產該項產品的國內廠商進行生產補貼（production subsidy），且就相同的國內產量而言，生產補貼所造成的無謂損失要小於進口關稅的。

如圖 5 所示，假設在 P_w 世界價格與自由貿易下，本國的產量為 Q_1^S。在政府課徵單位稅額為 t 的進口關稅後，國內價格由 P_w 上漲為 $P_w + t$，國內產量由原先的 Q_1^S 增加為 Q_2^S。如果政府進行生產補貼，且單位補貼金額也是 t，則如圖 5 所示，國內的供給曲線會由 S 右移至 $S_{補貼}$。由於此時政府並未課徵進口關稅，國內消費者所面對的價格仍是世界價格，故消費者剩餘不變；而國內廠商所面對的價格為 $P_w + t$，高於世界價格 P_w，故其生產者剩餘增加 C，國內產量也跟課徵進口關稅一樣，由原先的 Q_1^S 增加為 Q_2^S。另外，此時由於國內產量為 Q_2^S，因此，政府補貼支出金額為 C + D，此項目對社會福利的影響與政府稅收正好相反，它會有負向影響。

我們把生產者剩餘的變化（正值）與政府補貼支出金額的變化（負值）相加，就可以知道生產補貼會讓總剩餘減少 D，故無謂損失為 D，比政府課徵進口關稅下的無謂損失 D + F，少了 F。這是因為政府進行生產補貼並不影響國內消費者所面對的價格，故比政府課徵進口關稅少了 F 這塊因消費扭曲所造成的無謂損失。

由以上的說明可以得知，為何美國是透過《晶片法案》的補貼措施，而不是

圖 5　進口關稅 vs. 生產補貼

就相同的國內產量而言，生產補貼比進口關稅少了 F 這塊因消費扭曲所造成的無謂損失。

提高進口關稅，來增加其國內半導體的產量，以降低其國內半導體的使用量過度依賴來自東亞國家的進口的情況[2]。

9-5 結論

經濟學家和一般社會大眾及政治人物通常對自由貿易持不同的立場。一般社會大眾及政治人物對貿易是機會還是威脅的看法通常都很分歧；相形之下，絕大多數的經濟學家贊成自由貿易，認為自由貿易可以同時提升本國與外國的生產效率與生活水準。

經濟學家將美國視為可以證實自由貿易能提升一國福利的一項實驗。自美國開國以來，美國允許州與州之間進行自由貿易，而使整個國家因自由貿易所帶來的專業化生產而獲利。佛羅里達生產柳橙、德州生產石油、加州生產酒……。如

---

[2] 美國《晶片法案》用於補貼生產與研發的金額達 520 億美元。根據統計，全球十大晶圓代工廠 2022 年第一季的市占率的前三名分別是台積電（53.6%）、南韓三星（16.3%）與聯電（6.9%）。另外，在 1990 年，全球 37% 的晶片在美國生產，在 2021 年，只剩 12%。（《Yafoo! 新聞》，2022 年 8 月 10 日）

果美國人只消費他們自己州所生產的商品與服務，則美國人不會有現在的高生活水準。全世界各國也同樣享有自由貿易所帶來的好處。

　　為更了解自由貿易的好處，讓我們繼續我們的寓言故事。假設本國的女總統決定不採納財經小組的建議，而禁止紡織品的自由貿易，於是本國繼續維持在沒有貿易下的均衡。

　　然後有一天，有一個發明家宣稱他發明一種可以用非常低的成本生產出紡織品的方法。不過，他對這個方法保密到家。奇怪的是，他並不需要棉花或羊毛之類的傳統原料，他唯一需要的生產投入是小麥。更奇怪的是，他沒有僱用任何紡織工人。

　　那個發明家被稱頌為天才。因為每個人都會買衣服，所以該項發明使人們可以享受更高的生活水準。雖然原先的紡織工人因這項發明而失業，但他們最後都在其他產業找到工作。有些成為農夫種植小麥，有些則進入因生活水準提升而新興起的產業（如休閒旅遊業）。每個人於是了解，這些工人轉業是社會進步過程中的必然現象。

　　幾年之後，一位新聞記者決定挖掘該項發明的真相。她潛入發明家的工廠，發現這個發明家其實是一個騙子。他根本沒在製造紡織品，而是將小麥走私出口後，換取其他國家的紡織品，再走私進口。這個發明家所發現的其實只是國際貿易所帶來的好處罷了。

　　當真相被揭露之後，政府關掉發明家的工廠。於是紡織品價格上漲，工人再回到紡織工廠工作，國人的生活水準也回到先前的水準。這個發明家被判入監服刑，並受到大眾的嘲笑。畢竟，他並不是一位發明家，他只是一個經濟學家。

摘要

- 比較沒有貿易下的國內價格與世界價格，就可以了解自由貿易的影響。如果國內價格比世界價格低，則表示本國對該產品的生產具比較利益，從而本國成為出口國。如果國內的價格比較高，則表示其他國家對該產品的生產具比較利益，從而本國成為進口國。

- 當一國開放貿易且成為某產品的出口國時，該產品的生產者會獲利，但消費者會遭受損失。當一國開放貿易且成為某產品的進口國時，該產品的消費者會獲利，但生產者會遭受損失。不管是哪一種情況，獲利者的獲利都超過損失者的損失。

- 對進口品課徵關稅會使市場更接近沒有貿易下的均衡，而降低貿易利得。雖然國內的生產者會獲利且政府會有關稅收入，但消費者的損失會超過這些利得。

- 限制貿易的論點包括：保護工作機會、保衛國家安全、扶植幼稚工業，與防止不公平競爭。雖然這些論點在某些情況下有它的道理，但經濟學家認為，自由貿易通常是比較好的政策。

- 就相同的國內產量而言，生產補貼比進口關稅少了因消費扭曲所造成的無謂損失。

複習題

1. 如何透過某商品的國內貿易前價格與世界價格的比較，得知本國是否對該商品具比較利益？
2. 如何決定本國在開放貿易後會成為出口國還是進口國？
3. 畫出進口國的供需圖形。貿易前的消費者剩餘與生產者剩餘各為何？自由貿易下的消費者剩餘與生產者剩餘各為何？總剩餘的變化又為何？
4. 說明何謂進口關稅及其影響。
5. 列出四個支持限制貿易的論點。經濟學家如何回應這些論點？
6. 達成自由貿易的單邊法與多邊法之間的差異為何？兩種方法各舉一例。
7. 說明為何就相同的國內產量而言，生產補貼所造成的無謂損失要比進口關稅來得少。

問題與應用

1. 酒的世界價格低於加拿大在沒有貿易下的價格。
   a. 假設加拿大是小國。畫出加拿大在自由貿易下的酒市場供需圖形。製表列出消費者剩餘、生產者剩餘與總剩餘。
   b. 假設歐洲的夏天異常地冷，而使葡萄的收成大幅減少。此一事件對酒之世界價格的影響為何？利用你在（a）小題中

的圖與表，顯示此時的加拿大消費者剩餘、生產者剩餘與總剩餘。誰獲利，誰又遭受損失？加拿大整體而言是獲利還是遭受損失？

2. 假設美國國會決定對進口汽車課徵關稅，且假設美國是世界汽車市場的價格接受者。畫圖顯示此一關稅對下列變數的影響：進口量、消費者剩餘、生產者剩餘、政府關稅收入與無謂損失。消費者剩餘的減少可分成三個部分：對國內生產者的移轉、對政府的移轉與無謂損失。用你的圖形顯示出這三個部分。

3. 當中國的成衣業擴張時，全球的供給會增加，而使成衣的全球價格下跌。
   a. 畫圖顯示此一變化如何影響成衣進口國（如美國）的消費者剩餘、生產者剩餘與總剩餘。
   b. 畫圖顯示此一變化如何影響成衣出口國（如多明尼加）的消費者剩餘、生產者剩餘與總剩餘。
   c. 比較你的（a）與（b）兩小題的答案。它們的相同之處為何？相異之處又為何？哪一國會比較關切此一變化？哪一國會因此一變化而獲利？

4. 考慮下列限制貿易的論點。
   a. 假設你是國內遭受國外低價競爭而陷入困境的木材業所聘的說客。你認為課本所提的哪些限制貿易論點會對政府具說服力？說明你的理由。
   b. 在你想出這些論點之後，你預料經濟學家會反駁。他們會如何反駁？請說明。

5. 假設本國禁止衣服的進出口。在沒有貿易下，T 恤的均衡價格為一件 20 美元，均衡數量為 300 萬件。有一天，政府宣布開放衣服的國際貿易。T 恤的世界價格為一件 16 美元。在貿易後，國內的 T 恤消費量增加為 400 萬件，產量則降為 100 萬件。
   a. 畫出上述的情況，並顯示上面提到的所有數字。
   b. 計算開放貿易所造成的消費者剩餘、生產者剩餘與總剩餘的變化。

6. 中國是穀物（如小麥、玉米與稻米）的主要生產國。中國曾因擔心穀物的出口會使國內的食物價格上漲，而對穀物課出口關稅。
   a. 畫出中國的穀物市場。
   b. 此一出口關稅會如何影響中國國內的穀物價格。
   c. 此一政策又會如何影響中國國內消費者剩餘、生產者剩餘與政府稅收？
   d. 中國的總剩餘又會如何變動？

7. 假設某國是某一項商品的進口國。下列的各項敘述為真或為偽？請說明。
   a.「需求的彈性愈大，則貿易利得愈大。」
   b.「如果需求是完全無彈性的，則不會有貿易利得。」
   c.「如果需求是完全無彈性的，則消費者不會從貿易中獲利。」

8. 假設就咖啡而言，本國是小國。咖啡的世界價格為每包 1 美元，且國內的咖啡需求與供給方程式如下：

   需求：$Q^D = 8 - P$
   供給：$Q^S = P$

   其中 P 是每包咖啡的價格，Q 是咖啡的

數量。

　a. 畫出本國貿易前的咖啡市場,並計算均衡價格與數量、國內消費者剩餘、生產者剩餘與總剩餘。

　b. 假設本國現在開放咖啡的貿易。算出新的均衡價格、國內消費量與產量、進口量、消費者剩餘、生產者剩餘與總剩餘。

　c. 假設本國後來對咖啡的進口課徵每包 1 美元的關稅。畫圖顯示此一政策的影響。算出此時的均衡價格、國內消費量與產量、進口量、消費者剩餘、生產者剩餘、政府稅收與總剩餘。

　d. 計算開放貿易的利得,再計算課徵關稅的無謂損失。

9. 假設本國原先對紡織品課徵進口關稅。後來,本國改課與進口關稅同一稅額的消費稅(不管你消費的是國產品還是進口品)。

　a. 利用圖 4,顯示消費稅下的國內消費量與產量。

　b. 製作類似圖 4 中的表,顯示消費稅的影響。

　c. 哪一種情況下的政府稅收會比較多,進口關稅還是消費稅?哪一種情況下的無謂損失會比較小,進口關稅還是消費稅?請說明。

10. 假設美國是電視機的進口國且沒有任何貿易限制。美國消費者每年購買 100 萬台電視機,其中 40 萬台是美國製,60 萬台是進口的。

　a. 假設中國電視機的生產技術進步,使電視機的世界價格下跌 100 美元。畫圖顯示此一變動如何影響美國的消費者剩餘、生產者剩餘與總剩餘。

　b. 在價格下跌後,美國消費者購買 120 萬台電視機,其中 20 萬台是美國製,100 萬台是進口的。計算價格下跌所造成的消費者剩餘、生產者剩餘與總剩餘的變化。

　c. 如果美國政府決定對進口電視機課徵 100 美元的關稅,則此一政策會造成哪些影響?計算此時的政府關稅收入與無謂損失。就美國整體福利而言,這是一項好的政策嗎?誰會支持這項政策?

　d. 假設上述價格的下跌並不是來自於生產技術進步,而是來自於中國政府對每台電視機的生產補貼 100 美元。這會如何影響你的分析?

11. 考慮一個出口鋼鐵的小國。假設該國政府決定對每噸出口鋼鐵補貼某一金額。此一出口補貼會如何影響國內的鋼鐵價格、產量、消費量與出口量?此一政策又會如何影響消費者剩餘、生產者剩餘、政府支出與總剩餘?就經濟效率而言,這是一項好政策嗎?(提示:出口補貼的分析類似進口關稅的分析。)

即席測驗答案

1. d　2. b　3. c　4. a　5. b　6. c　7. a　8. c

Chapter 10
外部性

廠商在造紙的過程中會產生一種叫做戴奧辛的化學物質。科學家深信戴奧辛進入生態環境後,會使人們罹患癌症且嬰兒出現先天畸形的機率升高,也會造成其他健康問題。

我們應如何看待戴奧辛的產生與釋放?在第 4 章到第 9 章,我們檢視了市場如何透過供需的力量來分配稀少性資源;我們也看到了價格機能如何使資源的配置效率提升。用亞當・史密斯著名的隱喻來說,市場有「一隻看不見的手」引導追求自利的買者與賣者,而使社會總剩餘達到最大。這也是第 1 章所提的**經濟學十大原理之一**——市場通常是組織經濟活動的良好方式——的立論基礎。但此一原理是否適用紙的生產以及它的副作用?那一隻看不見的手是否能阻止廠商在造

紙的過程中排放出過多的戴奧辛？

我們說市場「通常」是組織經濟活動的良好方式，那就表示在某些情況下，放任市場自由運作並無法使社會總剩餘最大。在本章，我們將說明另一個**經濟學十大原理**：政府有時可以改善市場結果。我們將檢視為什麼市場有時無法有效率地分配資源，政府政策如何改變市場結果，以及哪些政策可能最有效。

本章所探討的市場失靈種類為**外部性**。當個人行為影響到不相干第三者的福祉，且交易雙方都不用為此付出代價或因此而得到報酬時，就會產生**外部性**。如果對於不相干第三者的影響是不利的，則我們稱此外部性為**負外部性**；如果是有利的，則稱為**正外部性**。

在外部性存在的情況下，社會不單關心市場交易雙方的福利，也關心外部性對不相干第三者的福祉所造成的衝擊。因為交易雙方在決定供給與需求的數量時都忽略了他們的決策所帶來的外部性，所以在有外部性的情況下，市場不會處在一個有效率的均衡；也就是說，此時的市場均衡無法使社會總剩餘最大。

舉例來說，釋放戴奧辛到生態環境屬於負外部性；除非政府制止廠商，否則追求自利的廠商不會考慮到它們所造成的環境成本，因而會釋放過量的戴奧辛。實際上，環保法規會制止廠商排放戴奧辛。

外部性的種類有很多，從而處理它們的政策也很多樣。以下是一些例子：

- 汽車排放廢氣會使空氣品質變差，而對人們的健康造成不利的影響，所以會帶來負外部性。因此，政府規定廢氣排放標準，並對汽油課稅使開車的人變少，以減少汽車所排放的廢氣。
- 維護古蹟的舊觀具正外部性，因為它具有歷史教育意義且可以引發人們的思古幽情。但古蹟的所有人不一定能得到所有的好處，從而可能傾向蓋新大樓。很多地方政府就古蹟的維護給予古蹟所有人稅賦上的優惠，並嚴禁破壞古蹟。
- 愛叫的狗也會帶來負外部性，因為噪音會影響鄰居的生活作息。如果狗主人不用為噪音負責，鄰居就會遭殃。地方政府以「妨礙安寧」處罰狗主人。
- 新技術的發明具正外部性，因為它創造出其他人也能學習的新知識。如果發明者無法獲得全部的效益，則他們投入新技術研發的資源會變少。政府透過專利權制度來解決這個問題；取得專利權的發明者可以享有一段時間的專賣權。
- 在疫情的高峰，餐廳用餐人數過多也會帶來負外部性，因為它會讓病毒擴散。餐廳老闆可能會忽視其營業帶給社會的健康衝擊，政府會要求餐廳只能提供外帶或外送（且補償餐廳老闆與員工）。

外部性
externality
一個人的行為對不相干第三者的福祉所造成的衝擊，且此一衝擊未獲得補償

在以上的例子當中，有些決策者不會考慮到外部性帶來的影響，所以政府會藉由影響決策者的決定來保護不相干第三者的福祉。

10-1 外部性與市場無效率

在這一節，我們將利用第 7 章所介紹的分析工具來檢視外部性如何影響社會福利。我們將說明為何外部性會使市場無法有效率地分配資源。接著，我們也將探討一些個人與政策制定者矯正此一市場失靈的辦法。

10-1a 福利經濟學：扼要重述

我們先回想第 7 章中的福利經濟學的重點。為了使我們的分析更具體，我們以鋼鐵市場為例。圖 1 顯示鋼鐵市場的供給與需求。

從第 7 章的說明我們得知，供給曲線與需求曲線包含成本以及效益的重要資訊。鋼鐵的需求曲線反映消費者的支付意願，從而反映鋼鐵對消費者的價值。在任何既定數量，需求曲線的高度代表邊際消費者願意支付的價格；換句話說，需求曲線的高度顯示該單位的鋼鐵對於消費者的價值。同樣地，供給曲線反映鋼鐵的生產成本。在任何既定數量，供給曲線的高度代表邊際賣者的成本；換句話說，供給曲線的高度顯示賣者因生產該單位的鋼鐵所耗費的成本。

| 圖 1 | 鋼鐵市場 |

需求曲線反映鋼鐵對買者的價值，供給曲線反映賣者的成本。均衡數量，Q_{MARKET}，使鋼鐵消費者所享有的總價值與鋼鐵生產者所耗費的總成本之間的差達到最大。因此，在外部性不存在的情況下，市場均衡是有效率的。

在沒有政府干預下，價格會調整至使鋼鐵的供需達成平衡的水準。圖 1 中的 Q_{MARKET} 代表均衡下的鋼鐵的產量與消費量。在此一均衡數量下，市場結果是有效率的，因為此時的生產者剩餘與消費者剩餘的總和達到最大；也就是說，此時鋼鐵消費者所享有的總價值與鋼鐵生產者所耗費的總成本之間的差達到最大。

10-1b 負外部性

現在假設鋼鐵工廠會釋出汙染物：生產每單位的鋼鐵，會有一定數量的煙霧被排放到大氣中。因為那些煙霧對於吸到的人的健康會有不利影響，所以具負外部性。此一外部性如何影響市場結果的效率呢？

因為有外部性的存在，所以生產鋼鐵所造成的社會成本大於廠商的生產成本。生產鋼鐵的**社會成本**不單包括廠商的私人成本，還包括受到汙染影響的不相干第三者所遭受的不利影響。圖 2 顯示生產鋼鐵的社會成本。社會成本曲線位於供給曲線的上方，這是因為社會成本除了廠商的私人成本外，還包括生產者加諸社會的外部成本（external costs）。因此，社會成本曲線與供給曲線的差距代表汙染所造成的外部成本。

社會到底應該生產多少數量的鋼鐵？要回答這個問題，我們必須再一次考慮仁慈的社會計畫者會怎麼做。該計畫者會最大化從市場獲得的總剩餘——對鋼鐵

圖 2　汙染與社會最適數量

當像汙染之類的負外部性存在時，商品的社會成本高於私人成本，從而最適數量 Q_{OPTIMUM}，比均衡數量 Q_{MARKET}，還來得低。

消費者的總價值減去生產鋼鐵的總成本。但她也知道，汙染的外部成本也應算在生產鋼鐵的社會總成本之中。

她會選擇將鋼鐵的產量定在需求曲線與社會成本曲線交點所對應的數量。從整個社會的角度來看，此交點決定出最適的數量。當產量小於最適數量時，鋼鐵對消費者的價值（也就是需求曲線的高度）超出生產鋼鐵的社會成本（也就是社會成本曲線的高度）。她也不會生產比最適數量多的數量，因為生產這些數量的社會成本會高於這些數量對消費者的價值。

從圖 2 可以看出，鋼鐵的均衡數量 Q_{MARKET}，高於社會最適數量 $Q_{OPTIMUM}$。之所以會有這樣無效率的結果，是因為市場均衡只反映生產的私人成本。在市場均衡下，鋼鐵對邊際消費者的價值低於生產鋼鐵的社會成本；也就是說，在 Q_{MARKET} 下，需求曲線位於社會成本曲線之下，從而減少鋼鐵的產量可以使社會總剩餘增加。

一個社會計畫者要如何達成最適結果？對廠商所賣掉的每一噸鋼鐵課稅會是一種方法。課稅會使鋼鐵的供給曲線依稅額往上移。如果稅額準確地反映出煙霧排放到大氣所造成的外部成本，則新的供給曲線會跟社會成本曲線重疊，從而在新的市場均衡下，廠商生產的數量會是社會最適數量。

此一課稅方式我們稱之為**外部性內部化**，因為它鼓勵市場交易雙方考慮他們的決策所帶來的外部影響。在政府課稅之後，由於此時等同於廠商須負擔其所製造的外部成本，所以這部分成本變成廠商在做產量決策時需考慮的成本，因而其產量會減少，從而市場價格會因市場供給減少而上漲，進而使鋼鐵消費者會有減少消費的誘因。此一政策是立基於**經濟學十大原理**之一：人們的行為隨誘因起舞。在本章後面，我們會更深入探討政策制定者如何處理外部性問題。

> **外部性內部化**
> internalizing the externality
> 改變誘因使人們考慮到他們行為所造成的外部效果

10-1c 正外部性

雖然有些行為會造成外部成本，但有些行為會產生外部效益（external benefits），教育即是其中一例。大體上，教育的效益是屬於私人的：教育會使一個人的生產力提高，而享有較高的薪資。在這些私人效益之外，教育同時產生正外部性，其中一個就是國民的教育水準愈高，愈能選賢與能。另一個外部性就是國民的教育水準愈高，犯罪率通常會愈低。第三個外部性是國民的教育水準愈高，技術的進步和散播速度會愈快，而提升生產力與薪資的成長速度。

正外部性的分析與負外部性的分析非常類似。由圖 3 可以看出，需求曲線沒有反映商品對社會的外部效益。因為社會價值高於私人價值，所以社會價值曲線高於需求曲線。最適數量是社會價值曲線與供給曲線（代表成本）交點所對應的

圖 3　教育與社會最適數量

當正外部性存在時，商品的社會價值高於私人價值，從而最適數量 $Q_{OPTIMUM}$，會比均衡數量 Q_{MARKET}，還來得高。

個案研究：技術外溢、產業政策及專利權的保護

一種重要的正外部性稱之為**技術外溢**，其為一個廠商的研發成果有助於其他廠商技術進步的現象。

以工業用機器人市場為例，機器人的製造應用許多先端技術。廠商製造出一個機器人，意味著廠商未來可能可以發展出更新更好的設計。而新設計可能可以給其他廠商帶來效益，這是因為新設計可以提升社會的技術知識水準；也就是說，新設計可能可以為整個經濟體系的其他廠商帶來正外部性。

政府可以利用對機器人的生產進行補貼讓此一外部性得以內部化。在此情況下，廠商的供給曲線會依補貼金額往下移，從而使機器人的均衡數量增加。為了要確保社會均衡數量等於社會最適數量，補貼的金額應該等於技術外溢的價值。

技術外溢效果如何衡量？其對於公共政策的意涵又為何？這是很重要的問題，因為生活水準的提升速度決定於技術的進步速度；但這也是經濟學家經常意見不一的一個困難問題。

有些經濟學家相信技術外溢是普遍的，並認為政府應該獎勵那些產生最多技術外溢效果的產業。例如，生產一單位電腦晶片會比生產一單位洋芋片產生更多的技術外溢，因此，政府應該多鼓勵電腦晶片而不是洋芋片的生產。我國的《產業創新條例》第 10 條規定，公司得在投資於研究發展支出金額 15% 限度內，抵減當年度應納營利事業所得稅額。政府為了促進產業技術的提升所做的干預稱之為**產業政策**。

其他經濟學家則對產業政策抱持懷疑態度。雖然技術外溢是很普遍的，但一個成功的產業政策必須精準地衡量出各個市場的技術外溢程度，這個衡量問題難就難在精準。而且，若無法精準衡量，政府很可能補貼政治影響力大的產業而非產生最大正外部性的產業。另外，產業政策的訂

定可能是為了保護國內的工作機會，讓它們不致於因國外競爭而減少，而與技術外溢較無關係。不過，這樣的做法並無法讓社會資源做最有效率的運用。

另一個處理技術外溢的辦法則是給予專利權。專利法藉由給予發明者可以專用自己的發明一段時間的權利來保護發明者。當廠商有重大技術突破時，可以申請專利權，從而可以獲得許多經濟效益。專利權藉由使廠商擁有自己發明成果的**財產權**，將外部性內部化。若其他廠商想要使用該技術，則它們需取得發明者的同意並支付權利金，所以專利權提供廠商從事研發以提升技術的誘因。

數量，從而社會最適數量大於市場所決定的均衡數量。

政府還是可以誘導市場參與者將外部性內部化來矯正這個市場失靈。政府對正外部性的最適當反應與對負外部性正好完全相反。如果要讓市場均衡更接近最適均衡，政府須對產生正外部性的行為進行補貼。實際上，這的確是政府的政策：政府廣設公立學校並補助私立學校，從而學費會降低且學生人數會增加。

總結來說，負外部性導致市場生產過多的數量，正外部性則導致市場生產過少的數量。要矯正此一問題，政府可以對產生負外部性的商品課稅並對產生正外部性的商品進行補貼，使其外部性內部化。

即席測驗

1. 下列何者是正外部性的例子？
   a. 黃蓉付 100 美元請郭靖幫她割草。
   b. 郭靖的割草機發出嚴重噪音。
   c. 郭靖幫黃蓉割完草後，黃蓉的社區變漂亮了。
   d. 黃蓉的鄰居替黃蓉付錢請郭靖幫她割草。

2. 如果生產某一商品會產生負外部性，則社會成本曲線位於供給曲線之 _____，且社會最適數量 _____ 於均衡數量。
   a. 上，大
   b. 上，小
   c. 下，大
   d. 下，小

（答案在章末）

10-2 解決外部性問題的公共政策

在上一節，我們說明了為何外部性會使市場結果無效率；不過，我們僅簡單提了一下解決之道。在實務上，政府與民間在面對外部性問題時，會有各式各樣的反應方式；這些方式的一個共通點是，使資源的配置更接近社會最適結果。

在這一節，我們介紹政府解決外部性問題的辦法。當外部性使市場自由運作下的資源配置結果無效率時，政府可能的反應方式包括下面兩種：以**命令與控**

管政策（command-and-control policies）直接管制行為；藉由**以市場為基礎的政策**（market-based policies）提供民間決策者自行解決問題的誘因。

10-2a 命令與控管政策：管制

政府可以藉由規定某些行為或禁止某些行為來糾正外部性。舉例來說，將有毒化學物傾倒在給水系統是犯法的。在這個例子，社會的外部成本遠大於汙染者的效益，因此政府實施命令與控管政策來全面禁止這種行為。

在大部分的汙染案件中，情況並不是這麼地單純。儘管環境保護者大聲疾呼，但要禁止所有汙染活動是不可能的。比方說，幾乎所有交通工具都會製造汙染，就連馬也一樣，但政府禁止所有交通工具是不合情理的。因此，社會必須衡量效益和成本來決定汙染的種類和數量，而不是設法完全根絕汙染。在我國，是由行政院環境保護署（環保署）負責制定並施行命令與控管政策。

環保署會訂定各類汙染物的排放標準，也會訂定汙染防治設備的技術標準。為訂定出適宜的標準，政府環保當局需要知道特定產業的所有細節與這些產業可能選用的技術，但這些資訊往往是很難獲得的，且廠商通常會隱瞞其生產對健康的不利影響，同時誇大採用更乾淨技術的成本。不過，由於環保當局會訂定未達標準時的罰則，所以其命令與控管政策通常可以有效降低汙染。

10-2b 以市場為基礎的政策 1：矯正稅與矯正補貼

政府也可以利用以市場為基礎的政策來改變私人誘因，而不是靠管制來解決外部性問題。例如，我們之前曾提到，政府對會產生負外部性的行為課稅，以及對會產生正外部性的行為進行補貼。對負外部性行為所課的稅我們稱為**矯正稅**。矯正稅又稱作**皮古稅**（Pigovian taxes），係以經濟學家亞瑟．皮古（Arthur Pigou, 1877-1959）命名的。一個理想的矯正稅應等於外部成本，且一個理想的矯正補貼應等於外部效益。

經濟學家在面對汙染問題時通常會比較偏好矯正稅，而比較不偏好管制，因為這樣子社會可以用較低的成本來降低汙染。為了解這一點，我們用下面的例子

聽專家怎麼說
Covid 疫苗（Covid Vaccines）

「給定接種疫苗的正外部性，美國居民必須接種有效的 Covid-19 疫苗（除非是嬰兒或有免疫缺陷問題的民眾），費用由聯邦政府負擔。」

經濟學家這麼說：

- 10% 不確定
- 5% 不同意
- 85% 同意

資料來源：IGM Economic Experts Panel, June 23, 2020.

矯正稅
corrective tax
被設計用來誘使私人決策者考慮負外部性所引發的社會成本的稅

來說明。

假設有兩家工廠,一家造紙廠以及一家鋼鐵廠,雙方一年各傾倒 500 噸的汙染物到同一條河。環保署決定要減少汙染,而考慮以下兩個方案:

- 管制:環保署命令各家工廠一年只能傾倒 300 噸的汙染物。
- 矯正稅:環保署對兩家工廠所排放的每一噸汙染物徵收 50,000 美元的矯正稅。

政府管制可以控制汙染的程度,然而矯正稅也有讓廠商減少汙染排放量的誘因。你覺得哪一個方法比較好?

大多數經濟學家會偏好矯正稅。他們會先指出,就減少整體的汙染水準而言,矯正稅跟管制一樣有效。環保署可把稅額定在適當的水準,而將汙染控制在它所希望的水準。稅額愈高,汙染就會減少愈多;如果稅額夠高,則工廠會全部停工,而使得汙染降為零。

經濟學家之所以會比較偏好課稅,是因為就相同的汙染減量而言,課稅比管制來得有效率,亦即課稅下的汙染減量總成本會低於管制下的。政府在進行管制時,通常會要求所有廠商減少相同數量的汙染,但這並不是改善河川水質最省錢的方式。有可能造紙廠的汙染減量成本比鋼鐵廠來得低;如果是這樣,則造紙廠對於矯正稅的反應會是大量減少汙染以避免被課稅,而鋼鐵廠則可能只減少部分汙染,而寧願付較多的稅。

亞瑟・皮古

本質上,矯正稅就像是為汙染權訂一個價格。如同市場將商品分配給那些最重視它們的買者一樣,矯正稅將汙染分配給那些汙染減量成本最高的廠商。無論環保署訂的汙染目標為何,課徵矯正稅都可以使成本最低,這是因為汙染減量主要是由那些汙染減量成本最低的廠商在做的。

經濟學家也認為矯正稅對環境更為有利。在命令與控管政策之下,一旦工廠達到了環保署所訂的標準,它們便沒有誘因去進一步減少汙染。相反地,矯正稅讓廠商有去發展更好的汙染減量技術的誘因,因為廠商可因此而少付矯正稅。

矯正稅不同於其他種類的稅。如同我們在第 8 章所提到的,大部分的稅會扭曲誘因,而使資源的配置偏離社會最適結果,從而產生了無謂損失。但在外部性存在的時候,社會也會在乎受影響的不相干第三者的福祉。透過矯正稅可將外部成本內部化,而使資源的配置接近社會最適結果。因此,政府課徵矯正稅不單可以增加稅收,也可以提高經濟效率。不過,政府環保當局需要知道汙染的外部成

個案研究：為什麼汽油會被課這麼重的稅？

在很多國家，汽油是被課重稅的商品之一。汽油稅可以降低下面三種與開車有關的負外部性：

- **汙染**：燃燒像汽油之類的化石燃料被大多數專家認為是全球暖化的成因。雖然專家們對全球暖化所造成的危害程度有不同的看法，但無疑地，汽油稅會使汽油的用量減少，從而可以降低全球暖化所造成的危害。
- **交通擁擠**：如果你曾困在一個嚴重塞車的車陣中，那麼你可能會希望路上的車子少一點。對汽油課稅會鼓勵人們多搭乘大眾交通工具，或共乘，或住在離公司近一點的地方，而降低交通擁擠的程度。
- **車禍**：當人們買大型車或休旅車時，他們可能讓自己處於更安全的狀態，但這卻會讓旁邊的車更危險。據統計，一個開小車的人若與大車相撞，則他死亡的機率會是跟其他小車相撞的五倍。對汽油課稅可以間接地讓人們少買大型車或休旅車，而降低小型車駕駛人所面對的風險。

因此，汽油稅不單不會像大多數其他的稅會造成無謂損失，還可以降低交通擁擠的程度，讓道路更安全，且可以讓環境更乾淨。

到底應該對汽油課多大的稅？相較於美國，許多歐洲國家對汽油課以重稅。許多分析家建議，美國應該加重汽油稅。一項研究指出，美國最適的汽油稅稅額是每加侖 3.20 美元，但實際上在 2021 年只有 55 美分。

汽油稅稅額提高可以使稅收增加，從而政府可以減少其他會扭曲誘因並造成無謂損失的稅項；這樣做也會讓汽車製造商努力生產出更省油的汽車。不過，對汽油課重稅可能會危害到選票。

本才能訂出最適稅額，而這些資訊也很難獲得。

10-2c 以市場為基礎的政策 2：可交易的汙染排放權

回到剛剛造紙廠以及鋼鐵廠的例子。現在讓我們假設，環保署不管經濟學家的建議，還是決定將每家廠商汙染排放量的上限設在 300 噸。在這項管制實施後，兩家廠商對環保署反映，鋼鐵廠希望增加 100 噸的汙染排放量，而造紙廠也同意只要鋼鐵廠願意支付 500 萬美元，它將減少 100 噸的汙染排放量。環保署該不該允許這項交易？

從經濟效率的觀點來看，允許這項交易是一個好的策略：因為雙方是自願達成協議的，所以這項交易一定會讓雙方變得更好。此外，這項交易沒有改變汙染的總排放量，所以也不會造成環境品質的惡化。因此，允許造紙廠將汙染排放權賣給鋼鐵廠是可以提高社會福利的。

相同的邏輯也適用於任何廠商之間的汙染排放權的自願性移轉。如果環保署

允許這樣的交易，則它創造了一項新的稀少性資源：汙染排放權。經濟體系終將發展出交易這些權利的市場，而這個市場也將由供給與需求這兩股力量主宰。那隻看不見的手將確保市場有效率地分配汙染權；換言之，汙染排放權最終會流向出價最高的廠商。而廠商所願意出的價格決定於廠商的汙染減量成本：若廠商的汙染減量成本愈高，則它們願意出的價格愈高。

從經濟效率的觀點來看，允許汙染排放權交易的一個好處是，汙染排放權最初如何分配並不重要。汙染減量成本較低的廠商會將它們得到的汙染排放權販售出去，而汙染減量成本較高的廠商則會去購買它們所需要的排放權。只要汙染排放權有一個自由交易市場，則無論排放權最初的分配為何，其最終的分配一定是有效率的。

雖然利用汙染排放權來降低汙染似乎與矯正稅不一樣，但實際上這兩項政策有許多相似處。在這兩種情況，廠商都必須為各自產生的汙染付費。從矯正稅來看，製造汙染的廠商必須付稅給政府；從汙染排放權來看，則是廠商必須付費購買汙染排放權。（就算是已經擁有排放權的廠商也必須為汙染付出代價：汙染的機會成本就是它們的排放權在交易市場中所能賣的金額，因為如果它們多排放，則可以賣的排放權會變少。）矯正稅跟汙染排放權都可以透過讓廠商為汙染付出代價，而將汙染的外部性內部化。

我們可以利用圖 4 來說明這兩種政策的相似處。圖 4 包括汙染的需求曲線；這條曲線顯示，汙染所需付出的代價愈高，廠商的汙染排放量愈低[1]。在圖（a），環保署透過矯正稅訂定汙染的價格。在此情況下，汙染的供給曲線具完全彈性（因為只要付稅，廠商要排放多少汙染都可以），從而汙染量決定於需求曲線的位置。在圖（b），環保署利用發行汙染排放權訂出汙染數量。在此情況下，汙染權的供給曲線是完全無彈性的（因為汙染量受限於汙染排放權數量），從而需求曲線的位置決定出汙染的價格。因此，給定任何的汙染需求曲線，環保署利用矯正稅來訂定價格或運用汙染排放權來訂定汙染量，都可以達到需求曲線上的同一點。

不過，如果汙染權需求曲線是不確定的，則銷售汙染排放權與課徵矯正稅之間的選擇就很重要。假設現在環保署想要汙水的排放量低於 600 噸，但因為它無

---

[1] 譯者按：廠商的汙染需求曲線即廠商的汙染減量邊際成本曲線。在某一汙染排放量下，這條曲線的高度為廠商要減少一單位的汙染排放量所需花費的成本。它是負斜率的，意味著汙染減量的邊際成本是遞增的。

圖 4　矯正稅與汙染排放權的對等性

(a) 矯正稅

汙染價格 / 汙染數量
- 矯正稅
- 汙染權需求
- 1. 矯正稅訂出汙染的價格…
- 2. …此一價格與需求曲線共同決定出汙染量。

(b) 汙染排放權

汙染價格 / 汙染數量
- 汙染排放權供給
- 汙染權需求
- 1. 汙染排放權訂出汙染量…
- 2. …此一數量與需求曲線共同決定出汙染的價格。

在圖 (a)，環保署利用矯正稅來訂定汙染的價格，而需求曲線決定出汙染量。在圖 (b)，環保署運用汙染排放權的數量來控制汙染量，而需求曲線決定出汙染的價格。兩種情況下的汙染價格與數量是相同的。

如是我聞　氣候變遷下的應有作為

芝加哥論壇報背書一項計畫。

可以充實你的荷包的碳稅

（A carbon tax that could put money in your pocket）

有很多跡象顯示全球正在暖化。繼 2015 與 2016 年之後，2017 年是全球與美國史上溫度第三高的一年。自 1992 年起，南極已融化 3 兆噸的冰，變成的水可以淹沒整個德州達 13 呎高。

也有很多跡象顯示人們忽視這個問題。在 2017 年，川普讓美國退出關於溫室氣體排放的巴黎協定。美國的環保署也放寬對電廠與車輛的限制，而這些限制是歐巴馬政府減緩氣候變遷的核心政策。

美國兩黨之間以及環保團體與石油業者之間的看法相當分歧。現在有一個名為「美國人為碳紅利」（Americans for Carbon Dividends）的新團體提出一個雙方可能都可以接受的方案：對每噸二氧化碳的排放課徵 40 美元的稅，然後逐漸調高。

這會讓每加侖汽油的價格上漲約 38 美分。此稅會促進自然資源保護，也會讓太陽能與核能等其他能源更具競爭力。經濟學家通常同意這樣的稅其效益／成本的比率高。

有些右派人士可能會因為認為全球暖化程度被過度誇大，而質疑任何降低碳排放的政府行動。另外一些人可能僅僅因為政府有了來自碳稅的龐大稅收而得以擴張其規模，而反對碳稅。

不過，上述的碳稅方案還伴隨著以「碳紅利」的名義將全部稅收回饋給社會大眾；一開始，四口之家大約可以領到 2,000 美元。如此一來，雖然汽油之類的能源價格會上漲，但那些節約自然資源的人會有淨獲利，而那些開著耗油車

的人會有淨損失。因此，人們會改變消費習慣，從而有助於節能減碳。

另一方面，碳稅也會取代政府目前對排放與能源使用的管理方式，而大幅降低政府官僚的作用。因此，碳稅的主題是「政府小一點，汙染就少一點」（"Less government, less pollution"）。

討論題目
1. 如果對碳排放課稅造成汽油的價格上漲，則你跟你的家人會如何改變你們的行為？
2. 雖然很多經濟學家支持碳稅，但仍有很多選民不接受。為什麼會這樣？

原文出處：*Chicago Tribune*, July 3, 2018.

從得知汙染的需求曲線，所以無法訂出達成此一目標的矯正稅的正確稅額。此時只要拍賣掉 600 噸的汙染排放權就可以簡單地達成目標，而拍賣價格就是矯正稅的適當稅額（參閱圖 4）。另一方面，如果環保署知道每單位汙染物所造成的外部成本為 50,000 元，但它不確定工廠會排放多少單位，這時候，環保署就可以透過將矯正稅訂為每單位 50,000 元，且讓市場決定排放量，來達成有效率的結果。汙染排放權交易的一個著名成功實例就是二氧化硫，其為酸雨的主要成因。

在 1990 年，美國《空氣清淨法》的修正案要求發電廠大量降低二氧化硫的排放量，同時，修正案建立起一個讓發電廠可以交易二氧化硫排放權的制度。雖然一開始產業代表與環境保護者都對這個計畫深感懷疑，但經過一段時間之後，這個制度證明它可以有效降低汙染。汙染排放權現在跟矯正稅一樣，被大多數經濟學家認為是一個能以較低成本來維護環境品質的方式。

10-2d 對汙染之經濟分析的異議

「我們沒有辦法接受任何人有付費汙染的權利！」美國前參議員穆斯基（Edmund Muskie）此一聲明反映出一些環境保護者的看法。他們認為，享有乾淨的空氣和水是基本的人權，不應該被經濟術士所貶低；你們怎麼可以替乾淨的空氣和水訂一個價格？他們強調環境是多麼地重要，不管要付出多少代價，我們都應該盡力保護環境。

很多經濟學家本身也是環保人士，但他們也不贊同這樣的論點。對於經濟學家來說，一個好的環境政策必須先認同**經濟學十大原理**的第一則：人們面臨取捨。無疑地，乾淨的空氣和水是很重要的，但它們的價值必須與獲取它們的機會成本做比較；也就是說，人們願意放棄什麼來享有乾淨的空氣和水。消除所有的汙染是不可能的，試著去消除所有的汙染反而會使我們的生活水準降低。這是因為社會的資源是有限的，從而如果社會投入較多的資源在汙染減量上，則投入於

個案研究 — 氣候變遷與碳稅

科學家告訴我們，人為製造的碳排放是全球氣候變遷的一個原因，而對大自然與經濟造成多重不利的影響；這是負外部性的一個典型例子。

假設你關切這個問題，而想要減少你碳足跡，你會怎麼做？你可以

- 買一部油電混合車或電動汽車。
- 搭共乘車去上班。
- 更常使用大眾運輸工具。
- 換較小的房子。
- 在夏天與冬天，冷暖氣機的溫度不要調太低過太高。
- 在屋頂可以唱歌的地方裝太陽能板。
- 換更省電的家電。
- 多吃當地食材。
- 不再吃牛肉，因為牛打嗝和放屁會釋放溫室氣體甲烷。

現在你知道，我們每天所做的生活選擇或多或少都會影響碳排放量；雖然這些選擇是個人的，但其衝擊是全球的。

政策制定者的主要問題是如何確定人們會做出正確的選擇；此一選擇不單考量其行動對個人的影響，也考量外部性。總共有三種方法。

第一種方法是訴諸個人的社會責任感。有些人可能會因愛地球而願意減少他們的碳足跡，但預期大部分的人都會這樣做是不切實際的，因為生活是繁忙的，且人們有自己的優先處理事項，也不一定知道其行為可能會造成的全球性影響。

第二種方法是政府透過法規來影響人們的選擇。例如，我國的《空氣汙染防制法》，明訂各項空氣汙染物的排放標準與罰款金額，並隨車徵收燃料費（汽缸 cc 數愈大，燃料費愈高）。

但此一控管做法會面臨一些問題。其中之一是，它會製造消費者與生產者之間的緊張關係。

聽專家怎麼說 — 碳稅（Carbon Taxes）

「根據布魯克林研究院（Brookings Institution）的一份研究報告，如果美國課徵每噸 20 美元的碳稅，且每年調升 4%，估計會使聯邦稅收在未來的十年，每年都可以增加 1,500 億美元。相較於藉由調高所有勞動所得的邊際稅率而產生相同稅收的做法，此一碳稅對美國經濟所造成的淨扭曲較小。」

經濟學家這麼說：
- 0% 不同意
- 2% 不確定
- 98% 同意

「就減少二氧化碳的排放而言，對燃料課徵碳稅會比要求出廠汽車合乎平均油耗標準的政策來得經濟。」

經濟學家這麼說：
- 2% 同意
- 3% 不確定
- 95% 同意

「就落實氣候政策而言，碳稅優於總量管制。」

經濟學家這麼說：
- 0% 同意
- 21% 不確定
- 79% 同意

資料來源：IGM Economic Experts Panel, December 4, 2012, December 20, 2011, and November 13, 2018.

打個比方，它猶如政府要求成衣廠商製作較小號的衣服來治療肥胖症。

一個更重要的問題是，這些控管做法無法有廣泛的影響。政府可以管到汽車的廢氣排放量，但無法管到你住的地方離公司有多遠、你要不要搭共乘車去上班、你要不要吃在地食材……等。

所幸，還有第三種方法，且它可以有廣泛的影響——對碳排定價。政府可以直接課徵碳稅或創造一個可交易的污染排放權的「限額與交易」（cap-and-trade）制度。如果汽油、電力、牛肉等等的賣者知道他們必須為他們的產品的碳排付費，則此一費用會反映在他們的售價，從而對碳排定價會影響到消費者的選擇，進而影響到全球的碳排量與氣候變遷，亦即對碳排定價可以將外部性內部化。它在歐洲有相當的成效，但美國與臺灣尚未施行。

不過，如「聽專家怎麼說」專欄所顯示的，碳稅受到絕大多數美國經濟學家的認同。

食衣住行等項目之生產的資源勢必減少。你也可以從另一個角度來思考：你可以接受為了達成零空氣污染的目標，而沒有公車、機車、汽車、飛機、火車跟捷運嗎？（火車跟捷運會用到電，而發電很可能會產生空氣污染或其他污染。）

經濟學家認為，就是因為一些環保人士沒有從經濟學的角度來思考問題，反而無法有效率地達成環境保護目標。乾淨的環境也是一項正常財，從而富國對乾淨環境的需求會較窮國來得大，進而會有更嚴苛的環保標準。另外，跟其他商品一樣，乾淨的空氣和水也遵從需求法則：保護環境的代價愈低，民眾對環境保護的需求量就愈大。利用課徵矯正稅與交易污染排放權，可以降低環境保護的成本（就相同的污染減量而言，課稅與排放權下的污染減量總成本會低於管制下的），從而可以增加民眾對於乾淨環境的需求量。

我們在第 5 章曾利用圖 9 說明降低毒品使用的兩種方法：加強毒品查緝及反毒教育。我們只要把該圖橫軸的毒品數量這個變數改成污染數量，就可以理解不同環保政策的效果。環保署訂定更嚴格的排放標準並加強查緝，或提高矯正稅，或減少污染排放權數量，都會有相同於圖 9（a）中讓（污染）供給減少的效果[2]。而落實環保教育（如讓人們願意多消費碳足跡低的商品）則會有相同於圖 9（b）中讓（污染）需求減少的效果。如果連毒品都無法透過加強查緝而絕跡，那麼傷害性較毒品低的一般污染物，更不可能透過訂定更嚴格的排放標準並加強查緝而消失。所以，從經濟學家的角度來看，想要透過政府措施來達成零污

---

[2] 如上所述，污染供給曲線在課矯正稅時是水平的，在污染排放權交易制度下，則是垂直的。

染目標是不切實際的；反倒是思考如何確切落實環保教育，迫使廠商使用較乾淨的技術，亦即汙染減量邊際成本較低的技術，來生產可能會來得實在一點。

即席測驗

3. 假設生產某一商品會產生外部成本。如果政府對該商品課稅且單位稅額等於單位外部成本，則買者支付的價格會 _____，且結果變得較 _____ 效率。
   a. 上升，有　　　　b. 上升，無
   c. 下降，有　　　　d. 下降，無

4. 下列關於矯正稅的敘述何者是錯的？
   a. 經濟學家比較偏好矯正稅，而比較不偏好管制。
   b. 它會使政府收入增加。
   c. 它會使市場交易量下降。
   d. 它會造成無謂損失。

5. 政府拍賣 500 單位的汙染排放權，每單位拍賣價為 50 美元。這等同於對每單位的汙染課 _____ 美元的矯正稅。
   a. 10 美元　　　　b. 50 美元
   c. 450 美元　　　d. 500 美元

6. 命令與控管可能優於矯正稅，如果
   a. 矯正稅對不同產業有不同效果。
   b. 一些汙染者可以比其他汙染者以更低的成本來降低排放量。
   c. 負外部性高到最適排放量為零。
   d. 汙染減量成本資料難以取得。

（答案在章末）

10-3 外部性的私人解決方法

雖然外部性會造成市場無效率的結果，但並不是每一次都需要政府介入來解決問題。在某些情況下，人們會有私人的解決方法。

10-3a 私人解決方法的種類

有時外部性問題是藉由道德規範和社會制裁來解決的。例如，為什麼人們不亂丟垃圾？雖然有法律禁止亂丟垃圾，但這些法律並沒有被嚴格執行。大多數人不會亂丟垃圾是因為他們知道這樣做是錯的；大部分的小孩都會被教導：「己所不欲，勿施於人。」這個道德準則告訴我們要考慮到我們的行動會如何影響他人；以經濟學的術語來說，就是將外部性內部化。

另一個外部性的私人解決方法是辦公益事業，這些事業大多數是為了解決外部性而成立的。舉例來說，環保團體的目標是保護地球的自然生態環境；又例如，由於教育對社會具正外部性，許多大學院校會因為這樣而收到校友與企業的捐贈。政府透過慈善捐贈能抵扣所得稅來鼓勵人們用私人解決方法處理外部性問題。

CHAPTER 10 外部性

　　私人市場通常可以藉由關係人的自身利益來解決外部性問題，有時結果會以不同行業結合的形式出現。舉例來說，一個蘋果園跟一個養蜂場相鄰，二者都給予對方正外部性：蜜蜂傳播花粉，使果園可以生產蘋果，同時，蜜蜂可以從蘋果花上採到牠們釀造蜂蜜所需的花蜜。但是當果農跟蜂農在考慮要種多少蘋果樹和要養多少蜜蜂時，他們不會考慮這些正外部性，而導致果農種太少樹，且蜂農養太少蜜蜂的結果。這些外部性可以藉由果農購買蜂箱或是蜂農購買果園來將它內部化：種果樹與養蜜蜂這兩種行動可以由一個廠商完成，而這單一廠商可以選擇最適的果樹及蜜蜂數量。一些廠商之所以會同時參與不同的產業，就是要將外部效益內部化。

　　另一個由私人市場解決外部性的方法是，讓涉及外部問題的雙方簽訂契約。在前面的例子中，果農與蜂農簽約就可以解決數量過少的問題；契約中可以載明果樹的數量、蜜蜂的數量，以及一方支付給另一方的金額。如果可以訂出最適的果樹跟蜜蜂的數量，則契約可以解決因外部性無法內部化而產生的無效率問題，從而對雙方都有利。

10-3b 寇斯定理

　　私人市場解決外部性問題的有效性為何？一個依著名經濟學家羅納德·寇斯（Ronald Coase）命名的定理——**寇斯定理**，主張在某些情況下，私人市場解決外部性問題是非常有效的。根據寇斯定理，如果沒有交易成本，且私人之間可以協商資源的分配，則私人可以自行解決外部性問題，且可以使資源有效率地分配。

　　為了解寇斯定理如何運作，讓我們以下面的例子來說明。假設阿湯的狗叫做小花，小花喜歡吠叫而騷擾到阿湯的鄰居——妮可。阿湯養狗有好處，但那隻狗對妮可來說具負外部性。阿湯是否該把小花送到動物收容所？或者是妮可必須要因為忍受小花的吠叫而夜夜難眠？

　　首先，我們要考慮什麼樣的結果對社會而言是有效率的。一個社會計畫者在做選擇時會比較阿湯養狗的效益以及妮可忍受吠叫的成本。如果效益大於成本，那麼阿湯養狗就是有效率的；反之，若成本大於效益，則阿湯就應該把狗弄走。

　　根據寇斯定理，私人可以自行達成有效率的結果。如何達成？妮可可以開價請阿湯把狗弄走；如果開出的金額比阿湯養狗的效益還來得大，則阿湯將會接受這提議。

　　在討價還價當中，阿湯跟妮可通常可以達成一個有效率的結果。例如，假設現在阿湯養狗的好處價值 1,000 美元，且妮可忍受吠叫的成本是 1,500 美元。在此

寇斯定理
Coase theorem
如果沒有交易成本，且私人之間可以協商資源的分配，則私人可以自行解決外部性問題的主張

情況下，妮可可以開價 1,200 美元給阿湯請他把狗弄走，阿湯會欣然接受，從而對雙方都有利，且結果是有效率的。

也有可能妮可不願意付任何阿湯願意接受的金額。假設阿湯養狗的好處是 3,000 美元，而妮可的忍受成本是 1,500 美元。在此情況下，阿湯不會接受比 3,000 美元還低的金額，而妮可不會開比 1,500 美元還高的金額，雙方也就無法達成協議，阿湯還會繼續養狗。給定上述的成本與效益，這個結果也是有效率的，因為阿湯養狗的效益大於妮可的忍受成本。

到目前為止，我們假定阿湯有合法的權利飼養會叫的狗，換句話說，我們假定除非妮可願意付足夠的錢讓阿湯自願放棄狗，否則阿湯可以留著小花。但如果妮可有法定權利可以享受寧靜的生活，則結果會不會不同？

根據寇斯定理，最初權利如何分配與市場能否達成有效率的結果無關。例如，假設妮可可以強迫阿湯弄走那隻狗，雖然擁有這個權利可以讓妮可占上風，但不至於影響到結果。在此情況下，阿湯可以開價給妮可同意讓他留著狗；如果阿湯養狗的效益大於妮可的忍受成本，那麼雙方會達成讓阿湯養狗的協議。

雖然無論一開始權利是如何分配的，阿湯跟妮可都能夠自行達成有效率的結果，但權利的分配會決定經濟福祉的分配。到底是阿湯有養狗的權利還是妮可有享受寧靜的權利，會影響最後是誰要付錢給另一方；但無論如何，雙方可以透過協商來解決這個外部性問題。阿湯只有在養狗的效益大於妮可的忍受成本的情況下才能留住狗。

總結來說：寇斯定理說明了人們可能可以自行解決外部性問題。不管一開始的權利是如何分配的，涉及外部性問題的雙方永遠可以達成一個對雙方都有利，且結果是有效率的協議。

10-3c 為何私人解決方法不一定行得通

儘管寇斯定理有吸引人的邏輯，但獨立個體經常無法自行解決外部性問題。寇斯定理只能應用在涉及外部問題的雙方，在達成及執行協議時不會有問題的情況。在現實生活中，就算是對雙方都有利，協議仍不一定會成立。

有時候涉及外部問題的參與者無法解決外部性問題是因為**交易成本**，其為協議磋商與執行過程中產生的成本。以我們的例子來說，想像阿湯跟妮可講不同的語言，所以如要達成協議，他們必須要請一個翻譯。如果解決狗吠叫問題的淨效益低於請一個翻譯的成本，則阿湯跟妮可或許會選擇不去解決這個問題。以更實際一點的例子來說，交易成本不是請翻譯者的錢，而是請律師的費用。

交易成本
transaction costs
在協議磋商與執行過程中產生的成本

有些時候，協商就是會失敗。由戰爭與勞工罷工可以看得出來達成協議是很困難的，且協議沒達成可能會付出很高的代價。問題通常在於各方堅持一個更有利的交易。舉例來說，假設阿湯養狗的效益為 1,000 美元，且妮可的忍受成本為 1,500 美元。但阿湯可能要求 1,400 美元，而妮可只願意開價 1,100 美元。只要他們繼續討價還價，問題還是會持續存在。

如是我聞 活躍的寇斯定理

只要人們緊密接觸，就很容易出現外部性問題。

要我不斜躺？可以，看你願意出多少？
（Don't Want Me to Recline My Airline Seat? You Can Pay Me）

賈許·貝羅（Josh Barro）撰[1]

我經常搭飛機。當我搭飛機時，我會斜躺，我一點也不會有罪惡感；而且我會繼續這樣做，除非你付錢要我坐正。

我會提到這點，是因為最近一架從紐沃克飛往丹佛的聯合航空班機，有兩名乘客因椅背後仰問題而爭吵；後座男乘客頂住前方座椅，在空服員勸說無效後，前座女乘客憤而潑水。機長為了將這兩名旅客遣下飛機而中途降落芝加哥。

很明顯地，在飛機飛行中，朝人潑水是不當的行為。大多數人似乎較站在男乘客這邊，不過我認為，即使他無意挑起爭執，但他侵犯了女乘客的財產權。

當你買機票時，你也同時買到讓椅背後仰的權利，不然航空公司不會讓座椅有這項功能。如果那位男乘客非常不希望前座椅背後仰，那麼他應該付錢給那位女乘客，請她放棄她的那項權利。

這個案例其實是寇斯定理的一個絕佳案例。寇斯定理主張，只要交易成本夠低且財產權被明確定義，則不管一開始財產權如何分配，人們會交易該財產權，而使得它最後歸於最珍視它的人。以此例而言，我擁有斜躺的權利，且如果你不喜歡，那麼你可以付錢給我，要求我不要斜躺。相反地，如果後方乘客擁有前座椅背不後仰的權利且我真的很想斜躺，那麼，我可以付錢給他，請他讓我斜躺。在我搭幾百次飛機的經驗中，幾乎沒人跟我抱怨我斜躺，且沒有人要付錢給我，要求我坐正。如果我斜躺會造成後方乘客的痛苦，而讓他認為我很「機車」，那為什麼沒有人要付錢給我，要我不要斜躺？很多人抱怨前座椅背後仰，但如果他們真那麼在意，那應該有人會掏錢買前座椅背不後仰的權利。沒人掏錢，那就表示絕大多數人還是比較在意金錢，或覺得協商成本（交易成本）太高而不願協商。

討論題目

1. 你認為在飛機上給前座乘客一些錢，以請他不要將椅背後仰的做法可行嗎？為什麼？
2. 如果你在飛機上的後座乘客給你一些錢，而請你不要將椅背後仰，你會接受嗎？為什麼？

原文出處：*New York Times*, April 27, 2014.

---

[1] 原文經本書譯著者大幅改寫。

3. 酒的消費量愈大導致愈多的交通意外，而對滴酒不沾的駕駛人形成外部成本。
   a. 畫圖說明酒市場，標出需求曲線、社會價值曲線、供給曲線、社會成本曲線、市場均衡產量與效率產量。
   b. 在你的圖上，標出市場均衡下的無謂損失，並說明之。

4. 有些人認為我們社會的汙染水準過高。
   a. 假設社會希望減少整體的汙染量。為何要求不同廠商減少不同的汙染量是有效率的？
   b. 命令與控管政策通常要求不同廠商減少相同的汙染量。有些廠商理應減少較多的汙染，為何這個政策通常無法達成這個目標？
   c. 經濟學家認為適當的矯正稅或可交易的汙染排放權能夠使汙染有效地降低。這些方法如何鎖定那些應該承擔更大汙染減量的廠商？

5. 梅村的村民都喜歡喝梅酒。他們每一個人對梅酒的需求表如下：

第一瓶	5 美元
第二瓶	4
第三瓶	3
第四瓶	2
第五瓶	1
以上	0

   a. 每一瓶梅酒的生產成本為 1.5 美元，且眾多生產者以此價格銷售（市場供給曲線為一水平線）。每位村民的消費量為何？消費者剩餘又為何？
   b. 生產梅酒會製造汙染，且每一瓶會產生 1 美元的外部成本。在此情況下，(a) 小題中的每位村民的福利水準（消費者剩餘減去他所承受的外部成本）為何？
   c. 阿桃是梅村的一位村民，她決定少喝一瓶梅酒。她的福利水準會如何變動？整村的福利水準又會如何變動？
   d. 假設村長決定對每一瓶梅酒課 1 美元的稅。在此情況下，每位村民的消費量為何？計算每位村民的消費者剩餘、所承受的外部成本、所繳的稅，與福利水準。
   e. 根據你的計算結果，你會支持村長的決定嗎？

6. 勞萊喜歡大聲地彈奏搖滾樂，哈台則喜歡聽歌劇並討厭搖滾樂。不幸地，兩人在一棟牆壁如紙一樣薄的公寓相鄰而居。
   a. 這裡的外部性為何？
   b. 房東可能實施什麼樣的命令與控管政策？這樣的政策是否會導致無效率的結果？
   c. 假設房東讓房客為所欲為。根據寇斯定理，勞萊與哈台可能會如何自行達成有效率的結果？什麼會阻止他們達成有效率的結果？

7. 圖 4 顯示，給定任何汙染權需求曲線，政府可以藉由訂定矯正稅或是汙染排放權的數量來達成相同結果。假設現在汙染防治技術有顯著進步。
   a. 利用類似圖 4 的圖，說明這項發展對汙染權需求的影響。
   b. 說明在矯正稅與汙染排放權制度下，這項發展對汙染價格和數量會有什麼

影響。

8. 假設政府決定要對某種特定的汙染發行可交易的汙染排放權。
   a. 就經濟效率而言，政府採分配或拍賣這些排放權是否有差？
   b. 如果政府決定要分配這些排放權，則廠商之間排放權的分配是否會影響效率的達成？

9. 以下是三個廠商的汙染減量成本資料：

廠商	最初汙染水準	減少 1 單位汙染的成本
A	30 單位	$20
B	40 單位	$30
C	20 單位	$10

政府希望能夠將汙染降到 60 單位，所以政府提供每個廠商 20 單位可交易的汙染排放權。
   a. 誰會賣排放權且賣多少單位？誰會買排放權且買多少單位？簡短地說明為何買家與賣家會這樣做。在此情況下，汙染減量的總成本是多少？
   b. 如果排放權不能交易，那麼汙染減量的總成本會高多少？

10. 某商品的市場需求與供給如下：
    需求：$Q^D = 100 - 5P$
    供給：$Q^S = 5P$
    其中 Q 為商品的數量，P 為商品的價格。

    a. 計算均衡價格與數量。計算市場均衡下的消費者剩餘、生產者剩餘與總剩餘。
    b. 假設每單位的產量會釋放出 4 單位的汙染，且每單位的汙染會對社會產生 1 美元的成本。計算市場均衡下的汙染總成本及考慮汙染後的社會總剩餘。
    c. 禁止該商品的生產會使社會福利增加還是減少？
    d. 假設政府將因生產該商品所產生的汙染量限制為 100 單位。畫出在此一限制下的市場圖形，並計算新的均衡價格與數量，且將它們標示在你的圖形上。計算此一限制對消費者剩餘、生產者剩餘與汙染成本的影響。你贊成這樣的限制嗎？為什麼？
    e. 假設政府現在不對汙染量設限，而是對每單位的產量課 4 美元的稅。計算新的均衡價格與數量，以及消費者剩餘、生產者剩餘、稅收與汙染成本。此時的總剩餘為何？你贊成這樣的限制嗎？為什麼？
    f. 假設新的研究發現，每單位的汙染對社會產生的成本超過 1 美元。此一發現會如何影響最適稅額？當每單位的汙染對社會產生的成本超過多少美元時，政府應禁止該商品的生產？

即席測驗答案

1. c 2. b 3. a 4. d 5. b 6. c 7. a 8. c

Chapter 11
公共財與公有資源

有一首老歌的歌詞這樣寫道:「生命中最美好的事物是免費的。」("The best things in life are free.")會寫出這樣的歌詞表示作詞人的腦海中可能有一長串的免費物品清單。大自然提供其中的一部分,如河流、山嶽、海灘、湖泊與海洋。而政府也提供一部分,如遊樂場、公園與國慶煙火。就這些物品而言,人們不必為享受它們而付出任何費用。

免費的物品對經濟分析而言是一個特別的挑戰。經濟體系中的大多數物品在市場進行分配;買者付錢買他們想買的商品,而賣者可以從他們所提供的商品賺取收益。就這些商品而言,買者跟賣者根據價格做決策,而他們的決策也造就出有效率的資源配置結果。不過,當物品可以免費取用時,這些清晰的市場訊號就不見了。

在這一章，我們檢視經濟體系在分配那些沒有市場價格的物品時所發生的問題。我們的分析將闡明**經濟學十大原理之一**：政府有時可以改善市場結果。當一項物品沒有價格時，市場將無法確保該物品的產量與消費量是適當的。在此情況下，政府可能可以矯正此一市場失靈，而使經濟福祉得以提升。

11-1 不同的物品種類

就提供人們想要的物品而言，市場可以發揮多大的作用？這個問題的答案決定於物品的種類。我們在第 4 與第 7 章曾以冰淇淋為例說明，冰淇淋的價格會調整至使供需達成平衡的水準，且在均衡數量下，消費者剩餘與生產者剩餘的總和達到最大。但我們在第 10 章也提到，我們無法依靠市場來阻止廠商汙染我們呼吸的空氣：市場中的買者與賣者通常不會考慮他們決策的外部影響。所以，像冰淇淋之類的商品，市場能有效率地運作；但是當物品換成乾淨的空氣時，市場就無法有效率地運作了。

在考慮經濟體系中的各式各樣的物品時，可以依照以下兩種特性將物品分類：

- **排他性**。如果可以阻止他人使用一項物品，則這項物品具排他性。如果無法阻止他人使用它，則它不具排他性。

> **排他性**
> excludability
> 能夠阻止某人使用某項物品的特性

- **消費互斥性**。如果在一個人使用一項物品後，其他人就無法消費或其消費的滿足水準會降低，則這項物品具消費互斥性。如果在一個人使用它之後，其他人還是可以消費或其消費的滿足水準不會降低，則它不具消費互斥性。

> **消費互斥性**
> rivalry in consumption
> 一個人使用這項物品後，其他人就無法消費或其消費的滿足水準會降低的特性

根據以上兩項特性，圖 1 將物品分成四類：

1. **私有財**同時具有排他性及互斥性。以冰淇淋為例，冰淇淋具有排他性，因為只要你不將它給別人，就沒有人能夠吃到它。而它同時具有互斥性，因為如果有人吃掉了一個冰淇淋，則其他人就無法再去吃同一個冰淇淋。

   經濟體系中大多數的物品就跟冰淇淋一樣是私有財：要得到需先付費，而當你得到之後，你是唯一的享用者。當我們在第 4、5、6 章分析供給與需求，以及在第 7、8、9 章分析市場效率時，背後的假設是：物品同時具有排他性及互斥性。

> **私有財**
> private goods
> 具有排他性及互斥性的物品

2. **公共財**沒有排他性也不具有互斥性。也就是說，我們沒有辦法阻止任何人消費公共財，而且某個人的消費不會降低另一個人其消費的滿足水準。

> **公共財**
> public goods
> 不具有排他性及互斥性的物品

CHAPTER 11 公共財與公有資源

圖 1　物品的四個種類

	具有消費互斥性？ 是	具有消費互斥性？ 否
具有排他性？ 是	私有財 ・冰淇淋 ・衣服 ・壅塞的收費道路	俱樂部物品 ・空蕩的戲院 ・衛星電視 ・不壅塞的收費道路
具有排他性？ 否	公有資源 ・海裡的魚 ・自然環境 ・壅塞的普通道路	公共財 ・龍捲風警報 ・國防 ・不壅塞的普通道路

物品可以根據以下兩個問題分成四類：（1）這個物品是否具有**排他性**？（2）這個物品是否具有**消費互斥性**？本圖舉出四類物品的例子。

舉例來說，小鎮的龍捲風警報是一項公共財。只要警報響起，每個人都聽得到，因此，它不具有排他性；而且，當某個人因聽到警報而獲益時，並不會降低其他人聽到警報的獲益，因此，它不具有互斥性。

3. **公有資源**具互斥性但不具有排他性。例如，海裡的魚有互斥性：當某個人捕魚之後，對下一個漁夫而言，海裡可以捕的魚變少了。但這些魚不具有排他性，因為沒有任何一個漁夫能夠阻止其他漁夫捕魚。

4. **俱樂部物品**（又稱**準公共財**）具有排他性但不具有互斥性，如有線電視。由於有線電視必須付費才能收看，所以具有排他性；但有線電視的收視品質不會因裝有線電視的戶數增加而降低，所以沒有互斥性。又例如，高爾夫球俱樂部，你必須繳費成為會員才能進球場，所以具有排他性；但由於會員人數有限，你的打球樂趣不會受到干擾，所以沒有互斥性。

在本章，我們會詳細檢視不具排他性的物品：公共財以及公有資源。因為我們沒有辦法阻止人們消費這些物品，所以每個人都可以免費使用它們。公共財與公有資源的研究與外部性的研究息息相關；這兩類物品之所以會有外部性，是因為某些有價值的東西無法訂價。如果有人提供了公共財，如龍捲風警報，則其他人會變得更好，但他們不需付費即能獲得好處──正外部性。同樣地，如果有人使用了公有資源，如海中的魚，魚的數量變少就會對其他漁夫不利。他們承擔了損失但卻沒有得到補償──負外部性。因為這些外部效果，私人的消費與生產決

公有資源
common resources
有互斥性但不具有排他性的物品

俱樂部物品
club goods
有排他性但不具互斥性的物品

策可能導致一個無效率的資源配置結果，從而產生政府的政策能否改善以及如何改善此一結果的問題。

即席測驗

1. 下列哪些類商品具排他性？
   a. 私有財與俱樂部財貨。
   b. 私有財與公有資源。
   c. 公共財與俱樂部財貨。
   d. 公共財與公有資源。

2. 下列哪些類商品具消費互斥性？
   a. 私有財與俱樂部財貨。
   b. 私有財與公有資源。
   c. 公共財與俱樂部財貨。
   d. 公共財與公有資源。

（答案在章末）

11-2 公共財

為了解公共財與其他物品的差別，以及公共財的可能問題，我們以國慶煙火表演為例。煙火表演不具有排他性，因為你無法阻止其他人看煙火。它同時也不具有互斥性，因為某個人享受煙火表演不會降低另一個人看煙火的享受程度。

11-2a 搭便車問題

美國小鎮的人們喜歡在國慶日看煙火表演。假設小鎮有 500 位居民，且每位居民願意付 10 美元看煙火表演，而放煙火的成本是 1,000 美元，因此總收入 5,000 美元會大於放煙火的成本。所以，在獨立紀念日放煙火對小鎮居民而言是有效率的。

私人市場是否能夠達成這個有效率的結果？可能不會。假設小鎮裡的一位企業家——阿倫——決定要放煙火。他一定會有門票銷售的問題，因為他的可能客戶很快就會知道就算不買票還是一樣可以觀賞到煙火。因為煙火不具有排他性，所以人們就會有想搭便車的動機。一個**搭便車者**是不付費卻可以享受到利益的人。因為人都會有當搭便車者而不是付費者的動機，所以市場無法達成有效率的結果。

搭便車者
free rider
不付費卻可以享受到利益的人

之所以會有這樣的市場失靈是因為外部性的關係。如果阿倫上演這場煙火秀，則他會為那些不付費卻能觀賞到的人帶來外部效益。當阿倫在決定是否要上演這場煙火秀時，他只會考慮他會不會獲利，而不會考慮這個外部效益。即使煙火秀是社會嚮往的，但阿倫並無法獲利，因此，阿倫會做出一個合理但無效率的決策，那就是不上演煙火秀。

儘管私人市場不會提供小鎮居民想要的煙火秀，但小鎮解決問題的方案卻很明顯：地方政府可以贊助國慶日的慶祝活動。地方議會可以對每個人加徵 2 美元的稅金，然後用這些收入僱用阿倫去上演這場煙火秀。小鎮中的每個居民都可以有 8 美元的剩餘——煙火秀的價值 10 美元減去稅金 2 美元。阿倫可以把自己當成一個公家約聘人員來協助小鎮達成有效率的結果。

雖然這是一個簡化的故事，但也很真實。實際上，很多美國地方政府會付費舉辦國慶日的煙火秀。同時，這個故事告訴我們：由於公共財具有非排他性，從而搭便車的問題讓社會無法透過市場提供公共財。不過，政府可能可以補救這個問題。如果政府認為提供公共財的總效益高於它的成本，則政府可以利用稅收來提供公共財，而使所有人獲益。

11-2b 一些重要的公共財

公共財有很多種，我們現在來看其中最重要的三種。

國防　保護國家不受外國侵略就是一種典型的公共財。國軍保護每一個國民，所以國防不具有排他性，也不具有互斥性。

國防也是最昂貴的公共財之一。在 2020 年，美國聯邦政府總共花費 8,860 億美元在國防上，每個美國人約分擔 2,682 美元[1]。人們對於這個金額是太高還是太低的看法分歧，但沒人會認為國家對國防的支出是不必要的。

基礎研究　研究創造知識。在評估與知識創造有關的公共政策時，區分出特殊的技術知識與一般知識是很重要的。特殊技術知識，例如，長時效電池的發明、更小的微晶片的發明，或更好的數位影音播放器的發明，可以取得專利權。專利權讓發明者擁有一段時間的專賣權，任何想要使用專利資訊的人必須付費給發明者；換句話說，專利權讓發明者所創造的新知識具有排他性。

相較之下，一般知識就是一種公共財。舉例來說，一個數學家不能就一個定理申請專利權。當一個定理被證明後，這個定理是沒有排他性的：它會進入大家都可以免費使用的社會知識庫中。該定理也不具有消費互斥性：某個人使用該定理不會影響到其他人的使用。

追求利潤的廠商可能會花大筆經費試圖發展出它們可以申請專利的新產品；但它們對於基礎研究的花費卻不多，因為它們會想搭一般知識發明的便車。因

---

[1] 我國 2022 年的國防預算約為 5,863 億元，平均每位國民約分攤 25,100 元（資料來源：《Newtalk 新聞》，2022 年 8 月 25 日）。

此，如果沒有相關的公共政策，則社會對於創造新知識所投入的資源會過少。

政府以不同的方式提供一般知識這項公共財。像美國的國家衛生研究院與國家科學基金會，以及我國行政院國科會，這樣的政府單位，對於醫學、數學、物理、化學、生物學，甚至經濟學等基礎研究都會提供補助。

消除貧窮　很多政府計畫是為了幫助窮人。政府的福利制度提供貧困家庭一些補助，政府也興建一般人比較負擔得起的國民住宅。這些消除貧窮計畫的經費來自於較富有的家庭所繳的稅。

經濟學家對政府在消除貧窮中所應扮演的角色意見紛歧。雖然我們會在第20章更深入探討，但是在這裡先提一個很重要的論點：反貧窮計畫的支持者主張，消除貧窮是一項公共財。每個人都樂見社會沒有貧窮，就如同每個人都樂見我們有足夠的國防一樣，所以消除貧窮不具有排他性，也不具有互斥性。因為這樣，大多數的人都想搭消除貧窮的便車：最好是由別人出錢出力。也因為有搭便車的問題，所以單靠私人慈善機構來消除貧窮通常不會成功，但政府可以解決這個問題。對富有的人課稅來提升窮人的生活水準可以讓每個人都變得更好：貧窮的

個案研究　燈塔是否是公共財？

有些物品可以隨著情況的不同而在公共財以及私有財之間轉換。譬如說，在某個居民很多的小鎮內施放煙火是一項公共財，但如果煙火是在像迪士尼的遊樂園裡施放，它就比較像是私有財，因為遊客要買門票。

另外一個例子就是燈塔。經濟學家長期以來都拿燈塔作為公共財的範例。燈塔標示出某個特定地點，所以經過的船可以避免觸礁。燈塔提供給船長的好處既不具有排他性，也不具有互斥性，所以每個船長都有不付費而利用燈塔航行的搭便車誘因。由於存在著搭便車的問題，私人市場通常無法提供船長需要的燈塔，因此，大多數的燈塔都是由政府經營的。

但是在一些情況下，燈塔會比較接近私有財。例如，在十九世紀，英國海岸有些燈塔是私人擁有及營運的。燈塔的主人對附近港口的擁有者收取費用，而不是向船長們收費。如果港口負責人不付費，燈塔主人就會關掉燈塔，而船就會避開那個港口。

在判斷某項物品是否是公共財時，我們必須先決定誰是受益者以及這些受益者是否可以被排除在受益的行列之外。當受益者眾且無法排除任何受益者時，就會產生搭便車問題。如果燈塔可以讓很多船長受益，則它是公共財；而如果主要受益者是港口擁有者，則燈塔比較接近私有財。

人之所以會變得更好是因為他們的生活水準提高了,而富有的人之所以會變更好,是因為他們可以生活在一個比較沒有貧窮問題的社會中。

11-2c 成本效益分析的困難

到目前為止,我們看到政府因為私人市場無法自行產生一個有效率的結果而提供公共財。但政府決定必須介入只是其中的第一步,接下來,政府必須決定要提供哪些公共財以及提供多少數量。

假設政府正在考慮一項公共計畫,例如,興建一條公路。政府必須比較那些會使用公路的人其總效益與建造跟維護公路的總成本,來決定究竟該不該建這條公路。為了做這個決策,政府可能會僱用一群經濟學家及工程師來進行一項稱為**成本效益分析**的研究;其目標是計算出這項計畫為社會整體帶來的總成本及總效益。

成本效益分析者有一項很艱難的任務。由於大家可以免費使用公路,所以沒有一個可以用來評估公路價值的價格。如果利用問卷,則結果往往是不可靠的:那些會用到公路的人,為讓公路順利興建,所以會有誇大效益的動機;而那些會受到建公路影響的人,巴不得公路不要建,所以會有誇大成本的動機。

因此,有效率地提供公共財要比有效率地提供私有財來得困難。當私有財的買者進入市場時,他們所願意支付的價格反映出該物品對他們的價值;同時,賣者願意接受的價格反映出他們生產該物品的成本。當均衡達成時,資源的配置是有效率的,這是因為均衡反映出所有這些資訊。相形之下,在政府決定是否提供公共財時,成本效益分析並沒有提供可觀察的價格資訊。公共計畫的成本效益分析最多只是個粗略的估計結果而已。

成本效益分析
cost-benefit analysis
關於一項公共財的提供對社會的總成本與總效益之比較分析

個案研究 生命無價?

想像你是一個剛上任的市議員。都市計畫工程師提出一個計畫:在城裡某個只有「停」這個標誌的十字路口花 10,000 美元設紅綠燈。這個紅綠燈的效益就是提高安全性;工程師根據相似十字路口的資料估計,死亡車禍的機率將從 1.6% 降為 1.1%。你應不應該支持這個計畫?

要回答這個問題,你需要做成本效益分析。但你很快發現一個困難:成本與效益必須用同樣的單位來衡量才有意義。成本是用美元衡量的,但是效益——挽救一條生命的機率——沒有辦法直接用金錢衡量。為了做出決定,你必須給生命冠上一個金錢價值。

一開始,你可能會很認定生命是無價的,畢竟,有可能無論多少錢你都不願意放棄自己的生

命或是你愛的人的生命。這意味著生命是無價的。

就成本效益分析而言，這樣的答案會導致許多荒謬的結論。如果說生命真的是無價的，那麼我們應該要在每一個路口都安裝紅綠燈，我們也都應該開安裝最新安全設施的大車。但並不是每個路口都有紅綠燈，而有時候人們為了省錢會選擇沒有側邊氣囊的小車。在我們的公共及私人決策中，我們有時候會為了省錢而願意多冒一點生命危險；這似乎又意味著生命是有價的。

如果我們同意生命是有價的，那麼，我們要如何決定它的價值？法院在判決過失致死的賠償金額時，有時候會看那個人如果活著的時候總共還可以賺多少錢。經濟學家常常批評這種方法，因為它有退休或殘疾人士其生命沒有價值這樣的詭異意涵。

另一個評估生命價值比較好的方式是看一個人所要求的風險補償。舉例來說，摩天大樓的建築工人比在辦公室上班的人面臨更高的死亡風險。藉由比較高風險與低風險的工作的薪水，並考量教育、工作經驗及其他會影響薪水的因素後，經濟學家可以約略估算出人們對自己生命的評價。運用這項方法的研究指出，一條人命的價值大約是 1,000 萬美元。

再回到原先的例子。紅綠燈的設置讓死亡車禍的機率降低 0.5%，所以設一個紅綠燈的預期效益是 0.005 乘上 1,000 萬美元，也就是 50,000 美元。這個預期效益高於 10,000 美元的成本，所以你應該支持這個計畫。

即席測驗

3. 下列何者是公共財？
   a. 自用住宅。
   b. 國防。
   c. 餐廳餐點。
   d. 海魚。
4. 公共財
   a. 可由市場有效率地供給。
   b. 在沒有政府介入時會供給不足。
   c. 在沒有政府介入時會被過度使用。
   d. 在沒有政府介入時會供過於求。
5. 鎮上的三位鎮民在考慮要不要舉辦需耗資 $120（平均每位 $40）的煙火表演；煙火表演對三名鎮民的價值分別為：阿珠：$80；阿花：$50；阿妹：−$30（她不喜歡煙火）。對此鎮而言，有效率的結果是
   a. 舉辦，因為對三名鎮民的價值的中位數超過平均每人成本。
   b. 舉辦，因為對大多數鎮民的價值超過平均每人成本。
   c. 舉辦，因為價值為正值的鎮民其總價值超過總成本。
   d. 不舉辦，因為對三位鎮民的總價值低於總成本。

（答案在章末）

11-3 公有資源

公有資源就跟公共財一樣不具有排他性；就想要使用的人而言，可以不必付費就可以使用。但公有資源與公共財不同的地方在於，公有資源具有消費互斥性。因此，公有資源產生一個新的問題：一旦這個物品被供應，政策制定者就必

須關注有多少數量被用掉。我們可以從一個古典的寓言——**草原的悲劇**——來了解這個問題。

11-3a 草原的悲劇

想像你是中世紀歐洲某一個小鎮的鎮民。小鎮的一個重要經濟活動是飼養綿羊。很多家庭都養有一群綿羊，並以賣羊毛維生。

我們的故事從這裡開始。綿羊大多的時間都在小鎮周遭的土地上吃草，我們稱它為小鎮公有地。沒有任何家庭擁有這些地，這些地是所有鎮民所共同擁有的，任何鎮民都可以放牧他們的綿羊在上面吃草。由於土地夠大，草也夠吃，所以小鎮公有地不具消費互斥性。鎮民的綿羊免費吃草不會產生任何問題，所有鎮民都很滿意。

隨著時間經過，小鎮的人口與在小鎮公有地吃草的綿羊數量都增加了。一塊面積固定的土地上有數量逐漸增加的綿羊，公有地遂開始喪失自我復原的能力；最後，綿羊大量吃草使得土地寸草不生。長不出草的土地是無法養羊的；小鎮曾經興旺的羊毛產業消失了，許多家庭失去了他們的生計來源。

是什麼造成這樣的悲劇？為什麼鎮民會讓綿羊總數增加到一個會毀掉公有地的水準？原因在於沒有任何一個家庭有降低綿羊數量的動機。本質上，草原的悲劇源自於外部性。當綿羊數量很大的時候，公有地上的草就具有消費互斥性：一群羊吃了某一片草之後，其他羊群所能吃的草就變少了。由於人們在考慮要養多少羊的時候，並不會考慮這個外部性問題，結果就是有超額數量的羊。

如果可以預知這個悲劇，則小鎮可以有很多方法解決這個問題。它可以規定每個家庭所能飼養的綿羊數量，或對綿羊課稅將外部成本內部化，或是拍賣限量的放牧許可證。也就是說，這個中世紀小鎮可以用現代人處理汙染問題的方法來解決過度放牧的問題。

不過，還有一種更簡單的解決方法。這個小鎮可以把公有地分配給鎮上的家庭，每個家庭可以將分配到的地用籬笆圍起來，以防止其他家庭的羊偷吃。這樣一來，土地變成私有財而不是公有資源。實際上，這樣的結果的確發生在十七世紀英國的圈地運動裡。

草原的悲劇這個故事告訴我們：當某個人使用公有資源時，他降低了其他人的使用效益。由於這個負外部性，公有資源通常會被過度使用。政府可以藉由管制或課稅，降低人們對公有資源的使用，來解決這個問題。政府的另一個選擇則是將公有資源轉換成私有財。

草原的悲劇
Tragedy of the Commons
闡述為何從整個社會的角度來看，公有資源會有被過度使用問題的寓言

這個教訓已經流傳了好幾千年。古希臘哲學家亞里斯多德就曾經指出公有資源的問題：「大多數人共有的東西不大會有人理，因為，相較於與別人一同共有的東西，所有人都會對自己擁有的東西更加重視。」

11-3b 一些重要的公有資源

公有資源的例子有很多，且幾乎都會發生與草原的悲劇相似的問題：私人決策者過度使用公有資源。政府通常藉由管制或收取費用來緩和過度使用的問題。

聽專家怎麼說

為壅塞訂價（Congestion Pricing）

「大體上，針對壅塞的交通網絡收取更高的壅塞費（如城市交通尖峰時刻更高的通行費，和飛機起降頻繁時段更高的起降費），並將收入用來調降其他稅額可提升市民的平均福祉。」

經濟學家這麼說：

0% 不同意　　2% 不確定
98% 同意

資料來源：IGM Economic Experts Panel, January 11, 2012.

乾淨的空氣和水　我們在第 10 章說明了市場無法充分保護環境。汙染是一種可以藉由管制或課矯正稅來補救的負外部性。我們可以把這樣的市場失靈看作是公有資源問題的例子。乾淨的空氣和水跟開放牧地一樣是公有資源，而過度汙染就像是過度放牧。環境惡化是現代版的草原悲劇。

壅塞的道路　道路可以是公共財，也可以是公有資源。如果路不壅塞，那麼，某個人的使用並不會影響到任何人。在此情況下，道路的使用不具有消費互斥性，從而道路是一項公共財。但如果路是壅塞的，那麼，使用這條道路就會產生負外部性。當多一個人在這條路上開車時，路會變得更壅塞，而導致其他人開得更慢。在此情況下，道路是一項公有資源。

一個可以解決道路壅塞問題的方法是對駕駛人收通行費。本質上，通行費是一種針對塞車外部性的矯正稅。不過，有時候收通行費會有執行上的困難，例如，市區道路；又例如，有時候塞車問題只會發生在一天當中的某個時段。如果一座橋只有在尖峰時間有塞車問題，那麼塞車的外部性在尖峰時間會比離峰時間來得大。解決這種外部性最有效率的方法是，在尖峰時間收取較高的通行費。這樣的通行費會讓司機有去使用其他替代道路的動機，因而可以降低尖峰時間的塞車程度。

前一章所討論過的對汽油課稅，是另一個可以解決塞車問題的方法。汽油是開車的互補品，汽油價格上漲會減少開車的需求量，因此，對汽油課稅可以降低道路壅塞。不過，汽油稅並不是一個完美的解決辦法，這是因為汽油稅還會影響人們的其他決策。例如，即使有些道路並沒有汽車壅塞的外部性，汽油稅也會讓

公共財與公有資源　CHAPTER 11

人們少開車。

魚、鯨魚和其他野生生物　很多種類的動物是公有資源。例如，大部分的魚跟鯨魚都有商業價值，任何人都可以去海上捕撈，也不大會管牠們以後是不是會絕種。就像過度放牧會摧毀小鎮公有地一樣，過度捕撈也會讓具有商業價值的海洋生物絕種。

海洋是管制最少的公有資源之一。有兩個因素讓問題不容易解決。第一，很多國家都有使用海洋的管道，所以任何解決方法都需要各個國家的通力合作，但每個國家有各自的立場。第二，由於海洋是這麼浩瀚，所以執行任何協議都很困難。因此，漁權糾紛往往成為國際關係緊張的原因。

在美國，有各式各樣的法律旨在保護魚和其他野生動物。例如，美國政府對捕魚及狩獵收執照費，並限定捕獵季節，且規定漁夫要將小魚放生，而獵人只能獵殺一定數量的動物。這些法律降低公有資源的使用而有助於維持動物的一定數量。

個案研究　為何牛沒有絕種？

在人類的歷史中，很多動物物種曾面臨絕種的威脅。當歐洲人踏上北美洲時，那時北美大陸有超過 6,000 萬頭的野牛。然而，野牛後來在十九世紀遭到大規模的獵殺；到 1900 年美國政府開始介入保護時，只剩下 400 隻。在現今的一些非洲國家，大象也因盜獵者獵取象牙而面臨類似的威脅。

不過，並不是所有具商業價值的動物都面臨這樣的威脅。例如，牛的商業價值高，但沒有人擔心牛會有絕種的問題。這是因為人類對牛肉的龐大需求讓牛得以繼續存活。

為何象牙的商業價值對大象構成威脅，而牛肉的商業價值保護著牛？其原因為大象是公有資源，而牛是私有財。大象自由地漫步在草原，並沒有任何主人，每一個盜獵者都有積極獵殺的強烈動機。相反地，牛被其主人細心呵護著，因為牛是他們的衣食父母。

境內有大象的非洲國家其政府對大象被獵殺的問題的解決之道有兩種。一些國家，像肯亞、坦尚尼亞和烏干達，就將獵殺大象和盜賣象牙定為非法行為。但這些法令執行困難，且執法當局跟盜獵者之間的戰爭愈演愈烈，同時，大象的數目也不斷地減少。相反地，其他國家，像波礼那、馬拉威、納米比亞和辛巴威，就允許人們宰殺其放牧的大象，而讓大象成為私有財。在此情況下，放牧者就有保育大象的動機，而大象的數目也開始增加。在私人所有權及利潤動機的保護傘之下，非洲大象可能有一天可以跟牛一樣，免於絕種的命運。

如是我聞：社群媒體如同一種公有資源

現代論壇面臨一個古典問題。

臉書面臨「草原的悲劇」
（Facebook faces the tragedy of the commons）

約翰・蓋伯（John Gapper）撰 [1]

要跟得上與臉書及推特有關的連串醜聞並不容易。從無意間幫到俄羅斯破壞美國的選舉，到被極端主義者與色情作品作者利用，它們的問題層出不窮。

每次醜聞發生的時候，就會出現要求社群媒體跟報社一樣，對其刊載的所有內容負責的聲音。每件醜聞都迫使它們提高「群體標準」（"community standards"）以及僱用更多的內容審查員。臉書計畫在 2018 年之前，擴編其「群體運作」部門（即其審查部門）至兩萬人。

臉書全球有多達 21 億的用戶，所以它也不能以它只是個一個平臺而免除其責任；相反地，其責任更重。

雖然社群媒體是私營的，但我們可以把俄羅斯的政治廣告、極端主義者的影片、假新聞等等看成公有資源的汙染者，亦即社群媒體面臨「草原的悲劇」。

於 1968 年提出該詞的美國生態學家與哲學家哈汀（Garrett Hardin）警告：「當社會中的每個成員都追求自身的最佳利益時，公有資源的不可排他性必然會產生悲劇。」

他舉的例子包括公有土地被過度放牧，以及工廠排放汙水、化學品與其他廢棄物。這些例子說明了理性的自利會讓公有資源變荒蕪或變髒。

社群媒體也面臨這樣的威脅。它們一開始就把自己定位成公有平臺，每個用戶可以發表自己的創作或分享照片，從而創造了網絡效應（network effect）：人們需要用臉書或其他社群媒體來交流。

但它們也吸引到一些利用自由資源來牟利或遂行不當動機的個人或團體。他們是電子公有平臺的汙染者；有了他們之後，罵客與酸民，如附骨之蛆，也跟著進來，就好像那些過度放牧者。

但這是無法避免的。YouTube 的公開與免費讓各式各樣的創意如雨後春筍般地出現，但也招來色情作品與恐怖主義的宣傳。

哈汀對公有平臺的前景感到悲觀，他認為沒有專門的解決之道，唯一的解方是社群媒體要對加入與用戶行為訂出更嚴格的規範。

社群媒體並沒有這樣做，它們渴望用人工智慧來篩選不當內容。YouTube 用演算法拒絕超過 75% 的極端主義影片；臉書現在也可以發現 99% 的 ISIS 與蓋達組織的素材。

但人工智慧並不是萬能的，當它可以排除所有的惡客時，創意也可能被扼殺。一個自由自在的公有平臺是極吸引人的，但烏托邦總是夢幻的。

討論題目

1. 在你使用社群媒體的經驗裡，是否曾需應付其他人的惡意行為？如果有的話，請舉例說明。這樣惡意行為是否具外部性？
2. 你認為社群媒體是否應規範用戶的行為？為什麼？

原文出處：*The Finacial Times*, November 29, 2017.

---

[1] 原文經本書譯著者大幅改寫。

即席測驗

6. 下列何者是公有資源？
   a. 自用住宅
   b. 國防
   c. 餐廳餐點
   d. 海魚
7. 公有資源
   a. 可由市場有效率地供給。
   b. 在沒有政府介入時會供給不足。
   c. 在沒有政府介入時會被過度使用。
   d. 在沒有政府介入時會供給過剩。
8. 國道 3 號只有在尖峰時間會堵塞。在非尖峰時間，國道 3 號不具 _____，從而從效率的角度來看，費率 _____。
   a. 排他性；應提高
   b. 排他性；應為零
   c. 消費互斥性；應提高
   d. 消費互斥性；應為零

（答案在章末）

11-4 結論

財產權的重要性

在本章及前一章，我們說明了市場有時無法充分提供一些「物品」。市場不能保證我們呼吸的空氣是乾淨的，也不能保證我們的國家不受外國侵略；這些市場無法保證的結果成為政府的任務。

雖然我們所探討的這些問題在許多不同的市場發生，但它們有一個共同點：市場之所以無法有效率地配置資源，是因為**財產權**不夠明確；也就是說，有些有價值的物品缺少一個有法定權利的所有人來控制它的數量。舉例來說，雖然沒有人會懷疑乾淨的空氣或國防這些「物品」的價值，但沒有人有權利訂定它們的價格並賺取利潤。廠商之所以會過度汙染，是因為沒有人對廠商所造成的汙染收費；而市場之所以不供應國防，是因為沒有人可以跟那些受到保護的人收費。

政府可以解決因財產權不夠明確而引起的市場失靈問題。一個解決辦法是，政府將財產權定義清楚，再讓市場發揮它的機能。例如，政府出售汙染排放權。其他的解決辦法還包括政府管制私人行為，像是限制打獵季節，以及由政府提供市場無法提供的物品，如國防。在所有情況中，如果政府有良好的計畫及執行力，則可以使資源的配置更有效率，從而社會福利水準得以提升。

摘要

- 物品會因為它們是否具有排他性及消費互斥性而有所不同。如果可以阻止某個人使用，則該物品具有排他性。如果某個人使用之後，其他人就無法使用或其使用的滿足水準會降低，則該物品具有消費互斥性。私有財同時具有排他性及消費互斥性，市場自由運作下的結果是最有效率的；其他物品的市場則無法跟私有財市場一樣有效率地運作。

- 公共財既不具有消費互斥性也不具有排他性。公共財的例子包括煙火表演、國防以及基本知識的創造。由於人們使用公共財不需付費，所以如果有人提供公共財，則人們會有搭便車的誘因。因此，政府提供公共財，並根據成本效益分析來決定供給數量。

- 公有資源具有消費互斥性但不具有排他性。例子包括公共牧地、乾淨的空氣以及壅塞的道路。由於人們使用公有資源不需付費，他們通常會過度使用，因此，政府會試圖限制公有資源的使用。

複習題

1. 說明一項物品具有「排他性」是什麼意思。說明一項物品具有「消費互斥性」是什麼意思。披薩有排他性嗎？它有消費互斥性嗎？
2. 定義公共財並舉例。私人市場會提供公共財嗎？請說明。
3. 何謂公共財的成本效益分析？為什麼它是重要的？為什麼它是困難的？
4. 定義公有資源並舉例。在政府不介入下，人們是否會過度使用這項物品？為什麼？

問題與應用

1. 考慮地方政府所提供的財貨與服務。
    a. 利用圖 1 的分類，說明以下的物品會屬於哪一種類型：
        - 治安
        - 抽水
        - 教育
        - 鄉間道路
        - 市區道路
    b. 你認為政府為什麼會提供不屬於公共財的物品？
2. 公共財以及公有資源都會涉及外部性。
    a. 公共財引起的外部性通常是正的還是負的？請舉例回答。自由市場的公共財數量通常會大於還是小於使社會福利水準達到最大的數量？
    b. 公有資源引起的外部性通常是正的或負的？請舉例回答。自由市場的公有資源使用數量通常會大於還是小於使社會福

利水準達到最大的數量？
3. 吝嗇阿強喜歡看公共電視，但他從沒有捐款給公視的意願。
   a. 經濟學家對吝嗇阿強給了一個什麼稱號？
   b. 政府可以如何解決因阿強這種人所造成的問題？
   c. 私人市場會如何解決這個問題？如果有有線電視，則情況會有何不同？
4. 某市的機場最近提供了免費無線上網服務。
   a. 一開始，只有少數人使用該項服務。此時，免費無線上網屬於何種物品？為什麼？
   b. 後來，由於愈來愈多人使用，所以上網速度變慢了。此時，免費無線上網屬於何種物品？為什麼？
   c. 在此情況下，可能會產生什麼問題？為什麼？其可能的解決之道為何？
5. 四個室友計畫週末要在宿舍裡看電影；現在他們在討論要看幾部電影。以下是他們對於每一部電影的支付意願。

	阿甘	阿丹	阿珠	阿花
第一部	$7	$5	$3	$2
第二部	6	4	2	1
第三部	5	3	1	0
第四部	4	2	0	0
第五部	3	1	0	0

   a. 在租屋客廳裡播放的電影是公共財嗎？為什麼？
   b. 假設租一部錄影帶要 8 美元。這群室友應該租幾部才能使總剩餘達到最大？
   c. 如果他們租了（b）小題中的最適數量錄影帶，且平均分攤租金，那麼每一個人從看電影所得到的消費者剩餘各是多少？
   d. 有沒有其他分攤費用的方法可以讓每個人都覺得划算？這種方法實際上會產生什麼問題？
   e. 假設所有人都事先同意選擇使總剩餘達到最大的數量且平均分攤費用。當阿甘被問到他的支付意願時，他是否會有說實話的誘因？如果有，為什麼？如果沒有，他可能會怎麼說？
   f. 就公共財的最適供給量而言，這個例子給了你什麼啟示？
6. 有些經濟學家認為民間廠商進行的基礎科學研究低於最適水準。
   a. 何以如此？基礎科學研究屬於圖 1 中的哪一類物品？
   b. 針對這個問題，美國政府採取什麼樣的政策？
   c. 有些人認為這樣的政策提升了美國廠商相對於外國廠商的競爭力。如果真的有這樣的效果，則此一論點是否與你（a）小題的答案一致？
7. 甲與乙兩市，每市各有三名市民，且正在決定要不要舉辦需耗資 $360 的元旦煙火表演；每位市民對煙火表演有不同的喜歡程度。
   a. 煙火表演對甲市三名市民的價值如下：
   阿珠：$50
   阿花：$100
   阿妹：$300

甲市是否會通過煙火表演的成本效益分析？試說明之。

b. 甲市市長提議透過多數決來決定，且一旦公投通過，煙火表演經費由三名市民平均分攤。誰會投贊成票？誰會投反對票？公投結果是否會跟成本效益分析結果一致？

c. 煙火表演對乙市三名市民的價值如下：
   阿甘：$20
   阿丹：$140
   阿國：$160
   乙市是否會通過煙火表演的成本效益分析？試說明之。

d. 乙市市長也提議透過多數決來決定，且一旦公投通過，煙火表演經費由三名市民平均分攤。誰會投贊成票？誰會投反對票？公投結果是否會跟成本效益分析結果一致？

e. 以上兩市的例子對公共財供給的意涵為何？

8. 為什麼馬路上會有垃圾，但私人庭院卻沒有？

9. 華盛頓市的地鐵系統在尖峰時段的票價比其他時段還來得貴。為什麼會這樣？

10. 高所得者比低所得者願意付更多錢來避免死亡的風險。例如，他們願意花更多錢購買汽車安全配備。你認為用成本效益分析在評估公共計畫時是否應將此點納入考量？例如，有高所得市和低所得市在考慮安裝交通號誌。高所得市是否應該用更高的人命價值來做這項決定？為什麼？

即席測驗答案

1. a　2. b　3. b　4. b　5. d　6. d　7. c　8. d

Chapter 12
稅制的設計

美國 1920 年代惡名昭彰的黑社會頭目——「疤面煞星」卡彭（Al Capone）——從不曾因為他所犯下的罪行而入獄；不過，他最後還是因為逃稅而坐牢。他忘了富蘭克林（Ben Franklin）的名言：「這世界除了死亡跟稅之外，沒有一件事情是確定會發生的。」

富蘭克林在 1789 年說了這句名言；當時，美國人所繳的稅不到所得的 5%，且接下來的一百年也是如此。不過，現在就不是這樣子了：一般美國人所繳的稅，包括個人所得稅、企業所得稅、薪資稅、銷售稅和房地產稅，加起來超過他的所得的四分之一。在很多歐洲國家，這個比重甚至更高。

如果人民指望政府提供各式各樣的商品與服務，那麼稅就不可避免了。前兩章說明了**經濟學十大原理**之一：政府有時可以改善市場結果。當政府矯正外部性（如空氣汙染），提供公共財（如國防），或管制公有資源的使用（如在公有湖捕魚）時，可以提高經濟福祉。但巧婦難為無米之炊，政府為了做這些事和很多其他的事，它需要藉由課稅來取得經費。

我們在先前的章節曾說明，對商品課稅會如何影響該商品的供給與需求。在第 6 章，我們看到稅會降低市場的銷售數量；我們也看到稅是由買者與賣者共同負擔，負擔的比例決定於供給與需求的彈性。在第 8 章，我們看到稅如何影響經濟福祉。我們學到課稅會造成**無謂損失**：課稅所造成的消費者剩餘與生產者剩餘的減少，大於政府所增加的收入。不過，我們在第 10 章也提到，課稅可以讓外部性內部化而矯正市場失靈，從而可以提升效率。

在本章，我們以這些內容為基礎，探討稅制的設計。我們先說明課稅的一些基本原理。大多數人同意，稅制應該合乎**效率**與**公平**；但我們會接著說明，達成目標遠比宣示目標要困難多了。

12-1 稅與效率

課稅的目的很明顯，就是要替政府徵得所需收入。但稅有不同的形式，當政策制定者在設計稅制時，他須同時考量兩個目標：效率與公平。

就相同的納稅金額而言，如果納稅人在某一個稅制下的納稅成本比在另一個稅制下來得小，我們稱這個稅制是比較有效率的。而納稅成本包括哪些呢？對納稅人來說，最直接的成本就是稅本身。但政府課稅也會給納稅人帶來另外兩項成本：

- 因稅扭曲了我們的決策而造成的無謂損失。
- 因納稅手續繁瑣而耗費的資源。

這兩種成本是不可避免的。一個有效率的稅制會盡量降低這兩種成本。

12-1a 無謂損失

經濟學十大原理之一是：人們的行為隨誘因起舞；這包括稅制所帶來的誘因。如果政府對冰淇淋課稅，那麼人們會少吃冰淇淋。如果政府對房屋課稅，那麼人們會住比較小的房子，並把比較多的所得花費在其他東西上。如果政府對勞動所得課稅，那麼人們通常會少工作而享受更多的休閒。

CHAPTER 12 稅制的設計

因為稅會扭曲誘因，所以會造成無謂損失。如同我們在第 8 章所討論過的，稅的無謂損失是買者與賣者合起來的總剩餘因政府課稅而下降的幅度超出政府收入增加的部分。課稅之所以會造成社會有無謂損失這樣的無效率結果，是因為人民根據稅所帶來的誘因進行資源配置，而不是根據買賣商品與服務的真正效益與成本。

我們用下面的例子來複習一下何以課稅會造成無謂損失。假設勞萊願意花 16 美元買一個披薩，而哈台願意花 12 美元買一個披薩。如果披薩沒有被課稅，那麼披薩的價格反映它的製造成本。再假設披薩的供給是完全有彈性的（從而生產者剩餘為零）且價格是 10 美元，所以勞萊跟哈台兩個人都會各買一個披薩。兩個消費者都會有消費者剩餘；勞萊的消費者剩餘是 6 美元，哈台的消費者剩餘是 2 美元，消費者總剩餘是 8 美元。

現在假設政府對披薩課了 4 美元的稅，所以披薩的價錢漲到 14 美元。勞萊還是會買披薩，但是他的消費者剩餘剩下 2 美元。哈台則決定不買披薩，因為披薩的售價比他所願意付的價格還高。政府得到的稅收是從勞萊購買的披薩所課得的

個案研究　該對所得還是對消費課稅？

當稅誘使人們改變他們的行為時（如哈台決定不買披薩），稅會造成無謂損失並使資源的配置無效率。政府的稅收大部分是來自於個人所得稅。在第 8 章的個案研究中，我們討論了個人所得稅如何降低人們努力工作的意願。此稅所造成的另一個無效率是它會使人們的儲蓄意願降低。

假設一個 25 歲的人在考慮儲蓄 1,000 美元。如果他將這筆錢存年利率 6% 的存款，那麼，當他在 65 歲退休時，他將能得到 10,286 美元。但如果政府對他的利息收入每年課四分之一的稅，則他的稅後利率只剩下 4.5%；四十年之後，1,000 美元只變成 5,816 美元，只有不課稅下所能得到的金額的 43%。因此，由於利息收入被課稅，所以人們的儲蓄意願會降低。

有些經濟學家提倡藉由改變稅基來消除現今稅制對儲蓄的抑制效果；政府應該對人們的消費課稅，而不是對人們的所得課稅。在這項提議當中，所有被儲蓄下來的所得應該是在未來花用的時候才要被課稅。這個稅制稱為**消費稅**（consumption tax），它並不會扭曲人們的儲蓄決策。

歐洲國家比美國更仰賴消費稅。加值稅（value-added tax，簡稱 VAT）是大多數歐洲國家其政府收入的主要來源。加值稅就像美國很多州會課的銷售稅；加值稅的稅基是商品各個生產階段的附加價值，而銷售稅的稅基是商品在零售階段的銷售金額。

很多經濟學家相信，從促進經濟成長的角度來看，消費稅優於所得稅，因為消費稅可以鼓勵儲蓄，而有助於投資與經濟成長。不過，可以想像的，要將現今以所得稅為主的稅制變成以消費稅為主的稅制，將產生一連串極具挑戰性的變革爭議。

4美元。消費者總剩餘減少了 6 美元（從 8 美元降為 2 美元）。因為總剩餘下降的金額比稅收還多，所以這個稅造成無謂損失。在這個例子，無謂損失是 2 美元。

此時的無謂損失並不是來自於購買披薩的勞萊，而是來自於沒有購買披薩的哈台。勞萊的消費者剩餘所減少的 4 美元剛好抵銷政府所得到的稅收。之所以會有無謂損失是因為課稅使哈台改變了他的行為。當課稅造成披薩價格上漲時，哈台的情況變差了，因此，哈台福利減少的部分就是課稅所造成的無謂損失。

最後，回想一下，並不是所有會改變誘因的稅都會造成無謂損失。如同我們在第 10 章所看到的，當外部性存在時，讓市場自由運作會導致無效率的結果，從而適當的稅可以矯正此一問題。例如，如果披薩飄散的香味會讓路過的人受不了，則對披薩課稅可以提升效率。矯正稅也會增加稅收，而減少課稅所造成的無謂損失。

12-1b 因納稅手續繁瑣而耗費的資源

如果你在 5 月 31 日問一個納稅人對於稅制的意見，你可能會聽到他抱怨申報所得稅是多麼地令人頭痛。因納稅手續繁瑣而耗費的資源，是任何稅制所產生的無效率的一部分。這項成本不只包括在報稅時花在申報的時間，也包括整年度花在記錄與納稅有關事項的時間，以及政府因執行稅法所耗費的資源。

很多納稅人，尤其是那些應稅所得較高的人，會僱用稅務律師以及會計師來協助他們處理稅務問題。這些嫻熟複雜稅法的專家們替他們的顧客填寫稅單，並且協助顧客降低應納稅額。這樣的行為是合法的避稅，不同於違法的逃稅。

稅制的批評者說，這些顧問利用一些法律漏洞來協助顧客少繳稅。有些法律漏洞是立法機關的過錯：可能是模稜兩可的規定或是稅法的疏忽，更多時候是因為國會選擇對一些特定行為給予特別待遇。例如，美國聯邦稅法給予市政債券的投資者優惠待遇，因為國會希望讓州政府及地方政府能夠更容易籌資。在某些程度上，這樣的規定有利於高收入的納稅人。制定稅法的國會議員也了解大部分的法律漏洞，但對某些納稅人而言是法律漏洞的稅法規定，對其他納稅人而言可能只是合法的減稅管道。

因遵守稅法而耗費的資源是一種無謂損失。雖然納稅者繳納的稅金成為政府的收入，但納稅者還花費時間和金錢在處理文件、計算及避稅上。

雖然這些成本可以藉由簡化稅法來降低，但簡化稅法有其政治上的困難。多數人都想透過消除有利於其他人的法律漏洞來簡化稅法，但只有少數人願意放棄有利於自己的法律漏洞。到最後，稅法之所以會這麼複雜，是因為納稅人為自己

的特殊利益去遊說立法者。

12-1c 邊際稅率與平均稅率

經濟學家在討論所得稅的效率與公平時，會區分稅率的兩個概念：平均與邊際。**平均稅率**是總稅額除以總所得；**邊際稅率**是每增加一元所得所需多付的稅。

假設政府對於前 50,000 美元的所得課 20% 的稅，對於高於 50,000 美元的其他所得課 50% 的稅。一個收入 60,000 美元的人在這樣的稅率下所付的稅是 15,000 美元：前 50,000 美元的 20%（0.2×50,000 美元＝10,000 美元），加上剩下的 10,000 美元的 50%（0.5×10,000 美元＝5,000 美元）。這個人的平均稅率是 15,000 美元／60,000 美元，也就是 25%，但是他的邊際稅率是 50%。這個納稅人所多的每一美元的所得，都將適用 50% 的稅率，從而他應繳給政府的稅多了 0.5 美元。

> **平均稅率**
> average tax rate
> 總稅額除以總所得

> **邊際稅率**
> marginal tax rate
> 每增加一元所得所需多付的稅

邊際稅率及平均稅率各包含了有用的資訊。如果我們想要知道納稅人所付出的犧牲，用平均稅率來估計會比較適當，因為它衡量的是所得中付稅的比例。如果我們想要知道稅制對誘因的扭曲程度，那麼考慮邊際稅率會比較有意義。**經濟學十大原理**之一是：理性的人們進行邊際思考。這個原理的一個應用是，邊際稅率衡量稅制對於人們的工作意願的影響。如果你在考慮要多加幾個小時的班，那麼邊際稅率將決定你的加班費會被政府拿走多少。所以，是邊際稅率決定所得稅的無謂損失。

> **聽專家怎麼說**
> **最高邊際稅率**
> （Top Marginal Tax Rates）
>
> 「將聯邦薪資所得稅的最高稅率提高到 70%，在其他條件不變下，可以大幅增加稅收（聯邦與州，合計），且不會降低經濟活動。」
>
> 經濟學家這麼說：
>
> - 63% 不同意
> - 21% 同意
> - 16% 不確定
>
> 資料來源：IGM Economic Experts Panel, January 16, 2019.

12-1d 定額稅

假設政府對於每個人課 8,000 美元的稅，所以，不管每個人的所得是多少，大家都要繳給政府相同金額的稅。這樣的稅我們稱為**定額稅**。

定額稅可以清楚顯示出平均稅率與邊際稅率的不同。對一個所得是 40,000 美元的納稅人來說，8,000 美元的定額稅意味著平均稅率是 20%。對一個所得 80,000 美元的納稅人來說，8,000 美元的定額稅意味著平均稅率是 10%。對這兩個人來說，邊際稅率都是零，因為每一元額外所得都不會被課稅。

定額稅可能是最合乎效率的稅，這是因為個人的決策不會影響到應繳稅額，因此，稅不會扭曲誘因，從而不會造成無謂損失。也因為每個人可以很容易計算

> **定額稅**
> lump-sum tax
> 每個人的納稅金額都一樣的稅

出自己的應繳稅額,因此不需僱用稅務律師跟會計師。所以,就納稅人因繳稅而耗費的資源而言,定額稅可說是各稅中最低的。

如果定額稅這麼有效率,那麼,為什麼我們在現實世界中很少看到政府課徵定額稅?這是因為效率只是稅制的其中一個目標而已。定額稅會對有錢人跟窮人課相同金額的稅,大多數人認為這樣不公平。為了更了解稅制,我們必須探討稅制的另一個重要目標:公平。

即席測驗

1. 阿寬教鋼琴課,每小時的學費與機會成本分別是 60 美元與 50 美元。他有兩個學生——文青與文靜;她們每小時的支付意願分別是 70 美元與 90 美元。當政府對每小時的鋼琴課課徵 20 美元的稅且阿寬因此將每小時的學費提高為 80 美元時,無謂損失為 _____ 美元,政府稅收為 _____ 美元。
   a. 10,20
   b. 10,40
   c. 20,20
   d. 20,40
2. 假設所得的前 20,000 美元免稅,之後的每一美元的稅率為 25%。如果某人的所得為 50,000 美元,則其平均稅率為 _____ %,邊際稅率為 _____ %
   a. 15,25
   b. 25,15
   c. 25,30
   d. 30,25
3. 定額稅
   a. 其邊際稅率為零。
   b. 其平均稅率為零。
   c. 其稽徵成本高。
   d. 會造成大量無謂損失。

(答案在章末)

12-2 稅與公平

如果我們要仰賴政府提供一些我們想要的商品與服務,稅當然是不可避免的。在這一節,我們將探討稅制的公平性。稅的負擔應該如何分配給所有人?我們要如何評斷稅制是否公平?所有人都同意稅制應該要公平,但什麼是公平跟怎麼評斷稅制是否公平就會有很多不同意見。

12-2a 受益原則

受益原則是課稅原則之一,它講的是人們應該依照他們從政府服務所獲取的利益的多寡來付稅。這個原則試著讓公共財類似於私有財。一個很常看電影的人買電影票的總金額比一個很少看電影的人還多,這看起來是件很公平的事情。同樣地,一個從公共財得到較多利益的人應當要比得到較少利益的人付更多的稅。

受益原則
benefits principle
人們應該依照他們從政府服務所獲取的利益的多寡來付稅的主張

舉例來說，根據受益原則，汽油稅有時是很公平的。在美國某些州，汽油稅的收入是拿來興建及維護道路。因為消費汽油的人與使用道路的人是同一群人，所以用汽油稅來支付這項政府所提供的服務被視為一種公平的做法。

受益原則同樣可以用來說明為什麼有錢人應該要比窮人付更多的稅。答案很簡單，因為有錢人會從社會得到較多的利益。以警察抓竊賊為例，有錢人從治安得到較多的利益，所以根據受益原則，有錢人應該要比窮人付更多的稅來維持警力。同樣的說法也適用於許多其他的公共財，如消防、國防與司法制度。

受益原則也可以用來說明，為什麼有錢人應該要比中產階級付更多的稅作為政府消除貧窮計畫的經費來源。如同我們在第 11 章所說明的，人們更喜歡住在一個沒有貧窮的社會，這意味著消除貧窮計畫是一項公共財。從「高級社區」就可以知道，有錢人很不喜歡破敗的景象，因此，根據受益原則，他們應該被課更多的稅來支持這些計畫。

12-2b 支付能力原則

另一個評斷稅制是否公平的方式稱為**支付能力原則**。這個原則主張，應該依照一個人可以承擔多少稅負來決定該對他課多少稅。有人主張所有公民應該對政府付出「均等的犧牲」（equal sacrifice），此一主張有時被用來支持這個原則。不過，一個人的犧牲大小不能只看他繳了多少稅，還要看他的所得以及其他狀況。一個窮人繳 1,000 美元的稅也許比一個有錢人繳 10,000 美元的稅做出更大的犧牲。

支付能力原則下的公平概念有兩種：垂直公平與水平公平。**垂直公平**講的是，付稅能力愈高的人應該付更多的稅。**水平公平**講的是，付稅能力一樣的人應該付一樣多的稅。

垂直公平　如果以支付能力為標準來課稅，則富有的納稅人應該要比貧窮的納稅人付更多的稅；但應該要多付多少？很多稅制上的爭議源自於這個問題。

表 1 列出三種稅制。在這三個稅制下，所得較高的納稅人都付較多的稅。但

> **支付能力原則**
> ability-to-pay principle
> 應該依照一個人可以承擔多少稅負來決定該對他課多少稅的主張
>
> **垂直公平**
> vertical equity
> 付稅能力愈高的人應該付更多的稅的概念
>
> **水平公平**
> horizontal equity
> 付稅能力一樣的人應該付一樣多的稅的概念

表 1　三種稅制

	比例稅		累退稅		累進稅	
所得	稅額	占所得百分比	稅額	占所得百分比	稅額	占所得百分比
$ 50,000	$12,500	25%	$15,000	30%	$10,000	20%
100,000	25,000	25	25,000	25	25,000	25
200,000	50,000	25	40,000	20	60,000	30

比例稅
proportional tax
所有納稅人所付的稅占所得的比例都相同的稅

累退稅
regressive tax
高所得納稅人其所付的稅占所得的比例比低所得納稅人來得小的稅

累進稅
progressive tax
高所得納稅人其所付的稅占所得的比例比低所得納稅人來得大的稅

這些制度的不同點在於，稅額隨著所得提高而增加的速度不同。第一個制度稱為**比例稅**；在此稅制下，所有納稅人所付的稅占所得的比例都相同。第二個制度稱為**累退稅**；在此稅制下，雖然高所得納稅人所付的稅較多，但其所付的稅占所得的比例較小。第三個制度稱為**累進稅**；在此稅制下，高所得納稅人所付的稅占所得的比例較大。

在這三個稅制當中，哪一個是最公平的？我們並沒有明確的答案，也沒辦法靠經濟理論找出答案。如果你是高所得者，你會贊同累退稅；相反地，如果你是低所得者，你會支持累進稅。

水平公平　如果以支付能力為標準來課稅，則條件相似的納稅人其所付的稅額應該差不多。但怎樣才算條件相似？各個家庭在很多方面都不同；要評斷一個稅制是否合乎水平公平，我們要先決定哪些差異與家庭的支付能力有關，又有哪些差異與支付能力無關。

假設阿杰與阿倫兩個家庭各有 100,000 美元的所得。阿杰家裡沒有小孩，但阿杰有一個需要一年支付 30,000 美元醫藥費的疾病。阿倫的家庭成員都很健康，但他們有四個小孩，兩個在念大學，一年學費總共 60,000 美元。如果因為這兩個家庭有一樣的所得而讓他們付一樣的稅，這樣是否公平？還是讓阿杰家少繳一點所得稅讓他們可以付高額的醫療費比較公平？還是讓阿倫家少繳一點所得稅讓他們可以負擔得起高額的學費比較公平？

這些問題並沒有簡單的答案。實際上，大多數國家的所得稅都包含了很多特別條款，讓一些面對特殊情況的家庭可以少繳一點所得稅。如我國有薪資扣除額、教育扣除額、儲蓄扣除額，以及醫療與生育列舉扣除額……。

12-2c 稅負歸屬與稅負公平

稅負歸屬——誰承受稅的負擔（tax burden）的研究——是評估稅負公平的基礎。如同我們在第 6 章所說明的，那些收到政府稅單的人不見得就是負擔稅的人。因為稅會改變供給與需求，從而改變均衡價格，因此，稅除了會影響那些依稅法規定實際繳納的人之外，也會影響市場的其他參與者。在評斷任何稅的水平及垂直公平時，必須將這些間接影響納入考慮。

許多關於稅負公平的討論忽略了稅的間接影響，而且是以被經濟學家取笑為稅負歸屬的**捕蠅紙理論**（flypaper theory）為基礎。根據這個理論，稅的負擔，就像是捕蠅紙上的蒼蠅一樣，會黏在第一個降落的地方；但是這個假設很難令人信服。

舉例來說，一個沒有受過經濟學訓練的人或許會認為，對昂貴的毛皮大衣課稅是合乎垂直公平的，因為大部分的買者都很富有。但如果這些買者可以簡單地用其他奢侈品來替代皮草，則對皮草課稅只會降低皮草的銷售而已。最後，稅的負擔可能主要落在製造皮草的工人身上（部分工人可能會失業）。因為大部分製造皮草的工人都不富有，所以對昂貴的毛皮大衣課稅並不合乎垂直公平，這點與捕蠅紙理論所講的正好相反。

個案研究　誰付企業所得稅？

企業所得稅提供一個關於稅負歸屬的好例子。企業所得稅是選民很歡迎的議題；畢竟企業不是人，選民一向都渴望他們付的稅可以少一點，而企業付的稅可以多一點。

但在決定企業所得稅是否應是政府稅收的主要來源之前，我們應該先思考企業所得稅是由誰負擔的。這是一個經濟學家沒有共識的困難問題，但有一件事是確定的：**人們付所有的稅**。當政府對企業徵稅時，企業比較像是一個收稅員而不是納稅者。稅的負擔最後還是落在人們身上——企業主、客戶或員工。

為何員工及客戶會負擔部分的企業所得稅？假設現在美國政府決定要提高汽車公司的所得稅。首先，這樣的變動會因為造成公司利潤減少而傷到企業主。但隨著時間經過，這些企業主會對稅有所反應。因為製造汽車的利潤降低，所以他們會減少蓋新車廠的投資，而將他們的財富投資在其他地方，如購買大房子，或投資其他產業，或到其他國家進行投資。國內的工廠變少之後，汽車的產量下降，對汽車工人的需求也跟著降低。所以，對汽車產業增稅會造成汽車價格上升，且汽車工人的薪水降低。

在川普上任的初期，此一議題引發熱議。在 2017 年，川普將企業所得稅率由 35% 降為 21%。川普的經濟顧問主張，此一政策可以提升長期的資本累積、生產力與工資。批評者同意會有這些提升效果，但效果不大。他們認為，企業所得稅率調降的主要受益者會是企業所有人，而他們通常比較富有。不過，雙方都同意一件事：要評估稅法更動的公平性，需審慎考量稅負歸屬。

即席測驗

4. 通行費如同對使用收費道路課的稅，它合乎
   a. 受益原則。
   b. 水平公平。
   c. 垂直公平。
   d. 累進原則。
5. 下列何者合乎垂直公平概念？
   a. 累退稅。
   b. 比例稅。
   c. 累進稅。
   d. 以上皆是。
6. 如果公司所得稅造成企業資本投資減少，則
   a. 該稅不會造成無謂損失。
   b. 該稅有利於公司股東。
   c. 勞工承受部分該稅的負擔。
   d. 該稅合乎垂直公平。

（答案在章末）

12-3 結論

公平與效率的取捨

公平與效率是稅制最重要的兩個目標；但這兩個目標通常是互相牴觸的。很多變更稅法的提案在增加效率的同時降低了公平性，或在提高公平性的同時降低了效率。人們之所以會對賦稅政策有不同意見，通常是因為他們對這兩個目標有不同的重視程度。

美國賦稅政策的歷史顯示出政治領導人對公平與效率的不同看法。當雷根在 1980 年被選為美國總統時，最有錢的美國人其薪資所得的邊際稅率是 50%，利息所得的邊際稅率是 70%。雷根指出，這麼高的稅率強烈扭曲工作以及儲蓄的誘因；換句話說，就經濟效率而言，他認為這些高稅率所造成的成本太高了。因此，賦稅改革是他任內的優先工作。雷根在 1981 與 1986 年分別簽署了兩個大規模的減稅法案。當雷根在 1989 年卸任時，最有錢的美國人所面對的邊際稅率只剩 28%。

相反地，當柯林頓在 1992 年競選美國總統時，他主張有錢人的賦稅負擔過輕；換句話說，他認為有錢人適用的稅率過低，違反了垂直公平。在 1993 年，柯林頓總統簽署了提高有錢人稅率到約 40% 的法案。

之後的年間，公平與效率的鐘擺持續擺盪。小布希總統重複了雷根總統的許多主張，並在 2003 年將最高稅率降到 35%。歐巴馬總統再度強調垂直公平，且自 2013 年起將最高稅率回復到約 40%。川普總統則簽署了一項自 2018 年起將最高稅率降到 37% 的法案。在 2021 年，拜登總統提議將年所得超過 2,500 萬美元的稅

加值稅

如是我聞

美國並沒有加值稅，但此稅在全世界很普遍。

不錯喔！此稅讓人打消逃稅的念頭
（How About This? A Tax That Discourages Tax Evasion）

席瑪・賈亞（Seema Jayachandran）撰[1]

你可能不喜歡繳稅，但如果其他人逃稅，則你的負擔會加重。

簡而言之，這一點可以說明為何全世界的主要國家，除了美國之外，都有加值稅（value-added tax，簡稱 VAT）。

很多研究的結論顯示，加值稅有助於經濟發展，特別是對開發中國家。

平均而言，富國的稅收占 GDP 的 34%（美國約 27%，臺灣 12.4%（《維基百科》，租稅負擔率）），但就大多數的中低所得國家而言，此一比率要低得多，大概介於 10% 到 20% 之間。其主要原因是這些國家的地下經濟較為活躍，所以逃稅的情況較為嚴重。然而，對窮國來說，政府稅收讓政府可以提供公共財，如道路與學校，而有助於經濟發展，所以特別重要。

加值稅的稅基雖是公司行號的營收，但可以間接地課到個人所得，且它有一個自動產生的自我執行（built-in, self-enforcing）的特點，此一特點稱為自我勾稽。接下來，我們以麵包為例說明這一點。

廠商生產的產品其附加價值等於其營收減去中間財成本。所謂的中間財，簡單地說，就是變成其他產品的一部分的財貨。例如，小麥是麵粉的中間財，而麵粉是麵包的中間財。假設一位麥農賣了 100 美元的小麥給碾磨廠；碾磨廠製成麵粉後以 150 美元賣給麵包店；麵包店製成麵包後以 180 美元賣給消費者，且上述的各個生產階段沒有其他的中間財。在此情況下，麥農會有 100 美元的附加價值，碾磨廠有 50 美元，麵包店有 30 美元；這三項附加價值加總起來就等於麵包店的營收。加值稅就是以各個生產階段的附加價值為稅基。碾磨廠雖然有短報其營收的動機（可以讓其附加價值降低，而少繳加值稅），但麵包店不會短報其麵粉的進貨成本（否則其附加價值會虛增，而多繳加值稅），因此，碾磨廠就不敢短報其營收。這點會適用於各項產品的各個生產階段，所以，我們說加值稅具自我勾稽的特點。不過，最後階段的商家仍會有短報營收的動機；為解決這個問題，政府就要鼓勵民眾索取收據或發票，從而有兌獎與檢舉機制。

加值稅比個人所得稅來得容易管理。其中一個原因是，廠商的總數要比家戶的總數來得少，另一個原因是，不少個人是自雇者，特別是開發中國家，所以會有短報所得的動機。

如前所述，麵包店的銷售金額等於各個生產階段的附加價值的總和，因此，加值稅是對消費課稅，而不是對所得課稅，所以會讓個人的消費減少，這等於鼓勵大家多儲蓄。大家多儲蓄之後，利率會降低，而讓整個社會的投資量增加，從而有利於一國的經濟成長。

不過，加值稅有它自己的問題。其中一個大問題是，它是累退的。當你的所得有限時，大部分的所得會都用來消費，也就被課稅了。富人由於其消費占所得的比率較小，所以其稅負也就較輕。但這一問題可以藉由對低所得者的稅負抵免或負所得稅（低所得者不單不用繳所得稅，還可以領取補助）來改善。

討論題目

1. 你是否贊成政府提高加值稅占總稅收的比率？為什麼？

席瑪・賈亞是西北大學的經濟學教授。

原文出處：*New York Times*, May 19, 2019.

---

[1] 原文經本書譯著者大幅改寫。

率提高到 45%。

單靠經濟學並無法決定出可以平衡效率與公平的最好方法。這個議題不只牽涉到經濟學，也牽涉到政治哲學。但在賦稅政策的政治辯論上，經濟學家扮演了一個重要的角色：他們可以點出社會所面臨的取捨，並幫助我們避免那些犧牲效率卻提升不了公平的政策。

摘要

- 稅制的效率與加諸納稅人身上的成本有關。除了造成資源從納稅人移轉到政府之外，稅還有兩項成本。第一項是因稅扭曲了我們的決策而造成的無謂損失，第二項是因納稅手續繁瑣而耗費的資源。
- 稅制的公平性所考慮的是稅的負擔是否公平地分配。根據受益原則，人們依照他們從政府服務所獲取的利益的多寡來付稅是公平的。根據支付能力原則，依照一個人的財務負擔能力來決定該對他課多少稅是公平的。在評斷一個稅制是否公平時，記得稅負歸屬的一個結論：納稅的人不一定就是負擔稅的人。
- 政策制定者在考慮要不要更動稅法時，常常面臨效率與公平的取捨。人們之所以會對賦稅政策有不同意見，通常是因為他們對這兩個目標有不同的重視程度。

複習題

1. 為何納稅人因稅而承受的負擔大於政府所收到的稅收？
2. 為何有些經濟學家會主張對消費課稅而不是對所得課稅？
3. 定額稅的邊際稅率為何？此點和稅的效率的關聯性為何？
4. 請舉出為什麼富有的納稅人應該要比窮人付更多的稅的兩個理由。
5. 水平公平的概念是什麼？為什麼它有很多實務上的爭議？

問題與應用

1. 假設你所繳的州所得稅為所得的 4%，你繳的聯邦薪資稅為你的薪資所得的 15.3%。你也要依下表支付聯邦所得稅。如果你一年的所得為 40,000 美元的薪資所得，那麼就以上各項稅而言，你需要各付多少稅？考慮所有的稅，你的平均以及

邊際稅率各是多少？如果你的所得提高到 80,000 美元，那麼你所繳的稅以及平均與邊際稅率會如何變動？

應稅所得	稅率
$9,875 以下	10%
$9,876～$40,125	15%
$40,126～$85,525	22%

2. 美國有些州的銷售稅排除必需品，比如說食物及衣物；其他的州則沒有。請說明這項做法的優點。記得考慮公平與效率。

3. 當某人擁有一項價值上升的資產（比方說股票）時，他有「未實現」的資本利得；如果他賣掉這項資產，則他「實現」了先前未實現的獲利。根據美國的所得稅法，實現的資本利得會被課稅，但未實現的獲利則不會。

    a. 說明人們的行為會如何被這個規定影響。
    b. 有些經濟學家相信降低資本利得的稅率（特別是暫時性的利得），會使稅收增加。你認為為何可以如此？
    c. 你認為只對實現的資本利得課稅而不對未實現的獲利課稅是否適當？為什麼？

4. 假設某國把它的銷售稅從 5% 提高到 6%。有人預測銷售稅會有 20% 的增加。你認為可能嗎？請說明。

5. 美國 1986 年的賦稅改革法案取消了消費者債務（大多是信用卡及汽車貸款）其利息支付的扣除額，但維持抵押貸款與房屋貸款的利息扣除額。你認為消費者債務與抵押貸款的相對金額會如何變化？

6. 你認為下列各項合乎受益原則還是支付能力原則？
    a. 國家公園收門票。
    b. 地方政府課徵房屋稅，作為中小學的教育經費。
    c. 政府對機票課稅，作為改善機場設施的經費。

7. 任何所得稅制包含了兩種稅率：平均以及邊際稅率。
    a. 平均稅率的定義為總稅額除以所得。在課文表 1 的比例稅制下，所得是 50,000 美元、100,000 美元與 200,000 美元的人，其平均稅率各是多少？在累退稅制與累進稅制下的對應平均稅率又各是多少？
    b. 邊際稅率的定義為每增加一元所得所需多付的稅。計算出在比例稅制下，當所得從 50,000 美元增加到 100,000 美元時，邊際稅率是多少。計算出當所得從 100,000 美元增加到 200,000 美元時，邊際稅率是多少。計算出累退稅制與累進稅制下的對應邊際稅率各是多少。
    c. 請說明三種稅制其邊際稅率與平均稅率的關係。一般來說，哪種稅率適合用來評估一個人是否要接受待遇比現在好一點的工作？哪種稅率適合用來評斷稅制的垂直公平？

即席測驗答案

1. c 2. a 3. a 4. a 5. d 6. c

Chapter 13

生產成本

我們每天所享用的各式各樣的商品與服務都是由廠商所生產,如華碩生產筆記型電腦,鴻海生產手機,統一生產泡麵。有些廠商,如以上所提的三家,規模較大,不但僱用數以千計的員工,也有數以千計的股東分享公司的利潤。其他的廠商,如你家附近的理髮廳和小吃店,規模較小,可能只僱用幾名員工,且是獨資或只有少數股東。

在前面幾章,我們用供給曲線來描述廠商的決策。根據供給法則,當價格愈高時,廠商所願意生產與銷售的商品數量就愈多,從而供給曲線的斜率為正。

在本章以及下一章,我們將更深入探討廠商的行為,希望能讓你更了解供給曲線背後所隱含

的廠商決策。此外，我們也會介紹**產業組織**（industrial organization），其為個體經濟學的一個次領域，研究廠商的訂價決策與生產決策如何受到市場狀況的影響。例如，你所住的小鎮可能有好幾家餃子店，但只有一家有線電視頻道業者。這令我們想到一個關鍵問題：廠商家數的多寡會如何影響市場價格以及市場效率。這正是產業組織這個領域所探討的課題。

但在進入這個課題之前，我們需要先討論生產成本。所有的廠商，不管規模大小，當它們生產商品與服務時，都會產生成本。我們會在下幾章說明，成本是廠商訂價決策與生產決策的關鍵因素。在本章，我們定義廠商的各項成本，並說明這些成本之間的關係。

13-1 成本是什麼？

我們以大喬的餅乾店為例討論成本。大喬是餅乾店的老闆，她需要買麵粉、糖和其他做餅乾的原料；她也需要添購攪麵機和烤箱等設備以及僱用員工來操作這些設備，再將餅乾賣給消費者。藉由檢視大喬在經營上所面臨的種種決策，我們可以了解成本在一般廠商決策中所扮演的角色。

13-1a 總收益、總成本與利潤

為了解廠商所做的決策，我們需要先了解廠商的經營目標。大喬開這家店極有可能是為了要賺錢，而不是因為她喜歡吃餅乾。即使是喜憨兒麵包店，可能也希望能夠賺錢，而讓麵包店能夠持續經營下去，甚至開更多家的分店。經濟學家通常假設廠商的目標為賺取最大的利潤，且發現這樣的假設適用於絕大多數的廠商。

廠商的利潤是什麼？廠商從出售產品（如餅乾）所收到的金額為**總收益**，它購買所有生產投入（麵粉、糖、勞動、烤箱等）的支出稱為**總成本**。總收益減去總成本即為廠商的**利潤**，亦即，

利潤 = 總收益 − 總成本。

大喬的目標在於讓她的店的利潤極大。

要了解廠商如何使利潤極大，我們必須先了解總收益與總成本如何衡量。總收益等於廠商的銷售量乘以銷售價格。如果大喬每個月銷售 10,000 個餅乾，而每個售價 2 美元，那麼總收益為 20,000 美元。總收益的計算比較簡單，但總成本則複雜許多。

總收益
total revenue
廠商的銷售總金額

總成本
total cost
廠商用於生產之所有投入的市場總價值

利潤
profit
總收益減總成本

13-1b 為何機會成本至關緊要

經濟學十大原理之一是：天下沒有白吃的午餐。換言之，獲取任何事物都必須付出代價。我們也曾提到**機會成本**是獲取一物所付出的總代價。經濟學家所稱的總成本包括生產商品與服務的所有機會成本。

廠商從事生產的機會成本有時很明顯，但有時不然。當大喬付 1,000 美元買麵粉時，這 1,000 美元是一項機會成本，因為它是大喬取得麵粉所付出的代價。同樣地，當大喬付給員工薪水時，這薪水也是一項機會成本，因為它是大喬取得員工提供的勞務所付出的代價。由於這些成本涉及現金的支付，我們稱這些成本為**外顯成本**。

相形之下，廠商的機會成本中有些並未涉及現金的支付，這些成本我們稱為**內隱成本**。假設大喬是個電腦高手，她可以靠寫程式每小時賺 100 美元。她每多花一小時在她的店，她就放棄每小時賺 100 美元的機會；這少賺的 100 美元也應算在大喬的開店成本裡面（假設大喬開店跟寫程式一樣累）。因此，大喬的成本為所有的外顯成本與內隱成本之和。

外顯成本與內隱成本的區別突顯出經濟學家和會計師在企業經營分析上的差異。經濟學家研究廠商如何做生產與訂價決策，而這些決策需同時考慮外顯成本與內隱成本，所以經濟學家在衡量廠商的總成本時，同時納入這兩種成本。而會計師的工作是要掌握廠商現金的流進與流出，所以他看的是外顯成本，而通常忽略內隱成本。我們以下面的例子來說明經濟學家與會計師的差別。

假設大喬每個月花 200 小時在她的店，她的會計帳上顯示她的店每個月賺 30,000 美元，比同型的店要賺得多。有一天，電腦程式設計師的工資由每小時 100 美元上升為 300 美元，大喬決定把店關了。她的會計師可能會很好奇，她的店賺得比別家店多，為何她要結束營業。但就經濟學家而言，這一點也不令人意外，因為大喬開店的內隱成本高達 60,000 美元（300 美元 × 200），而這 60,000 美元因為沒有涉及現金，所以並沒有顯示在大喬店的財務報表上。

13-1c 資金成本也是一種機會成本

另外一項常為一般人所忽略的內隱成本為廠商的自有資金成本。假設大喬花了 300,000 美元的積蓄從前一位店主買下這家店。如果大喬的這筆錢仍然存在她的銀行帳戶，且存款的年利率為 5%，則大喬每年可以有 15,000 美元的利息收入，而這也是大喬開店的內隱成本之一；同時，這項成本並不會顯示在大喬店的會計帳上，因為大喬並沒有支付這筆利息。

外顯成本
explicit costs
廠商會計帳上記載的成本

內隱成本
implicit costs
廠商會計帳上沒有記載的成本

為了進一步說明經濟學家與會計師的不同，讓我們假設大喬買店的 300,000 美元的資金全部來自於銀行的貸款，年利率為 5%，因此，大喬每年需付給銀行 15,000 美元的貸款利息。現在，這項支出就會顯示在大喬店的會計帳上，從而大喬店的利潤少了 15,000 美元。不過，就經濟學家而言，不管這 300,000 美元是來自於大喬的積蓄，還是來自於銀行貸款，只要利率一樣，大喬的總成本都會是一樣的（前者包含在內隱成本，後者出現在外顯成本）。因此，經濟學家的成本概念有較高的一致性。

13-1d 經濟利潤與會計利潤

由於經濟學家與會計師衡量成本的方式不同，所以他們衡量利潤的方式也有所不同。經濟學家的利潤稱為**經濟利潤**，它等於總收益減去所有的機會成本（包括外顯成本與內隱成本）；而會計師在計算**會計利潤**時只減去外顯成本。

圖 1 顯示此一差異。由於在計算會計利潤時並沒有減去內隱成本，所以，會計利潤大於或等於經濟利潤。從經濟學家的角度來看，企業的總收益要大於包括內隱成本的總成本，企業才算賺錢。

經濟利潤是經濟學相當重要的觀念，因為它是廠商願意供給商品與服務的誘因。如我們即將看到的，如果廠商賺取正的經濟利潤，則它會繼續經營下去；這

經濟利潤
economic profit
總收益減包括外顯成本與內隱成本之總成本

會計利潤
accounting profit
總收益減總外顯成本

圖 1　經濟學家與會計師

經濟學家如何計算利潤　　　會計師如何計算利潤

（經濟學家：收益 = 經濟利潤 + 內隱成本 + 外顯成本，其中內隱成本與外顯成本合計為總機會成本）
（會計師：收益 = 會計利潤 + 外顯成本）

經濟學家在計算廠商的總成本時，會考慮所有的機會成本，而會計師只考慮外顯成本。所以，經濟利潤小於會計利潤。

CHAPTER 13 生產成本

是因為在涵蓋所有的成本之後，還有部分收益可以回饋給股東。當廠商有持續的經濟損失時（亦即，經濟利潤為負值），廠商最終會選擇退出它所處的產業。因此，我們可以由廠商經濟利潤的變化，了解一個產業的興衰。

即席測驗

1. 崑濱伯傳授如何種出冠軍米，每小時鐘點費 20 美元。有一天，他買了 100 美元的秧苗，並花了 10 小時栽種。對他而言，這 10 小時的機會成本為 _____ 美元。
   a. 100　　　b. 200
   c. 300　　　d. 400

2. 阿嘉賣了兩小時的檸檬汁，收益為 60 美元，而原料為 10 美元。若那兩小時他不賣檸檬汁，而去幫鄰居割草，他可以賺 40 美元。在此情況下，阿嘉的會計利潤為 _____ 美元，經濟利潤為 _____ 美元。
   a. 50，10　　b. 90，50
   c. 10，50　　d. 50，90

（答案在章末）

13-2 生產與成本

當廠商為生產它們想要銷售的商品與服務而買進投入（生產要素）時，就會產生成本。在本節，我們探討生產與成本之間的關係。我們仍然以大喬的餅乾店為例。

在以下的分析中，我們作了一個重要的假設：大喬餅乾店的規模是固定的，大喬只能經由改變員工的人數來改變產量。就短期而言，此一假設切合實際，但在長期則不然。大喬無法在一夕之間把餅乾店變大，但在一兩年間之內，大喬很有可能做到。因此，以下的分析探討大喬的短期決策。我們會在本章後面的分析中，放寬上述的假設。

13-2a 生產函數

表 1 顯示大喬餅乾店每小時的餅乾產量與員工人數之間的關係。如前兩欄所示，若大喬沒有僱用任何員工，則餅乾的產量為零。如果僱用 1 名員工，產量為 50 個；如果僱用 2 名員工，則產量為 90 個；……圖 2（a）為對應這兩欄數字的圖形；橫軸代表員工人數，縱軸代表餅乾產量。描述投入（員工）數量與產出數量（餅乾）之關係者稱為**生產函數**。

經濟學十大原理之一是：理性的人們進行邊際思考。我們在未來的章節中會陸續看到，此一原理可以幫助我們了解廠商的僱用決策與生產決策。為了解這些

> **生產函數**
> production function
> 投入數量與產量之間的關係

PART V 廠商行為與產業組織

表 1　生產函數與總成本：大喬的餅乾店

(1) 員工人數	(2) 產出（每小時餅乾產量）	(3) 勞動的邊際產量	(4) 工廠成本	(5) 勞工成本	(6) 投入總成本（工廠成本＋勞工成本）
0	0		$30	$ 0	$30
		50			
1	50		30	10	40
		40			
2	90		30	20	50
		30			
3	120		30	30	60
		20			
4	140		30	40	70
		10			
5	150		30	50	80
		5			
6	155		30	60	90

圖 2　大喬的生產函數與總成本曲線

（a）生產函數　　　　　　　　　　（b）總成本曲線

圖（a）中的生產函數顯示員工僱用人數與產量之間的關係。這裡的員工僱用人數（橫軸）來自表 1 的第 1 欄，產量（縱軸）來自第 2 欄。當員工僱用人數持續增加時，生產函數愈來愈平坦，此反映邊際產量遞減。
圖（b）中的總成本線顯示產量與總成本之間的關係。這裡的產量（橫軸）來自表 1 的第 2 欄，總成本（縱軸）則來自第 6 欄。總成本曲線隨產量增加而變陡，也是因為邊際產量遞減的緣故。

決策,讓我們先看表 1 的第 3 欄,此欄顯示勞動的邊際產量。任何投入的**邊際產量**為,增加 1 單位此項投入所得到的產出增量。當員工人數由 1 增加為 2 時,餅乾產量由 50 個增加為 90 個,因此,第 2 名員工的邊際產量為 40 個餅乾。當員工人數由 2 增加為 3 時,餅乾的產量由 90 增加為 120,因此,第 3 名員工的邊際產量為 30 個餅乾。

由表 1 第 3 欄的數字可以看出,勞動的邊際產量隨勞工雇用量增加而下降,此一現象稱為**邊際產量遞減**。一開始,當人手少時,每個員工可能有自己專用的攪麵機和烤箱。隨著員工人數增加,新進的員工可能必須與其他員工共用機器設備,而在一個比較擁擠的環境下工作。最後,廚房會變得擁擠不堪,以致員工會互相干擾。因此,隨著員工人數愈來愈多,每一個新進員工所能增加的產量就愈來愈少。

從圖 2(a)也可以看出邊際產量遞減的現象。生產函數的斜率告訴我們,每增加一名員工,餅乾產量可以增加多少;換言之,生產函數的斜率衡量勞動的邊際產量。隨著勞工雇用量增加,勞工的邊際產量下降,生產函數曲線就變得愈來愈平坦。

13-2b 從生產函數到總成本曲線

表 1 中的最後 3 欄顯示大喬生產餅乾的成本。在本例中,大喬的工廠成本固定為每小時 30 美元,工資則為每小時 10 元。如果大喬僱用 1 名員工,她的每小時總成本為 40 美元;如果僱 2 名員工,她的每小時總成本為 50 美元,以此類推。由於我們也知道不同員工僱用人數下的總產量,因此,我們可以得到總產量(表 1 第 2 欄)與總成本(第 6 欄)之間的關係。圖 2(b)以產量為橫軸變數,總成本為縱軸變數,畫出此一關係。此一曲線稱為**總成本曲線**(total-cost curve)。

如果我們比較圖 2 的兩個圖形,我們可以發現它們是一體的兩面。當產量增加時,總成本線愈來愈陡,而生產函數曲線則愈來愈平坦。這兩條曲線的斜率之所以會有這樣的變化,都是因為邊際產量遞減的緣故。在廚房空間與機器設備數量固定下,餅乾的產量愈高,表示勞工雇用量愈大,從而廚房就愈擁擠,每名新進員工對產量的貢獻就愈來愈小,反映出邊際產量遞減的現象,因此,生產函數曲線就愈平坦。另一方面,當廚房變得擁擠時,要增加一塊餅乾的產量,所需投入的勞動數量,要比廚房不擁擠時來得多,從而這一塊餅乾的成本會比較高。因此,當產量很大時,總成本曲線就比較陡。

邊際產量
marginal product
投入增加一單位所增加的產量

邊際產量遞減
diminishing marginal product
投入的邊際產量隨投入數量增加而下降的性質

即席測驗

3. 崑濱伯面臨邊際產量遞減。若崑濱伯不插秧，他不會有收成；若插 1 畝秧苗，他可以收成 3 公噸的稻米；如果插 2 畝，可以收成 5 公噸；插 3 畝，可以收成
   a. 6 公噸。　　　b. 7 公噸。
   c. 8 公噸。　　　d. 9 公噸。

4. 邊際產量遞減意味著，當廠商的產量增加時，
   a. 生產函數與總成本曲線都變陡。
   b. 生產函數與總成本曲線都變平坦。
   c. 生產函數變陡，而總成本曲線變平坦。
   d. 生產函數變平坦，而總成本曲線變陡。

（答案在章末）

13-3 不同種類的成本衡量

由以上大喬餅乾店的分析可以知道，總成本與生產函數具有密切關係。從廠商的總成本資料，我們可以導出不同的成本衡量種類。它們有助於我們了解廠商如何做生產與訂價決策；我們在後續章節中會陸陸續續用到它們。我們接下來以大喬的鄰店──小喬咖啡吧──為例，說明不同成本衡量種類之間的關係。

表 2 中的第 1 欄列出小喬店每小時可能煮的咖啡杯數，從 0 杯到 10 杯。第 2 欄列出不同杯數下的小喬總成本。圖 3 畫出小喬的總成本曲線；橫軸為杯數（表

表 2　小喬咖啡吧的各項成本衡量

(1) 每小時咖啡杯數	(2) 總成本	(3) 固定成本	(4) 變動成本	(5) 平均固定成本	(6) 平均變動成本	(7) 平均總成本	(8) 邊際成本
0	$3.00	$3.00	$0.00	—	—	—	
							$0.30
1	3.30	3.00	0.30	$3.00	$0.30	$3.30	
							0.50
2	3.80	3.00	0.80	1.50	0.40	1.90	
							0.70
3	4.50	3.00	1.50	1.00	0.50	1.50	
							0.90
4	5.40	3.00	2.40	0.75	0.60	1.35	
							1.10
5	6.50	3.00	3.50	0.60	0.70	1.30	
							1.30
6	7.80	3.00	4.80	0.50	0.80	1.30	
							1.50
7	9.30	3.00	6.30	0.43	0.90	1.33	
							1.70
8	11.00	3.00	8.00	0.38	1.00	1.38	
							1.90
9	12.90	3.00	9.90	0.33	1.10	1.43	
							2.10
10	15.00	3.00	12.00	0.30	1.20	1.50	

圖 3　小喬的總成本曲線

產量的數字來自於表 2 中的第 1 欄，總成本的數字來自於第 2 欄。跟圖 2 的圖形類似，由於邊際產量遞減的緣故，隨著產量的增加，總成本曲線變得愈來愈陡。

2 第 1 欄），縱軸為總成本（表 2 第 2 欄）。小喬的總成本曲線形狀與大喬的類似；它們都隨產量的增加而變得愈來愈陡，反映出邊際產量遞減。

13-3a 固定成本與變動成本

　　小喬的總成本可以分成兩個部分。有些成本並不會隨產量變動而變動，此種成本稱為**固定成本**。即使廠商沒有生產任何數量，還是會有這項成本。固定成本的例子包括小喬所付的店租；不管小喬賣多少杯咖啡，她都是要付同樣金額的店租。表 2 的第 3 欄列出小喬每小時的固定成本，其為 3 美元。

　　有些成本則會隨產量變動而變動，此種成本稱為**變動成本**。小喬的變動成本包括咖啡豆、牛奶、糖和紙杯等。同樣地，如果小喬必須僱更多的員工以煮出更多杯的咖啡，則這些員工的薪資也是變動成本。如第 4 欄所示，當咖啡杯數為 0 時，變動成本也是 0；若是 1 杯，則變動成本為 0.3 美元；若是 2 杯，變動成本為 0.8 美元；……。

　　廠商的總成本為固定成本與變動成本之和。表 2 中第 2 欄的總成本等於第 3 欄的固定成本加第 4 欄的變動成本。

固定成本
fixed costs
不隨產量變動而變動的成本

變動成本
variable costs
隨產量變動而變動的成本

13-3b 平均成本與邊際成本

小喬身為老闆，必須決定每天要煮多少杯咖啡，此一決策的關鍵在於當她的產量變動時，她的成本會如何變動。具體而言，她必須考慮下列兩個問題：

- 一杯咖啡平均要花費多少成本？
- 若多煮一杯，她的成本會增加多少？

這兩個問題看起來類似，但實際上不同。這兩個問題都是廠商在做生產決策時所必須考慮的。

要知道一杯咖啡平均要花費多少成本，我們可以把廠商的成本除以產量。例如，如果小喬煮了 2 杯咖啡，則如表 2 所示，總成本為 3.8 美元，那麼 1 杯的成本為 3.8 美元／2，或 1.9 美元。總成本除以產量稱為**平均總成本**。由於總成本為固定成本與變動成本之和，所以平均總成本也就等於平均固定成本與平均變動成本之和。**平均固定成本**等於固定成本除以產量，而**平均變動成本**等於變動成本除以產量。

雖然平均總成本告訴我們，煮一杯咖啡平均要花費多少成本，但它並無法告訴我們，多煮一杯咖啡時，總成本會增加多少。此一總成本的增加金額稱為**邊際成本**。例如，當小喬的產量由 2 杯增加為 3 杯時，總成本由 3.8 增加為 4.5 美元，因此，第 3 杯的邊際成本為 4.5 減 3.8 美元，等於 0.7 美元。表 2 中的第 8 欄列出小喬的邊際成本。

以上的各項定義可以用下列的數學式來表示：

$$平均總成本 = 總成本／產量 = 固定成本／產量 + 變動成本／產量$$
$$ATC = TC/Q = FC/Q + VC/Q$$

且

$$邊際成本 = 總成本的變動／產量的變動$$
$$MC = \Delta TC/\Delta Q。$$

其中，Δ 表示變量。以上這些等式顯示如何從總成本導出平均成本與邊際成本。**平均總成本告訴我們，當總成本平均分攤到每一單位的產量時，每一單位產量的成本會是多少。邊際成本告訴我們，當產量增加一單位時，總成本會增加多少。**在下一章，我們會更詳細說明，平均總成本與邊際成本如何影響廠商的供給量。

平均總成本
average total cost
總成本除以產量

平均固定成本
average fixed cost
固定成本除以產量

平均變動成本
average variable cost
變動成本除以產量

邊際成本
marginal cost
多生產一單位產量所增加的總成本

13-3c 成本曲線與其形狀

我們可以利用平均成本與邊際成本曲線來分析廠商的行為。圖 4 畫出對應於表 2 數字的小喬成本曲線；橫軸為產量，縱軸為成本。此圖有四條曲線：平均總成本（ATC）、平均固定成本（AFC）、平均變動成本（AVC），與邊際成本（MC）。

小喬的這些成本曲線與很多廠商的成本曲線有一些相同的特徵。在此，我們介紹三個特徵：遞增的邊際成本、U 型的平均總成本，以及邊際成本與平均總成本曲線之間的關係。

遞增的邊際成本 小喬的邊際成本隨產量的增加而增加，此反映邊際產量遞減。當小喬店煮的咖啡杯數少時，她只僱用少數幾個員工，且大部分的設備處在閒置狀態，從而當她多僱用一名員工時，這名員工可以使用這些閒置的設備，所以其邊際產量大，因而多煮一杯咖啡的邊際成本小。相反地，當小喬店煮的咖啡杯數多時，她的店擠滿了員工，且大部分的設備已被充分利用。小喬可以再僱用更多的員工而煮出更多的咖啡，但這些新員工必須在擁擠的環境下工作，且可能必須排隊使用設備。因此，當咖啡產量已經很大時，新僱員工的邊際產量小，從而多煮一杯咖啡的邊際成本高。

U 型的平均總成本 如圖 4 所示，小喬的平均總成本曲線呈 U 型，亦即呈先降後升的型態。由於平均總成本等於平均固定成本加平均變動成本，所以平均總成本曲線的形狀，是由平均固定成本曲線與平均變動成本曲線共同決定出來的。由於平均固定成本等於固定成本除以產量，所以如圖 4 所示，平均固定成本隨產量增加而遞減。另一方面，由於產量低時，邊際成本小，且產量高時，邊際成本大，同時，邊際成本大表示變動成本的增量大，從而平均變動成本高，所以，如圖 4 所示，平均變動成本隨產量增加而遞增。因此，平均總成本曲線之所以會呈 U 型，是因為在產量小時，平均固定成本的遞減力道大於平均變動成本的遞增力道，而在產量大時，平均變動成本的遞增力道大於平均固定成本的遞減力道。

U 型平均成本曲線的最低點所對應的產量為使平均總成本最小的產量，此產量為廠商的**效率規模**。就小喬而言，其效率規模為每小時 5 杯或 6 杯咖啡。如果她的產量偏離這個水準，則她的平均總成本都會高於最低水準（每杯 1.3 美元）。這是因為在產量小時，每杯咖啡所攤提的固定成本高，而在產量大時，邊際產量的遞減幅度大，從而使平均變動成本有較大的遞增幅度。在效率規模下，這兩股力量都變小，而使平均總成本最小。

效率規模
efficient scale
使平均總成本最小的產量

圖 4　小喬的平均成本與邊際成本曲線

此圖包括小喬的平均總成本（ATC）、平均固定成本（AFC）、平均變動成本（AVC）與邊際成本（MC）曲線。這些曲線對應表 2 的數字。這些曲線顯示出成本曲線的三個常見特徵：（1）邊際成本遞增；（2）平均總成本曲線呈 U 型；（3）邊際成本曲線由下方穿過平均總成本曲線的最低點。

邊際成本與平均總成本之間的關係　由圖 4 可以看出，當邊際成本小於平均總成本時，平均總成本是下降的；當邊際成本大於平均總成本時，平均總成本是上升的。此一結果並不是小喬的成本曲線所特有的，所有廠商都有相同的結果。

我們可以用考試成績來理解這個結果。平均總成本類似於目前所發各科考卷的平均分數，而邊際成本類似於下一科考卷的分數。當下一科考卷的分數低於目前的平均分數時，平均分數就會被往下拉（MC < ATC 時，ATC 下降）。相反地，當下一科考卷的分數高於目前的平均分數時，平均分數就會上升（MC > ATC 時，ATC 上升）。

從上述的結果，我們也可以得到另外一個重要結論：**邊際成本曲線由下方穿過平均總成本曲線的最低點**。何以如此？當產量小時，邊際成本小於平均總成本，所以平均總成本是下降的。隨著產量增加，邊際成本持續增加，而平均總成本仍持續下降，所以這兩條線最終會相交。相交之後，隨著產量再增加，邊際成本會大於平均總成本；此時，如上所述，平均總成本會上升。因此，邊際成本曲線由下方穿過平均總成本曲線的最低點。我們在下一章會說明，平均總成本曲線的最低點在完全競爭廠商行為的分析上，扮演相當重要的角色。

13-3d 典型的成本曲線

到目前為止，我們所提到的廠商，其邊際產量是遞減的，從而其邊際成本是遞增的。不過，就部分廠商而言，當它一開始增加勞工的僱用時，由於工作可以有效分工，所以邊際產量可能遞增，從而一開始的邊際成本有可能是遞減的。不過，由於擁擠的關係，邊際產量最終會遞減，因而邊際成本最終還是遞增的。

圖 5 畫出這類廠商的平均與邊際成本曲線。當產量低時，邊際成本曲線是下降的，反映邊際產量遞增。不過，當產量增加到某一水準後，邊際產量開始遞減，從而邊際成本開始上升。雖然邊際成本曲線不是一開始就呈現上升趨勢，它還是由下方穿過平均總成本曲線的最低點。

綜上所述，我們得到下列三點重要結論：

- 邊際成本最終會隨產量增加而增加。
- 平均總成本曲線呈 U 型。
- 邊際成本曲線由下方穿過平均總成本曲線的最低點。

圖 5　典型廠商的成本曲線

很多廠商一開始會有邊際產量遞增的現象，從而其邊際成本一開始是遞減的。不過邊際產量遞減的現象終究會發生，因此，其成本曲線的形狀會如本圖所示。

即席測驗

5. 某一廠商花了 5,000 美元的總成本生產 1,000 單位。如果它要將產量增至 1,001 單位，它的總成本會增至 5,008 美元。在此情況下，
   a. 它的邊際成本為 5 美元，平均變動成本為 8 美元。
   b. 它的邊際成本為 8 美元，平均變動成本為 5 美元。
   c. 它的邊際成本為 5 美元，平均總成本為 8 美元。
   d. 它的邊際成本為 8 美元，平均總成本為 5 美元。

6. 某一廠商生產 20 單位的平均總成本為 25 美元，且生產第 20 單位的邊際成本為 15 美元。在此情況下，如果它要生產第 21 單位，則
   a. 邊際成本會下降。
   b. 邊際成本會上升。
   c. 平均總成本會下降。
   d. 平均總成本上升。

7. 政府對所有的披薩店收取每年 1,000 美元的執照費。哪些成本曲線會因此而變動？
   a. 平均總成本與邊際成本。
   b. 平均總成本與平均固定成本。
   c. 平均變動成本與邊際成本。
   d. 平均變動成本與平均固定成本。

（答案在章末）

13-4 短期成本與長期成本

到目前為止，我們所分析的是廠商的短期成本。廠商的長期成本與短期成本會有什麼不同？這是本節所要探討的。

13-4a 短期與長期平均總成本之間的關係

所謂長期，是指廠商可以調整所有投入數量的期間，因此在長期，所有的成本都是變動成本，而無固定成本。以福特汽車為例，在短期的幾個月期間，它無法調整工廠的數目或規模，從而它只能靠僱用更多的勞動（包括加班）來生產更多的汽車。此時，由於工廠規模不變，所以工廠成本是固定的。相形之下，若時間拉長為幾年，則福特汽車可以擴充廠房的規模、建造新的廠房，或關閉舊的廠房，因此，在長期，工廠成本是變動的。

由於一些原本在短期是固定的成本，在長期可以變動，因此廠商的長期成本曲線有別於短期的，圖 6 即為一例。圖 6 包括三條分別對應於小型、中型與大型工廠的短期平均總成本曲線，也包括長期平均總成本曲線。當廠商沿著長期曲線移動時，表示它正在調整工廠規模。

如圖 6 所示，長短期平均總成本曲線均呈 U 型，且長期平均總成本曲線要比短期的來得平坦。此外，所有的短期曲線都位於長期曲線之上或更高的地方，或稱長期平均總成本曲線由下方包絡住所有的短期平均總成本曲線。之所以會有這

圖6　短期與長期的平均總成本

因為長期沒有固定成本，所以長期的平均總成本曲線有別於短期的。

些結果，是因為在長期廠商有更大的彈性。在長期，基本上，廠商可以選擇它認為最適當的規模；但在短期，廠商只能在既有的規模下進行生產。

本圖顯示在不同期間下，產量變動會如何改變成本。例如，在中型工廠規模下，福特汽車如果要讓產量由每日 1,000 輛增加為 1,200 輛，它只能僱用更多的勞動。由於邊際產量遞減，所以每輛汽車的平均總成本由 10,000 上升為 12,000 美元。不過，在長期，福特可以透過擴充廠房規模與勞工僱用量，使平均總成本回到 10,000 美元。

多久才算長期？這個問題並沒有標準答案。就製造業大廠商而言，如做晶圓代工的台積電，或是做液晶面板的友達光電，蓋一座新廠可能要花一年以上的時間。相形之下，小喬可能在幾個禮拜之內就可以開一家新的咖啡吧。因此，多久才算長期，不同的產業有不同的答案。

13-4b 規模經濟與規模不經濟

長期平均總成本曲線的形狀傳遞一些重要訊息。當長期平均總成本隨著產量增加而下降時，我們稱廠商的生產具**規模經濟**；當長期平均總成本隨著產量增加而上升時，我們稱廠商的生產具**規模不經濟**；當長期平均總成本不隨著產量變動而變動時，我們稱廠商的生產具**固定規模報酬**。在上例中，當產量小時，福特有規模經濟；當產量中等時，有固定規模報酬；當產量大時，有規模不經濟。

規模經濟
economies of scale
長期平均總成本隨產量增加而下降的性質

規模不經濟
diseconomies of scale
長期平均總成本隨產量增加而上升的性質

固定規模報酬
constant returns to scale
當產量變動時，長期平均總成本維持不變的性質

> **增廣見聞**
>
> ## 來自製針廠的啟示
>
> 「多方涉獵，無一成精」(Jack of all trades, master of none)，這個諺語說明了成本曲線的性質。一個人如果每件事都要沾上邊，通常會落得一事無成。廠商如果要讓它的員工發揮最大的生產力，那麼它最好讓他們只做他們能夠勝任的少數工作。不過，這樣的工作分派方式只有在員工人數眾多的情況下才行得通。
>
> 亞當·史密斯在其《國富論》一書中，描述他參觀一家大頭針工廠所看到的景象。他對於工人之間的專業分工所導致的規模經濟有著相當深刻的印象。他寫道：
>
> > 一人拉出鐵絲，另一人把它弄直，第三人切割，第四人削尖，第五人磨針與針頭的接頭處；而針頭的部分又需兩道不同的處理程序：把它接上針並把它刷亮；最後把針插入紙中。這些工作都需要手藝。
>
> 史密斯也提到，因為這樣的專業分工，製針廠的每個工人平均一天可以生產幾千根針。他在猜，如果工人獨立作業，而不是團隊分工，那麼，「他們可能一個人一天做不出 20 根針，甚至有可能連一根針都做不出來。」換言之，因為專業分工，大型製針廠其工人的產量會高於小型製針廠，而可以有比較低的平均成本。
>
> 史密斯在製針廠所觀察到的專業分工在現代經濟體系中相當普遍。例如，如果你要建一間房子，你可以選擇樣樣工作都自己做，不過，絕大多數的人會跟建商一樣，僱木匠、水電工、水泥工、油漆工，以及很多其他種類的工人。這些工人有他們專精的技藝，所以生產力要比他們如果是通才來得高。誠然，透過專業分工達成規模經濟，是現代社會能夠如此繁榮的一個重要原因。

什麼原因造成規模經濟或規模不經濟？規模經濟通常緣於更高的產量使勞工的**專業化**（specialization）程度提高，而使勞工的生產力因勞工更熟練他的工作而提升。例如，福特可以用裝配線（assembly line）的生產方式來從事大規模生產；但如果產量小，福特就不會用這種生產方式，從而勞工不夠專業化，進而福特的平均總成本無法降低。至於規模不經濟，通常是因為企業規模太大而有**協調整合問題**（coordination problems）。當福特的工廠數目愈多且工廠規模愈大時，它需要更多的管理階層員工來進行橫向與縱向的協調整合，從而其平均總成本有可能因管理成本增加而上升。

以上的分析說明為何長期平均總成本曲線會呈現 U 型。當產量低時，廠商可以藉由擴大生產規模來提升勞工的專業化程度，進而使其平均總成本下降；此時的協調整合問題還不致太嚴重。相形之下，當廠商的產量已經很大時，其專業化利得已充分實現，若廠商的規模再進一步擴大，則協調整合問題通常會變得很嚴重。因此，在產量低時，廠商的平均總成本會隨產量增加使專業化程度提高而下降；在產量高時，廠商的平均總成本會隨產量增加使協調整合問題更形嚴重而上升。

即席測驗

8. 如果勞工的專業化程度隨產量增加而提高，則意味著
   a. 廠商的生產具規模經濟，且平均總成本隨產量增加而下降。
   b. 廠商的生產具規模經濟，且平均總成本隨產量增加而上升。
   c. 廠商的生產具規模不經濟，且平均總成本隨產量增加而下降。
   d. 廠商的生產具規模不經濟，且平均總成本隨產量增加而上升。

9. 當波音每個月生產 9 架飛機時，其長期總成本為每個月 900 萬美元；生產 10 架飛機時，其長期總成本上升為每個月 1,100 萬美元。在此情況下，
   a. 波音的邊際成本隨產量增加而上升。
   b. 波音的邊際成本隨產量增加而下降。
   c. 波音的生產具規模經濟。
   d. 波音的生產具規模不經濟。

（答案在章末）

13-5 結論

本章介紹一些可以用來探討廠商如何做生產與訂價決策的分析工具。你現在應該已經了解**成本**一詞的意義以及成本如何隨產量變動而變動。表 3 總結本章介紹的成本其定義。

當然，成本曲線本身並無法告訴我們廠商如何做決策，但它們是廠商考慮的重要因素。我們會在下一章詳細說明此點。

表 3　不同種類的成本：總結

項目	定義	數學說明
外顯成本	廠商會計帳上記載的成本	—
內隱成本	廠商會計帳上沒有記載的成本	—
固定成本	不隨產量變動而變動的成本	FC
變動成本	隨產量變動而變動的成本	VC
總成本	廠商用於生產之所有投入的市場總價值	$TC = FC + VC$
平均固定成本	固定成本除以產量	$AFC = FC/Q$
平均變動成本	變動成本除以產量	$AVC = VC/Q$
平均總成本	總成本除以產量	$ATC = TC/Q$
邊際成本	多生產一單位產量所增加的總成本	$MC = \Delta TC/\Delta Q$

摘要

- 廠商的目標為追求利潤極大；利潤等於總收益減總成本。
- 在分析廠商行為時，須考慮所有的機會成本。有些機會成本是外顯的，如付給員工的薪資；有些機會成本是內隱的，如老闆因自行開業所放棄的其他收入。
- 廠商的生產函數描述生產投入與產量之間的關係。由於邊際產量遞減，所以生產函數曲線隨著投入數量的增加而愈來愈平坦，從而廠商的總成本曲線隨著產量增加而愈來愈陡。
- 廠商的總成本可區分為固定成本與變動成本。固定成本為不隨產量變動而變動的成本；變動成本為廠商改變產量時會變動的成本。
- 從廠商的總成本可以導出兩個相關的成本。平均總成本等於總成本除以產量；邊際成本為產量增加一單位所增加的總成本。
- 就典型的廠商而言，邊際成本隨產量增加而增加，平均總成本隨產量增加而先降後升，邊際成本由下方穿過平均總成本的最低點。
- 在長期，所有的成本都是變動成本，且由於廠商可調整生產規模，所以長期平均總成本曲線由下方包絡住所有的短期總成本曲線。

複習題

1. 廠商的總收益、利潤與總成本之間的關係為何？
2. 舉出一項會計師不會列為成本的機會成本。為何會計師會忽略此一成本？
3. 何謂邊際產量？何謂邊際產量遞減？
4. 畫出會顯示勞動邊際產量遞減的生產函數，並畫出對應的總成本曲線（記得標示兩圖的橫軸與縱軸變數）。說明這兩條曲線的形狀。
5. 定義**總成本**、**平均總成本**與**邊際成本**。它們之間有何關聯？
6. 畫出典型的邊際成本與平均總成本曲線。說明這兩條曲線的形狀及它們之間的關係。
7. 長短期的平均總成本曲線有何不同？為什麼？
8. 定義**規模經濟**與**規模不經濟**，並說明它們的成因。

問題與應用

1. 本章介紹不同種類的成本：機會成本、總成本、固定成本、變動成本、平均總成本與邊際成本。在下列的空格中填入適當的成本種類：

   a. 你為獲取某物所付出的總代價稱為_____。

b. 當邊際成本小於它時會下降,且邊際成本大於它時會上升的成本為_____。

c. 不隨產量變動而變動的成本為_____。

d. 就短期的冰淇淋產業而言,包括奶油與糖但不包括工廠成本的成本為_____。

e. 利潤等於總收益減_____。

f. 產量增加一單位所增加的總成本為_____。

2. 你的阿姨正考慮開一家五金行。她估計一年要花 350,000 美元來租店面和進貨。此外,她必須辭掉年收入 80,000 美元的會計師工作。

   a. 定義**機會成本**。

   b. 你阿姨開這家五金行的每年機會成本為何?

   c. 如果你阿姨認為每年的營業額為 400,000 美元,則她的會計師所認定的利潤為何?

   d. 你阿姨應該開這家店嗎?請說明。

   e. 如果你阿姨要賺取正的經濟利潤,則營業額起碼為何?

3. 一名以釣魚為生的釣客其釣魚時間與漁獲量的關係如下:

時間	漁獲量
0 小時	0 公斤
1	10
2	18
3	24
4	28
5	30

   a. 每小時的邊際產量為何?

   b. 畫出此名釣客的生產函數,並說明它的形狀。

   c. 此一釣客的固定成本為 10 美元,且其每小時時間的機會成本為 5 美元。畫出他的總成本曲線,並說明它的形狀。

4. 阿桃掃帚店的員工數與掃帚產量的關係如下:

員工數	產量	邊際產量	總成本	平均總成本	邊際成本
0	0	—		—	—
1	20	—		—	—
2	50	—		—	—
3	90	—		—	—
4	120	—		—	—
5	140	—		—	—
6	150	—		—	—
7	155	—		—	—

   a. 填滿邊際產量那一欄的空格。這些數字呈現什麼樣的型態?為什麼會有這樣的型態?

   b. 每位員工的工資為每日 100 美元,且阿桃的固定成本為每日 200 美元。根據這些金額,填滿總成本那一欄。

   c. 填滿平均總成本那一欄($ATC = TC/Q$)。這些數字呈現什麼樣的型態?

   d. 填滿邊際成本那一欄($MC = \Delta TC/\Delta Q$)。這些數字呈現什麼樣的型態?

   e. 比較邊際產量與邊際成本。它們之間的關係為何?

   f. 比較平均總成本與邊際成本。說明它們之間的關係。

5. 你是一家賣數位音樂播放器公司的財務長。你公司的平均總成本如下:

數量	平均總成本
600 台	$300
601	301

   你公司今天已生產了 600 台並已全部售罄。如果今天還有人願以 550 美元的價

格跟你的公司買一台，你該不該賣？為什麼？

6. 下表為一家披薩店的成本資料：

數量	總成本	變動成本
0 打	$300	$ 0
1	350	50
2	390	90
3	420	120
4	450	150
5	490	190
6	540	240

a. 其固定成本為何？

b. 根據上述的總成本資料計算出每打披薩的邊際成本並製表。根據上述的變動成本資料計算出每打披薩的邊際成本並製表。這兩組數字的關係為何？為什麼會有這樣的關係？

7. 你的表哥開一家幫人油漆的公司，其固定成本為每個月 200 美元，且其產量與變動成本的關係如下：

每月油漆的家數	1	2	3	4	5	6	7
變動成本	$10	$20	$40	$80	$160	$320	$640

計算每一數量下的平均固定成本、平均變動成本與平均總成本。該公司的效率規模為何？

8. 市政府正考慮下列兩個租稅方案：
- 對每家漢堡製造商課 300 美元的定額稅。
- 對每家漢堡製造商所生產的每個漢堡課 1 美元的稅。

a. 以下四條曲線——平均固定成本、平均變動成本、平均總成本與邊際成本——哪些會因上述的定額稅而移動？為什麼？畫圖顯示移動情形。

b. 以上四條曲線哪些會因上述的單位稅而移動？為什麼？畫另一圖顯示移動情形。

9. 阿珠果汁吧的成本如下：

數量	變動成本	總成本
0 桶	$ 0	$ 30
1	10	40
2	25	55
3	45	75
4	70	100
5	100	130
6	135	165

a. 計算每個數量下的平均變動成本、平均總成本與邊際成本。

b. 畫出這三條曲線。邊際成本曲線與平均總成本曲線的關係為何？邊際成本曲線與平均變動成本曲線的關係為何？請說明。

10. 下表為三家廠商的長期總成本資料：

數量	1	2	3	4	5	6	7
A 廠商	$60	70	80	90	100	110	120
B 廠商	11	24	39	56	75	96	119
C 廠商	21	34	49	66	85	106	129

每家廠商是否有規模經濟或規模不經濟？請說明。

11. 繪圖說明以下敘述的真偽：

a. 如果廠商的 MC 隨著產量增加而上升，則其 AVC 也會跟著上升。

b. 如果不管產量為何，廠商的 MC 是固定的，則其 AVC 與 AC 也是固定的。

即席測驗答案

1. c 2. a 3. a 4. d 5. d 6. c 7. b 8. a 9. d

Chapter 14
完全競爭市場的廠商

如果你家附近的泡沫紅茶店把飲品價格調升 20%，而其他泡沫紅茶店沒有跟進，你會發現它的生意一落千丈。相反地，如果自來水公司把水價調升 20%，那麼你家的用水量可能只微幅減少。為什麼價格同樣上漲 20%，消費者的反應會差這麼多？這是因為泡沫紅茶店有很多家，但自來水公司只有一家。你大概可以預想得到，泡沫紅茶店與自來水公司的訂價與生產決策會有所不同。

在本章，我們探討完全競爭廠商的行為。在完全競爭市場裡，有很多的買者與賣者，每個買者與賣者對市場價格的影響力都微乎其微，他們都是所謂的價格接受者，因此，完全競爭市場的分析是最簡單的。相形之下，如果一家廠商可以

影響其所銷售商品的市場價格，則它擁有市場影響力。在後面幾章，我們會探討擁有**市場影響力**的廠商其行為，並比較它們與完全競爭廠商之間的異同。

我們對完全競爭廠商的分析，可以幫助我們了解完全競爭市場供給曲線背後的意義。我們會發現，市場供給曲線與廠商的生產成本息息相關。

14-1 什麼是完全競爭市場？

本章探討完全競爭廠商的生產決策。我們先複習什麼是完全競爭市場。

14-1a 競爭的意義

一個**完全競爭市場**，有時稱為**競爭市場**，有兩個特徵：

- 市場有很多買者與賣者。
- 不同的賣者所提供的商品大致相同。

因為這兩個特徵，所以任何買者與賣者其行為對市場價格的影響可以忽略。每一個買者與賣者都只能接受既定的市場價格。

我們以牛奶市場為例。因為每個牛奶消費者所購買的數量僅是整個市場非常微小的一部分，所以沒有任何消費者可以影響市場價格。同樣地，在美國，由於有很多生產牛奶的廠商，且每家牛奶的品質大致相同，所以它們對牛奶價格的影響力也相當有限。因為每個賣者可以依現行的價格銷售它們想要銷售的數量，所以每個賣者都沒有必要把價格壓低，且如果它們賣得更貴，它們的顧客會大量流失。因此，每個賣者都必須接受市場所決定的價格，也因此，它們都是所謂的**價格接受者**。

除了上述兩個特徵外，還有一項有時也會被認為是完全競爭市場的特徵：

- 廠商可以自由進出市場。

很多完全競爭市場的分析結論並不是以這個假設為基礎，因為這個假設並不是廠商為價格接受者的必要條件。不過，如本章後面所分析的，廠商是否可以自由進出市場，會影響完全競爭市場的長期均衡結果。

14-1b 完全競爭廠商的收益

完全競爭廠商，如同絕大多數的其他廠商，都設法使利潤極大。利潤等於總收益減總成本。為探討完全競爭廠商如何使利潤極大，我們先說明完全競爭廠商

競爭市場
competitive market
一個有很多買者和很多賣者，且每個參與者對市場價格幾乎不具影響力的市場

完全競爭市場的廠商

的總收益。接下來，我們以圓圓農場為例。

圓圓農場的牛奶產量為 Q，且依市場價格 P 銷售每一單位的產量，其總收益為 $P \times Q$。例如，如果每公升的價格為 6 美元，且每日銷售量為 1,000 公升，則圓圓農場每日的總收益為 6,000 美元。

由於圓圓農場牛奶產量僅占市場銷售量的一小部分，所以牛奶的市場價格不會受到圓圓農場牛奶產量多寡的影響。即使圓圓農場的牛奶產量倍增，牛奶的市場價格仍維持不變，從而其總收益會倍增。因此，廠商的總收益與產量呈同比例變動。

表 1 顯示圓圓農場的總收益。前兩欄列出產量與價格；第三欄列出總收益。本表假設牛奶每公升的價格為 6 美元，所以總收益等於 6 美元乘上以公升所表示的產量。

我們在前一章分析成本時，曾用到平均與邊際這兩個概念。在收益的分析上，也有類似的概念。為說明這兩個概念，我們先思考下列這兩個問題：

- 廠商所賣的牛奶平均一公升可以賣多少錢？
- 若廠商多賣一公升的牛奶，則它可以多賣多少錢？

表 1 的最後兩欄列出這兩個問題的答案。

表 1 的第 4 欄為<u>平均收益</u>，它等於總收益（第 3 欄）除以產量（第 1 欄）。

平均收益
average revenue
總收益除以銷售量

表 1　完全競爭廠商的總收益、平均收益與邊際收益

(1) 數量 (Q)	(2) 價格 (P)	(3) 總收益 ($TR = P \times Q$)	(4) 平均收益 ($AR = TR/Q$)	(5) 邊際收益 ($MR = \Delta TR / \Delta Q$)
1	$6	$ 6	$6	
2	6	12	6	$6
3	6	18	6	6
4	6	24	6	6
5	6	30	6	6
6	6	36	6	6
7	6	42	6	6
8	6	48	6	6

平均收益告訴我們一單位的銷售量平均賣多少錢。如表 1 第 4 欄所示，不管產量為何，牛奶的平均收益均為一公升 6 美元；這 6 美元也就是市場的價格。此點說明了一個不單適用於完全競爭廠商，且適用於其他所有廠商的結果：平均收益等於商品價格。這是因為總收益等於 $P \times Q$，而平均收益等於總收益除以產量，亦即 $(P \times Q)/Q$，因此，**就所有廠商而言，平均收益等於商品價格。**

第 5 欄顯示**邊際收益**，其為廠商多銷售一單位產量所增加的總收益。如表 1 所示，邊際收益也等於市場價格（6 美元）。此點說明了一個只適用於完全競爭廠商的結果：邊際收益等於市場價格。這是因為完全競爭廠商銷售量的多寡並不會影響市場價格，所以當它多賣一單位產量時，其總收益（$P \times Q$）的增量就是市場價格。因此，**就完全競爭廠商而言，邊際收益等於市場價格。**

邊際收益
marginal revenue
銷售量增加一單位所造成的總收益變動金額

即席測驗

1. 一個完全競爭廠商會
   a. 選擇讓利潤極大的價格。
   b. 從事削價競爭。
   c. 接受市場價格。
   d. 選擇讓市場份額極大的價格。
2. 當一個完全競爭廠商增加 10% 的銷售量時，其邊際收益 _____，且收益的增加 _____。
   a. 減少；小於 10%。
   b. 減少；等於 10%。
   c. 維持不變；小於 10%。
   d. 維持不變；等於 10%。

（答案在章末）

14-2 利潤極大化與完全競爭廠商的供給曲線

我們假設完全競爭廠商追求利潤極大。接下來我們先說明完全競爭廠商如何達成這個目標，接著說明如何導出追求利潤極大的完全競爭廠商其供給曲線。

14-2a 利潤極大化的簡例

我們利用表 2 的例子來說明完全競爭廠商的供給決策。第 1 欄為圓圓農場每天的牛奶產量（單位：公升）；第 2 欄為總收益，其為 6 美元乘以產量。第 3 欄為總成本，包括 3 美元的固定成本以及決定於產量的變動成本。

第 4 欄為農場的利潤，其為總收益減去總成本。如果產量為 0，則農場會有 3 美元（固定成本）的損失。如果產量為 1 公升，其利潤為 1 美元；如果產量為 2 公升，其利潤為 4 美元；……。由於圓圓農場追求利潤極大，所以會選擇生產使利潤達到最大的產量。在本例中，此一產量為 4 公升或 5 公升，利潤均為 7 美元。

表2　利潤極大化的數值例子

(1) 數量 (Q)	(2) 總收益 (TR)	(3) 總成本 (TC)	(4) 利潤 ($TR-TC$)	(5) 邊際收益 ($MR=\Delta TR/\Delta Q$)	(6) 邊際成本 ($MC=\Delta TC/\Delta Q$)	(7) 利潤變化 ($MR-MC$)
0公升	$0	$3	−$3			
1	6	5	1	$6	$2	$4
2	12	8	4	6	3	3
3	18	12	6	6	4	2
4	24	17	7	6	5	1
5	30	23	7	6	6	0
6	36	30	6	6	7	−1
7	42	38	4	6	8	−2
8	48	47	1	6	9	−3

我們也可以從另一個角度來理解圓圓農場的決策。圓圓農場可以透過比較邊際收益與邊際成本，找出使利潤達到最大的產量。表2的第5欄與第6欄顯示邊際收益與邊際成本；第7欄顯示產量增加一單位所造成的利潤變化，亦即邊際利潤，其為邊際收益減去邊際成本。圓圓農場生產的第1公升牛奶其邊際收益為6美元，且其邊際成本為2美元，因此，生產第1公升的牛奶可使利潤增加4美元（由−3美元增加為1美元）。圓圓農場生產的第2公升牛奶其邊際收益還是6美元，此時的邊際成本為3美元，因此，生產第2公升的牛奶可使利潤增加3美元（由1美元增加為4美元）。由於邊際利潤等於邊際收益減邊際成本，因此，只要多生產的那一公升牛奶其邊際收益大於邊際成本，那麼多生產這一公升的牛奶都可以使利潤增加。但當圓圓農場已生產5公升牛奶時，若再生產第6公升，則此時6美元的邊際收益小於7美元的邊際成本。在此情況下，圓圓農場若生產第6公升的牛奶，會使其利潤減少1美元（由7美元降為6美元）。因此，圓圓農場的產量不會超過5公升。

經濟學十大原理之一是：理性的人們進行邊際思考。我們現在可以看圓圓農場如何應用此一原理。如果邊際收益大於邊際成本（如第1、第2或第3公升），則圓圓農場應該增加牛奶的產量；這是因為這樣做會使流入口袋的錢（邊際收益）大過從口袋流出的錢（邊際成本），而使圓圓賺更多的錢。相反地，如果邊

際收益小於邊際成本（如第 6、第 7 與第 8 公升），則圓圓農場應該要減少產量。如果圓圓農場進行邊際思考，且逐步調整產量，則自然會生產使利潤達到最大的產量。

14-2b 邊際成本曲線與廠商的供給決策

接下來我們利用圖 1 的成本曲線與收益曲線來進一步說明廠商如何使利潤極大。如上一章所說明的，邊際成本曲線（MC）為正斜率曲線，平均總成本曲線（ATC）為 U 型，且邊際成本曲線由下方穿過平均總成本曲線的最低點。此外，有一條對應於市場價格（P）的水平線。這一條水平線也是廠商的平均收益曲線（AR）與邊際收益曲線（MR）。這是因為平均收益等於市場價格，且完全競爭廠商為市場價格接受者，所以其邊際收益也等於市場價格。

我們可以利用圖 1 找到使廠商利潤達到最大的產量。如果廠商的產量為 Q_1，則由於此時的邊際收益（$MR_1 = P$）大於邊際成本（MC_1），因此增加產量可以使利潤增加。如果廠商的產量為為 Q_2，則由於此時的邊際成本（MC_2）大於邊際收益（$MR_2 = P$），因此減少產量也可以使利潤增加。這是因為廠商不生產 Q_2 這一

圖 1　完全競爭廠商如何使利潤極大

本圖顯示邊際成本曲線（MC）、平均總成本曲線（ATC），以及平均變動成本曲線（AVC）。本圖也畫出一條對應市場價格（P）的水平線。這條線也是完全競爭廠商的平均收益（AR）與邊際收益（MR）曲線。在數量 Q_1 下，邊際收益 MR_1 大於邊際成本 MC_1，所以增加產量可使利潤增加。在數量 Q_2 下，邊際成本 MC_2 大於邊際收益 MR_2，所以減少產量可使利潤增加。使利潤極大的產量 Q_{MAX} 為水平線與邊際成本曲線交點所對應的產量。

單位產量的話，可以免除因生產 Q_2 這一單位產量所招致的損失，所以廠商此時減少產量可以使利潤增加。

因此，不管廠商一開始的產量比較小（如 Q_1）還是比較大（如 Q_2），最後都會調整到邊際收益等於邊際成本所對應的產量 Q_{MAX}。在此產量下，廠商的利潤達到最大。由以上的分析，我們可以得到下列三點關於利潤極大化的結論：

- 如果邊際收益大於邊際成本，廠商應該增加產量。
- 如果邊際成本大於邊際收益，則廠商應該減少產量。
- 在利潤極大的產量下，邊際收益與邊際成本正好相等。

這些結論適用於任何一個追求利潤極大的廠商，包括我們將在未來幾章介紹的非完全競爭廠商。

接下來我們就可以說明完全競爭廠商面對市場價格如何決定其供給量。由於完全競爭廠商是價格接受者，所以其邊際收益等於市場價格。給定任何的市場價格，我們可以透過水平的價格線與邊際成本曲線的交點，找出使利潤極大的產量。在圖 1，此一產量為 Q_{MAX}。

假設現在市場價格上漲，如從圖 2 中的 P_1 上漲為 P_2。由於水平的價格線往上移，且邊際成本曲線是正斜率的，所以在 P_2 下的水平價格線與邊際成本曲線交點所對應的產量由原先 P_1 下的 Q_1 增加為 Q_2。Q_2 即為 P_2 下使廠商利潤達到最大的

圖 2　完全競爭廠商的供給曲線即邊際成本曲線

當價格由 P_1 提高至 P_2 時，廠商的最大利潤產量會由 Q_1 移至 Q_2。因為邊際成本曲線代表在任何價格下廠商願意提供的數量，所以它也是廠商的供給曲線。

產量,因此,當市場價格為 P_2 時,廠商的供給量為 Q_2。所以,就完全競爭廠商而言,由於邊際成本曲線決定廠商在任一價格下其所願意供給的數量,因此,其邊際成本曲線也是其供給曲線。

14-2c 廠商的短期歇業決策

到目前為止,我們說明了完全競爭廠商如何決定供給量。不過,在某些情況下,完全競爭廠商會選擇暫時歇業,而不生產任何的產量。

在此,我們先區分廠商暫時歇業與永久退出市場。**歇業**(shutdown)指的是廠商在某一特定期間因市場條件變差而停止生產的短期決策。**退出**(exit)指的是離開市場的長期決策。廠商的長短期決策之所以會不同,是因為在短期,固定成本是不可避免的,在長期則不然。換言之,廠商即使暫時歇業,它仍須支付固定成本,但如果退出市場,則不須支付任何成本。

如果廠商決定歇業,則它會損失所有的總收益,但它也可以同時省下變動成本(不過它仍須支付固定成本)。因此,**當廠商從生產所獲得的總收益小於變動成本時,廠商會暫時歇業**。不然,它的損失會擴大。

此一條件可以藉助一點數學來說明。如果我們以 TR 代表總收益,以 VC 代表變動成本,則廠商的決策可以寫成

$$歇業,如果 TR < VC。$$

將此一不等式兩邊同除以產量,則歇業的條件可以寫成

$$歇業,如果 TR/Q < VC/Q。$$

由於 TR 等於 $P \times Q$,所以 TR/Q 等於 P。同樣地,VC/Q 等於平均變動成本 AVC。因此,上一個不等式可改寫成

$$歇業,如果 P < AVC。$$

亦即,如果商品價格小於生產的平均變動成本,則廠商會選擇歇業。這是因為在價格小於平均變動成本的情況下,它進行生產所能賺取的總收益還不足以支付其變動成本,從而它若歇業,它可以避免此一虧損,因此它會選擇歇業,讓它的虧損只等於固定成本,而不是固定成本再加上生產所造成的虧損。如果未來市場價格大於平均變動成本,則廠商可以重新開業。

綜合以上的分析,我們可以歸納出廠商達成短期利潤極大的策略:如果商品價格大於平均變動成本,則廠商應該生產至邊際收益等於邊際成本的產量;如果

完全競爭市場的廠商

圖 3　完全競爭廠商的短期供給曲線

1. 在短期，如果 P > AVC，則廠商會在 MC 線上生產…
2. …如果 P < AVC，則廠商會歇業。

在短期，完全競爭廠商的供給曲線為其邊際成本曲線（MC）位於平均變動成本曲線（AVC）上方的那一段。如果價格低於平均變動成本，則廠商暫時歇業會使其虧損減少。

價格小於平均變動成本，則廠商應暫時歇業。圖 3 畫出這些策略：**完全競爭廠商的供給曲線為其邊際成本曲線位於平均變動成本曲線上方的那一段。**

14-2d 覆水難收與其他套牢成本

也許有人曾經告訴過你「覆水難收」或是「過去的就讓它過去吧」這兩句話。這兩句諺語充分彰顯理性思考。經濟學家稱那些已經發生但無法回收的成本為**套牢成本**。由於成本已無法回收，因此廠商不管做什麼樣的決策都無法改變此一事實，也因此，一個理性的決策者在做選擇時，不會將套牢成本列入考慮。

就廠商而言，如果它選擇歇業並無法少付固定成本，則此時的固定成本就是套牢成本，從而廠商在做生產決策時，不應考慮固定成本。這也是為什麼在圖 3 中，並沒有出現固定成本。

在個人決策上，我們也常用到「套牢成本是無關緊要的」這個觀念。假設你願意花 15 美元看一部票價為 10 美元的電影。你花了 10 美元買了一張票，但就在你要進場前突然找不到這張票，電影院也不願意通融。這時候你應該再買一張票（假設這部電影對你的價值仍然是 15 美元），還是回家？答案是：如果你夠理性的話，你應該再買一張票，因為你再買一張票的話，你可以享有看電影的 5 美元消費者剩餘。雖然算起來你總共花了 20 美元看這場電影，但買第 1 張票的 10 美

套牢成本
sunk cost
已經發生且無法回收的成本

個案研究

生意冷清的餐廳與冬季的海水浴場

你是否曾在中午用餐時刻走進一家幾乎沒有什麼顧客的餐廳。你也許會覺得奇怪,看起來這家餐廳的營收應不足以支應整個餐廳的開銷,這家餐廳怎麼還開得下去?或是這家餐廳什麼時候會關門?

在決定中午要不要營業時,餐廳老闆必須牢記固定成本與變動成本的差別。餐廳的很多成本都是屬於固定成本,如房租、廚房設備、桌椅、碗盤和餐具等。午餐時間不營業也不會讓這些成本減少;換言之,在短期,這些成本是套牢成本,從而老闆在決定中午是否要營業時,只需考慮中餐的食材與打工的員工費用等變動成本。如果營收無法超過變動成本,則老闆應在中午暫時歇業。如果晚餐也有同樣情形,則老闆應該早點把餐廳給收了。

相信你知道海水浴場在冬天是不營業的。也許你會覺得這用膝蓋想也知道;不過,希望你讀了本節以後,你的膝蓋會知道,這是因為海水浴場冬天的總收益小於變動成本的緣故。

元是屬於套牢成本,所以不應成為你要不要再買一張票時的考慮因素。

14-2e 廠商進出市場的長期決策

廠商要不要退出市場的長期決策與要不要暫時歇業的短期決策類似。如果廠商退出市場,則它不會有任何收益,但它也可以節省所有成本的支出。因此,**如果廠商長期的總收益小於總成本,則廠商會退出市場。**

同樣地,我們也可以用數學來表示此一條件。如果 TR 代表總收益,且 TC 代表總成本,則廠商退出市場的條件為

退出,如果 $TR < TC$。

將此一不等式兩邊同除以產量 Q,則退出市場的條件可以寫成

退出,如果 $TR/Q < TC/Q$。

由於 TR/Q 等於價格 P,且 TC/Q 等於平均總成本 ATC,因此,上一個不等式可改寫成

退出,如果 $P < ATC$。

圖 4　完全競爭廠商的長期供給曲線

1. 在長期，如果 P > ATC，則廠商會在 MC 線上生產…
2. …如果 P < ATC，則廠商會退出市場。

在長期，完全競爭廠商的供給曲線為其邊際成本曲線（MC）位於平均總成本曲線（ATC）上方的那一段。如果價格低於平均總成本，則廠商退出市場可免於長期虧損。

亦即，如果商品價格小於生產的平均總成本，則廠商應選擇退出市場。

類似的分析也可以適用於想要進入市場的廠商。如果商品價格高於生產的平均總成本，則廠商應選擇進入市場。亦即，

$$進入，如果 P > ATC。$$

此一條件與退出條件正好相反。

我們現在可以描述完全競爭廠商達成長期利潤極大的策略：如果價格大於平均總成本，則合乎此一情況的既有廠商應繼續留在市場，且新廠商應進入市場，同時生產至邊際成本等於價格下的產量。如果價格小於平均總成本，則合乎此一情況的既有廠商應退出市場。圖 4 畫出這些策略：**完全競爭廠商的長期供給曲線為其邊際成本曲線位於平均總成本曲線上方的那一段。**

14-2f 如何以圖形衡量完全競爭廠商的利潤

廠商的長期進出市場決策與其利潤有關。利潤等於總收益（TR）減去總成本（TC）：

$$利潤 = TR - TC。$$

我們先將等式右邊除以 Q 再乘以 Q：

$$利潤 = (TR/Q - TC/Q) \times Q。$$

圖 5　利潤為價格與平均總成本之間的面積

(a) 有利潤的廠商

(b) 發生虧損的廠商

價格與平均總成本之間的方形面積代表廠商的利潤。此一方形的高度為價格與平均總成本的差（$P-ATC$），寬度為產量（Q）。在圖（a），價格高於平均總成本，所以廠商有正的利潤。在圖（b），價格低於平均總成本，所以廠商發生虧損。

由於 TR/Q 等於價格 P，且 TC/Q 等於平均總成本 ATC，因此，

利潤 $=(P-ATC)\times Q$。

接下來我們可以根據此一等式在圖形上顯示廠商的利潤。

圖 5（a）顯示廠商有正的利潤的情況。廠商藉由生產價格等於邊際成本下的產量使其利潤極大。此一產量所對應的長方形，其高度為價格與平均總成本的差（$P-ATC$），其寬度等於使利潤極大的產量（Q）。因此，長方形的面積等於 $(P-ATC)\times Q$，其為廠商的利潤。

圖 5（b）顯示廠商發生虧損的情況。在此情況下，利潤極大意味著虧損最小。廠商根據價格等於邊際成本來決定虧損最小的產量。圖中的長方形其高度等於 $ATC-P$，寬度等於 Q，其面積等於 $(ATC-P)\times Q$，其為廠商的虧損。在此情況下，廠商會選擇退出市場。

14-2g 扼要重述

我們可以藉由剛買下一間生產牛奶的農場的兩位合夥人——王哥與柳哥——的一段對話來總結我們對完全競爭廠商的分析。王哥在大學主修經濟學，他跟柳哥說明，在牛奶這個完全競爭市場，他們應如何做供給決策。

柳哥：我們要生產多少產量才能讓利潤極大？

王哥：如果我們有生產的話，應生產到滿足 $P = MC$ 的水準。

柳哥：這樣我們會獲利嗎？

王哥：如果在該產量下，$P > ATC$，則會獲利；如果 $P < ATC$，則會有虧損。

柳哥：如果有獲利，我們該做些什麼？

王哥：就繼續高興賺啊！

柳哥：如果有虧損呢？

王哥：如果這個虧損是長期性的，我們就要計畫退出市場。

柳哥：那短期還要繼續營業嗎？

王哥：如果 $P > AVC$，則繼續營業可以讓我們的虧損極小。

柳哥：如果 $P < AVC$ 呢？

王哥：那麼，我們在短期也該歇業。如果情況一直沒改善（如牛奶的價格維持在低檔，或我們的成本無法降低），則要退出市場。

柳哥：所以，我們的長期供給曲線為 MC 曲線位於 ATC 曲線上方的那一段，而短期供給曲線為 MC 曲線位於 AVC 曲線上方的那一段。

王哥：是的，就是這樣。我把你需要知道的，總結成表 3。

表 3　完全競爭廠商利潤極大的法則

1. 找出滿足 $P = MC$ 的產量水準。
2. 如果 $P < AVC$，則立刻歇業。
3. 如果 $AVC < P < ATC$，則短期還是要繼續營業。
4. 如果 $P < ATC$ 的情況一直沒改善，則要退出市場。如果 $P > ATC$，則繼續高興賺下去。

即席測驗

3. 一個完全競爭廠商會依下列何者選擇讓利潤極大的產量？
   a. 平均總成本最低。
   b. 邊際成本等於市場價格。
   c. 平均總成本等於市場價格。
   d. 邊際成本等於平均總成本。

4. 一個完全競爭廠商的短期供給曲線，是其位於 _____ 成本曲線之上的 _____ 成本曲線。
   a. 邊際，平均總
   b. 邊際，平均變動
   c. 平均總，邊際
   d. 平均變動，邊際

5. 如果一個追求利潤極大的完全競爭廠商，其目前產量所對應的邊際成本介於平均變動成本與平均總成本之間的話，那麼，
   a. 它在短期會繼續生產，但在長期會退出市場。
   b. 它在短期會暫時歇業，但在長期會回到市場。
   c. 它在短期會暫時歇業，且在長期會退出市場。
   d. 它在長短期都會繼續生產。

（答案在章末）

14-3 完全競爭市場的供給曲線

在討論完單一廠商的供給決策後,我們可以接著討論市場的供給曲線。我們考慮兩種情況。第一,廠商的家數固定;第二,廠商的家數隨著舊廠商退出市場或新廠商進入市場而變動。第一種情況比較適用於短期,第二種情況則比較適用於長期。

14-3a 短期:廠商家數固定下的市場供給

假設市場有 1,000 家完全一樣的廠商。如圖 6(a)所示,在任一價格下,每個廠商根據價格等於邊際成本決定供給量。亦即,只要價格大於平均變動成本,則廠商的邊際成本曲線為其供給曲線。市場的供給量等於這 1,000 家廠商的供給量總和。如圖 6(b)所示,由於我們假設這 1,000 廠商完全一樣,所以任一價格下的市場供給量等於個別廠商在此一價格下之供給量的 1,000 倍。

14-3b 長期:廠商自由進出下的市場供給

接下來探討廠商可以自由進出市場的情況。假設每個人都有取得相同生產技術與生產投入的管道,因此,所有既有廠商與潛在廠商都有相同的成本曲線。

在此情況下,如果既有廠商有正的利潤,則新的廠商有進入市場的誘因。在新廠商進入市場之後,市場供給會增加,從而市場價格會下跌,進而廠商利潤

圖 6 短期市場供給

在短期,市場的廠商家數固定。因此,圖(b)中的市場供給曲線反映圖(a)中個別廠商的邊際成本曲線。在此,市場有 1,000 家廠商,所以市場的供給量等於個別廠商供給量的 1,000 倍。

也會下跌。相反地，如果既有廠商發生虧損，則有些廠商會退出市場，從而市場供給會減少，進而市場價格與廠商利潤會上升。**在經過廠商進出市場的調整過程後，留在市場的廠商其經濟利潤為零。**

如前所述，廠商的利潤可以表示成

$$利潤 = (P - ATC) \times Q。$$

此一等式意味著，廠商利潤為零的充要條件為商品價格等於平均總成本。如果價格高於平均總成本，則利潤為正，這會鼓勵新廠商進入市場。如果價格低於平均總成本，則利潤為負，從而有些廠商會退出市場。**只有在價格等於平均總成本時，此一進出市場的調整過程才會結束。**

我們在本章前面曾說明，追求利潤極大的廠商會生產至邊際成本等於市場價格下的產量。而我們剛剛得到，在廠商可以自由進出市場下，到最後平均總成本會等於市場價格的結論。因此，結合這兩個結論，我們會發現，到最後市場達到長期均衡時，廠商的邊際成本與平均總成本會相等，且都等於市場價格。但這種情況只會發生在平均總成本的最低點，亦即廠商在*效率規模*下生產。因此，**在廠商可以自由進出市場的長期均衡下，廠商會在效率規模下進行生產。**

圖7（a）顯示在此一長期均衡下的廠商。如圖所示，價格等於邊際成本 MC，所以廠商的利潤極大；而價格也等於平均總成本 ATC，因此廠商的利潤為零。在此情況下，新廠商沒有進入市場的動機，且既有廠商也沒有離開市場的動機。

經由以上的分析，我們可以得出市場的長期供給曲線。在廠商可以自由進出下，只有在價格等於平均總成本的最小值時，利潤才會等於零。因此，如圖7（b）所示，市場的長期供給曲線為對應此一價格（P^*）的水平線。如果價格高於此一水準，則廠商會有正的利潤，從而導致新廠商加入，直到價格又等於 P^* 為止。相反地，如果價格低於 P^*，則廠商會發生虧損，從而會有部分廠商退出市場，直到價格又回到 P^* 為止。因此，經由廠商家數的調整，價格最後會等於平均總成本的最小值，且會有足夠的廠商滿足在此一價格下的所有需求。

14-3c 為何完全競爭廠商可以接受零利潤？

也許你會覺得奇怪，為何完全競爭廠商可以接受長期利潤為零的結果，畢竟，人們做生意是為了賺錢。如果最後沒有利潤，廠商似乎沒有理由再繼續做下去。

不過，不要忘了，經濟學的成本是機會成本的概念。廠商總成本包括所有的機會成本，特別是業主投入的時間與金錢。在零利潤的均衡下，廠商的總收益等

圖 7　長期市場供給

（a）廠商利潤為零

（b）市場供給

在長期，廠商會進進出出市場，直到利潤等於零為止。最後，如圖（a）所示，價格等於平均總成本的最小值。在此情況下，如圖（b）所示，市場的長期供給曲線為對應此一價格的水平線。

於總成本；換言之，總收益的一部分已用來支付業主所投入的資源。

舉例來說，假設一個農夫投資 100 萬美元開設一家農場。如果他把這 100 萬美元存在銀行，他每年可以有 4 萬美元的利息。另外，他原來有一個年薪 6 萬美元的工作。因此，他這兩項的機會成本為每年 10 萬美元。即使他開農場的經濟利潤為零，但他的收益已涵蓋他的所有機會成本，因此他不會覺得開農場會使他變得更差，也因此即使經濟利潤為零，他還是願意繼續開農場。

14-3d 需求變動下的長短期均衡

在更了解廠商如何做供給決策之後，接下來我們可以探討市場對需求變動的反應。由於在長期廠商可以自由進出市場，但在短期則不能，因此市場對需求變動會有何反應，會因我們考慮的時間長短不同而有所不同。

假設牛奶市場一開始如圖 8（a）所示，處在長期均衡的狀態下。廠商的利潤為零，所以價格等於平均總成本的最小值。A 點為長期均衡所在，此時的市場銷售量為 Q_1，價格為 P_1。

現在假設科學家發現牛奶對健康有神奇的效果。如圖（b）所示，這會使牛奶需求曲線由 D_1 右移至 D_2，從而短期均衡由 A 點移至 B 點，均衡數量由 Q_1 增加為 Q_2，均衡價格由 P_1 上漲至 P_2。在市場價格上漲之後，每家既有廠商都會增產；至於增產多少則決定於邊際成本曲線，這是因為完全競爭廠商的邊際成本曲線就是供給曲線。由於價格現在高於平均總成本，因此廠商的利潤為正。

圖 8　需求增加下的長短期市場

（a）初始狀態

市場
1. 一開始市場處在長期均衡⋯

廠商
2. ⋯廠商的利潤為零。

（b）短期反應

市場
3. 但當需求增加造成價格上漲之後⋯

廠商
4. ⋯廠商有正的短期利潤。

（c）長期反應

市場
5. 當利潤誘使新廠商加入後，供給增加且價格下跌⋯

廠商
6. ⋯而重回長期均衡。

如圖（a）中的 A 點所示，一開始市場處在長期均衡的狀態下，每個廠商的利潤為零，且價格等於平均總成本的最小值。假設如圖（b）所示，需求由 D_1 增加為 D_2。均衡由 A 點移至 B 點，B 點為短期均衡所在；價格由 P_1 上升為 P_2，且市場銷售量由 Q_1 增加為 Q_2。由於價格現在高於平均總成本，因此廠商的利潤為正。這會吸引廠商加入市場，從而如圖（c）所示，供給曲線由 S_1 右移至 S_2。在 C 點的新長期均衡下，價格又回到 P_1，銷售量則增加為 Q_3。廠商的利潤又再度等於零，且價格又等於平均總成本的最小值，但市場裡有更多的廠商，滿足更大的市場需求。

隨時間經過，正的利潤會吸引新的廠商加入市場。例如，有些農民可能改生產牛奶。當廠商家數增加之後，供給曲線會往右移，從而造成價格與利潤下降。此一過程會持續到新的長期均衡達成為止，此時的利潤又會等於零。如圖（c）所示，供給曲線由 S_1 右移至 S_2，新的長期均衡為 C 點，均衡量增加為 Q_3。但均衡價格又回到 P_1，這也意味著廠商又回到效率規模下的產量，因此，市場均衡數量之所以會增加是因為廠商家數增加的緣故。

14-3e 為何長期供給曲線可能是正斜率？

我們剛剛之所以會得到市場的長期供給曲線是一條水平線的結論，最主要是因為我們假設廠商是完全一樣的，因此有相同的平均總成本曲線，也因此有相同的平均總成本最小值。

不過，有兩個原因會使市場的長期供給曲線可能是正斜率的。第一個原因是，生產用到的資源其數量可能有限。例如，農業用地的面積有限，因此，當農產品的需求增加之後，如上所述，農場的數目會增加，從而對農地的需求也會增加。這會造成農地價格與農場的平均總成本上升，從而在新的長期均衡下，均衡價格會比原先長期均衡下的價格來得高，這也意味著市場的長期供給曲線是正斜率的。

第二個原因是，廠商可能有不同的成本。以刷油漆的市場為例，不是每個油漆工都有相同的成本。成本可能因生產力不同而不同，也可能因時間成本不同而不同。在任何既定的價格下，成本愈低者其進入市場的可能性愈高。若要成本較高者也進入市場，則市場價格要夠高，才能吸引它們進入市場。因此，在成本不同且廠商可以自由進出市場下，我們可以看到需求增加會吸引成本較高的廠商進入市場，但也因此推升市場價格。在此情況下，市場的長期供給曲線斜率為正。

如果廠商有不同的成本，則在長期均衡下，那些成本較低的廠商會有正的利潤。此時，市場價格反映**邊際廠商**（marginal firm）的平均總成本。邊際廠商是指那些在價格下降後會率先離開市場的廠商。此類廠商的利潤為零，但市場的其他廠商有正的利潤。就那些未加入市場的廠商而言，它們的成本高於現行的邊際廠商。

由於上述的兩個理由，市場的長期供給曲線可能為正斜率，而不是水平線。不過，不管是哪一種情形，在廠商可以自由進出下，我們都可以得到下列的結論：*由於在長期廠商進出市場較為容易，所以市場的長期供給要比短期來得有彈性。*

即席測驗

6. 在一個廠商完全一樣的完全競爭市場的長期均衡裡，下列何者正確？
   a. $P > MC$ 且 $P > ATC$。
   b. $P > MC$ 且 $P = ATC$。
   c. $P = MC$ 且 $P > ATC$。
   d. $P = MC$ 且 $P = ATC$。
7. 在一個廠商完全一樣的完全競爭市場的短期均衡裡，如果有新廠商準備加入市場，則下列何者正確？
   a. $P > MC$ 且 $P > ATC$。
   b. $P > MC$ 且 $P = ATC$。
   c. $P = MC$ 且 $P > ATC$。
   d. $P = MC$ 且 $P = ATC$。
8. 假設紐約市的熱狗攤是一個完全競爭市場。有一天，市政府決定對每一熱狗攤收取每月 100 美元的執照費。在此情況下，紐約市熱狗的
   a. 短期消費量會減少，但長期不變。
   b. 短期消費量會增加，但長期不變。
   c. 短期消費量會不變，但長期會減少。
   d. 短期消費量會不變，但長期會增加。

（答案在章末）

14-4 結論

供給曲線的背後

本章說明了完全競爭廠商的行為。**經濟學十大原理**之一是：理性的人們進行邊際思考。本章將此一原理應用在完全競爭廠商。我們所做的邊際分析讓我們對完全競爭市場的供給有更進一步的了解。

當你在競爭激烈的市場買到一項商品時，由本章的分析你會知道，你所付出的價格不單接近廠商的邊際成本，也接近它的平均總成本的最小值。

雖然我們在本章假設廠商是價格接受者，但本章所發展出來的工具有很多也可以用在分析非完全競爭市場廠商的行為，特別是邊際分析。當然，非完全競爭市場會有一些與完全競爭市場不同的結論，我們在接下來的三章會詳細介紹。

摘要

- 由於完全競爭廠商是價格接受者,所以其收益與產量成比例關係,且商品價格同時等於其平均收益與邊際收益。
- 為使利潤極大,廠商會選擇使邊際收益等於邊際成本的產量。因為邊際收益等於市場價格,因此廠商的邊際成本曲線為其供給曲線。
- 在短期,如果廠商無法回收其固定成本,則廠商會在價格小於平均變動成本時暫時歇業。在長期,如果價格小於平均總成本,則廠商會選擇退出市場。
- 若廠商可自由進出市場,則完全競爭廠商的長期利潤為零,且每個廠商會在效率規模下生產,價格會等於平均總成本的最小值。同時,廠商的家數會調整至使該價格下的市場需求獲得滿足的水準。
- 在短期,需求增加會使價格與廠商利潤上升,需求減少則會使價格與廠商利潤下跌。如果廠商可以自由進出市場,則廠商家數的調整會使市場重新回到零利潤的長期均衡。

複習題

1. 何謂完全競爭廠商?
2. 說明廠商的總收益與利潤的差異。廠商極大化總收益還是利潤?
3. 畫出一般廠商的成本曲線。在某一既定價格下,說明廠商如何決定其利潤極大的產量。在你的圖上顯示利潤極大產量下的總收益與總成本。
4. 說明在什麼樣的情況下廠商會暫時歇業。
5. 說明在什麼樣的情況下廠商會退出市場。
6. 在短期,價格是否等於完全競爭廠商的邊際成本?在長期呢?
7. 在短期,價格是否等於完全競爭廠商的平均總成本最小值?在長期呢?
8. 市場的長期供給曲線是否較短期的來得有彈性?請說明。

問題與應用

1. 很多小船是由玻璃纖維所製;玻璃纖維提煉自石油。假設石油價格上漲。
    a. 繪圖說明個別造船公司的成本曲線以及市場的供給曲線會如何變動。
    b. 造船公司的短期利潤會如何變動?長期下的造船公司家數又會如何變動?
2. 老包擁有一家除草公司,他追求利潤極大,且他處在一個完全競爭市場。他除一次草要價 27 美元,他每天除 10 次草。他每天的總成本為 280 美元,其中有 30 美元是固定成本。老包在短期應暫時歇業嗎?在長期,他應退出市場嗎?

3. 根據下表回答下列問題：

數量	0	1	2	3	4	5	6	7
總成本	$8	9	10	11	13	19	27	37
總收益	$0	8	16	24	32	40	48	56

a. 計算每一數量下的利潤。使利潤最大的數量為何？

b. 計算每一數量下的邊際收益與邊際成本並畫圖。（提示：在整數之間畫點，例如，產量自 2 單位增加為 3 單位時的邊際成本畫在 2½ 單位處。）在哪一個產量水準下，這兩條線會相交？此一答案與你在（a）小題中的答案有何關聯？

c. 此一廠商是否為完全競爭廠商？如果是，則此一產業的長期均衡價格為何？

4. 某廠商的生產成本如下：

數量	總固定成本	總變動成本
0	$100	$ 0
1	100	50
2	100	70
3	100	90
4	100	140
5	100	200
6	100	360

a. 計算該廠商的平均固定成本、平均變動成本、平均總成本與邊際成本。

b. 假設價格為 50 美元。該廠商決定暫時歇業。此時它的利潤／虧損為何？這是一個明智的決策嗎？

c. 如果該廠商生產 1 單位，則其邊際收益與邊際成本是否相等？此時它的利潤／虧損為何？這是一個明智的決策嗎？

5. 假設印刷業是完全競爭產業且一開始處在長期均衡的狀態下。

a. 畫圖描述此產業之典型廠商在此狀態下的生產決策。

b. 假設有一家廠商發明一種可以大幅降低成本的印刷技術並取得專利權。在短期，其他廠商不能使用這項新技術。在此情況下，發明這項新技術的廠商其利潤以及書本價格會如何變動？

c. 在長期，當專利權到期後，其他廠商可免費使用這項技術。在此情況下，會有什麼樣的新局面？

6. 一個完全競爭廠商其總收益為 500 美元，且邊際收益為 10 美元。其平均收益為何？其銷售量又為何？

7. 一個追求利潤極大的完全競爭廠商其產量為 100，平均收益為 10 美元，平均總成本為 8 美元，且固定成本為 200 美元。

a. 其利潤為何？

b. 其邊際成本為何？

c. 其平均變動成本為何？

d. 其效率規模大於、小於還是等於 100？

8. 假設肥料市場是完全競爭市場，且一開始廠商處在虧損狀態下。

a. 比較肥料價格與平均總成本、平均變動成本以及邊際成本之間的大小關係。

b. 在兩個並列的圖形上，畫出典型廠商與市場此時的情況。

c. 假設其他條件不變。在長期，肥料價格、每個廠商的邊際成本、平均總成本與供給量，以及市場總供給量會如何變動？

9. 假設蘋果派市場是完全競爭且需求表如下：

價格	需求量
$1	1,200 個
2	1,100
3	1,000
4	900
5	800
6	700
7	600
8	500
9	400
10	300
11	200
12	100
13	0

每位生產者的固定成本為 9 美元且邊際成本如下：

數量	邊際成本
1 個	$2
2	4
3	6
4	8
5	10
6	12

a. 計算數量 1 至 6 個下的總成本與平均總成本。

b. 目前的價格為 11 美元。市場的銷售量為何？每位生產者的產量為何？生產者的數目為何？每位生產者的利潤又為何？

c. (b) 小題中的價格是長期均衡價格嗎？為什麼？

d. 假設在長期廠商可以自由進出市場。在長期均衡達成時，每位生產者的利潤為何？市場價格與每位生產者的產量各為何？市場銷售量與生產者數目又各為何？

10. 某一產業現在有 100 家廠商，所有廠商有相同的成本。固定成本為 16 美元且平均變動成本如下：

數量	平均變動成本
1	$1
2	2
3	3
4	4
5	5
6	6

a. 計算邊際成本與平均總成本。

b. 目前的價格為 10 美元。市場的總供給量為何？

c. 當市場趨向長期均衡時，價格會漲還是會跌？需求量會增加還是減少？每個廠商的供給量呢？

d. 畫出此一市場的長期供給曲線。

11. 你帶你的女友去一家高級餐廳用餐，你點了一客 60 美元的龍蝦，但你吃了一半就飽了。你的女友要你把它吃完，因為你不能把它帶走，且因為「你已經付錢了。」請應用本章所學來說明接下來你會怎麼做。

12. 繪圖說明：在廠商的成本不同且廠商可以自由進出市場下，完全競爭市場的長期供給曲線斜率為正。

即席測驗答案

1. c 2. d 3. b 4. d 5. a 6. d 7. c 8. c

Chapter 15

獨占

在1990年代，如果你有一台個人電腦，你可能使用某一版微軟公司所出的視窗（Windows）軟體；即使在今天，搭配視窗軟體的電腦依然很受歡迎。在很多年前，微軟就已經申請到視窗軟體的專利權，讓它成為唯一一家可以製作並銷售視窗軟體的公司。所以任何人想要買視窗軟體，他除了付大約100美元向微軟購買以外，似乎沒有其他選擇。我們稱微軟公司是視窗市場的**獨占廠商**（monopoly）。

我們在上一章分析完全競爭市場。在完全競爭市場，有很多賣者提供同質的商品，因此，每個廠商對市場價格的影響力相當有限；但像微軟這樣一個獨占廠商，由於它沒有強力的競爭對手，因此可以影響產品的市場價格。換言之，完全競爭廠商是**價格接受者**（price taker），而獨占廠商是**價格制定者**（price maker）。

在本章，我們探討獨占廠商的訂價決策。在完全競爭市場，廠商依價格等於邊際成本決定利潤極大化下的產量；但在獨占市場，獨占廠商所決定的價格高於邊際成本，微軟的視窗軟體即是一例。視窗軟體的邊際成本——微軟將程式複製在另一片光碟上所發生的成本——只有幾塊美元，但視窗的市場價格是邊際成本的好幾倍。

獨占廠商賣的產品偏貴並不令人意外，因為消費者並沒有什麼選擇。如果是這樣，那麼接下來的一個有趣問題是，為什麼微軟不把視窗軟體的價格訂在每套1,000美元，甚至是10,000美元。微軟之所以沒有這麼做，是因為如果價格訂得這麼高，則視窗軟體的市場需求量會大幅減少，從而人們可能會改買盜版或換成其他的作業系統，這對微軟的利潤反而是不利的。因此，獨占廠商雖然可以控制產品的價格，但也不會漫天要價。

在我們分析獨占廠商的生產與訂價決策的同時，我們也會探討獨占的社會福利意涵。獨占廠商，與完全競爭廠商一樣，都追求利潤極大。在完全競爭市場，買者與賣者雖然都追求自利，但在市場那隻看不見的手的引導下，他們會不自覺地提升整個經濟體系的福祉。相形之下，因為缺乏競爭，所以獨占下的市場結果通常無法使社會福利達到最大。

經濟學十大原理之一是：政府有時可以改善市場結果；本章會更詳細闡述此一原理。在我們說明獨占對社會所造成的問題時，我們也會討論政府針對這些問題所可能採取的對策。舉例來說，美國政府一直都在注意微軟的企業決策。在1994年，美國政府曾經阻止微軟併購因特異（Intuit）公司，因為因特異公司是個人理財軟體的領導廠商。若是這項併購案成立，則微軟會有很大的壟斷力。同樣地，在1998年，美國司法部反對微軟將網路瀏覽器併入視窗作業系統中，因為這樣會不利其他公司（如網景，Netscape）參與競爭。截至今天，微軟仍持續在美國海內外對抗反托拉斯管制者（antitrust regulators）。

15-1 為何會有獨占？

獨占廠商
monopoly
某商品的唯一賣者，且該商品沒有近似替代品

若一家廠商是某商品的唯一賣者，且該商品沒有近似替代品，則該廠商為**獨占廠商**。獨占形成的原因為市場存在**進入障礙**（barriers to entry），亦即其他廠商無法進入市場參與競爭。進入障礙的來源有三：

- **壟斷資源**：單一廠商擁有某項關鍵資源。
- **政府造就的獨占**：政府授予單一廠商專賣權。

- **自然獨占**：生產具規模經濟性質，從而市場只容得下一家廠商。

以下逐一討論。

15-1a 壟斷資源

獨占形成的最簡單原因為單一廠商擁有某項關鍵資源。例如，如果某一小鎮的水源由某家廠商所有，則這家廠商為小鎮水市場的唯一賣者。即使它生產水的邊際成本很低，但它依然會訂定一個比較高的水價。

雖然這是獨占形成的原因之一，但獨占通常不是這樣形成的。現實的經濟體系相當龐大，絕大多數的資源也都由很多人所擁有，再加上一國或多或少都會進行國際貿易，因此，一國的任一生產者也都會面臨來自國外許多廠商的競爭。所以，在現實世界中，因壟斷資源而變成獨占廠商的例子可說是絕無僅有。

一個比較接近的例子是南非的鑽石開採公司 DeBeers，它的鑽石產量曾達全球的 80%。當你看到「鑽石恆久遠，一顆永流傳」的電視廣告時，你看不到這支廣告的廣告主店號（如 Tiffany 之類的），這是因為全世界大部分珠寶店的鑽石是由 DeBeers 所供應的。所以，當你因為這支廣告而去買鑽石時，你買到的很有可能是 DeBeers 的產品。

15-1b 政府造就的獨占

在很多情況下，獨占之所以會形成是因為政府將一項商品或服務的專賣權授予某家廠商。例如，我國《郵政法》禁止人民從事信函郵遞業務，所以只有「中華郵政」一家公司可以開郵局。

專利權法與著作權法是另外兩個政府造就獨占的例子。當一家藥廠發明一種新藥時，它可以向政府申請專利權；如果政府通過其申請，它在未來某一段時間內會是這項藥品的唯一賣者。同樣地，任何一位作家出書時也享有著作權，而變成他那一本書的唯一賣者。對那些生活困頓的作家而言，他們可能不會認為自己是一個獨占者；不過，這也說明了，身為一項產品的唯一賣者，並不保證他的產品會有很多人買。

由於取得專利權或著作權的人是其產品的唯一賣者，因此其產品可以訂定一個比較高的價格，而可能享有超額利潤。這具有鼓勵人們從事發明與創作的效果，因此有助於社會的進步。但我們會在本章後面說明，這項好處有一部分會被較高的價格所抵銷。

圖 1　規模經濟為獨占的成因

[圖：縱軸為成本，橫軸為產量，一條持續下降的平均總成本曲線]

當廠商的平均總成本曲線持續下降時，除非市場需求夠大，否則不會有其他廠商加入市場。因為多家廠商瓜分市場之後，各家廠商的產量會變小，從而平均總成本很有可能會高於產品價格，而使廠商發生虧損。因此，在此情況下，很自然地只會有一家廠商。我們稱此為自然獨占。

15-1c 自然獨占

自然獨占
natural monopoly
一個可以由單獨一家廠商滿足市場的總需求，且其成本要比數家廠商同時供應時來得低的獨占市場

當一個產業可以由單獨一家廠商滿足市場的總需求，且其成本要比數家廠商同時供應時來得低時，則此產業為**自然獨占**。自然獨占之所以會形成是因為生產具有規模經濟。圖 1 顯示具規模經濟的廠商其平均總成本。就圖 1 中的任一數量而言，如果此數量由數家廠商共同生產，則成本會高於由單獨一家廠商生產。

自來水公司是自然獨占的一個很好例子。為供應全市居民的用水，自來水公司必須在市區各地埋設水管。如果有兩家或以上的廠商提供自來水服務，則每家廠商都須負擔水管埋設的固定成本，且由於每家的供水量只占市場的一部分，所以其平均固定成本要比在只有一家自來水公司的情況下高出許多，從而很有可能會發生虧損。此時，除非市場需求夠大，否則不會有第二家廠商加入自來水市場。

即席測驗

1. 有些政府所授與的獨占權對社會而言是有利的，如果它們
   a. 可以避免價格割喉戰所造成的負面效果。
   b. 可以提升企業的獲利。
   c. 具有鼓勵人們從事發明與創作的效果。
   d. 可以讓消費者不用煩惱選擇哪一個賣者。

2. 當產量增加時，下列何者是一個自然獨占廠商的特徵？
   a. 總收益增加。
   b. 邊際成本上升。
   c. 平均收益下降。
   d. 平均總成本下降。

（答案在章末）

15-2 獨占廠商如何做生產與訂價決策

接下來我們說明獨占廠商如何決定產量與產品價格。本節的分析將有助於我們了解獨占可能造成的效率損失，以及政府可以採取的對策。

15-2a 獨占對完全競爭

獨占廠商與完全競爭廠商的主要差別在於獨占廠商有能力影響市場價格。在完全競爭市場，由於有很多的賣者，所以每個廠商的產量多寡並不足以影響市場價格。但在獨占市場，由於獨占廠商是唯一的賣者，所以可以藉由產量的調整來改變市場價格。

我們可以從廠商所面對的需求曲線來看上述獨占廠商與完全競爭廠商的差別。我們在上一章曾提到，由於完全競爭廠商可以依市場價格銷售它想要銷售的數量，所以，如圖 2（a）所示，它面對一條對應市場價格的水平需求曲線。

相形之下，由於獨占廠商是市場的唯一賣者，所以，如圖 2（b）所示，它面對的需求曲線就是市場需求曲線。如果獨占廠商調漲產品價格，則消費者的購買量會減少。從另外一個角度來看，如果獨占廠商減少它的銷售量，則產品價格會上漲。

如果可能的話，獨占廠商會希望以更高的價格銷售更多的數量；但由於市場

圖 2　完全競爭廠商與獨占廠商的需求曲線

如圖（a）所示，完全競爭廠商由於是價格接受者，所以面對的是水平的需求曲線。而獨占廠商由於是市場的唯一賣者，所以如圖（b）所示，其所面對的是負斜率的市場需求曲線。因此，獨占廠商如果要增加銷售量，就必須調降價格。

需求曲線是負斜率的,所以獨占廠商無法這麼做。換言之,負斜率的市場需求曲線對獨占廠商的利潤構成限制。獨占廠商只能選擇市場需求曲線上的某一點價量組合,但不能選擇此線以外的組合。

獨占廠商最後會選擇哪一個組合?跟完全競爭廠商一樣,我們假設獨占廠商追求利潤極大。由於利潤等於總收益減去總成本,所以接下來我們先檢視獨占廠商的收益。

15-2b 獨占廠商的收益

假設某一個小鎮只有一家自來水廠。表1顯示該獨占廠商在不同產量下的總收益。

前兩欄列出該獨占廠商所面對的需求表。如果它生產1加侖的水,則它可以將價格訂為每加侖10美元;如果生產2加侖的水,則它可以將價格訂為每加侖9美元;如果生產3加侖的水,則必須將價格降為8美元,以此類推。如果你將這兩欄的數字畫成圖形,你會得到一條負斜率的需求曲線。

表1的第3欄列出該獨占廠商的**總收益**,它等於銷售量(表1的第1欄)乘以價格(第2欄)。第4欄為**平均收益**,它等於總收益除以銷售量。如我們在上一章所提的,任何廠商的平均總收益都等於商品價格,獨占廠商也不例外。

表1的最後一欄為廠商的**邊際收益**,其為廠商多銷售一單位的產量所造成的

表1 獨占廠商的總收益、平均收益與邊際收益

(1) 自來水數量 (Q)	(2) 價格 (P)	(3) 總收益 ($TR = P \times Q$)	(4) 平均收益 ($AR = \frac{TR}{Q}$)	(5) 邊際收益 ($MR = \frac{\Delta TR}{\Delta Q}$)
0 加侖	$11	$ 0	—	
1	10	10	$10	$10
2	9	18	9	8
3	8	24	8	6
4	7	28	7	4
5	6	30	6	2
6	5	30	5	0
7	4	28	4	−2
8	3	24	3	−4

總收益變動金額。舉例來說，當水的產量為 3 加侖時，總收益為 24 美元；當產量為 4 加侖時，總收益為 28 美元。因此，當產量由 3 加侖增加為 4 加侖時，邊際收益為 4 美元（28 美元－24 美元）。

比較表 1 的第 2 欄與第 5 欄可以發現，**獨占廠商的邊際收益永遠會小於價格**。例如，當產量由 3 加侖增加為 4 加侖時，即使廠商可以將水價訂為每加侖 7 美元，但此時的邊際收益只有 4 美元。之所以會有這樣的結果，是因為獨占廠商面對的是負斜率的市場需求曲線，因此，獨占廠商若要將銷售量由 3 加侖增加到 4 加侖，它必須要將售價由原先每加侖 8 美元降為每加侖 7 美元，從而它雖然可以從銷售第 4 加侖收到 7 美元，但前面的 3 加侖也會每加侖少收 1 美元，因此，第 4 加侖的邊際收益只有 4 美元。

所以，獨占廠商的邊際收益不像完全競爭廠商那樣，等於價格，而是小於價格。當獨占廠商增加銷售量時，總收益（$P \times Q$）會受到下列兩種效果的影響：

- **產量效果**：銷售量增加，亦即 Q 上升，而使總收益增加。
- **價格效果**：價格下跌，亦即 P 下降，而使總收益減少。

因為完全競爭廠商可以依市場價格銷售想要銷售的數量，所以不會有價格效果，從而其邊際收益等於價格。但就獨占廠商而言，它若要增加一單位的銷售量，它必須要調降價格。由於調降後的價格適用於每一單位的銷售量，因此就它原先的那一部分銷售量而言，它的總收益會減少，從而雖然它新增的那一單位銷售量可以使總收益的增加金額等於新的價格，但扣掉上述的價格效果後，它最後的邊際收益會小於價格。

以上的結果可以藉助下列的數學式說明。由於

$$\Delta TR = \Delta(P \times Q) = P \times \Delta Q + Q \times \Delta P,$$

因此，

$$MR = \frac{\Delta TR}{\Delta Q} = P + Q \times \frac{\Delta P}{\Delta Q}。$$

上式第二個等號右邊的第一項即為產量效果，第二項即為價格效果。就完全競爭廠商而言，由於它的銷售量的變動並不會影響市場價格，亦即 $\frac{\Delta P}{\Delta Q} = 0$，所以我們可以得到 $MR = P$ 的結果。就獨占廠商而言，由於它面對的是負斜率的市場需求曲線，因此 $\frac{\Delta P}{\Delta Q} < 0$，也因此 $MR < P$。

圖 3 畫出市場需求曲線以及獨占廠商的邊際收益曲線。（由於廠商的平均收益

完全競爭廠商：$P = MR = MC$。

獨占廠商：　　$P > MR = MC$。

如前所述，這兩種廠商的邊際收益與價格之間的關係之所以不同，是因為完全競爭廠商所面對的需求曲線是水平線，而獨占廠商面對的是負斜率曲線。

我們現在可以看出完全競爭市場與獨占市場之間的一個重要差異：**在完全競爭市場，價格等於邊際成本；在獨占市場，價格大於邊際成本**。如我們即將看到的，由於價格大於邊際成本，所以獨占會產生一些社會成本。

15-2d 獨占廠商的利潤

獨占廠商可以賺取多少利潤？利潤等於總收益（TR）減去總成本（TC），亦即

$$利潤 = TR - TC。$$

我們在等號右邊先除以 Q，再乘上 Q，可以得到

$$利潤 = (\frac{TR}{Q} - \frac{TC}{Q}) \times Q，$$

其中，$\frac{TR}{Q}$ 為平均收益，平均收益又等於價格 P，而 $\frac{TC}{Q}$ 為平均總成本 ATC。因此

$$利潤 = (P - ATC) \times Q。$$

我們可以根據此一等式在圖形上顯示獨占廠商的利潤。

圖 5 中的長方形面積就是獨占廠商的利潤。此一方形的高度（線段 BC）等於價格減平均總成本，$P - ATC$，其為每單位銷售量的利潤；方形的寬度（線段 DC）為銷售量 Q_{MAX}。因此，此一方形的面積為獨占廠商的總利潤。

表 2 總結了獨占廠商如何極大化其利潤。

到目前為止，我們只提到獨占市場的需求曲線，但我們都沒有提到獨占廠商

表 2　獨占廠商的利潤極大化法則

1. 從需求曲線導出 MR 線。
2. 找出 $MR = MC$ 下的產量。
3. 在需求曲線上找出對應於此一產量的價格。
4. 如果 $P > ATC$，則它有正的利潤。

圖 5　獨占廠商的利潤

長方形 BCDE 的面積等於廠商的利潤。其高度 BC 為價格減平均總成本，也就是每單位銷售量的利潤；其寬度 DC 為銷售量。

的供給曲線。這是因為獨占廠商並沒有供給曲線。為什麼呢？供給曲線顯示在任一價格下廠商所願意銷售的數量。但就獨占廠商而言，在它訂出商品價格之後，它的銷售數量完全決定於市場需求量，因此也就沒有它願意銷售多少數量的問題，也因此，獨占廠商沒有供給曲線。

即席測驗

3. 就一個追求利潤極大且對所有顧客收取相同價格的獨占廠商而言，
   a. $P = MR$ 且 $MR = MC$。
   b. $P > MR$ 且 $MR = MC$。
   c. $P = MR$ 且 $MR > MC$。
   d. $P > MR$ 且 $MR > MC$。

4. 當一個獨占廠商其固定成本增加時，它的價格會 _____，且利潤會 _____。
   a. 上升，減少。
   b. 下降，增加。
   c. 上升，維持不變。
   d. 維持不變，減少。

（答案在章末）

個案研究：專利藥與俗名藥

根據我們的分析，獨占市場與完全競爭市場有不同的價格決定方式。我們可以用藥品市場來檢驗此一理論，因為這兩種市場結構同時存在於藥品市場。當廠商發明一種新藥時，專利權法賦予廠商此藥的專賣權。不過，專利權最終會到期，這時其他廠商可以製造並販售此藥，從而市場由獨占變成完全競爭。

專利權到期之後，藥價會如何變化？我們以圖 6 來說明。如圖所示，生產藥品的邊際成本是固定的（很多藥品事實上是如此）。在專利權未到期前，獨占廠商根據邊際收益等於邊際成本，生產使利潤極大的產量，並以遠高於邊際成本的價格出售。但在專利權到期之後，該藥原先的高價格會降至與邊際成本相等的水準。

實際的情況與我們理論相符。在專利權到期之後，其他的製藥公司會迅速加入市場，銷售所謂的俗名藥（generic drugs）。俗名藥（如阿斯匹靈）是那些成分與原先專利藥相同的藥。如同我們剛剛所分析的，俗名藥的價格遠低於之前的專利藥。

不過，專利權到期並不一定會使原先的獨占廠商喪失所有的市場影響力。有些消費者可能因為害怕新的俗名藥其成分與他們之前所服用的藥不盡相同，而繼續購買原廠藥品，從而原獨占藥廠的產品價格仍會稍高於其他競爭者的價格。

圖 6　藥品市場

專利權賦予藥廠專賣其藥品的權利，從而藥廠會訂定一個遠高於邊際成本的價格。在專利權到期之後，廠商會加入市場，而使市場的競爭程度大幅提升，從而價格由獨占價格降至與邊際成本相等的水準。

15-3 獨占的社會福利成本

獨占是否是一個好的市場結構？我們已經知道獨占下的產品價格高於邊際成本。從消費者的角度來看，他們不會接受獨占，因為價格過高。不過，也因為價格高，所以獨占廠商得以享有利潤。有沒有可能獨占所帶給廠商的效益超過加諸於消費者的成本，以至於從整個社會的角度來看，獨占是可以被接受的？

我們可以用福利經濟學的分析工具來回答這個問題。我們在第 7 章曾說明，由完全競爭市場的供給與需求共同決定的均衡數量可以使總剩餘達到最大。但在獨占市場，如我們以下即將說明的，由於市場銷售量的決定方式與完全競爭市場不同，所以社會的總剩餘並不是最大的，亦即獨占會造成無謂損失。

我們先假設獨占廠商為一位仁慈的社會計畫者所經營。該社會計畫者不單關心企業的利潤，也十分關心消費者的權益；她的目標為總剩餘能夠達到最大。先記住一項商品的總剩餘等於該商品對消費者的總價值減去生產者的總成本。

圖 7 說明該計畫者如何達成其目標。需求曲線的高度反映消費者的支付意願，因而反映該商品對消費者的價值，而邊際成本曲線反映獨占廠商的生產成

圖 7　使總剩餘最大的產出水準

以社會總剩餘達到最大為目標的仁慈計畫者，會選擇需求曲線與邊際成本曲線交點所對應的產量。若產量低於此一水準，則商品對邊際買者的價值（反映在需求曲線的高度）超過邊際成本。若產量高於此一水準，則商品對邊際買者的價值小於邊際成本。

本。因此，**需求曲線與邊際成本曲線交點下的產量為使社會總剩餘最大的產量**。若產量低於此一水準，則如圖 7 所示，多生產 1 單位對消費者的價值高於生產此一單位的成本，因此增加產量可提升總剩餘。若產量高於此一水準，則少生產 1 單位產量所節省的成本高於此一單位對消費者的價值，從而減少產量也可提升總剩餘。因此，使總剩餘最大的產量為需求曲線與邊際成本曲線交點所對應的產量。

此一產量也就是該計畫者的目標產量，她會將商品價格訂在該交點所對應的水準。因此，如同完全競爭廠商，而不像獨占廠商，她所訂的價格等於邊際成本。

我們可以藉由比較追求利潤極大的獨占廠商其所選取的產量與仁慈的社會計畫者所選取的產量，來評估獨占的福利效果。如圖 8 所示，獨占廠商會生產邊際收益曲線與邊際成本曲線交點所對應的產量，而該社會計畫者會選擇需求曲線與邊際成本曲線交點所對應的產量。因此，**獨占廠商所生產的產量小於使社會總剩餘達到最大的產量**。

所以，在獨占下，社會總剩餘並不是最大的。我們也可以從獨占價格來理解此一結果。就圖 8 中著色的三角形所對應的數量而言，需求曲線的高度均高於邊際成本曲線的高度，因此，就這些數量而言，它們對消費者的價值高於生產它們的成本。但由於消費者對這些數量所願意支付的價格低於獨占價格，因此，消費

圖 8　獨占是無效率的

由於獨占廠商訂的價格高於邊際成本，所以並不是所有認定產品價值高於邊際成本的消費者都能買到此產品。因此，獨占下的交易量小於使社會總剩餘最大的交易量。圖中的著色三角位於需求曲線（反映產品對買者的價值）與邊際成本曲線（反映獨占廠商的生產成本）之間，代表獨占所造成的無謂損失。

者無法買到這些數量，也因此，獨占下的結果是無效率的。

記不記得我們在第 8 章曾提到，政府課稅會使交易量減少，進而使部分交易利得無法實現（參閱第 8 章圖 4）。獨占之所以會造成無效率結果其道理就如同課稅一樣。由於獨占廠商訂定一個比較高的價格，所以交易量會比完全競爭市場的交易量來得小，因此，部分交易利得無法實現，也因此，獨占下的產量無法使社會總剩餘達到最大。在此情況下，就跟課稅一樣，獨占會產生無謂損失，其大小等於圖 8 中的著色三角形面積。

如前所述，就此一三角形所對應的數量而言，它們對買者的價值高於生產它們的邊際成本，因此，該三角形面積所衡量的就是因獨占價格過高而損失的總剩餘，也就是獨占所造成的無謂損失。

即席測驗

5. 與社會最適點相較，獨占廠商的
   a. 產量過低且價格過高。
   b. 產量過高且價格過低。
   c. 產量跟價格都過高。
   d. 產量跟價格都過低。
6. 獨占之所以會造成無謂損失是因為
   a. 獨占廠商的利潤高於完全競爭廠商。
   b. 一些放棄購買的潛在買者，其對商品的評價高於獨占廠商的邊際成本。
   c. 買到商品的買者，其所付的價格高於獨占廠商的邊際成本，而減損其消費者剩餘。
   d. 獨占廠商的產量無法使價格等於平均收益。

（答案在章末）

15-4 差別取價

到目前為止，我們假設獨占廠商對所有的顧客收取相同的價格。但在很多情況下，即使每一單位產品的生產成本一樣，獨占廠商可能會對不同的顧客收取不同的價格。此一做法稱為**差別取價**。

在完全競爭市場，廠商不可能有差別取價的做法。這是因為完全競爭廠商可以依市場價格賣出它所想要銷售的數量，所以沒有必要以低於市場價格的水準賣產品給任何一位顧客，且如果要以高於市場價格的水準賣產品給某一位顧客，則該顧客會轉向其他廠商。因此，如果廠商想要實施差別取價，則它必須要有某種程度的市場影響力。

差別取價
price discrimination
就同一項產品，廠商對不同的顧客收取不同價格的做法。

15-4a 關於訂價的寓言故事

接下來我們用一個簡單的例子，來說明為何獨占廠商會想要實施差別取價。

假設你是一家出版社的老闆，且最近要出版一位暢銷書作家的小說。為簡化說明，我們再假設你付給該作家 200 萬美元取得獨家出版權，且印書成本為零。因此，你的出版社的利潤為售書收益減 200 萬美元。在此情況下，你會怎麼訂這本小說的售價？

首先，你要估計這本小說的市場需求。你的行銷經理告訴你，這本小說有兩類讀者，包括 10 萬名願意花 30 美元購書的死忠讀者，以及 40 萬名只願意花 5 美元購書的一般讀者。

售價訂在多少可以讓你的利潤最大？如果訂為 30 美元，則你只能賣 10 萬本，從而總收益為 300 萬美元，進而利潤為 100 萬美元。如果訂為 5 美元，則總共可以賣出 50 萬本，從而總收益為 250 萬美元，進而利潤為 50 萬美元。因此，你似乎應該只顧那些死忠讀者，而放棄那些一般讀者。

當你把書的售價訂為 30 美元時，由於你的印書成本為零，亦即你的邊際成本為零，所以此時社會總剩餘的損失為那 40 萬名一般讀者所願意支付的總金額，200 萬美元（400,000×5 美元）。這 200 萬美元也是你少賺的收益以及利潤。此即獨占廠商將價格訂得比邊際成本高所造成的無謂損失。

現在假設你的行銷部門有一個重大發現：這兩類讀者分布在不同的國家。所有死忠讀者都住在澳洲，且所有一般讀者都住在美國，同時，這兩個市場是完全隔離的。

在此情況下，你可以賺取更多的利潤。你可以將澳洲市場的價格訂為 30 美元，而得到 300 萬美元的收益，同時，將美國市場的價格訂為 5 美元，而得到 200 萬美元的收益。因此，你總共會有 500 萬美元的收益。扣掉付給作者的 200 萬美元，你總共會有 300 萬美元的利潤，比將書價統一訂為 30 美元下的利潤 100 萬美元，多了 200 萬美元。所以，你會實施差別取價。

雖然以上的故事純屬虛構，但很多出版公司事實上也是這樣做的。另外，出版公司也時常先發行較貴的精裝本，賣給那些想一睹為快的讀者，接著再發行較便宜的平裝本。這兩種版本之間的價差，遠高於印書成本的差額。出版商的目標就跟上述的例子一樣，藉由賣較貴的精裝本給死忠讀者，以及較便宜的平裝本給一般讀者，來賺取更多的利潤。

15-4b 寓言故事的啟示

從以上的寓言故事，我們可以學到下列三點：

第一，差別取價是追求利潤極大的獨占廠商的一種理性策略。換言之，獨占

廠商可以藉由對不同顧客進行差別取價來增加利潤。這是因為差別取價可以比單一價格更接近每個顧客的支付意願。

第二，廠商要有分隔市場的能力才能實施差別取價。在上述的例子中，顧客群因地理位置而隔離。獨占廠商有時候也會依年齡或所得的差異來分隔顧客群。

不過，當廠商無法有效分隔市場時，就會存在**套利**（arbitrage）機會，而使廠商無法實施差別取價。所謂套利，是指在一市場中以低價買進某商品，再以高價在另外一個市場賣出，來賺取中間差價的行為。簡單地說，套利就是買賤賣貴。在我們的例子中，如果澳洲的書商可以在美國買到書，再回銷到澳洲，則此一套利行為會使你無法實施差別取價，因為澳洲的讀者不會以較高的價格買書。

第三，這也許是讓你覺得匪夷所思的一點：差別取價可以提升經濟福利。如前所述，當你訂定 30 美元的單一價時，有 40 萬名的一般讀者不會買書，從而會有 200 萬美元的無謂損失。但當你實施差別取價時，所有的讀者都依其支付意願買到書，因此，差別取價可以消除獨占下的無效率性。

不過，就我們的例子而言，差別取價雖可以使總剩餘增加，但消費者剩餘並沒有增加。這是因為書的售價等於消費者的支付意願，所以消費者並沒有享受到任何的消費者剩餘。差別取價所造成的社會總剩餘增加完全是以更高利潤的形式歸於你的出版社。

15-4c 差別取價的理論分析

接下來我們對差別取價會如何影響經濟福利做更進一步的分析。我們假設獨占廠商可以實施完全差別取價。**完全差別取價**（perfect price discrimination）指的是獨占廠商知道每一個顧客的支付意願，而對每一個顧客依其支付意願收取不同的價格。在此情況下，所有的剩餘都歸於獨占廠商。

圖 9 顯示有無差別取價下的生產者剩餘與消費者剩餘。在沒有差別取價下，如圖（a）所示，廠商訂定一個高於邊際成本的單一價格。在此價格下，由於部分支付意願高於廠商邊際成本的顧客並沒有買到這項商品，所以會有無謂損失。

不過，當獨占廠商可以實施完全差別取價時，那麼如圖（b）所示，獨占廠商對每個顧客所收取的價格等於該顧客的支付意願，所以每個支付意願高於廠商邊際成本的顧客都會買到這項產品。如圖所示，此時沒有任何一位顧客享有消費者剩餘，但此時並沒有無謂損失，只是所有的剩餘（等於圖中三角形的面積）都以利潤的形式歸於獨占廠商。

當然，在現實世界裡，完全差別取價並不存在。獨占廠商通常依顧客群的

圖 9　有無差別取價下的福利水準

（a）獨占廠商訂定單一價格

（圖：價格-數量座標，顯示消費者剩餘、利潤、無謂損失、邊際成本、邊際收益、需求、獨占價格、銷售量）

（b）獨占廠商實施完全差別取價

（圖：價格-數量座標，顯示利潤、邊際成本、需求、銷售量）

圖（a）顯示獨占廠商對所有顧客收取單一價格的情況。此時的總剩餘等於利潤（生產者剩餘）加消費者剩餘。圖（b）顯示獨占廠商可以完全差別取價下的情況。由於此時的消費者剩餘等於零，所以總剩餘等於廠商的利潤。比較這兩個圖可以發現，完全差別取價使利潤與總剩餘增加，但消費者剩餘減少了。

不同屬性將顧客分類，然後收取不同的價格；我們會在下一小節舉實際的例子說明。由於獨占廠商對同一類顧客收取相同的價格（如電影成人票），但每個顧客的支付意願並不相同，所以廠商無法實施完全差別取價。不過，我們並無法確定此時的總剩餘與單一價格下相較，哪個會比較大。我們只能確定，獨占廠商可以藉由差別取價來增加利潤；不然，它訂定一個單一價格即可。

15-4d 差別取價的例子

接下來我們舉一些實際的例子來說明廠商如何實施差別取價。

電影票　許多電影院的兒童票票價低於成人票。這是因為父母有時覺得小孩並不見得完全看懂電影，或有比較多的小孩，從而對兒童票所願意付的價格不高。藉由較低的兒童票票價，電影院可以賺到整個家庭的電影票錢。

飛機票　美國大部分航空公司會對停留星期六一晚的來回票給予價格上的優待。通常商務旅客比較沒有必要在外地停留星期六一晚，且對機票的支付意願較高；而一般旅客比較有可能在外地過週末，且他們的支付意願較低。航空公司藉由這樣的差別取價來增加利潤。

折價機會　在美國，很多廠商會透過線上或在報紙與雜誌上提供折價機會。消費者只要依循指示或將折價券剪下，就可以獲得折價。廠商為何要這麼麻煩？它們

為什麼不一開始就直接把售價調降？

這是因為廠商知道，並不是所有的消費者都願意花時間剪折價券或逛網，且願意花時間的人通常是支付意願較低的人（如失業者）。如果廠商不提供足夠的價格優惠，則支付意願較低的人不會上門；而那些不會花時間剪折價券或逛網的人通常是支付意願較高的人（如高薪工作者），他們不會在乎那點小利。因此，透過折價券這樣的差別取價方式，廠商可以同時賺到這兩類顧客的錢。

獎助學金 很多大學會提供獎助學金給需要的學生，這些學生通常家境比較清寒，所以對上大學的支付意願較低；而家境比較富裕的學生其支付意願則較高。因此，部分大學採高學費與獎助學金並行的政策，實際上就是在實施差別取價。

數量折扣 到目前為止，我們所舉的差別取價例子，都是獨占廠商對不同的顧客收取不同的價格。但有時候獨占廠商會對同一顧客所購買的不同單位的數量實施差別取價；簡單地說，就是買得愈多愈便宜。例如，一箱（如 24 瓶）飲料的平均單價就比單買 1 瓶來得便宜，這是因為消費者對第 24 瓶飲料的支付意願要低於第 1 瓶飲料。此為廠商對不同購買數量提供不同價格折扣的差別取價。

即席測驗

7. 獨占廠商的差別取價指的是它根據 _____，而收取不同的價格。
   a. 消費者的支付意願的不同
   b. 消費者的種族的不同
   c. 為不同消費者生產商品的成本的不同
   d. 消費者是否會變成熟客

8. 當獨占廠商從原本的單一售價轉換成完全差別取價時，
   a. 它的產量會減少。
   b. 它的利潤會減少。
   c. 消費者剩餘會減少。
   d. 總剩餘會減少。

（答案在章末）

15-5 針對獨占的公共政策

我們已經知道，相較於完全競爭市場，獨占市場無法有效率地配置資源。由於獨占廠商將價格訂得比邊際成本高，因此無法使社會總剩餘達到最大。政策制定者對獨占問題的因應之道有下列四種：

- 提高獨占產業的競爭程度。
- 管制獨占廠商的行為。
- 將民營獨占廠商轉變成公營企業。
- 無為而治，什麼也不做。

15-5a 訂定反托拉斯法增加市場競爭

如果可口可樂與百事可樂想要合併，美國聯邦政府一定會密切注意此一事件的發展。美國司法部會判定它們的合併是否會大幅降低美國該類飲料市場的競爭程度。如果是，則美國司法部會將此合併案送上法庭。如果法官判決司法部勝訴，則這兩家公司就無法合併。傳統上，法院對同一市場的兩家廠商之間的**水平合併**（horizontal mergers），如可口可樂與百事可樂，會特別小心謹慎，而比較不會阻擋不同生產階段的廠商之間的**垂直合併**（vertical mergers）。換句話說，如果一家公司要合併其競爭對手，就會面臨比合併其上、下游廠商來得嚴格的檢視。

美國政府限制私人企業行為的權力來自於**反托拉斯法**（antitrust laws）；該法的目的在於抑制企業的壟斷力。因為這項法律，政府可以為了提高市場的競爭程度，而阻止合併。有時候，該法也允許政府可以強制大企業切割成數家較小企業，另外，反托拉斯法也禁止企業從事有礙市場競爭的聯合壟斷行為。

有時候公司之間的合併對市場競爭程度的影響有限，但可以提升生產效率，進而降低成本。此一合併的效益有時稱為**綜合效果**（synergies）。例如，近幾年來，很多美國銀行合併，且藉由整併重複的單位而降低人事成本。如果反托拉斯法的目的在於提升社會福利水準，則政府必須有能力判斷合併所造成的市場競爭程度降低之社會成本與綜合效果孰大孰小。

15-5b 管制

政府處理獨占問題的第二種方法是對獨占廠商的行為加以管制。這種做法常用在自來水與電力公司之類的自然獨占廠商；政府通常會對它們的價格進行管制。

政府又如何訂定自然獨占產業的價格呢？你也許會認為政府應讓價格等於獨占廠商的邊際成本，而使社會總剩餘達到最大。但依據邊際成本訂價會產生兩個實際的問題。第一個問題是，如圖 10 所示，當自然獨占廠商的平均總成本隨著產量增加而不斷降低時，表示其邊際成本小於平均總成本。因此，如果政府依邊際成本訂價，則獨占廠商會因價格小於平均總成本而發生虧損，獨占廠商不如退出市場。

在此情況下，政府可能採取一些補救措施，但沒有一個是完美的。政府可以補貼獨占廠商的虧損，而補貼的財源可能來自於稅收的增加。但增稅有其自身的無謂損失，政府這樣做等於是製造其他市場的無謂損失來解決獨占市場的無謂損失。政府也可以允許獨占廠商訂定一個高於邊際成本的價格。如果價格等於平均

圖 10　自然獨占下依邊際成本訂價

價格

平均總成本
管制下的價格　虧損
　　　　　　　　　　　　　　　平均總成本
　　　　　　　　　　　　　　　邊際成本

　　　　　　　　　　　　　　　需求

0　　　　　　　　　　　　　　　　　數量

由於自然獨占廠商的平均總成本遞減，所以其邊際成本小於平均總成本。在此情況下，如果政府要求獨占廠商依邊際成本訂價，則獨占廠商會發生虧損。

總成本（大於邊際成本），那麼雖然獨占廠商不會有虧損，但此時的社會總剩餘並不是最大的。

　　依邊際成本訂價的第二個問題是，獨占廠商沒有降低成本的動機（依平均總成本訂價也會有這個問題）。這是因為一旦獨占廠商的邊際成本降低時，政府會馬上調降其價格，所以獨占廠商並沒有獲得任何的好處。實際上，政府可能允許獨占廠商保留部分成本降低的好處，不過這也意味著價格是偏離邊際成本的。

15-5c 公有化

　　政府解決獨占問題的第三種方式是將獨占廠商公有化，亦即由政府自己來經營。此一現象在歐洲國家中很常見，不少電話、自來水與電力等公用事業都是國營企業。獨占廠商公有化之後，雖然不太會有訂價過高的問題，但會有「鐵飯碗」心態下的效率不彰以及高層職位淪為政治酬庸工具等浪費資源的情事。

聽專家怎麼說

合併與競爭（Mergers and Competition）

「如果主管機關在過去十年沒有批准主要的聯網航空公司（networked airlines）的合併，則對旅客比較有利。」

經濟學家這麼說：

- 26% 不同意
- 45% 不確定
- 29% 同意

「美國人多付了寬頻、有線電視與長途電信服務的費用，部分是因為缺乏足夠的競爭。」

經濟學家這麼說：

- 2% 不同意
- 7% 不確定
- 91% 同意

資料來源：IGM Economic Experts Panel, August 28, 2013, July 20, 2021.

15-5d 無為而治

以上每一個解決獨占問題的方法都有其缺點，因此，有些經濟學家主張，政府最好不要嘗試去補救獨占訂價所造成的無效率問題。因研究產業組織而得到諾貝爾獎的經濟學家史迪格勒（George Stigler）就曾作過以下的評論：

> 一個很有名的經濟學理論提到，在既有的社會資源下，讓企業自由競爭，則整個經濟可以享有最高的所得。在實際的世界裡，所有經濟體都未合乎此一理論所列的條件，且都與理想境界有一段差距，此一差距稱為「市場失靈」。不過，美國的實際政治體系所制定出的經濟政策也是不完美的。相對於此一「政治失靈」（political failure）現象，市場失靈可說是小巫見大巫。

這段話告訴我們，政治世界有時要比高度不完全市場來得不完美。在某些情況下，政府無為而治可能是更聰明的決定。

即席測驗

9. 反托拉斯主管機關會比較有可能禁止兩家廠商之間的合併，如果
   a. 市場有很多其他廠商。
   b. 合併會有顯著的綜合效果。
   c. 合併後的廠商會有很大的市場份額。
   d. 合併後的廠商會禁行削價競爭。

10. 如果政府要求自然獨占廠商依據邊際成本訂價，則可能會產生
    a. 消費者的購買數量大於最適數量的問題。
    b. 消費者的購買數量小於最適數量的問題。
    c. 廠商會因虧損而退出市場的問題。
    d. 廠商利潤過多的問題。

（答案在章末）

15-6 結論

獨占的普遍程度

本章探討獨占廠商的行為，其行為與完全競爭廠商有很大的不同。表 3 列出完全競爭廠商與獨占廠商之間的相似與相異之處。

從公共政策的角度來看，由於獨占廠商將價格訂得比邊際成本高，所以其產量比使社會總剩餘達到最大的產量要來得小，所以會產生無謂損失。在某些情況下，獨占廠商實施差別取價可以改善獨占市場的無效率性；但在其他時候，政府

需要更積極地介入市場以矯正獨占的缺失。

獨占現象到底有多普遍？此一問題有兩個答案。

如果以廠商是否對產品價格具有控制力為標準，則獨占現象到處可見。這是因為大部分廠商的產品都有它自己的特性，例如，法拉利跟保時捷就是不一樣，從而廠商面對的是負斜率的需求曲線，所以會有某種程度的獨占力。

雖是如此，真正的獨占廠商相當少見。很少商品是真正獨一無二的，大部分都或多或少有近似的替代品。法拉利若是稍微漲價，其銷售量並不會有太大的變動，但若大幅調漲價格，則其銷售量還是會大幅下滑的。

總之，廠商的獨占力有程度上的差別。很多廠商都有某種程度的獨占力，但通常是有限的。因此，如果以後我們假設市場是完全競爭的，雖然這會與實際的情況不完全相符，但也不至於太離譜。

表 3　完全競爭與獨占的比較

	完全競爭	獨占
相似之處		
廠商目標	追求利潤極大	追求利潤極大
利潤極大化原則	$MR = MC$	$MR = MC$
短期能否有經濟利潤？	能	能
相異之處		
廠商家數	很多家	一家
邊際收益	$MR = P$	$MR < P$
價格	$P = MC$	$P > MC$
產量是否使社會總剩餘達到最大？	是	否
在長期，其他廠商能否進入市場？	能	否
長期能否有經濟利潤？	否	能
能否實施差別取價？	否	能

摘要

- 獨占廠商是市場唯一的賣者。獨占形成的原因包括：廠商壟斷某項重要資源、政府賦予專賣權，以及單一廠商可以用比較低的成本來供應整個市場。
- 由於獨占廠商是市場唯一的賣者，所以它面對一條負斜率的市場需求曲線。當獨占廠商要增加產品的銷售量時，它必須降價，從而它每單位產品所能賺取的收益會減少，進而使其邊際收益小於產品價格。
- 如同完全競爭廠商，獨占廠商根據邊際收益等於邊際成本生產使其利潤達到最大的產量，再根據需求曲線訂定此產量下的價格。與完全競爭廠商不同的是，由於獨占廠商的價格高於邊際收益，所以價格也高於邊際成本。
- 追求利潤極大的獨占廠商其產量小於使社會總剩餘達到最大的產量。這是因為其價格高於邊際成本，因而部分支付意願高於廠商邊際成本的消費者無法買到產品，從而部分交易利得無法實現。換言之，獨占會像政府課稅一樣，造成無謂損失。
- 獨占廠商有時可以透過差別取價來增加利潤。在完全差別取價下，獨占所造成的無謂損失可以完全消除；不過，此時的消費者剩餘等於零，社會的總剩餘等於獨占利潤。
- 針對獨占所造成的無效率性，政策制定者可以有四種反應方式：制定反托拉斯法增加市場的競爭程度、管制獨占廠商的訂價、將獨占廠商公有化，以及無為而治。

複習題

1. 舉出一個政府造就獨占的例子。此一結果是否一定是不好的？請說明。
2. 定義**自然獨占**。一個產業是否是自然獨占與其市場規模大小有何關聯？
3. 為何獨占廠商的邊際收益小於產品價格？邊際收益是否可能為負值？請說明。
4. 畫出獨占廠商的需求、邊際收益、平均總成本與邊際成本曲線。指出使利潤極大的產量與價格，以及此時的利潤。
5. 在前一題的圖形中，指出使社會總剩餘達到最大的產量，以及獨占下的無謂損失，並說明之。
6. 舉出兩個差別取價的例子，並說明獨占廠商這麼做的理由。
7. 是什麼賦予政府管制企業間合併的權力？從社會福利的角度，各舉出一個兩家企業進行合併的有利與不利之處。
8. 若政府要求自然獨占廠商依邊際成本訂價，則會產生哪兩個問題？

問題與應用

1. 假設某出版社最近要出版一位暢銷書作家的小說。該出版社付給該作家 200 萬美元取得獨家出版權，且印書成本固定為每本 10 美元。出版社面對下列的需求表：

價格	需求量
$100	0 本
90	100,000
80	200,000
70	300,000
60	400,000
50	500,000
40	600,000
30	700,000
20	800,000
10	900,000
0	1,000,000

   a. 計算每個數量下的總收益、總成本與利潤。利潤極大化下的產量為何？此時的價格又為何？
   b. 計算邊際收益（$MR = \Delta TR / \Delta Q$）。比較邊際收益與價格孰大孰小，並說明之。
   c. 畫出邊際收益、邊際成本與需求曲線。在哪個產量下，邊際收益與邊際成本曲線相交？此一產量的意義為何？
   d. 在你的圖形上顯示無謂損失，並說明之。
   e. 如果該出版社付給該作家 300 萬美元，而不是 200 萬美元，則該出版社的訂價會不會改變？為什麼？
   f. 如果該出版社追求的不是利潤極大，而是經濟效率極大，則該出版社的訂價為何？此時的利潤又為何？

2. 假設某小鎮有很多家的超市相互競爭，且每家超市的邊際成本都相同且固定。
   a. 畫圖顯示此一市場的消費者剩餘、生產者剩餘與總剩餘。
   b. 這些超市合併成一家連鎖企業。畫圖顯示此時的消費者剩餘、生產者剩餘與總剩餘。與（a）小題的完全競爭市場相較，有多少消費者剩餘移轉成生產者剩餘？此時的無謂損失為何？

3. 周董剛錄完一張新的 CD，唱片公司預估市場需求表如下：

價格	CD 銷售量
$24	10,000 張
22	20,000
20	30,000
18	40,000
16	50,000
14	60,000

   唱片公司並未花費任何的固定成本，且每張 CD 的變動成本為 5 美元。
   a. 計算上表每個銷售量下的總收益以及每萬張的邊際收益。
   b. 利潤極大化下的 CD 銷售量為何？價格與利潤又為何？
   c. 如果你是周董的經紀人，你會建議周董向唱片公司要求多少價碼？為什麼？

4. 某公司打算興建一座橋樑，工程費為 200 萬美元，建好後不需維修。下表為該公司預估的需求表：

過橋費	車流量
$8	0 千輛
7	100
6	200
5	300
4	400
3	500
2	600
1	700
0	800

a. 如果該公司決定興建此一橋樑，則使其利潤極大的過橋費為何？此一過橋費下的車流量是最有效率的數量嗎？為什麼？

b. 如果該公司追求利潤極大，則它應該興建此一橋樑嗎？為什麼？

c. 如果政府決定建這座橋樑，則政府應該收多少過橋費？

d. 政府是否應該興建這座橋樑？為什麼？

5. 考慮獨占訂價與需求價格彈性之間的關係。

a. 說明為何獨占廠商不會生產那些對應到需求曲線屬無彈性範圍之產量。（提示：如果需求是無彈性的且廠商調高價格，則總收益與總成本會如何變動？）

b. 畫圖顯示獨占廠商所面對之需求曲線屬無彈性的部分。（提示：答案與邊際收益曲線有關。）

c. 在你的圖形上顯示使總收益極大的價格與銷售量。

6. 你居住的小鎮有 300 位大人和 200 位小孩。你正考慮演一場戲來賺點錢。你估計固定成本為 2,000 美元，但多賣一張票的邊際成本為零。以下是你預估的需求表：

價格	大人	小孩
$10	0	0
9	100	0
8	200	0
7	300	0
6	300	0
5	300	100
4	300	200
3	300	200
2	300	200
1	300	200
0	300	200

a. 為使利潤極大，成人票與兒童票票價應各訂為多少？你可以賺取多少利潤？

b. 如果鎮公所不允許你差別取價，則你的票價應訂為多少？此時你的利潤為何？

c. 誰會因鎮公所不允許差別取價而受害？誰又會受益？（如果可以，算出其福利的變動。）

d. 如果固定成本為 2,500 美元，而非 2,000 美元，則上面三小題的答案會不會改變？為什麼？

7. 某小鎮的居民都喜歡經濟學，鎮長提議建造一座經濟學博物館。該博物館的建造成本（固定成本）為 2,400,000 美元，但沒有變動成本。該小鎮共有 100,000 名居民，且每位居民對參觀該博物館有相同的需求：$Q^D = 10 - P$，其中 P 為門票價格。

a. 畫出該博物館的平均總成本與邊際成本曲線。該博物館的市場結構為何？

b. 鎮長提議對每位居民課徵 24 美元的定額稅來支應建造成本，然後對居民免費開放。每位居民的參觀次數為何？計算每位居民在此情況下的效益（消費者剩

餘減去定額稅)。

c. 反對課稅的居民主張博物館應藉由收門票來支應建造成本。在不虧損的情況下，門票的最低價格為何？(提示：找出價格在 2 美元、3 美元、4 美元與 5 美元下的參觀次數與博物館利潤。)

d. 在(c)小題的價格下，每位居民的消費者剩餘為何？與(b)小題相較，誰會變得較好，誰會變得較差？請說明。

e. 在以上的問題中，有哪些有利於收門票主張的因素沒有考慮到？

8. 志明擁有鎮上的唯一一口飲用水水井。他所面對的需求、邊際收益與邊際成本如下：

需求： $P = 70 - Q$
邊際收益： $MR = 70 - 2Q$
邊際成本： $MC = 10 + Q$

a. 畫出這三條曲線。假設志明追求利潤極大，他的產量為何？他所訂的價格為何？在你的圖形標示這些結果。

b. 鎮長顧及消費者的福祉，打算設下比(a)小題中的獨占價格低 10% 的價格上限。此一新價格下的需求量為何？追求利潤極大的志明會生產此一數量嗎？為什麼？(提示：想想邊際成本。)

c. 春嬌認為價格上限是一個餿主意，因為價格上限會造成短缺。就(b)小題的情況而言，春嬌是對的嗎？如果有短缺的話，其數量為何？試說明之。

d. 鎮長夫人更重視消費者的福祉，建議設下比獨占價格低 50% 的價格上限。此一價格下的需求量為何？志明的產量為何？在此情況下，春嬌是對的嗎？如果有短缺的話，其數量為何？試說明之。

9. 假設本國只有一家生產足球的廠商且原先本國沒有開放足球的國際貿易。該獨占廠商的需求、邊際收益、總成本與邊際成本的方程式如下：

需求： $P = 10 - Q$
邊際收益： $MR = 10 - 2Q$
總成本： $TC = 3 + Q + 0.5Q^2$
邊際成本： $MC = 1 + Q$

其中，Q 為數量，P 為價格(單位：美元)。

a. 獨占廠商的產量、所訂價格與利潤各為何？

b. 有一天，政府宣布開放足球的國際貿易，不管是進口還是出口。足球的世界價格為 6 美元。該獨占廠商現在變成完全競爭市場的價格接受者。在此情況下，國內的產量與消費量會如何變動？本國進口還是出口足球？

c. 在第 9 章的國際貿易分析中，若本國在沒有貿易下的價格低(高)於世界價格，則本國會是出(進)口者。在你的(b)小題答案中，此一結論是否仍成立？

d. 如果世界價格不是 6 美元，而正好等於你的(a)小題答案，則開放國際貿易是否會造成任何變化？你的答案與第 9 章的分析有何不同？請說明。

10. 某家唱片公司新發行的 CD 其需求與生產成本的相關資料如下：

需求： $P = 1,000 - 10Q$
總收益： $TR = 1,000Q - 10Q^2$
邊際收益： $MR = 1,000 - 20Q$
邊際成本： $MC = 100 + 10Q$

其中，Q 為 CD 張數，P 為以美分表示的價格。

a. 使該唱片公司利潤極大的價格與銷售量各為何？

b. 使社會福利極大的價格與銷售量各為何？

c. 計算獨占下的無謂損失。

d. 假設除了上述生產成本外，唱片公司還需付費給歌手。唱片公司正考慮下列四種方案：

   i. 一次付清 2,000 美分。

   ii. 利潤的一半。

   iii. 每張 CD 抽 150 美分。

   iv. 總收益的一半。

   計算各種方案下使唱片公司利潤極大的價格與銷售量。哪一種方案（如果有的話）會改變你的（c）小題的答案？請說明。

11. 悟空、悟能與悟淨三人共同經營鎮上的唯一一家咖啡廳。悟空認為只要不賠錢，銷售量愈大愈好；悟能認為總收益愈大愈好；悟淨認為應該追求利潤極大。請在同一個圖形上畫出此咖啡廳的需求曲線與成本曲線，並標出這三個人心目中的價格與數量組合。

12. 很多差別取價的實施會招致一些成本。例如，折價券會耗費買者與賣者的時間與資源。本題目考慮此種情況。為簡化問題，假設獨占廠商的生產成本與產量呈比例變動，所以平均總成本與邊際成本均為固定且相等。

a. 畫出獨占廠商的成本、需求與邊際收益曲線。顯示沒有差別取價下的獨占價格。

b. 在你的圖形中，標示獨占廠商的利潤，並以 X 表示；標示消費者剩餘，並以 Y 表示；標示無謂損失，並以 Z 表示。

c. 現在假設獨占廠商可以完全差別取價。獨占廠商的利潤為何？（請以 X、Y 與 Z 表示。）

d. 比較（b）小題與（c）小題的答案。獨占廠商的利潤與總剩餘如何變動？（請以 X、Y 與 Z 表示。）哪一個的變動較大？請說明。

e. 假設差別取價會招致固定成本 C。在此一情況下，獨占廠商如何決定要不要進行差別取價？（請以 X、Y、Z 和 C 表示。）

f. 一位關心總剩餘的仁慈社會計畫者如何決定獨占廠商該不該進行差別取價？（請以 X、Y、Z 和 C 表示。）

g. 比較（e）小題與（f）小題的答案。獨占廠商進行差別取價的誘因與該社會計畫者進行差別取價的誘因孰大孰小？為什麼？在什麼情況下，獨占廠商會不顧該社會計畫者的反對，進行差別取價？

即席測驗答案

1. c 2. d 3. b 4. d 5. a 6. b 7. a 8. c 9. c 10. c

Chapter 16

獨占性競爭

當你走進書店買小說時,你可以看到書架上各式各樣的小說,包括武俠小說、歷史小說、科幻小說、偵探小說、言情小說等。你會認為小說市場是屬於哪一類市場?

從有那麼多不同小說的角度來看,小說市場似乎是一個競爭市場。每個讀者有數百種的小說可以選擇,而且只要你寫的小說有出版商願意幫你出版的話,你也進入了小說這個產業。不過,因為有太多小說,所以只有少數幾位暢銷作家會有豐碩的收入,大部分小說作家的收入是相當有限的。

從另一個角度來看,小說市場似乎又是獨占市場。因為每本小說都是獨一無二的,所以出版商對小說的售價有相當大的決定權,亦即出版商是所謂的價格制定者,而不是像完全競爭廠商那樣是價格接受者。此外,每本小說的售價通常遠

高於邊際成本。舉例來說，一本售價為 30 美元的精裝本小說，其成本可能還不到 10 美元。一本電子書的價格通常是 15 美元，但允許下載一本的邊際成本為零元。

像小說這樣一個市場，既不適用完全競爭市場模型，也不適用獨占市場模型，它適用所謂的**獨占性競爭**（monopolistic competition）市場模型。「獨占性競爭」一詞乍看之下似乎是矛盾的，但如我們即將說明的，獨占性競爭產業在某些方面，它具有獨占的特性，在某些方面又具有完全競爭的特性。

16-1 獨占與完全競爭之間的市場結構

之前，我們說明了在完全競爭市場，價格會等於邊際成本，且在長期，由於廠商可以自由進出市場，所以經濟利潤會趨近於零，亦即價格會等於平均總成本。在上一章，我們說明為何獨占廠商所訂的價格會高於邊際成本，而享有正的經濟利潤，但也造成社會的無謂損失。完全競爭與獨占是兩種極端的市場結構。在完全競爭市場，有很多家廠商提供同質的產品；若整個市場只有一家廠商，且沒有近似替代品，則形成獨占。

在現實世界裡，一般廠商都面臨或多或少的競爭，但競爭程度並沒有大到讓它們成為價格接受者的地步。一般廠商也會有某種程度的市場影響力，但它們的市場影響力也並沒有大到讓它們成為獨占廠商的程度。在本章以及下一章，我們探討廠商在這兩種極端市場結構之間的市場（亦即**不完全競爭市場**）中的行為。

不完全競爭市場的第一種型態是**寡占**，其為只有少數幾個賣者，且每個賣者的產品與其他賣者的產品相似或完全一樣的市場。電視遊戲機市場即為其中一例，其他類似的例子還很多。經濟學家用**市場集中度**（concentration ratio）來衡量少數廠商對市場的支配程度；市場集中度為前四大廠商的總銷售量占整個市場銷售量的百分比。在美國，大多數產業的市場集中度低於 50%；但部分產業的市場集中度則高於 90%，如飛機製造、菸草、租車，以及快遞服務，這些產業都是寡占產業，我們會在下一章說明寡占廠商如何做決策。

不完全競爭市場的第二種型態是**獨占性競爭**，其為有很多賣者，且每個賣者的產品與其他賣者的類似但不完全一樣的市場。在獨占性競爭市場，每個廠商對自己所生產的產品都具有獨占力，但它必須跟很多其他生產類似產品的廠商爭取同一群顧客。

具體而言，獨占性競爭市場有下列三個特徵：

- **廠商家數眾多**：有許多家廠商競爭同一群顧客。

寡占
oligopoly
由少數幾家提供相似或完全一樣產品的廠商所形成的市場結構

獨占性競爭
monopolistic competition
有許多家廠商銷售類似但不完全相同產品的市場結構

- **產品異質**：每家廠商的產品與其他廠商的產品或多或少有些不同。因此，每家廠商對其產品都有某種程度的獨占力，也因此，它面對的是一條負斜率的需求曲線。
- **自由進出**：廠商可以自由進出市場，因此在長期，廠商的家數會調整，直到廠商的經濟利潤等於零為止。

合乎這些特徵的市場有一長串，如書籍、電腦遊戲、小吃店、鋼琴課、餅乾、衣服等。

　　就跟寡占一樣，獨占性競爭市場是介於完全競爭與獨占這兩種極端之間的市場結構，但它們其實有很大的不同。寡占市場由於只有少數幾家廠商，所以競爭程度不高，且廠商之間的策略性互動扮演相當重要的角色。相形之下，獨占性競爭市場有很多家廠商，所以競爭程度較高；不過，由於產品異質，因此又有別於完全競爭市場。

　　圖 1 總結上述的四種市場結構。我們要問的第一個問題是，市場裡有多少家廠商？如果只有一家，則為獨占市場；如果只有少數幾家，則為寡占市場。如果有很多家，則我們要問另外一個問題：廠商的產品是異質還是同質？如果是異質，則為獨占性競爭市場；如果是同質，則為完全競爭市場。

　　當然，在現實世界裡，實際的情況不會像理論所描述的這麼簡單。在某些情

圖 1　市場結構的四種型態

廠商家數？			
一家廠商	少數幾家廠商	異質性產品	同質性產品
獨占（第 15 章）	寡占（第 17 章）	獨占性競爭（第 16 章）	完全競爭（第 14 章）
・自來水 ・電力銷售	・電視遊戲機 ・香菸	・小說 ・電影	・小麥 ・稻米

研究產業組織的經濟學家將市場分為四類：獨占、寡占、獨占性競爭與完全競爭。

況下，你可能很難決定某個市場是屬於哪一類的市場結構。例如，廠商家數要有多少才算「很多」；又例如，怎麼樣才算同質產品？一般的稻米應可算是同質產品，但「冠軍米」一定不是一般稻米，所以圖 1 將稻米市場歸於完全競爭市場，指的是一般稻米市場。

在我們了解經濟學家如何定義不同型態的市場結構之後，接下來，我們在本章分析獨占性競爭，在下一章分析寡占。

即席測驗

1. 下列何者**不**是一個獨占性競爭廠商的特徵？
   a. 產品異質。
   b. 接受市場價格。
   c. 長短期皆追求利潤極大。
   d. 在長期自由進出市場。

2. 下列哪一個市場較接近獨占性競爭市場？
   a. 小麥
   b. 自來水
   c. 石油
   d. 理髮

（答案在章末）

16-2 產品異質下的競爭

我們首先檢視獨占性競爭廠商所面臨的決策，然後說明廠商可以自由進出市場下的長期結果。接著再比較獨占性競爭市場下的均衡與完全競爭下的均衡，最後，我們從整個社會的角度來看獨占性競爭市場下的結果是否是有效率的。

16-2a 短期下的獨占性競爭廠商

獨占性競爭廠商在很多方面都跟獨占廠商類似。由於產品異質，所以獨占性競爭廠商面對的需求曲線是負斜率的（相形之下，完全競爭廠商面對的需求曲線是水平的）。因此，追求利潤極大的獨占性競爭廠商會根據邊際收益等於邊際成本決定產量，再根據需求曲線決定此產量下的價格。

圖 2 顯示兩家典型的獨占性競爭廠商其成本、需求與邊際收益曲線，這兩家廠商分屬不同的獨占性競爭產業。兩家廠商其邊際收益曲線與邊際成本曲線交點所對應的產量為其利潤極大產量。如圖所示，兩家廠商有不同的利潤。圖（a）中的廠商，由於價格大於平均總成本，所以它有正的經濟利潤。圖（b）中的廠商，由於價格低於平均總成本，所以它有虧損；它所能做的就是讓虧損極小。

16-2b 長期均衡

圖 2 所描述的情況不會持續太久。當市場既有的廠商都像圖 2（a）中的廠商那樣賺取利潤時，自然會吸引新廠商加入市場，從而消費者可以選擇的產品種類增加，進而使既有的廠商其所面對的需求減少。換言之，有利可圖會鼓勵新廠商的加入，而造成既有廠商所面對的需求曲線往左移，從而其利潤會下降。

相反地，當既有廠商都像圖 2（b）中的廠商那樣發生虧損時，會有廠商想要退出市場。隨著廠商家數減少，消費者可以選擇的產品種類也會跟著減少，這會使仍留在市場的廠商其所面對的需求增加。換言之，虧損會導致部分廠商退出市場，而使仍留在市場的廠商其所面對的需求曲線往右移，從而其利潤會增加（亦即虧損會減少）。

此一進出市場的過程會一直持續下去，直到市場中的廠商其經濟利潤正好等於零為止。一旦市場達成這個狀態，則新廠商不會有加入市場的動機，且既有廠商也不會有退出市場的動機。圖 3 描繪出此一長期均衡結果。

如圖 3 所示，平均總成本曲線與需求曲線**相切**，且此一切點所對應的產量正好是廠商利潤極大下的產量（邊際收益等於邊際成本）。由於此時的價格等於平均總成本，所以廠商的經濟利潤等於零。

圖 2　短期下的獨占性競爭廠商

（a）有利潤的廠商　　　　　　　　　　（b）發生虧損的廠商

跟獨占廠商一樣，獨占性競爭廠商藉由生產邊際收益曲線與邊際成本曲線交點所對應的產量讓它的利潤達到最大。圖（a）中的廠商，由於在此產量下的價格大於平均總成本，所以其經濟利潤為正。圖（b）中的廠商，由於在此產量下的價格低於平均總成本，所以它會有虧損。

圖 3　長期下的獨占性競爭廠商

在獨占性競爭市場，如果廠商賺取利潤，則會吸引新廠商加入，從而使既有廠商其所面對的需求曲線往左移。同樣地，如果廠商發生虧損，則會有部分廠商退出市場，從而使仍留在市場的廠商其所面對的需求曲線往右移。由於這些需求的移動，獨占性競爭廠商最後會處在本圖所示的長期均衡。在此一均衡下，價格等於平均總成本，從而廠商的利潤為零。

　　當廠商的產量不等於利潤極大產量時，廠商自然會調整它的產量。當廠商的經濟利潤不等於零時，會有新廠商加入市場，或會有既有廠商退出市場，而使仍留在市場的廠商其所面對的需求曲線移動，從而這些廠商也會調整它的產量。所以，當這兩種情況存在時，市場會持續調整，直到廠商的產量等於利潤極大的產量，且廠商的經濟利潤等於零為止。

　　因此，獨占性競爭市場的長期均衡具有下列兩個性質：

- **廠商生產利潤極大的產量**：跟獨占市場一樣，此時的價格會大於邊際成本。這是因為在利潤極大的產量下，邊際收益會等於邊際成本，且由於需求曲線是負斜率的，因此邊際收益小於價格，也因此，價格會大於邊際成本。
- **廠商的利潤為零**：跟完全競爭市場一樣，此時的價格等於平均總成本。這是因為在廠商可以自由進出市場的情況下，廠商的利潤會等於零。

第二個性質顯示出獨占性競爭與獨占的不同。由於獨占廠商是一項產品的唯一賣者，且這項產品沒有近似替代品，所以即使在長期，獨占廠商仍可以賺取正的經濟利潤。相形之下，由於廠商可自由進出獨占性競爭市場，所以廠商的長期利潤會趨近於零。

16-2c 獨占性競爭對完全競爭

圖 4 比較獨占性競爭的長期均衡與完全競爭的長期均衡。它們之間的兩個主要差異為超額產能（excess capacity）與價格加成（markup）。

超額產能 如我們剛剛所說明的，廠商自由進出市場會使獨占性競爭廠商的平均總成本曲線與其所面對的需求曲線相切。如圖 4（a）所示，此一切點所對應的產量小於平均總成本極小下的產量。因此，在獨占性競爭市場，廠商在其平均總成本曲線向下傾斜的部分生產。相形之下，如圖 4（b）所示，自由進出市場使完全競爭廠商在平均總成本曲線的最低點生產。

我們稱平均總成本極小下的產量為廠商的**效率規模**（efficient scale）。在長期，完全競爭廠商在效率規模下生產，而獨占性競爭廠商的產量小於效率規模下的產量；我們稱獨占性競爭廠商有**超額產能**。換言之，獨占性競爭廠商可以藉由增加產量來降低其平均總成本。既然如此，為何獨占性競爭廠商不增加產量來降低其平均總成本？這是因為當它增加產量時，為使這些新增的產量全部銷售出去，它必須降價，但這會降低它的利潤。

價格加成 完全競爭與獨占性競爭的第二個差異在於價格與邊際成本之間的關

圖 4　獨占性競爭與完全競爭

（a）獨占性競爭廠商

（b）完全競爭廠商

圖（a）與圖（b）分別顯示獨占性競爭與完全競爭市場的長期均衡。二者的差異有兩點：(1) 完全競爭廠商在平均總成本極小之效率規模下生產；相形之下，獨占性競爭廠商的產量小於效率規模下的產量。(2) 在完全競爭之下，價格等於邊際成本，但在獨占性競爭之下，價格高於邊際成本。

係。如圖 4（b）所示，就完全競爭廠商而言，價格等於邊際成本；如圖 4（a）所示，由於獨占性競爭廠商具有某種程度的市場影響力，所以價格超過邊際成本，超過的部分即價格加成的部分。

此一價格加成是否與零利潤有所牴觸？零利潤的條件意味著價格等於平均總成本，它並**沒有**要求價格要等於邊際成本。由於在長期均衡下，獨占性競爭廠商會在平均總成本曲線向下傾斜的部分生產，這也意味著平均總成本大於邊際成本。在此情況下，當價格等於平均總成本時，價格也一定會高於邊際成本。

由這個相異之處，我們可以了解完全競爭廠商與獨占性競爭廠商的一項重要行為差異。由於完全競爭廠商的價格等於邊際成本，從而它多銷售一單位產品並不會使它的利潤增加，所以它不會在乎多一個顧客。但就獨占性競爭廠商而言，由於價格高於邊際成本，所以它若能以現行的價格多銷售一單位產品，它的利潤是會增加的。因此，獨占性競爭廠商會做廣告，但完全競爭廠商不會。

16-2d 獨占性競爭與社會福利

從整個社會的角度來看，獨占性競爭市場的結果是不是最有利的？政策制定者是否可以改善市場結果？這些問題並沒有簡單的答案。

獨占性競爭市場的結果之所以不是最有效率的一個原因是價格加成。由於價格高於邊際成本，因此，那些支付意願高於邊際成本但低於廠商售價的消費者不願購買。因此，獨占性競爭市場會有一般獨占訂價下的無謂損失。

雖然這個結果要比價格等於邊際成本之最佳結果來得差，但政策制定者並無法輕易解決這個問題。如果政策制定者要求獨占性競爭廠商依邊際成本訂價，則由於社會上有太多的廠商生產異質產品，此一政策的行政成本會相當龐大。

尤有進者，由於獨占性競爭廠商的利潤已經為零，要求它們將價格調降至邊際成本，意味著它們將發生虧損〔此點可藉由圖 4（a）來理解〕。此時政府可能必須透過增稅來籌措補貼獨占性競爭廠商虧損的經費，那倒不如維持現狀。

獨占性競爭市場的結果之所以不是最有效率的另一個原因是廠商家數可能不盡「理想」，亦即廠商家數可能太多或太少。我們可以從廠商加入市場所造成的外部效果這個角度來理解這個問題。當新廠商加入市場時，它會帶來下列兩種外部效果：

- **產品多樣化的外部效果**：由於消費者可以從新產品的問世獲得消費者剩餘，因此，新廠商的加入會帶給消費者正的外部效果。

- **搶走生意的外部效果**：由於新廠商會搶走其他廠商的一些顧客而使其利潤減少，因此，新廠商的加入會帶給既有廠商負的外部效果。

所以，在獨占性競爭市場裡，新廠商的加入會同時帶來正的與負的外部效果，從而獨占性競爭廠商的家數會太少還是太多決定於這兩種外部效果哪一個比較大。

之所以會有產品多樣化的外部效果是因為新廠商的產品不同於既有廠商的產品，而之所以會有搶走生意的外部效果是因為獨占性競爭廠商競爭同一群顧客。相反地，在完全競爭市場裡，由於產品同質且廠商可以依市場價格賣掉它所想要銷售的數量，所以不會有這兩種外部效果。

最後，我們只能得到獨占性競爭市場並不具有完全競爭市場所擁有的那些社會福利方面的優點，亦即在獨占性競爭之下，那隻看不見的手並無法使總剩餘達到最大。不過，由於獨占性競爭市場的效率問題既不容易衡量，也很難解決，所以政府不見得可以改善市場結果。

即席測驗

3. 如果 _____，則一個獨占性競爭廠商會增產。
   a. 邊際收益大於邊際成本
   b. 邊際收益大於平均總成本
   c. 價格大於邊際成本
   d. 價格大於平均總成本
4. 如果 _____，則一個新廠商會進入獨占性競爭市場。
   a. 邊際收益大於邊際成本
   b. 邊際收益大於平均總成本
   c. 價格大於邊際成本
   d. 價格大於平均總成本
5. 在一個獨占性競爭市場的長期均衡裡，下列何者正確？
   a. 價格大於邊際成本。
   b. 價格等於邊際收益。
   c. 廠商賺取正的經濟利潤。
   d. 廠商在平均總成本的最低點生產。

（答案在章末）

16-3 廣告

身為現代人，你很難躲得掉廣告的轟炸。就獨占性競爭廠商而言，廣告是很自然的行為。當廠商所賣的產品不盡相同且價格大於邊際成本時，每家廠商都會有做廣告招徠更多顧客的動機。

每種產品的廣告量可能會有很大的差異。就那些生產成藥、香水、飲料、刮鬍刀片、早餐麥片和寵物飼料等高度異質化產品的廠商而言，其廣告支出可能高達總收益的 10% 到 20%。那些生產工業產品，如通訊衛星的廠商可能就不太做廣

告。而那些生產小麥、花生或石油等同質性產品的廠商就幾乎不做廣告。

就美國而言，每年的廣告費用約占所有廠商總收益的 2%。廣告的途徑有很多，包括電視與廣播節目、報章雜誌、網際網路等。

對整個社會而言，廣告是一種資源浪費還是有價值的活動？這點在經濟學界有很大的爭議。以下介紹正反雙方的意見。

反對意見 批評廣告的人認為，廠商做廣告是要操縱人們的喜好，而不是要提供有用的訊息。以電視上某品牌飲料的廣告為例，它通常不會告訴觀眾有關產品價格或品質的任何訊息，而只播出一群人在海邊快樂嬉戲的畫面，且他們人手一罐這個品牌的飲料。這個廣告的目的在傳達這樣一個潛意識訊息：「如果你也喝我們的飲料，你就可以有很多朋友而且也會很快樂。」批評者認為，這樣的廣告在創造原本可能不存在的慾望。

批評者也認為，廣告會阻礙競爭。廠商利用廣告來強化消費者對其產品的品牌忠誠度，使消費者變得比較不在意該產品與其他類似產品在價格上的差異，亦即消費者對該產品的需求彈性會變低，從而廠商可以擴大價格加成的幅度。

贊成意見 贊成者認為，廠商透過廣告提供消費者關於促銷價格、新產品或銷售地點等資訊。這些資訊可以讓消費者做更好的選擇，因此可以提升市場分配資源的效率。

贊成者也認為，廣告可以促進競爭。由於廣告可以讓消費者掌握更多價格與

個案研究：廣告如何影響價格

廣告會對商品價格造成什麼樣的影響？一方面，廣告可能會讓消費者認為有廣告的商品比較不一樣。如果真的這樣，那麼廣告會讓市場的競爭程度降低，且廠商面對的需求曲線會變得較無彈性，而讓廠商提高售價。另一方面，廣告可能可以讓消費者更容易比價，從而市場的競爭程度會提高，且廠商面對的需求曲線會變得較有彈性，而導致廠商降價。

在 1960 年代的美國，各州對眼鏡及驗光廣告的規定有很大的差異；有一些州允許，但也有很多州禁止（為消費者的健康與安全把關）。經濟學家班漢（Lee Benham）在其發表於 1972 年的一篇論文中，利用各州規定的差異來測試這兩種論點。

測試結果如下：在那些禁止廣告的州，每副眼鏡的平均價格為 33 美元（換算成 2021 年的價格為 288 美元）；在那些允許廣告的州，每副眼鏡的平均價格為 26 美元（換算成 2021 年的價格為 227 美元）。因此，廣告讓眼鏡的平均價格降了約 20%。

在眼鏡市場，且可能在很多其他市場，廣告強化了競爭，而使消費者能買到更便宜的商品。

品質方面的資訊，從而可以提高廠商之間在價格或品質上的競爭程度。另外，新廠商也可藉由廣告來招攬顧客，而對既有廠商形成壓力，這也意味著廠商之間的競爭程度提高。

即席測驗

6. 如果廣告可以提升消費者的品牌忠誠度，則這意味著需求彈性 _____，從而廠商會 _____ 價格加成的幅度。
   a. 變大，擴大　　b. 變大，縮小
   c. 變小，擴大　　d. 變小，縮小

7. 如果廣告可以讓消費者掌握更多價格與品質方面的資訊，則這意味著需求彈性 _____，從而廠商會 _____ 價格加成的幅度。
   a. 變大，擴大　　b. 變大，縮小
   c. 變小，擴大　　d. 變小，縮小

（答案在章末）

16-4 結論

獨占性競爭如同其名，是獨占與競爭的混合體。就跟獨占廠商一樣，每個獨占性競爭廠商面對一條負斜率的需求曲線，從而其價格高於邊際成本。它也跟完全競爭廠商一樣，由於有很多家廠商且廠商可以自由進出市場，所以獨占性競爭廠商的長期利潤為零。我們將這三種市場的異同彙整於表 1。

表 1　獨占性競爭：介於完全競爭與獨占之間

	完全競爭	獨占性競爭	獨占
市場結構			
三種市場結構的共同特性			
廠商目標	利潤極大化	利潤極大化	利潤極大化
利潤極大化原則	$MR = MC$	$MR = MC$	$MR = MC$
短期的經濟利潤可否為正？	可以	可以	可以
獨占性競爭與獨占共有的特性			
價格接受者？	是	不是	不是
價格	$P = MC$	$P > MC$	$P > MC$
產量是否使社會福利最大？	是	否	否
獨占性競爭與完全競爭共有的特性			
廠商家數	很多	很多	一家
長期是否可以自由進出市場？	可以	可以	不行
長期的經濟利潤是否為正？	否	否	是

由於獨占性競爭廠商生產異質產品，且價格高於邊際成本，所以廠商會有做廣告以招徠顧客的動機。在某種程度上，廣告會操縱消費者的喜好，提升品牌忠誠度，且阻礙競爭。不過，在相當程度上，廣告也提供消費者有用的資訊且可以促進競爭。

經濟體系中的很多市場都是獨占性競爭市場。與完全競爭市場相較，獨占性競爭市場的結果是無效率的，不過，政府可以做的改善相當有限。

摘要

- 獨占性競爭市場有三個特徵：廠商家數眾多、產品異質與自由進出市場。
- 獨占性競爭市場的均衡與完全競爭市場的均衡有兩點不同：（1）獨占性競爭廠商有超額產能，亦即它在平均總成本曲線向下傾斜的部分生產；（2）獨占性競爭廠商的價格高於邊際成本。
- 與完全競爭市場相較，獨占性競爭市場的結果是無效率的。由於獨占性競爭廠商的價格高於邊際成本，所以會造成無謂損失。此外，獨占性競爭廠商的家數（從而產品種類）可能太多或太少。不過，政府對獨占性競爭市場的結果所能做的改善相當有限。
- 由於獨占性競爭廠商生產異質產品且價格高於邊際成本，因此有做廣告的動機。反對廣告者認為，廣告會阻礙競爭；贊成者則認為，廣告可以提供消費者有用的資訊且可以促進競爭。

複習題

1. 描述獨占性競爭的三個特徵。獨占性競爭與獨占有何相似之處？獨占性競爭與完全競爭又有何相似之處？
2. 畫出獨占性競爭廠商有正的經濟利潤的圖形。當新廠商加入市場時，這個廠商會受到什麼影響？
3. 畫出獨占性競爭市場的長期均衡。價格與平均總成本和邊際成本之間的關係為何？
4. 獨占性競爭廠商的產量大於還是小於效率規模下的產量？為何政策制定者很難解決這個問題？
5. 為何廣告可能降低經濟福祉？為何廣告可能提升經濟福祉？

問題與應用

1. 在獨占、寡占、獨占性競爭與完全競爭市場四者之間，你會將下列各飲料市場歸於哪一類市場？
   a. 自來水。
   b. 瓶裝水。
   c. 可樂。
   d. 啤酒。

2. 下列市場屬於哪一類市場：完全競爭、獨占或獨占性競爭？為什麼？
   a. 2B 鉛筆。
   b. 銅。
   c. 地區性電力服務。
   d. 花生醬。
   e. 唇膏。

3. 下列敘述是在描述完全競爭廠商、獨占性競爭廠商，還是都是，還是都不是？
   a. 銷售異質產品。
   b. 邊際收益小於價格。
   c. 長期的經濟利潤為正。
   d. 在長期，廠商在平均總成本曲線的最低點生產。
   e. 邊際收益等於邊際成本。
   f. 價格高於邊際成本。

4. 下列敘述是在描述獨占廠商、獨占性競爭廠商，還是都是，還是都不是？
   a. 面對負斜率的需求曲線。
   b. 邊際收益小於價格。
   c. 其他廠商可以自由加入市場。
   d. 長期的經濟利潤為正。
   e. 邊際收益等於邊際成本。
   f. 產量水準符合社會效率。

5. 就下列情況判斷獨占性競爭廠商的利潤是否可能最大。如果不是，它該如何提升利潤？如果利潤是最大的，則該廠商是否處在長期均衡？如果不是，則會發生什麼變化而重新回復長期均衡？
   a. $P < MC$，$P > ATC$
   b. $P > MC$，$P < ATC$
   c. $P = MC$，$P > ATC$
   d. $P > MC$，$P = ATC$

6. 黑人牙膏是牙膏市場中眾多廠商之一，且它處在長期均衡。
   a. 畫出包括黑人牙膏的需求曲線、邊際收益曲線、平均總成本曲線與邊際成本曲線的圖形，並標出利潤極大化下的產量與價格。
   b. 黑人牙膏的利潤為何？請說明。
   c. 在你的圖形上標出消費者剩餘與無謂損失。
   d. 如果政府強迫黑人牙膏生產效率規模下的產量，則對黑人牙膏會有何影響？對其顧客又會有何影響？

7. 考慮一個有 N 家廠商的獨占性競爭市場。每家廠商的需求、邊際收益、總成本與邊際成本的方程式如下：

   需求： $Q = 100/N - P$
   邊際收益： $MR = 100/N - 2Q$
   總成本： $TC = 50 + Q^2$
   邊際成本： $MC = 2Q$

   a. 廠商家數的多寡（N）如何影響每家廠

商的需求曲線？
b. 每家廠商的產量為何？（本題與下兩題的答案決定於 N。）
c. 每家廠商所訂的價格為何？
d. 每家廠商的利潤為何？
e. 在長期，有多少家廠商會留在市場？

8. 假設花生醬市場原先為獨占性競爭市場且處在長期均衡。有一天，消費者發現所有的花生醬其實都一模一樣。從此以後，花生醬市場變成完全競爭市場且再度達成長期均衡。畫圖顯示代表性廠商其下列變數的變化：
a. 價格。
b. 產量。
c. 平均總成本。
d. 邊際成本。
e. 利潤。

9. 就下列各組廠商，說明哪一個廠商比較有可能做廣告。
a. 一家小農場或一家小餐廳。
b. 堆高機製造商或汽車製造商。
c. 發明高度舒適刮鬍刀的公司或發明低度舒適刮鬍刀的公司。

10. 阿飛皮鞋公司是皮鞋市場中眾多公司中的一家。
a. 假設阿飛公司目前享有短期利潤。畫圖顯示其利潤極大的產量、價格與代表利潤的區域。
b. 在長期，阿飛公司的價格、產量與利潤會如何變動？試說明之。
c. 假設消費者愈來愈重視各鞋公司其產品風格的差異。這會如何影響各鞋公司其需求的價格彈性？在長期，此一需求的變化會如何影響阿飛公司的價格、產量與利潤？
d. 在你（c）小題答案中的利潤極大價格下，阿飛公司的需求曲線是有彈性還是無彈性的？

11. 廠商做廣告主要會影響其固定成本還是變動成本？假設某追求利潤極大的獨占性競爭廠商其原先的利潤為零。繪圖說明，它可能做廣告，也可能不做廣告。

即席測驗答案

1. b 2. d 3. a 4. d 5. a 6. c 7. b

Chapter 17

寡占

寡占
oligopoly
由少數幾家提供相似或完全一樣產品的廠商所形成的市場結構

賽局理論
game theory
關於人們策略性行為之研究

如果你要買電視遊戲機,你可以選擇的可能不外乎以下三種廠牌:微軟(XBox)、新力(PS)與任天堂(SWITCH)。這三家廠商幾乎囊括了電視遊戲機市場。給定電視遊戲機的市場需求,這三家廠商共同決定出電視遊戲機的銷售量及價格。

電視遊戲機市場是**寡占**的一個例子。在寡占市場,只有少數幾個賣者,從而任何一個賣者的行為足以影響其他賣者的利潤;換言之,寡占廠商彼此之間存在完全競爭廠商之間所沒有的相互影響關係。本章探討此一關係下的寡占廠商行為,以及寡占所引發的公共政策問題。

寡占分析中的一個重要理論是**賽局理論**。賽局理論是關於人們策略性行為之研究。所謂「策略性」("strategic")指的是每個人在決定要採取哪

一項行動時，必須先考慮其他人對該項行動的反應。策略性思考不單用於圍棋、象棋與西洋棋，也用在很多商業決策上。由於寡占市場的廠商家數少，每個廠商會做策略性思考。每個廠商知道，其利潤不單決定於它自身產量的多寡，也決定於其他廠商產量的多寡。每個寡占廠商在做生產決策時，會考慮它的決策對其他廠商之生產決策的影響。

就完全競爭或獨占市場而言，賽局理論並無用武之地。在完全競爭市場，由於每個廠商的規模都很小，其產量多寡並不會影響其他廠商的利潤，所以不需要做策略性思考。在獨占市場，由於只有一家廠商，所以獨占廠商也不需要做策略性思考。不過，如我們即將說明的，賽局理論對了解寡占廠商的行為，以及了解那些只有少數互動者的賽局，是相當有用的。

17-1 只有少數幾家廠商的市場

由於寡占市場只有少數幾家廠商，其主要特徵為合作與自利之間的緊繃關係。對寡占廠商而言，最好的結果是相互合作，讓市場結果跟獨占下的結果一樣，亦即聯合生產一個數量較小的產量並讓價格高於邊際成本。不過，如我們即將說明的，由於寡占廠商只在乎自身的利潤，所以聯合壟斷的局面很難維持下去。

17-1a 雙頭寡占的例子

為了解寡占廠商的行為，我們先看一個只有兩個廠商的寡占市場，此一市場稱為**雙頭寡占**（duopoly）。雙頭寡占是寡占的最簡單型態，不過，由於有三家或以上廠商的寡占市場會面臨雙頭寡占下的相同問題，因此，先探討雙頭寡占有助於我們了解一般的寡占市場。

想像一個小鎮裡，只有阿甘與卜派兩人擁有可供飲用的水井。在每個星期六，阿甘與卜派會決定要抽取多少加侖的水拿到鎮上去賣，並索取市場所能接受的最高價格。為簡化分析，假設不管他們抽取多少加侖的水都不需花費任何的成本，亦即他們的邊際成本都等於零。

表 1 為小鎮對水的需求表。第 1 欄為總需求量，第 2 欄為價格。如果兩人共賣了 10 加侖的水，則每加侖的價格為 110 美元；如果他們共賣了 20 加侖的水，則每加侖的價格為 100 美元，以此類推。如果你畫出這兩欄的量價組合，你會得到一條負斜率的需求曲線。

表 1 中的最後一欄為總收益，其為銷售量乘以價格。由於我們假設抽水不花

表 1　水的需求表

數量	價格	總收益（總利潤）
0 加侖	$120	$ 0
10	110	1,100
20	100	2,000
30	90	2,700
40	80	3,200
50	70	3,500
60	60	3,600
70	50	3,500
80	40	3,200
90	30	2,700
100	20	2,000
110	10	1,100
120	0	0

費任何成本，所以他們兩人的總收益等於他們的總利潤。

接下來，我們說明這個小鎮的水市場結構如何影響水的價格與銷售量。

17-1b 競爭、獨占與卡特爾

在探討阿甘與卜派雙頭寡占下的水價與銷售量之前，讓我們先簡短討論我們已經了解的兩種市場結構：完全競爭與獨占。

如果小鎮的水市場是一個完全競爭市場，則會有什麼結果？由於在完全競爭市場，價格會等於邊際成本，且由於我們假設抽水的邊際成本等於零，所以在完全競爭之下，水的均衡價格會等於零，從而根據表 1，水的銷售量與產量會等於 120 加侖。對小鎮而言，此一產量也是使小鎮總剩餘達到最大的效率水準。

如果小鎮的水市場是一個獨占市場，則又會有什麼樣的結果？如表 1 所示，當銷售量為 60 加侖且單價為 60 美元時，總利潤達到最大。因此，一個追求利潤極大的獨占廠商會生產這個數量並訂定這個價格。由於此時的價格超過邊際成本，所以此時的產量低於 120 加侖的效率水準。

再回到雙頭寡占。這時候的結果又會是什麼？一個可能的結果是阿甘與卜派兩人就產量與價格達成協議。這樣一個廠商之間針對產量與價格達成的協議稱為**共謀**，而這樣由一群採取一致行動的廠商所形成的組織稱為**卡特爾**。卡特爾一

共謀
collusion
廠商之間就產量與價格所達成的協議

卡特爾
cartel
由一群採取一致行動的廠商所形成的

且形成，則市場就如同只有一家獨占廠商。因此，如果阿甘與卜派共謀成功，則他們會同意獨占下的結果，因為此時他們的總利潤可以達到最大。所以，他們的總產量會是 60 加侖，且價格會訂在每加侖 60 美元。由於此時的價格高於邊際成本，因此，結果也是無效率的。

卡特爾不單要決定總產量，也要決定每個成員的個別產量。在我們的例子，阿甘與卜派必須就如何分配這 60 加侖的產量達成協議。每個卡特爾的成員都希望自己的市場份額愈大愈好，因為這意味著他的利潤會愈大。如果阿甘與卜派同意平分市場，則他們會各生產 30 加侖的水，且各自賺取 1,800 美元的利潤。

17-1c 寡占市場的均衡

雖然寡占廠商會希望組成卡特爾以賺取獨占利潤，但往往無法成功。這是因為一方面反托拉斯法禁止寡占廠商之間這種明顯的共謀行為，另一方面，卡特爾成員也往往為了如何瓜分市場利潤而爭吵不休。因此，我們接下來探討阿甘與卜派各自做產量決策下的結果。

一開始，你可能會預期阿甘與卜派會各自生產一半的獨占產量，因為這樣一來，他們合起來的利潤可以達到最大。不過，如果協議不具約束力，則獨占結果不會發生。為什麼？想像阿甘預期卜派只生產 30 加侖（獨占數量的一半），那麼阿甘接下來會這麼想：

「我也可以只生產 30 加侖。在此情況下，總銷售量會是 60 加侖，且價格會是每加侖 60 美元；這時，我的利潤是 1,800 美元（30×60 美元）。不過，如果我生產 40 加侖，則總銷售量會是 70 加侖，價格則變成每加侖 50 美元；這時，我的利潤會是 2,000 美元（40×50 美元）。雖然此時我們兩人合起來的利潤由 3,600 美元降為 3,500 美元，但我的利潤會因我的市場占有率提高，而由 1,800 美元增加到 2,000 美元。」

當然，卜派也會這樣想。如果真的如此，則阿甘與卜派都會生產 40 加侖的水，而使總銷售量增加為 80 加侖，進而使價格降為 40 美元。因此，如果寡占廠商各自追求它們自己的利益，則總產量會大於獨占產量，而導致價格低於獨占價格，且總利潤小於獨占利潤。

雖然追求自利會使寡占總產量大於獨占產量，但不至於造成寡占總產量等於完全競爭產量。當阿甘與卜派都生產 40 加侖，且價格為 40 美元時，兩人的利潤都是 1,600 美元。在此情況下，阿甘會接著想：

「我現在的利潤是 1,600 美元。如果我的產量增加為 50 加侖，則總銷售量為

90 加侖，從而價格會再降到每加侖 30 美元。這時候，我的利潤就只有 1,500 美元，比之前的 1,600 美元還少。我看我還是繼續生產 40 加侖好了。」

同樣地，卜派也會這麼想。因此，阿甘與卜派各自生產 40 加侖看起來像是可以達到某種均衡的。事實上，此一結果稱為奈許均衡〔以經濟學家 John Nash 命名；《美麗境界》（A Beautiful Mind）這部電影演的就是他的生平〕。**奈許均衡**是指彼此相互影響的經濟參與者，在給定其他人所選擇的策略下，每個人選擇他們最佳策略的情況。以本例而言，在卜派生產 40 加侖時，阿甘的最佳策略是生產 40 加侖。同樣地，在阿甘生產 40 加侖時，卜派的最佳策略是生產 40 加侖。一旦他們達成此一奈許均衡，則阿甘與卜派都不會改變他們的決策。

> **奈許均衡**
> **Nash equilibrium**
> 彼此相互影響的經濟參與者，在給定其他人所選擇的策略下，每個人選擇他們最佳策略的情況

這個例子說明了合作與自利之間的緊繃關係。當寡占廠商進行合作時，其總利潤等於獨占利潤；但由於它們追求自我利益，所以最後不會達成獨占結果，從而合起來的利潤會小於合作下的利潤。每個寡占廠商都想要增加產量使自己的市場占有率提高；當每個廠商都這樣做時，總產量會增加，且價格會下降。

另外，追求自利並不會使總產量一路增加到完全競爭下的水準。因為寡占廠商知道，產量增加會造成價格下跌，最終會使它們的利潤減少。因此，在各自的產量都達到奈許均衡下的產量時，它們就不會再增產。

總結來說，**當寡占廠商各自選擇利潤極大的產量時，總產量會大於獨占產量，但會小於完全競爭產量。寡占價格會低於獨占價格，但會高於完全競爭價格**（此一價格等於邊際成本）。

17-1d 寡占廠商家數多寡如何影響市場結果

我們可以利用以上的分析結果來探討寡占廠商家數多寡如何影響市場結果。假設勞萊與哈台突然在他們各自的土地上發現新的水源，並加入阿甘與卜派成為鎮上水市場的供給者。假設表 1 中的需求表不變，則廠商家數由兩家增加為四家會如何影響水市場的價格與銷售量？

如果這四家廠商可以形成卡特爾，則它們會生產獨占產量並收取獨占價格，而使它們的總利潤達到最大。就跟只有兩家廠商時一樣，這四家廠商必須就它們各自的產量達成協議，並確實執行它們所達成的協議。不過，當卡特爾的成員愈多時，達成並確實執行協議的困難度就愈高。

如果它們並未形成卡特爾，則它們會各自決定自己的產量。在任何時點，每家廠商都可以選擇要不要再多生產一加侖的水。在做這個決策時，每家廠商會衡量下列兩個效果：

- **產量效果**：由於價格高於邊際成本，因此，在現行價格下，多銷售一加侖的水可以使利潤增加。
- **價格效果**：提高產量會使市場的總銷售量增加，而使市場價格下跌，從而使其他每一加侖水的銷售利潤下降。

如果產量效果大於價格效果，則廠商會增加產量；如果產量效果小於價格效果，則廠商不會增加產量（事實上，在此情況下，減少產量可以使利潤增加）。每個寡占廠商會持續調整產量，直到這兩個邊際效果正好達成平衡為止。

接下來，我們進行寡占廠商家數多寡會如何影響每個寡占廠商的邊際分析。當廠商的數目愈多時，每個寡占廠商的產量多寡對市場價格的影響就愈小，亦即，每個寡占廠商所認定的價格效果會愈小。

當廠商家數變很大時，價格效果就不見了，而只剩下產量效果。在此情況下，市場就變成完全競爭市場。我們以前說，完全競爭廠商是一個價格接受者，其實講的是，完全競爭廠商其產量變動不具有價格效果。

因此，當寡占廠商的家數愈來愈多時，**寡占市場就愈來愈接近完全競爭市場，且價格會趨近邊際成本，同時，市場銷售量會趨近社會效率水準**。

聽專家怎麼說

市場份額與市場影響力（Market Share and Market Power）

「如果某一市場內的少數幾家廠商其合起來的市場份額大，則這強烈顯示這些廠商有顯著的市場影響力。」

經濟學家這麼說：

- 54% 同意
- 25% 不同意
- 21% 不確定

資料來源：IGM Economic Experts Panel, September 25, 2018.

以上的分析可以讓我們從另一個角度來看國際貿易的影響。想像豐田與本田是日本唯二的汽車製造商，福斯與BMW是德國唯二的汽車製造商，且福特與通用是美國唯二的汽車製造商。如果這些國家禁止汽車的國際貿易，則每個國家的汽車市場就是一個只有兩家廠商的寡占市場。但如果開放貿易，則汽車市場就變成一個有六家廠商的全球市場。因此，在自由貿易下，由於每個消費者可以選擇的產品種類增加，從而廠商之間的競爭程度提高，這會使價格比較接近邊際成本。所以，除了第3章所介紹的比較利益理論之外，寡占理論也提供為何所有國家可以從自由貿易中獲利的另一個理由。

即席測驗

1. 寡占市場的主要的特徵為
   a. 產品異質。
   b. 唯一廠商選擇在市場需求曲線上生產。
   c. 每個廠商都接受市場價格。
   d. 幾家廠商採取策略性行動。
2. 如果寡占廠商形成卡特爾，則其產量 _____ 完全競爭水準，且 _____ 獨占水準。
   a. 小於，大於　　b. 大於，小於
   c. 小於，等於　　d. 等於，大於
3. 如果寡占廠商彼此不合作，則產業的產量 _____ 完全競爭水準，且 _____ 獨占水準。
   a. 小於，大於　　b. 大於，小於
   c. 小於，等於　　d. 等於，大於
4. 當寡占市場的廠商家數不斷增加時，則產業產量趨近的水準 _____ 完全競爭水準，且 _____ 獨占水準。
   a. 小於，大於　　b. 大於，小於
   c. 小於，等於　　d. 等於，大於

（答案在章末）

17-2 合作經濟學

如我們剛剛所說明的，寡占廠商會希望組成卡特爾，不過前提是它們要能合作，但合作通常會破局。在本節，我們進一步說明寡占廠商在合作上所面臨的問題。要了解這些問題，我們必須先學一點賽局理論。

在賽局理論中，一個相當重要的「賽局」是所謂的囚犯困境。此一賽局可以讓我們了解維持合作關係是很困難的一件事。在現實生活中，即使我們與他人合作對彼此都是有利的，但彼此之間的合作關係往往很難維持。接下來我們就以囚犯困境來說明此點。

> **囚犯困境**
> **prisoners' dilemma**
> 一個兩名囚犯之間的特殊「賽局」，說明即使合作對雙方都是有利的，但彼此之間的合作關係很難維持

17-2a 囚犯困境

囚犯困境是關於兩個被捕罪犯的故事。假設這兩名罪犯一個叫狼，一個叫狐，且警方有足夠的證據能以非法攜帶槍械這個比較輕的罪名讓他們被關一年。不過，警方也懷疑他們兩人合夥搶劫銀行，但苦無足夠的證據可以讓他們被處以重刑。警方將他們隔離偵訊，並對他們提出下列的交換條件：

「現在，你起碼要坐一年的牢，不過，如果你承認犯下銀行搶案並供出你的同夥人，則你可以無罪開釋，且你的同夥人會被關 20 年。但如果你們兩人都承認犯行，那麼我們就不需要你的證詞，你們兩人會被各判刑 8 年。」

如果狼與狐都只關心自己的刑期，你認為他們會怎麼做？他們會認罪還是保持緘默？圖 1 顯示四種可能的結果。他們兩人都有兩種選擇：招或不招。他們最後的刑期決定於他們各自做的選擇。

圖 1　囚犯困境

	狼的決定：招供	狼的決定：不招供
狽的決定：招供	狼被判 8 年 / 狽被判 8 年	狼被判 20 年 / 狽被判無罪
狽的決定：不招供	狼被判無罪 / 狽被判 20 年	狼被判 1 年 / 狽被判 1 年

在這個兩名罪犯的賽局裡，每名罪犯最後的判決結果，決定於兩人各自採取的策略。

我們先看狼的決策。他會這麼想：「我不曉得狽會招還是不招。如果他不招，則我的最好策略是招供，因為這樣子我就可以無罪開釋，不用坐一年的牢。如果狽招供，則我的最好策略也是招供，因為這樣子我就不用坐 20 年的牢，而只需關 8 年。所以，不管狽有沒有認罪，我還是招了比較好。」

在賽局理論裡，有一種策略稱為**優勢策略**，它是不管其他人採取什麼樣的策略，自己都將採行的策略。在本例中，招供就是狼的優勢策略；不管狽招還是不招，狼招供的話，他的刑期都會比較短。

接下來看狽的決策。狽所面臨的選擇與狼完全相同，所以他的想法也會跟狼一樣，亦即不管狼招還是不招，狽招供的話，他的刑期都會比較短。因此，招供也是狽的優勢策略。

最後，狼與狽都招供了，且各被判刑 8 年。這個結果對他們兩人來說，都不是最好的。如果他們都不招供，則他們都只會被判 1 年。但由於他們都追求自身的利益，所以最後的結果反倒對他們自己都不利。

如果他們在搶銀行之前就先說好，被捕的話絕對不認罪，那麼最後他們是不是也一定不會認罪？由於他們被隔離偵訊，且「狼狽為奸」的人通常不認為對方會把「信用」看得那麼重要，所以他們最後都會為自己利益而招供。從這個例子可以看出，在雙方都追求自身利益的情況下，彼此之間的合作承諾（如狼與狽約定死不認罪）是很難堅守的。

> **優勢策略**
> dominant strategy
> 在賽局中，不管其他人採取什麼樣的策略，自己都將採行的策略

17-2b 寡占如同囚犯困境

囚犯困境與寡占市場有何干係？寡占廠商如果達成合作協議並確實遵守的話，它們可以獲取獨占利潤（對應到狼與狙只被判 1 年）。但由於每個寡占廠商都跟囚犯困境中的兩名囚犯一樣，會受到自利動機的驅使，而破壞協議，所以最後的結果反倒對它們不是最有利的（對應到狼與狙各被判 8 年）。

讓我們再回到阿甘與卜派的例子。如果他們都只生產 30 加侖的水，則他們合起來可以獲取獨占利潤；但他們也都會想要多生產。圖 2 顯示雙方在生產 30 或 40 加侖共四種情況下的各自利潤。

假想你自己是阿甘，你可能會這麼想：「如果卜派信守承諾而將產量維持在 30 加侖的低產量水準，那麼我在 40 加侖的高產量下可以賺取的利潤為 2,000 美元，在 30 加侖的低產量下可以賺取的利潤只有 1,800 美元。既然如此，我應該生產 40 加侖，而不管原先 30 加侖的承諾。如果卜派不信守承諾而生產 40 加侖的高產量，那麼我在高產量下的利潤為 1,600 美元，大於低產量下的 1,500 美元，所以，我還是應該生產 40 加侖。因此，不管卜派有沒有信守承諾，高產量都是我的優勢策略。」

當然，卜派也會有同樣的想法，所以最後兩個人都會生產 40 加侖的高產量，從而兩個人的利潤都只有 1,600 美元，小於他們信守維持低產量承諾下的 1,800 美元。

圖 2　阿甘與卜派的寡占賽局

	阿甘的決定	
卜派的決定	高產量：40 加侖	低產量：30 加侖
高產量：40 加侖	阿甘有 1,600 美元的利潤 卜派有 1,600 美元的利潤	阿甘有 1,500 美元的利潤 卜派有 2,000 美元的利潤
低產量：30 加侖	阿甘有 2,000 美元的利潤 卜派有 1,500 美元的利潤	阿甘有 1,800 美元的利潤 卜派有 1,800 美元的利潤

在阿甘與卜派的賽局中，每個人的利潤不單決定於自己的產量，也會受到對方產量的影響。

個案研究：石油輸出國家組織與全球石油市場

雖然以上小鎮水市場的故事純屬虛構，但如果我們把水改成石油，把阿甘與卜派改成伊朗與伊拉克，則這個故事就真實多了。全世界的大部分石油由少數幾個國家生產，且這些國家大多位於中東。全球的石油市場稱得上是寡占市場，且每個產油大國的產量決策跟阿甘與卜派的產量決策非常類似。

那些主要產油國家組成一個稱為石油輸出國家組織（OPEC）的卡特爾。其成員包括沙烏地阿拉伯、伊拉克、伊朗、阿拉伯聯合大公國、科威特、委內瑞拉以及其他國家。在 2016 年，以俄羅斯為首的其他十個產油國與 OPEC 合盟，稱為 OPEC+；此一卡特爾的成員國控制全球大多數的石油蘊藏量。

OPEC 所面臨的問題與阿甘和卜派所面臨的問題非常類似。OPEC 成員國都希望油價維持在高檔，但每個成員國又都會想要多生產一些以賺取更多的利潤。所以，OPEC 成員國雖然經常協議減產，但也經常違反協議。

在 1973 到 1985 年期間，OPEC 成功地維持各成員國之間的合作關係，而使國際石油價格由 1972 年的每桶 3 美元上漲到 1974 年的 11 美元，再上漲到 1981 年的 35 美元。但在 1980 年代中期，各成員國就開始在吵產量配額問題；之後，OPEC 就無法有效維持成員國之間的合作關係。在 1986 年，國際石油價格下滑到每桶 13 美元。

在最近幾年，OPEC 的成員國仍定期召開會議，但 OPEC 已不像以前那樣可以成功地達成並落實協議。技術（如頁岩油的開採技術）進步讓全球的石油供給增加，而削弱了 OPEC 的市場影響力，從而石油價格的波動主要受到市場供需的影響，而不是卡特爾的人為操縱產量。

這個例子說明了為何寡占廠商不容易維持合作關係，亦即卡特爾不容易持久。雖然寡占廠商都知道，大家信守承諾對大家都是最有利的，但每個廠商都有毀諾的動機。就如同囚犯困境中的囚犯受到自利動機的驅使在最後都會招供一樣，自利動機也會讓寡占廠商無法維持彼此之間的合作關係，從而最後的結果反倒不是最有利的。

17-2c 囚犯困境與社會福利

囚犯困境適用在許多現實生活中的狀況，它說明了即使合作對大家都有利，但要維持下去卻很不容易的道理。很顯然地，無法繼續合作對當事人是個問題，但從整個社會的角度來看，它會是一個問題嗎？答案視情況而定。

在某些情況下，不合作的均衡不單對當事人不利，對整個社會也有害。例如，如果美國與俄羅斯不就核武擴散達成協議而競相發展核武，則不單美俄兩國的軍費支出會大幅增加，且人類會有滅種的危機。

相形之下，卡特爾成員無法維持合作關係，雖然對各個成員不利，但對整個

社會卻是有利的。我們在第 7 章曾提到，完全競爭下的產出水準使社會總剩餘達到最大。當卡特爾無法維持時，市場的銷售量會接近完全競爭下的水準，因此，不合作的均衡對整個社會是比較有利的。從另一個角度來看，那隻看不見的手唯有在市場是完全競爭之下，才能有效地引導社會資源的配置，而市場只有在廠商無法合作時，才有可能是完全競爭的。

同樣地，囚犯不共謀，他們才會被判比較重的刑期。因此，雖然囚犯不喜歡陷入那樣的困境，但對善良百姓而言，最後的結果要比囚犯共謀下來得有利。

17-2d 為何人們有時會合作

雖然囚犯困境說明了為何合作是困難的，但並不代表合作是不可能的。並不是所有的嫌疑犯在被警方偵訊時都會供出同夥，也並不是所有的卡特爾都維持不下去。人們之所以能夠解決囚犯困境，通常是因為賽局並非只進行一次，而是重複地進行。

為了解為何在一個重複性賽局（repeated games）中，彼此的合作關係比較容易維持，讓我們再回到阿甘與卜派的例子，他們的互動結果顯示在圖 2。阿甘與卜派都希望各生產 30 加侖的水以達成獨占結果，然而，如果他們之間的賽局只進行一次，則自利動機會驅使他們選擇生產 40 加侖的優勢策略，而使得合作破局。

現在假設阿甘與卜派知道他們每個星期都會協商一次。當他們第一次達成壓低產量的協議時，他們也可以訂出有人違反約定時的處理辦法。例如，他們可能同意，只要有人生產 40 加侖，則雙方以後都要各生產 40 加侖。

在此情況下，雙方都知道，若對方遵守協議而只生產 30 加侖，但自己卻生產 40 加侖，雖可以使利潤從 1,800 美元增加為 2,000 美元，但這樣的好處僅只一次而已，以後每星期的利潤都將降為 1,600 美元。因此，只要雙方夠理性的話，雙方的合作關係就能一直維持下去；換言之，在一個重複性賽局裡，雙方是有可能達成合作的結果。

個案研究

「囚犯困境」賽局競賽

想像你正在參加一場「囚犯困境」賽局競賽；你不只玩一局，而是會玩很多局。遊戲規則如同本節所描述的囚犯困境賽局；你的最終名次決定於你總共「坐」了幾年牢，總刑期愈低者，名次愈高。你會採取什麼樣的策略？一開始你會招還是不招？其他參賽者的招式會不會影響你後

續的策略？

重複性囚犯困境賽局是一個非常複雜的賽局。為鼓勵合作，局內人必須為不合作而付出代價。在上一節所描述的阿甘與卜派的雙頭寡占裡，只要有一方毀諾，卡特爾就會永遠破局。但在一個重複性賽局裡，允許雙方在不合作後能再回到合作局面，對雙方應該都有利。

為了解何項策略較佳，政治學家艾塞爾羅德（R. Axelrod）舉辦了一場競賽。參賽者必須設計出能玩重複性囚犯困境賽局的電腦程式，且每一個程式需跟其他所有的程式比賽。「優勝者」為總刑期最低的程式。

此次的優勝者採取一個稱為**一報還一報**（tit-for-tat）的簡單策略。根據這個策略，參賽者一開始應採合作策略，接下來的行動就跟對方一模一樣（所以才叫做一報還一報）。因此，該優勝程式一開始採合作策略，直到對方毀諾為止；然後，該程式開始毀諾，直到對方又開始合作為止。換言之，這個策略一開始是友善的，但會懲罰毀諾者，直到對方再度信守承諾。出乎艾塞爾羅德的預料之外，這個簡單策略的表現優於其他所有更為複雜的策略。

一報還一報的策略其實由來已久。實質上，它就是聖經中的「以眼還眼，以牙還牙」的策略。此一競賽也許帶給我們這樣的策略是生命中某些賽局的實用策略的啟示。

即席測驗

5. 囚犯困境的賽局說明，
   a. 對雙方而言，合作的結果可能都比奈許均衡來得差。
   b. 即使合作的結果讓其中一方比奈許均衡來得好，但另一方可能變差。
   c. 即使合作的結果比奈許均衡來得好，每一方都有不合作的動機。
   d. 理性且追求自利的人們會避開奈許均衡，因為它讓雙方變差。

6. 面臨「囚犯困境」的雙方可能合作，如果
   a. 雙方都認為奈許均衡比合作均衡來得差。
   b. 賽局將重複進行，且雙方都預期不合作將招致對方報復。
   c. 給定另一方的現在作為，每一方都選擇對自己最有利的策略。
   d. 每一方都認為其所選擇的策略在結果還沒出現之前都不會被對方察覺。

（答案在章末）

17-3 針對寡占的公共政策

經濟學十大原理之一是：政府有時可以改善市場結果。很明顯地，此一原理可以應用在寡占市場。如我們前面所說明的，從整個社會的角度來看，寡占市場的產量過低且價格過高。為使資源的配置更有效率，政府應設法提高寡占廠商之間的競爭程度。接下來我們說明政府可以採取的措施，以及這些措施的爭議。

17-3a 交易的限制與反托拉斯法

政府可以採取的措施之一是透過立法來抑制廠商的共謀行為。正常而言，在市場經濟下，人們可以自由訂定雙方互利的交易契約，並仰賴司法體系來確保契約能被履行。但幾個世紀以來，英國與美國的法官認定那些壓低產量以抬高價格的協議對社會大眾不利，而判定這樣的協議違法。

美國在 1890 年通過的休曼反托拉斯法案（Sherman Antitrust Act）以及 1914 年通過的克萊頓反托拉斯法案（Clayton Antitrust Act）強調這樣的精神。我國類似的法律為《公平交易法》，其第 15 條規定：「事業不得為聯合行為。」所謂「聯合行為」是「指具競爭關係之同一產銷階段事業，以契約、協議或其他方式之合意，共同決定商品或服務之價格、數量、技術、產品、設備、交易對象、交易地區或其他相互約束事業活動之行為，而足以影響生產、商品交易或服務供需之市場功能者。」（第 14 條）所以，《公平交易法》中的「聯合行為」即本章所稱的「共謀行為」。《公平交易法》對違反規定者訂有罰鍰之處分（第 40 條），違反情節嚴重者還可能被判三年以下有期徒刑（第 34 條）。

17-3b 反托拉斯政策的爭議

長久以來，反托拉斯法的部分規定具高度爭議。在此，我們舉三個例子。

限制轉售價格 第一個例子是**限制轉售價格**（resale price maintenance），又稱為**公平交易**（fair trade）。假設生產手機的 A 公司賣給零售商的價格為每支 400 美元。如果 A 公司要求零售商以 500 美元的價格賣給顧客，則我們稱 A 公司限制轉售價格。如果零售商以低於 500 美元的價格出售，則它違反了與 A 公司所訂的契約。

一開始，限制轉售價格看起來似乎是不利競爭的，因而對社會有害。由於限制轉售價格使零售商無法從事價格競爭，因此它就好像是卡特爾成員之間的協議。因為這個原因，美國法院通常判定限制轉售價格違反反托拉斯法。我國《公平交易法》第 19 條也規定：「事業不得限制其相對交易人，就供給之商品轉售與第三人或第三人再轉售時之價格。」換言之，我國也認定限制轉售價格之契約是無效的。

不過，有些經濟學家認為，類似 A 公司這樣的公司並沒有降低零售商之間競爭的動機，因為如果零售商形成卡特爾，則對其銷售量及利潤反而是不利的。有些則認為限制轉售價格可以維持零售商與製造廠的合理利潤，所以政府並沒有權利去干涉它們簽訂契約的自由。

掠奪式訂價　具有市場影響力的廠商通常會把價格訂在完全競爭價格之上。不過，如果具有市場影響力的廠商把價格訂得太低，政府是否應該關切？此一問題是反托拉斯法的第二個爭議。

假設 B 航空公司原先在某條航線上是獨占廠商。後來 C 公司加入競爭，並取得 20% 的市場份額，所以 B 公司的市場份額剩下 80%。面對 C 公司的競爭，B 公司大幅調降機票價格。有些經濟學家認為，B 公司此一行為可能是不利競爭的，因為 B 公司想要藉降價把 C 公司趕出市場，以重新取得獨占地位，之後再把價格調高。我們稱此一行為為**掠奪式訂價**（predatory pricing）。

不過，部分經濟學家對此一論點抱持懷疑態度，並認為掠奪式訂價不太可能可以提升發動廠商的利潤。這是因為當 B 公司發動價格戰時，票價會低於雙方的成本，因此，雙方都會有虧損，且票價壓低之後，搭飛機的人會增加。此時，C 公司可以採取減班的策略，這不單可以讓自己的虧損減少，也可以使 B 公司的虧損增加，迫使 B 公司結束價格戰。且即使 B 公司財大氣粗，最後把 C 公司趕出市場，再度成為獨占公司，這並不表示 B 公司從此以後就可以為所欲為。像我國《公平交易法》第 9 條第 2 款就規定獨占事業不得「對商品價格或服務報酬，為不當之決定、維持或變更」。因此，採掠奪式訂價的廠商事實上是承擔相當大的風險的。

包裹出售　第三個具高度爭議的例子是**包裹出售**（bundling）。假設 D 製片公司最近推出了兩部新片：《復仇者聯盟》與《王子復仇記》。如果 D 公司以單一價格把這兩部電影的放映權合起來賣給電影院，而不是分開賣，則我們稱 D 公司包裹出售這兩部電影。

後來，這樣的包裹出售手法遭到美國最高法院禁止。其理由如下：由於《復仇者聯盟》是賣座電影，而《王子復仇記》原本可能是票房不佳的電影，因此，D 公司利用《復仇者聯盟》的高需求來強迫推銷《王子復仇記》，而擴大其市場影響力。

一些經濟學家不認同這樣的論點。假設電影院願意花 200,000 美元購買《復仇者聯盟》的放映權，但不願意花一毛錢在《王子復仇記》上。那麼，電影院最多只願意花 200,000 美元同時買下這兩部電影的放映權，跟單獨購買《復仇者聯盟》的價格是一樣的。因此，D 公司並無法藉由包裹出售來提升其市場影響力。

那麼為何包裹出售的現象會存在呢？一個可能性是，包裹出售是一種差別取價的形式。假設有兩家電影院，E 與 F。E 電影院願意分別花 150,000 和 50,000 美元購買《復仇者聯盟》和《王子復仇記》的放映權；F 電影院則正好相反，它

願意分別花 50,000 和 150,000 美元購買《復仇者聯盟》和《王子復仇記》的放映權。如果 D 公司不包裹出售這兩部電影，則其最佳策略為每部電影訂價 150,000 美元。不過，如果 D 公司以 200,000 美元包裹出售這兩部電影，則其利潤可以增加。因此，如果不同電影院對同一部電影有不同的支付意願，則製片公司可以藉由將包裹出售的價格訂在接近電影院總支付意願來提升利潤。

到目前為止，包裹出售仍然具高度爭議，且經濟學家仍在努力提出不同的理論來解釋為何包裹出售會妨礙競爭，不過尚未有令人滿意的結果。

個案研究　微軟案

近幾年來，最重要且最富爭議的反托拉斯案件是 1998 年美國政府控告微軟公司。為美國政府作證的是著名的經濟學家費雪（Franklin Fisher，MIT 教授），為微軟作證的是另一位著名經濟學家史瑪蘭斯（Richard Schmalensee，MIT 教授）。本案對微軟的未來發展影響深遠。

本案牽涉到包裹出售。具體而言，微軟是否可以把它的網路瀏覽器（Explorer）併到它的視窗作業系統中。美國政府的主要控訴理由是，微軟個人電腦作業系統的市場占有率高達八成以上，它的包裹出售做法會對其他軟體公司，如網景（Netscape），形成不公平競爭。

微軟則辯稱，讓舊產品有新功能是技術進步的自然結果，就如同現在的汽車都附有音響與空調，這些在以前是沒有的。而且，微軟雖然在作業系統上有很高的市場占有率，但也持續受到蘋果麥金塔（Mac）和立尼仕（Linux）作業系統的挑戰。微軟同時也舉其視窗作業系統的價格（約 50 美元）只占個人電腦售價的 3% 來說明其市場影響力其實是有限的。

在 2002 年 11 月，此案終於落幕。微軟同意接受對其業務上的一些限制，而美國政府則同意微軟的視窗作業系統可以保留網路瀏覽器。不過，微軟這個全世界最大的電腦軟體公司目前在美國及歐盟，仍有多件反托拉斯訟案纏身。

技術發展已讓 Explorer 的雄風不再。谷歌的 Chrome 與蘋果的 Safari 已超越 Explorer，有些分析家將此歸功於美國司法部與微軟的和解，讓 Chrome 與 Safari 得以冒出頭。

即席測驗

7. 反托拉斯法的目的在於
   a. 促進寡占廠商彼此之間的合作。
   b. 鼓勵併購以發揮規模經濟。
   c. 防止本國廠商將生產基地外移。
   d. 防止廠商降低競爭的行為。
8. 假設 B 航空公司原先在某條航線上是獨占廠商，後來 C 公司加入競爭。面對 C 公司的競爭，B 公司大幅調降機票價格。我們稱 B 公司
   a. 限制轉售價格。　b. 實施掠奪式訂價。
   c. 進行獨占訂價。　d. 進行包裹出售。

（答案在章末）

17-4 結論

寡占廠商希望可以聯合起來形成獨占，但受到自利動機的驅使，卡特爾往往不容易維持。寡占市場最後會比較接近獨占市場還是完全競爭市場，主要決定於寡占廠商的家數以及它們的合作程度。囚犯困境的故事告訴我們，即使明知合作對大家都有利，但寡占廠商之間的合作關係往往很難維持。

政府透過反托拉斯法來限制寡占廠商的行為。由於反托拉斯法具高度爭議且威力強大，所以政府應慎用反托拉斯法。

摘要

- 寡占廠商藉由組成卡特爾並讓總產量等於獨占產量，來使利潤極大。不過，如果寡占廠商各自做產量決策，則總產量會大於獨占產量且價格會低於獨占價格。當寡占市場的家數愈多時，則市場銷售量與價格會愈接近完全競爭下的水準。
- 囚犯困境顯示，即使合作對雙方都有利，但自利動機使得雙方的合作關係無法維持。其邏輯可以應用在寡占廠商與其他賽局中。
- 政府可以利用反托拉斯法來防止寡占廠商降低競爭的行為。不過，由於反托拉斯法具高度爭議且威力強大，政府宜慎用。

複習題

1. 如果一群廠商組成卡特爾，則它們會試圖把產量與價格訂在什麼水準？
2. 比較寡占市場與獨占市場下的銷售量與價格。

3. 比較寡占市場與完全競爭市場下的銷售量與價格。
4. 寡占廠商家數多寡如何影響市場結果？
5. 何謂囚犯困境？它與寡占有何關係？
6. 舉出寡占以外的兩個例子，說明囚犯困境如何有助於解釋行為。
7. 反托拉斯法禁止哪些行為？

問題與應用

1. 全世界的鑽石供給主要來自於南非與俄羅斯。假設開採鑽石的邊際成本固定在每顆 1,000 美元，且鑽石的需求表如下：

價格	數量
$8,000	5,000 顆
7,000	6,000
6,000	7,000
5,000	8,000
4,000	9,000
3,000	10,000
2,000	11,000
1,000	12,000

   a. 如果鑽石市場有很多家供應商，則市場價格與數量各為何？
   b. 如果鑽石市場只有一家供應商，則市場價格與數量各為何？
   c. 如果南非與俄羅斯組成卡特爾，則市場價格與數量各為何？如果這兩個國家平分市場，則南非的產量與利潤各為何？如果南非的產量增加 1,000 顆且俄羅斯遵守協議，則南非的利潤會如何變動？
   d. 請用（c）小題的答案說明為何卡特爾協議通常不容易維持。

2. 多年前，《紐約時報》曾報導：「上星期 OPEC 無法達成減產協議引發石油市場的動盪……〔導致〕國內石油價格跌至 1990 年 6 月以來的最低點。」
   a. 為何 OPEC 的成員國會試圖達成減產協議？
   b. 你認為 OPEC 為何無法達成減產協議？石油市場又為何因此而動盪？
   c. 該報導也提到 OPEC 的看法：「OPEC 以外的產油國，如挪威與英國，在減產行動上不應置身事外。」「不應置身事外」一詞意味著 OPEC 希望與挪威和英國維持什麼樣的關係？

3. 本章討論商品市場的賣方是寡占廠商的情況，但有些生產要素市場的買方是寡占廠商。
   a. 如果身處賣方的寡占廠商會試圖抬高產品售價，則身處買方的寡占廠商其目標為何？
   b. 美國職棒大聯盟的老闆在球員市場上具寡占地位。就球員的薪資而言，這些老闆的目標為何？為何此一目標不容易達成？
   c. 在 1994 年，美國職棒球員曾因資方想要設薪資上限而發動罷工。如果資方已就球員薪資達成共謀，則他們為何還想要設薪資上限？

4. 下表為美墨兩國關稅賽局的結果：

	美國的決定	
	低關稅	高關稅
墨西哥的決定 低關稅	美國獲利 250 億美元 墨西哥獲利 250 億美元	美國獲利 300 億美元 墨西哥獲利 100 億美元
高關稅	美國獲利 100 億美元 墨西哥獲利 300 億美元	美國獲利 200 億美元 墨西哥獲利 200 億美元

a. 美國與墨西哥的優勢策略各為何？試說明之。

b. 定義**奈許均衡**。美墨兩國貿易政策的奈許均衡為何？

c. 在 1993 年，美國國會通過《北美自由貿易協定》。美墨兩國同意同時降低貿易障礙。根據上表資料，此一發展是否合理？

d. 根據我們在第 3 章與第 9 章所討論的貿易利得，你認為上表資料是否真能反映一國在這四種情況下的福利水準？為什麼？

5. 假設某高科技產業只有 A 和 B 兩家公司。它們研發預算多寡的組合會產生以下的結果：

	A 公司決策	
	預算大	預算小
B 公司決策 預算大	A 公司賺 2,000 萬美元 B 公司賺 3,000 萬美元	A 公司賺 0 美元 B 公司賺 7,000 萬美元
預算小	A 公司賺 3,000 萬美元 B 公司賺 0 美元	A 公司賺 4,000 萬美元 B 公司賺 5,000 萬美元

a. A 公司是否有優勢策略？試說明之。

b. B 公司是否有優勢策略？試說明之。

c. 本賽局是否有奈許均衡？試說明之。

6. 你和一位同學合寫一份報告，你們會有相同的報告成績。你們都希望拿高分，但也不想太累。以下是一些可能的結果：
- 如果你們都很努力，則你們都會拿 A，這帶給你們各 40 單位的快樂。
- 如果只有一個人很努力，則你們都會拿 B，這帶給你們各 30 單位的快樂。
- 如果你們都不努力，則你們都會拿 D，這帶給你們各 10 單位的快樂。
- 努力工作會少掉 25 單位的快樂。

a. 完成以下的決策方塊：

	你的決定	
	工作	偷懶
同學的決定 工作	你： 同學：	你： 同學：
偷懶	你： 同學：	你： 同學：

b. 最有可能的結果為何？為什麼？

c. 如果你和這位同學未來一年要寫一連串的報告，則你（b）小題的答案可能會如何變動？為什麼？

d. 你的另一位同學比較在意成績：他拿 B 可以得到 50 單位的快樂，拿 A 則可以拿到 80 單位的快樂。如果換成這位同學跟你合寫報告（你並沒有任何改變），則你（a）和（b）小題的答案會如何變動？你比較喜歡和哪一位同學合作？這位同學也會喜歡跟你合作嗎？

7. 本題分析兩家航空公司之間的賽局。假設每家公司可以針對機票訂高價或低價。如果一家公司訂的票價是 300 美元，且另一

家公司訂的票價也是 300 美元，則它的利潤低；如果另一家公司訂的票價是 600 美元，則它的利潤高。如果一家公司訂的票價是 600 美元，且另一家公司訂的票價是 300 美元，則它的利潤非常低；如果另一家公司訂的票價也是 600 美元，則它的利潤中等。

a. 畫出本賽局的決策方塊。

b. 本賽局的奈許均衡為何？試說明之。

c. 就兩家公司而言，是否有比奈許均衡更好的結果？此一結果如何達成？如果此一結果出現，則對誰不利？

8. 兩位條件相同的運動員競逐 10,000 美元獎金。這兩位運動員在決定是否要服用禁藥。如果一位運動員服用禁藥，而另一位運動員沒有，則服用禁藥的運動員贏得全部獎金。如果兩位運動員都服用禁藥，或兩位運動員都沒服用禁藥，則雙方平手且平分獎金。服用禁藥對健康的傷害等同損失 X 美元。

a. 畫出本賽局 2×2 的決策方塊。

b. 當 X 之值為何時，服用禁藥為奈許均衡？

c. 如果服用禁藥對健康的傷害降低（即 X 值下降），則這兩位運動員會變得更好還是更差？試說明之。

9. 「小咖」是一家小咖啡公司，正考慮要不要進入由「大咖」所主宰的某一個市場。這兩家公司的利潤決定於「小咖」有沒有進入市場以及「大咖」所訂的價格是高還是低：

	大咖 高價	大咖 低價
小咖 進入市場	大咖賺 300 萬元 小咖賺 200 萬元	大咖賺 100 萬元 小咖虧損 100 萬元
小咖 不進入市場	大咖賺 700 萬元 小咖賺 0 元	大咖賺 200 萬元 小咖賺 0 元

a. 這兩家公司是否都有優勢策略？請說明。

b. 你（a）小題的答案是否有助你了解另一家公司應採取的策略？

c. 此一賽局的奈許均衡為何？這個奈許均衡是唯一的嗎？

d. 如果「大咖」威脅「小咖」說：「如果你進入市場，我們會把價格壓低，所以你最好靠邊站。」你認為「小咖」應該相信這威脅嗎？為什麼？

e. 如果這兩家公司可以就如何瓜分總利潤達成協議，則最後的結果為何？

即席測驗答案

1. d 2. c 3. a 4. d 5. c 6. b 7. d 8. b

Chapter 18
生產要素市場

當你學校畢業投入職場時，能拿到多少薪水主要決定於你從事的是什麼工作。如果你是程式設計師，那麼你所拿到的薪水會比你是加油站的加油員來得高。雖然這個結果不讓人意外，但並沒有任何的法令要求雇主應付給程式設計師較高的薪水，也沒有任何的道德規範說程式設計師應拿較高的薪水。那麼，究竟是什麼因素決定我們薪水的高低呢？

當然，你的薪水只是整個經濟拼圖中的一小部分。在 2021 年，美國的**國民所得**（national income）約為 20 兆美元，這個數字是由各行各業人士的所得加總而成；其中，約有三分之二的所得為勞工的工資與福利，剩下的則是分配給地主和**資本**主的地租、利潤與利息[1]。然而，是什麼因

---

[1] 譯著按：臺灣 2021 年的國內要素所得總額約新臺幣 17.3 兆元，其中，受僱人員報酬約新臺幣 9.3 兆元，約占前述金額的 54%。（資料來源：《國民所得統計摘要》，表 7-1，行政院主計總處）

素決定多少比例的所得分配給勞工？多少比例的所得分配給地主？多少比例的所得分配給資本主？又為什麼有些地主的地租比其他地主來得高？為什麼有些資本主的利潤比其他資本主來得高？為什麼有些勞工的工資比其他勞工來得高？例如，為什麼程式設計師的薪水會比加油站加油員的薪水來得高？

這些問題的答案，就如同大多數經濟學所討論的問題一樣，關鍵在於供給與需求。勞動、土地與資本市場的供需決定了給付給勞工、地主與資本主的報酬。為了解為什麼有些人的所得會高於另一些人的所得，我們必須更深入地探討接受他們所提供的服務的市場。這是本章與下兩章最主要的工作。

在本章，我們介紹要素市場分析的基本理論。第 2 章曾提到，**生產要素**就是被用來生產商品與服務的投入。勞動、土地與資本是最重要的三種生產要素。例如，當電腦公司推出一種新軟體時，就已經使用了程式設計師的時間（勞動）、辦公室和電腦設備（資本）以及辦公室的所在地（土地）。

雖然要素市場與先前商品市場的分析有許多類似之處，但它們也有一個相當不同的地方：生產要素的需求是一種**衍生需求**（derived demand），亦即廠商對某一項生產要素的需求衍生自該廠商在另一個市場所做的商品供給決策。因此，電腦軟體公司對程式設計師的需求與公司本身對電腦軟體的供給是不可分的；加油站對加油站加油員的需求與其汽油的供給也是不可分的。

在本章中，我們藉由考慮一個追求利潤極大的競爭廠商如何決定購買多少要素，來分析要素的需求。我們的分析從說明勞動需求開始。勞動是最重要的生產要素，因為就絕大多數經濟體系而言，勞工獲取絕大部分的所得。接著，我們將直接應用從勞動市場分析所學的內容到其他的要素市場。

我們可以應用本章所介紹的要素市場基本理論，來說明一個經濟體系的所得是如何在勞工、地主與資本主之間分配。第 19 章將根據這些分析，更進一步地說明為什麼有一些勞工賺得比其他勞工多。第 20 章會探討所得分配不均現象，然後說明政府應該如何改善所得分配。

18-1 勞動需求

勞動市場就像經濟體系中的其他市場一樣，是由供給與需求的力量在主宰。我們利用圖 1 來說明此點。在圖（a），蘋果的供給與需求決定蘋果的價格；在圖（b），蘋果採收工人的供給與需求決定蘋果採收工人的價格——工資。

正如我們之前所提的，因為勞動需求是一種衍生需求，所以勞動市場與其

生產要素
factors of production
被用來生產商品與服務的投入

圖 1　商品與要素市場的供給與需求

(a) 蘋果市場 — 縱軸：蘋果價格；橫軸：蘋果數量；均衡點 P, Q；供給、需求曲線。

(b) 蘋果採收工人市場 — 縱軸：蘋果採收工人工資；橫軸：蘋果採收工人數量；均衡點 W, L；供給、需求曲線。

供給與需求這個基本工具可以應用到商品與勞務。圖（a）顯示蘋果的供給與需求如何決定蘋果價格。圖（b）顯示蘋果採收工人的供給與需求如何決定蘋果採收工人工資。

他大部分的市場不同。大部分的勞務是作為生產其他產品的投入，而不是作為讓消費者享用的最終商品（final goods）。要了解勞動需求，我們必須把焦點放在僱用勞工來生產商品以供銷售的廠商身上。透過檢視商品生產與勞動需求之間的關聯，我們可以了解均衡工資的部分決定因素。

18-1a 追求利潤極大的競爭廠商

讓我們看一個典型的廠商，例如，蘋果生產者，如何決定其勞動的需求量。廠商擁有蘋果園，每個禮拜它必須決定僱用多少勞工來採收蘋果。廠商做了僱用的決策以後，勞工儘可能地採收蘋果，然後廠商拿這些蘋果去賣，所得到的收益在付了勞工薪水之後，剩下的就是它的利潤（我們先不考慮其他成本）。

我們作兩個關於廠商的假設。第一，不論是蘋果市場（這裡的廠商屬於賣方）還是蘋果採收工人市場（這裡的廠商屬於買方），我們都假設廠商是**競爭的**。競爭廠商是價格接受者。因為有許多其他賣蘋果與僱用蘋果採收工人的廠商，因此單一廠商對於蘋果能賣多少錢或付多少工資給蘋果採收工人，幾乎不具任何影響力。廠商把價格與工資當成市場給定的條件，它只能決定僱用多少勞工和賣多少蘋果。

第二，我們假設廠商追求**利潤極大**。因此，廠商的勞工僱用與蘋果供給決

策，均以利潤極大為依歸。廠商的利潤為賣蘋果的總收益減去生產蘋果的總成本。

18-1b 生產函數與勞動的邊際產量

為了做僱用決策，廠商必須考慮它所僱用的勞動數量如何影響產品產量；換言之，它必須考量蘋果採收工人的人數與所採收的蘋果數量之間的關係。表 1 給了一個數值例。第 1 欄是勞工的數量，第 2 欄則是勞工每個禮拜所能採收的蘋果數量。

這兩欄數字描述廠商的生產能力。經濟學家用**生產函數**來描述要素僱用量與產量之間的關係。這裡的要素指的是蘋果採收工人，而產出指的是蘋果。其他的要素，包括蘋果樹本身、土地、廠商的卡車與牽引機等，其數量目前都假設固定不變。廠商的生產函數顯示，如果廠商僱用一個勞工，則這個勞工每個禮拜可以採收 100 公斤的蘋果；如果廠商僱用兩個勞工，則這兩個勞工每個禮拜可以採收 180 公斤的蘋果。

圖 2 畫出表 1 中的勞動與產出資料。橫軸代表勞工數量，縱軸代表產量。此圖顯示蘋果的生產函數。

在第 1 章所介紹的**經濟學十大原理**之一是：理性的人們進行邊際思考。這是了解廠商勞動做僱用決策的關鍵觀念。為說明這個決策，表 1 中的第 3 欄顯示**勞動邊際產量**，其為額外一單位的勞動所增加的產量。舉例來說，當廠商把勞工的人數從一人增加到兩人時，蘋果的產量從 100 公斤增加到 180 公斤。因此，第二

生產函數
production function
投入數量與產量之間的關係

勞動邊際產量
marginal product of labor
額外一單位的勞動所增加的產量

表 1　競爭廠商如何決定該僱用多少勞動

(1) 勞動 L（勞工數量）	(2) 產出 Q（每週公斤）	(3) 勞動邊際產量 $MPL = \Delta Q / \Delta L$（每週公斤）	(4) 勞動邊際產值 $VMPL = P \times MPL$	(5) 工資 W	(6) 邊際利潤 $\Delta Profit = VMPL - W$
0	0				
1	100	100	$1,000	$500	$500
2	180	80	800	500	300
3	240	60	600	500	100
4	280	40	400	500	−100
5	300	20	200	500	−300

個勞工的邊際產量就是 80 公斤。

勞工的人數增加會使勞動的邊際產量下降，亦即生產過程顯現**邊際產量遞減**現象。起先，當只有幾個勞工被僱用時，他們會從果園中最好採的果樹採收蘋果。當勞工的人數增加，新加入的勞工必須在蘋果較少的樹上採收。因此，當被僱用的勞工愈來愈多時，再多僱用一個勞工，其對蘋果採收量的貢獻就愈少。基於這個理由，圖 2 中的生產函數隨著勞工人數的增加而變得較為平坦。

18-1c 邊際產值與勞動需求

我們的利潤極大化廠商關心金錢勝於蘋果，因此，當決定要僱用多少勞工時，廠商考慮的是每一個勞工能帶來多少利潤。由於利潤等於總收益減去總成本，因此，多僱用一個勞工所能增加的利潤就是這個勞工對於收益的貢獻減去勞工的工資。

為了找出勞工對收益的貢獻，我們必須把勞動邊際產量（以多少公斤的蘋果來衡量）轉換成邊際產**值**（以多少錢來衡量）。以前面的例子為例，如果一公斤的蘋果賣 10 美元，且新僱用的那個勞工可以生產 80 公斤的蘋果，則這個勞工對收益的貢獻為 800 美元。

任何要素的**邊際產值**是要素的邊際產量乘上產品的市場價格。假設一公斤蘋

邊際產量遞減
diminishing marginal product
投入的邊際產量隨投入數量增加而下降的性質

邊際產值
value of the marginal product
要素的邊際產量乘上產品的市場價格

圖 2　生產函數

生產函數描述投入生產之要素（蘋果採收工人）數量與產出（蘋果）數量之間的關係。生產要素投入量愈多，生產函數會變得愈平坦，反映了邊際產量遞減的性質。

果的價格為 10 美元，表 1 的第 4 欄顯示我們例子中的勞動邊際產值。因為就競爭廠商而言，市場價格是固定的，所以邊際產值（如同邊際產量）會隨著勞工人數的增加而遞減。經濟學家有時稱這一欄的數字為廠商的**邊際生產收益**（marginal revenue product），代表廠商多僱用一單位的生產要素所能增加的收益。

現在考慮廠商會僱用多少勞工。假設蘋果採收工人的市場工資是一個禮拜 500 美元。在這個例子，正如你在表 1 所看到的，廠商僱用的第一個勞工是有利潤的：第一個勞工產生 1,000 美元的收益或 500 美元的利潤。同樣地，第二個勞工產生 800 美元的額外收益或 300 美元的額外利潤。第三個勞工產生 600 美元的額外收益或 100 美元的額外利潤。然而，在第三個勞工之後，多僱用勞工是無利可圖的。第四個勞工所產生的額外收益是 400 美元，但由於勞工的工資是 500 美元，所以僱用第四個勞工意味著損失 100 美元的利潤。因此，廠商只會僱用三個勞工。

圖 3 畫出邊際產值曲線。因為勞動的邊際產量隨著勞工人數增加而遞減，所以這條曲線的斜率為負。此圖也對應市場工資水準畫出一條水平線。這兩條線交點所對應的數量即為廠商利潤極大化下的勞工雇用量。雇用量若低於此一水準，表示邊際產值超過工資，因此再多僱用一個勞工能使利潤增加。超過這個僱用水準，表示邊際產值低於工資，此時多僱用一個勞工反而會使廠商的利潤減少。因

圖 3　勞動的邊際產值

此圖顯示勞動的邊際產值（勞動的邊際產量乘上產品的市場價格）決定於廠商僱用的勞動數量。由於邊際產量遞減，因此勞動的邊際產值曲線為一負斜率曲線。另外，在要素市場與商品市場皆為完全競爭的假設下，對一個追求利潤極大的廠商而言，勞動的邊際產值曲線亦為該廠商的勞動需求曲線。

此，一個追求利潤極大的競爭廠商會僱用勞工直到勞動的邊際產值與工資相等時為止。

在說明過競爭廠商的利潤極大化僱用策略後，現在我們可以提出一個勞動需求的理論。廠商的勞動需求曲線告訴我們，一個廠商在任一給定的工資下其所需求的勞動數量。我們已經在圖 3 看到廠商如何做決策：選擇一個使邊際產值等於工資的勞動數量。因此，**邊際產值曲線就是追求利潤極大的競爭廠商其勞動需求曲線**。

18-1d 造成勞動需求曲線移動的原因為何？

現在我們已了解勞動需求曲線：它反映勞動的邊際產值。接下來，我們考慮一些會造成勞動需求曲線移動的因素。

產品價格　邊際產值是邊際產量乘上產品的市場價格，因此，當產品的價格改變時，邊際產值會跟著改變，從而勞動需求曲線也會跟著移動。舉例來說，蘋果的價格上漲會增加每一個蘋果採收工人的邊際產值，因此也會增加蘋果園的勞動需求。相反地，蘋果價格下跌會使邊際產值下降，從而使蘋果園的勞動需求減少。

技術變動　在 1960 與 2020 年之間，一個典型的美國勞工其每小時的產量增加了 236 %。何以如此？最重要的原因是技術進步：科學家與工程師不斷地想出新穎且更好的生產方法。這對勞動市場具有深遠的意涵。技術進步使勞動的邊際產量增加，進而造成勞動需求的增加並使勞動需求曲線往右移。

技術進步也有可能會造成勞動需求減少。舉例來說，一台廉價的工業機器人可想而知會取代勞動，而造成勞動需求曲線往左移。經濟學家稱此為**節省勞動**（labor-saving）型的技術進步。不過，歷史告訴我們，大部分的技術進步是**勞動擴充**（labor-augmenting）型的。此種技術進步說明了為何在工資於 1960 與 2020 年之間增加了 201%（經物價膨脹調整）之後，廠商的勞動僱用量不只倍增。

其他要素的供給　一項生產要素可供使用的數量會影響其他要素的邊際產量。舉例來說，當可供使用的梯子變少時，蘋果採收工人的邊際產量會降低，而造成對蘋果採收工人的需求減少。我們會在本章稍後更完整地考慮生產要素之間的關聯。

嚴重疫情　當疫情嚴重時，勞工會因染疫而無法上工，但機器人不會，所以當疫情嚴重時，有些財力比較雄厚的廠商會以機器人取代勞工，亦即其勞動需求會減少（疫情讓勞動邊際產值降低），而造成其勞動需求曲線左移。舉例來說，在 2022 年，鼎泰豐餐廳就有針對外帶餐點的送餐機器人。

增廣見聞：要素需求與產出供給：一體的兩面！

在第 14 章，我們看到身處完全競爭市場並以利潤極大化為目標的廠商如何決定生產多少產量來銷售：它會選擇邊際成本恰與產品價格相等的產量來生產。我們剛剛說明廠商如何決定該僱用多少勞動：廠商會選擇勞動邊際產值與工資相等下的勞動量。因為生產函數連結了要素投入量與產量，因此，廠商在要素投入需求與商品供給上的決策會如此地相似。事實上，這本來就是一體兩面的事情。

為了解這當中的關聯，讓我們思考勞動邊際產量（MPL）與邊際成本（MC）之間的關係。假設多僱用一名勞工，蘋果園必須多支出 500 美元，同時，可增加 50 公斤的蘋果採收量。在這個例子當中，要多生產 50 公斤的蘋果，就得多花 500 美元，因此，一公斤的邊際成本為 10 美元（$500 / 50）。一般而言，如果 W 代表工資，且多僱用一單位勞動所能增加的產量為 MPL 單位，則一單位產量的邊際成本為 MC = W / MPL。

這項分析顯示了邊際產量遞減與邊際成本遞增是有高度關聯的。當蘋果園中擠滿採收工人時，多僱用一名工人所能增加的蘋果採收量會變少（MPL 降低）；換言之，當蘋果園已僱用很多採收工人時，多採收一公斤蘋果的成本會變高（MC 增加）。

現在考慮利潤極大化的條件。利潤極大化廠商選擇僱用的勞動數量是勞動邊際產值（P×MPL）等於工資（W）下的數量。其數學式表示如下：

$$P \times MPL = W$$

如果等式兩邊同除以 MPL，則

$$P = W / MPL$$

如上所述，MC = W / MPL，因此

$$P = MC$$

這個等式指出，廠商產品的價格等於生產最後一單位產量的邊際成本，因此，**當完全競爭廠商僱用的勞動數量正好是勞動邊際產值等於工資下的水準時，同時也意味著價格正好等於邊際成本。** 本章對勞動需求的分析只是從另一個面向來看第 14 章所介紹的生產決策而已。

即席測驗

1. 下列何者不會造成勞動需求曲線的移動？
   a. 產品價格變動
   b. 技術變動
   c. 勞工變得更重視休閒
   d. 其他要素的供給發生變動
2. 追求利潤極大的完全競爭廠商，其勞動需求曲線決定於
   a. 勞工時間的機會成本。
   b. 勞動的邊際產值。
   c. 資本的邊際產值。
   d. 勞動的邊際產值之於資本的邊際產值的比值。
3. 假設蛋糕市場是完全競爭市場，且每塊蛋糕的價格為 20 美元。如果蛋糕師傅的時薪是 10 美元，則蛋糕店應持續僱用勞工直到勞動的邊際產量等於
   a. 每小時 0.5 塊蛋糕。
   b. 每小時 2 塊蛋糕。
   c. 每小時 10 塊蛋糕。
   d. 每小時 15 塊蛋糕。

（答案在章末）

18-2 勞動供給

我們已經詳細說明過勞動需求，接下來，我們探討勞動供給。完整的勞動供給模型放在第 21 章，在那裡我們會說明家戶的決策理論。在這裡，我們僅簡要說明勞動供給曲線背後隱含的決策。

18-2a 工作與休閒之間的取捨

經濟學十大原理之一是：人們面臨取捨。在人類的生活中，大概沒有一種取捨會比工作與休閒之間的取捨來得更顯而易見或更重要。你花在工作的時間愈多，你能花在與朋友享受晚餐、瀏覽社交媒體，或滿足你嗜好的時間就愈少。勞動供給曲線的背後隱含著勞動與休閒之間的取捨。

另一個**經濟學十大原理**之一是：天下沒有白吃的午餐。為了得到一個小時的休閒時間你所放棄的是什麼？你放棄了一個小時的工作，這也意味著你放棄了一個小時的工資。因此，如果你的工資是一個小時 20 美元，則休閒一個小時的機會成本就是 20 美元；而且當你的工資調高至一個小時 25 美元時，你享受休閒的機會成本也跟著增加。

勞動供給曲線反映的就是此一機會成本變動時，勞工對勞動與休閒所做的取捨如何改變。一條正斜率的勞動供給曲線表示，工資上升會使勞工增加他們的勞動供給量。因為時間是有限的，所以花更多的時間工作意味著休閒時間的減少。因此，如果休閒的機會成本增加，則勞工的反應就是減少休閒時間。

值得注意的是，勞動供給曲線不一定是正斜率的。想像你的時薪從 20 美元調高至 25 美元。此時，休閒的機會成本變高了，但你的收入也比以前增加。你可能會決定，用這些額外的收入來享受更多的休閒。因此，在更高的工資水準下，你可能會選擇減少工作時間。如果是這樣，則你的勞動供給曲線將會向後傾斜。在第 21 章，我們會以勞動供給決策上的相互衝突效果——**替代效果**與**所得效果**——來說明這種可能性。替代效果反映休閒的機會成本的變動對工時的影響，而所得效果反映勞工其經濟福祉的變動對工時的影響。目前，我們暫時忽略勞動供給曲線後彎的可能，而假設勞動供給曲線是正斜率的。

18-2b 造成勞動供給曲線移動的原因為何？

給定某個工資水準，當人們願意工作的時數改變時，勞動供給曲線就跟著移動。讓我們考慮一些可能導致這種移動的因素。

嗜好改變　在1950年，34%的女性是上班族，或是沒有工作但正在找工作。到了2020年，這個數字上升到56%。當然，這樣的發展有很多原因，其中之一就是嗜好的改變，或是對工作的態度的改變。一兩個世代以前，社會對女性的規範就是待在家裡帶小孩；今天，家庭的規模變小，更多的母親選擇去工作，因此，勞動供給增加。

替代機會改變　任何一個勞動市場的勞動供給會受其他勞動市場的工作機會的影響。如果水梨採收工人的工資突然增加，則一些蘋果採收工人可能就會選擇轉換工作，蘋果採收工人市場中的勞動供給因而減少。

移民　勞工在區域之間或國家之間的移動，也是造成勞動供給移動的一個顯而易見且重要的因素。舉例來說，當外國移民來到美國時，美國的勞動供給就增加，而那些移民者其祖國的勞動供給則減少。事實上，大部分關於移民的政策爭論集中在它對勞動供給，進而對勞動市場均衡的影響。

嚴重疫情　「疫情大流行讓人感到生命太短暫，而無法繼續從事他們並不熱愛的工作」[2]，而使自願離職的受雇者增加。另外，嚴重疫情也會讓健康受損情況較嚴重的勞工退出市場。因此，嚴重疫情會讓勞動市場的供給減少。

即席測驗

4. 大樓管理員還是外科醫生其享受休閒的機會成本較高？
   a. 大樓管理員，因為他的工資較低。
   b. 外科醫生，因為他的工資較高。
   c. 看誰的所得效果較高。
   d. 看誰的替代效果較高。
5. 如果替代效果 _____，則工時會隨工資增加而增加。
   a. 等於零
   b. 等於所得效果
   c. 小於所得效果
   d. 大於所得效果
6. 下列何者會造成勞動供給曲線右移？
   a. 變成家庭主夫的勞工變多了。
   b. 電腦遊戲變好玩而提升休閒的價值。
   c. 政府放寬移民法而讓更多的國際移工加入本國的勞動市場。
   d. 政府提供更多的福利給退休人士。

（答案在章末）

18-3 勞動市場均衡

接下來，我們會說明下列兩點：

- 工資會調整至使勞動供給與需求達成平衡的水準。
- 工資等於勞動的邊際產值。

---

[2] 《商業周刊》，1789期，頁53，2022.2.28～2022.3.6。

何以工資能夠同時做到這兩件事？我們利用圖4來說明。

圖4顯示處於均衡的勞動市場。工資與勞動數量已經調整至使勞動供給與需求達成平衡的水準。當市場處於這樣的均衡時，每一個廠商在均衡工資下，已經儘可能地僱用它覺得有利可圖的勞動數量。也就是說，每一個廠商都服從利潤極大化的法則：它僱用勞工直到邊際產值等於工資為止。因此，一旦工資使供給與需求達成均衡時，工資等於勞動的邊際產值。

這給我們上了重要的一課：**任何造成勞動供給或需求改變的事件必定使均衡工資與勞動邊際產值呈等量的變動，因為它們最終必定相等。**為了明白這一點，讓我們考慮一些使勞動供給或需求曲線移動的事件。

18-3a 勞動供給曲線的移動

假設外來移民增加，使得願意從事蘋果採收的勞工人數增加；這時候勞動供給曲線便會由圖5中的 S_1 右移到 S_2。在原來的均衡工資水準（W_1）之下，勞動供給量大於勞動需求量，從而蘋果採收工人市場的超額供給使蘋果採收工人的薪水有向下調整的壓力，故工資由 W_1 下降至 W_2。在此情況下，廠商便能藉由僱用更多的勞工來賺取更高的利潤；這時候，勞動的邊際產量與邊際產值都會下跌。在新的均衡下，蘋果採收工人的工資與勞動的邊際產值均較新勞工加入前來得低。

以下發生在以色列的故事可以說明為何勞動供給曲線的移動會影響勞動市場的均衡。在1980年代，數以千計居住在約旦河西岸與加薩走廊等以色列佔領區的巴勒斯坦人必須由他們家園通勤到以色列上班，當中又以建築與農業勞動者居多。到了1988年，由於政治不穩定使得以色列政府必須減少巴勒斯坦人在以色列的勞動供給，

聽專家怎麼說　移民（Immigration）

「如果美國每年允許更多受高等教育的外國勞工移民美國，則一般美國人的福祉會提升。」

經濟學家這麼說：

- 0% 不同意
- 5% 不確定
- 95% 同意

「如果美國每年允許更多低技能的外國勞工進入美國，則一般美國人的福祉會提升。」

經濟學家這麼說：

- 10% 不同意
- 27% 不確定
- 63% 同意

「如果美國每年允許更多低技能的外國勞工進入美國，則很多美國低技能勞工的福祉會大幅降低，除非他們獲得補償。」

經濟學家這麼說：

- 11% 不同意
- 29% 不確定
- 60% 同意

資料來源：IGM Economic Experts Panel, February 12, 2013, December 10, 2013

圖 4　勞動市場均衡

就和所有的價格一樣，勞動的價格（工資）取決於勞動供給與勞動需求。由於需求曲線反映了勞動的邊際產值，因此在均衡時，勞工所收取的工資即他們對商品與服務生產的邊際貢獻。

圖 5　勞動供給曲線的移動

當勞動供給由 S_1 增加到 S_2 時（可能是因為外來移民而使勞工人數增加），這時候工資會由 W_1 下降至 W_2。在較低的工資水準下，廠商會僱用更多的勞動，因此就業量由 L_1 增加至 L_2。工資的改變反映了勞動邊際產值的改變；由於僱用了更多的勞動，新均衡下的勞動邊際產值較原均衡下的來得小。

個案研究　移民爭議

波爾森（Pat Paulsen）是一位 1960 年代到 1990 年代的喜劇演員，他每四年會上演一場總統競選秀。如果你要讓他說，今天美國所面臨的所有問題，他會說：「可以追溯到對美國印地安人（American Indian）充滿偏見的移民政策。」

這段嘲諷其實包含一個深刻的真相。今天，大多數的美國人受惠於歡迎他們祖先到來的移民政策，但這並無法阻擋移民成為政治分裂議題。一個原因是移民的經濟影響；而這影響可以藉助第 9 章的國際貿易模型來理解。

我們在第 9 章提到：當一國允許一項產品的進口時，其國內價格會下跌，國內消費者剩餘會增加，國內生產者剩餘會減少。不過，消費者剩餘的增加大過生產者剩餘的減少，從而總剩餘會增加；換句話說，進口會讓整個經濟餅變大，但有些人分到的餅變小了。

移民就如同一國進口勞務，這些勞務的消費者是僱用勞工的國內廠商與其顧客，他們都因為移民增加國內的勞動供給而受惠。此時的國內生產者是本國的本土勞工，他們會面臨國外勞工的競爭，而使其勞動收入減少。接受移民的經濟體系會有正的淨效益，只是其本土勞工的收入會減少罷了。

移民對接受國的勞動市場的影響會有多大？經濟學家 George Borjas 估計，移民讓美國的總剩餘每年約增加美國國民所得的 0.25%。此外，約 2.5% 的國民所得會由本土的受損者（與移民競爭的本土勞工）流向本土的受惠者（消費移民勞務者）。這些數字並未包括對移民自身的效益，他們在美國的收入會遠超過他們未移民前的收入。

一些經濟學家建議對移民或本土雇主課稅，且降低本土勞工的稅負，讓移民所造成的利益重分配能夠縮小，從而讓來自本土勞工的阻力能夠降低。

不過，移民的爭議不是只限於經濟層面，它還涉及文化衝突與國家認同問題。美國號稱是種族的大熔爐，移民對其經濟與國力有一定的貢獻。同樣的情形也適用於臺灣，想想國際移工所從事的 3K 工作與重大傷病患者所受到的照護，就可以理解這一點。

於是，以色列政府實施了宵禁。除了巴勒斯坦人的工作許可證被查得更嚴外，以色列政府也嚴禁巴勒斯坦人留在以色列過夜。以色列政府這些政策的經濟影響就如同我們理論所預測的：在以色列工作的巴勒斯坦人減少一半，而那些繼續留在以色列工作的巴勒斯坦人其薪水提高 50%。這是因為巴勒斯坦勞工的減少，使仍然留在以色列工作的巴勒斯坦勞工其邊際產值大幅提高的緣故。

18-3b 勞動需求曲線的移動

假設現在吃蘋果蔚為一股風潮，這將導致蘋果的價格上漲。雖然價格的上漲並沒有改變蘋果採收工人的邊際產量，但可使其邊際產值提高。對雇主來說，蘋果的價格愈高，僱用愈多採收工人是愈有利的。這時候，勞動需求曲線會如圖 6

圖 6　勞動需求曲線的移動

當勞動需求由 D_1 增至 D_2 時（可能是因為廠商所生產之商品其市場價格上漲所致），此時均衡工資由 W_1 提高到 W_2，均衡就業量則由 L_1 增加到 L_2。工資的改變反映了勞動邊際產值的改變：商品的市場價格愈高，多僱用一單位勞動所增加的產出其價值愈高。

所示，由 D_1 右移至 D_2，造成均衡價格由 W_1 上漲至 W_2，採收工人市場的均衡就業量則由 L_1 提高至 L_2。因此，工資與勞動的邊際產值呈同向變動。

上述分析告訴我們：一個產業的興衰會直接影響該產業的勞動需求。當蘋果的價格上漲時，蘋果園能賺取較高的利潤，同時，採收蘋果的工人也能得到較高的工資。當蘋果價格下跌時，蘋果園能夠獲取的利潤減少，同時，蘋果採收工人的工資也變少。因此，一個產業其產品價格的波動幅度愈大，其工人工資的波動幅度也會愈大。例如，石油產業勞工的薪資與世界石油價格密切連動。

由這些例子，你應該已經了解在完全競爭的勞動市場下，工資是如何決定的。勞動供給與勞動需求共同決定均衡工資；勞動供給或勞動需求曲線的移動，將造成工資的變動，同時，均衡工資會等於勞動的邊際產值。

即席測驗

7. 技術進步會使勞動_____曲線往_____移。
   a. 需求，左　　b. 需求，右
   c. 供給，左　　d. 供給，右

8. 在 1973 年左右，美國生產力的成長出現明顯_____，實質薪資的成長跟著_____。
   a. 加速，加速　　b. 加速，下滑
   c. 下滑，加速　　d. 下滑，下滑

（答案在章末）

個案研究

生產力與工資

經濟學十大原理之一是：一國的生活水準決定於該國生產商品與服務的能力。我們現在就利用勞動市場分析來說明此一原理。我們對勞動需求的分析顯示工資等於以勞動邊際產值所衡量的生產力。簡單地說，勞工的生產力愈高，其薪資就愈高；反之，勞工的生產力愈低，其薪資就愈低。

此點是了解為何今日勞工的薪資會比先前世代勞工的薪資來得高的關鍵。在 1960 到 2020 年期間，以每小時產出所衡量的生產力平均每年約成長 2.0%，而實質工資則平均每年約成長 1.9%，這兩個成長率幾乎是一樣的。以每年 2% 的速度成長，生產力與實質工資每 35 年就會倍增一次。

如圖 7 所示，在不同期間，生產力與實質工資之間仍呈現緊密的關係。當生產力快速提升時，實質工資也一樣；而在最近的 2010 到 2020 年期間，實質工資也跟生產力一樣，呈現緩慢成長。總之，理論與歷史皆證實生產力與實質工資之間的密切關係。

圖 7　生產力與實質工資的成長

期間	生產力成長（每小時產出）	實質工資成長
1960–1973	2.9	2.7
1973–1995	1.5	1.2
1995–2010	2.7	2.2
2010–2020	1.1	1.5

當生產力快速提升時，實質工資也跟著快速提升；而當生產力緩慢成長時，實質工資也一樣。

資料來源：勞動統計局（Bureau of Labor Statistics）。生產力成長率是以非農業部門每小時產出之年變動率來衡量；實質工資成長率是以非農業部門每小時工資除以該部門價格平減指數之年變動率來衡量。這些生產力資料衡量的是平均生產力──產量／勞動數量──而非邊際生產力，但一般而言，平均生產力與邊際生產力呈同向緊密移動關係。

18-4 其他生產要素：土地與資本

我們已說明，廠商如何決定該僱用多少勞工，以及廠商的這項決策如何影響勞工的工資。在廠商決定僱用多少勞工的同時，它們也同時在決定該使用多少其他生產要素來進行生產。以蘋果為例，果農必須決定蘋果園的大小與採收蘋果所需梯子的數目。我們大致可將廠商投入生產的要素分為三類：勞動、土地與資本。

勞動與**土地**這兩項生產要素的意義相當明確，但**資本**的定義則有點微妙。經濟學家使用**資本**這個字眼來代表投入生產之設備與建築物的存量；換言之，資本代表了過去所生產之財貨的累積，且這些財貨現今被用來生產新的商品與服務。就蘋果園而言，資本存量包含了用來爬樹的梯子、用來運送蘋果的卡車、用來儲存蘋果的倉庫，也包含了蘋果樹本身。

資本
capital
用來生產商品與服務的設備與建築物

18-4a 土地與資本市場均衡

就地主與資本主對生產的貢獻而言，是什麼決定他們可以索取多少報酬呢？在回答這個問題之前，我們必須先區分兩種價格：購買價格與租用價格。土地或資本的**購買價格**（purchase price）是指人們願意支付來無限期擁有這項生產要素的價格；**租用價格**（rental price）則是指人們願意支付在有限期間內使用這項生產要素的價格。由於決定這兩種價格的經濟力量不同，因此區分這兩種不同的價格是相當重要的。

定義了這些項目之後，我們就可以將先前所介紹的勞動市場要素需求理論應用到土地與資本市場上。其中，租用價格可以簡單地把它想成是勞動市場的工資，因此，我們先前學到關於工資的決定都可以運用在土地與資本租用價格的決定上。如圖 8 所示，圖（a）中的土地租用價格與圖（b）中的資本租用價格皆由其供給與需求共同決定。此外，土地與資本需求的決定就跟勞動需求的決定一樣，亦即，蘋果園決定土地與資本租用數量的邏輯就跟決定僱用多少勞工是一樣的。廠商會增加土地及資本的租用數量，直到該要素的邊際產值與租用價格相等為止。因此，每一種生產要素的需求曲線就反映了該生產要素的邊際產值。

我們現在可以說明有多少所得歸於勞動，有多少所得歸於地主，又有多少所得歸於資本主。只要廠商的目標是極大化利潤且要素市場是完全競爭的，那麼，每項要素的租用價格就會等於其邊際產值。**勞動、土地與資本所賺取的邊際報酬便是它們在生產過程中的邊際貢獻。**

現在考慮土地與資本的購買價格。很明顯地，租用價格與購買價格是相關聯

圖 8　土地與資本市場

（a）土地市場

（b）資本市場

供給和需求決定該付給地主與資本主的報酬〔分見圖（a）與圖（b）〕。對土地與資本的需求分別決定於土地與資本的邊際產值。

增廣見聞　何謂資本所得？

勞動所得是一個很容易理解的概念：它就是雇主給付給雇員的薪資。然而，資本所得（capital income）就不是那麼明顯了。

在我們的分析中，我們假設家戶擁有經濟體系的資本存量——梯子、卡車、倉庫等等——並且將它們出租給廠商使用。資本所得，在本例中，就是家戶出租資本財所賺取的所得。這個假設簡化了資本主報酬如何決定的分析，但這並不全然符合現實。事實上，廠商通常擁有它們所使用的資本，因此，它們收取資本報酬。

不過，廠商的資本報酬最終將歸於家戶。一部分報酬是以利息的形式給付給借錢給廠商的家戶。債券持有者與銀行存戶是兩個收取利息的例子，因此，你銀行帳戶裡的利息，就是經濟體系資本所得的一部分。

此外，一部分的資本所得是以股利的方式給付給家戶。股利是廠商支付給股東的款項；股東就是購買廠商部分所有權的人，故擁有分享廠商利潤的權利。

廠商不必將它的利潤全數以利息和股利的方式支付給家戶，它可以保留部分的盈餘來買更多的資本財。雖然這些保留盈餘沒有分派給股東，但股東仍能受益，因為保留盈餘使廠商所擁有的資本數量增加，它們能增加廠商未來的收益，從而使股票的價值得以提升。

這些制度上的細節相當有趣且重要，但它們並不會改變我們對資本主報酬的分析結論。資本報酬決定於資本的邊際產值，不管這些報酬是以利息或股利的形式歸於家戶，還是廠商將它保留下來作為保留盈餘。

的：如果說土地或資本不論在現在或未來，都有可觀的租用價格，則買方會願意多花錢把它買下。在每一個時點，均衡租用價格就正好等於該要素的邊際產值，因此，土地與資本的均衡購買價格同時決定於該要素現在的邊際產值與預期的未來邊際產值。

18-4b 生產要素間的關聯性

在競爭的生產要素市場，生產要素價格會等於邊際產值，而邊際產值等於邊際產量乘上產品的市場價格，且任何生產要素的邊際產量決定於該要素雇用量的多寡。由於要素的邊際產量是遞減的，因此，數量豐沛的生產要素其邊際產量會比較低，從而其價格也就比較低。相反地，數量稀少的生產要素其邊際產量會比較高，從而其價格也就比較高。因此，如果一生產要素的供給減少了，則可預測該生產要素的均衡價格會提高。

當某一項生產要素的供給改變時，它的影響並不只侷限在這個要素市場；在多數情況下，其影響會擴散到其他要素市場。換言之，特定生產要素供給的變動會改變所有生產要素的價格。

舉例來說，颶風摧毀了許多採收蘋果用的梯子，這將如何影響不同生產要素的價格呢？最明顯的是梯子的數量變少了，因此梯子的均衡租用價格會提高，而家中梯子未被摧毀的幸運資本主，就可以將他們的梯子以較高的價格出租給蘋果園。

然而，不只是梯子市場受到影響而已。由於梯子數量變少了，使用梯子來採收蘋果的工人其邊際產量也會變小（採收工人可能需輪流使用梯子），因此梯子供給的減少將會降低蘋果園對採收工人的需求，從而工人的均衡工資會下跌。

這個例子告訴我們：**一個造成任何生產要素其供給變動的事件會改變所有生產要素的價格**。而任何要素價格的變動可以藉由分析事件本身對生產要素之邊際產值的影響來理解。

即席測驗

9. 假設蛋糕市場是完全競爭市場，且每塊蛋糕的價格為 20 美元。如果烤爐的租金是每小時 30 美元，則蛋糕店應持續租用烤爐直到烤爐的邊際產量等於
   a. 每小時 2/3 塊蛋糕。 b. 每小時 3/2 塊蛋糕。
   c. 每小時 10 塊蛋糕。 d. 每小時 25 塊蛋糕。

10. 一場暴風雨摧毀數家工廠，造成資本存量減少。此一事件會造成
    a. 工資與資本租用價格雙雙上漲。
    b. 工資與資本租用價格雙雙下跌。
    c. 工資上漲且資本租用價格下跌。
    d. 工資下跌且資本租用價格上漲。

（答案在章末）

個案研究　黑死病經濟學

在十四世紀，**黑死病**（Black Death）曾在幾年之內就輕易奪走歐洲三分之一的人命（2020與2021年的Covid疫情奪走不到1%的人口）；這項可怕的天災可以用來測試我們所介紹的生產要素市場理論。你認為勞工的工資與地主的地租將會因黑死病而產生什麼樣的變化呢？

為了回答這個問題，讓我們先看人口減少對於勞動與土地邊際產值的影響。由於勞工的供給變少，因此勞動的邊際產量提高（這與勞動邊際產量因勞動雇用量增加而下降正好相反），也因此，我們預期黑死病會導致工資的提高。

由於土地與勞動同時被投入於生產，因此勞工的供給減少也會影響到土地市場。由於缺乏勞工來耕作土地，因此，額外一單位的土地所能增加的產量變小；也就是說，土地的邊際產量降低，也因此，我們預期黑死病會使地租下降。

事實上，上述兩項預測都與歷史證據一致。在這段期間，工資幾乎倍增，而地租跌了50%或甚至更多。黑死病改善了倖存農民的經濟狀況，且降低了地主階層的所得。

18-5 結論

本章說明了生產要素價格如何決定。這裡所介紹的理論稱為**新古典分配理論**（neoclassical theory of distribution）。根據此一理論，每項生產要素的價格決定於該要素的供給與需求，而要素需求決定於該要素的邊際產值。在均衡時，每項要素皆賺取其對商品與服務的生產所做的邊際貢獻。

新古典分配理論被普遍接受，許多經濟學家開始嘗試以新古典理論來說明美國20兆美元的國民所得如何分配給各個成員。在下兩章，我們會進一步探討所得分配的細節；就如同你所看到的，新古典理論提供我們一個討論的架構。

此時，想必你已經可以利用這個理論去回答本章一開始的問題：為什麼程式設計師的薪資比加油站加油員的薪資來得高？這是因為程式設計師能夠產生比加油站加油員更高的市場價值。人們願意多花錢購買電腦遊戲，但不願意花太多錢來加油和清洗擋風玻璃。勞工的工資反映了他們所生產之商品與服務的市場價格。如果人們突然厭倦了使用電腦而決定花多點時間來開車，則電腦與汽車的市場價格會改變，從而程式設計師與加油站加油員的薪資也會跟著變動。

摘要

- 經濟體系的所得在生產要素市場中進行分配；三個最重要的生產要素分別是勞動、土地與資本。
- 要素需求是一種來自於廠商因生產商品與服務而產生的衍生需求。追求利潤極大化的競爭廠商對每一種要素會僱用到其邊際產值與其價格相等時的水準。
- 勞動供給源自於個人在工作與休閒之間所做的取捨。一條正斜率的勞動供給曲線意味著人們對於工資上升是以減少休閒並增加工作時間的方式反應。
- 每一種要素的價格會調整至使供需達成平衡的水準。由於要素需求反映其邊際產值，因此在均衡時，每個要素的報酬反映其對商品與服務的生產所做的邊際貢獻。
- 由於生產要素會被一起搭配使用，因此任何一項要素的邊際產量決定於其他要素的雇用量，從而一項要素的供給變動會改變所有要素的均衡所得。

複習題

1. 說明一個廠商的生產函數與勞動邊際產量之間的關聯。廠商的勞動邊際產量與其邊際產值如何連結？廠商的邊際產值與勞動需求的關係又為何？
2. 舉兩個使勞動需求曲線移動的例子，並說明之。
3. 舉兩個使勞動供給曲線移動的例子，並說明之。
4. 說明工資如何調整至使勞動供需達成平衡的水準，且此時工資也正好等於勞動的邊際產值。
5. 如果美國的人口因大量移民而突然增加，工資會發生什麼變化？地主與資本主的報酬又會發生什麼變化？

問題與應用

1. 假設總統提出一項旨在減少健康照護成本的新法令：規定所有美國人每天必須吃一顆蘋果。
   a. 這項一天一顆蘋果的法令會如何影響蘋果的需求與均衡價格？
   b. 這項法令會如何影響蘋果採收工人的邊際產量與邊際產值？
   c. 這項法令會如何影響蘋果採收工人的需求與均衡工資？
2. 說明下列每一個事件對於電腦製造業勞動市場的影響。
   a. 美國國會為所有美國大學生購買個人電腦。
   b. 更多大學生主修工程與電腦科學。
   c. 電腦廠商建造新的製造工廠。
3. 假設勞動是某完全競爭廠商的唯一投入。此一廠商的生產函數如下：

勞動雇用量	產量
0 人	0 單位
1	7
2	13
3	19
4	25
5	28
6	29
7	29

a. 計算每多僱用一位勞工的邊際產量。

b. 產品的單價為 10 美元。計算每位勞工的邊際產值。

c. 製作工資由 0 到 100 美元下的勞動需求表。

d. 畫出廠商的勞動需求曲線。

e. 如果產品的單價由 10 美元升為 12 美元，則廠商的勞動需求曲線會如何變動？

4. 假設老蕭牧場可以每公升 4 美元的價格銷售它想要銷售的牛奶數量，且可以每天 100 美元的價格租用它想要租用的擠奶機器人數量。它的生產函數如下：

機器人租用量	總產量
0	0 公升
1	50
2	85
3	115
4	140
5	150
6	155

a. 老蕭牧場所面對的產品市場結構為何？為什麼？

b. 老蕭牧場所面對的機器人租用市場其結構為何？為什麼？

c. 計算每多租用一個機器人的邊際產量與邊際產值。

d. 老蕭牧場應租用多少機器人？

5. 某國有 20 座蘋果園，且可以每顆 2 美元的世界價格銷售蘋果。每座蘋果園的生產函數與勞動邊際產量函數如下：

$$Q = 100L - L^2$$

$$MPL = 100 - 2L$$

其中，Q 為蘋果每日的產量，L 為勞工數量，MPL 為勞動邊際產量。

a. 每座蘋果園以每日工資 W 所表示的勞動需求函數為何？市場的勞動需求函數又為何？

b. 該國有 200 位勞工，其勞動供給完全無彈性。解出 W。每座蘋果園僱用多少勞工？其每日利潤為何？

c. 如果蘋果的世界價格由每顆 2 美元倍增至 4 美元，則總勞工所得與蘋果園利潤會如何變動？

d. 現在假設蘋果的世界價格又回到每顆 2 美元，但有一颶風摧毀了該國半數的蘋果園。計算此一颶風對每位勞工所得、每座倖存蘋果園利潤，與該國總所得的影響。

6. 你的叔叔開了一間三明治店並僱用 7 名員工。這些員工每小時的工資是 12 美元，且一個三明治賣 6 美元。如果你的叔叔極大化他的利潤，他所僱用的最後一個勞工的邊際產值是多少？這個勞工的邊際產量又是多少？

7. 雌獅文具公司在完全競爭市場中銷售鉛筆與僱用勞工。假設勞工的市場工資為每天 150 美元。

a. 雌獅文具公司如何決定使其利潤極大的勞工雇用量？

b. 在利潤極大的產量下，該公司僱用的最後一位勞工其邊際產量為每天 30 箱鉛筆。計算每箱鉛筆的價格。

c. 畫出鉛筆工人的市場供需圖形（如本章的圖 4），並在該圖旁邊畫出該公司的勞動需求曲線與其面對的勞動供給曲線（如圖 3）。標出市場與廠商的均

衡工資與勞動數量。這兩個圖形藉由什麼連結？

d. 假設某些鉛筆工人轉到電腦產業。在 (c) 小題的兩個圖形中顯示此一變化對市場與雌獅文具公司之均衡工資與勞動數量的影響。此一變化又會對該公司僱用的最後一位勞工其邊際產量有何影響？

8. 政策制定者有時會提出要求廠商給予勞工更多福利的法案，如健康保險。讓我們考慮這項政策對勞動市場的影響。

a. 假設法令要求廠商對於每一個受僱勞工，支付每小時 3 美元的額外福利。這項法令如何影響廠商從僱用每一位勞工所賺取的邊際利潤？它又如何影響勞動需求曲線？把你的答案畫在圖上，其中縱軸表示現金工資。

b. 如果勞動供給沒有改變，則這項法令如何影響雇用量與工資？

c. 為何勞動供給曲線可能因這項法令而移動？此一勞動供給曲線的移動會加重或減輕該法令對工資與雇用量的影響？

d. 正如第 6 章所說明的，有一些勞工，特別是低技能工人與沒有工作經驗的勞工，他們的工資因最低工資法的保障而高於均衡水準。該法令對於這些勞工的影響為何？

9. 一些經濟學家認為可以用以下的生產函數，稱為**寇克–道格拉斯**（Cobb-Douglas）生產函數，來描述美國的整體經濟：

$$Y = AK^{1/3}L^{2/3}$$

其中，Y 為產量，K 為資本量，L 為勞動量，A 為衡量技術水準的參數。就此一生產函數而言，勞動的邊際產量為

$$MPL = (2/3) A (K/L)^{1/3}$$

假設產出的價格 P 為 2，A 為 3，K 為 1,000,000，L 為 1,000。勞動市場為完全競爭市場，所以勞動依其邊際產值被給付酬勞。

a. 算出 Y 值與 PY 的金額。

b. 算出工資 W 與實質工資 W/P。（工資為勞動以金錢衡量的酬勞，而實質工資為勞動以產出數量衡量的酬勞。）

c. 算出勞動份額（勞動所得占產出總價值的比率），其為 WL/PY。

d. 算出在下列情況下，產出 Y、工資 W、實質工資 W/P 與勞動份額 WL/PY 的變化：

 i. 物價膨脹使 P 由 2 上升為 3。

 ii. 技術進步使 A 由 3 上升為 9。

 iii. 資本累積使 K 由 1,000,000 增加為 8,000,000。

 iv. 瘟疫使 L 由 1,000 減少為 125。

e. 儘管美國經濟在過去曾發生很多變化，但勞動份額相當穩定。此一結果是否與寇克–道格拉斯生產函數相符？試說明之。

即席測驗答案

1. c 2. b 3. a 4. b 5. d 6. c 7. b 8. d 9. b 10. d

Chapter 19
薪資與歧視

在今天的美國,一般內科醫師一年的薪水約 214,000 美元,高中教師約 67,000 美元,而快餐店廚師則約 24,000 美元。這些例子顯示,各行各業的薪資可能有很大的差距。薪資差距說明了為什麼有些人住豪宅、乘坐豪華禮車,並到自己的小島;而一些人則只能住在小公寓、搭乘公車,並在自家附近的公園裡度假。

就臺灣來說,在 2021 年 7 月,醫師的月薪為新臺幣 151,170 元,信用及貸款人員 64,684 元,廚房幫工(含速食烹調)為 22,772 元,所以,各行各業的薪資也有很大的差距[1]。

為什麼人與人之間的薪資會有這麼大的差距?我們在第 18 章所介紹的勞動市場的新古典理論給了我們答案,也就是工資是由勞動的供給與需求所共同決定。勞動需求反映了勞動的邊際產

---

[1] 資料來源:勞動部職類別薪資調查動態查詢。

值,從而均衡工資反映了每個勞工對經濟體系商品與服務生產的邊際貢獻。

儘管此一勞動市場理論廣為經濟學家所接受,但它只是個開始而已。如果我們要了解各行各業薪資的巨大差距,我們必須超脫這個一般架構,並詳加檢視究竟是什麼決定了各類勞動的供需。本章也會說明,歧視會如何影響勞動市場的表現。

19-1 均衡工資的一些決定因素

每位勞工在各方面可能都會有差異,每份工作在工資及金錢以外的特質也迥然不同。在本節,我們將討論勞工與工作的特質如何影響勞動供給、勞動需求及均衡工資。

19-1a 補償性差異

當一位勞工在決定是否要接下一份工作時,工資只是他會考量的眾多工作特質之一。有些工作簡單、有趣而且安全;有些工作難度較高、枯燥而且危險。只要一份工作在金錢以外的條件還不錯,即使工資並不特別高,仍會有許多人躍躍欲試。也就是說,就任一給定的工資而言,那些簡單、有趣又安全的工作,其勞動供給會大於那些難度高、枯燥又危險的工作。結果導致前者的均衡工資通常比後者的低。

想像你正趁著暑假要找一個在海邊社區打工的工作機會,有兩種工作可供你選擇:海灘證件檢查員或清潔工。證件檢查員可以在白天一邊悠閒地在海邊漫步,一邊檢查遊客是否已購買了海灘入場券。清潔工則必須在天亮前起床,開著骯髒、吵鬧的垃圾車在鎮上收拾垃圾。你會喜歡哪一個工作?如果兩份工作的工資一樣,大部分人會選擇海灘的工作,從而鎮上勢必得提供比海灘證件檢查員更具吸引力的工資才能招募到清潔工。

經濟學的**補償性差異**一詞,指的就是因不同工作其金錢以外的特性不同而產生的工資差距。補償性差異在經濟體系中很普遍,以下是一些例子:

- 煤礦工的工資比起其他受過同等教育的勞工來得高。由於礦坑的作業環境骯髒且危險,長期甚至可能會有健康方面的問題,因此礦主以較高的工資來補償煤礦工。
- 工廠上夜班的工人其工資較上日班的同類型工人來得高。由於他們日夜顛倒的作息是一般人不願意接受的,因此雇主支付他們較高的工資作為補償。

補償性差異
compensating differential
為了要補償不同工作其金錢以外的特性不同而產生的工資差距

- 儘管教授和律師跟醫生所受的教育程度差不多，但教授的薪資比較低。教授之所以願意接受較低的薪資，是因為教授可以從教學和研究中獲得樂趣與成就感而得到補償。

19-1b 人力資本

如我們在前一章所提到的，**資本**一詞指的是經濟體系的設備與建築物的存量，包括農民的拖拉機、製造業者的工廠與老師的黑板。本質上，資本本身是被製造出來的一種生產要素。

另外一種較為無形，但對經濟體系的生產也相當重要的資本，稱作人力資本。**人力資本**是對人投資的累積，最重要的人力資本投資形式就是教育。如同各種資本一樣，教育代表為提高未來的生產力而在某一時間所花費的資源。然而不同於其他形式的資本投資，教育投資與特定個人緊密連結，而形成人力資本。

人力資本水準較高的勞工自然有比較高的平均薪資。美國大學畢業生的薪資約為高中畢業生的兩倍。這種大幅的薪資差距在許多國家都看得到；在低度開發國家，由於高等教育人才短缺，薪資的差距甚至更大。

從供需角度就不難理解為何教育會提高薪資。工廠之所以願意支付較高的薪資給教育程度較高的勞工，是因為他們的邊際產量較高。而教育程度較高的勞工之所以會要求較高的薪資，是因為他們投入較多的教育成本。本質上，高教育程

> **人力資本**
> human capital
> 勞工透過教育、訓練與經驗所取得的知識與技能

個案研究　與日俱增的技能價值

「窮者愈窮，富者愈富。」這是一句我們常聽到的諺語。近來的實際情況就像這句諺語所講的那樣：許多研究顯示，高技能勞動與低技能勞動之間的薪資差距在過去數十年間日益擴大。

表 1 顯示美國大學畢業生與高中畢業生的平均薪資。從這些資料可以看出，教育的報酬有升高的趨勢。在 1974 年，大學畢業男性的薪資比沒有大學文憑的高出 42%；到了 2019 年，此一數字躍升為 85%。就大學畢業女性而言，上述數字從 35% 躍升為 78%。從這些資料可以看出，教育的報酬有升高的趨勢。

為何高技能勞動與低技能勞動之間的薪資差距在近來有擴大的趨勢？沒有人可以確定，但經濟學提出了兩個假說來解釋這個趨勢。兩個假說的共同點是，高技能勞動之於低技能者的相對需求隨著時間上升，而使得工資差距日益擴大。

第一個假說指出，國際貿易改變了高技能勞動與低技能勞動的相對需求。近年來，國與國之間的貿易顯著增加。以美國為例，進口占總產出的比例從 1970 年的 5% 升至 2020 年的 13%；出口則從 1970 年的 6% 升至 2020 年的 10%。在許多國家，由於低技能勞動豐沛且低廉，使得美國

表 1　不同學歷下的平均年薪

大學畢業生的薪資高於高中畢業生，且二者的薪資差距在過去數十年間更形擴大。

	1974	2019
男性		
高中畢業生	$ 56,855	$ 52,677
大學畢業生	$ 80,973	$ 97,554
大學畢業生高出百分比	+42%	+85%
女性		
高中畢業生	$ 32,675	$ 39,669
大學畢業生	$ 44,200	$ 70,657
大學畢業生高出百分比	+35%	+78%

註：薪資資料依物價膨脹做過調整，且以 2019 年美元表示。資料中的勞工為全職、整年都有工作且年齡為 18 歲（含）以上。大學畢業生之勞動數據不包括學歷超過大學以上之勞工，如碩士與博士。

資料來源：U.S. Census Bureau, Tables P-32 and P-35，與原書作者的自行計算。

聽專家怎麼說　所得不均度與技能（Inequality and Skills）

「過去三十年美國所得不均度惡化的主要原因之一是，科技進步對不同技能水準的勞工有不同的影響。」

經濟學家這麼說：

4% 不同意　　8% 不確定
88% 同意

資料來源：IGM Economic Experts Panel, January 24, 2012.

進口密集使用低技能勞動生產的商品，且出口密集使用高技能勞動生產的商品。因此，隨著貿易擴張，美國對高技能勞動的需求上升，對低技能勞動的需求則下滑。

第二個假說指出，科技的變化改變了高技能勞動與低技能勞動的相對需求。電腦的發明就是最好的例子。舉例來說，許多公司目前都採用電腦，而不用過去的檔案室，來儲存文書資料。這樣的改變使電腦程式設計師與資料分析師的需求增加，並使檔案人員的需求減少。同樣地，工業機器人取代其工作可以被自動化的低技能勞工，且增加對生產與維護機器人的高技能勞工的需求。經濟學家稱此一現象為**偏向技能的技術變動**（skill-biased technological change）。

經濟學家對貿易、技術與其他因素在工資分配變動上的重要性有不同看法，不過，日益增加的國際貿易與偏向技能的技術變動可能同時是過去數十年間美國所得不均度提高的重要原因。在下一章，我們會詳細探討不均度提高的原因。

度者與低教育程度者之間的薪資差距可看成對教育成本的補償性差異。

19-1c 天賦、努力與機運

為什麼美國職棒大聯盟球員的薪水比小聯盟球員還高？當然，較高的薪資並不是補償性差異。在大聯盟打球並不會比在小聯盟不開心；實際上，在大聯盟打球可能更開心，起碼在移地比賽時是搭飛機而不是坐遊覽車。大聯盟不要求高學歷或經驗豐富；在相當程度上，大聯盟球員的薪水比較高主要是因為他們的天賦能力。

天賦能力對各行各業的勞工都很重要。由於遺傳和教養的差異，人們在生理與心理皆有不同的特質。有些人生而強壯，有些人弱不禁風；有些人聰明，有些則否；有些人外向活潑，有些則不擅交際。這些個人特質決定勞動的生產力，也影響他們的工資。

努力程度也是決定工資高低的重要因素。有些人努力工作，有些人則懶散。那些努力工作的人通常有較高的生產力和薪資。在某種程度上，廠商會根據勞工的工作表現來支付薪資。例如，業務人員的部分薪資決定於他的業績。工作努力

個案研究　美貌的好處

人比人，氣死人。美國好萊塢影星蓋兒·加朵（Gal Gadot）長得漂亮，不單迷死人不用償命，而且還賺進大把鈔票。在2020，她的年收入超過3,000萬美元。

美貌可以帶來多少經濟上的好處？勞動經濟學家漢默密許（D. Hamermesh）與畢斗（J. Biddle）在考慮其他決定因素之後發現，不論男性或女性，外貌佳的人所賺的薪水比長相平凡的人高出5%；長相平凡的人所賺的薪水又比長相安全的高出5%到10%。

要如何解釋這樣的「美貌溢酬」（beauty premium，即外貌佳者薪資高）現象呢？

一個解釋指出，外貌佳意味著高生產力與高工資。有些人天生就具有電影明星的特質，對於許多必須面對群眾的工作，例如，表演、推銷及服務生等，這些人具有天生的優勢。因此，雇主願意支付較高的薪資給外貌佳的員工，以迎合客戶的喜好。

第二個解釋是，外貌是許多能力的綜合展現。個人的吸引力不單來自於遺傳，也來自於個人可以掌握的諸多條件，如穿著、髮型與個人舉止。形象較佳的人比較會被認為是有智慧的，因而可以勝任不少工作。

第三個解釋是，美貌溢酬根本就是一種歧視。我們稍後會再回來談這議題。

Good looks pay.

者通常也會有較高的年終獎金。

此外，機運也會影響工資水準。假如一個人原本學的是修理映像管電視機，後來因為液晶電視機的發明，他發現他原本學的技能過時了，最後，他的工資會因修理映像管電視機的機會愈來愈少而愈來愈低。你也可以想像當自駕車愈來愈安全時，計程車司機的未來收入會受到什麼樣的衝擊。這些勞工的所得減少源自於隨機的技術變動。

機運的好壞在相當程度上也決定於是否投對胎。如果你出身於一個好家庭，你可能一生順遂；但如果你出身於一個赤貧家庭，你可能一生都在艱苦奮鬥。

究竟天賦、努力和機運對薪資的決定有多重要？由於這三項因素都很難衡量，因此其重要性很難說清楚；但間接證據顯示，這些因素都很重要。當勞動經濟學家在研究工資時，他們將工資水準與那些可衡量的變數連結在一起，如就學年數、工作年數、年紀與工作特質。儘管如同理論所預測的，這些變數確實影響工資水準，但只有不到一半的解釋能力，也因此，其他被忽略的變數，如天賦、努力和機運，也必定扮演重要角色。

19-1d 對教育的另一種觀點：能力訊號

我們之前已說明過，教育程度是勞動生產力與工資的重要決定因素。儘管這個觀點廣被接受，但一些經濟學家仍提出另外一個理論。這個理論強調，雇主用教育程度來區辨高能力與低能力勞工。根據這個理論，有大學學歷並不表示生產力就比較高，但他們對雇主確實發出他們有較高能力的**訊號**。因為高能力者比低能力者容易取得大學文憑，因此，雇主會很理性地認為，教育程度愈高，能力就愈高。

教育訊號理論與在第 16 章所提的廣告訊號理論相似。在廣告訊號理論中，廣告本身並不帶有真實的訊息，但藉由願意斥資刊登廣告，廠商向消費者發出其商品品質掛保證的訊號。在教育訊號理論中，學校教育對生產力的提升並沒有實質的幫助，但藉由高等教育的文憑，勞工向雇主發出他具有較佳天賦能力的訊號。

因此，我們對教育有兩種觀點：人力資本理論和訊號理論。這兩種觀點可說明為何教育程度愈高，薪資就愈高。根據人力資本觀點，教育使人更具生產力；而訊號理論則認為教育程度反映天賦能力。但這兩種觀點對提升教育水準的政策效果卻有截然不同的預測。人力資本觀點認為，提升勞工的教育水準可以提升其生產力及工資。訊號理論則認為，教育並無法提升生產力，因此提升勞工的教育水準對工資不造成影響。

實際的情況很有可能是介於這兩種極端之間。教育的好處可能同時包括生產

19-1e 巨星現象

雖然大部分演員賺得不多且有些還需兼差才能過活，但史嘉蕾·喬韓森（Scarlett Johansson）卻能靠著她所演的每部電影賺進大把鈔票。同樣地，大部分

如是我聞：Covid 疫情的餘波

一些經濟學家擔心，哪些因 Covid 限制而在學業上落後的學生，日後也會在技能、工作前途與所得等方面繼續落後。

錯失學校教育的長期經濟成本
（The Long-Term Economic Costs of Lost Schooling）

炯·希爾森（Jon Hilsenrath）撰[1]

想像你手中有兩樣東西，一是一張紙，另一是一條橡皮筋。如果你緊搓雙手，然後放開，則紙會變皺，但橡皮筋會回復原狀。

經濟學家傾向將經濟體系想成是橡皮筋，在遭受衝擊後，它會回復正常狀態；但如果沒有，像變皺的紙，則稱該衝擊具「滯後作用」（"hysteresis"）──由某一巨大干擾所產生的持續變化。Covid-19 疫情就是一個典型的例子；它會對經濟體系帶來什麼恆久性的傷害呢？

首先，學童因疫情而錯失的學習時間，可能不單會對他們的前途，也會對美國的繁榮，造成持續性的傷害。一項研究顯示，在 2020 年，美國學童因疫情而錯失了 116 天的閱讀時間，及 215 天的數學功課，而可能讓整個的學童世代有學習進度落後的問題。如果你的小孩分數學得不好，代數又怎麼會學得好？而且疫情的衝擊並不一致，偏鄉跟黑人與西班牙語裔較密集的區域受到的衝擊最為嚴重。

經濟的產出決定於創新、勞動技能與機器設備；而創新與勞動技能源自於教育。一項研究顯示，在 2020 年之後的一百年，美國的產值的減少將值今天的 25 兆到 30 兆美元，且受影響的學生其終生所得將減少 6% 到 9%。

多年以來，經濟學家研究勞動市場的滯後作用。在 1970 年代與 1980 年代的歐洲，當不景氣時，失業如預期般地增加；但當經濟復甦時，就業並未回到原先的水準。

勞動市場的滯後作用可能源自於結構性因素。工會通常會捍衛其勞工的工作權，但他們一旦失業，曾加入工會可能會讓他們比較難找到工作。另外，勞動保護法令也有相同的效果：廠商在不景氣之後其重僱勞工的意願會降低，因為很難在衰退時辭退勞工。

在 2007-2009 年的金融危機之後，數百萬的美國勞工經歷比較長的失業期間。在 2010 年，有近半數的失業勞工至少有六個月沒工作；在危機之前的半世紀，只有八分之一的失業勞工失業那麼久。

在這次疫情，滯後作用可能會發生在很多產業，例如，航空旅行、商用不動產與實體零售業，可能很難回復原狀。政策制定者應認真思考，一旦疫情結束之後，學童們的學習進度落後問題該如何補救。

討論題目
1. 你在疫情期間，你是否有學習進度落後問題？如果有，你計畫未來如何補上？
2. 你認為教育體系該如何補救因疫情而產生的學習進度落後問題？

原文出處：*The Wall Street Journal*, February 27, 2021.

---

[1] 原文經本書譯著者大幅改寫。

人打網球純粹只是嗜好，但拉斐爾・納達爾（Rafael Nadal）卻能靠著職業比賽賺進上百萬美元。喬韓森和納達爾都是他們那個領域的巨星，從他們天文數字的收入可看出他們的群眾魅力。

喬韓森和納達爾為什麼可以賺這麼多？各行各業中的薪資差異並不令人意外。手藝精湛的木匠其薪水比一般的木匠高，技術好的水電工也賺得比一般水電工高。每個人在能力和努力程度的差別導致薪水的差異；但即便是最好的木匠和水電工賺的錢也比不上最好的演員或運動選手。為何會有這些差異呢？

為了解喬韓森和納達爾的巨額收入，我們必須檢視他們提供服務的那個市場的特徵。巨星崛起的市場有兩個重要特徵：

- 每位顧客皆想要最佳生產者所提供的商品。
- 在科技的輔助下，最佳生產者能夠以低廉成本提供商品給每位顧客。

不少人喜愛喬韓森所演的電影。由於其所演的電影在全世界上映，喬韓森將其服務提供給數以百萬計的觀眾。相同地，網球比賽會在電視上轉播，數以百萬計的球迷皆可欣賞到納達爾精湛的球技。

我們現在可以了解為什麼沒有所謂的木匠巨星或者水電工巨星了。當然大家仍會喜愛僱用最好的木匠，但不同於演員的是，木匠只能提供其服務給有限的客戶。雖然最好的木匠可以要求比一般木匠高的工資，但技術普通的木匠還是能夠過得不錯。

即席測驗

1. 阿寬辭去高中數學老師的工作，到研究所學電腦程式，後來進入一家薪水更高的軟體公司工作。這是一個什麼樣的例子？
   a. 補償性差異　　b. 人力資本
   c. 能力訊號　　　d. 機運

2. 丫頭和大牛在同一家百貨公司上班。丫頭的工作是站在門口說「歡迎光臨」，大牛的工作是清潔廁所；丫頭的薪水比大牛來得少。這是一個什麼樣的例子？
   a. 補償性差異　　b. 人力資本
   c. 能力訊號　　　d. 機運

3. 如果臺灣與印度之間的貿易量大幅增加，則臺灣的高技能勞動與低技能勞動之間的薪資差距
   a. 會擴大。　　　b. 會縮小。
   c. 不受影響。　　d. 以上皆有可能。

4. 一間企管顧問公司僱了在大學主修數學的阿蔓。阿蔓的工作用不到數學，但她的公司認為數學系畢業的一定非常聰明。這是一個什麼樣的例子？
   a. 補償性差異　　b. 人力資本
   c. 能力訊號　　　d. 機運

（答案在章末）

19-2 歧視經濟學

另一個造成薪資差異的原因是歧視。**歧視**是指針對不同種族、性別、年齡或其他個人特質的人給予不同的工作待遇。歧視反映出某些人對特定族群的偏見。雖然歧視是個帶有情緒的話題，也常常引起熱烈的討論，但經濟學家仍試圖以客觀的角度來探討這個議題。

> **歧視 discrimination**
> 針對不同種族、性別、年齡或其他個人特質的人給予不同的工作待遇

19-2a 勞動市場歧視程度的衡量

歧視究竟在勞動市場裡對不同族群的勞工其薪資造成多大的影響？這問題很重要，但回答起來卻不容易。

如表 2 所示，不同族群的勞工在薪資上的確有差異。在 2019 年，美國一般（中位數）黑人男性的薪資比一般白人男性少了 24%，而一般黑人女性的薪資比一般白人女性少了 16%。另外，一般白人女性的薪資比一般白人男性少了 19%，而一般黑人女性的薪資比一般黑人男性少了 10%。從這些數據看來，美國雇主似乎比較歧視黑人和女性。

然而，以上的推論有個可能的問題。即使在一個沒有歧視的勞動市場裡，每個人的薪資依舊不同。每個人所能提供的人力資本以及所願意從事的工作皆有所不同。我們所觀察到的薪資差距，部分可歸因於上一節提到的那些決定均衡工資的因素。單從白人和黑人、男性和女性的薪資差異，我們並無法證明雇主有歧視行為。

例如，就人力資本而言，在 2019 年，美國年滿 25 歲的勞工中，白人擁有大學學歷的比例為 36%，而黑人為 26%。因此，黑人與白人的部分薪資差距可歸因

表 2 依種族與性別區分之中位數年薪

	白人	黑人	黑人勞工薪資低於白人勞工的百分比
男性	$60,017	$45,644	24%
女性	$48,845	$41,098	16%
女性勞工薪資低於男性勞工的百分比	19%	10%	

註：2019 年薪資資料。資料中的勞工皆為全職、整年皆有工作且年齡超過 14 歲。

資料來源：U.S. Census Bureau, Tables P-38，與原書作者的自行計算。

個案研究：Emily 比 Lakisha 容易找到工作嗎？

雖然要衡量勞動市場裡的歧視情況並不容易，但經濟學家博崔德（M. Bertrand）與穆勒納森（S. Mullainathan）利用一個有創意的實地實驗得到一些關於歧視的可靠證據。他們寄了將近 5,000 封假履歷給刊登於波士頓和芝加哥報紙上的 1,300 則徵人廣告的公司。其中一半的履歷是用非裔美國人普遍會用的名字，包括 Lakisha Washington 或 Jamal Jones。另一半的履歷則使用白人普遍使用的名字，包括 Emily Walsh 和 Greg Baker。署名雖不同，但每封履歷的內容皆相同。

這兩位經濟學家發現，雇主對於這兩類履歷的反應有很大的差別。用白人名字的求職者所得到的回應比使用非裔美國人名字的求職者多了 50%。研究還發現，各類的雇主都有歧視行為，包括那些口口聲聲說自己是個一視同仁的雇主，也不例外。這兩位經濟學家下了以下結論：「種族歧視在美國的勞動市場依然普遍存在。」

最近，經濟學家奧理歐波羅斯（P. Oreopoulos）以寄出英文姓名與印度、巴基斯坦、中國與希臘姓名的假履歷來檢視加拿大勞動市場。他的研究也發現明確的歧視現象：英文姓名比其他姓名多了 39% 的回電；姓是中文且名是英文〔如王艾米（Amy Wang）〕，也有相同的不利結果。當公司面試人員被問到這個結果時，他們回答，是考量到語言能力。但即使申請人有加拿大的教育背景或有加拿大的工作經驗，歧視依然存在。

莎士比亞在《羅密歐與茱麗葉》中寫到：「名字裡蘊藏了什麼？」（"What's in a name?"）現代的研究指出，很多雇主無法超脫求職者的姓名，而發現其對公司的可能貢獻。

於教育程度不同。此外，在解釋薪資差距時，人力資本可能比就學年數還來得重要。一直以來，黑人學區的學校品質通常較白人學區的來得低，不管是從經費、班級大小等等面向來看都是如此。同樣地，即使像科學和數學這些科目在就業市場上可能很實用，但多年來學校都未曾公平地鼓勵女學生學習這些科目。如果我們能夠同時衡量教育的質與量，那麼人力資本在不同群體之間（白人與黑人、男性與女性）的差異會更大。

經由工作經驗所累積的人力資本也有助於說明薪資差距。一般來說，女性所擁有的工作經驗較男性來得少。由於女性的勞動力參與率在過去幾十年才逐漸增加，因而女性勞工普遍較男性勞工來得年輕。此外，女性也可能為了養育小孩而中斷工作。基於這兩個理由，女性勞工的經驗普遍低於男性勞工。

最後，不同群體之間薪資差距的研究並無法讓我們確定美國勞動市場的歧視程度。大部分經濟學家認為，我們觀察到的薪資差距有一部分可歸因於歧視，但對這一部分究竟有多大並沒有共識。經濟學家唯一有的共識是：由於群體之間的薪資差距可能是人力資本差異及工作特質差異所造成的，因此，薪資差距本身並

無法說明勞動市場的歧視情況到底有多嚴重。

19-2b 雇主的歧視

接下來，我們把焦點從歧視的衡量移到歧視背後的經濟力量。在考慮過人力資本和工作特質的差異後，如果一個群體的薪資仍比另一群體低，那麼應該怪誰？

我們很難說應該怪誰。或許我們會很自然地責怪雇主，畢竟決定僱用誰、誰領多少薪資都是雇主決定的。如果某些群體的薪資比他們應得的還低，雇主似乎應該負起責任。但經濟學家對這樣簡單的答案存疑；他們認為，在一個競爭的市場經濟體系，雇主的利潤動機可以有效減少他自己的歧視行為。

假設一個經濟體系裡的勞工有不同的髮色。金髮勞工和黑髮勞工都有相同的技能、經驗和職業道德。然而，因為歧視的關係，雇主比較不願意僱用金髮勞工，因此，對金髮勞工的需求相對較低，最後導致金髮勞工的薪資低於黑髮勞工。

這樣的薪資差距能持續多久？在這個經濟體系裡，廠商有個簡單方法可以擊敗其他有歧視行為的競爭者：僱用金髮勞工。透過僱用金髮勞工，廠商的成本可以比只僱用黑髮勞工的廠商低。隨著時間過去，原本只僱用黑髮勞工的廠商會因為成本相對較高，而開始會有虧損，最後會退出市場。這意味著市場上對金髮勞工的需求增加且對黑髮勞工的需求減少。此一過程會一直持續到金髮勞工與黑髮勞工的薪資差距消失為止。

簡單地說，重視利潤的雇主會比那些有歧視行為的雇主具競爭優勢。不歧視勞工的廠商容易取代那些有歧視問題的廠商。因此，提高市場的競爭程度可以有效減少雇主的歧視行為。

19-2c 顧客和政府的歧視

雖然利潤動機可以有效縮減歧視所造成的薪資差距，但縮減幅度會面臨一些限制。其中兩項重要的限制是顧客偏好與政府政策。

為了解顧客的偏好如何影響薪資，讓我們再利用金髮勞工與黑髮勞工的例子來說明。假設餐廳老闆僱用服務生時歧視金髮者，結果導致金髮服務生的薪資低於黑髮服務生。如果顧客只在乎餐點的品質和價位，那麼如上所述，那些歧視金髮者的餐廳就會因成本相對較高而被迫退出市場，從而薪資差距會消失。

但另一方面，有些顧客可能偏愛黑髮服務生。如果這種現象普遍的話，那麼，即使餐廳老闆不歧視金髮服務生，黑髮服務生與金髮服務生的薪資差距依然

會存在。也就是說,如果顧客有歧視行為的話,競爭市場也會有歧視所造成的薪資差距。在此情況下,經濟體系會有兩類餐廳:以較低薪資僱用金髮服務生,並提供低價位餐點的金髮餐廳,以及以較高薪資僱用黑髮服務生,並提供高價位餐點的黑髮餐廳。不在乎服務生髮色的顧客會到低價餐廳消費;帶有歧視的顧客則願意到高價餐廳用餐,為他們的歧視偏好付出較高的代價。

政府強制執行帶有歧視的政策則是另一個造成歧視在競爭市場中持續存在的原因。假設政府通過一條法律,規定金髮者可以在餐廳裡洗碗,但不能當服務生,那麼薪資差距會繼續在競爭市場中存在。在南非放棄其種族隔離政策之前,黑人被禁止從事某些工作。帶有歧視的政府會通過類似的法律來壓制自由與競爭市場所具有的使薪資平等的力量。

總而言之,**競爭市場可以有效減少雇主的歧視行為。重視利潤的廠商進入市場可以消除歧視所造成的薪資差距。只有在顧客願意為歧視付出較高的代價或是政府強制執行帶有歧視的政策的情況下,競爭市場中的薪資差距才會持續存在。**

個案研究 對球員的歧視

如我們說明的,要衡量歧視並不容易。為了確認某一群體的勞工是否受到歧視,研究者必須掌握該群勞工與其他勞工在生產力上的差別。但對大部分的廠商來說,要掌握特定勞工在生產上的貢獻有其難度。

不過,球隊就比較容易做這種掌握。球隊有許多客觀的方法可以衡量生產力。例如,棒球員的生產力可以用球員的打擊率、全壘打數及盜壘數來衡量。

一些針對球隊的研究顯示,種族歧視實際上是很常見的,觀眾則往往是造成此一現象的主因。於 1988 年發表的一項針對美國職籃球員薪資的研究顯示,黑人球員薪資相較於白人選手少了 20%,且白人球員比例愈高的球隊其觀眾人數也愈多。這兩項結果意味著,至少在 1988 年之前,觀眾對黑人球員的歧視使得他們的薪資比其他球員少。即使球隊老闆只在乎獲利,但因觀眾歧視而產生的薪資差距依然會存在。

同樣的情形也曾發生在棒球員身上。一項利用 1960 年代末期資料的研究顯示,黑人球員的薪資比條件相當的白人球員來得低。此外,即使黑人投手的比賽紀錄較佳,但他上場時,觀眾人數比白人投手上場時來得少。不過,近期的薪資研究並未發現因歧視而產生的薪資差距。

另一項發表於 1990 年的研究也發現,黑人打擊者的棒球卡售價比條件相當的白人打擊者低了 10%;黑人投手的棒球卡也比條件相當的白人投手少了 13%。這些結果反映美國球迷對球員的種族歧視情況。

19-2d 統計歧視

除了對特定群體的敵意外,歧視還有一項可能的成因,稱為**統計歧視**。它立基於雇主對雇員的資訊不完全的假設。如果雇員的一些有關但無法觀察的特質剛好與無關但可觀察的特質相互關聯,那麼雇主在做僱用決策時,可能會相信那些可觀察的特質。

舉例來說,一些雇主可能不想僱用有前科的員工。為避免僱到有前科的員工,最簡單的做法是直接問求職者有沒有前科。美國的一些州已通過不得這樣問的法案[2]。這些法案的目的是要幫助有前科者找到工作而順利重返社會。

雖然這些法案立意良善,但卻會助長統計歧視。舉例來說,統計顯示黑人的犯罪率高於白人,如果雇主知道這件事且在意員工的前科,但他們又無從問起,則可能乾脆不僱用黑人。如此一來,那些沒有前科的黑人,會因為其族群的這個平均特徵而遭受歧視。一些研究結果顯示,有上述法案的州其沒有大學學歷的年輕黑人的就業顯著減少。這些結果意味著政策制定者應該另尋方法來幫助那些有前科的人。

> **統計歧視**
> statistical discrimination
> 因無關但可觀察的個人特質與有關但無法觀察的特質相互關聯而產生的歧視

即席測驗

5. 雇主招募或僱用員工,不得要求求職者提供非屬就業所需之隱私資料,可能
   a. 提高美貌溢酬。
   b. 降低美貌溢酬。
   c. 助長統計歧視。
   d. 改善統計歧視。
6. 要衡量歧視對勞動市場的影響程度有其難度,因為
   a. 工資資料不易取得。
   b. 雇主會謊報工資以掩飾其歧視行徑。
   c. 勞工的個人特質不同,所從事的工作也不同。
   d. 最低工資法適用所有的勞工。
7. 在廠商可以自由進出的市場裡,競爭的力量會促使 _____ 消除因他們的歧視行為所產生的薪資差距。
   a. 雇主   b. 顧客
   c. 政府   d. 以上皆是

(答案在章末)

---

[2] 我國的《就業服務法》第 5 條第 2 項第 2 款規定:「雇主招募或僱用員工,不得違反求職人或員工之意思,留置其國民身分證、工作憑證或其他證明文件,或要求提供非屬就業所需之隱私資料。」違反者會被處以新臺幣六萬元以上三十萬元以下罰鍰。非屬就業所需之隱私資料包括婚姻狀態(是否結婚及未來有無結婚的計畫)、身體狀況(有無感染愛滋病或性病)、性向與犯罪紀錄……。

19-3 結論

在競爭市場，勞工的薪資反映他對商品與服務生產的邊際貢獻。然而，有許多因素會影響勞工的邊際產值。廠商願意支付較高的薪資給較有天賦、較勤勞、經驗較豐富及教育程度較高的勞工，因為他們的生產力較高。廠商對於顧客所歧視的勞工則支付較低的薪資，因為這些勞工對營收的貢獻較少。

我們在上一章與本章所介紹的勞動市場理論說明了為何一些勞工的薪資高於其他勞工。此一理論並未提及最終的所得分配是否是公平的。這是我們在下一章所要探討的主題。

摘要

- 造成勞工薪資差異的原因有很多。在某種程度上，薪資差距是對不同工作特性所給予的補償。如果其他條件相同，則難度高、令人不悅的工作其薪資比那些簡單、愉悅的工作來得高。

- 人力資本水準較高的勞工其薪資較人力資本水準較低的勞工高。投資人力資本的報酬是很高的，且在過去數十年間有逐漸提高的趨勢。

- 雖然就學年數、經驗與工作特性會影響薪資高低，但仍有許多其他解釋變數是經濟學家無法衡量的。這些變數包括天賦能力、努力和機運。

- 一些經濟學家認為，教育程度較高的勞工其薪資之所以較高，並非是因為教育提升了生產力，而是天賦能力較高的勞工利用教育向雇主發出其能力較高的訊號。如果此一訊號理論是正確的，則提高勞工的教育程度並無法提升整體的薪資水準。

- 種族、性別等方面的歧視也會導致薪資差距。然而，要衡量勞動市場的歧視程度並不容易，因為我們很難掌握人力資本與工作特性上的差異。

- 競爭市場會限制歧視所造成的薪資差距。如果某一群體勞工其薪資較另一群體來得低，且他們的薪資差距與邊際生產力無關，則無歧視的廠商會比歧視的廠商賺取較多的利潤。重視利潤的廠商進入市場可以消除歧視所造成的薪資差距。只有在顧客願意為歧視付出較高的代價或是政府強制執行帶有歧視的政策的情況下，競爭市場中的薪資差距才會持續存在。

- 歧視也可能因統計上的原因而發生。如果雇主對雇員特質的資訊不完全，他們可能會歧視那些平均而言有不利特質的群體。

複習題

1. 為何煤礦工的工資比受過同等教育的勞工來得高？
2. 為何教育是資本的一種？
3. 為何教育可能無法提升勞工的生產力，但卻可以提升他的工資？
4. 巨星崛起的市場其重要特徵為何？你認為牙醫界會有巨星嗎？音樂界呢？請說明。
5. 在判斷某一群體勞工是否因受到歧視而獲得較低薪資時，會遇到什麼困難？
6. 市場競爭程度提高會使種族歧視的情況改善還是惡化？
7. 舉例說明在競爭市場中，歧視可能會持續存在。

問題與應用

1. 大學生有時會利用暑假到民間廠商或是政府機構實習；這些工作大部分薪資低，甚至不付任何薪水。
   a. 做這些工作的機會成本為何？
   b. 請說明為何大學生願意做這些工作？
   c. 假設有兩類大學生，一類利用暑假實習，一類則利用暑假打工。如果其他條件相同，你認為在畢業後，哪一類大學生其薪資會比較高？為什麼？
2. 我們曾在第 6 章說明，最低工資法會對低工資勞動市場造成扭曲。為減少此一扭曲，有些經濟學家主張雙軌最低工資制：除了適用成人勞工的一般最低工資外，還有適用青少年勞工的「次最低工資」（"subminimum wage"）。試舉出為何單一最低工資對青少年勞動市場所造成的扭曲會大過成人勞動市場的兩個理由。
3. 勞動經濟學的一項基本發現是，在考慮其他條件的差異之後，經驗豐富的勞工其薪資較經驗欠缺的勞工來得高。為何會有這樣的結果？一些研究也發現，同一工作的經驗（又稱年資）對薪資又有額外的正向影響。請說明。
4. 在一些大專院校裡，經濟學教授的薪水比其他領域的教授高。
   a. 為何會有這樣的結果？
   b. 有些大專院校對各領域的教授皆一視同仁，教授們領的薪水一樣多。這些院校當中，又有一些學校其經濟學教授的教學負擔比其他領域的教授輕。教學負擔上的差異扮演什麼樣的角色？
5. 假設有人讓你選，你可以花四年時間在世界最好的大學裡讀書，但你必須保密；或者你可以獲得世界最好的大學所頒予的學位，但實際上你並沒有去上課。你認為你選哪一個會讓你未來的薪資增加得比較多？為什麼？
6. 當錄音設備在大約 100 年前發明時，音樂家突然可以以低廉成本將音樂傳送給廣大的聽眾。你認為這樣的改變如何影響頂

級音樂家的收入？對一般音樂家又有何影響？

7. 當今教育界的一項爭議是，教師的薪資該依據學歷與服務年資，還是該依據教學績效（稱「功績俸」）。
   a. 功績俸可能比較適當的原因為何？
   b. 誰可能會反對功績俸制度？
   c. 功績俸制度面對的可能挑戰為何？
   d. 一個相關的議題是：為何有些私立學校願意付給教師高於市場行情的薪資？

8. 葛林斯潘（美國聯邦準備理事會前主席）在 1960 年代曾經開過一家經濟顧問公司；他僱用的經濟學家大部分是女性。他曾向《紐約時報》透露：「我對男性和女性一視同仁，而且我發現，因為其他人並非如此，所以僱用學識不錯的女性經濟學家比男性便宜。」葛林斯潘是否追求利潤極大？他的做法是可敬的還是可恥的？如果更多雇主像葛林斯潘一樣，則男性和女性的薪資差距會有什麼樣的變化？為何當時其他經濟顧問公司的做法跟葛林斯潘不一樣？

即席測驗答案

1. b 2. a 3. a 4. c 5. c 6. c 7. a

Chapter 20
所得不均與貧窮

偉大的英國前首相邱吉爾曾在1945年對不同的經濟制度作過這樣的評論:「資本主義制度的根本問題在於無法達成均富,而社會主義制度的根本問題在於無法擺脫均貧。」("The inherent vice of capitalism is the unequal sharing of blessings. The inherent virtue of socialism is the equal sharing of miseries.")邱吉爾此一評論點出兩項重要實情。首先,市場經濟體系通常會比其他體系來得繁榮,這是因為亞當‧史密斯那一隻「看不見的手」發揮了作用。第二,市場經濟體系的繁榮成果無法均等分配,有錢人與窮人的所得差距可能非常巨大。不過,不論你是過著舒適生活的有錢人,或是在困苦中掙扎的窮人,還是有理想有抱負的中產階層,有錢人與窮人的差異都是一個有趣且重要的研究課題。

我們在前兩章說明了為何不同人會有不同的所得。薪資的高低不單決定於勞動的供給與需求，也決定於天賦能力、人力資本、補償性差異與歧視等因素。由於勞動所得占了美國整體所得的三分之二，這些決定薪資的因素也決定了美國的所得分配，亦即決定了誰會是有錢人，誰又會是窮人。

在本章，我們討論所得分配。此一議題會引發一些與經濟政策有關的基本問題。**經濟學十大原理**之一是：政府有時可以改善市場結果。在討論所得分配時，政府政策尤其重要。市場的那一隻看不見的手雖能使資源有效率地配置，但不一定保證資源能均等地分配。因此，很多經濟學家認為，政府應該將所得重新分配而使所得更為平均。不過，政府這麼做會面臨另一項**經濟學十大原理**：人們面臨取捨。當政府制定政策讓所得分配更平均時，也同時會扭曲誘因、改變人們行為，並使資源配置變得較無效率，亦即政府會面臨效率與均等的取捨。

在本章，我們先說明所得不均度如何衡量，接著再討論各種試圖幫助窮人的公共政策。

20-1 所得不均度的衡量

首先，我們看下列四個與所得分配衡量有關的問題：

- 社會的所得不均度有多高？
- 有多少人過著貧窮的生活？
- 在衡量所得不均度時可能會遇到什麼問題？
- 人們在各所得階層之間的移動有多頻繁？

20-1a 世界各地的所得不均情況

與其他國家相比，自己國家所得不均的情況嚴重嗎？此一問題很有趣，但回答起來卻不容易。一些國家並沒有資料，即使有資料，每個國家編製的方式也不一。舉例來說，有些國家根據個人所得來編製，有些根據家庭所得來編製，有些則是根據支出而非所得來編製。因此，當我們發現兩國間的所得分配有差異時，我們並無法確定是否真的有差異，還是僅是因為編製的方式不同而已。

有了這樣的認知之後，我們來看一下圖 1 中 24 個全世界主要國家的不均度。圖中的不均度指標是這些國家最富有的 20% 人口其所得與最貧窮的 20% 人口其所得的**比值**。其中，最平均的國家是巴基斯坦與瑞典，最不平均的國家是南非；它

圖 1　部分國家的所得分配情況

不均度指標

分配較不平均 ↑

國家	數值
巴基斯坦	4.4
瑞典	4.6
埃及	4.6
孟加拉	4.8
德國	5.1
法國	5.2
印度	5.3
日本	5.4
英國	5.4
越南	5.9
加拿大	6.2
義大利	6.6
俄羅斯	6.6
印尼	6.6
衣索比亞	7.1
菲律賓	7.2
土耳其	8.5
墨西哥	8.8
奈及利亞	9.1
中國	9.2
美國	9.4
巴西	15.6
委瑞內拉	15.8
南非	28.4

分配較平均

本圖顯示部分國家最富有的20%人口其所得（或支出）與最貧窮的20%人口其所得的比值。在這些國家當中，瑞典與巴基斯坦其經濟福祉的分配最平均，而南非與委瑞內拉則最不平均。

資料來源：*Human Development Report 2018 Statisyical Update*.

們上述的比值分別約為 4.5 倍與 28 倍。儘管所有國家都有所得不均的問題，但每個國家的不均度有很大的差異。

美國的所得不均情況比其他已開發國家，如德國、法國和日本，來得嚴重；但比起一些開發中國家，如南非、委瑞內拉和巴西，又較為緩和，而與中國相近。

就我國而言，在 2021 年，所得最高之 1/5 個人其所得為所得最低之 1/5 個人的 3.91 倍，低於新加坡（11.30）與南韓（5.85）[1]。

20-1b 貧窮率

另一個常用來衡量所得分配情況的指標是貧窮率。**貧窮率**是指家庭所得低於稱為**貧窮線**的絕對水準的人口比率。美國的貧窮線是聯邦政府依照基本飲食花費約 3 倍所設定的金額，且每年會根據物價變化做調整；同時，家庭的人口數不

貧窮率
poverty rate
家庭所得低於稱為貧窮線的絕對水準的人口比率

貧窮線
poverty line
政府為不同口數之家庭所設定的所得絕對水準，低於此一水準則被視為貧窮家庭

---

[1] 行政院主計總處網站：首頁〉主計總處統計專區〉家庭收支調查〉統計表〉調查報告〉110年〉參、歷年家庭收支調查主要結果表〉第九表—世界各國家地區所得分配狀況。

同，貧窮線也跟著不同。

接下來，我們看美國 2019 年的資料，來了解貧窮線所透露的意涵。當年美國中位數家庭的所得為 86,011 美元，而四口家庭的貧窮線為 25,926 美元。此年貧窮率為 10.5%；也就是說，有 10.5% 的家庭其所得低於貧窮線之下。

圖 2 顯示美國自 1959 年以來的貧窮率。貧窮率從 1959 年的 22.4% 下降到 1973 年的 11.1%。由於美國在這段期間經物價膨脹調整後的平均所得大幅躍升 50% 以上，因此，貧窮率的下滑並不令人意外。因為貧窮線是一個絕對而非相對的標準，因此，當經濟成長將整個所得分配往上推之後，更多家庭的所得就躍升至貧窮線之上了。如同約翰·甘迺迪（John F. Kennedy）所說的，水漲船高。

不過，自 1970 年代初期以來，美國的經濟成長並未使所有的美國家庭都受惠。儘管美國的平均所得持續上升，但貧窮率並沒有低於 1973 年的水準。近幾十年來，美國的貧窮率無法降低，主要與美國的所得不均度日益提升有密切關係。雖然經濟成長提高了一般家庭的所得，但所得分配惡化使得低所得家庭無法分享到經濟繁榮的果實。

貧窮是一種經濟疾病，它會影響每個階層，但影響程度不一。從表 1 所列的幾個階層的貧窮率，我們發現三個驚人的事實：

圖 2　貧窮率

貧窮率顯示家庭所得低於稱為貧窮線的絕對水準的人口比率。

資料來源：U.S. Bureau of the Census.

表 1　誰是窮人？

本表顯示美國不同群體的貧窮率有很大的差異。

群體	貧窮率
全體人口	10.5%
非西班牙語裔之白人	7.3
黑人	18.8
西班牙語裔	15.7
亞裔	7.3
孩童（未滿 18 歲）	14.4
老年人（64 歲以上）	8.9
雙親家庭	4.6
女性單親家庭	24.3

資料來源：U.S. Bureau of the Census. Data are for 2019.

- 貧窮與種族有關：黑人與西班牙語裔處於貧窮的可能性是白人的兩倍多。
- 貧窮與年齡有關：孩童處於貧窮的可能性比平均水準高；年長者則比較不會處於貧窮。
- 貧窮與家庭型態有關：女性單親家庭處於貧窮的可能性約是雙親家庭的五倍。

貧窮線在我國稱為最低生活費標準，其水準由中央、直轄市主管機關參照中央主計機關所公布當地區最近一年平均每人消費支出的 60% 定之。以 2023 年為例，臺北市最低生活費為每人每月新臺幣 19,013 元，新北市為每人每月 16,000 元，高雄市為每人每月 14,419 元，臺灣省為每人每月 14,230 元[2]。

表 2 顯示我國在 2009 到 2021 年期間，低收入戶戶數、人數與占總戶數和總人口數的比率（即貧窮率）。低收入戶係指家庭總收入平均分配於全家人口，每人每月在最低生活費標準以下，且家庭財產未超過中央、直轄市主管機關公告之當年度一定金額者。從這個表可以看出，雖然我國的貧窮率遠低於美國，但我國的貧窮人口數目自 2011 年突破 30 萬人之後，在 2021 年才又降至 30 萬人以下（2002 年只有 171,200 人）。

20-1c 衡量所得不均所遭遇的問題

雖然所得分配資料和貧窮率有助於了解一個社會的所得不均度，但詮釋這些

---

[2] 1957 福利諮詢專線。

表 2　2009 到 2021 年期間，我國低收入戶戶數、人數與占總戶數和總人口數的比率

年度	低收入戶戶數	低收入戶人數	低收入戶戶數占總戶數比（％）	低收入戶人數占總人口數比（％）
2009	105,265	256,342	1.35	1.11
2010	112,200	273,361	1.41	1.18
2011	128,237	314,282	1.59	1.35
2012	145,613	357,446	1.78	1.53
2013	148,590	361,765	1.79	1.55
2014	149,958	357,722	1.79	1.53
2015	146,379	342,490	1.73	1.46
2016	145,176	331,776	1.70	1.41
2017	142,814	317,257	1.65	1.35
2018	143,941	311,526	1.65	1.32
2019	144,863	304,470	1.64	1.29
2020	146,342	300,241	1.64	1.27
2021	146,995	295,901	1.63	1.27

資料來源：衛生福利部網站首頁〉衛生福利統計專區〉社會福利統計〉1.社會救助〉1.1低收入戶及中低收入戶。中華民國統計資訊網〉全國資料統計〉人口〉人口靜態統計〉村里鄰戶數暨人口數按戶別分。

資料並不容易。這些資料是以家庭年所得為基礎，不過，人們重視的其實不是所得，而是維持良好生活水準的能力。所得分配資料和貧窮率並不能看出生活水準不均的全貌，其理由有三。

稅與實物移轉　因為所得分配與貧窮率資料是根據**稅前**所得，所以它們無法考慮幫助窮人的一些租稅優惠。特別是，美國的薪資所得租稅優惠還會直接支付現金給一些低薪勞工。由於這些支付是透過所得稅制度，所以官方的貧窮率並未考量此一反貧窮計畫。

另一個問題是，所得分配與貧窮率的衡量是根據家庭的**金錢**所得，不過，透過各種政府計畫，窮人獲得許多現金以外的補助，包括食物券、房租補貼與醫療服務。這些商品和服務的補助稱為**實物移轉**。一般所得分配的衡量並未將實物移轉納入考慮。

實物移轉
in-kind transfers
以商品與服務而非現金的形式對窮人的移轉

經濟生命週期　人一生當中的所得變化是可預測的。年輕時所得較低，在學時更是如此。隨著年紀漸增、工作經驗豐富之後，所得會上升，並在 50 歲左右達到高峰；在近 65 歲退休時，所得開始大幅下降。這種規律型態的所得變化稱作**生命週期**。

生命週期
life cycle
人一生當中所得變化的規律型態

因為人們可透過借錢與儲蓄來緩和所得的生命週期變化,所以人們任一年的生活水準主要受到一輩子所得而非該年所得的影響。年輕人時常借款,也許是為了就學,也許是為了購屋,並在他們的所得上升後償還借款。因為人們不希望退休後所得銳減影響到他們的生活水準,因此,人們會在中年時儲蓄,也因此,此時的儲蓄率最高。這樣的生命週期意味著年所得會大幅波動,但未必意味著生活水準也是如此。

臨時所得與恆常所得　人一生當中的所得變化不單源自於可預測的生命週期變化,也受到隨機與臨時性因素的影響。假設有一年,佛羅里達州的柳橙被寒霜凍壞了,果農的所得就會暫時下滑;同時,霜害也使得柳橙價格飆升,加州柳橙果農的所得就會暫時上升。隔年的情況有可能正好相反。或是疫情可能使餐廳員工的所得減少,但會使外送披薩店的營收增加。當疫情消退時,情況可能反轉。

就如同人們可以透過借貸來緩和所得的生命週期變化一樣,人們也可透過借貸來緩和所得的臨時性變化。只要一個家庭在景氣好時儲蓄,並能在景氣不好時借款,那麼,臨時性的所得變化並不會影響其生活水準。換句話說,一個家庭的生活水準主要決定於**恆常所得**水準,也就是正常或平均的所得水準。

在衡量生活水準的不均度時,恆常所得的分配比年所得的分配來得重要。由於恆常所得比較不會受到臨時事件的影響,因此,它們的分配比年所得的分配來得平均。

恆常所得
permanent income
一個人的正常所得

20-1d 經濟流動性

人們在講「有錢人」與「窮人」時的口氣,好像有錢人會繼續有錢,而窮人會一直窮下去一樣,事實上並不盡然如此。在美國,經濟流動性(人們在不同所得階層之間的流動)是很高的。晉升到高所得階層可能是因為好運或努力,落到低所得階層可能是因為運氣不好或懶散。

由於經濟流動性很高,位於貧窮線下的窮人不會永遠不得翻身。貧窮是少數家庭面臨的長期問題。以 10 年為期,處於貧窮線之下的家庭有 1/4 至少停留 1 年以上;不過落於貧窮線下超過 8 年或更久的家庭不到 3%。由於暫時貧窮與長期貧窮會面臨不同的問題,因此,對抗貧窮的政策必須區分這兩類家庭。

另一個經濟流動性的衡量指標是跨代經濟成就的持續性。研究這議題的經濟學家發現,美國的經濟流動性很高。如果一位父親的薪資比他那一代的平均水準高出 20%,則他兒子的薪資只會比他那一代的平均水準高出 8%;而祖父與孫子的所得僅有小幅正相關。

美國經濟流動性高的一個結果是，美國有許多白手起家的百萬富翁（也有許多把遺產揮霍殆盡的敗家子）。一項研究顯示，美國每五位百萬富翁當中有四位是靠自己創業或是透過升遷管道致富的，只有一位是靠繼承遺產。

研究結果顯示，不同國家有不同的跨代經濟流動度，且此一流動度與所得不均度呈負向關聯。所得不均度高於美國的國家，如巴西，其流動度低；所得不均度低於美國的國家，如瑞典，其流動度高。到底這些國際差異源自族群的不同，還是制度與政策的不同，還有待進一步的研究。

即席測驗

1. 在 2021 年，臺灣的低收入戶人數約占總人口數的
   a. 0.5%。　b. 1.5%。　c. 2.5%。　d. 3.5%。
2. 與其他國家相較，美國的所得不均度
   a. 是全世界最低的。　b. 低於大多數國家。
   c. 高於大多數國家。　d. 是全世界最高的。
3. 因為消費主要決定於 _____ 所得，所以消費的分配比當前所得的分配來得 _____
   a. 恆常；平均　　　b. 恆常；不平均
   c. 臨時；平均。　　d. 臨時；不平均

（答案在章末）

20-2 減少貧窮的政策

貧窮是政策制定者所面對的最棘手問題之一。貧窮家庭比一般家庭更可能遭遇流離失所、藥物濫用、健康、青少年懷孕、文盲、失業及教育程度低等問題。低所得家庭成員比較容易犯罪或者成為受害者。雖然要評斷貧窮與這些問題的因果關係並不容易，但無庸置疑的，貧窮確實與種種的經濟和社會問題脫離不了關係。

假設你是政府部門的政策制定者，你的目標是減少貧窮人口的數目，你該如何達成這個目標？這裡提供一些政策供你參考。儘管這些政策可以幫助一些人脫離貧窮，但沒有一個政策是完美的，而且要決定哪一個政策是最好的也有困難。

20-2a 最低工資法

藉由法律規定廠商所須給付的最低工資一直備受爭議。支持者認為，最低工資對低所得者有幫助，且無需花費政府一毛錢。反對者則認為，這樣做是愛之適足以害之。

如我們在第 6 章所說明的，利用供需工具很容易就可以了解最低工資的影響。就低技能與缺乏經驗的勞工而言，高於均衡水準的最低工資會提高廠商的勞

動成本，而降低廠商的勞動需求量，進而造成失業。雖然繼續獲得僱用的勞工會因工資提高而受惠，但就那些因最低工資法的施行而失業的勞工而言，其情況會變得更差。

這些效果的影響程度決定於需求彈性。支持高最低工資者認為，低技能勞動的需求其彈性相當低，因此，高最低工資對就業的影響很輕微。反對者則認為在長期，廠商可以比較充分調整職缺和生產，屆時，勞動的需求就會比較有彈性。他們也指出，許多適用最低工資的勞工來自中產階級家庭，因此，高最低工資並沒有完全幫助到窮人。

20-2b 福利計畫

政府提升窮人生活水準的方法之一是補助他們的所得，政府主要透過福利制度來進行。**福利**是個很廣泛的用詞，它包含了政府各種不同的計畫。以我國為例，我國各項現金給付扶助措施包括：低收入戶生活補助、中低收入戶老人生活津貼、老農福利津貼、身心障礙者生活補助、災害急難救助，與各項社會保險（包括全民健保、勞保、農保等）保費支出補助。

除了這些現金給付扶助措施外，還有一些鼓勵低收入戶就業與就學的輔導自立措施，包括：職業訓練、就業服務、創業輔導與以工代賑，以及學雜費減免補助和就學生活補助。

可以想見的，如果政府對低收入戶的扶助措施「不夠好」，則無法改善因貧窮而產生的社會問題；但如果「夠好」，則政府的財政負擔會加重，而必須對其他人課更多的稅，從而製造更多的無謂損失，且可能會有更多的家庭想成為低收入戶。因此，對低收入戶扶助的拿捏，一直是各國政府所面臨的難題。

> **福利**
> **welfare**
> 政府對窮人的所得補助計畫

20-2c 負所得稅

不論政府選擇哪一種稅制來課稅，都會影響所得分配，特別是累進所得稅，它使高所得家庭所繳的稅占所得的比例高於低所得家庭。如同我們在第 12 章所說明的，縮小各所得階層之間的所得差距是設計稅制時的重要標準。

許多經濟學家提倡利用**負所得稅**來補助窮人的所得。根據此一稅制，每個家庭向政府申報其所得；高所得者依據他們的所得被課稅，且平均稅率隨所得增加而提高，低所得者則獲得補助金，意即「繳納」「負的稅」。

舉個例，假設政府用以下的公式來計算一個家庭的應繳稅額：

$$稅額 = (1/3\ 所得) - 15,000\ 美元。$$

> **負所得稅**
> **negative income tax**
> 一種對高所得家庭課稅並給予低所得家庭現金補助的稅制

在此情況下，所得 180,000 美元的家庭需繳 45,000 美元的稅，而所得 90,000 美元的家庭需繳 15,000 美元的稅；所得 45,000 美元的家庭不需繳稅。所得只有 15,000 美元之家庭則需「繳」-10,000 美元；也就是說，政府會送給這個家庭一張 10,000 美元的支票。

在負所得稅之下，窮人無須提供任何需要補貼的證明即可獲得金錢上的補助，唯一的條件就是低所得。這樣制度的一個缺點是，補助那些純粹因為懶惰而不值得政府幫助的人。

20-2d 實物移轉

另一個幫助窮人的方式是直接提供他們所需的商品與服務以提升其生活水準。慈善機構提供窮人食物、收容所及耶誕節玩具。政府給窮人食物券，使他們可以在商店買食物，商店再拿食物券向政府兌換現金。政府也透過醫療補助計畫提供窮人醫療服務。

實物移轉與直接現金補助，哪一種方式對窮人的幫助比較大？這個問題並沒有確切的答案。

支持實物移轉者認為，實物移轉可確保窮人獲得他們最需要的東西。酗酒與吸毒的惡習在窮人中比一般人來得普遍，透過提供窮人食物與收容所，而非現金，有助於避免這些惡習。這是為什麼實物移轉比現金補助在政治上更受歡迎的原因。

贊同現金補助者則認為，實物移轉沒有效率且不尊重人。政府無從知道窮人最需要的是什麼。許多窮人是運氣不佳的平凡人；儘管他們運氣不佳，但他們仍然知道如何提升他們的生活水準。現金補助使窮人可以購買他們最需要的東西，而實物移轉給的可能是他們不需要的商品與服務。

20-2e 反貧窮計畫與工作誘因

許多幫助窮人的政策可能反而讓窮人不想自力脫離貧窮。讓我們看下面的例子。假設某家庭需要 25,000 美元的所得才能維持合理的生活水準。為照顧窮人，政府允諾，只要一個家庭的所得少於 25,000 美元，政府會補足與 25,000 美元的差額。你認為這會造成什麼樣的後果？

顯而易見地，原先所得低於 25,000 美元或賺的錢比 25,000 美元多不了多少的家庭會喪失工作的誘因。舉例來說，假設某個家庭原先的所得是 20,000 美元，政府於是補助這個家庭 5,000 美元。後來，這個家庭的某個成員找到年薪 6,000 美元

的兼職工作。你認為他會去上班嗎？應該不會，因為如果他去上班，政府會取消對這個家庭原先 5,000 美元的補助，從而這個家庭的所得只淨增加 1,000 美元。換句話說，那 6,000 美元的有效邊際稅率高達 87.5（5,000/6,000）%。

不工作的人會失去在職訓練的機會，其孩童也可能喪失觀摩他（她）努力工作的學習機會，從而對孩童未來找工作與保住工作的能力有不利的影響。

雖然我們討論的這個反貧窮計畫是個假想情況，但也不至於多麼不實際。福利、醫療補助、食物券及所得稅減免，都是為了幫助窮人的計畫，且都與家庭所得綁在一起。當家庭所得上升時，就無法適用這些計畫。考慮所有的這些計畫之後，貧窮家庭所面對的有效邊際稅率相當高，有時甚至會超過 100%，變成窮人賺得愈多，情況愈慘。因此，如果反貧窮計畫設計不當，會降低窮人的工作誘因。反對反貧窮計畫者認為，這些計畫改變了人們的工作態度並創造出「貧窮文化」。

有個簡單的辦法似乎可以解決這個問題：當貧窮家庭所得增加時，逐漸減少對它們的補助，且補助的減少幅度隨著其所得增加而擴大；換句話說，貧窮家庭所面對的有效邊際稅率隨所得增加而上升。儘管此一遞增的有效邊際稅率在某程度上會降低貧窮家庭對工作的付出，但並不會讓工作誘因完全喪失。

不過，這個辦法會讓反貧窮計畫的成本提高。雖然貧窮家庭所收到的補助會隨所得增加而減少，但有可能在他們的所得超越貧窮線之後，他們仍可以繼續領取補助。那麼，那些原先處於貧窮線上方的家庭也會要求適用這些福利，從而政府的負擔會加重。

由以上的討論可以知道，各項反貧窮計畫都有其效益與成本；如何取捨，是政策制定者一直面臨的問題。

即席測驗

4. 負所得稅制度
   a. 可以讓低所得者得到來自政府的移轉性支付。
   b. 可以讓政府在不扭曲誘因之下增加稅收。
   c. 可以讓每個人少付點稅。
   d. 會使某些納稅人位於拉弗曲線的錯誤的那一邊。

5. 如果一個人的所得增加會導致其原先享有的來自反貧窮計畫的好處不見了，則這個計畫
   a. 會鼓勵窮人更加努力工作。
   b. 會導致低技能勞動市場的超額供給。
   c. 會讓政府的花費比通通有獎的計畫來得多。
   d. 會導致窮人所面對的有效邊際稅率上升。

（答案在章末）

20-3 結論

人類長期以來一直在思考社會的所得分配問題。古希臘哲學家柏拉圖認為，在一個理想的社會，最富有者的所得不超過最窮者的四倍。雖然所得分配的衡量有其難度，但很顯然地，大多數國家的所得不均情況比起柏拉圖的理想社會還要嚴重。

經濟學十大原理之二是：人們面臨取捨與人們的行為隨誘因起舞。在討論所得分配問題時，需謹記這兩個原理。政策如果懲罰成功者並獎賞失敗者，則會降低人們追求成功的動機，因此，政策制定者面臨效率與均等的取捨。當經濟餅切得愈平均時，它會變得愈小塊。這是與所得分配有關且幾乎每個人都認同的一點。

摘要

- 由於實物移轉、經濟生命週期、臨時所得與經濟流動性等因素會影響所得分配，因此，單用某一年份的資料很難評斷一個社會的所得分配情形。如果將這些因素納入考慮，經濟福祉的分配會比年所得的分配來得平均。

- 幫助窮人的政策包括最低工資法、福利、負所得稅及實物移轉。雖然每項政策可幫助一些窮人脫離貧困，但也會帶來一些副作用。當現金補助隨著所得上升而減少時，窮人通常會面臨很高的有效邊際稅率，而無法鼓勵窮人靠自己脫離貧窮。

複習題

1. 與其他國家相比，美國所得不均的情況如何？
2. 美國哪些群體比較容易處於貧窮？
3. 為何臨時所得與所得的生命週期變化會對所得不均度的衡量造成問題？
4. 對窮人進行實物移轉的優缺點為何？
5. 請說明為何反貧窮計畫會降低窮人的工作誘因。你有何改善之道？你所提的方案有何缺點？

問題與應用

1. 經濟學家經常將所得的生命週期變化視為環繞人們恆常所得的暫時性變化。你目前的所得高於還是低於你的恆常所得？你認為你目前的所得確實反映你的生活水準嗎？

2. 本章討論了經濟流動性的重要。
   a. 政府可以採取什麼政策來提升同一世代內的經濟流動性？
   b. 政府可以採取什麼政策來提升世代間的經濟流動性？
   c. 你認為我們是否應該減少目前的福利計畫支出以增加那些可以強化經濟流動性的計畫的經費？這麼做的優缺點為何？

3. 有兩個社區。在其中一個社區，有10戶家庭其所得均為100,000美元，另有10戶家庭其所得均為20,000美元。在另一個社區，有10戶家庭其所得均為250,000美元，另有10戶家庭其所得均為25,000美元。
   a. 哪一個社區的所得分配比較不平均？哪一個社區的貧窮問題比較容易惡化？
   b. 你比較喜愛哪個社區的所得分配？請說明。
   c. 為什麼有人喜愛的社區會跟你不一樣？

4. 如果實物移轉的市值被列入家庭所得，則貧窮率會明顯下降。假設政府花在醫療補助計畫上的錢多於其他實物移轉，且受補助的家庭每年每戶收到的醫療補助約10,000美元。
   a. 如果政府給予受補助的每一家庭等值的支票，而非直接提供醫療實體補助，你認為大部分家庭會把這筆錢花在健康保險上嗎？（回想一下四口家庭的貧窮線約為25,000美元。）為什麼？
   b. 你的（a）小題答案是否會影響你對於把實物移轉的市值列入家庭所得以計算貧窮率的觀點？請說明。
   c. 你的（a）小題答案是否會影響你對於該以現金補助還是實物移轉來幫助窮人的觀點？請說明。

5. 假設某家庭的稅額為其所得乘上0.5，再減10,000美元。在此一制度下，有些家庭需繳稅給政府，有些則透過負所得稅制獲得政府的現金補助。
   a. 假設有5個家庭其稅前所得分別為0、10,000、20,000、30,000和40,000美元。請製表顯示各個家庭的稅前所得，稅額或從政府取得之現金補助，與稅後所得。
   b. 此一稅制的邊際稅率為何？一個家庭最多可獲得政府多少的補助？
   c. 假設稅額的計算公式有些改變，家庭的稅額現在等於其所得乘上0.4，再減10,000美元。此時的邊際稅率為何？一個家庭現在最多可獲得政府多少補助？
   d. 以上兩種稅額的計算公式其最主要的優點為何？

即席測驗答案

1. b 2. c 3. a 4. a 5. d

Chapter 21
消費者選擇理論

當你走入一家商店,你會看見你可能會買的各式各樣商品。當然,由於你口袋裡的錢有限,你無法買下你想要的全部東西,因此你會考慮有折扣的商品,且在你的財力範圍內,買下最符合你需要的東西。

在本章,我們將介紹解釋消費者購買行為的理論。到目前為止,我們已利用需求曲線反映消費者的決策。如我們所見,需求曲線反映消費者對商品的支付意願。根據需求法則,當一項商品的價格上漲時,消費者的需求量會減少。現在我們將探討隱含在需求曲線背後的消費者決策。如同第 14 章所介紹的競爭廠商理論讓你對供給有更深的了解,本章的消費者選擇理論將使你對需求有更進一步的理解。

經濟學十大原理之一是:人們面臨取捨。消費者選擇理論探討消費者所面臨的取捨。當一個

消費者多買某一樣商品時,他所能買得起的其他商品的數量就變少了。當他花在休閒的時間愈多時,他工作的時間就愈少,所得與消費也隨之減少。當他現在花愈多錢時,所能存的錢就愈少,從而他未來的消費水準會下降。消費者選擇理論探討消費者面對這些取捨時如何做決策,以及他們如何因應環境的改變。

在介紹基本的消費者選擇理論之後,我們將它運用到一些與家戶決策有關的問題,例如:

- 工資如何影響勞動供給?
- 利率如何影響家戶儲蓄?

一開始這些問題看似沒有關聯,但如我們即將看到的,我們可以利用消費者選擇理論來探討這些問題。

21-1 預算限制:消費者買得起的組合

一般人都想要買更多的東西或更好的東西,如開更好的車、穿更時髦的衣服、在更高級的餐廳用餐或參加更豪華的旅行團。但人們真正消費的比他們想要的來得少,這是因為他們的支出**受限**於他們的所得。我們以此一限制作為研究消費者選擇的起點。

21-1a 以圖形顯示消費機會集合

為了簡化問題,我們假設消費者只購買兩種商品:百事可樂和披薩。當然,實際上我們可以買的商品有成千上萬種,假設只有兩種商品供選擇只是為了簡化問題;這樣做並不會減損我們對消費者選擇的理解。

首先,我們考慮消費者的所得如何限制他所能購買的百事可樂和披薩的數量。假設此一消費者每個月的所得為 1,000 美元,且他每個月都將其所得全部用來購買百事可樂和披薩。百事可樂一罐為 2 美元,披薩一塊為 10 美元。

圖 1 中的表顯示消費者可以選擇的部分消費組合。第 1 行顯示若消費者將其所得全部用來買披薩,則他一個月總共可以買 100 塊披薩,但他無法買任何的百事可樂。第 2 行顯示另一個消費組合:90 塊披薩和 50 罐百事可樂,以此類推。每一個消費組合的總花費都是 1,000 美元。

圖 1 中的圖顯示消費者可以選擇的消費組合。縱軸代表百事可樂的數量,橫軸則代表披薩的數量。圖上有三個點,A 點表示消費者買了 100 塊披薩,沒有買

圖 1　消費者的預算限制線

披薩數量	百事可樂罐數	對披薩的支出	對百事可樂的支出	總支出
100	0	$1,000	$ 0	$1,000
90	50	900	100	1,000
80	100	800	200	1,000
70	150	700	300	1,000
60	200	600	400	1,000
50	250	500	500	1,000
40	300	400	600	1,000
30	350	300	700	1,000
20	400	200	800	1,000
10	450	100	900	1,000
0	500	0	1,000	1,000

預算限制線顯示消費者在特定所得下買得起的各種消費組合。這裡，消費者只購買百事可樂和披薩。上表與圖顯示在消費者的所得為 1,000 美元、百事可樂為 2 美元、披薩為 10 美元下，消費者買得起的各種組合。

百事可樂；B 點則是買了 500 罐百事可樂而沒有買披薩；C 點位於線的正中間，表示消費者買了 50 塊披薩和 250 罐百事可樂。C 點與 A、B 兩點等距；在此點，消費者對兩商品的支出各是 500 美元。以上只是眾多消費組合中的三種情況而已。此線稱作**預算限制線**，它顯示消費者買得起的各個消費組合。在這個例子中，我們看到了消費者面對披薩和百事可樂所做的取捨。

預算限制線的斜率衡量兩種商品之間的交換比例。兩點間的斜率是這兩點垂直距離與水平距離的比值。A 點到 B 點的垂直距離為 500（罐），水平距離為 100（塊），故其斜率為 5，表示 1 塊披薩可以換 5 罐百事可樂。由於預算限制線為負斜率，故其斜率應為負數，但我們忽略負號。

預算限制線的斜率等於兩商品的**相對價格**（relative price）。預算限制線的斜率為 5 表示披薩的價格是百事可樂的 5 倍，或 1 塊披薩的機會成本為 5 罐百事可樂。這是市場所提供的交換比例：1 塊披薩換 5 罐百事可樂。

21-1b 預算限制線的移動

預算限制線顯示消費者可以選擇的消費機會的集合。我們根據消費者的所得與兩商品的價格畫出此線；當消費者的所得或商品的價格發生變動時，預算限制線就會移動。接下來，我們以下面三例說明此線會如何移動。

預算限制線
budget constraint
消費者在預算範圍內買得起的消費組合

首先,假設消費者的所得由 1,000 美元增加為 2,000 美元,且兩商品的價格維持不變。由於所得增加了,所以消費者買得起更多的這兩種商品,亦即消費機會集合擴大了,從而如圖 2(a)所示,消費者的所得增加造成預算限制線外移。由於披薩之於百事可樂的相對價格沒有變動,所以新預算限制線的斜率與原預算限制線的斜率一樣,亦即消費者的所得增加造成預算限制線平行外移。

現在,假設百事可樂的價格由 2 美元下跌為 1 美元,而消費者的所得維持在 1,000 美元且披薩的價格維持在 10 美元。在此情況下,預算限制線的橫軸端點不變,但縱軸端點往上移,從而如圖 2(b)所示,百事可樂的價格下跌造成預算限制線外移,亦即讓消費機會集合擴大了。

由於預算限制線的斜率反映披薩之於百事可樂的相對價格,且此一相對價格由 5 變成 10,亦即現在 1 塊披薩可以換 10 罐百事可樂,所以,預算限制線變陡了。此時,消費機會集合擴大顯現在預算限制線旋轉外移,而不是平行外移。

再假設披薩的價格由 10 美元下跌為 5 美元,而消費者的所得維持在 1,000 美元且百事可樂的價格維持在 2 美元。再一次,較低的價格讓消費機會集合擴大,從而如圖 2(c)所示,披薩的價格下跌造成預算限制線旋轉外移。現在,由於披薩之於百事可樂的相對價格由 5 變成 2.5,亦即現在 1 塊披薩可以換 2.5 罐百事可樂,所以,預算限制線變平坦了。

圖 2 顯示當消費者的所得增加或商品的價格下跌時,消費機會集合會如何變

圖 2　消費者預算限制線的移動

(a) 消費者的所得增加　　(b) 百事可樂的價格下跌　　(c) 披薩的價格下跌

在圖(a),消費者的所得增加造成預算限制線外移。由於披薩之於百事可樂的相對價格沒有變動,所以預算限制線的斜率維持不變。在圖(b),百事可樂的價格下跌造成預算限制線外移;在圖(c),披薩的價格下跌造成預算限制線外移。在這兩種情況,由於披薩之於百事可樂的相對價格發生變動,所以預算限制線的斜率也跟著改變。

化。如果消費者的所得減少或商品價格上漲，則預算限制線的移動方向正好與圖 2 的相反。如果消費者的所得與商品的價格同時發生變動，我們也可以藉由畫出與比較新舊預算限制線，來分析整體的影響。

即席測驗

1. 披薩的單價是 10 美元，百事可樂的單價是 2 美元，阿明的所得是 100 美元。
   下列何者會讓阿明的預算限制限往內移？
   a. 披薩的單價上漲至 12 美元。
   b. 百事可樂的單價跌至 1 美元。
   c. 他的所得增加至 150 美元。
   d. 披薩的單價、百事可樂的單價與他的所得都增加 50%。

2. 披薩的單價是 10 美元，百事可樂的單價是 2 美元，阿花的所得是 200 美元。

下列何者會讓阿花的預算限制限平行外移？
a. 披薩的單價降至 5 美元，百事可樂的單價降至 1 美元，且她的所得降至 100 美元。
b. 披薩的單價漲至 20 美元，百事可樂的單價漲至 4 美元，且她的所得維持不變。
c. 披薩的單價降至 8 美元，百事可樂的單價降至 1 美元，且她的所得增加至 240 美元。
d. 披薩的單價漲至 20 美元，百事可樂的單價漲至 4 美元，且她的所得增加至 500 美元。

（答案在章末）

21-2 偏好：反映消費者的嗜好

　　本章的目的是要了解消費者如何做選擇。預算限制線只是分析的一部分，它顯示在給定的所得與商品價格下，消費者買得起的各種消費組合。然而消費者的選擇不只決定於他的預算限制，還有他對兩種商品的偏好。因此，接下來我們探討消費者的偏好。

21-2a 以無異曲線代表消費者偏好

　　消費者的偏好顯示在他對各種消費組合的滿足程度。如果他面對兩組消費組合，則他會選擇滿足程度較高的一組。若這兩組消費組合帶給他相同的滿足程度，我們稱這兩組消費組合對他而言是**無差異的**（indifferent）。

　　我們用無異曲線代表消費者的偏好。**無異曲線**顯示帶給消費者相同滿足程度的所有消費組合。就我們所舉的例子而言，無異曲線上的百事可樂與披薩的數量組合，都帶給消費者相同的滿足程度。

　　圖 3 顯示消費者眾多無異曲線中的兩條。A、B、C 三組消費組合對消費者而言並無差異，因為這三點都位在同一條無異曲線上。如果要消費者減少披薩的消費，例如，從 A 點移至 B 點，則消費者必須增加百事可樂的消費，才能讓他的滿

無異曲線
indifference curve
顯示帶給消費者相同滿足程度的所有消費組合的曲線

足水準維持不變。如果要消費者再減少披薩的消費，例如，從 B 點移至 C 點，則消費者必須再增加百事可樂的消費，才能讓他的滿足水準維持不變。

無異曲線上任一點的斜率表示消費者願意以某物替代另一物的比率，此一比率稱為**邊際替代率**（MRS）。邊際替代率衡量消費者減少一單位披薩的消費，需要幾罐百事可樂作補償，才能讓他的滿足水準維持不變。

由於無異曲線並非直線，因此線上每一點的邊際替代率並不相同。邊際替代率的大小決定於他所消費的商品數量，也就是說，消費者會依據肚子餓或口渴的程度來決定他願意用多少披薩來換多少可樂。

無異曲線上任一點帶給消費者的滿足程度都相同，但不同的無異曲線對應不同的滿足水準。由於人們都覺得消費愈多愈好，所以無異曲線的位置愈高，其對應的滿足水準也愈高。在圖 3，I_2 上的任一點都優於 I_1 上的任何一點。

我們可以利用無異曲線群排列出消費者對所有消費組合的喜好程度。例如，由於 D 點比 A 點位於較高的無異曲線上，所以 D 點優於 A 點。（此一結論很容易理解，因為 D 點提供給消費者更多的披薩和百事可樂。）D 點也優於 C 點，因為 D 點位於較高的無異曲線上。雖然 D 點的百事可樂數量比 C 點少，但 D 點的披薩數量多到讓消費者認為 D 點比較好。

21-2b 無異曲線的四項特性

由於無異曲線代表消費者的偏好，它具有某些反映消費者偏好的特性。一般

邊際替代率
marginal rate of substitution

消費者為維持其滿足水準不變，願意以某物替代另一物的比率

圖 3　消費者的偏好

無異曲線代表消費者的偏好；無異曲線上任一組百事可樂和披薩的消費組合都帶給消費者相同的滿足程度。由於消費者消費愈多愈好，較高的無異曲線 I_2 優於 I_1。邊際替代率衡量消費者減少一單位披薩的消費，需要幾罐百事可樂作補償，才能讓他的滿足水準維持不變。

而言，無異曲線具有以下四項特性：

- **特性 1：無異曲線的位置愈高，滿足水準也愈高**。人們在消費時，總是希望能消費愈多愈好，從無異曲線我們可看出這一點。如圖 3 所示，無異曲線的位置愈高，其對應的滿足水準也愈高。

- **特性 2：無異曲線的斜率為負**。無異曲線上任一點的斜率表示消費者願意以某物替代另一物的比率。在一般情況下，消費者都喜歡這兩種物品；因此，若某一物的消費數量下降，則另一物的消費數量必須要增加，才能讓消費者的滿足水準維持不變。由於這個原因，大部分的無異曲線是負斜率的。

- **特性 3：無異曲線不相交**。如圖 4 所示，假設有兩條無異曲線相交。由於 A 點與 B 點位在同一條無異曲線上，所以兩點都帶給消費者相同的滿足程度。另外，由於 B 點與 C 點也位在同一條無異曲線上，所以這兩點也都帶給消費者相同的滿足程度。但這意味著，即使 C 點的消費數量較多，卻仍與 A 點帶給消費者相同的滿足程度。這與消費者希望消費愈多愈好的假設互相矛盾，也因此無異曲線不相交。

- **特性 4：無異曲線凸向原點**。無異曲線的斜率為邊際替代率，也就是消費者願意以某物替代另一物的比率。邊際替代率通常取決於消費者目前所消費的物品數量，人們通常願意拿他們擁有數量較多的東西來交換擁有數量較少的東西。舉例來說，如圖 5 中的 A 點，由於消費者擁有很多百事可樂但只有少量的披薩，因此他很餓但不渴，也因此他願意用 6 罐可樂換 1 塊披薩，亦即其邊際替

圖 4　無異曲線不相交

無異曲線相交的狀況永遠不可能發生。根據這些無異曲線，即使 C 點的消費數量較多，卻仍與 A 點帶給消費者相同的滿足程度。

圖 5　無異曲線凸向原點

百事可樂數量（縱軸）對披薩數量（橫軸）的無異曲線圖：A 點（3, 8），MRS = 6；B 點（7, 3），MRS = 1。

無異曲線通常是凸向原點的，此一形狀意味著邊際替代率決定於消費者對兩物品的消費數量。在 A 點，消費者消費較少的披薩與較多的百事可樂，因此要有更多的百事可樂才能使他願意放棄一塊披薩；此時的邊際替代率為 6 罐百事可樂換 1 塊披薩。在 B 點，消費者消費較多的披薩與較少的百事可樂，因此只要少許的百事可樂就可以誘使他放棄一塊披薩；此時的邊際替代率為 1 罐百事可樂換 1 塊披薩。

代率等於每塊披薩換 6 罐可樂。相反地，就 B 點而言，由於消費者擁有很多披薩但只有少量的百事可樂，因此他很渴但不餓，也因此他願意用 1 塊披薩換 1 罐可樂，亦即其邊際替代率等於每塊披薩換 1 罐可樂。所以，無異曲線凸向原點反映消費者有較高的意願放棄他擁有很多數量的物品。

21-2c 無異曲線的兩個極端例子

無異曲線的形狀透露出消費者以某物換取另一物的意願。當物品彼此之間很容易替代時，無異曲線比較平坦；當物品彼此之間很難替代時，無異曲線的曲度較大。何以如此？我們來看以下兩個極端的例子。

完全替代　假設有好幾堆硬幣，你會如何排列對它們的偏好次序？

很可能你在乎的是每堆硬幣的總價值。若是這樣，一個十元硬幣和兩個五元硬幣對你而言是不分軒輊的；換句話說，不管你選的那一堆硬幣有多少五元硬幣和十元硬幣，你願意用一個十元的硬幣換兩個五元硬幣，亦即兩硬幣間的邊際替代率固定為 2。

圖 6（a）的無異曲線顯示你對五元硬幣和十元硬幣的偏好。由於邊際替代率是固定的，因此無異曲線為直線。此時，我們稱這兩種物品為**完全替代品**。

完全替代品
perfect substitutes
無異曲線為直線的兩物品

完全互補 假設現在有好幾堆鞋子供你選擇。有些與你的左腳相合，有些與右腳相合。你如何在這幾堆鞋子中排列出你對它們的偏好次序？

你也許只在乎鞋子成雙的數目，若是這樣，你會根據可湊成對的鞋子數目來排列你的偏好次序。其中有一堆鞋有 5 隻左鞋和 7 隻右鞋，一共只能湊成 5 雙。在沒有多餘的左鞋的情況下，多一隻右鞋並沒有任何價值。

圖 6（b）的無異曲線顯示你對左鞋和右鞋的偏好。其中，有 7 隻左鞋和 5 隻右鞋的鞋堆，與有 5 隻左鞋與 7 隻右鞋的鞋堆，對你而言是一樣好的，因此無異曲線呈垂直狀。此時，我們稱這兩種物品為**完全互補品**。

在真實世界裡，大部分物品既非完全替代（如五元硬幣和十元硬幣），也非完全互補（如左鞋與右鞋）。一般來說，無異曲線凸向原點，但並不會彎曲到變成垂直狀。

完全互補品
perfect complements
無異曲線為垂直線的兩物品

圖 6　完全替代與完全互補

（a）完全替代　　　　　　　　　（b）完全互補

當兩物彼此之間很容易替代時，例如五元硬幣與十元硬幣，則如圖（a）所示，無異曲線為直線。當兩物彼此之間的互補性很強時，例如左鞋與右鞋，則如圖（b）所示，無異曲線為垂直線。

即席測驗

3. 在同一條無異曲線上的任兩點，
   a. 消費者有相同的所得。
   b. 消費者有相同的邊際替代率。
   c. 其商品組合讓消費者花費相同的購買金額。
   d. 其商品組合帶給消費者相同的滿足水準。

4. 無異曲線上任一點的斜率衡量消費者其
   a. 所得。
   b. 以某物替代另一物的意願。
   c. 對兩物為替代品或互補品的認知。
   d. 需求彈性。

（答案在章末）

21-3 消費者如何做選擇

本章的目標是要了解消費者如何做選擇。對此，我們說明了兩項重要決定因素：消費者的預算限制和消費者偏好。現在我們將這兩項因素結合，來探討消費者的消費決策。

21-3a 消費者的最適選擇

讓我們再回到百事可樂和披薩的例子。消費者希望選擇最好的消費組合，也就是在不超過其預算限制的前提下，希望其選擇的消費組合位於最高的無異曲線上。

圖 7 顯示消費者的預算限制線與三條無異曲線。雖然 A 點的消費組合帶給他較高的滿足水準，但由於 A 點位於其預算限制線之外，所以他負擔不起。消費者買得起 B 點的消費組合，但 B 點位於較低的無異曲線上，因此帶給他的滿足水準較低。圖 7 中的**最適選擇點**是消費者在不超過其預算限制的情況下，他買得起的最佳消費組合。

在最適選擇點，無異曲線與預算限制線**相切**；此時，無異曲線的斜率等於預算限制線的斜率。無異曲線的斜率就是百事可樂和披薩之間的邊際替代率，而預

圖 7　消費者的最適選擇

消費者會選擇其預算限制線與無異曲線相切的點，此點稱作最適選擇點。此時，邊際替代率等於兩物品的相對價格。消費者可達成的最高無異曲線為 I_2。雖然位於 I_3 上的 A 點帶給他較高的滿足水準，但由於 A 點位於其預算限制線之外，所以他負擔不起。相形之下，B 點是消費者買得起的，但它位於較低的無異曲線上，因此帶給消費者的滿足水準較低，從而消費者不會選擇此點。

算限制線的斜率則是百事可樂與披薩的相對價格。因此，**消費者會選擇邊際替代率等於相對價格的消費組合**。

在第 7 章，我們說明了市場價格反映商品對消費者的邊際價值；消費者選擇理論的分析也出現相同的結果。消費者在做消費決策時，會選擇邊際替代率等於相對價格的消費組合。相對價格是**市場**上一商品交換另一商品的比率，而邊際替代率則是**消費者**願意以一商品交換另一商品的比率。在最適化下，消費者對兩商品的評價（以邊際替代率衡量）等於市場的評價（以相對價格衡量），因此，商品的市場價格反映了消費者的評價。

21-3b 所得變動如何影響消費者的選擇

在了解消費者如何做消費選擇後，我們可以探討所得變動如何影響消費。當消費者的所得增加時，他可以買更多東西。如圖 8 所示，所得增加將預算限制線往外推。由於兩物的相對價格並未改變，因此新的預算限制線的斜率與原本的斜率相同，也就是說，所得增加造成預算限制線平行外移。

預算限制線外移意味著消費者可以買更多的百事可樂和披薩；換句話說，消費者可以選擇位於更高無異曲線上的消費組合。如圖 8 所示，在預算限制線外移

圖 8　所得增加

縱軸：百事可樂數量　橫軸：披薩數量

1. 所得增加造成預算限制線平行外移⋯
2. ⋯而使得披薩的消費增加⋯
3. ⋯且百事可樂的消費增加。

新預算限制線、原預算限制線、原最適選擇點、新最適選擇點、I_1、I_2

當消費者所得增加時，預算限制線往外移；若兩物品都是正常財，則他會增加對它們的消費。

增廣見聞：效用：描述偏好與最適選擇的另一種方式

我們已利用無異曲線說明消費者的偏好。另一個普遍用來表示偏好的觀念稱作**效用**（utility）。效用是消費者對於一組物品所獲得的快樂或滿足程度的抽象衡量。經濟學家認為消費者偏愛能夠帶給他最高效用的消費組合。

無異曲線和效用關係密切。由於較高的無異曲線對應的效用水準較大，所以消費者偏愛位於較高無異曲線上的點。因為同一條無異曲線上的消費組合都帶給消費者相同的滿足程度，所以它們提供相同的效用。你可以把無異曲線視為「等效用」曲線。

一物品的**邊際效用**（marginal utility）是指當消費者對該物品增加一單位的消費時所增加的效用。大部分的物品都適用**邊際效用遞減**（diminishing marginal utility）法則，亦即消費的邊際效用會隨消費數量增加而降低。

兩物品的邊際替代率取決於它們的邊際效用。舉例來說，如果 X 的邊際效用是 Y 的兩倍，則某人需要 2 單位的 Y 來補償減少消費 1 單位 X 的損失，因此邊際替代率等於 2。就任兩種物品而言，邊際替代率（也就是無異曲線的斜率）等於一物的邊際效用除以另一物的邊際效用。

效用分析提出另一個描述消費者最適選擇的方式。回想一下，當消費者做最適選擇時，邊際替代率等於兩物的相對價格：

$$MRS = P_X / P_Y。$$

由於邊際替代率等於邊際效用的比率，我們可以將此一最適化條件寫成：

$$MU_X / MU_Y = P_X / P_Y。$$

上式可再改寫成：

$$MU_X / P_X = MU_Y / P_Y。$$

此一方程式有個簡單的解釋：在最適化下，花在 X 上每塊錢的邊際效用等於花在 Y 上每塊錢的邊際效用。（為什麼呢？若此方程式不成立，則消費者可藉由減少每塊錢邊際效用較低物品的消費，同時增加每塊錢邊際效用較高物品的消費，來增加效用。）

當經濟學家在討論消費者選擇理論時，他們可能會使用不同的術語。一位經濟學家可能會說消費者的目標是追求效用極大；另一位則可能會說消費者的目標是讓消費組合位於可能的最高無異曲線上。前者的結論為，在最適化下，所有物品的每塊錢邊際效用會相等；而後者則是無異曲線和預算限制線相切。事實上，這只是描述同一件事情的兩種說法而已。

後，消費者的最適選擇點也跟著改變。

在圖 8，消費者選擇購買更多的百事可樂**和**披薩，這是最普遍的狀況。在第 4 章我們曾提過，當消費者所得增加時，若某物的消費增加，則此物稱為**正常財**。圖 8 的無異曲線就是在百事可樂與披薩都是正常財的假設下所畫出來的。

圖 9 的例子則是當所得增加時，消費者增加披薩的消費，但也同時減少百事可樂的消費。當消費者所得增加時，若某物的消費減少，則此物稱為**劣等財**。

雖然大部分的物品都屬於正常財，但仍有少數物品是劣等財；公車搭乘就是其中一例。高所得者可能有自己的車，比起低所得者，他們坐公車的機會比較

正常財 normal good
在其他條件不變下，需求隨所得增加而增加的商品

劣等財 inferior good
在其他條件不變下，需求隨所得增加而減少的商品

圖 9 劣等財

百事可樂數量／披薩數量座標圖，顯示原預算限制線與新預算限制線，原最適選擇點在 I_1 上，新最適選擇點在 I_2 上。

1. 當所得增加造成預算限制線平行外移時⋯
2. ⋯披薩的消費增加，所以披薩為正常財⋯
3. ⋯但百事可樂的消費減少，所以百事可樂為劣等財。

當消費者所得增加時，若某物的消費減少，則此物稱為劣等財。此圖中的百事可樂為劣等財：當消費者所得增加而使預算限制線外移時，消費者購買更多的披薩，但百事可樂的購買量變少。

少，因此，公車搭乘是劣等財。

21-3c 物價變動如何影響消費者的選擇

我們也可以利用消費者選擇模型來探討物價變動如何改變消費者的選擇。

假設百事可樂的價格下跌。如同我們前面所說明的，任一商品的價格下跌會使預算限制線往外移，且預算限制線的斜率會隨兩商品物的相對價格改變而改變。圖 10 顯示百事可樂的價格下跌如何讓預算限制線旋轉外移，以及從而改變消費者的最適選擇。

預算限制線的改變會如何影響兩物的消費決定於消費者本身的偏好。就圖中的無異曲線而言，消費者會多買可樂，而少買披薩。讀者也可以自行畫出消費者會多買這兩種商品的結果。

21-3d 所得效果與替代效果

物價變動對消費的影響可區分為兩種效果：**所得效果**與**替代效果**。為了解這兩種效果的影響，假設百事可樂的價格下跌。此時消費者心裡可能會有以下的想法：

所得效果
income effect
在物品價格改變後，因消費組合移至不同的無異曲線所導致的消費變動

替代效果
substitution effect
當物品價格改變時，在同一條無異曲線上，因相對價格變動所導致的消費變動

圖 10　價格變動

百事可樂數量

新預算限制線

新最適選擇點

1. 百事可樂的價格下跌造成預算限制線往外旋轉…

原最適選擇點

3. …且百事可樂的消費增加。

原預算限制線

I_2

I_1

2. …使得披薩的消費減少…

披薩數量

當百事可樂的價格下跌時，消費者的預算限制線往外移且斜率改變。消費者從原先的最適選擇點移至新的最適選擇點，因此，他改變兩物品的購買量。在圖中的情況，百事可樂的消費量上升，披薩的消費量則下降。

- 「真是太棒了！既然百事可樂變便宜了，那麼，我的所得的購買力會提高。實質上，我比以前更有錢了，所以可以買更多的百事可樂和披薩。」（此為所得效果。）

- 「既然百事可樂變便宜了，那麼，我少買披薩的每一塊錢可以買更多罐的可樂。由於披薩相對於百事可樂變貴了，所以我要少買一點披薩，而多買一點百事可樂。」（此為替代效果。）

你認為哪一種想法比較合理呢？

實際上，兩種想法都很合理。百事可樂價格下跌使得消費者實質上變得更有錢。如果百事可樂和披薩都是正常財，那麼消費者會因購買力增加而同時多買這兩種東西；因此，所得效果會使消費者增加兩物品的消費。另一方面，由於百事可樂相對於披薩變得較便宜，所以替代效果促使消費者多買可樂，而少買披薩。

這兩種效果所造成的結果為何？所得與替代效果都使消費者增加可樂的消費，但由於這兩種效果對披薩消費的影響方向正好相反，所以消費者是否會多買披薩就不一定了。這些結論列在表 1。

我們可以用無異曲線來說明所得效果與替代效果。**所得效果是消費組合移至**

表 1　百事可樂價格下跌時的所得效果與替代效果

商品	所得效果	替代效果	總效果
百事可樂	消費者變富有了，所以他會多買百事可樂。	百事可樂變得相對便宜，因此消費者多買百事可樂。	所得效果和替代效果的影響方向一樣，因此消費者增加百事可樂的消費。
披薩	消費者變富有了，所以他會多買披薩。	披薩相對變貴了，因此消費者少買披薩。	所得效果與替代效果的影響方向相反，因此對披薩消費的總效果不確定。

不同的無異曲線所導致的消費變動；替代效果則是在同一條無異曲線上，因相對價格變動所導致的消費變動。

　　圖 11 顯示如何將消費者的決策分解成所得效果和替代效果。當百事可樂價格下跌時，消費者從原先的最適選擇點，A 點，移至新的最適選擇點，C 點。這樣的移動可分為兩個階段。第一，消費者沿著原先的無異曲線 I_1，從 A 點移到 B

圖 11　所得效果與替代效果

價格變動所造成的影響可分解成所得效果和替代效果。替代效果是指沿著無異曲線的線上移動，且前後兩點有不同的邊際替代率。在無異曲線 I_1 上，A 點移至 B 點所顯示的就是替代效果。所得效果是指不同無異曲線之間的移動。無異曲線 I_1 上的 B 點移至無異曲線 I_2 上的 C 點所顯示的就是所得效果。

點。在這兩點，消費者的滿足程度是一樣的；但在 B 點，邊際替代率反映新的相對價格。（通過 B 點的虛線與新預算限制線平行，因此，兩線的斜率均為新的相對價格。）第二，消費者從 B 點**外移**至位置更高的無異曲線 I_2 上的 C 點。雖然，B 點與 C 點位在不同的無異曲線上，但其邊際替代率相等，也就是說，無異曲線 I_1 上 B 點的斜率與無異曲線 I_2 上 C 點的斜率相同。

雖然消費者實際上從沒有選擇過 B 點，但此一虛擬點可以用來闡明決定消費者選擇的兩個效果。從 A 點到 B 點純粹是邊際替代率的變動而已，消費者的福利水準並沒有改變。相反地，從 B 點到 C 點，雖然邊際替代率一樣，但消費者的福利水準改變了。因此，從 A 點到 B 點的移動顯示替代效果，從 B 點到 C 點則顯示所得效果。

21-3e 需求曲線的導出

我們剛剛討論了商品價格變動如何影響消費者的預算限制線以及他的商品購買數量。需求曲線反映了消費者的選擇，也就是在任一特定價格下，消費者願意購買的數量。我們可以說，需求曲線反映了消費者考量其預算限制與無異曲線後所做的最適選擇。

舉例來說，圖 12 顯示消費者對百事可樂的需求。如圖（a）所示，當百事可樂價格從 2 美元降為 1 美元時，預算限制線往外移。由於所得效果與替代效

圖 12　需求曲線的導出

如圖（a）所示，當百事可樂價格從 2 美元降為 1 美元時，消費者的最適選擇從 A 點移至 B 點，且百事可樂的消費量從 250 罐增加為 750 罐。圖（b）中的需求曲線反映了價格與需求量之間的關係。

果，消費者會增加百事可樂的購買量，從 250 罐增加為 750 罐。圖（b）則顯示反映上述消費者選擇的需求曲線。因此，消費者選擇理論為需求曲線提供了理論上的基礎。

消費者選擇理論是很實用的。接下來，我們將利用此一理論進一步探究影響家戶行為的因素。

即席測驗

5. 襯衫的單價是 100 美元，帽子的單價是 50 美元，且阿宇和阿蔓都追求效用極大。阿宇買了 8 件襯衫和 4 頂帽子，阿蔓買了 6 件襯衫和 12 頂帽子。阿宇的邊際替代率是每件襯衫 _____ 頂帽子，而阿蔓的邊際替代率是每件襯衫 _____ 頂帽子。
   a. 2，1　　b. 2，2　　c. 4，1　　d. 4，2
6. 阿華買包子與奶茶，它們對阿華而言都是正常財。當包子的價格上漲時，此時的所得效果為阿華買 _____ 的包子與 _____ 奶茶。
   a. 更多；更多　　b. 更多；更少
   c. 更少；更多　　d. 更少；更少
7. 阿珠買酒與麵包。當酒的價格上漲時，此時的替代效果為阿珠買 _____ 的酒與 _____ 麵包。
   a. 更多；更多　　b. 更多；更少
   c. 更少；更多　　d. 更少；更少

（答案在章末）

21-4 兩個應用

在本節，我們利用消費者選擇理論來探討與消費者行為有關的兩個問題。

21-4a 工資如何影響勞動供給？

到目前為止，我們利用消費者選擇理論分析個人如何將其所得分配在兩物品上。我們也可以利用此一理論分析個人如何將時間分配在工作和休閒上。

假設阿莉是一位自由軟體設計師，她每週清醒的時間共 100 小時。她將部分時間用在休閒，例如，騎腳踏車、看電視或讀經濟學等，剩餘時間她則坐在電腦前研發軟體。她每工作一小時就可以賺 50 美元，並將這些所得用在消費上。她的工資高低會影響她在休閒和消費之間的取捨。她每放棄一個小時的休閒，就可以多工作一小時並賺到 50 美元可以用來消費。

圖 13 畫出阿莉的預算限制線。如果她把 100 小時都用來休閒，那麼她就無法消費。如果她一週工作 100 小時，則可以賺 5,000 美元來消費，但就沒有任何休閒時間。如果她一週工作 40 小時，則她還可以享受 60 小時的休閒，並有 2,000 美元可用來消費。

圖 13 利用無異曲線代表阿莉對消費與休閒的偏好。由於阿莉希望休閒和消費都是愈多愈好，因此，位置愈高的無異曲線其線上的點會比較受到她的喜愛。在每小時 50 美元的工資下，阿莉會選擇使她的滿足水準達到最大的消費和休閒組合；此點位於無異曲線 I_2 與預算限制線的切點。

現在假設阿莉每小時工資從 50 美元上升至 60 美元。圖 14 顯示兩種可能的結果。在這兩種情況下，預算限制線都從 BC_1 外移至 BC_2。在工資上升後，預算限制線變陡了。這反映出相對價格的改變：當工資上升後，阿莉每放棄一小時的休閒時間，都可以有更多的消費。

在工資上升後，阿莉的消費和休閒會如何變動決定於她的偏好。在圖 14 的兩種情況，消費都增加了，但休閒時間的變化就有所不同。在圖（a），當工資上升後，阿莉的反應是減少休閒時間；在圖（b），她則決定花更多的時間在休閒上。

阿莉在休閒和消費之間的選擇決定了她的勞動供給。如果她花更多的時間在休閒，則她的工作時數就變少。圖 14 中的兩個右圖顯示阿莉的勞動供給曲線。在圖（a），較高的工資誘使阿莉減少休閒，而工作更久，因此，勞動供給曲線呈正斜率。在圖（b），較高的工資反而讓阿莉減少工作時數，而花更多時間在休閒上，因此勞動供給曲線呈負斜率（或後彎）。

負斜率的勞動供給曲線似乎令人感到困惑。為什麼工資上升了，工作時數卻反而減少？答案在於工資上升所帶來的替代效果與所得效果。

圖 13　工作與休閒的選擇

此圖顯示阿莉決定自己工作多少小時的預算限制線，她對消費與休閒的無異曲線，以及她的最適選擇。

圖 14　工資上升

（a）就此一偏好而言⋯　⋯勞動供給曲線呈正斜率。

1. 當工資上升時⋯
2. ⋯休閒時數減少⋯
3. ⋯從而工作時數增加。

（b）就此一偏好而言⋯　⋯勞動供給曲線呈負斜率。

1. 當工資上升時⋯
2. ⋯休閒時數增加⋯
3. ⋯從而工作時數減少。

圖中兩組圖顯示一個人對於工資上升的反應。左側的圖顯示消費者最初的預算限制線 BC_1，新的預算限制線 BC_2，以及消費者對於消費與休閒的最適選擇。右側的圖則顯示對應的勞動供給曲線。由於工作時間等於所有可用時間減去休閒時間，因此，休閒時數的改變會使勞動供給量呈反向等幅的變動。在圖（a），當工資上升時，消費增加且休閒減少，導致勞動供給曲線呈正斜率。在圖（b），當工資上升時，消費與休閒都增加，導致勞動供給曲線呈負斜率。

　　我們先看替代效果。當阿莉的工資上升時，其休閒的機會成本（亦即所減少的消費）也上升了，因此她會減少休閒。也就是說，在工資上升後，替代效果誘使阿莉更努力工作，因此勞動供給曲線呈正斜率。

　　接下來看所得效果。當阿莉的工資上升時，她會移向更高的無異曲線。現在她比以前更富有了，只要消費和休閒都是正常財，那麼她會同時增加消費和休

閒。也就是說，所得效果誘使她減少工作時數，因此，其勞動供給曲線呈負斜率。

經濟學理論並無法準確預測究竟工資上升會誘使阿莉增加還是減少工作時數。若替代效果大於所得效果，則阿莉會花更多時間工作；相反地，若所得效果大於替代效果，則她會減少工作時數。因此，勞動供給曲線可能呈正斜率或負斜率。

勞動供給曲線的斜率在所有的工資水準不一定要相同。例如，有可能在工資低時，替代效果大於所得效果，且在工資高時，所得效果大於替代效果。在此情

個案研究：所得效果對勞動供給的影響：歷史趨勢、彩券得主及卡內基臆測

負斜率的勞動供給曲線一開始看起來似乎只是純理論的探討而已，但其實不然。證據顯示，長期來看，勞動供給曲線確實會呈現負斜率。一百多年前，多數人一週工作六天；但在今天，週休二日是很正常的。雖然一週的工作天數減少了，但一般勞工的工資在經過物價調整後仍是上升的。

經濟學家對這樣的歷史型態作了以下解釋：技術的進步提升了勞動的生產力，從而提升了勞動需求；勞動需求的增加造成均衡工資上升，而使工作所獲得的報酬也跟著增加。但勞工的工作時間並不會因工資不斷上升就不斷增加；當工資上升到某一水準後，多數人會變得比較重視休閒，換句話說，當工資上升到某一水準後，所得效果會大於替代效果。

另一項顯示所得效果對勞動供給有很大影響的證據來自於另一項資料：彩券得主。彩券得主中了大獎後，其預算限制線因所得大幅增加而大幅度外移。由於彩券得主的工資並沒有改變，因此其預算限制線的**斜率**不變，也就是說，沒有替代效果。藉由比較彩券得主與未獲獎者的行為，我們可以看出所得效果對勞動供給的影響。

一項 2021 年的研究則指出，人們每贏一美元的獎金，其總稅後勞動所得減少 40 美分；換句話說，40% 的獎金被用來增加休閒（或換到比較低薪但輕鬆的工作），而 60% 的獎金被用來增加商品與服務的消費。舉例來說，就那些接近正常退休年齡的人而言，彩券得主要比未獲獎者來得早退休。所以，所得效果對彩券得主其勞動供給的影響是顯著的，特別是那些中大獎者。

此一研究結果並不會讓十九世紀的工業鉅子卡內基（Andrew Carnegie）感到訝異。卡內基曾警告：「留給兒子大筆財富的父母會埋沒他們兒子的才幹和活力，並讓他的生活變得無價值。」也就是說，卡內基認為所得效果對勞動供給會有顯著且令為人父母者懊悔的影響。卡內基在他生前與死後，都把他巨額財產的大部分捐作慈善用途。

況下,勞動供給曲線會像圖 15 所畫的那樣,在工資低時,是正斜率的,且當工資上漲至某一水準時,後彎成負斜率的。

21-4b 利率如何影響家戶儲蓄?

每個人都會面對的決策就是今天該花多少錢、該儲蓄多少錢。我們可以利用消費者選擇理論來分析利率高低對人們儲蓄決策的影響。

阿杉是一位正在為退休做規劃的勞工。為了簡化問題,我們把阿杉的一生分成兩個時期。第一個時期是青年期且在工作;第二個時期則是老年期,阿杉已退休。年輕時,阿杉賺 100,000 美元;他把一部分所得用來消費,一部分用來儲蓄。當他年老時,他以前的儲蓄和儲蓄所賺取的利息可用來消費。

我們可將「年輕時的消費」和「年老時的消費」視為阿杉可選擇的兩種物品,且利率決定了它們之間的相對價格。假設利率是 10%,那麼阿杉年輕時所存的每一塊錢,在他年老時有 1.10 美元可花費。

圖 16 顯示阿杉的預算限制線。如果他沒存半毛錢,則他年輕時的消費為 100,000 美元,且年老時沒錢可花。如果他把錢全數儲蓄下來,則他年輕時沒有任何消費,年老時則可以消費 110,000 美元。預算限制線顯示這兩種極端與介於中間的各種可能性。

圖 15　後彎的勞動供給曲線

假設在工資低時,替代效果大於所得效果,且在工資高時,所得效果大於替代效果。在此情況下,勞動供給曲線在工資低時,因為替代效果大於所得效果,是正斜率的,且當工資上漲至某一水準時,因為所得效果大於替代效果,開始後彎成負斜率的。

圖 16　消費與儲蓄的選擇

此圖顯示阿杉決定他在人生兩個時期中消費多少的預算限制線，代表他的偏好的無異曲線，以及他的最適選擇。

圖 16 用無異曲線來代表阿杉對兩時期消費的偏好。由於阿杉在兩個時期都希望能消費愈多愈好，因此較高的無異曲線上的點會比較受到阿杉的喜愛。他會依其偏好選擇兩時期消費組合的最適點，此點為預算限制線與無異曲線的切點。如圖所示，在這個最適點，阿杉年輕時的消費為 50,000 美元，年老時則為 55,000 美元。

現在假設利率從 10% 上升為 20%。圖 17 顯示兩種可能的結果。在這兩種情況，預算限制線都外移且變得更陡。在新的利率水準下，阿杉年輕時所放棄的每一塊錢的消費，在年老時都可以有更多的消費。

兩圖顯示阿杉在不同偏好及較高利率下的選擇。在這兩種情況，年老時的消費都增加，但年輕時的消費如何變動卻有所不同。在圖（a），阿杉年輕時的消費因利率上升而減少；在圖（b），阿杉年輕時的消費則因利率上升而增加。

阿杉的儲蓄為其年輕時的所得減去年輕時的消費金額。在圖（a），當利率上升時，年輕時的消費減少，因此儲蓄必定增加；在圖（b），年輕時的消費增加，所以儲蓄減少。

圖（b）的結果似乎有點奇怪：明明儲蓄所能獲得的報酬增加了，阿杉的儲蓄卻反而減少。這樣的行為倒也不足為奇，利用利率上升的所得與替代效果就可以解釋。

我們先看替代效果。當利率上升時，年輕時的消費相對於年老時的消費變貴

圖 17　利率上升

（a）利率上升造成儲蓄增加

1. 利率上升造成預算限制線往外旋轉…
2. …導致年輕時的消費減少，從而年輕時的儲蓄上升。

（b）利率上升造成儲蓄減少

1. 利率上升造成預算限制線往外旋轉…
2. …導致年輕時的消費增加，從而年輕時的儲蓄減少。

在兩圖，利率上升均造成預算限制線往外移。在圖（a），年輕時的消費減少，而使年輕時的儲蓄上升，從而年老時的消費增加。在圖（b），年輕時的消費增加，而使年輕時的儲蓄減少，但年老時的消費也增加。

了，因此，替代效果誘使阿杉減少年輕時的消費，同時增加年老時的消費。也就是說，替代效果誘使阿杉多儲蓄。

接下來看所得效果。當利率上升時，阿杉會移向更高的無異曲線。此時他比以前更富有了，只要兩時期的消費都為正常財，他會同時增加兩時期的消費。也就是說，所得效果誘使阿杉減少儲蓄。

最後的結果決定於替代效果與所得效果。如果利率上升的替代效果大於所得效果，則阿杉會增加儲蓄；如果所得效果大於替代效果，則阿杉會減少儲蓄。因此，消費者選擇理論告訴我們，利率上升可能使儲蓄增加，也可能使儲蓄減少。

雖然從經濟理論的角度來看，這樣的結果是有趣的，但從經濟政策的角度來看，這樣的結果卻令人無所適從。一些經濟學家主張調降利息所得稅與其他資本利得稅。他們認為這樣的做法可提高儲蓄的稅後報酬率，因此可鼓勵人們多儲蓄。其他持反對意見的經濟學家則認為，由於減稅的替代效果與所得效果對儲蓄有相反的影響，所以不一定會使儲蓄增加，甚至有可能會讓儲蓄減少。不幸地，對於利率如何影響儲蓄的研究並沒有一致的結論，因此，經濟學家對於是否該透過減稅來鼓勵儲蓄仍意見分歧。

即席測驗

8. 阿明買牛奶跟麥片。對阿明而言，牛奶是正常財，而麥片是劣等財。當牛奶的價格上漲時，
   a. 牛奶跟麥片阿明都會少買。
   b. 阿明會多買牛奶，少買麥片。
   c. 阿明會多買麥片，少買牛奶。
   d. 阿明會少買牛奶，但麥片可能多買也可能少買。
9. 假設消費與休閒都是正常財。當工資上漲時，
   a. 消費與休閒時數都會增加。
   b. 消費與休閒時數都會減少。
   c. 消費會增加且休閒時數可能增加也可能減少。
   d. 休閒時數會增加且消費可能增加也可能減少。
10. 勞動供給曲線是正斜率的，如果
    a. 休閒是正常財。
    b. 消費是正常財。
    c. 休閒的所得效果大於替代效果。
    d. 休閒的替代效果大於所得效果。
11. 假設年輕時的消費與年老時的消費都是正常財。當利率下跌時，年老時的消費
    a. 確定會增加。
    b. 確定會減少。
    c. 會增加，只要替代效果大於所得效果。
    d. 會減少，只要替代效果大於所得效果。

（答案在章末）

21-5 結論

人們真的這樣想嗎？

　　消費者選擇理論說明人們如何做決策。如我們所見，此一理論的應用範圍很廣，它可用來解釋一個人在百事可樂和披薩、工作和休閒以及消費和儲蓄之間所做的選擇。

　　不過，你可能會對消費者選擇理論有所質疑。畢竟，你是個消費者。每當你走入商店時，你要決定買什麼，而且你也知道，你不會畫預算限制線和無異曲線來決定要買什麼。這不是意味著消費者選擇理論是無稽之談嗎？

　　答案是否定的。消費者選擇理論並沒有要呈現人們做決策時的所有真實情況，它只是個模型。我們在第2章就提到，模型並不是百分之百真實的。

　　我們可以將消費者選擇理論視為對消費者如何做決策的一個隱喻。沒有一個消費者會經歷消費者選擇理論所描述的最適選擇過程。不過，消費者確實意識到他們的選擇會受到預算的限制，且在這些限制下，消費者會盡可能讓他們的滿足水準達到最大。消費者選擇理論就是試圖用明確的經濟分析來描述隱藏在消費者內心的選擇過程。

　　凡事必須親身經歷才能了解其中意義，而要測試一個理論的解釋能力就在於應用。在本章的最後一節，我們將消費者選擇理論應用在兩個實際的經濟現象。

CHAPTER 21 消費者選擇理論

如果你再修習更多進階的經濟學課程，你將發現，消費者選擇理論為許多其他理論提供了分析架構。

摘要

- 預算限制線顯示在有限所得與特定的價格下，消費者可以購買的消費組合。預算限制線的斜率等於物品之間的相對價格。
- 消費者的無異曲線代表他的偏好。同一條無異曲線上的每一點消費組合，都帶給消費者相同的滿足程度。位於較高無異曲線上的點比起較低無異曲線上的點更受消費者喜愛。無異曲線上任一點的斜率是消費者的邊際替代率，也就是消費者為維持其滿足水準不變，願意以某物替代另一物的比率。
- 消費者的最適選擇點為其預算限制線與無異曲線的切點。在此點，無異曲線的斜率（兩物的邊際替代率）等於預算限制線的斜率（兩物的相對價格）。

- 當某物的價格下跌時，消費者的選擇可分解成替代效果與所得效果。所得效果是指消費者因某物的價格下跌而變得比以前更富有之後，對該物消費的變動。替代效果則是指，當物品價格改變時，在同一條無異曲線上，因相對價格變動所導致的消費變動。所得效果反映在較低無異曲線往較高無異曲線的移動，而替代效果則反映在無異曲線線上的移動。
- 消費者選擇理論可應用在許多場合。它可用來說明為何工資上升可能使勞動供給量增加也可能使勞動供給量減少，以及為何利率上升可能使儲蓄增加也可能使儲蓄減少。

複習題

1. 某消費者有 6,000 美元所得。酒每瓶 6 美元，乳酪一磅 12 美元。請畫出消費者的預算限制線。預算限制線的斜率為何？
2. 請畫出消費者對於酒和乳酪的無異曲線，並說明無異曲線的四項特質。
3. 請在消費者對於酒和乳酪的無異曲線上選擇一點並顯示它的邊際替代率。邊際替代率可說明什麼？
4. 請畫出消費者對於酒和乳酪的預算限制線與無異曲線，並指出最適選擇為何。如果酒的價格為每瓶 6 美元，乳酪的價格為一磅 12 美元，則最適選擇的邊際替代率為何？
5. 假設某消費者的所得從 6,000 美元上升到

8,000 美元，且酒與乳酪都是正常財，那麼會發生什麼事？若乳酪為劣等財，則情況又會如何？

6. 假設乳酪價格從一磅 12 美元漲到 20 美元，而酒的價格維持在每瓶 6 美元。若消費者的所得為 6,000 美元，他對於兩物品的消費會如何變動？將這些變動分解成替代效果與所得效果。

問題與應用

1. 阿桃將她的所得用來購買咖啡和布丁，兩者都為正常財。假設咖啡的價格上漲。
   a. 請畫出咖啡價格上漲對阿桃的預算限制線的影響。
   b. 假設布丁的替代效果大於所得效果。畫出咖啡價格上漲對阿桃的最適消費組合的影響。
   c. 假設布丁的所得效果大於替代效果。畫出咖啡價格上漲對阿桃的最適消費組合的影響。

2. 比較以下兩組物品：
   - 可口可樂和百事可樂
   - 滑雪板和滑雪板固定器
   a. 以上兩組物品哪一組為互補品？哪一組為替代品？
   b. 哪一組物品的無異曲線會比較直？哪一組物品的無異曲線其曲度會比較大？
   c. 當相對價格變動時，消費者會對哪一組物品有較大的反應？

3. 你只消費汽水和披薩。有一天，汽水的價格上漲，披薩的價格下跌，且你的滿足水準和價格變動前一樣。
   a. 畫圖說明此一情況。
   b. 你的消費組合會如何變動？此一變動是否涉及所得效果？請說明。
   c. 你現在是否買得起價格變動前的消費組合？請說明。

4. 小強只消費乳酪和餅乾。
   a. 對小強而言，乳酪和餅乾可能都是劣等財嗎？請說明。
   b. 假設乳酪是正常財，而餅乾是劣等財。若乳酪的價格下跌，則小強對餅乾的消費會有何變化？他對乳酪的消費又會有何變化？請說明。

5. 阿吉只購買牛奶和餅乾。
   a. 在第一年，阿吉的所得為 100 美元，牛奶每瓶 2 美元，餅乾一打 4 美元。請畫出阿吉的預算限制線。
   b. 假設第二年兩物品的價格都上漲 10%，且阿吉的所得也上升 10%。請畫出新的預算限制線。阿吉在第二年的最適選擇與第一年的有何不同？

6. 阿杰是一名大學生。他有兩種用餐選擇：吃披薩（每塊 6 美元）或吃泡麵（每包 1.5 美元）。他每個星期的餐費預算是 60 美元。
   a. 請畫出阿杰對披薩與泡麵的預算限制線。假設他花相同的金額在披薩與泡麵上，畫出顯示此一最適選擇的無異曲線，並將最適點標為 A 點。
   b. 假設泡麵的價格上漲為 2 美元，且阿杰現在只花餐費的 30% 在披薩上。在你

（a）小題的圖形上畫出新的最適點，並標為 B 點。

c. 此時，阿杰的泡麵消費量如何變動？此一變動所隱含的替代效果與所得效果的大小關係為何？

d. 利用 A 點與 B 點畫出阿杰的泡麵需求曲線。對阿杰而言，泡麵是何種型態的商品？

7. 考慮你的工時決策。

a. 畫出你在無需繳稅下的預算限制線。在同一個圖上，畫出另一條你必須負擔 15% 稅率的預算限制線。

b. 請說明課稅何以可能導致你的工作時數上升、減少或不變。

8. 阿莎一週清醒的時間共 100 小時。請畫出阿莎每小時工資為 12 美元、16 美元及 20 美元的預算限制線。畫出當工資介於 12 美元與 16 美元之間時，使阿莎的勞動供給曲線呈正斜率的無異曲線，以及當工資介於 16 美元與 20 美元之間時，使阿莎的勞動供給曲線呈負斜率的無異曲線。

9. 畫出某人在決定如何將時間分配在工作和休閒的無異曲線。假設工資上升，此人的消費有可能減少嗎？這是合理的嗎？請討論。（提示：想想替代效果與所得效果。）

10. 經濟學家史迪格勒（George Stigler）曾寫道：「如果消費者在所得增加時，沒有減少對某物品的消費，則當此物的價格上升時，他們必然會減少對它的購買量。」請用替代效果與所得效果的概念來說明這段話。

11. 下表顯示五位消費者對蘋果與梨子的邊際效用：

	蘋果的邊際效用	梨子的邊際效用
阿甘	6	12
阿桃	6	6
阿丹	6	3
阿嬌	3	6
阿倫	3	12

蘋果的價格為 1 美元，梨子的價格為 2 美元。以上哪位消費者做了最適選擇？就那些沒有做最適選擇的消費者而言，他們該如何改變他們的支出？

即席測驗答案

1. a　2. d　3. d　4. b　5. b　6. d　7. c　8. c　9. c　10. d　11. b

Chapter 22
個體經濟學的新領域

經濟學是研究人們如何做選擇以及選擇之後與他人會有什麼樣互動結果的一門學問。根據前面章節的說明，我們知道這門學問就有如寶石一般，有許多不同的切面；但是，如果我們認為我們所看到的切面就可以構成一顆完美無瑕的寶石，那就大錯特錯了！跟其他科學家一樣，經濟學家始終在不斷發展新的領域、解釋新的現象與看世界的新方法。在個體經濟學的最後這一章，我們將介紹三個新領域，讓大家更了解經濟學家是如何不斷擴展他們對人類行為及社會的理解。

第一個領域是**資訊不對稱**（asymmetric information）經濟學。在日常生活中，有些人常常比其他人獲得更多的資訊；此一差異會影響人們所做的選擇以及跟別人的互動。思考這些不對稱

的現象將有助於我們了解實際生活中更多不同的面向，如二手車市場及禮物餽贈習俗。

第二個領域是**政治經濟**（political economy）。在整本書中，我們看到許多有關市場失靈或政府政策可能可以改善結果的例子。「可能」一詞意味著政策的改善效果是否會實現決定於政府的表現，而政治經濟這個領域就是利用經濟學的工具來幫助我們了解政府如何運作。

第三個領域是**行為經濟學**（behavioral economics）。這個領域從心理學的角度探討經濟議題；它對人類行為的看法比傳統經濟學更細膩且更複雜，而這些看法或許也比較實際。

本章包含許多基本概念，最主要是為每個新領域做一個概括性的介紹而非完整的解說。其中一個目標是讓大家了解，經濟學家為增進經濟體系如何運作的理解所進行的一些研究新方向；另一個目標是刺激你對經濟學的學習興趣，以吸引你接觸更多的經濟學與相關領域的課程。

22-1 資訊不對稱

「我知道你不知道的。」這是小孩子常常用來互相嘲弄的一句話，但也深深傳達了人與人之間如何互動的一項事實：在日常生活中，往往會有一些人比其他人擁有更多的資訊。我們稱此為**資訊不對稱**（information asymmetry）。

現實生活中有很多資訊不對稱的例子：一個工人比他的雇主更清楚他自己工作的努力程度；一個二手車的車主會比買主更了解車子的狀況。第一個是**隱藏行為**（hidden action）的例子，第二個則是**隱藏特徵**（hidden characteristic）的例子。在上述兩個例子中，資訊較少的一方（如雇主及車子買主）會希望獲得更多的相關資訊，但資訊較多的一方（如工人及車主）則傾向隱瞞相關資訊。

由於資訊不對稱在日常生活中相當常見，經濟學家在最近幾十年花了很多心血在研究它的影響。接下來就讓我們一起來探究這其中的一些奧妙。

22-1a 隱藏行為：當事人、代理人與道德危機

當某人（**代理人**）代表另一人（**當事人**）處理一些事務時，就有可能發生**道德危機**的問題。如果當事人無法完全監督代理人的行為，代理人就容易怠惰。道德危機一詞可以解釋為：由於代理人不恰當或「不道德」的行為所引發的風險或危機。在此情況下，當事人會嘗試以各種方法鼓勵代理人更加負責。

代理人
agent
代表另一人（當事人）執行某一行動的人

當事人
principal
代理人所代表的人

道德危機
moral hazard
一個沒被完全監督的人會做出不誠實或不被認可行為的傾向

雇主與員工的關係是最典型的例子；雇主是當事人，而員工是代理人。當員工有怠惰的機會時，就會發生道德危機問題。此時，雇主可以經由一些方法來應付這些問題：

- **較佳的監督**：父母僱用保母時常會使用隱藏式的攝影機來記錄保母的一舉一動；這樣做的目的是為了要抓到保母的不負責任行為。部分廠商也有類似的做法，希望能逮到摸魚的員工。
- **高薪**：根據效率工資理論（efficiency-wage theories，我們會在第 28 章詳細介紹），有些雇主會選擇付高於均衡工資的工資。這些獲得較高工資的員工比較不會怠惰，因為如果他被抓到且被解僱的話，他將很難再找到同樣高薪的工作。
- **延遲支付**：雇主可以延遲支付一部分的酬勞，因此，如果員工因怠惰被發現且被解僱，對他來說會是很大的懲罰；年終獎金就是一個例子。同樣地，有些公司會選擇當員工年資較高時支付較多的酬勞；隨著年資增長而增加的薪資不只反映經驗累積所帶來的效益，也是對付道德危機的一個解決方案。

這些降低道德危機的機制，雇主不一定要只挑一種，也可以同時採用。

除了職場上雇主與員工的關係之外，生活中還有許多其他道德危機的例子。一個保了火險的屋主可能不會買滅火器材，因為買滅火器材的錢是屋主付的，但保險公司卻享有比較多的好處。一戶人家可能因為喜歡欣賞美麗風景而住在河邊，但政府卻必須負擔河水氾濫之後的救濟。有一些規定就是要解決這些問題：保險公司也許會要求屋主多買一些滅火器材；政府也會禁止民眾住在河水容易氾濫的地區。但是，保險公司無法得知屋主的小心程度，政府也無法完全掌握民眾在選擇居住地區時所承擔的風險，所以，道德危機問題一直存在著。

22-1b 隱藏特徵：不利的選擇與瑕疵品問題

當賣方比買方更了解商品的特性時，**不利的選擇**的問題就會產生。在此情況下，買方會面臨買到低品質商品的風險；也就是說，買方所做的「選擇」對他自己可能是「不利的」。

最明顯的例子就是二手車市場。二手車車主知道他們車子的缺點，但想買車的人通常並不知道。此外，低品質車子的車主通常又比高品質車主更有可能賣車，因此，買主會擔心買到這些「瑕疵品」（"lemon"）；這就是為什麼很多人不喜歡買二手車的原因。此一瑕疵品問題可以解釋為何同樣款式的車子，一部只開幾個星期的車子會比一部新車便宜幾千美元。

不利的選擇 adverse selection
無法獲得資訊的一方因無法觀察到的一些特徵而陷於不利狀態的傾向

第二個不利的選擇的例子出現在勞動市場。每個勞工的能力不同，而且勞工比雇主更清楚他們自己的狀況。如果公司減薪，辭職的通常是能力較強的員工，因為他們不愁找不到工作。相反地，有些公司會付高於市場行情的工資以提高僱到能力較強的勞工的機率。

第三個不利的選擇的例子出現在保險市場。以健康保險為例，買者通常比保險公司更了解他們自身的健康狀況；但由於健康狀況較差的人會比較想買保險，因此，保險公司會以健康狀況低於平均健康水準的民眾為標準訂出較高的保費，而造成具有平均健康水準的民眾不願意以此較高的保費購買保險。

當市場發生不利的選擇的問題時，那隻看不見的手就無法發生它的作用。在二手車市場，車況好的車主寧願繼續開也不願依疑心重重的買者所開出的低價賣車。在勞動市場，根據效率工資理論，工資可能會僵固在比均衡工資較高的水準，導致有些人因此而失業。在保險市場，低風險的買者不願投保，因為他們會認為，以他們的狀況而言，保險公司的保費太貴了。

22-1c 用訊號傳達私人資訊

為了解決資訊不對稱的問題，市場有許多不同的因應策略，其中一個就是**發送訊號**，也就是握有資訊的一方為傳達其本身的私人資訊所採取的行動。

發送訊號 signaling
掌握資訊的一方為揭露本身的私人資訊給資訊短缺的一方所採取的行動

從前面幾章我們已經看到許多發送訊號的例子。如第 16 章所說明的，廠商會花錢刊廣告向可能的買者發出它們擁有高品質產品的訊號；第 19 章則告訴我們，學生會取得大學文憑以向可能的雇主發出他們擁有較高能力的訊號。這兩個訊號例子（廣告及教育）雖然看起來不同，但實質上是一樣的：握有資訊的一方（廠商、學生）以發送訊號的方式告訴資訊短缺的一方（顧客、雇主），他們所提供的產品或能力是高品質的。

這個世界充滿發送訊號的例子。雜誌上的廣告常常出現「就有如你在電視上所看到的」這樣的句子。為什麼廠商要特別強調這一點呢？一個可能性是廠商要傳達它們願意花錢去發送一個訊號（電視廣告）的信息，希望消費者會因為這樣而認為它們的產品是高品質的。同樣的道理，名校畢業生總會在他的履歷表上提到他畢業的學校。

22-1d 促使資訊揭露的篩選行為

當握有資訊的一方採取行動揭露本身的私人資訊時，此種行動稱為發送訊號；當資訊欠缺的一方採取行動促使資訊擁有人揭露私人資訊時，此種行動就稱

個案研究：用禮物發送訊號

一個男生正在思考要送女友什麼禮物。「我知道！」他自言自語，「我會送她現金，畢竟我不像她那麼了解她自己真正喜歡什麼；如果送她現金，她就可以買任何她想要的東西！」但是當他真的拿現金當作禮物時，他的女友卻感覺被羞辱了；她認為這個男生並不真正愛她，於是就分手了。

這個故事背後有什麼經濟道理嗎？

就如同故事中的男主角一樣，人們通常認為自己是最了解自己的人，所以我們可能會認為別人會跟我們一樣，最希望收到的禮物是現金。如果你的雇主把你的薪水換成各式各樣的商品，你可能會馬上辭職；但如果你的情人在情人節送你現金，你又很有可能認為他（她）對你不夠用心、不夠愛你。

送禮反映了資訊不對稱及發送訊號。故事中的男主角擁有女友想知道的私人資訊：到底他愛不愛她？很明顯地，為她挑選禮物是愛的一種表現（發送訊號），且挑選禮物需要耗費成本（特別是時間），而成本決定於私人資訊（男主角愛女友的程度）。如果男主角愛這個女生，則挑選禮物是一件非常容易的事，因為他時時刻刻都在想她；如果不愛，則要挑選一件女友喜歡的禮物會很困難。因此，送她喜歡的禮物是表達愛她的私人資訊；如果送現金，就表示男主角連嘗試挑禮物的意願都沒有。

送禮物的訊號理論可用來解釋為何人們對於關係不穩定的對象會特別在意一些習俗。因此，送現金給男友或女友通常是一個不好的舉動，但是大學生收到父母所給的現金並不會有不受重視的感覺，或是把父母所給的現金視為父母不關愛他的訊號，這是因為父母的愛是無庸置疑的。

為**篩選**。

有些篩選行為是一種常識。例如，當一個人想買二手車時，他會要求車子先經過汽車技師的檢查以確定車子狀況是否良好。如果買主拒絕，則表示他所賣的車子是有瑕疵的。此時，買主就會壓低出價，或是另外看車。

其他的篩選行為就比較細微。讓我們看賣汽車保險的公司的例子。對危險駕駛人來說，保險公司會要求他們付較高的保費，安全駕駛人則付較低的保費。但是保險公司要如何分辨這兩種不同類型的駕駛人呢？很明顯地，駕駛人本身當然知道他們自己是安全或危險的駕駛人，但是危險駕駛人並不會承認他們就是危險駕駛人；此時，駕駛人過去的行車紀錄就是很好的資訊（保險公司通常都會採用）。但是，由於事故本身是無法預測的，過去的歷史資料並不是未來風險的完美指標。

篩選 screening
資訊欠缺的一方為促使資訊擁有人揭露私人資訊所採取的行動

保險公司可以透過不同的保險契約來分辨這兩類駕駛人。第一種是高保費的保險契約：當事故發生時，保險公司會完全理賠。另一種則是低保費的保險契約：一旦發生事故，駕駛人必須自行負擔一筆費用，比方說 2,000 美元（也就是說，保險公司只負責理賠超過 2,000 美元的損害賠償部分）。就危險駕駛人而言，因為他們發生車禍的機率較大，所以不會喜歡自付額較高的保險契約。因此，安全駕駛人會喜歡自付額高但保費低的保險契約，危險駕駛人則會喜歡完全理賠的高保費保險契約。所以，當駕駛人選定保險契約時，他們也揭露出他們屬於哪一類駕駛人的私人資訊。

22-1e 資訊不對稱與公共政策

我們已經討論過兩種資訊不對稱的現象：道德危機與不利的選擇；我們也討論了人們如何用發送訊號及篩選兩種方式來解決資訊不對稱的問題。接下來，我們看資訊不對稱的公共政策意涵。

效率是個體經濟學的核心問題。在第 7 章，我們說明了供給與需求的均衡是有效率的，因為此時的社會總剩餘是最大的，亦即亞當·史密斯的那一隻看不見的手發揮到極致。不過，這個結果受到外部性（第 10 章）、公共財（第 11 章）、不完全競爭（第 15 至第 17 章）及貧窮（第 20 章）等問題的考驗。這些市場失靈的現象顯示，政府有時可以改善市場結果。

資訊不對稱是讓我們需對市場結果謹慎的一個新理由。當有些人比其他人擁有更多的資訊時，市場可能就無法讓資源做最有效的配置。以二手車為例，由於買車的人擔心買到瑕疵車，導致擁有好車的二手車賣主可能無法順利賣掉他的車子。在保險契約的例子中，健康的人也許會因為保險公司無法分辨健康狀況好的與健康狀況差的客戶，而無法買到低保費的保險。

雖然政府也許可以改善因資訊不對稱而產生的問題，但是，以下三種現象使情況變複雜。第一，市場本身有時藉由發送訊號和篩選來處理資訊不對稱的問題。第二，政府不見得比私人擁有更多的資訊。即使市場結果並不完美，但也有可能是最好的；也就是說，當資訊不對稱發生時，政策制定者可能會發現，要改善眾所周知的市場不完美結果不是那麼容易的一件事。第三，政府本身就是個不完美機構；我們會在下一節討論這個議題。

即席測驗

1. 因為春嬌有重大疾病的家族史,所以她買醫療險;而志明沒有重大疾病的家族史,所以他不買醫療險。這是一個什麼樣的例子?
   a. 道德危機　　b. 不利的選擇
   c. 發送訊號　　d. 篩選

2. 阿圖買了 100 萬美元的壽險。從此以後,他動不動就去玩高空彈跳。這是一個什麼樣的例子?
   a. 道德危機　　b. 不利的選擇
   c. 發送訊號　　d. 篩選

3. 保險公司要求想買醫療險的顧客須先作體檢;如果有重大疾病,則適用的保費會提高。這是一個什麼樣的例子?
   a. 道德危機　　b. 不利的選擇
   c. 發送訊號　　d. 篩選

4. 宋醫師在她的診所的候診室掛上她的醫學院畢業證書,希望病人對她唸的是名校醫學院一事印象深刻。這是一個什麼樣的例子?
   a. 道德危機　　b. 不利的選擇
   c. 發送訊號　　d. 篩選

（答案在章末）

22-2 政治經濟

就如同我們所說明的,讓市場自由運作並不一定能使資源做最有效率的配置。當市場結果無效率或不公平時,政府有時可以改善市場結果。但是,在我們擁抱主動出擊的政府之前,我們也必須要多考慮一個事實:政府本身就是個不完美機構。**政治經濟**(有時稱為**公共選擇**,public choice 或**社會選擇**,social choice)理論就是應用經濟學的方法研究政府如何運作。

政治經濟 political economy
利用經濟學的分析方法研究政府

22-2a 康朵賽的選舉矛盾

許多先進的社會會根據民主原理來決定政府政策。例如,當一個城市要在兩個地點擇一建造一座新的公園時,有一個簡單的決定方式:多數決。不過,就大多數的政策議題而言,可能的選擇大多超過兩個。例如,新公園的建造地點可能有很多個。在此情況下,如同十八世紀法國政治理論家康朵賽(Marquis de Condorcet)所說的,當我們要在眾多方案中擇一時,民主可能會遇到一些困難。

舉例來說,假設如表 1 所示,有 A、B、C 三種方案,以及三種選民型態。這個城市的市長希望得到大多數市民最想要的方案,他應該怎麼做?

首先,他可以嘗試成對的投票制度。如果他先提出 B 與 C 兩方案,則第 1 及第 2 類型的選民將投給 B 方案,B 方案將勝出。接著,他如果再提出 A 與 B 兩方案,則第 1 及第 3 類型的選民將投給 A 方案,A 方案將勝出。所以,我們得到 A 方案贏過 B 方案,B 方案贏過 C 方案,最後,市長可能會認為 A 方案是眾望所歸。

表 1　康朵賽矛盾

如果選民對 A、B、C 三種方案的偏好如下，那麼，在成對投票制度中，A 打敗 B，B 打敗 C，且 C 打敗 A。

	選民的類別		
	第 1 類	第 2 類	第 3 類
選民比例	35%	45%	20%
第一選擇	A	B	C
第二選擇	B	C	A
第三選擇	C	A	B

但是等一下：如果市長先提出 A 與 C 兩方案，則第 2 及第 3 類型的選民會選擇 C 方案，C 方案將勝出。很明顯地，在成對的投票制度下，A 方案打敗 B 方案，B 方案打敗 C 方案，但 C 方案又打敗 A 方案。在一般情況下，偏好是具有**遞移性**（transitivity）的：如果 A 優於 B，且 B 又優於 C，則我們會預期 A 優於 C。因此，**康朵賽矛盾**指的就是，民主結果不一定合乎遞移性。

康朵賽矛盾隱含選擇的順序會影響最後的結果。如果市長一開始提議先投 A 與 B 方案，再投勝出者與 C 方案，則最後的結果將會是 C 方案。但是，如果先投 B 與 C 方案，再投勝出者與 A 方案，則最後的結果會是 A 方案。最後，如果先投 A 與 C 方案，再投勝出者與 B 方案，則最後的結果會是 B 方案。

由康朵賽矛盾我們可以得到兩個結論：具體的結論是，當有兩個以上的選項存在時，選項的先後順序會對選舉結果產生很大的影響；一般化的結論是，多數決本身並未告訴我們，社會大眾真正要的結果是什麼。

22-2b 亞羅不可能定理

當政治學家知道康朵賽矛盾後，他們就花了許多精力研究既有的投票制度並提出新的制度。

例如，除了成對投票多數決的制度外，城市的市長可以要求每位選民對各種選項做出次序排列並給予點數，如最不滿意的給 1 點，中間的給 2 點，最滿意的給 3 點。最後由獲得最多點數的選項勝出。在表 1 的例子中，方案 B 是贏家（你可以自己算算看）。這個投票制度稱為**波達計法**（Borda count），是根據十八世紀發明此一投票制度的法國數學家及政治學家所命名的[1]。

康朵賽矛盾
Condorcet paradox
多數決無法產生具遞移性之社會偏好的結果

---

[1] 這個投票法常常用於一些球員獎項，如美國職棒的最佳投手獎：賽揚（Cy Young）獎。這個獎項是由全美棒球記者協會的成員所票選出來的。每個具投票權的成員選出自己心

另一個可能的制度稱為**排序選擇投票**（ranked-choice voting），很多城市用它來選舉官員。再一次，選民對所有候選人進行排序。一開始，選民的每張選票歸其排第一順位的候選人。得票數最少的候選人就退出選舉，且投給他的票就歸投票人列為第二順位的候選人；以此類推，並由最後一回合得票數最多的候選人勝出。以表1為例，C在第一回合敗選，第3類選票就由C重新計給A，最後由A勝出。

天底下有沒有完美的投票制度？經濟學家亞羅（Kenneth Arrow）在他1951年出版的 Social Choice and Individual Values 一書中探討這個問題。他一開始先定義何謂完美的投票制度。他假設社會中的每個人對A、B、C等等不同的結果有自己的偏好。接著，他假設社會希望投票制度符合以下幾項性質：

- **無異議性**（unanimity）：如果每個人都認為A優於B，則A應該勝出。
- **遞移性**（transitivity）：如果A贏B，且B贏C，則A應該贏C。
- **不相關方案的獨立性**（independence of irrelevant alternatives）：對於任兩個結果A與B的次序排列不會因結果C是否存在而受到影響。
- **沒有獨裁者**（no dictators）：沒有人可以依自己的偏好替所有人做決定。

這些似乎都是一個投票制度應該具有的性質，但是亞羅用數學證明，**沒有一個投票制度可以完全符合這些性質**。這個驚人的結論我們稱之為<u>亞羅不可能定理</u>。

我們在這裡不會討論亞羅不可能定理所用到的數學，但是我們可以從幾個例子來了解這個定理。我們已經知道多數決可能會產生康朵賽矛盾，亦即多數決無法產生具遞移性之社會偏好。

另一個例子是，波達計法無法滿足上述的不相關方案的獨立性。讓我們回顧一下表1，在波達計法下，方案B最後勝出。但是方案C如果消失的話，那麼，在只有方案A與B的情況下，波達計法的計算方式將使A最後勝出。因此，拿掉方案C是會影響A與B的次序，這是因為波達計法的結果決定於方案A與B各自得到多少的點數，但這些點數又會因為方案C是否存在而受到影響。

排序選擇投票也無法滿足不相關方案的獨立性，回想一下，以表1為例，在排序選擇投票法之下，由A勝出。但如果B不在選單上，則會由C勝出，這是因為原先想投B的人現在會投C，所以C在第一回合就勝出，而不是敗選。

亞羅不可能定理
Arrow's impossibility theorem
在某些假設條件下，不存在一個制度可以將每個人的偏好總結成一個有效的社會偏好集合

目中各個聯盟最好的前三名投手，然後再加權計算總分。每個投手的總分等於他所得到第一名選票的票數乘以5，加上所得到第二名選票的票數乘以3，再加上所得到第三名選票的票數乘以1。（Wikipedia）

無可否認地，我們所討論的三種制度——成對多數決、波達計法與排序選擇投票——並未合理評論構成實際民主體系的多樣且複雜的規章與制度。不過，亞羅不可能定理是一個一般性結果：它不僅適用於這三個簡單的制度，也適用於任何一個想要透過總合所有人偏好以選出結果的方式。

亞羅不可能定理是個很深奧且困擾我們的結果，但是並不代表我們要放棄民主制度。不過這個定理告訴我們，就社會選擇而言，不論採取哪一種投票制度來總結社會大眾的偏好，每一種制度或多或少都有它的缺失。

22-2c 中位數選民是最大贏家

雖然有亞羅不可能定理，但大多數社會通常採多數決來決定他們的領導人或公共政策。接下來，我們探討在多數決制度下，政府如何運作，也就是說，在民主制度下，是由誰決定要採行哪一項公共政策？

我們來看一個例子。假設一個社會要決定公共財（如國防或國家公園）的預算。在每位選民都有他自己的偏好且一定對最接近自身偏好的選項有所偏愛的情況下，我們可以將選民依他對預算金額的偏好由小至大排序。圖1是個假想例子：有100位選民，且偏好的預算金額從0到200億美元。在這些偏好下，你預期民主制度會產生什麼樣的最後結果？

圖1　中位數選民理論：一個假想例

假設有100位選民，且其偏好的預算金額從0到200億美元。此一直條圖顯示5項預算金額的選民人數分配。如果社會依多數決做決策，則中位數選民（偏好的預算金額是100億美元）決定最後的結果。

著名的**中位數選民理論**告訴我們，多數決的結果符合中位數選民的偏好。所謂**中位數選民**（median voter）就是在選民分配中，最中間的那一位。在上述的例子中，如果我們把所有的選民依他對預算金額的偏好排序，再選出第 50 位選民，我們會發現這位中位數選民偏好的預算金額是 100 億美元；而平均的預算偏好金額是 90 億美元（將所有的預算偏好金額加總並除以選民的數目），且眾數是 150 億美元（獲得最多選民偏好的預算金額）。

之所以會由中位數選民決定最後的結果，是因為他偏好的選項在雙邊競賽下會打敗其他的選項。在我們的例子當中，一半以上的選民希望的預算為 100 億美元或者更多，一半以上的選民希望的預算是 100 億美元或者更少。如果有人提議 80 億而非 100 億美元，則希望 100 億美元或多於 100 億美元的選民會選擇中位數選民偏好的金額。同樣地，如果有人提議 120 億而非 100 億美元，則希望預算是 100 億美元或少於 100 億美元的選民也會選擇中位數選民偏好的金額。不管是哪一種情況，與中位數選民同一國的選民都超過半數。

康朵賽矛盾是否還存在？很明顯地，當我們將選民依他偏好的高低排列成一直線，且每位選民都投給自己最偏愛的選項時，康朵賽矛盾就不會出現，這是因為中位數選民最偏愛的選項打敗了其他的選項。

中位數選民理論的一個意涵是，在兩黨競選時，他們都傾向提出符合中位數選民偏好的政策。假設，民主黨提議 150 億美元的預算，共和黨提議 100 億美元的預算。雖然就單一的預算方案而言，民主黨的 150 億美元方案獲得最多選民的認同，但是，共和黨將獲得超過 50% 的選票：他們可以吸引 20 位贊成 100 億美元的選民，15 位贊成 50 億美元的選民以及 25 位贊成不要編列預算的選民。如果民主黨想贏得選舉，那麼，他們會向中位數選民靠攏。因此，這個理論可以解釋為何在兩黨政治下，各黨的主張非常類似，因為他們都向中位數選民靠攏。

中位數選民理論的另一個意涵是，少數人的意見並不會受到重視。假設有 40% 的選民希望編列龐大的預算興建國家公園，但 60% 的選民不贊成花費任何一毛錢。在此情況，儘管少數人的意見非常集中，但中位數選民的偏好金額為零。這也就是民主的邏輯：多數決的結果反映中位數選民的偏好，而不是一個考慮所有選民偏好的妥協結果。

22-2d 政治人物也是人

當經濟學家在研究消費者行為時，他們假設消費者追求效用極大；在研究廠商行為時，他們假設廠商追求利潤極大。當他們在研究政治人物的行為時，他們

中位數選民理論
median voter theorem
如果每位選民依自己的偏好投票，則在多數決制度下，最後勝出的結果會符合中位數選民的偏好

該作何假設？

我們可以假設政治人物的目標是追求人民的福祉極大；這樣的假設夠善良但不切實際，因為政治人物也跟消費者及廠商一樣追求自利。例如，有些政治人物會因想要連任而犧牲國家的利益來鞏固他們的票源；有些政治人物則因貪婪而巧取豪奪。如果你對這些還有些懷疑，那麼，你可以看看一些貧窮國家的貪汙事件；這些國家的貪汙都阻礙了它們的經濟發展。即使是先進國家，貪汙的醜行也不時發生。

本書並沒有要介紹政治行為理論，但是，當我們在思考經濟政策時，不要忘了，這些政策是由一群具有人類所有慾望的人所決定的。有時候他們會為國家謀取更多的利益，但有時候他們也會考量他們自己的政治或金錢利益。所以，如果經濟政策跟教科書所寫的不一樣時，也就不必太過驚訝了。

即席測驗

5. 康朵賽矛盾藉由成對投票會產生下列哪項結果來說明亞羅不可能定理？
   a. 不具無異議性。
   b. 不具遞移性。
   c. 不具不相關方案的獨立性。
   d. 會有獨裁者。
6. 阿珠本來在班長的選舉中可望贏過對手阿花，但後來阿妹也加入戰局，且拉走了阿珠的選票，而讓阿花勝出。此一選舉
   a. 不具無異議性。
   b. 不具遞移性。
   c. 不具不相關方案的獨立性。
   d. 會產生獨裁者。
7. 兩位候選人競逐市長寶座。民調顯示，40% 的選民希望市政府花 3 萬美元辦國慶煙火，30% 的選民希望市政府花 1 萬美元辦國慶煙火，30% 的選民希望市政府一毛錢都不要花。贏得選舉的政見金額為多少美元？
   a. 1 萬　　　　b. 1.5 萬
   c. 2 萬　　　　d. 3 萬

（答案在章末）

22-3 行為經濟學

經濟學並非是研究人類行為的唯一學門，心理學也研究人們在生活中所做的決策。由於經濟學及心理學的研究重點不同，所以它們的研究通常是獨立進行的。不過近來，一些經濟學家利用心理學的一些基本觀點來研究經濟現象，此一領域我們稱之為**行為經濟學**。以下，我們說明部分觀點。

行為經濟學
behavioral economics
結合心理學概念的經濟學次領域

22-3a 人們並非永遠是理性的

我們可以說，經濟理論所探討的是一群特定人種的行為，此一人種有時稱為

經濟人（*Homo economicus*）。此一人種永遠是理性的：身為企業經營者，他們追求利潤極大；身為消費者，他們追求效用極大。給定他們所面臨的限制，他們會理性地衡量所有的成本和效益，並總是採取最佳的可能行動。

不過，現實的人們僅是**智人**（*Homo sapiens*）而已。雖然在許多方面，他們是理性且精於計算的，但他們同時也是健忘、衝動、迷惘、情緒化和短視的。人們的這些不完美的特徵，是心理學家的研究重點，但是都被經濟學家給忽略了。

賽門（Herbert Simon）是首先將經濟學和心理學結合的社會學家之一。他認為人充其量只是**感覺良好者**（satisficers），而不是理性的極大化者（rational maximizers）；人們僅做夠好、而不是最佳的決策。同樣地，一些經濟學家也認為人們只是「接近理性」（"near rational"），或者他們展現的是「有限度的理性」（"bounded rationality"）。

一些研究顯示，人們在做決策時會犯以下的系統性錯誤：

- **人過於自信**：想像你被問到數字問題，例如，聯合國有幾個非洲國家、北美洲最高的山其高度為何等等。你不需要給一個確切的數字，而是給一個 90% 的**信賴區間**——你有 90% 的自信認為正確數字會落在此一區間內。當心理學家在進行類似的實驗時，他們發現大部分的人所給的區間太小了：正確數字最後落在他們的區間的機率小於 90%。這也證明了大部分的人們過於相信自己的能力。

- **人們太重視少數活靈活現的看法**：假設你正在考慮購買 X 廠牌的車子，你為了解車子的可靠性而閱讀訪查 1,000 位 X 車車主的《*消費者雜誌*》（*Consumer Reports*）。後來，你遇見一位擁有 X 車的友人；當她告訴你她的車有很多問題時，你會如何看待她的意見呢？如果你很理性地思考，那麼你會了解，她只是讓你的樣本數從 1,000 增加到 1,001 而已，並沒有提供多少新的資訊。但因為她講得活靈活現，所以你可能會太重視她的看法。此一現象稱為**過度突顯**（undue salience）。

- **人們不願改變他們的決定**：人們對事實的解讀通常會偏向於鞏固自己的信念。在一個心理實驗中，測試者被要求閱讀和評估一個關於死刑是否能減少犯罪的報告。在讀完報告之後，那些原先贊成死刑的人會更堅定支持死刑；同樣地，原先認為應該廢除死刑的人也更堅定支持廢除死刑。同樣一份報告，這兩種不同想法的人卻有完全不同的解讀。此一行為有時稱為**確認偏誤**（confirmation bias）。

想一下你在生活中所做的決策是否也會出現這些特徵呢？

就了解經濟現象而言，人們的不理性行為到底有多重要？舉例來說，有些公司讓員工可以選擇自由加入公司所提供的退休金計畫；有些公司則一開始就將所有的員工納入計畫，如果他們要退出再自行提出申請即可。結果，選擇後者的勞工遠多於前者。如果勞工是完全理性的，則應考量公司未來付不出退休金的可能性；但事實上，勞工的行為是有高度惰性的。一旦我們放棄經濟人模型，就比較容易理解他們的行為。

你可能會問：當心理學家及一般常識都懷疑人並不理性時，為什麼經濟學家還要堅持這個假設？其中一個答案是，即使人是理性的假設並不完全正確，但也接近實際情況。例如，當我們在研究競爭廠商及獨占廠商時，廠商利潤極大化的假設讓我們得到許多重要且合理的結果。回想一下第 2 章所提到的，經濟模型並不是要完全複製真實的世界，而是要顯現出問題的本質，而有助於我們對它們的了解。

另一個原因可能是經濟學家本身並不是完全的理性。就像多數人一樣，他們也非常自負、不願意改變他們的決定，或有高度惰性，或是他們對這個不完美的假設已經覺得夠好而感到滿意。所以，絕大多數經濟學家還是繼續堅持人是理性的假設。

22-3b 人們在意公平

另一個實驗，稱作**最後通牒遊戲**（ultimatum game），也可以讓我們更了解人們的行為。這個實驗的流程是：兩個自願者（互不相識）被告知參加一場遊戲且可能可以共贏 100 美元。遊戲是從擲銅板決定兩個自願者誰當 A、誰當 B 開始。A 的任務是決定如何分配 100 美元的獎金給他自己和 B。在 A 提出他的決定後，B 可以接受或拒絕。如果 B 接受，則兩個參加者可以按 A 所提的方式分 100 美元；如果 B 拒絕，則兩人皆無法獲得獎金。

如果你是 A，你會怎麼分這 100 美元？如果你是 B，哪一種分法你可以接受？

經濟理論通常會假設人們是理性的財富極大化者。這個假設會讓我們作一個簡單的預測：A 會提出他分 99 美元，而 B 分 1 美元的分法，且 B 會接受這樣的提議，因為如果 B 不接受的話，他一毛錢也拿不到。因為 A 知道這樣，所以他就不會提出讓對方分超過 1 美元的提議。因此，在賽局理論（第 17 章）中，99-1 的分法就是奈許均衡。

但是實驗的結果異於這個簡單的預測。B 通常拒絕接受只分給他們 1 美元或

相當小的數目。一些扮 A 的參賽者知道會有這種可能性，因此，扮 A 的參賽者通常會提出分給 B 遠超過 1 美元的分法。所以，有些人會提出 50-50 均分的分法，但是更多扮 A 的參賽者會提出分給 B 30 美元或是 40 美元，而讓自己分得比較多。在此情況下，扮 B 的參賽者通常是會接受這樣的提議的。

我們該如何解釋這樣的實驗結果呢？一個解釋是，人們與生俱來就是會要求公平。99-1 的分法，對大多數的人來說，會覺得非常不公平而拒絕（即使他會因這樣而無法得到 1 美元）。相形之下，雖然 70-30 的分法仍是不公平的，但追求自利的人們覺得可以接受。

我們在研究生產者和消費者的行為時，並沒有將人們要求公平的心態納入考量；但最後通牒遊戲的結果意味著，人們要求公平的心理應該納入經濟理論中。在第 18、19 章，我們學到勞動供需如何共同決定工資；有些經濟學家認為，員工要求公平的心態也應該納入模型。在公司獲利非常好的那一年，員工（類似實驗中扮 B 的參賽者）會期待工資之外的獎金分紅，因此，公司（類似實驗中扮 A 的參賽者）可能會決定付給員工高於均衡水準的工資，以避免員工認為公司對他們不公平而藉由怠工、罷工甚至破壞公司的財產來報復公司。

22-3c 人們的時間不一致性

我們都需要做一些無聊枯燥的工作，像是洗衣服、洗碗或是填寫所得稅表。思考一下下列的問題：

1. （A）立刻花 50 分鐘完成枯燥的工作；（B）明天花 60 分鐘完成。你會選（A）還是（B）？
2. （A）在 90 天之內花 50 分鐘完成枯燥的工作；（B）在 91 天之內花 60 分鐘完成。你會選（A）還是（B）？

很多人對問題 1 會選（B），對問題 2 會選（A）。也就是說，如果工作不需要立刻做完（如問題 2），則人們會儘可能地少花時間；但如果工作需要當下立刻完成（如問題 1），則人們會選擇拖延。

這樣的行為並不讓人驚訝：每個人總是會一拖再拖。但如果假設人是理性的，那就很難解釋

聽專家怎麼說

行為經濟學（Behavioral Economics）

「心理學關於個人行為的一些洞見，例如，有限的理性、低自制力或對公平的在意，預測到完全理性經濟模型所無法預測的一些重要的市場結果。」

經濟學家這麼說：

0% 不同意　　100% 同意　　0% 不確定

資料來源：IGM Economic Experts Panel, October 19, 2017.

這樣的行為了。假設在被問及問題 2 時，某人選擇在 90 天內花 50 分鐘完成。到了第 90 天，我們允許他可以改變他的決定，這時他又面對問題 1，所以他會選擇在隔天完成工作。為何過一陣子之後他會改變原先的決定呢？

我們在一生中會做很多的規劃，但是很少人可以完成既定的規劃。例如，吸菸者計畫要戒菸，但幾個小時之後卻又改變心意；計畫減肥的人決定不再吃甜點，但是當服務生推來甜點餐車時，他就忘了之前的決定了。這兩個例子都顯示，人們會因受到當前慾望的誘惑而放棄原先的計畫。

一些經濟學家認為，人們的消費—儲蓄決策是時間不一致性的重要例子。對許多人來說，花錢可以讓慾望當下獲得滿足，而儲蓄（類似戒菸或不吃甜點）則是犧牲現在的消費以便在未來能有更多的消費。就跟許多吸菸者想要戒菸和許多減肥者想要拒吃甜點一樣，消費者希望他們可以將大部分的所得儲蓄下來。但根據一項民意調查，有 76% 的美國人認為，他們為退休支用所作的儲蓄仍嫌不夠。

此一時間不一致性的意涵是，人們若想要達成既定的目標，就必須多想些方法。例如，戒菸者可能會丟掉香菸，減肥者可能會在冰箱上加鎖。那些儲蓄太少的人該怎麼辦？他應該想辦法把錢在花掉之前儲蓄起來。退休儲蓄帳戶具有這樣的作用：員工同意提撥部分的薪水存入退休帳戶中（目前能支用的就是剩下的薪水）；如果要動用這部分的錢就必須付出一定的罰金。這也是為什麼這種退休儲蓄帳戶這麼受歡迎的原因：可以防止人們因為受到當前慾望的誘惑而放棄原先的計畫。

即席測驗

8. 下列何者是偏離理性的行為？
   a. 高估自己的能力。
   b. 獲得新資訊後太快改變心意。
   c. 太在意遙遠的未來才會發生的結果。
   d. 根據邊際效益等於邊際成本做決策。

9. 最後通牒遊戲的實驗結果說明人們會
   a. 追求奈許均衡。
   b. 追求瞬間的滿足。
   c. 在意公平。
   d. 有時間不一致性問題。

（答案在章末）

22-4 結論

本章介紹了個體經濟學的新領域。你可能發現，在這裡我們只是作大概的描述而非完整的探討。其中一個原因是，進階的經濟學課程會有更詳細的介紹；另一個原因是，這些新領域還在積極地發展中，我們只能介紹比較確定的部分。

風險評估的錯誤

即使已經完整接種疫苗，但很多人還是會怕 Covid-19。為何會這樣？人們評估風險的能力是不是出了什麼問題？

不理性的 Covid 恐懼（Irrational Covid Fears）

大衛·里昂哈德（David Leonhardt）撰 [1]

G. Calabresi，一位聯邦法官與耶魯法律教授，跟學生講了一則他自己想出的寓言：「神提供社會一個可以從各方面改善每天生活的發明，這個發明讓人們可以有更多的時間跟家人和朋友相處，可以到處看看，可以完成以前無法完成的工作；但社會必須付出獻祭 1,000 名年輕男女的代價。」

Calabresi 接著問道：「你們願意接受這個發明嗎？」沒有一個學生願意。Calabresi 進一步問道：「那你們為什麼願意接受汽車？這個發明跟汽車有什麼差別？」

實際上，汽車讓美國每年超過 1,000 名的年輕人喪生（美國每年的總死亡人數約 40,000 名）；我們想都不想地接受這個死亡人數，因為汽車事故一直是我們生活的一部分。

這是一個人們非理性看待風險的經典例子。我們通常低估機率大、慢性的危險，像車禍與化學汙染，但卻害怕機率小但鮮明的風險，如空難或鯊魚攻擊。

一個讓風險變得鮮明的方法是讓它是新的，就像 Covid-19，它改變全世界的生活與工作型態，它是無所不在的。

幸運的是，它是有解的。在相當程度上，完整接種疫苗可以免於死亡與重症，但仍有很多接種過疫苗的人擔心各種 Covid 風險，因為它們是新的且鮮明的。

舉例來說，在上週，有 5,800 名完整接種過疫苗的美國人染疫，但比率只有 11,000 分之一，不過，由於並不是零，所以還是有很多人很擔心。我們無法讓 Covid 絕跡，但可以讓它變成像空難或鯊魚攻擊那樣的危險——機率小到不值得改變我們的生活；這就是接種疫苗的作用。

雖然在今天，很多接種過疫苗的人仍心懷不理性的 Covid 恐懼，但終有一天，大多數人會跟接受汽車一樣地接受它。

討論題目

1. 你會如何回答 Calabresi 問他的學生的問題？你認為你的回答是理性的嗎？
2. 如果你接種過疫苗，你的行為有什麼改變嗎？這樣的改變是相當理性的嗎？

原文出處：*New York Times*, April 19, 2021.

---

[1] 原文經本書譯著者大幅改寫。

這些新領域對傳統經濟學理論有什麼樣的啟示？先回想一下我們在第 1 章所提到的**經濟學十大原理**之一：市場通常是組織經濟活動的良好方式；另一個原理是：政府有時可以改善市場結果。當你在學習經濟學時，你可以對這些原理的真義有更深的領略，但也不要忽略它們所可能面臨的侷限。例如，資訊不對稱應會讓你更謹慎看待市場結果；政治經濟應會讓你更謹慎看待政府解決市場失靈的方式；而行為經濟學應會讓你更謹慎檢視由人們決策所主導的機構，包括市場與政府。

這三個新領域告訴我們一個共通點：人的生活是混亂的；資訊不完全、政府不完善，而人們也不完美。當然，在我們學習經濟學之前我們就已經知道這些事實；但是，經濟學家在解釋這些現象時他們需要更深入了解這些不完美的部分，進而冀望能夠改善我們周遭的世界。

摘要

- 在許多經濟交易中，資訊是不對稱的。在有隱藏行為的情況下，當事人會擔心代理人有道德危機的問題；在有隱藏特徵的情況下，買者會擔心有不利的選擇的問題。私人市場有時會用發送訊號或篩選來處理資訊不對稱。
- 雖然政府有時可以改善市場結果，但它本身並不是個完善的機構。康朵賽矛盾指出，多數決無法產生具遞移性之社會偏好的結果；亞羅不可能定理則證明，沒有一個投票制度是完美的。在大多數情況下，民主政治所產生的結果符合中位數選民的偏好。此外，政府決策官員有時也會因個人的私利而妨礙國家利益。
- 納入心理學觀點的經濟學研究顯示，人們的決策比傳統經濟理論所認定的還要複雜。人不是永遠理性的，人們會關心經濟結果是否公平，而且他們的行為具時間不一致性。

複習題

1. 何謂道德危機？舉雇主會採行的三種降低這個問題嚴重性的方法。
2. 何謂不利的選擇？舉出一個會有此一問題的市場例子。
3. 定義**發送訊號**及**篩選**，並各舉一例說明。
4. 何謂康朵賽矛盾？
5. 為何多數決的結果符合中位數選民的偏好而不是選民的平均偏好？

6. 描述最後通牒遊戲如何進行。傳統經濟學對最後通牒遊戲結果的預期為何？實驗結果是否支持此一預期？請說明。

問題與應用

1. 下列各種情況為涉及道德危機的例子。請分別指出當事人及代理人，並說明為何會有資訊不對稱。題目中的行為如何減輕道德危機問題？
   a. 房東要求房客繳交保證金。
   b. 公司給予高階經理人在未來可用給定的價格購買公司股票的選擇權。
   c. 汽車保險公司對裝設防盜系統的投保人給予保費折扣。

2. 本章提到一個男生如何透過一個適當的禮物作為對女友表示愛意的訊號。你認為說「我愛你」也可以當作一種訊號嗎？為什麼？

3. 歐巴馬總統於2010年簽署的健康保險改革法案包括下列兩項規定：
   i. 保險公司必須賣健康保險給任一個申購的人，且不管申購人之前的健康狀況為何，保險公司都必須收取相同的保費。
   ii. 每個人都必須買健康保險，否則會受罰。
   a. 上述哪一項規定會讓不利的選擇的問題更加嚴重？
   b. 你認為你在（a）小題所選的規定會被納入法案的原因為何？
   c. 你認為另一項規定會被納入法案的原因為何？

4. 阿甘走進一家冰淇淋店。

   侍者：我們今天有香草及巧克力口味。
   阿甘：我要香草口味。
   侍者：喔！我差點忘了，我們也有草莓口味。
   阿甘：如果這樣，我要巧克力口味。

   阿甘違反了決策的哪一項標準性質？（提示：重新閱讀亞羅不可能定理的那一小節。）

5. 三位朋友正在選擇要去聽哪一場演唱會，以下是他們的偏好：

	阿甘	阿圖	阿忠
第一選擇	張惠妹	張惠妹	周杰倫
第二選擇	周杰倫	周杰倫	江蕙
第三選擇	江蕙	江蕙	費玉清
第四選擇	費玉清	費玉清	張惠妹

   a. 如果他們採用波達計法，則他們會去聽哪一場演唱會？
   b. 當他們上網查票價時，發現江蕙及費玉清的演唱會門票都已經賣光了，所以他們再用波達計法決定一次，最後他們會去聽哪一場演唱會？
   c. （a）與（b）小題的答案與亞羅不可能定理有何關係？

6. 三位朋友正在選擇要看的電視節目，以下是她們的偏好：

	阿珠	阿花	阿嬌
第一選擇	楚留香	神鵰俠侶	鹿鼎記
第二選擇	神鵰俠侶	鹿鼎記	楚留香
第三選擇	鹿鼎記	楚留香	神鵰俠侶

a. 如果這三位朋友採用波達計法，則結果為何？

b. 阿嬌提議用多數決。她建議先投**楚留香**及**神鵰俠侶**，再投勝出者與**鹿鼎記**。如果她們都很誠實投票的話，會產生何種結果？

c. 阿珠應該要贊同阿嬌的提議嗎？阿珠會偏好哪一種投票方式？

d. 阿花與阿嬌說服阿珠接受阿嬌的提議，但是在第一輪投票時阿珠撒謊說她對**神鵰俠侶**的偏好大於**楚留香**。她為什麼要這麼做？

7. 五位室友計畫週末時在住處看電影，他們正在討論要看幾部電影，以下是他們的願付金額：

	阿甘	阿圖	阿忠	阿明	阿華
第一部電影	$14	$10	$8	$4	$2
第二部電影	12	8	4	2	0
第三部電影	10	6	2	0	0
第四部電影	6	2	0	0	0
第五部電影	2	0	0	0	0

一部影片語音串流服務的費用 15 美元，每人平均負擔 3 美元。

a. 最有效率的影片數量為何（亦即使總剩餘達到最大的數量）？

b. 根據每一位室友的偏好，其偏好的影片數量各為多少？

c. 中位數室友的偏好為何？

d. 如果在最有效率的影片數量及中位數室友的偏好中做選擇，每位室友會如何投票？哪一個結果會得到多數票？

e. 如果有一位室友建議一個不一樣的影片數量，他的建議會打敗（d）小題中的勝出者嗎？

f. 在決定公共財的數量時，多數決的結果是否是最有效率的結果？

8. 兩個冰淇淋攤販正在思考要在一個長一英里的沙灘選擇一個定點擺攤，沙灘上的每一人每天都會固定向最近的攤販購買一支冰淇淋。在每個賣冰淇淋的攤販都希望得到最多的顧客的情況下，這兩個冰淇淋攤販最後會在沙灘的哪一個地點擺攤？

9. 政府正在考慮兩種方法來幫助窮人：（1）給他們現金；（2）提供免費的食物。

a. 根據理性消費者的標準理論，說明贊成第一種方法的人其論點。

b. 根據資訊不對稱理論，說明為何第二種方法可能會比第一種方法來得好。

c. 根據行為經濟學，說明為何第二種方法可能會比第一種方法來得好。

即席測驗答案

1. b   2. a   3. d   4. c   5. b   6. c   7. a   8. a   9. c

Chapter 23
一國國民所得的衡量

當你從學校畢業並開始找一份全職工作時,你能不能順利找到工作,在相當程度上,決定於當時經濟情況的好壞。在部分年間,經濟正在擴張,絕大多數的廠商會增加生產,從而會增加它們的勞動雇用量;這時候你就比較容易找到工作。但在其他年間,經濟正在衰退,絕大多數的廠商會減產,從而會減少它們的勞動雇用量與徵才廣告;這時候你就必須花比較長的時間才能找到工作。毫無疑問地,任何一個大學畢業生會希望在經濟擴張時加入勞動市場,而不願在經濟衰退時加入。

因為整體經濟狀況對每個人的影響深遠,因此,經濟情勢的變化廣為媒體報導。的確,報紙總會報導一些新的經濟統計數據,如衡量一國整體所得水準的國內生產毛額(gross domestic product，簡稱 GDP），衡量一國一般物價水準變動情況的物價膨脹率（inflation rate，或稱通貨膨脹率）或物價緊縮率（deflation rate，或稱通貨緊縮率），衡量一國失業情況的失業率，以及一國國際貿易的順差或逆差。這些統計數據都是**總體經濟**資料，它們告訴我們一國整體經濟的表現。

經濟學分為兩個主要次領域：個體經濟學與總體經濟學。**個體經濟學**研究家戶與廠商如何做決策以及它們如何在市場中互動。**總體經濟學**以整體經濟為研究對象，其目標在於解釋會同時影響很多家戶、廠商與市場的經濟變化。總體經濟學家探討下列問題：為何有些國家的平均所得水準高，而有些國家低？為何一般物價在某些期間快速上漲，但在某些期間卻很穩定？為何生產與就業在某些年間擴張，但在某些年間卻萎縮？政府是否可以採取一些政策來促進所得的快速成長、降低物價膨脹率，以及增加就業？這些問題本質上都屬於總體經濟學的研究範疇，因為它們都與整體經濟表現有關。

由於整體經濟表現反映很多家戶與廠商在許多市場的互動結果，因此，個體經濟學與總體經濟學是緊密關聯的。例如，個體經濟學中的基本分析工具——供給與需求——在總體經濟學的分析中，也扮演相當重要的角色。不過，由於總體經濟學探討的是整體經濟的表現，所以，與個體經濟學相較，會有不同的問題與挑戰。

在本章與下一章，我們說明一般經濟學家與政策制定者最關心的兩個總體經濟指標——國民所得與物價膨脹——如何衡量。在本章，我們介紹衡量一國整體所得的指標——**國內生產毛額**（GDP）。GDP 通常被認為是衡量一國經濟福祉的最好單一指標。

23-1 一國的所得與支出

如果你要判斷一個人在經濟方面的表現好壞，你可能會先看他或她的所得。當一個人的所得比較高時，他會有比較高的物質生活水準。同樣的邏輯也適用於一國整體經濟的表現；當我們要判斷一國在經濟方面的表現好壞時，我們會很自然地先看該國總所得水準的高低，而 GDP 所衡量的正是一國的總所得水準。

GDP 不單衡量一國的總所得水準，也衡量一國對商品與服務的總支出水準。這是因為，**就一國整體而言，所得一定等於支出**。

為什麼一國的所得一定等於它的支出？這是因為每一項交易都會有買方與賣方；某一個買者所支付的任何一塊錢都會變成某一個賣者的所得。例如，黃蓉

個體經濟學
microeconomics
研究家戶與廠商如何做決策以及它們如何在市場中互動的經濟學次領域

總體經濟學
macroeconomics
研究包括物價膨脹、失業與經濟成長等整體經濟現象的經濟學次領域

請郭靖除草，代價是 100 美元。在此交易中，郭靖是服務的賣者，而黃蓉是買者；郭靖賺 100 美元，而黃蓉花 100 美元。因此，此一交易會使該國的所得與支出同時增加 100 美元，從而不管從所得面或支出面來計算 GDP，GDP 都會增加 100 美元。

另外一個理解一國的所得與支出會相等的方法是看圖 1 的循環流程圖。如我們在第 2 章所說明的，此圖描述在一個簡單的經濟體系中，家戶與廠商之間的所有交易。在此圖中，我們假設家戶購買所有的商品與服務，並花光所有的所得。當家戶向廠商購買商品時，錢從家戶流向廠商，廠商再利用這些錢支付員工的工資、地主的地租與股東的利潤。因此，錢持續地從家戶流向廠商，再回流至家戶。

GDP 所衡量的正是上述的金錢流量。我們可以用下列兩種方式中的其中任何一種來計算 GDP：把家戶的所有支出相加，或把廠商的所有支付（成為家戶的要

圖 1　循環流程圖

家戶向廠商購買商品與服務，廠商再利用銷售收益來支付員工的工資、地主的地租與股東的利潤。GDP 等於家戶在商品與服務市場中的總支出，也等於廠商在要素市場中所支付的工資、地租與利潤的總和。

素所得）相加。因為經濟體系的所有支出最後一定會成為某人的所得，所以不管我們從所得面還是支出面來計算，GDP 是一樣的。

實際的經濟體系當然比圖 1 所描繪的更複雜。家戶不會花光所有的所得；一部分的所得繳稅給政府，一部分的所得被儲蓄下來以備未來之用。此外，經濟體系所生產出來的商品與服務不會全部被家戶買走，有些為政府所買（如公立學校買的課桌椅），有些則為廠商所買（如機器設備）。不過，不管買方是家戶、政府還是廠商，一項交易都還是會有買方與賣方，因此，就一個經濟整體而言，所得與支出永遠相等。

即席測驗

1. 一個經濟體系的 GDP 等於
   a. 總支出減去總所得。
   b. 總所得減去總支出。
   c. 總所得與總支出。
   d. 總所得乘以總支出。

2. 小明賣了一個 $10 的蛋糕給小華，小玉付了 $30 請小白當家教。在此一經濟體系，GDP 等於
   a. $10。　b. $20。　c. $30。　d. $40。

（答案在章末）

23-2 國內生產毛額的衡量

在約略討論過國內生產毛額的意義後，接下來我們更精確地說明如何衡量此一統計量。國內生產毛額的定義如下：

- 國內生產毛額（GDP）為一國在一段期間內，其境內所生產出來的所有最終商品與服務的市場總價值。

此一定義看似簡易，但在實際計算一國的 GDP 時，會出現許多比較細緻的問題。以下我們針對此一定義的各項用詞逐一說明。

國內生產毛額
gross domestic product（GDP）
一國在一段期間內，其境內所生產的所有最終商品與服務的市場總價值

23-2a 「GDP 是一國在一段期間內，…」

GDP 衡量一國在某一特定期間內的產值，通常是一年或一季，因此，GDP 衡量的是一國在該段期間內其所得與支出的流量（flow）。流量指的是一段期間的量；與流量相對的概念是存量（stock），其為某一個時點的量，如你上個月月底的郵局存款餘額為 1 萬元整。

就如同一個人去年的所得是去年一整年其所擁有的生產要素的總報酬一樣，一國去年的國內生產毛額衡量的是該國去年一整年（最終商品與服務）的總產

值，這兩者都是流量。也許某營造商在去年年底共有 100 台挖土機（存量），但我們在計算去年的 GDP 時，只考慮該營造商在去年所購買的國產挖土機（如 20 台，其為流量）的市場價值。

23-2b「…其境內…」

GDP 衡量一國在其國境內的產值。例如，外勞在臺灣所提供的勞務價值以及像肯德基之類的外商公司在臺灣的營業額，都算在臺灣的 GDP 之內。同理，像鴻海精密公司之類的台商其大陸廠的產值則計算在中國的 GDP 之內。因此，不管生產者的國籍為何，一項產品只要在一國境內生產，就會對該國的 GDP 有所貢獻。

23-2c「…所生產出來的…」

GDP 包括當前生產出來的商品與服務的價值，但不包括過去所生產的商品與服務的價值。當裕隆公司生產出一輛新車時，該車的價值包括在今年的 GDP；但如果你向你的朋友買一輛裕隆公司今年以前生產出來的舊車時，你們的交易金額並不包括在今年的 GDP。這是因為這部車在以前出廠時，已計入該年度的 GDP。

23-2d「…所有…」

GDP 嘗試囊括所有應計的項目。它包括在一國境內生產並在市場中（包括國外市場）合法銷售的所有項目。除了一般的商品與服務外，GDP 也包括一國所有房屋所提供的住屋服務的價值。就租屋而言，此一價值容易計算（房租不單等於房客的支出，也等於房東的所得）；但就擁有自己房子的人而言，他們並沒有付房租。政府在計算 GDP 時，會設算自有住宅的房租，就如同屋主付房租給自己一樣。

不過，有些項目的價值由於設算困難，所以排除在 GDP 之外。GDP 不單排除絕大多數非法生產與交易的項目，如毒品，也排除在家自己生產並消費的絕大多數項目。例如，你在超市買蔬菜的花費是 GDP 的一部分，但你在自家後院種的蔬菜則不計入 GDP。當你在家工作時，你為你的雇主所生產的項目是 GDP 的一部分，但你為你的家庭所生產的項目則不是。

這些從 GDP 排除的項目有時候會造成矛盾的結果。例如，當黃蓉付費請郭靖除草時，該費用計入 GDP；但當黃蓉與郭靖結婚後，郭靖雖然繼續除草，但這項勞務就如自家種的蔬菜一樣，並未在市場銷售，故不計入 GDP。因此，當黃蓉與郭靖結婚後，雖然他們的婚姻可能為他們帶來幸福，但卻使 GDP 減少。

23-2e 「…最終…」

當製作聖誕賀卡的甲公司向製造紙張的乙公司購買卡片紙時,該卡片紙是一項**中間財**(intermediate good),而該賀卡是一項**最終財**(final good)。一國所生產出來的財貨不是中間財就是最終財;它們的區別在於,如果一項財貨變成一國境內所生產的其他產品的一部分,或在生產過程中被耗盡(如水電),則該項財貨就是中間財,不然,就是最終財。再舉一例,香蕉如果直接被吃掉,則它是最終財;如果被用來做成香蕉蛋糕,則它是中間財。

GDP 只包括最終財的價值,這是因為中間財的價值已包含在最終財的價格中。如果把卡片紙與賀卡的價格都計入 GDP,則卡片紙的價格被重複計算了。為避免此一重複計算問題,GDP 只包括最終財的產值。

這個原則有一個重要的例外,亦即當一項通常作為中間財的財貨被生產出來,但並未在當期銷售出去,而變成存貨時,由於此時此一財貨並未作為任一最終財的中間財,所以以「最終」財視之,從而其所造成的存貨價值增加部分,計入當期的 GDP。當此一存貨在未來被使用或銷售出去時,由於未來的存貨價值下降,所以會列為未來 GDP 的減項。

因此,一國存貨價值的增加列為 GDP 的加項,而一國存貨價值的減少列為 GDP 的減項。舉例來說,上述的乙公司在去年生產了兩張卡片紙,一張為 20 元,其中一張被甲公司買去製作賀卡並以 50 元賣出,另一張變成存貨。就這兩家公司而言,它們對去年 GDP 的貢獻為 70 元〔50 元+ 20 元(存貨增加)〕。假設今年甲公司向乙公司買一張卡片紙,並製成賀卡後以 50 元賣出,同時,乙公司今年並未生產任何產量。在此情況下,這兩家公司對今年 GDP 的貢獻為 30 元〔50 元 - 20 元(存貨減少)〕。就去年與今年兩年而言,甲乙兩家公司對 GDP 的貢獻總共是 100 元(70 元+ 30 元),這 100 元也是兩張賀卡的總銷售金額(50 元×2)。不過,由於這兩張卡片紙是在去年生產的,所以雖然這兩年各有一張賀卡以相同的價格賣掉,但去年的 GDP 增額(70 元)大於今年的 GDP 增額(30 元),以反映去年的卡片紙產量高於今年的。

另外,值得一提的是,由於一國的出口品並未成為本國境內所生產之產品的中間財,因此通通是最終財,亦即不管它是原物料、零組件、半成品、機器設備,還是消費財,都是最終財,也因此,一國的出口總值全部計入一國的 GDP。

23-2f 「…商品與服務…」

GDP 不單包括有形的商品(如食物、衣服、唱片 CD),也包括無形的服務

（如看病、手機通訊、聽演唱會）。當你買一張你最喜歡歌手的 CD 時，該金額計入 GDP；當你去聽他（她）的演唱會時，你享受他（她）的歌聲（也是一種服務），從而演唱會的票價也計入 GDP。

23-2g 「⋯的市場總價值。」

你可能聽過一句諺語：「蘋果與橘子不能相比。」不過，GDP 就是把蘋果與橘子拿來相比。GDP 透過市場價格把不同種類的商品與服務加在一起，以反映一國經濟活動的總價值。由於市場價格反映人們的支付意願，所以市場價格反映商品與服務的價值。如果一顆蘋果的價格是一個橘子的兩倍，那麼一顆蘋果對 GDP 的貢獻應是一個橘子的兩倍。

現在讓我們再重複一次 GDP 的定義：

- 國內生產毛額（GDP）為一國在一段時間內，其境內所生產出來的所有最終商品與服務的市場總價值。

此一定義著重在一國的 GDP 衡量一國的總支出，但不要忘了，一國的總支出等於一國的總所得，因此，我們也可以透過將所有用於一國境內生產的要素其所得加總，而得出一國的 GDP。不過，由於資料並非是完美的，所以從支出面與所得面所計算出來的 GDP 會有一些差距，此一差距稱為**統計差異**（statistical discrepancy）。

可以想像的，GDP 的計算是一項相當繁複的工程。在此階段，讀者所應在意的是，是否充分了解 GDP 的定義，而不是去管一些技術層面的東西，如你家自用住宅的租金如何設算。

增廣見聞　其他的所得衡量指標

除了 GDP 之外，常見的國民所得衡量指標還包括下列五項。這五項指標根據其值由大到小排列，分別介紹如下：

- 國民生產毛額（gross national product，簡稱 GNP；主計總處稱為國民所得毛額，gross national income，簡稱 GNI）為一國永久居民（稱為國民）的總所得。其與 GDP 的差別為，它包括本國生產要素在外國參與生產所賺取的所得，但扣掉外國生產要素在本國參與生產所賺取的所得。因此，GNP ＝ GDP ＋ 國外要素所得淨額。例如，如果你在大陸工作，你的薪水算在臺灣的 GNP，但不算在臺灣的 GDP。又例如，外勞的薪水算在臺灣的 GDP，但不算在臺灣的 GNP。由於一國國內的生產主要由該國的國民負責，因此以臺灣為例，2021 年的 GDP 為新臺幣 21 兆 7,390 億

元，而 GNP 為 22 兆 1,975 億元，所以要素在國外所得淨額約為新臺幣 4,585 億元。就絕大多數國家而言，其 GDP 與 GNP 差距不大。

- **國民生產淨額**（net national product，簡稱 NNP；主計總處稱為國民所得淨額，net national income，簡稱 NNI）為一國的 GNP 減去折舊。折舊（depreciation）為一國設備與建築物的耗損，如卡車會生鏽、電腦會過時。折舊又稱為「固定資本耗損」。

- **國民所得**（national income）又稱為要素所得，為一國居民所擁有的要素之總報酬。它等於國民生產淨額減企業間接稅（如營業稅），加上政府對企業的補貼，再減去**統計差異**。國民所得等於受僱人員報酬（工資）加營業盈餘（利息＋地租＋利潤）。在 2021 年，臺灣國民所得、受僱人員報酬與營業盈餘分別為 17 兆 3,246 億元、9 兆 3,703 億元（54.08%）與 7 兆 9,543 億元（45.92%）。

- **個人所得**（personal income）為家戶與非公司型態事業所賺取的所得。它等於國民所得減**保留盈餘**（公司淨利未分配給股東的金額），再減公司所得稅與社會保險稅捐，但加上家戶因持有政府債券所獲取的利息與來自政府的移轉性收入（如老農津貼）。

- **個人可支配所得**（disposable personal income）為家戶與非公司型態事業在滿足對政府的所有義務後，所剩留的所得。它等於個人所得減去個人所得稅與非賦稅支出（如交通罰款），再減去家戶對政府、企業及國外的移轉性支付。

雖然不同的所得衡量指標在細節上有所不同，但它們對經濟情況的變動幾乎都會有相同的反應。當 GDP 快速成長時，這些指標通常也會快速成長；當 GDP 下跌時，這些指標通常也會下跌。如果我們要觀察整個經濟的波動情況，看哪一個衡量指標，其實並沒有太大差別。

即席測驗

3. 如果熱狗的單價是 2 美元，漢堡的單價是 4 美元，那麼多少個漢堡對 GDP 的貢獻，等同於 30 條熱狗？
   a. 5　　b. 15　　c. 30　　d. 60

4. 一個牧羊人賣 20 美元的羊毛給毛衣廠，毛衣廠用這些羊毛做了兩件毛衣，單價 40 美元，其中一件賣給消費者，另一件變成存貨。這裡的 GDP 為多少美元？
   a. 40　　b. 60　　c. 80　　d. 100

5. 一名美國大學生畢業之後移民到日本教英文，她的薪水
   a. 只計入美國 GDP。
   b. 只計入日本 GDP。
   c. 同時計入美國 GDP 與日本 GDP。
   d. 不計入美國 GDP，也不計入日本 GDP。

（答案在章末）

23-3 GDP 的組成項目

經濟體系有各式各樣的支出。你家可能會去鼎泰豐吃小籠包；台積電可能正在蓋一座新的晶圓廠；公立學校可能增聘一位教師；歐洲某家電信公司可能向宏達電購買手機。GDP 包括所有這些對國內所生產的商品與服務的不同型態支出。

經濟學家將這些不同型態的支出分成四大類：消費（consumption，簡稱 C）、投資（investment，簡稱 I）、政府（購買）支出（government purchases，簡稱 G），以及出口淨額（net exports，簡稱 NX）。由於 GDP（以 Y 表示）等於總支出，因此，

$$Y = C + I + G + NX。$$

此一等式為一**恆等式**（identity），它是因方程式中變數的定義而使等號永遠成立的方程式。在上式中，由於每一塊錢的支出不單包含在 GDP 之內，也一定會計入上述四個 GDP 組成項目中的一項，所以這四個組成項目的總和一定等於 GDP。以下我們分別詳細介紹。

23-3a 消費

消費為民間對商品與服務的支出。商品包括耐久財（如汽車與家電用品）與非耐久財（如食物與衣服）；服務包括醫療服務、通訊服務與金融服務等無形項目。民間對教育的支出也包括在服務的消費中（雖然有人認為它比較適合歸在下一個組成項目）。

消費
consumption
除了購買新成屋之外，家戶對商品與服務的支出

23-3b 投資

投資為民間對資本設備與建築物的支出，這些支出可以讓商品與服務的未來產量增加。家戶對新建住宅的支出也可以讓未來的住屋服務增加，所以也算在投資。

另外，存貨增加列為投資的加項，而存貨減少列為投資的減項。當蘋果公司生產出一台電腦但沒有銷售出去時，其存貨增加。此時蘋果公司被假設成自己「購買」那一台電腦，亦即，那一台電腦是蘋果公司投資支出的一部分。

投資一詞在國民所得統計上的意義與一般人所稱的投資不同。一般人講投資指的是股票與債券等金融投資；但在國民所得統計裡，由於 GDP 衡量的是商品與服務的支出，所以**投資**一詞指的是對資本設備、建築物與存貨等投資財的支出。

投資
investment
民間對資本設備、存貨與建築物的支出，包括家戶對新成屋的購買

23-3c 政府（購買）支出

政府（購買）支出包括各級政府對商品與服務的支出。它包括政府所支付的薪水與政府對公共事務的支出。最近，美國的國民所得會計帳將「政府支出」一詞改成較長的**政府消費支出與毛投資**（government consumption expenditure and gross investment），但在本書，我們仍然延用傳統的**政府支出**一詞。〔譯者按：在

政府（購買）支出
government purchases
各級政府對商品與服務的支出

我國的國民所得會計帳中,「政府消費支出」單獨列項,而「政府投資支出」(與「公營事業投資支出」)則列在「投資」項下。〕

當政府付薪水給公立學校的教師時,該薪水是政府支出的一部分;但當政府付老農津貼時,這部分的支出算不算在國民所得會計帳中「政府支出」這一項?不算,因為老農津貼之類的政府支出屬於政府的**移轉性支付**(transfer payment)。當政府進行移轉性支付時,它並未購買任何的商品或服務。雖然政府的移轉性支付會改變家戶的收入,但並未改變經濟體系的生產(從總體經濟的角度來看,移轉性支付像負的稅收)。讀者也可以想一想,政府所發放的消費券金額算不算政府消費支出?

23-3d 出口淨額

出口淨額
net exports
一國出口與進口的差額,又稱作貿易餘額

出口淨額等於出口值減進口值。本國的出口值為外國對本國所生產的商品與服務的支出,本國的進口值為本國對外國所生產的商品與服務的支出。當本國出口增加或進口減少時,本國的出口淨額增加。

由於上述消費、投資與政府支出都包括對國外商品與服務的支出,而這些國外的商品與服務並不是本國生產的,因此,在計算本國的 GDP 時,需將這些進口值扣掉,也因此,國民所得考慮的是出口淨額而非僅有出口值。例如,當國人花

個案研究

美國與臺灣的 GDP 組成項目

表 1 顯示美國與臺灣 2021 年 GDP 的組成項目。在那一年,美國的 GDP 約為 23 兆美元;此一數值除以美國該年的總人口數 3.31 億人,可以得到平均每人 GDP 為 69,386 美元。

美國的民間消費約占 GDP 的 68%,或平均每人消費 47,528 美元。投資為平均每人 12,396 美元;政府支出為平均每人 12,226 美元。出口淨額為平均每人 –2,764 美元;此一數字之所以為負值是因為美國的出口值小於進口值,亦即美國有商品與服務的貿易逆差。

就臺灣而言,2021 年的 GDP 約為新臺幣 21 兆 7,390 億元;此一數值除以該年的期中總人口數 2,346 萬人,可以得到平均每人 GDP 為新臺幣 926,314 元。這個數字再除以當年美元兌新臺幣的平均匯率 28.02 元/美元,則可以得到臺灣當年以美元表示的平均每人 GDP 為 33,059 美元。

臺灣的民間消費約占 GDP 的 45%,或平均每人消費 413,346 元。投資〔固定資本形成(含政府投資)加存貨變動〕約占 GDP 的 27%,或平均每人投資 249,800 元。政府消費支出約占 GDP 的 13%,或平均每人 125,230 元。出口金額為 144,400 億元,進口為 111,963 億元,故出口淨額為 32,437 億元,約占 GDP 的 15%,或平均每人 138,265 元。

一國國民所得的衡量　CHAPTER 23

表 1　GDP 與其組成項目

本表顯示美國與臺灣 2021 年的 GDP 及其組成項目。在看表中數字時，記得 $Y=C+I+G+NX$ 這個恆等式。

美國：

	總金額（十億美元）	平均每人（美元）	百分比
國內生產毛額，Y	$22,994	$69,386	100%
消費，C	15,750	47,528	68
投資，I	4,108	12,396	18
政府支出，G	4,052	12,226	18
出口淨額，NX	−916	−2,764	−4

臺灣：

	總金額（新臺幣億元）	平均每人（新臺幣元）	百分比
國內生產毛額，Y	$217,390	$926,314	100%
消費，C	96,971	413,346	45
投資，I	58,603	249,800	27
政府消費支出，G	29,379	125,230	13
出口淨額，NX	32,437	138,265	15

資料來源：U.S. Department of Commerce；行政院主計總處網站：首頁〉政府統計〉主計總處統計專區〉國民所得與經濟成長〉統計表〉歷年各季國內生產毛額依支出分（nominal, 1981～）。

200 萬新臺幣買一輛賓士車時，國民所得帳中的消費增加 200 萬元；如果沒有進口這一減項，可以把這 200 萬元扣掉，則我國的 GDP 會虛增 200 萬元。同樣地，當廠商進口機器設備時，其值會同時列在投資與進口，而不會使 GDP 虛增。

即席測驗

6. 下列何者對美國的 GDP 沒有貢獻？
   a. 長榮航空跟美國的波音公司買了一架飛機。
   b. 通用汽車在加州建了一座新廠。
   c. 紐約市付薪水給警察。
   d. 聯邦政府付老農津貼。
7. 美國進口一雙義大利鞋。此一交易對美國的影響為何？
   a. 出口淨額和 GDP 都增加。
   b. 出口淨額和 GDP 都減少。
   c. 出口淨額減少，但對 GDP 沒有影響。
   d. 對出口淨額沒有影響，但 GDP 增加。
8. 美國與臺灣其 GDP 的最大組成項目為何？
   a. 消費　　　　b. 投資
   c. 政府支出　　d. 出口淨額

（答案在章末）

23-4 實質 GDP 與名目 GDP

我們已知，GDP 衡量對所有最終商品與服務的總支出。如果一國的總支出一年比一年增加，則下列兩件事必有一件為真：（1）該國商品與服務的產量增加，或（2）商品與服務的價格上漲。在研究經濟體系如何隨時間變動時，經濟學家會想區分這兩個效果。特別是，他們想要一個關於商品與服務的總產量指標，且這個指標不受商品與服務價格變動的影響。

為達成這個目標，經濟學家使用一個稱為**實質 GDP**（real GDP）的衡量指標。實質 GDP 回答一個假設性問題：如果以過去某特定年份的商品與服務價格來衡量，則今年的商品與服務的總產值會是多少？藉由使用過去某特定年份的固定價格來計算每一年份的總產值，實質 GDP 的變動可以顯示出一國商品與服務的整體產出水準如何隨時間變動。

為了更精確了解如何得出實質 GDP，讓我們看以下的例子。

23-4a 一個數值例子

假設一個經濟體系只生產熱狗與漢堡兩種商品。表 2 顯示它們在 2022、2023 與 2024 年的價格與產量。

我們將價格乘以數量，即可得到熱狗與漢堡的支出金額。在 2022 年，熱狗的支出金額為 100 美元（1 美元 ×100），漢堡的支出金額也是 100 美元（2 美元 ×50）。將熱狗與漢堡的支出金額相加，即可得到此一經濟體系的總支出，其為 200 美元。此一以當前價格所計算的總產值稱為**名目 GDP**。

透過相同的計算過程，我們也可以得到 2023 年與 2024 年的名目 GDP 分別為 600 美元與 1,200 美元。這三年的名目 GDP 呈現持續增加的現象，一方面是因為熱狗與漢堡的產量持續增加，另一方面是因為熱狗與漢堡的價格持續上漲。

為了得到不受價格變動影響的產出指標，我們使用**實質 GDP**，其為以固定價格計算的商品與服務的總產值。首先，我們選擇某一年作為**基期年**（base year），然後，我們利用熱狗與漢堡的基期年價格計算每一年的總產值。由於每一年的實質 GDP 都是用基期年的價格來計算，因此，實質 GDP 的變動反映產量的變動。

假設我們選定 2022 年為本例的基期年。接著我們以 2022 年熱狗與漢堡的價格計算這三年的總產值。表 2 顯示計算的過程。由於 2022 年為基期年，所以 2022 年的實質 GDP 等於名目 GDP，都是 200 美元。如表所示，2023 年的實質 GDP 增加為 350 美元，2024 年再增加為 500 美元。由於價格固定在基期年的水準，所以

名目 GDP
nominal GDP
用當期價格計算的商品與服務的總產值

實質 GDP
real GDP
用固定價格計算的商品與服務的總產值

表 2　實質與名目 GDP

假設一個經濟體系只生產熱狗與漢堡。本表顯示如何計算此一假想經濟體系的實質 GDP、名目 GDP 與 GDP 平減指數。

年份	熱狗價格	熱狗數量	漢堡價格	漢堡數量
		價格與數量		
2022	$1	100	$2	50
2023	$2	150	$3	100
2024	$3	200	$4	150

計算名目 GDP

年份	
2022	（每根熱狗 $1 × 100 根熱狗）+（每個漢堡 $2 × 50 個漢堡）= $200
2023	（每根熱狗 $2 × 150 根熱狗）+（每個漢堡 $3 × 100 個漢堡）= $600
2024	（每根熱狗 $3 × 200 根熱狗）+（每個漢堡 $4 × 150 個漢堡）= $1,200

計算實質 GDP（基期：2022 年）

年份	
2022	（每根熱狗 $1 × 100 根熱狗）+（每個漢堡 $2 × 50 個漢堡）= $200
2023	（每根熱狗 $1 × 150 根熱狗）+（每個漢堡 $2 × 100 個漢堡）= $350
2024	（每根熱狗 $1 × 200 根熱狗）+（每個漢堡 $2 × 150 個漢堡）= $500

計算 GDP 平減指數

年份	
2022	（$200 / $200）× 100 = 100
2023	（$600 / $350）× 100 = 171
2024	（$1,200 / $500）× 100 = 240

這兩年的實質 GDP 之所以增加是因為產量增加的緣故。

總結而言，**名目 GDP 使用當期價格來計算一個經濟體系商品與服務的總產值，而實質 GDP 是使用固定的基期年價格來計算總產值**。因為實質 GDP 不受當期價格變動的影響，所以實質 GDP 的變動純粹反映產量的變動，因此，實質 GDP 是衡量一個經濟體系商品與服務產出的指標。

我們計算 GDP 的目的是要衡量整體經濟表現的好壞。由於實質 GDP 衡量經濟體系商品與服務的產出水準，因此它反映經濟體系滿足人們慾望的能力，從而實質 GDP 比名目 GDP 更能衡量一國的經濟福祉（辛巴威曾在 2008 年發行面額高達 100 兆辛巴威幣的鈔票，但一張這樣的鈔票在當地只能買兩根香蕉）。當經濟學家提到一國的 GDP 時，他們通常是指實質 GDP，而非名目 GDP。當他們提到一國的經濟成長時，他們是以相鄰兩年的實質 GDP 變動百分比來衡量經濟成長率。

23-4b GDP 平減指數

我們已知，實質 GDP 純粹反映產量，而名目 GDP 不單反映當期的產量，也反映當期的價格。從這兩個指標，我們可以計算出另一個指標，稱為 GDP 平減指數，其反映商品與服務的價格水準。

GDP 平減指數的計算公式為：

$$\text{GDP 平減指數} = \frac{\text{名目 GDP}}{\text{實質 GDP}} \times 100。$$

> **GDP 平減指數**
> **GDP deflator**
> 物價水準的衡量指標，其公式為名目 GDP 除以實質 GDP 再乘以 100

因為基期年的名目 GDP 與實質 GDP 相等，所以基期年的 GDP 平減指數一定等於 100。接下來各年份的 GDP 平減指數，衡量從基期年起不能歸因於實質 GDP 變動的名目 GDP 變動的部分。

GDP 平減指數衡量當期相對於基期年的物價水準。何以如此？讓我們看下面兩個例子。第一，想像一個經濟體系其產量不斷增加但價格維持不變。在此情況下，名目與實質 GDP 呈同比例變動，所以 GDP 平減指數是固定的。相反地，現在假設產量不變但價格持續上漲。在此情況下，實質 GDP 不變，但名目 GDP 不斷增加，從而 GDP 平減指數也不斷上升。這兩個例子告訴我們，GDP 平減指數反映價格的變動，而不是數量的變動。

讓我們再回到表 2 中的數值例。在 2022 年，名目 GDP 與實質 GDP 都是 200 美元，所以 GDP 平減指數為 100。在 2023 年，名目 GDP 為 600 美元，而實質 GDP 為 350 美元，所以 GDP 平減指數為 171。因為 GDP 平減指數由 100 上升為 171，我們可以說物價水準上漲 71%。此一物價水準的增加百分比即為**物價膨脹率**。

GDP 平減指數是經濟學家用來檢視一國平均物價水準與物價膨脹率的衡量指標。何以稱它為「平減指數」？由 GDP 平減指數的公式可以得知

$$\text{實質 GDP} = \frac{\text{名目 GDP}}{\text{GDP 平減指數}} \times 100。$$

這意味著名目 GDP 的變動，透過 GDP 平減指數「平減」掉物價變動的部分之後，剩下來的就是產量變動的部分。我們會在下一章檢視另一個一國物價水準的衡量指標，稱為**消費者物價指數**，並比較這兩個物價指標的差異。

個案研究　過去半世紀的實質 GDP

我們已經知道實質 GDP 的定義以及如何衡量，接下來讓我們看美國與臺灣過去半世紀的實質 GDP 資料。

如圖 2（a）所示，美國的實質 GDP 基本上與時俱增。美國 2021 年的實質 GDP 約為 1970 年的 4 倍多，這意味著美國這段期間的商品與服務產出，平均每年成長約 3%。此一實質 GDP 的持續成長讓一般美國人可以享有比他（她）的父母更高的物質生活水準。

另外，從圖 2（a）也可以看出，實質 GDP 並非穩定地成長。實質 GDP 的向上趨勢偶爾會因**經濟衰退**（recessions），即實質 GDP 下降的現象，所中斷。圖 2（a）將經濟衰退期間以著色的直條標示（通常一國經濟在其實質 GDP 連續兩季下降的時候，即有可能發生經濟衰退；不過，2020 年因疫情而導致的衰退是例外，美國只在第一季出現實質 GDP 大幅下降的情況，在第二季即大幅反彈）。當一國經濟衰退時，不單所得會減少，且會發生失業率上升、利潤下降、破產增加等經濟困境。

就臺灣而言，2021 年的實質 GDP 約為 1970 年的 25 倍，這意味著臺灣這段期間的商品與服務產出，平均每年約成長 6.5%。不過，臺灣的實質 GDP 也在 2001 年與 2009 年發生國民所得統計史上（截至 2022 年為止）唯二的負成長。圖 2（b）也將臺灣經濟的收縮期間（從高峰到谷底）以著色的直條標示。我國經濟的收縮與擴張期間（從谷底到高峰）由行政院國家發展委員會認定。簡單地說，就成長率較高的經濟體而言，其經濟成長率連續兩季低於其長期趨勢值即有可能發生經濟衰退。據此，雖然我國經濟只在 2001 年與 2009 年呈現負成長，但從 1965 年之後，已經歷十次以上的經濟衰退。

總體經濟學主要在解釋實質 GDP 的長期成長與短期波動。實質 GDP 的短期波動意味著它偏離長期趨勢。在下一章介紹完如何衡量生活成本之後，我們會先探討一些主要總體經濟變數（包括實質 GDP）的長期表現，接著再解釋短期的波動。

即席測驗

9. 某一經濟體系在第 1 年生產 10 塊餅乾，每個 $1，且在第 2 年生產 12 塊餅乾，每個 $3。從第 1 年到第 2 年，其實質 GDP 增加
   a. 20%。　b. 50%。　c. 70%。　d. 80%。
10. 如果所有的產量都增加 5%，且所有的價格都下降 5%，那麼，
    a. 實質 GDP 增加 5% 而名目 GDP 減少 5%。
    b. 實質 GDP 增加 5%，而名目 GDP 不變。
    c. 實質 GDP 不變，而名目 GDP 增加 5%。
    d. 實質 GDP 不變，而名目 GDP 減少 5%。

（答案在章末）

PART VIII 總體經濟學資料

圖 2　美國與臺灣的實質 GDP

(a) 美國的實質GDP

十億美元（基期：2012年）

(b) 臺灣的實質GDP

新臺幣十億元（參考年：2016年）

圖 (a) 顯示美國自1970年起的實質GDP季資料。直條部分為經濟衰退時期。圖 (b) 顯示臺灣自1970年起的實質GDP年資料，直條部分為經濟收縮時期（由高峰到谷底），其中，只有2001年與2009年的實質GDP是負成長的。

資料來源：U.S. Department of Commerce；行政院主計總處網站：首頁〉政府統計〉主計總處統計專區〉國民所得與經濟成長〉統計表〉歷年各季國內生產毛額依支出分（chained doll）。

說明：課本所介紹的實質 GDP 計算方式稱為定基法（fixed-based），主計總處於 2014 年 11 月將實質 GDP 的計算方式改成「連鎖法」（chain-linked）。

連鎖法與定基法之主要差異在於：1. 連鎖法不採固定基期，但在計算實質 GDP 時同樣可以剔除物價因素的影響；2. 依定基法所計算之實質 GDP 具備可加性（亦即細項加總與總數間無殘差），但連鎖值並無可加性，亦即 $Y \neq C + I + G + NX$（有興趣了解詳情的讀者可參閱主計總處 2014 年 11 月 28 日新聞稿之附件 2）。

23-5 GDP 是否是衡量經濟福祉的良好指標？

在本章前面，我們稱 GDP 是衡量一國經濟福祉的最佳單一指標。我們已經知道 GDP 的意義，因此我們現在可以評斷此一說法。

GDP 衡量一國的總所得以及一國對商品與服務的總支出，因此，平均每人 GDP 告訴我們一國人民每人的平均所得與支出。由於絕大多數的人們希望有更高的所得並享受更多的支出，因此，平均每人 GDP 很自然地成為衡量一般社會大眾經濟福祉的一個指標。

不過，有些人並不贊同這樣的說法。當羅勃‧甘迺迪（Robert Kennedy）在 1968 年競選總統時，曾對 GDP 提出下面一段動人的批評：

〔GDP〕並沒有考慮到我們孩童的健康狀況、他們的教育品質，或他們嬉戲的快樂程度。它也沒有包括我們詩詞的優美或我們婚姻的堅定程度，以及我們公共辯論的智慧或我們公務員的廉潔。它既未衡量我們的勇氣，也未衡量我們的聰明才智，更未衡量我們對國家的忠誠度。簡單地說，它衡量了很多事，但無法告訴我們，是什麼讓我們的生命更有意義，也無法告訴我們，為什麼我們以身為美國人為榮。

羅勃‧甘迺迪所說的大部分是正確的。既然如此，那麼我們為什麼還要關心 GDP 呢？

答案是，GDP 愈大通常意味著我們可以過更好的生活。GDP 雖然沒有衡量我們孩童的健康狀況，但一國有較高的 GDP 就可以提供孩童較好的健康照顧。GDP 雖然沒有衡量孩童的教育品質，但一國有較高的 GDP 就可以提供孩童更好的教育體系。GDP 雖然沒有衡量我們詩詞的優美，但一國有較高的 GDP 就能有更多的經費教導民眾閱讀並欣賞詩詞。GDP 雖然沒有考量我們的智慧、廉潔、勇氣、聰明才智和對國家的忠誠，但是當人們生活無慮時，這些值得讚美的特點就比較容易培養。簡言之，GDP 雖然沒有衡量那些讓生命更有意義的事物，但它的確衡量我們獲取這些事物的能力。

不過，GDP 並不是衡量經濟福祉的完美指標。有些可以使生活更美好的事物並沒有包括在 GDP 裡面，其中一項是休閒。如果一國的人民突然開始每天都工作，那麼雖然該國的 GDP 會因商品與服務的產量增加而增加，但我們不會說他們的日子變得更好。

另外，因為我們是以商品與服務的市場價格來計算 GDP，所以 GDP 幾乎排

除了所有市場以外的活動，特別是 GDP 忽略了在家中所生產的產品與服務的價值。當一位大廚在他的餐廳烹煮出美味的一餐給顧客時，此餐的價值是 GDP 的一部分。但如果這位大廚為他的家人準備相同的餐點，則除了食材以外，這位大廚所提供的服務並未算在 GDP 裡面。同樣地，托兒所看顧小孩的服務是 GDP 的一部分，但父母在家自己帶小孩的服務並不是 GDP 的一部分。還有，雖然志工服務有助於提升社會的福祉，但它們都未列入 GDP。

另外一件 GDP 排除的事物為環境品質。假設現在政府解除所有的環保規定。廠商可以在不考慮它們所創造的汙染下進行生產活動，因此 GDP 很可能增加，但我們的福利水準很有可能因環境品質惡化的損失超過產出增加的利得而下降。

GDP 也無法告訴我們所得分配的情況。一個有 100 人的社會，且每個人的年所得都是 5 萬美元，跟另外一個同樣有 100 人的社會，但只有 10 人的年所得是 50 萬美元，但另外 90 人沒有任何所得，它們的 GDP 同樣都是 500 萬美元，且平均每人 GDP 同樣都是 5 萬美元。沒有人會認為這兩種情況是一樣的。

總之，在大多數的情況下，GDP 是衡量經濟福祉的良好指標，不過在用這個指標時，不要忘記它所排除的事物。

個案研究　國際間 GDP 與生活品質的差異

我們可以經由檢視各國的資料來看 GDP 是否是衡量經濟福祉的良好指標。富國與窮國的平均每人 GDP 有很大的差異。如果平均每人 GDP 是衡量生活水準的良好指標，那麼我們應該可以觀察到平均每人 GDP 與各項生活品質衡量指標之間的密切關係。而實際上，正是如此。

表 3 列出全世界 12 個人口最多的國家，並依平均每人 GDP 由高至低排列。該表也列出平均壽命、成人平均在學年數，以及根據問卷所編製的生活滿意指數（從 0 到 10，10 為最滿意）。這些資料顯示出一個清楚的型態：在富國，如美國與德國，人們的平均壽命約 80 歲，且平均在學年數為 13 年，同時，生活滿意指數約為 7；在窮國，如孟加拉與奈及利亞，平均壽命比富國的約少了 10 年，平均在學年數不到一半，且生活滿意指數低了 2 分。

其他的生活品質指標也顯示相同的結果。平均每人 GDP 較低的國家其新生兒的出生體重較低，嬰兒死亡率、母親分娩死亡率與孩童營養不良的比率較高。另外，這些國家其學齡兒童實際入學的比率與師生比也較低，同時，文盲也頗為普遍。它們家庭擁有電視機與電話、有電可用以及可以上網的比率也不高。因此，國際間的資料確實顯示一國的平均每人 GDP 與其人民的生活水準密切相關。

表 3　GDP 與生活品質

本表列出 12 個主要國家的平均每人 GDP 與三項生活品質衡量指標。

國家	平均每人實質 GDP	平均壽命	平均在學年數	生活滿意指數（0 到 10 分）
美國	$54,941	80 歲	13 年	7.0
德國	46,136	81	14	7.1
日本	38,986	84	13	5.9
俄羅斯	24,233	71	12	5.6
墨西哥	16,944	77	9	6.4
中國	15,270	76	8	5.1
巴西	13,755	76	8	6.3
印尼	10,846	69	8	5.1
印度	6,353	69	6	4.0
巴基斯坦	5,311	67	5	5.8
奈及利亞	5,231	54	6	5.3
孟加拉	3,677	73	6	4.3

資料來源：*Human Development Report 2018*, United Nations. 實質 GDP 為 2017 年資料（基期年為 2011 年）；平均在學年數的調查對象為滿 25 歲的成年人。

即席測驗

11. 如果王先生辭掉教職工作而回家教自己的小孩，那麼，GDP
    a. 不變，因為他還是從事相同的活動。
    b. 增加，因為他現在繳比較少的所得稅。
    c. 減少，因為他的市場所得減少。
    d. 可能增加也可能減少，決定於他教小孩的價值。

12. GDP 並不是衡量經濟福祉的完美指標，因為它
    a. 只包括有形的商品，而沒包括無形的服務。
    b. 排除政府所提供的商品與服務。
    c. 忽略經濟活動對環境的損害。
    d. 與其他生活品質的衡量指標無關。

（答案在章末）

23-6 結論

本章說明經濟學家如何衡量一國的總所得。當然，衡量只是一個起步。總體經濟學主要在探討一國國內生產毛額的長短期決定因素。例如，為何美國與日本的平均每人 GDP 高於印度與奈及利亞？窮國政府要如何促進 GDP 的快速成長？為何一國的 GDP 在某些年間可以大幅上升，但在某些年間卻下降？一國的政策制定者要如何降低 GDP 的波動幅度？這些都是本書後面會探討的問題。

如是我聞：性交易、毒品與 GDP

一些國家正為 GDP 該包含哪些項目而爭論不休。

拜託！不能有性交易，我們是法國人（No Sex, Please, We're French）

札恰莉·卡拉貝爾（Zachary Karabell）撰

法國政府剛發布一份不像聲明的聲明：法國的 GDP 將不會包含非法的毒品與性交易。

這份聲明之所以奇怪是因為法國的 GDP，如同大多數國家，本來就沒有包含這些項目，且大多數政府也不會宣告它們沒打算做的事。法國政府之所以做這樣的聲明是因為不認同荷蘭等鄰國及歐盟把這些項目算進 GDP 的做法。這引發一連串的問題：如果這些非法項目算進 GDP，那其他的非法項目呢？GDP 到底在衡量什麼且為什麼要做這些衡量？

很少數值能像 GDP 那樣牽引著我們的世界，它被政治人物及專家用來衡量一國的國力，甚至是偉大程度。

然而，GDP 只是一個統計量，跟所有的統計量一樣，有它的侷限。GDP 無法涵蓋所有的應計項目，例如，志工服務與家務。

現在，歐盟正力推把一連串的非法項目，主要是非法的毒品與性交易，算進 GDP。其論點相當簡單：毒品與性交易是重要的經濟活動，如果它們不算進 GDP，則 GDP 會被低估，而讓政策制定者無法做出正確的經濟決策。尤有甚者，不同國家有不同的法律，例如，性交易，跟大麻一樣，在荷蘭是合法的，它們都已成為荷蘭 GDP 的一部分；如果歐盟其他國家的 GDP 沒有包含這些項目，則國與國之間就無法進行比較。

這也是為什麼西班牙、義大利、比利時及英國等國在最近幾個月紛紛把非法的毒品與性交易算進 GDP。英國就估計，算進這些項目會讓英國的 GDP 增加百億英鎊。

但法國拒絕了，她認為性交易通常不是兩廂情願或自願的，而這點對那些已上癮的毒品使用者也說得通。

法國的決定有強烈的道德成分。因這些交易不是兩廂情願或自願的而不應算進 GDP 的說法意味著，法國政府把社會**應然**（should be）的道德觀置於社會**實然**（is）的經濟現實之上，從而讓這個已經夠複雜的統計量變得更加複雜。

如果因性交易會貶低女性而不將它算進 GDP，那麼，我們是不是也因煤會產生汙染、香菸會致癌，而不將它們的產值算進 GDP？

事實上，美國已將內華達州的合法性交易，以及科羅拉多州、加州和華盛頓州的大麻銷售計入 GDP，且這樣做並沒有遭到強烈的反對，因為這些商業交易構成我們的經濟體系。

不把毒品與性交易算進 GDP 並不會讓它們消失，但若只因我們不喜歡而將它們排除，則只會降低統計量的可信度。

討論題目

1. 你認為 GDP 是否應計入非法活動的價值？為什麼？
2. 你認為有哪些合法活動對社會而言是不利的？如果有的話，舉例說明。你認為 GDP 是否應計入這些活動的價值？為什麼？

原文出處：*Slate*, June 20, 2014.

摘要

- 由於每項交易同時會有買方與賣方,所以一國的總支出一定等於一國的總所得。
- 國內生產毛額(GDP)衡量一國對當期所生產的商品與服務的總支出,以及從這些商品與服務的生產所賺取的總所得。更精確地說,GDP 是一國在一段期間內,其境內所生產的所有最終商品與服務的市場總價值。
- 就支出面而言,GDP 有四個組成項目:消費、投資、政府(購買)支出與出口淨額。消費為民間對商品與服務的支出,但不包括對新成屋的購買金額。投資包括對當期生產的機器設備與建築物的支出,以及存貨的變動。政府支出包括各級政府購買商品與服務的金額。出口淨額等於出口值減進口值。
- 名目 GDP 用當期價格來計算一國的總產值;實質 GDP 則用固定的基期年價格來計算一國的總產值。GDP 平減指數,等於名目 GDP 除以實質 GDP 再乘以 100,衡量一國的物價水準。
- 由於人們希望有更高的所得,所以 GDP 是經濟福祉的良好指標,但它並不是一個完美指標。例如,GDP 並未包括休閒與乾淨環境的價值。

複習題

1. 說明為何一國的所得一定等於它的支出。
2. 下列何者對 GDP 有較大的貢獻:經濟車或豪華車的生產?為什麼?
3. 一位農民以 2 美元賣麵粉給麵包店,麵包店做成麵包後再以 3 美元出售。這兩項交易對 GDP 的總貢獻為何?
4. 很多年以前,志玲花了 500 美元蒐集一整套唱片。今天,她以 100 美元賣出這套唱片。此一交易對今年 GDP 的影響為何?
5. 列出 GDP 的四個組成項目,並分別舉例。
6. 為何經濟學家用實質 GDP,而不是名目 GDP,來評斷經濟福祉?
7. 在 2023 年,經濟體系生產了 100 條麵包,售價為每條 2 美元。在 2024 年,經濟體系生產了 200 條麵包,售價為每條 3 美元。請計算這兩年的名目 GDP、實質 GDP 與 GDP 平減指數(以 2023 年為基期年)。這三個統計量的變動率各為何?這三個統計量的變動率各為何?
8. 為何一國有較高的平均每人 GDP 對該國是有利的?舉出一個可以讓 GDP 增加但對社會是不利的例子。

問題與應用

1. 下列各項交易會影響 GDP 的哪一個組成項目(如果有的話)?請說明。
   a. 你買了一台新的大同冰箱。
   b. 你買了一間新房子。
   c. 你跟你的朋友買了一間中古屋。
   d. 你剪了個新髮型。

e. 裕隆公司從其存貨中賣出一輛 Cefiro。
f. 裕隆公司賣一輛新 Cefiro 給格上租車公司。
g. 政府重新鋪設中山高速公路。
h. 政府發老農津貼給你的阿公。
i. 你買了一瓶法國酒。
j. 台積電在竹科蓋了一座新的晶圓廠。

2. 填滿下表的空格：

年	實質 GDP（2000 年為基期年）	名目 GDP（按當期價格計算）	GDP 平減指數（2000 年為基期年）
1970	3,000	1,200	_____
1980	5,000	_____	60
1990	_____	6,000	100
2000	_____	8,000	_____
2010	_____	15,000	200
2020	10,000	_____	300
2030	20,000	50,000	_____

3. 就 GDP 中政府支出這個組成項目而言，它並未包括老農津貼之類的移轉性支付。試從 GDP 的定義說明為何移轉性支付會被排除。

4. GDP 並未包括二手商品的再出售價值。說明為何如果 GDP 包括二手商品的交易，則它作為經濟福祉衡量指標的參考價值會降低。

5. 下列是牛奶與蜂蜜的一些資料。

年份	牛奶價格	牛奶數量	蜂蜜價格	蜂蜜數量
2023	$1	100 瓶	$2	50 瓶
2024	1	200	2	100
2025	2	200	4	100

a. 以 2023 年為基期年，計算各年的名目 GDP、實質 GDP 與 GDP 平減指數。

b. 與前一年相較，計算 2024 與 2025 年名目 GDP、實質 GDP 與 GDP 平減指數的變動百分比。指出變動率為零的變數，並說明原因。

c. 就 2024 與 2025 兩年而言，哪一年的經濟福祉上升較多？請說明。

6. 假設某一經濟體系只生產巧克力棒。在第 1 年，產量為 3 條，價格為 4 美元；在第 2 年，產量為 4 條，價格為 5 美元；在第 3 年，產量為 5 條，價格為 6 美元。第 1 年為基期年。

a. 每一年的名目 GDP 各為何？
b. 每一年的實質 GDP 各為何？
c. 每一年的 GDP 平減指數各為何？
d. 從第 2 年到第 3 年的實質 GDP 成長率為何？
e. 從第 2 年到第 3 年以 GDP 平減指數衡量的物價膨脹率為何？
f. 在這樣一個只生產一種商品的經濟體系，你是否可以不需先回答（b）與（c）小題，而直接回答（d）與（e）小題？為什麼？

7. 考慮下列美國 GDP 資料：

年	名目 GDP（十億美元）	GDP 平減指數（基期：2012 年）
2020	21,141	113.6
2000	10,827	78.1

a. 2000 與 2020 年間的名目 GDP 其平均成長率為何（t 年與 T 年間之平均成長率的公式為 $100 \times [(X_T / X_t)^{1/(T-t)} - 1]$。）？

b. 2000 與 2020 年間的 GDP 平減指數成長率為何？

c. 以 2012 年價格衡量的 2000 年實質 GDP 為何？

d. 以 2012 年價格衡量的 2020 年實質 GDP 為何？

e. 2000 與 2020 年間的實質 GDP 其平均成長率為何？

f. 2000 與 2020 年間的名目 GDP 平均成長率高於還是低於實質 GDP 平均成長率？請說明。

8. 上行政院主計總處網站（http://www.dgbas.gov.tw），找我國 2008 與 2009 年實質 GDP 的組成項目〔首頁〉政府統計〉主計總處統計專區〉國民所得及經濟成長〉統計表〉歷年各季國內生產毛額依支出分〔GDP（chained dollars, 1981~）〕，說明主要是哪一個組成項目造成我國實質 GDP 在 2009 年呈現負成長。

9. 一位麥農賣了 100 美元的小麥給碾磨廠；碾磨廠製成麵粉後以 150 美元賣給麵包店；麵包店製成麵包後以 180 美元賣給消費者。消費者吃了麵包。

a. 這些交易對 GDP 的貢獻為何？

b. 假設除了上述的中間財之外，沒有其他的中間財。一項商品的**附加價值**等於廠商的銷售金額減去它購買中間財的支出。計算上述三個生產者他們各自的附加價值。

c. 這三個生產者合起來的總附加價值為何？它與這些交易對 GDP 的貢獻有何差異？由這個例子來看，是否意味著還有另一個計算 GDP 的方法？

10. 未在市場銷售的商品與服務，如在家中生產與消費的食物通常並未計入 GDP。就表 3 第 2 欄美國與印度的數字而言，這點是否可能導致在比較美國與印度的經濟福祉時，發生誤導的情況？請說明。

11. 自 1970 年以來，美國婦女參與勞動市場的比率大幅上升。

a. 此一現象會如何影響 GDP？

b. 如果有一個福利指標納入花在家庭的工作時間以及休閒時間，那麼上述現象會如何影響此一指標？此一指標的變動方向與 GDP 的變動方向有何差異？

c. 你可以想出與婦女參與勞動市場程度有關的其他福利項目嗎？建構一個包括這些項目的福利指標是否切合實際？

12. 有一天，小玲髮廊的營業額為 400 美元。在這一天，她的設備折舊 50 美元。剩下的 350 美元當中，30 美元為銷售稅，220 美元為她的工資，100 美元為保留盈餘。小玲為她的 220 美元工資付了 70 美元的所得稅。根據以上的數字，計算小玲對下列各項國民所得衡量指標的貢獻。

a. 國內生產毛額。

b. 國民生產淨額。

c. 國民所得。

d. 個人所得。

e. 個人可支配所得。

即席測驗答案

1. c 2. d 3. b 4. c 5. b 6. d 7. c 8. a 9. a 10. b 11. c 12. c

附錄

加權連鎖實質 GDP[1]

經濟學家藉由建構實質 GDP，來剔除物價變動所造成的問題。直到最近，計算實質 GDP 最常見的方法，是將每年各項商品的產量乘以其基期（如 2016 年）的價格；加總所有的乘積後就得到該經濟體系的總合實質 GDP，稱為「以 2016 年價格計值的 GDP」（若基期為 2016 年）。這個結果，有時也稱為**固定價格 GDP**（GDP in constant prices），因為我們用的價格（即基期 2016 年的價格）不會隨時

表 4　計算名目與實質 GDP：一個簡單的例子

	2022a	2022b	2023a	2023b
價格				
奶油	€2.00／每磅	€2.00／每磅	€3.00／每磅	€1.50／每磅
高爾夫球	€1.00／每個	€1.00／每個	€1.10／每個	€0.89／每個
數量				
奶油	50 磅	50 磅	40 磅	70 磅
高爾夫球	400 個	400 個	391 個	500 個
名目市場價值				
奶油	100.0	100.0	120.0	105.0
高爾夫球	400.0	400.0	430.1	445.0
名目 GDP	500.0	500.0	550.1	550.0
2022-23 年之平均價格				
奶油	€2.50／每磅	€1.75／每磅	€2.50／每磅	€1.75／每磅
高爾夫球	€1.05／每個	€0.945／每個	€1.05／每個	€0.945／每個
以 2022-23 年之平均物價衡量的市場價值				
奶油	125.0	87.5	100.0	122.5
高爾夫球	420.0	378.0	410.6	472.5
總值	545.0	465.5	510.6	595.0
對 2022 年之比	1.0	1.0	0.937	1.278
連鎖實質 GDP（基期為 2022 年）	500.0	500.0	468.5	639.0
隱含 GDP 平減指數（基期為 2022 年）	100	100	117	86

---

[1] 本附錄取材自王銘正譯著，總體經濟學，原著：Robert J. Barro, Angus C. Chu and Guido Cozzi, 2017, *Intermediate Macroeconomics*，頁 19-22，臺北：新加坡商聖智學習亞洲私人有限公司臺灣分公司。

間而變動。相對地，名目 GDP 有時稱為**當期價格** GDP（GDP in current prices），因為此時計算 GDP 所用的各項價格均為當年的水準。

因為基期（如 2016 年）的價格不會隨時間變動，所以剛剛所提的方法提供衡量不同期間總產出水準的合理方式，亦即它提供了一個衡量實質 GDP 的合理方式。不過，這個方法的一個缺點在於，它以固定的基期（即 2016 年）的價格作為各個商品產出的權數。舉例來說，如果在 2016 年，一台個人電腦的價格比一張沙發來得高，則在 2023 年的實質 GDP 中，即使電腦比沙發便宜得多，但每部電腦（假設與在 2016 年生產的電腦有相同品質）仍會比沙發更有價值。更一般性地說，當商品的相對價格隨時間改變時，基期的權數就變得較不適用，從而主計單位每隔幾年就會調整基期。不過，一個稱為加權連鎖法的比較精確的解決方式，已被大多數國家採用，以得到更好的實質 GDP 的衡量結果。根據此法所計算出來的變數稱為**加權連鎖實質** GDP（chain-weighted real GDP）。在媒體上報導的就是這加權連鎖值，本書亦將用它來衡量實質 GDP。

我們可以用表 4 中的假想數值來說明加權連鎖法。這個方法要先計算各個商品在相鄰兩年（表中為 2022 年和 2023 年）的平均價格水準。例如，在 a 例中，奶油在 2022 年和 2023 年的平均價格為每磅 €2.5；在 b 例中，則為每磅 €1.75。

每一種商品在各年（表中為 2022 年和 2023 年）的產量，均乘以其在相鄰兩年的平均價格。例如，在 a 例中，奶油在 2022 年的產值，以 2022 和 2023 年的平均價格計算為 €125；若以 2022 年的價格（較低）計算，則為 €100。在同例中，奶油在 2023 年的產值若以平均價格計算為 €100；若以 2023 年的價格（較高）計算，則為 €120。

表 4 亦列出我們用平均價格所計算出來的各年總產值。例如，在 2022 年 a 例中，總值為 €545；若使用 2022 年的價格，則為 €500。在 2023 年 a 例中，總值為 €510.6；若使用 2023 年的價格，則是 €550.1。

接下來，我們計算這些總產值對 2022 年總產值的比值。在 2022 年的 a 與 b 兩例中，比值均為 1.0。而 2023 年 a 例的比值為 0.937，b 例中為 1.278。

為了得到以 2022 年為基期的連鎖實質 GDP，我們將剛剛計算出來的比值乘以 2022 年的名目 GDP（€500）。因此，以 2022 年為基期的 2022 年的連鎖實質 GDP，在 a 與 b 兩例，均與名目 GDP 相同。而以 2022 年為基期的 2023 年連鎖實質 GDP，在 a 例為 €468.5，在 b 例中則為 €639。因此，儘管 a 與 b 兩例中的 2023 年名目 GDP 是相同的，但 b 例中的連鎖實質 GDP 明顯高於 a 例。這樣的結果是合理的，因為 b 例中的奶油和高爾夫球的產量均高於 a 例。

同樣的方法也適用於其他年份。例如，我們有了 2024 年的資料後，就可以計算 2024 年總產值對 2023 年總產值的比值。這些比值類似於表 4 中 2023 年對 2022 年的比值。接著，我們就可以呈現以 2022 年為基期的 2024 年的結果：我們將 2024 年對 2023 年的比值乘以 2023 年對 2022 年的比值，而得到 2024 年對 2022 年的比值。最後，我們將它乘以 2022 年的名目 GDP，就可以得到以 2022 年為基期的 2024 年加權連鎖實質 GDP。這個過程稱為**鏈結**（chain-linking）。如果我們重複這個過程，就可以得到單一基期的加權連鎖實質 GDP 的時間序列資料。

表 4 用以計算加權連鎖實質 GDP 的基期年為 2022。不過，使用連鎖法時，哪一年被當成基期並不重要。我們用單一基期只是為了確保每年的實質 GDP 是可以比較的（任兩年，例如 2022 年和 2023 年，其加權連鎖實質 GDP 的比值，不管基期是哪一年，都是一樣的）。

我們可以用名目與加權連鎖實質 GDP 來建構一般物價水準指數。在表 4，2022 年為基期，我們就將 2022 年的物價水準定為「100」。這個數字是隨意定的，它方便各年物價水準的比較。

在 2023 年的 a 例中，名目 GDP 為 €550，而以 2022 年為基期的加權連鎖實質 GDP 為 €468.5。我們可以假想一個隱含的物價水準（implicit price level），而用它將貨幣值（名目 GDP 的 €550）轉化成實質值（實質 GDP 的 €468.5）：

名目 GDP／隱含物價水準＝實質 GDP

如果我們重新移置上式中的項，可以得到：

隱含物價水準＝名目 GDP／實質 GDP

例如，就表 4 的 2023 年 a 例而言，我們可以得到：

隱含物價水準 = 550 / 468.5 = 1.17

相對地，就 2023 年 b 例而言：

隱含物價水準 = 550 / 639 = 0.86

1.17 和 0.86 意味著 a 例的物價水準高於 b 例的。如前所述，一般會將基期（我們的例子為 2022 年）的物價指數定為 100，從而 2023 年 a 例中的物價水準為 1.17 × 100 = 117，而 b 例則為 0.86 × 100 = 86，這些數值均呈現在表 4 中。這個物價指數一般稱之為**隱含 GDP 平減指數**（implicit GDP deflator），亦即這些數值是名目 GDP 轉化為實質 GDP 的隱含因子。

Chapter 24
生活成本的衡量

在1931 年，紐約洋基隊付給知名棒球明星貝比‧魯斯（Babe Ruth）80,000 美元的年薪，當時美國經濟正面臨經濟大蕭條的嚴重衝擊。在當時，這是相當高的年薪，甚至比當時美國總統胡佛的 75,000 美元年薪還要高。當魯斯被記者問到這是否合理時，魯斯回答說：「我今年的表現比較好。」

在 2021 年，美國職棒大聯盟球員的平均年薪約 420 萬美元，最高的是洛杉磯道奇隊投手鮑爾（Trevor Bauer）的 3,800 萬美元。這個事實可能會讓你認為在過去 90 年，美國職棒球員大發特發；但眾所皆知，商品與服務的價格在這段期間也是大幅上漲的。在 1931 年，5 美分可以買一個甜筒冰淇淋，25 美分可以買一張電影票。由於魯斯年代的物價比現在低很多，因此我們無法確定魯斯的生活水準要比現在球員的生活水準來得高或低。

在上一章，我們利用國內生產毛額（GDP）衡量一國商品與服務的總產值，本章則介紹經濟學家如何衡量整體的生活成本。要比較魯斯跟現在球員的生活水準，我們需要找到一個可以將不同時期的金額轉換成購買力的方法。這正是*消費者物價指數*（consumer price index）這個統計量所

做的工作。在介紹過如何編製消費者物價指數之後，我們可以用這樣一個指數來比較不同時期金額的購買力。

消費者物價指數反映生活成本。當消費者物價指數上升時，一般家庭需要花費更多的金錢才能維持相同的生活水準。經濟學家用**物價膨脹**（inflation）來描述一般物價持續上升且用**物價緊縮**（deflation）來描述一般物價持續下跌的現象，而**物價膨脹率**（inflation rate）為物價水準的上升百分比。在上一章，我們曾說明何以 GDP 平減指數可以衡量物價膨脹；但你在晚間新聞所聽到的物價膨脹率並不是用這個統計量計算的，而是用更能反映消費者所購買的商品與服務其價格的消費者物價指數計算的。

我們在未來章節會陸續提到，物價膨脹是一個重要的總體經濟問題，也是政策制定者在制定政策時會考量的一個重要總體經濟變數。本章說明如何利用消費者物價指數來衡量物價膨脹率，以及比較不同時期金額的購買力。

24-1 消費者物價指數

消費者物價指數
consumer price index（CPI）
衡量典型消費者所購買的商品與服務其整體成本的指標

消費者物價指數（CPI）是衡量典型的消費者所購買的商品與服務之整體成本的指標。在每個月，美國勞工部的勞動統計局（我國為行政院主計總處）會計算並公布消費者物價指數。在本節，我們說明消費者物價指數如何計算，以及它作為生活成本衡量指標所遭遇的問題。我們也會比較消費者物價指數與我們上一章所介紹的 GDP 平減指數，這兩個整體物價水準衡量指標之間的差異。

24-1a 消費者物價指數如何計算

當美國勞動統計局（和我國主計總處）在計算消費者物價指數和物價膨脹率時，它使用數以千（百）計的商品與服務的價格資料。為了解這兩個統計量是如何建構的，我們以消費者只購買熱狗與漢堡的一個簡單經濟體系為例來說明。表 1 列出美國勞動統計局所採取的五個步驟。

1. **固定一籃子商品**：首先，我們決定哪些商品價格對典型的消費者而言是最重要的。如果典型的消費者購買的熱狗數量比漢堡多，則熱狗的價格比漢堡的價格來得重要，從而在衡量生活成本時，熱狗價格應占比較大的權數。美國勞動統計局藉由訪問消費者以及找出典型消費者會購買的商品與服務的組合來設定這些權數。在表 1 中的例子，典型的消費者購買 4 根熱狗及 2 個漢堡。

2. **找出價格**：接下來找出在每個時點那一籃子中每項商品與服務的價格。表 1 列

表 1　計算消費者物價指數與物價膨脹率：假想例

本表顯示在一個消費者只購買熱狗與漢堡的假想經濟體系中，如何計算消費者物價指數與物價膨脹率。

步驟 1：訪問消費者以決定一個固定的一籃子商品

籃子裡放 4 根熱狗和 2 個漢堡

步驟 2：找出每項商品各年的價格

年份	熱狗價格	漢堡價格
2022	$1	$2
2023	2	3
2024	3	4

步驟 3：計算各年一籃子商品的成本

2022	（每根熱狗 $1 × 4 根熱狗）+（每個漢堡 $2 × 2 個漢堡）= $8（每一籃子）
2023	（每根熱狗 $2 × 4 根熱狗）+（每個漢堡 $3 × 2 個漢堡）= $14（每一籃子）
2024	（每根熱狗 $3 × 4 根熱狗）+（每個漢堡 $4 × 2 個漢堡）= $20（每一籃子）

步驟 4：選定某一年為基期年（2022 年）並計算各年的消費者物價指數

2022	（$8 / $8）× 100 = 100
2023	（$14 / $8）× 100 = 175
2024	（$20 / $8）× 100 = 250

步驟 5：利用消費者物價指數計算各年與前一年相較下的物價膨脹率

2023	（175 − 100）/ 100 × 100 = 75%
2024	（250 − 175）/ 175 × 100 = 43%

出熱狗與漢堡在三個不同年份中的價格。

3. **計算那一籃子的成本**：接著再利用價格資料計算在不同時點購買那一籃子商品與服務的成本。表 1 列出每一年的計算結果。值得注意的是，在計算過程中，只有價格會變動。藉由固定那一籃子的商品與服務的數量，我們讓那一籃子的成本只因價格變動而變動。

4. **選定基期年並計算消費者物價指數**：設定某一年為基期年，以作為與其他年比較時的基準（以哪一年作為基期年無關緊要，因為生活成本的變化並不會因基期年不同而有所不同）。在基期年選定之後，消費者物價指數的計算公式如下：

$$消費者物價指數 = \frac{當期一籃子商品與服務的價格}{基期年該籃子的價格} \times 100。$$

在表 1 中的例子，基期年為 2022 年。在這一年，那一籃子的熱狗與漢堡價值 8 美元，因此在計算消費者物價指數時，各年的那一籃子價格都除以 8 美元再乘上 100。在 2022 年，消費者物價指數為 100（基期年的指數永遠是 100）。2023 年的消費者物價指數為 175，這意味著那一籃子 2023 年的價格是基期年的 175%。換言之，如果那一籃子 2022 年的價格為 100 美元，則 2023 年為 175 美元。同樣地，2024 年的消費者物價指數為 250，意味著那一籃子 2024 年的價格是基期年的 2.5 倍。

5. **計算物價膨脹率**：最後一個步驟是利用消費者物價指數來計算**物價膨脹率**，其為與前一期相較下的消費者物價指數的變動百分比。亦即，相鄰兩年的物價膨脹率的計算公式為

> **物價膨脹率** inflation rate
> 物價指數與前期相較下的變動百分比

$$第二年的物價膨脹率 = \frac{第二年的 CPI - 第一年的 CPI}{第一年的 CPI} \times 100。$$

在我們的例子中，2023 年的物價膨脹率為 75%，2024 年的為 43%。

雖然此例藉由只考慮兩種商品而簡化了真實世界，但它說明了美國勞動統計局如何計算消費者物價指數與物價膨脹率。美國勞動統計局每個月蒐集並處理數以千計的商品與服務價格，並依循上述五個步驟，來決定典型消費者其生活成本的變化速度。

除了消費者物價指數之外，美國勞動統計局也計算範圍較小的商品與服務（如食物、衣服與能源）的物價指數。它也計算剔除食物與能源之後的所有商品與服務的 CPI，稱為**核心 CPI**。另外，它也計算**生產者物價指數**（producer price index, PPI；又稱為躉售物價指數，wholesale price index），其衡量廠商所購買的一籃子商品與服務的成本。由於廠商最終會將成本轉嫁給消費者（不一定百分之百轉嫁），所以 PPI 通常被視為 CPI 的領先指標。（關於我國各種物價指數的編製說明，有興趣的讀者可上行政院主計總處網站查閱：首頁〉政府統計〉主計總處統計專區〉物價指數〉簡介，再點「編製方法說明」。）

> **核心 CPI** core CPI
> 衡量剔除食物與能源之後的消費者商品與服務其整體成本的指標

> **生產者物價指數** producer price index（PPI）
> 衡量廠商所購買的一籃子商品與服務其成本的指標

24-1b CPI 作為生活成本衡量指標的問題

消費者物價指數的目的在於衡量生活成本的變動，換言之，消費者物價指數試圖衡量所得必須增加多少才能維持相同的生活水準。不過，消費者物價指數並不是衡量生活成本的完美指標，它存在三個公認但難以解決的問題。

第一個問題稱為**替代偏誤**（substitution bias）。當價格發生變動時，它們並非呈同比例變動，有些漲得多，有些漲得少。消費者面對此一情況，會少買相對變

貴的商品，而多買相對變便宜的商品，亦即，消費者會以相對變便宜的商品替代相對變貴的商品。如果物價指數是根據固定的一籃子商品來計算，它會忽略消費者上述替代行為的可能性，從而高估了生活成本的變動。

舉例來說，假設在基期年，蘋果比梨子便宜，所以消費者買的蘋果數量多於梨子，從而美國勞動統計局會放較多的蘋果數量及較少的梨子數量在那一籃子裡。如果在下一年，梨子變得比蘋果便宜，則消費者會很自然地買較多的梨子和較少的蘋果。但美國勞動統計局在計算消費者物價指數時，用的是固定的一籃子，這就變成消費者在蘋果變貴之後，依然跟以前一樣購買較多數量的蘋果。由於這個原因，消費者物價指數所顯示出來的生活成本上升幅度，會比消費者實際面臨的要來得大。換言之，此一替代偏誤問題造成消費者物價指數通常會高估生活成本的變化。

第二個問題是消費者物價指數無法立即考慮**新產品的推出**（introduction of new goods）。當一項新產品推出時，消費者有更多的商品種類可以選擇，這讓消費者能以較少的支出來維持相同的福利水準。何以如此？假設你可以選 100 美元的大型商店禮券或 100 美元的小型商店禮券，你會選擇哪一種？由於大型商店的商品種類較多，所以一般人會選大型商店的禮券。本質上，選擇機會變多會讓每一塊錢更有價值；這道理也適用於新產品的出現。當新產品出現時，消費者的選擇變多，從而每一塊錢變得更有價值。不過，由於消費者物價指數是以固定的一籃子商品為計算基礎，所以無法反映因新產品出現所造成的金錢價值的提升。

舉例來說，當 iPod 在 2001 推出時，消費者可以更方便地聽到他們喜歡的音樂，從而就既定的金錢數目而言，iPod 的推出讓人們可以過得更好，或人們可以用較少金額達成相同的福利水準。一個完美的生活成本指數應該要能以生活成本降低，來反映 iPod 推出所帶來的好處。不過，消費者物價指數並無法立即下降以反映 iPod 的推出。雖然美國勞動統計局最終會把 iPod 放進那一籃子裡，而使消費者物價指數反映 iPod 價格的變動，但在 iPod 剛推出時，消費者物價指數並未顯示生活成本降低。

消費者物價指數的第三個問題是**未衡量到的品質變化**（unmeasured quality change）。當一項產品的品質持續變差時，即使它的價格沒變，你手上每一塊錢的價值會持續下降，因為你以同樣金額買到的產品愈來愈差。相反地，當產品的品質愈來愈好時，你手上每一塊錢的價值會愈來愈高。美國勞動統計局盡其可能考量品質的變化。當那一籃子中的某項商品其品質發生變化時，例如，當某一款汽車的馬力加大或更省油時，美國勞動統計局會調整商品的價格以反映品質的變化。儘管有這些努力，但由於品質難以衡量，如何反映品質變化依然是一個問題。

經濟學家之間對上述三個問題的嚴重程度以及該如何解決仍有許多爭論。一些研究指出，美國消費者物價指數每年約高估物價膨脹率 0.5% 到 1%。此一議題之所以重要是因為美國有很多政府方案是以消費者物價指數作為整體物價水準的指標。例如，社會福利津貼金額與消費者物價指數連動；如果消費者物價指數高估實際的物價膨脹，則社會福利津貼的購買力在物價膨脹期間會自動調升[1]。一些經濟學家因此建議調整政府方案與消費者物價指數之間的連動程度，以修正 CPI 作為生活成本衡量指標的問題。不過，有些經濟學家則認為這樣做是錯的，因為年長者一般會有較大的健康照護支出，而其價格的上漲速度通常高於 CPI。

24-1c GDP 平減指數與消費者物價指數

在上一章，我們檢視另一個整體物價水準的衡量指標──GDP 平減指數。GDP 平減指數是名目 GDP 之於實質 GDP 的比率。由於名目 GDP 是以當期價格所衡量的當期產值，而實質 GDP 是以基期價格所衡量的當期產值，因此，GDP 平減指數反映當期價格之於基期價格的相對水準。

經濟學家和政策制定者觀察 GDP 平減指數和消費者物價指數，來判斷整體物價水準的變化速度。一般而言，這兩個統計量呈現相同的走勢，但由於下面兩個重要差異，使它們的走勢有時會出現分歧的結果。

第一個差異是 GDP 平減指數反映所有**國內生產**的（最終）商品與服務的價格水準，而消費者物價指數反映的是**消費者所購買**的商品與服務的價格水準。例如，假設我國生產的遊艇價格上漲。即使遊艇是我國 GDP 的一部分，但它不是國內一般消費者會購買的商品，因此，它的價格上漲會使 GDP 平減指數上升，但不會影響消費者物價指數。

另外一個例子是，假設黃金的價格上漲。因為我國不生產黃金，但國內一般消費者會購買，因此像黃金之類的進口財貨其價格上漲會使消費者物價指數上升，但對 GDP 平減指數的影響幅度相當有限。

當石油價格變動時，此一 GDP 平減指數與消費者物價指數間的差異會顯得特別重要。如果一國進口石油，且汽油等石化產品的支出占一般家庭總支出的比

---

[1] CPI 在我國的其他應用還包括綜合所得稅之課稅級距金額、免稅額、標準扣除額、薪資所得特別扣除額、身心障礙特別扣除額等，以及遺產稅、贈與稅之免稅額的調整都是以 CPI 的一定漲幅為調整依據。另外，依照勞保條例第 65 條之 4 規定，於中央主計機關發布之消費者物價指數累計成長率達 5% 時，才會依該成長率調高年金給付金額。勞保年金於 2009 年開辦，2009 年至 2013 年之 CPI 累計成長率為 5.20%，已達法定調整標準，故自 2014 年 5 月起調高年金給付金額；2022 年 5 月又因相同理由再度調高。另外，勞動部於 2019 年所提的《最低工資法》草案也明訂：「最低工資之審議，應參採消費者物價指數年增率擬訂調整幅度。」

例大於石化產品的原料成本占 GDP 的比例，則當石油價格上漲時，消費者物價指數的上升幅度會大於 GDP 平減指數的上升幅度。如圖 1（a）所示，在 1970 年代兩次石油危機爆發時，美國 CPI 的上升率均大於 GDP 平減指數的上升率。就我國而言如圖 1（a）與圖 1（b）所示，在兩次石油危機期間（1973 至 1974，1979 至 1981），美國與臺灣 CPI 的上升率大抵上均大於 GDP 平減指數的上升率。

　　GDP 平減指數與消費者物價指數的第二個差異在於，不同的價格如何加權，以計算出一個單一的整體物價水準指標。消費者物價指數比較一個**固定**籃子商品與服務的當期價格與基期價格，統計單位只是偶爾改變那一籃子的內容。GDP 平減指數比較**當期生產**的商品與服務的價格與其基期年的價格。由於每一種商品其每期的產量不同，因此，同一種商品其在 GDP 平減指數中的每期權數會跟著不同，從而 GDP 平減指數的權數結構會隨著時間經過而自動調整。當所有價格都呈同比例變動時，此一差異並不重要，但如果價格的變動比率有比較大的差異，則價格的加權方式會影響物價膨脹率的計算結果。

　　圖 1 顯示美國與臺灣自 1965 年起，以 GDP 平減指數與消費者物價指數所衡量的物價膨脹率。如圖所示，兩國除了在兩次石油危機期間，這兩種物價指數所衡量的物價膨脹率有比較顯著的差異外，其餘時期的走勢則頗為相似。兩國在 1970 年代都有比較高的物價膨脹率，在 1980 年代中期之後，則有比較低的物價膨脹率。

即席測驗

1. 消費者物價指數與下列何者衡量幾近相同的經濟現象？
   a. 名目 GDP　　b. 實質 GDP
   c. GDP 平減指數　d. 失業率
2. 下列何項商品其價格的變動不會影響 CPI？
   a. 米　b. 榴槤　c. 高麗菜　d. 麵包
3. 如果國內某家民營兵工廠賣給陸軍的步槍其價格大幅飆升，則
   a. CPI 和 GDP 平減指數都會上升。
   b. CPI 和 GDP 平減指數都不受影響。
   c. CPI 上升，但 GDP 平減指數不受影響。
   d. GDP 平減指數上升，但 CPI 不受影響。
4. 因為消費者可以用較便宜的商品替代那些價格上漲的商品，所以
   a. CPI 會高估物價膨脹。
   b. CPI 會低估物價膨脹。
   c. GDP 平減指數會高估物價膨脹。
   d. GDP 平減指數會低估物價膨脹。

（答案在章末）

24-2 修正物價膨脹對經濟變數的影響

　　衡量整體物價水準的目的之一在於比較同樣一塊錢在不同時期的購買力。接下來我們就舉例說明如何用物價指數來做此一比較。

PART VII 總體經濟學資料

圖 1　美國與臺灣兩種物價膨脹的衡量指標

(a) 美國

(b) 台灣

本圖顯示美國與台灣自 1965 年起，以 GDP 平減指數與消費者物價指數所衡量的物價膨脹率。如圖所示，除了兩次石油危機期間，這兩種物價指數所衡量的物價膨脹率，兩國都有頗為相似的走勢。

資料來源：U.S. Department of Labor; U.S. Department of Commerce。消費者物價指數：主計總處網站：首頁＞政府統計＞主計總處統計專區＞物價指數＞統計表＞消費者物價指數及其年增率。GDP 平減指數：主計總處網站：首頁＞政府統計＞主計總處統計專區＞國民所得及經濟成長＞統計表＞資料庫。

24-2a 如何比較不同時期的金額

首先，我們回到本章一開始所提到的貝比・魯斯的薪水。他在 1931 年的 8 萬美元年薪與今天的球員相比，是高還是低？

要回答這個問題，我們需要知道 1931 年與今天的物價水準，然後將魯斯的薪水依這段期間的物價膨脹率換算成今天的金額。將 T 年（如 1931 年）的金額換算成今天金額的公式如下：

$$\text{今天的金額} = T \text{年的金額} \times \frac{\text{今天的物價水準}}{T\text{年的物價水準}}$$

美國 1931 年的消費者物價指數為 15.2，2021 年為 271，因此，美國 2021 年的整體物價水準是 1931 年的 17.8 倍（271/15.2）。我們可以利用此一數字來計算魯斯的薪水在 2021 年值多少錢。利用上面的公式可以得到：

$$2021\text{年的薪水} = 1931\text{年的薪水} \times \frac{2021\text{年的物價水準}}{1931\text{年的物價水準}}$$

> **增廣見聞**
> ## 消費者物價指數替《亂世佳人》出了一口氣

你認為史上最受歡迎的電影是哪一部？我們通常會用票房收入來衡量電影受歡迎的程度。在美國，《星際大戰：原力覺醒》的總票房為 937 百萬美元，高居所有電影的榜首，其次是《復仇者聯盟：終局之戰》的 853 百萬美元、《阿凡達》的 761 百萬美元，以及《黑豹》的 700 百萬美元，而 1939 年出品的《亂世佳人》其票房收入連前 100 名都排不上。你是不是會因此而認為《亂世佳人》這部電影好像沒那麼偉大？

由於不同時期的電影票票價不同，所以我們不能直接比較票房收入的絕對金額，來決定電影的受歡迎程度。我們可以利用剛剛所介紹的公式，將不同電影的票房收入換算成可以比較的金額。經物價膨脹調整後，以 2019 年的價格計算，票房收入第一名的電影是《亂世佳人》（1,851 百萬美元），其次是首部星際大戰（1,629 百萬美元）以及《真善美》（1,304 百萬美元）；《星際大戰：原力覺醒》（989 百萬美元）只排在第 11 名。

《亂世佳人》在 1939 年上映，當年美國每星期約有 9,000 萬人看電影，今天這個數字大約是 2,500 萬。當年的電影票價只有 25 美分，所以雖然當年美國看電影的人比較多，但就絕對金額而言，《亂世佳人》的票房收入並不高。不過一旦考慮物價膨脹之後，郝思嘉（Scarlett）與白瑞德（Rhett）的實際生活水準要比表面數字所顯示的要好多了。

$$= \$80{,}000 \times 271/15.2$$
$$= \$1{,}426{,}316。$$

我們發現魯斯 1931 年 8 萬美元的年薪相當於 2021 年 142 萬美元的年薪。這個年薪看似不低，但約只有美國職棒大聯盟球員平均年薪的三分之一，更還不到道奇隊投手鮑爾年薪的 4%。許多因素，包括整體的經濟成長以及超級球星其薪水占球隊薪資總額的比率上升，都提升了頂尖運動員的生活水準。

同樣的計算方式可以將胡佛總統 1931 年的 75,000 美元年薪換算成 2021 年的年薪，其為 $75,000 × 271/15.2 = $1,337,171，遠高於拜登總統的 40 萬美元。看來胡佛總統那一年還蠻好過的。

24-2b 實質利率與名目利率

當我們在看利率資料的時候，物價膨脹的調整就顯得相當重要，這是因為提到利率就意味著會牽涉到不同時點的金額。當你把錢存到銀行時，你在未來會收到利息。同樣地，當你向銀行借錢時，你在未來不單要償還本金，也要付給銀行利息。在這兩種情況下，如要充分了解你跟銀行之間的交易是否對你有利，你必須先知道金錢的未來價值與現在價值的差異，亦即，你必須先修正物價膨脹的影響。

舉例來說，假設依林今天在銀行存了 1,000 美元，年利率為 10%。一年後，她可以領到 1,100 美元的本利和。在此情況下，多出的這 100 美元，是否讓依林比一年前「更富有」呢？

答案決定於我們如何定義「更富有」。就絕對金額來看，依林當然比一年前更富有；但如果以金錢的購買力（亦即金錢所能購買的商品與服務的數量）的角度來看，答案就取決於物價膨脹率了。

為簡化說明，我們假設依林的錢都花在買音樂 CD。假設在依林存錢時，CD 的單價為 10 美元，她的 1,000 美元存款相當於 100 張 CD。一年後，依林的 1,100 美元的本利和可以買多少張 CD 呢？這決定於 CD 的價格如何變動。以下舉幾個例子：

- 零物價膨脹：如果 CD 的單價維持在 10 美元，則她所能購買的 CD 數量由 100 張增加為 110 張。這意味著她擁有的金錢數目增加 10%，讓她的購買力也上升 10%。

- 6% 物價膨脹：如果 CD 的單價由 10 美元上漲為 10.6 美元，那麼她所能購買的 CD 數量由 100 張增加為 104 張；換言之，她的購買力大約上升 4%。

- 10% 物價膨脹：如果 CD 的單價由 10 美元上漲為 11 美元，則她的 1,100 美元的本利和所能購買的 CD 數量，仍跟以前一樣，都是 100 張；換言之，她的購買力並沒有變動。
- 12% 物價膨脹：如果 CD 的單價由 10 美元上漲為 11.2 美元，那麼，雖然她所擁有的金錢數目增加了，但她所能購買的 CD 數量，由原先的 100 張減為約 98 張；換言之，她的購買力大約下降 2%。
- 2% 物價緊縮：如果 CD 的單價由 10 美元降為 9.8 美元，那麼她所能購買的 CD 數量由 100 張增加為約 112 張；換言之，她的購買力大約上升 12%。

這些例子顯示，物價膨脹率愈高，則依林的購買力的增加幅度愈低。如果物價膨脹率超過利率，則她的購買力實際上是下跌的。如果發生物價緊縮（亦即，物價膨脹率為負），則她的購買力上升比率超過利率。

因此，如要了解一個人實質上從他的存款賺到多少，我們需要同時知道利率與物價膨脹率。衡量金額變化的利率稱為**名目利率**，而經物價膨脹調整後的利率稱為**實質利率**。名目利率、實質利率與物價膨脹率之間的關係大約如下：

$$實質利率 = 名目利率 - 物價膨脹率。$$

換言之，實質利率為名目利率與物價膨脹率之間的差。名目利率告訴你，你的銀行存款金額增加的速度；而實質利率告訴你，你的銀行存款其購買力的增加速度。

名目利率
nominal interest rate
未經物價膨脹調整且見於媒體報導的利率

實質利率
real interest rate
經物價膨脹調整後的利率

個案研究：美國的利率水準

圖 2 顯示美國自 1965 年起的實質利率與名目利率。本圖的名目利率為三個月期國庫券的利率（其他利率有相似的走勢）。實質利率等於此一名目利率減去消費者物價指數變動率所衡量的物價膨脹率。

此圖其中一個特徵是名目利率幾乎都高於實質利率。這意味著在這段期間，美國消費者物價指數的年增率幾乎都是正的，亦即美國的消費者物價指數幾乎是持續上升的。相形之下，如果你看的是美國十九世紀或日本前幾年的經濟，你會發現物價緊縮現象。在物價緊縮期間，實質利率超過名目利率。

此圖也顯示實質利率與名目利率並不一定都呈同方向變動。例如，在 1970 年代末期，名目利率持續上升，但由於物價膨脹率的上升幅度更大，所以實質利率是下跌的，且呈現負值。相形之下，1990 年代末期的名目利率雖低於 1970 年代的水準，但由於物價膨脹率低得多，所以實質利率反而更高。不過，名目利率與實質利率通常呈同方向變動：例如，在 2020 年經濟因疫情而衰退的期間，名目利率降到接近零的水準，且實質利率又降至負值。在未來章節中，我們會檢視決定名目利率與實質利率的經濟力量。

圖 2　實質利率與名目利率

本圖顯示美國自 1965 年起的名目利率與實質利率。名目利率為美國三個月期國庫券利率，實質利率為此一名目利率減去美國消費者物價指數所衡量的物價膨脹率。這兩種利率的走勢有時並不一致。

資料來源：U.S. Department of Labor; U.S. Department of Treasury.

個案研究　臺灣的實質薪資：1980-2022

如上所述，名目利率告訴你，你的銀行存款金額增加的速度；而實質利率告訴你，你的銀行存款其購買力的增加速度。一般的受薪階級可能會更關心他領到的薪資（稱為名目薪資）其購買力的增加（或減少）速度。我們利用實質薪資的變化來衡量名目薪資其購買力的變化。

某一年的實質薪資為當年的名目薪資除以當年的 CPI 之後再乘上 100，亦即

$$實質薪資 = \frac{名目薪資}{CPI} \times 100。$$

由於基期年的 CPI 等於 100，因此，基期年的實質薪資等於名目薪資。由上面依林的銀行存款其購買力的變動率約等於名目利率減去物價膨脹率的例子，我們可以知道，名目薪資其購買力的變動率也約等於名目薪資的變動率減去物價膨脹率。根據上面的公式，實質薪資的變動率等於名目薪資的變動率減去 CPI 的變動率，亦即減去物價膨脹率，因此，實質薪資的變動率所衡量的就是名目薪資其購買力的變動率。舉例來說，如果你今年的薪資比去年多了 10%，且過去這一年的物價膨脹率為 6%，則你的實質薪資，亦即你的薪資的購買力，約增加了 4%。

表 2 列出我國 1980 至 2022 年每一年的工業及服務業平均（月）總薪資和 CPI（基期年為 2021 年）的資料。這兩欄的數字相除再乘上 100 即可得到每一年的（平均月）實質薪資的數列。為方便比較，我們將實質薪資指數化，亦即將每一年的實質薪資的數字除以基期年的數字

表 2　臺灣的名目薪資、CPI 與實質薪資

單位：新臺幣

年份	工業及服務業平均薪資	CPI	實質薪資	實質薪資指數化後的
1980	8,843	47.02	18,807	33.71
1981	10,677	54.70	19,519	34.99
1982	11,472	56.32	20,369	36.51
1983	12,122	57.09	21,233	38.06
1984	13,409	57.07	23,496	42.11
1985	13,980	56.98	24,535	43.98
1986	15,118	57.38	26,347	47.22
1987	16,496	57.67	28,604	51.27
1988	18,399	58.41	31,500	56.46
1989	21,247	60.99	34,837	62.44
1990	24,317	63.51	38,288	68.63
1991	26,881	65.81	40,846	73.21
1992	29,449	68.75	42,835	76.78
1993	31,708	70.77	44,804	80.31
1994	33,661	73.67	45,692	81.90
1995	35,389	76.37	46,339	83.06
1996	36,699	78.72	46,620	83.56
1997	38,489	79.43	48,457	86.85
1998	39,673	80.77	49,118	88.04
1999	40,781	80.91	50,403	90.34
2000	41,831	81.92	51,063	91.52
2001	41,952	81.92	51,211	91.79
2002	41,533	81.76	50,799	91.05
2003	42,068	81.53	51,598	92.48
2004	42,684	82.84	51,526	92.35
2005	43,162	84.75	50,929	91.28
2006	43,492	85.26	51,011	91.43
2007	44,411	86.79	51,171	91.72
2008	44,418	89.86	49,430	88.60
2009	42,299	89.07	47,490	85.12
2010	44,646	89.93	49,645	88.98
2011	45,961	91.21	50,390	90.32
2012	46,109	92.97	49,596	88.89
2013	46,174	93.71	49,273	88.32
2014	47,832	94.83	50,440	90.41
2015	49,024	94.54	51,855	92.94
2016	49,266	95.86	51,394	92.12
2017	50,480	96.45	52,338	93.81
2018	52,407	97.76	53,608	96.09
2019	53,457	98.30	54,381	97.47
2020	54,160	98.07	55,226	98.99
2021	55,792	100.00	55,792	100.00
2022	57,718	102.95	56,064	100.49

資料來源：行政院主計總處網站：首頁〉政府統計〉主計總處統計專區〉薪資及生產力統計〉電子書〉薪資與生產力統計年報〉表十八歷年各月受僱員工每人每月總薪資。

（55,792 元）再乘上 100。我們將指數化後的實質薪資繪成圖 3。

平均總薪資包括經常性薪資[1]、加班費及其他非經常性薪資[2]。平均總薪資的水準主要受到經濟景氣的影響。當經濟擴張時，不單廠商會調高經常性薪資，加班費及其他非經常性薪資也會增加；相反地，當經濟衰退時，不單廠商可能調降經常性薪資（如放無薪假），加班費及其他非經常性薪資也會減少。如表 2 及圖 3 所示，在 2009 年，我國經濟因美國次級房貸風暴所引發的全球金融海嘯而陷入衰退，那一年的平均總薪資與實質薪資分別較前一年下降 4.77% 與 3.93%。

我國在 1980 至 2000 年這段期間的平均年經濟成長率為 7.45%，平均總薪資的平均年增率也高達 8.08%。這段期間 CPI 的平均年增率為 2.81%，所以這段期間實質薪資的平均年增率也高達 5.70%。但我國在 2000 至 2017 年這段期間的平均年經濟成長率只有 3.64%，平均總薪資的平均年增率更只有 1.11%。這段期間 CPI 的平均年增率為 0.96%，所以這段期間實質薪資的平均年變動率為 0.15%；從表 2 及圖 3 可以看出，這段期間的實質薪資沒什麼變動。從表 2 及圖 3 也可以看出，相較於 2000 年的水準，我國 2017 年的實質薪資僅增加約 2.5%，此意味著一般勞工的物質生活水準幾乎停滯了 18 年，這引發不小的民怨。

為何會有這樣的結果？除了經濟表現不佳外，行政院國發會也提出下列說明[3]：

近年來我國實質薪資水準未見起色，除受金融危機衝擊外，亦受下述制度面結構性因素影響：

1. 2001 年 1 月 1 日縮減法定工時（每週減少 6 小時），但月薪不變，企業薪資成本上升減緩雇主加薪意願。
2. 2005 年 7 月 1 日實施勞退新制，實施後全體雇主每月需提撥 6% 的工資作為勞工退休金，抑制雇主加薪意願。
3. 2008 年和 2011 年提高勞保費率，2002 和 2010 年提高健保費率，雇主實際負擔增加，亦不利於勞工加薪。

國發會的說明只點出部分原因。其實，一個更主要的原因應是中國、印度與非洲一些薪資低廉的人口大國自 1990 年代起，積極地融入全球經濟體系；這意味著全球中低階勞動的供給大幅增加，而拖緩了很多國家的中低階勞動其薪資的上漲幅度。同時，中國的崛起，也讓臺灣對她的投資大增[4]，而抑制了國內投資及薪資的成長，再加上國內大學生畢業人數大增，遂讓臺灣的勞動市場轉為買方市場。

從表 2 及圖 3 也可以看出，在 2018-2021 年期間，臺灣的實質薪資因下列有利於勞動需求增加的因素而增加：

1. 2018 年開打的美中貿易戰爭，讓不少大陸台商為規避美國的高關稅，且受經濟部的「投資臺灣三大方案」的吸引，而回臺投資[5]。
2. Covid 疫情造成宅經濟昌盛而使資訊產品的需求增加，而使台積電等資訊電子廠商積極擴廠並招募員工。
3. 2020 年 3 月至 2022 年 2 月期間，為緩和疫情對經濟的不利影響的低利率政策，讓房地產市場熱絡，而使建設公司大量推案；而金融業也因臺灣的投資支出（包括家戶購買新成屋的支出）大幅增加，且股市等資產市場大漲，而高度繁榮。

因此，雖然疫情讓觀光與休閒（如電影院與演唱會）等相關服務業的薪資下滑，但在上述有利因素的加持下，臺灣的名目與實質薪資在 2017-2021 年期間，持續增加（累計增幅為 8.5%）。不過，2022 年 2 月爆發的俄烏戰爭，讓國際能源、糧食與原物料價格大幅攀升，世界各國也自

2022 年 3 月起開始調升利率以抑制通膨，而使得臺灣 2022 年的實質薪資僅較 2021 年微幅增加 0.49%。未來全球景氣是否會反轉向下，而不利於實質薪資的增加，值得密切觀察。

就個人而言，你的實質薪資主要決定於你的生產力，亦即你的專業知識與技能（包括軟實力）水準。在人工智慧與生產自動化技術會蓬勃發展的未來，你的專業知識與技能水準足以應付未來的挑戰了嗎？

---

1. 指每月給付受僱員工之工作報酬，包括本薪與按月給付之固定津貼及獎金；如房租津貼、交通費、膳食費、水電費、按月發放之工作（生產、績效、業績）獎金及全勤獎金等。
2. 指非按月發放之工作（生產、績效、業績）獎金、年終獎金、員工紅利（含股票紅利及現金紅利）、端午、中秋或其他節慶獎金、差旅費、誤餐費、補發調薪差額等。
3. 行政院國發會新聞稿 2013 年 09 月 25 日。
4. 在 1991-2017 年這段期間，經濟部投審會核准的對中國大陸的投資總金額約為 1,738 億美元。〔經濟部投審會網站：首頁〉業務統計〉統計月報（表3）〕
5. 經濟部為因應美中貿易戰開打，於 2019 年 7 月實施「投資臺灣三大方案」，其中包括「歡迎台商回臺投資行動方案」、「根留臺灣企業加速投資行動方案」及「中小企業加速投資行動方案」。截至 2023 年 11 月底，三方案總投資金額約 2.1 兆元，預估創造就業機會達 14.3 萬人；其中，「歡迎台商回臺投資行動方案」吸引投資金額約 1.1 兆元，預估創造 8.5 萬個就業機會。InvesTaiwan〉首頁〉關於我們〉投資臺灣事務所〉投資臺灣三大方案。

圖3　指數化後的臺灣實質薪資

本圖顯示臺灣在 1980 至 2022 年期間，指數化後的工業及服務業的平均實資薪資，基期年為 2016 年。

即席測驗

5. 如果 2010 年的 CPI 為 200，且今天的 CPI 為 300，那麼，2010 年的 600 美元的購買力等同於今天 _____ 美元的購買力？
   a. 400　　　　　b. 500
   c. 700　　　　　d. 900
6. 我國在 2001-2017 年這段期間的實質薪資的平均年增率約為
   a. 0%。　　　　b. 2%。
   c. 4%。　　　　d. 8%。
7. 你現在存 2,000 元的一年期定期存款，一年後的本利和為 2,100 元。同時，在這一年，CPI 由 200 上升為 204。在此情況下，名目利率為百分之 _____，實質利率為百分之 _____。
   a. 1，5　　　　b. 5，1
   c. 3，5　　　　d. 5，3

（答案在章末）

24-3 結論

本章說明經濟學家如何衡量一般物價水準，以及他們如何利用物價指數來修正物價膨脹率對經濟變數的影響。透過物價指數，我們可以比較不同時點的金錢數目，從而對經濟體系如何演變更有概念。

本章所討論的物價指數與上一章所討論的 GDP，只是學習總體經濟學的第一步。在了解 GDP 與物價膨脹的意義以及如何衡量之後，我們在未來章節會介紹可以解釋這些總體經濟變數走勢的模型。

首先，我們會探討實質 GDP 及其相關變數（如儲蓄、投資、實質利率與失業）的長期決定因素。接下來，我們會探討物價水準及其相關變數（如貨幣供給、物價膨脹與名目利率）的長期決定因素。最後，在了解這些變數的長期水準如何決定之後，我們會探討實質 GDP 與物價水準的短期波動成因。在這些章節中，我們所介紹的衡量概念提供了分析基礎。

摘要

- 消費者物價指數顯示一籃子商品與服務的成本相對於該籃子基期年的成本。此一指數用來衡量一個經濟體系的整體物價水準。消費者物價指數的變動百分比衡量物價膨脹率。

- 消費者物價指數之所以不是生活成本的完美衡量指標，原因有三。第一，它沒有考慮消費者隨著時間以更便宜商品取代較貴商品的能力。第二，它並沒有考慮每一塊錢的價值因新產品出現而增加的現象。第

三,它因商品與服務未被衡量到的品質變化而被扭曲。由於這些衡量問題,CPI 通常高估物價膨脹,從而高估生活成本的變化。

- 如同消費者物價指數,GDP 平減指數也衡量經濟體系的整體物價水準。雖然這兩個價格指數通常有相同的走勢,但它們仍有一些重要差異。GDP 平減指數考慮本國境內生產的商品與服務,而 CPI 考慮的是一般消費者所消費的商品與服務。因此,進口商品價格的變動會對消費者物價指數與 GDP 平減指數有不同的影響程度。另外,當 GDP 的組成變動時,GDP 平減指數的權數結構會自動調整,而消費者物價指數考慮的是固定的一籃子商品。

- 要比較不同時期的金額,我們需用物價指數將過去的一塊錢進行同比率調整。

- 名目利率反映銀行存款金額的增加速度,而實質利率反映銀行存款購買力的增加速度。實質利率等於名目利率減物價膨脹率。

複習題

1. 下列何者對消費者物價指數的影響較大:雞肉價格上漲 10% 還是魚子醬價格上漲 10%。為什麼?
2. 說明三個使消費者物價指數不為生活成本完美衡量指標的問題。
3. 如果進口潛水艇的價格上漲,則我國的消費者物價指數或 GDP 平減指數會如何受到影響?為什麼?
4. 假設經過一段時間之後,冰棒的價格由 0.2 美元上升為 1.2 美元,且消費者物價指數由 150 上升為 300。在調整過物價膨脹之後,冰棒的價格變動多少?
5. 說明**名目利率**與**實質利率**的意義。它們之間的關係為何?

問題與應用

1. 假設你在 1990 年出生,當時有人送你家新臺幣 10,000 元的賀禮。再假設今年是 2022 年。你認為當年那 10,000 元等同現在多少錢,可使這兩個金額有相同的購買力?〔上行政院主計總處的網站(http://www.dgbas.gov.tw)找出消費者物價指數的資料。〕
2. 假設某國的居民將其所得全部花在高麗菜、花椰菜與紅蘿蔔上。在 2023 年,他們花 200 美元買 100 公斤的高麗菜,花 75 美元買 50 公斤的花椰菜,花 50 美元買 500 公斤的紅蘿蔔。在 2024 年,他們花 225 美元買 75 公斤的高麗菜,花 120 美元買 80 公斤的花椰菜,花 100 美元買 500 公斤的紅蘿蔔。
   a. 計算上述蔬菜每一年的單價。
   b. 以 2023 年為基期年,計算每一年的 CPI。
   c. 2024 年的物價膨脹率為何?
3. 根據下表回答下列問題:

	網球	高爾夫球	舒跑運動飲料
2023 價格	$2	$4	$1
2023 數量	100	100	200
2024 價格	$2	$6	$2
2024 數量	100	100	200

a. 這三種商品價格的變動百分比各為何？
b. 利用與消費者物價指數的相同方法，計算整體物價的變動百分比。
c. 如果你知道 2024 年每瓶舒跑的容量大於 2023 年，則此一訊息對你計算物價膨脹率是否有影響？如果有，如何影響？
d. 如果你知道舒跑在 2024 年推出新口味，則此一訊息對你計算物價膨脹率是否有影響？如果有，如何影響？

4. 上行政院主計總處的網站（http://www.dgbas.gov.tw，首頁＞主計總處統計專區＞物價指數＞統計表＞物價統計資料庫）找出消費者物價指數的資料。我國 2022 年的消費者物價指數與 2021 年的相較，變動多少？在七大類商品中，哪一類商品的價格上漲最多？哪一類上漲最少？有哪一類商品的價格是下跌的嗎？

5. 一個只有 10 位居民的小國為電視節目**聲林之王**癡迷，而只生產卡拉 OK 伴唱機和教歌唱課。以下是這兩項產品的相關資料：

	卡拉 OK 伴唱機		教歌唱課	
	數量	價格	數量	價格
2023	10	$40	6	$50
2024	12	60	10	60

a. 假設該國的一籃子商品包括 5 台卡拉 OK 伴唱機與 3 堂歌唱課。令 2023 年為基期年，以類似於 CPI 的方法，計算整體物價的變動百分比。
b. 令 2023 年為基期年，以類似於 GDP 平減指數的方法，計算整體物價的變動百分比。
c. 用這兩種方法計算出來的 2024 年物價膨脹率是否相同？請說明。

6. 下列的情況各指出 CPI 在建構上的哪一個問題？請說明。
a. 手機的發明。
b. 汽車安全氣囊的出現。
c. 個人電腦價格下跌，造成其銷售量增加。
d. 每瓶仙草蜜中有更多的仙草粒。
e. 汽油價格上漲後，省油汽車的使用增加。

7. 一打蛋在 1980 年元月賣 0.88 美元，在 2021 年元月賣 1.47 美元。美國製造業工人的平均工資在 1980 年元月為每小時 6.57 美元，在 2021 年元月為 25.86 美元。
a. 蛋價格上漲多少個百分點？
b. 工資又上漲多少個百分點？
c. 在這兩年，美國的工人要工作多少時間才能買到一打蛋？
d. 美國工人以蛋所表示的購買力是上升還是下跌？

8. 假設借貸雙方同意貸款的名目利率，後來的物價膨脹率比他們預期的要來得高。
a. 此一貸款的實質利率比他們預期的要來得高還是低？
b. 貸方因這個未預期到的高物價膨脹而獲利還是遭受損失？借方呢？
c. 1970 年代的物價膨脹率要比人們在 1970 年代初期所預期的要來得高。此一結果對在 1960 年代向銀行借固定利率房貸的人們有何影響？對放款銀行又有何影響？

即席測驗答案

1. c 2. b 3. d 4. a 5. d 6. a 7. d

Chapter 25
生產與經濟成長

當你環遊世界時,你會看到各國的生活水準有很大的差異。富國(如美國、日本或德國)的平均所得約是窮國(如印度、奈及利亞或尼加拉瓜)的十倍左右。這些所得的大幅差距反映在生活品質的大幅差異上。富國的人民有比較多的汽車、比較多的電話、比較多的電視機、更好的營養、更安全的住屋、更好的醫療照顧,以及比較長的平均壽命。

即使是同一個國家,不同時期的生活水準也會有很大的差異。美國在上一個世紀,以平均每人實質 GDP 所衡量的平均所得以每年大約 2% 的速度成長。雖然 2% 看起來可能很小,但若每年以這個速度成長,則平均所得每 35 年就可以倍增一次,或 100 年後的平均所得會大約是原先的 8 倍。因此,現在美國人的生活水準要比他(她)

的父母及祖父母要好上許多。就臺灣而言，2021 年的平均每人實質 GDP 為新臺幣 920,716 元（2016 年為參考年），是 1956 年新臺幣 23,901 元[1]的 38.5 倍之多。這意味著臺灣這段期間每人實質 GDP 的平均年成長率為 5.78%。如果一國的平均所得以每年 7% 的速度成長，則其平均所得每 10 年就會倍增一次。

國與國之間的經濟成長率可能會有很大的差異。像中國，在 1990 至 2020 年期間，其每人 GDP 的平均年增率達 8.5%，累積下來增加 12 倍。以這樣快速的成長，一國家可以在短短一個世代，就從全世界最窮的國家擠進全世界富國之列。相形之下，辛巴威的每人所得在這段期間減少 24%，其大部分的國民都陷入貧窮。

我們要如何解釋這些不同的經驗？富國要如何維持她們的高生活水準？窮國又該採取什麼樣的政策才能使她們的經濟快速成長？這些都是總體經濟學最重要的問題。如經濟學家盧卡斯（Robert Lucas）所言：「一旦我們開始思考這些問題，我們就很難再去思考其他問題。」

在前兩章，我們說明經濟學家如何衡量一國的實質 GDP 與物價水準。如前所提，一國的 GDP 不單衡量一國的總所得，也衡量一國的總支出。實質 GDP 是衡量一國經濟表現的良好指標，從而實質 GDP 成長率是衡量一國經濟進步速度的良好指標。在本章，我們探討一國長期實質 GDP 水準與成長率的決定因素。在本書後面，我們會探討一國實質 GDP 沿其長期趨勢的短期波動現象。

在此，我們分三個步驟進行。第一，我們檢視平均每人 GDP 的國際資料；看這些資料可以讓我們了解各國生活水準及其成長率的差異。第二，我們檢視**生產力**（productivity）所扮演的角色，生產力以每個勞工每小時所能生產的商品與服務數量來衡量；一國的生活水準決定於勞工的生產力，我們會探討一國生產力的決定因素。第三，我們探討一國生產力與其經濟政策之間的關聯。

25-1 世界各國的經濟成長

首先，我們看一些國家的長期經濟成長表現。表 1 顯示 13 個國家的平均每人實質 GDP 資料。第 1 欄與第 2 欄為國家與期間，第 3 欄與第 4 欄分別為期間起始年與結束年的平均每人實質 GDP 水準（以 2020 年為基期年）。

由第 4 欄的數字可以看出，國與國之間的平均每人實質 GDP 可能有很大的差距。例如，在 2020 年，美國的平均每人所得水準約是中國的 4 倍，且大約是印度

---

[1] 當年臺灣的實質 GDP 為 223,901 百萬元，年底常住人口數為 9,367,661 人（臺閩地區人口及住宅普查歷次結果摘要表）。

表 1　不同的成長經驗

國家	期間	期初平均每人實質 GDP[a]	期末平均每人實質 GDP[a]	成長率（每年）
中國	1900-2020	$ 834	$17,312	2.56%
日本	1890-2020	1,751	42,197	2.48
巴西	1900-2020	907	14,836	2.36
墨西哥	1900-2020	1,350	18,833	2.22
印尼	1900-2020	1,038	12,074	2.07
德國	1870-2020	2,544	53,694	2.05
加拿大	1870-2020	2,766	48,073	1.92
印度	1900-2020	786	6,454	1.77
美國	1870-2020	4,668	63,544	1.76
阿根廷	1900-2020	2,671	20,768	1.72
孟加拉	1900-2020	726	5,083	1.64
巴基斯坦	1900-2020	859	4,877	1.46
英國	1870-2020	5,601	44,916	1.40

[a] 實質 GDP 是以 2020 年為基期年並透過 PPP 換算成美元。

資料來源：Robert J. Barro and Xavier Sala-i-Martin, *Economic Growth* (New York: McGraw-Hill, 1995), Tables 10.2 and 10.3; *World Bank* online data 與原書作者的自行計算。

的 10 倍；孟加拉及巴基斯坦的平均每人實質 GDP 與美國 1870 年的水準相當。

表中第 5 欄顯示各國的平均每人實質 GDP 在資料期間的年平均成長率。以美國為例，其 1870 年的平均每人實質 GDP 為 4,668 美元，2020 年為 63,544 美元，這意味著這段期間的平均年成長率為 1.76%。當然，並不是每年的成長率都剛好是 1.76%；有些年超過，有些年不到，有些年還甚至負成長。1.76% 的成長率代表那段期間成長率的年平均水準，忽略了每年的實際成長率環繞其長期趨勢的短期波動。

表 1 中的國家是依成長率由高至低排列。成長率高的國家包括中國和巴西，這讓她們從窮國搖身一變成為中所得國家。日本的成長率也很高，也讓她從中所得國家晉身為富國。

表中平均所得水準最低的國家為孟加拉與巴基斯坦。她們在過去一個世紀裡，年平均成長率只有 1.5% 左右，因此，這些國家的一般居民仍過著貧窮的生活。表中最底下的國家是英國。在 1870 年，英國是全世界最富有的國家，其平均所得比美國高大約 20%，且大約是加拿大的兩倍。但在今天，英國的平均所得反倒比美國低大約 29%，比加拿大低大約 7%。

這些資料顯示，全世界最富有的國家並無法保證她們永遠是最富有的，而最貧窮的國家也不見得注定永遠是貧窮的。我們要如何解釋這些隨時間經過而發生的變化呢？為什麼有些國家的經濟可以快速成長，但有些國家卻遠遠落後呢？這些正是我們接下來要探討的問題。

即席測驗

1. 美國在上一個世紀，平均每人實質所得以每年大約百分之 _____ 速度成長，這意味著它每 _____ 年會倍增一次。
   a. 2，14　　　　b. 2，35
   c. 5，14　　　　d. 5，35
2. 富國（如美國德國）的每人平均所得約是窮國（如巴基斯坦與印度）的 _____ 倍。
   a. 2　　　　　　b. 4
   c. 10　　　　　 d. 30
3. 在上一個世紀，_____ 經歷特別強勁的成長，而 _____ 經歷特別弱勢的成長。
   a. 日本；英國　　b. 日本；加拿大
   c. 英國；加拿大　d. 加拿大；日本

（答案在章末）

25-2 生產力：它的角色與決定因素

在某種意義上，要解釋全世界各國在生活水準上的巨大差異是很容易的。如我們即將看到的，各國的生活水準決定於她的**生產力**；但各國的生產力又決定於哪些因素呢？

25-2a 生產力為何如此重要

想像你自己是**魯賓遜漂流記**中的主角。魯賓遜一個人被困在荒島，他必須自己捕魚、自己種菜、自己做衣服。我們可以把他的生產與消費活動視為一個簡單的經濟體系。藉由檢視魯賓遜的經濟體系，我們可以學到一些能夠應用到更複雜且更實際的經濟體系的功課。

魯賓遜生活水準的決定因素為何？一言以蔽之，**生產力**，其為每單位勞動投入所生產的商品與服務數量。如果魯賓遜擅長捕魚、種菜和做衣服，則他可以過很好的生活；但如果他不擅長，則他的日子會很難過。由於魯賓遜只能消費他所生產的東西，所以他的生活水準與他的生產力息息相關。

像魯賓遜這樣一個情況，我們很容易了解生產力是生活水準的關鍵因素，從而生活水準的提升幅度決定於生產力的成長幅度。如果魯賓遜每個小時能夠捕到愈多的魚，則他的晚餐就愈豐盛。如果魯賓遜可以找到一個魚很多的地方捕魚，

生產力
productivity
每單位勞動投入所生產的商品與服務數量

則他的生產力會上升。此一生產力的上升會使魯賓遜過得更好：他可以吃更多的魚，或他可以花比較少的時間捕魚，從而可以花比較多的時間在其他事物上。

整個國家就跟魯賓遜一樣，生產力是決定一國生活水準的關鍵因素。一國只有在她能夠生產很多的商品與服務時，才能享有高生活水準。美國人之所以能夠比奈及利亞人過得更好，是因為美國勞工的生產力比奈及利亞勞工來得高。日本人之所以能夠比阿根廷人享有更高的生活水準提升幅度，是因為日本勞工的生產力有較高的成長率。的確，如**經濟學十大原理**之一所提的：一國的生活水準決定於她生產商品與服務的能力。這一點不單適用於魯賓遜，也適用於今天的大型且複雜的經濟體。

不過，了解生活水準與生產力之間的關聯只是第一步而已，接下來要問的是：為何有些國家的生產力要比其他國家來得高。

25-2b 生產力如何決定

魯賓遜的生產力決定於很多因素。例如，如果他有很多釣竿，如果他有很好的捕魚技巧，如果島的附近有豐富的漁場，或他發明更好的魚餌，那麼他就可以捕到更多的魚。這些魯賓遜生產力的決定因素——我們稱為**實體資本、人力資本、天然資源**與**科技知識**——在更複雜的實際經濟中有其對應的角色。以下我們逐一說明。

平均每位勞工可以使用的實體資本　如果勞工有更多的工具可以使用，則他們會有較高的生產力。用於生產商品與服務的設備跟建築物，稱為**實體資本**，或簡稱為**資本**。例如，木匠使用鋸子、車床和電鑽來製作家具。當木匠有更精密且更專業的工具可以使用時，其每週家具的產量會比只有基本手工具時來得高。因此，資本是被用來生產所有商品與服務（包括更多資本）的一項**生產要素**。

資本的一個重要特徵是，它是**被生產**出來的生產要素，亦即它是在過去經由某個生產過程所製造出來的，而不是大自然所提供的。例如，車床是由車床製造商利用其他設備所生產出來的。

平均每位勞工所擁有的人力資本　生產力的第二個決定因素為**人力資本**，其為勞工透過教育、訓練與經驗所取得的知識與技能。

雖然教育、訓練與經驗是無形的，但人力資本與實體資本仍有很多相似之處。如同實體資本，人力資本可以提升一國的生產力。另外，人力資本也是被生產出來的生產要素，其投入為教師、圖書館與學生花在學習的時間。

實體資本
physical capital
用於生產商品與服務的設備與建築的存量

人力資本
human capital
勞工透過教育、訓練與經驗所取得的知識與技能

PART IX 長期的實質經濟

天然資源
natural resources
大自然所提供的可用於商品與服務生產的投入，如土地、河川與礦藏

平均每位勞工可以使用的天然資源　生產力的第三個決定因素為**天然資源**，其為大自然所提供的生產要素，如土地、河川和礦藏。天然資源有兩種型態：可再生（renewable）與非可再生（nonrenewable）。前者像森林，樹砍掉之後會再生；後者像石油，油田在開採後，其蘊藏量非經數百萬年不足以恢復。

天然資源的差異可以部分解釋世界各國生活水準的差異。像美國，其經濟成就部分歸功於她有廣大適合耕作的土地；像部分中東國家，如科威特與沙烏地阿拉伯，之所以富有僅僅是因為她們擁有蘊藏量相當大的油田。

不過，豐富的天然資源並不是一個國家具有高生產力的必要條件。像我國與日本都是天然資源貧瘠的國家，但經濟方面的表現都曾經非常優異。我國與日本都藉由出口製造業產品來換取所需的天然資源的進口。我們在下一節會說明，自由貿易有助於一國生產力的提升。

科技知識
technological knowledge
社會對商品與服務的最佳生產方法的了解

科技知識　生產力的第四個決定因素為**科技知識**，其為對商品與服務之最佳生產方法的了解。在二百年前，大部分的美國人都從事農作，這是因為當時的農業技術水準低，所以需要投入大量的勞動才能生產出足以餵飽所有美國人的食物。但在今天，由於農業科技的進步，所以只需要一小部分的美國人口就足以生產出全美國所需要的食物；而且，此一技術進步也讓更多的美國人可以投入其他商品與服務的生產。

科技知識有許多種類型。有些技術是共有知識（common knowledge），在一人使用過後，其他人也可以馬上跟進。例如，當亨利‧福特發明裝配線（assembly line）的生產方式後，其他的汽車製造廠很快就跟進。其他的技術則是專有知識（proprietary knowledge），只有發明的公司知道這項技術。例如，只有可口可樂公司知道可口可樂的配方。不過，大部分的技術僅享有短暫的專利期間。當一家藥廠發明一種新藥時，專利制度給予這家藥廠獨家生產這項新藥的短暫權利；當專利到期之後，其他藥廠也可以生產這項藥品。不管是哪一種類型的科技知識，都有助於一國生產力的提升。

如前所述，人力資本為勞工所擁有的知識與技能。人力資本與科技知識的差別在於，科技知識指的是社會對世界如何運作的了解，而人力資本指的是個人將此一了解內化的部分。打個比方，科技知識就如同圖書館裡的教科書，而人力資本則是學生花時間學到的部分。一國勞工生產力的高低，同時決定於一國的科技知識水準與勞工的人力資本水準。

> **增廣見聞**
>
> ## 生產函數
>
> 經濟學家通常使用**生產函數**（production function）來描述生產要素投入量與產量之間的關係。如果我們以 Y 代表產量，L 代表勞動數量，K 代表實體資本存量，H 代表人力資本水準，N 代表天然資源數量，則一國的總體生產函數可以寫成
>
> $$Y = AF(L, K, H, N)，$$
>
> 其中 $F(\ )$ 為顯示如何將生產要素結合後生產出產品的函數。A 為代表科技知識或技術水準的變數。當技術進步時，A 上升，從而每一個要素組合都可以生產出更多的產量。
>
> 很多生產函數都具有**固定規模報酬**（constant returns to scale）的性質。如果生產函數具有這樣的性質，則當所有的要素數量都是原先的 x 倍時，產量也會是原先的 x 倍：
>
> $$xY = AF(xL, xK, xH, xN)。$$
>
> x 為任意正數。當 $x = 2$ 時，表示如果所有的要素數量都增加一倍，則產量也會增加一倍。
>
> 令 $x = 1/L$，則由上式可以得到
>
> $$Y/L = AF(1, K/L, H/L, N/L)。$$
>
> 其中 Y/L 是每單位勞動的平均產量，也是一國生產力的衡量指標。上式告訴我們，勞動生產力決定於平均每位勞工所能使用的實體資本數量（K/L），平均每位勞工所擁有的人力資本水準（H/L），平均每位勞工所能使用的天然資源數量（N/L），以及一國的技術水準（A）。因此，上式說明了我們剛剛所討論的生產力之四項決定因素。

即席測驗

4. 一個經濟體系其人力資本水準的提升會使實質所得 _____，因為它提升勞動的 _____。
   a. 增加；議價力　　b. 增加；生產力
   c. 減少；議價力　　d. 減少；生產力

5. 一國長期生產力的決定因素不包括
   a. 科技知識。　　b. 人力資本。
   c. 天然資源。　　d. 物價膨脹率。

（答案在章末）

25-3 經濟成長與公共政策

在說明了一國的生活水準決定於它的生產力，以及生產力的決定因素之後，接下來我們要問的問題是：政府可以採取什麼樣的政策來提升生產力與生活水準？

25-3a 儲蓄與投資

由於資本是被生產出來的要素，因此一國可以改變它的資本存量。如果一國今天生產出更多的資本財，則她明天可以生產出更多的商品與服務。因此，一國提升其未來生產力的一個方法是，在現在投入更多的資源在資本財的生產上。

經濟學十大原理之一是：人們面臨取捨。就資本累積而言，此一原理特別重要。由於資源是稀少的，因此，如果一個社會投入較多的資源生產資本財，則她投入於生產供現在消費的商品與服務的資源就會比較少。換言之，如果一個社會要生產更多的資本財，以便在未來可以生產更多的消費財，則她必須以減少現在的消費為代價。現在的消費減少意味著現在的儲蓄增加，而儲蓄的增加可以挹注資本財產量增加（或投資）所需的資金。就個人而言，儲蓄增加意味著未來的消費可以增加；就整個社會而言，資本財的累積意味著未來可生產出更多的商品與服務供人們消費。因此，給定技術水準與資源數量，一國面臨現在消費與未來消費之間的取捨。

我們在下一章會詳細說明一個社會的金融體系如何撮合儲蓄與投資，以及政府政策如何影響儲蓄與投資。在目前這個時點，讀者只要記住，鼓勵儲蓄與投資是政府可以促進經濟成長並提升社會生活水準的一個方法。

25-3b 報酬遞減與追趕效應

如果一國政府致力於提升該國的儲蓄率，則會有什麼結果？當該國多儲蓄而少消費時，該國投入於生產消費財的資源就會比較少，而可以投入較多的資源生產資本財，從而其資本財存量會提高，進而其生產力以及經濟成長率得以提升。不過，該國的高經濟成長率可以持續多久？假設該國的儲蓄率一直維持在這新的較高水準，則其 GDP 成長率可以一直維持在高檔，還是只是曇花一現？

傳統上對生產過程的看法是資本財會受限於**報酬遞減**：當廠商多使用一單位資本財時，其所能增加的產量會少於之前單位的資本財所能增加的產量；換言之，當勞工已經有很多資本財可用於生產時，再多一單位的資本財對其生產力的提升效果有限。我們可以利用圖 1 來說明此點。圖 1 顯示，在其他條件不變下，平均每位勞工使用的資本財數量（簡稱勞工平均資本）與勞工平均產量之間的關係。

由於報酬遞減，儲蓄率上升只能使經濟成長率短暫提升。當儲蓄率上升造成更多的資本累積時，額外一單位的資本財所能增加的產量會隨著資本財存量提高而愈來愈少，從而經濟成長率會趨緩。**在長期，更高的儲蓄率只是使生產力與所得有更高的水準而已，但不會讓它們的成長率更高。**不過，要達到這樣的長期結果可能需花費一段相當長的時間。經濟成長的國際資料研究結果顯示，儲蓄率提升可以使經濟維持數十年的較高成長。

資本財報酬遞減的另一個重要意涵是：在其他條件不變下，如果一國一開始

報酬遞減
diminishing returns
額外一單位投入所能產生的效益隨投入數量增加而下降的性質

圖 1　生產函數的說明

勞工平均產量

1. 當資本財存量低時，額外一單位的資本財造成產出的大幅增加。

2. 當資本財存量高時，額外一單位的資本財僅造成產出的微幅增加。

勞工平均資本

本圖顯示勞工平均資本如何影響勞工平均產量。在其他條件，包括人力資本、天然資源與技術水準，不變下，由於資本財報酬遞減的緣故，所以當資本財的存量愈來愈大時，曲線變得愈來愈平坦。

比較貧窮，則它會有比較高的經濟成長率。此一初始狀態對後續成長的影響有時稱為**追趕效應**。在貧窮國家，勞工甚至缺乏最基本的工具，所以生產力很低。在此情況下，只要投資少量的資本財就可以使勞工的生產力大幅提升。相形之下，富國的勞工有大量的資本財可以使用，這可以部分解釋他們的高生產力；但由於其勞工平均資本已經很高，因此再多投資一單位的資本財對勞工生產力的提升效果就很有限。經濟成長的國際資料研究結果支持此一追趕效應：在控制其他變數後，例如，投資占 GDP 的比率，窮國的經濟成長速度要比富國來得快。

此一追趕效應可以解釋一些難以解釋的現象。例如，從 1960 到 1990 年，美國與南韓的投資占 GDP 的比例約略相同，但美國經濟在這段期僅以平均每年 2% 的速度成長，但南韓經濟卻以每年超過 6% 的速度在成長。追趕效應可以解釋此一差異。在 1960 年，南韓的平均每人 GDP 不到美國的十分之一。就南韓而言，由於當時的資本財存量低，因此其資本累積對生產力的提升效果大，而使其後續的成長率高。

此一追趕效應也出現在日常生活中。領到「最佳進步獎」的學生通常是前一年表現相對較差的，因此有比較大的進步空間。不過，領到「最佳進步獎」的學生其表現終究還是不如「最佳學生」。同樣地，雖然在 1960 至 1990 年期間，南韓

追趕效應
catch-up effect
一開始比較貧窮的國家其成長速度比一開始比較富有的國家來得快的性質

的經濟成長率高於美國，但其平均每人 GDP 還是比美國低。

25-3c 外人投資

到目前為止，我們說明了一國提高儲蓄率的政策如何促進投資，進而提升一國的經濟成長率。不過，要使一國的投資增加，國內儲蓄增加並不是唯一的方法，另一個方法是外人投資。

外人投資有很多種形式。福特汽車公司可能在臺灣蓋一座工廠。由外國公司擁有並經營的資本投資稱為**外人直接投資**（foreign direct investment）。另外，外國法人可能參與台積電的現金增資案，台積電再利用募集到的資金蓋一座新廠。由國外資金融通但由國人經營的投資稱為**外人證券投資**（foreign portfolio investment）。這兩種情況都是由外國人提供使國內資本存量增加的必要資源。

外國人之所以會投資一個國家，是因為他們預期可以從他們的投資賺取報酬。福特汽車公司蓋的工廠不但使我國國內的資本存量增加，也使我國的生產力以及 GDP 增加。福特汽車可以將在臺灣賺取的利潤匯回美國；當台積電賺錢時，外國投資者則可以賺取台積電所配發的股利。

外人投資對一國國內生產毛額（GDP）與國民生產毛額（GNP）的影響並不相同。福特汽車其臺灣工廠的營收全部計入臺灣的 GDP，但其營收最後變成屬於美國母公司的利潤部分則不包括在臺灣的 GNP。因此，如果外國公司有賺錢的話，外人投資所造成的地主國 GNP 增加金額小於 GDP 增加金額。

儘管如此，外人投資是使一國經濟成長的一種方法。即使投資的部分效益歸於外國人，但外人投資會使一國的資本存量增加，進而提升一國的生產力與所得。此外，外人直接投資通常也會帶來較先進的技術，而提升地主國的技術水準。基於這些理由，許多經濟學家建議開發中國家政府採行鼓勵外人投資的政策，例如，提供外國公司租稅優惠並放寬資金匯出的限制。

25-3d 教育

就一國的長期經濟表現而言，教育（人力資本投資）的重要性不會低於實體資本投資。在美國，平均而言，多受一年的學校教育可以使一個人的工資增加大約 10%。在人力資本稀少的開發中國家，教育對工資的貢獻效果更是顯著。因此，一國提升其勞工生產力，進而提升工資與生活水準的一個方法是讓教育普及，並提供好的教育。

如同實體資本投資，人力資本投資也有機會成本。當學生在學時，他們放棄

他們可以賺取的工資。在開發中國家，即使受教育的效益非常高，但孩童因為需要幫忙養家，所以輟學率通常都很高。

有些經濟學家認為人力資本對經濟成長特別重要，因為人力資本可傳遞正的外部性。**外部性**指的是一個人的行為對不相干的人的影響。例如，一個受過教育的人可能想出提高生產效率的新方法；如果這些新方法被廣為採用，則它們就是教育的外部效益。這也是絕大部分國家都設有學費低廉的公立學校並對人力資本投資進行補貼的原因（如我國對「就學貸款」進行利息補貼）。

25-3e 財產權與政治穩定

政策制定者可以促進經濟成長的另一個方法是保護財產權與提升政治穩定度。此一議題是市場經濟如何運作的核心議題。

市場經濟下的生產源自於數以百萬計的個人與廠商之間的互動。例如，當你買一輛車時，你是買汽車經銷商、汽車製造商、鋼鐵公司、鐵礦開採等公司的產出。此一眾多廠商之間的分工模式可以提升經濟體系其生產要素的使用效率。為達成此一結果，經濟體系必須協調廠商之間以及廠商與消費者之間的交易。市場經濟透過價格來進行這些協調；換言之，市場價格是那一隻看不見的手用來使每個市場的供需達成平衡的工具。

價格體系能夠順利運作的一個重要前提是，整個經濟體系對**財產權**（property rights）的尊重。財產權是人們對其所擁有財產的處分權力。如果鐵礦開採公司預期所開採出來的鐵礦會被偷，它就不會進行開採。基於此一理由，法院在市場經濟中扮演一個重要的角色：它們確保人們的財產權。透過刑事訴訟制度，法院遏止竊盜；透過民事訴訟制度，法院確保買賣雙方履行契約。

在很多國家，司法體系存在不少問題，如契約難以執行、詐欺不會受到懲罰。有些國家的政府不單無法確保，甚至侵犯人民的財產權。想要在某些國家做生意，廠商必須賄賂有權力的政府官員。這些貪汙腐敗不單對市場的協調功能造成傷害，也降低國內儲蓄和外人投資的意願。

另外，政治不穩定也會威脅財產權。當革命與政變頻繁時，人們會擔心財產能不能確保，從而比較不願進行儲蓄、投資與創業，外國人也比較不願意到這個國家投資。在此情況下，一國經濟不可能有好的表現。

因此，一國經濟的繁榮程度部分決定於政治穩定程度。一個擁有高效率的司法體系、清廉的政府官員與穩固憲法的國家，其人民的生活水準要高於一個司法體系不公、官員貪汙腐敗和革命政變頻繁的國家。

25-3f 自由貿易

世界上一些貧窮國家試圖透過**內部導向政策**（inward-oriented policies）來促進經濟成長。這些政策試圖藉由與外國隔絕來提升一國的生產力與生活水準。例如，這些國家會設下進口關稅和其他貿易障礙使其國內進口競爭產業的產量增加，來保護這些產業。

今天大多數的經濟學家認為貧窮國家應追求融入全世界的**外部導向政策**（outward-oriented policies）。當我們在本書前面介紹國際貿易時，我們曾說明貿易可以提升一國人民的經濟福祉。從某個層面來看，貿易就是一種技術。當一國出口小麥並進口紡織品時，就如同該國發明了一種可以將小麥轉化成紡織品的技術，從而其人民可以獲利。因此，當一國解除貿易限制時，它就可以經歷與該國發生重大技術進步下的相同經濟成長。

想像一下如果臺灣明天宣布禁止國際貿易會發生什麼事？由於臺灣所用的石油幾乎全部來自於進口，所以，在禁止貿易後，臺灣絕大多數的交通工具都會停擺，發電量也會因無法進行火力發電與核能發電而大幅減少，很多工廠與商店會因而關門。另外，臺灣的出口產業會大幅萎縮。例如，我國的手機鏡頭產業每年都有數以千萬計的產量，但我國的人口也才 2,300 萬人。在很多重要產業都大幅萎縮之後，接下來會引發金融風暴，失業率也會飆升；屆時，整個臺灣會非常悽慘。由此可以反證，自由貿易是臺灣得以享有今日生活水準的關鍵因素。

一國與其他國家的貿易總額不單決定於政府政策，也決定於地理位置。一國若有良好的天然海港，進行國際貿易會比較容易。世界上有很多大城市，如紐約、舊金山與香港，都鄰近海洋，這並非偶然。同樣地，由於內陸國家（如一些非洲與亞洲國家）不容易進行國際貿易，所以它們的所得水準通常較低。

25-3g 研究發展

今天的生活水準比一個世紀前要來得高的主要原因是科技知識的提升。電話、電晶體、電腦與內燃引擎是許多提升生產力的發明中的幾個例子。

雖然大部分的技術進步來自於廠商與個別發明家的研究，但促進這些研究合乎公眾利益。知識在相當程度上是一種**公共財**（public good）：一旦有人發現一項新構想，這個新構想最終會成為社會知識庫的一部分，而讓其他人可以自由使用。就如同政府提供國防、治安等公共財，政府在鼓勵新技術的研究發展上也可以扮演重要的角色。

長期以來，我國政府致力於科技知識的創造與散播。例如，農業試驗所與農業改良場研發新的品種與栽種方法，並加以推廣；工業技術研究院與廠商合作研發新的科技產品；國家科學及技術委員會補助研發經費等等。另外，政府也給予廠商研發經費的租稅優惠。

政府也可以透過落實專利制度來鼓勵研發。當個人或廠商發明一項新產品時，如新的藥品，發明者可以申請專利。一旦政府核可，發明者取得在未來一段期間內的專賣權。本質上，專利權賦予發明者對其發明項目的財產權。由於發明者在取得專利權後，通常可以賺取利潤，所以專利制度可以提升個人與廠商的研發誘因。

25-3h 人口成長

長久以來，經濟學家與其他社會科學家對人口成長會如何影響社會爭辯不休。最直接的影響在勞動力的大小：人口愈多意味著可以從事商品與服務的勞工愈多。中國之所以能在世界經濟體系中扮演重要角色的一個主要原因是她有非常龐大的人口。

不過，人口愈多意味著消費商品的人也愈多，從而一國人民的生活水準在該國的產出與消費均隨人口增加而增加之後會如何演變，就不是那麼確定了。事實上，大國有窮國也有富國，小國也一樣。

除了這項爭議外，人口成長與其他生產要素之間如何互動也充滿爭議。

對天然資源形成壓力　馬爾薩斯（Thomas Robert Malthus, 1766-1834）是一位英國牧師，且是早期的經濟思想家，他以《人口論》（*An Essay on the Principle of Population as It Affects the Future Improvement of Society*）一書聞名於世。在這本書中，馬爾薩斯認為人口持續不斷增加會使社會終究無法自給自足，因此他預測，人類注定要永遠活在貧窮中。

馬爾薩斯的邏輯很簡單。他認為「食物是人類生存所需」，且「男女之間的熱情是無可避免的」，因此，「人口的力量遠大於地球生產人類生存所需物質的能力」，也因此，人類注定要永遠活在貧窮中。

幸運的是，馬爾薩斯的這個悲慘預測並沒有實現。雖然全世界的人口在過去兩個世紀以來增加了六倍，但全世界今日的平均生活水準要比以前高出許多。經濟成長的結果，使今日的飢餓與營養不良現象要比馬爾薩斯時代少。今天雖然仍有饑荒發生，但它們通常是因為所得分配不均或政治不穩定，而不是因為糧食產量不足。

馬爾薩斯錯在哪裡？他錯在沒預料到人類的農業技術以他想像不到的速度在進步。殺蟲劑、肥料、機械化生產、新的作物品種與其他的技術進步，使全世界的糧食產量大幅增加，而足以餵飽全世界的絕大多數人口。

稀釋資本存量　馬爾薩斯憂慮人口對天然資源使用的影響，一些現代的經濟成長理論則強調人口對資本累積的影響。根據這些理論，高人口成長率會造成勞動供給增加，而使勞工平均資本下降，亦即平均每位勞工所能使用的資本財數量減少。這會導致勞工生產力的下滑，進而造成平均每位勞工 GDP 的下降。

此一問題的嚴重性在人力資本方面又更明顯。一個人口成長率高的國家會有很多學齡兒童，這會對教育體系造成很大的負擔，從而其孩童的教育水準就會偏低。

世界各國人口成長率的差異頗大。在已開發國家，如美國與西歐國家，近數十年來，人口大約以每年 1% 的速度在成長，且預計未來的成長會更慢。相形之下，在很多貧窮的非洲國家，人口大約以每年 3% 的速度在成長。若以此速度成長，則人口每 23 年會增加一倍。此一人口的快速成長會使勞工較難獲取達到高生產力所需的工具與技能。

雖然人口快速成長並不是低度開發國家貧窮的主因，但部分分析家相信，降低人口成長率有助於這些國家生活水準的提升。在有些國家，此一目標是直接透過法律來規定每個家庭所能有的孩童數目來達成，例如，中國在 1980 至 2015 年期間實施的一胎化政策。在比較自由的國家，則間接地透過避孕觀念和技術的普及來達成。

另外一個控制人口成長的方法是運用**經濟學十大原理**之一：人們的行為隨誘因起舞。養育小孩，跟其他的決定一樣，也會有機會成本。當此一機會成本上升時，人們會少生小孩。特別是，有機會接受良好教育或有令人稱羨工作的女性，由於多生小孩可能被迫放棄這些機會，因此，她們會傾向少生小孩。所以，低度開發國家降低人口成長率的一個方法是促進男女平權，例如，平等的就學與就業機會。

促進技術進步　雖然人口快速成長會稀釋勞工所能使用的資本財數量，但它還是會產生一些正面效益。一些經濟學家主張，全世界人口成長是技術進步與經濟繁榮的動力。原因很簡單：如果有更多的人口，就會有更多的科學家、發明家和工程師可以對技術進步做出貢獻。

經濟學家克瑞瑪（Michael Kremer）在一篇名為「人口成長與技術變動：西元

前一百萬年到 1990 年」的文章中，提出支持上述假說的證據。克瑞瑪指出，在一段相當長的人類歷史中，當世界人口增加時，全球的經濟成長率也跟著提高。例如，全球經濟的成長在世界人口達到 10 億人時（西元 1800 年左右），比世界人口只有 1 億人時（西元前 500 年左右）來得快。此一事實與更多人口引發更快技術進步的假說相符。

個案研究　為什麼非洲窮人何其多？

很多全世界最貧窮的人住在南薩哈拉非洲（sub-Saharan Africa）。在 2020 年，這個區域的平均每人 GDP 為 3,821 美元，僅為全世界平均值的 22%。因此，不令人意外地，高達 40% 的人口是每天花費少於 1.9 美元的赤貧人口，此一比率遠高於全世界的 9%。何以如此？以下是可能的原因：

資本投資低。 由於南薩哈拉非洲的所得與平均每位勞工可以使用的實體資本水準低，從而你可能會預期當地的資本的報酬高，而可以吸引全世界的投資。不過，實際上，南薩哈拉非洲的投資占 GDP 的比率，還是比全世界的平均值低了數個百分點。

教育水準低。 當地的學童有 31% 無法完成小學教育，遠高於全世界 10% 的平均值。其教育品質也不高：其生師比為 37，高於全世界的平均值 23。因此，其成人的識字率只有 65%，低於全世界的 86%。教育程度低的勞工，其生產力也低。

健康狀況差。 當地 1 歲的孩童，有 27% 未接種 DPT（白喉、百日咳、破傷風）疫苗，有 30% 未接種麻疹疫苗；這兩項比率都約是全世界平均值的兩倍。未滿 5 歲的孩童，有 33% 因營養不足而發育不良，高於全世界 22% 的平均值。在成人中，有 1.6% 感染 HIV，是全世界平均值的四倍。健康狀況差的勞工，其生產力也低。

人口成長率高。 當地最近的人口成長率為每年 2.7%，這意味著每 26 年人口就會倍增一次；相形之下，全世界的人口成長率為每年 1.1%，每 64 年人口才會倍增一次。高人口成長率讓勞工無法取得高生產力所需的實體資本與人力資本。

地理劣勢。 當地有超過 25% 的人口住在內陸國家，如衣索比亞、烏干達、查德、尼日和馬利，全世界的此項比率只有 7%。內陸國家通常因交通不便，無法享有海洋貿易所帶來的交易利得，而比較貧窮。

自由受到限制。 社會科學家已發展出衡量一國居民其人身自由度的多項指標，如司法體系的公正性、個人安全、言論自由，與從事國際貿易的權力等。南薩哈拉國家在這些指標的排名通常較低，跟南亞、東歐與中東等國一樣。自由國家主要位於西歐、北歐與北美。自由度指標與經濟繁榮程度成正相關：可能是對自由的限制會妨礙那隻看不見的手其配置資源的效率，從而自由度愈高，所得也愈高。

猖獗的貪汙。 很多非洲國家的政府其貪汙情況嚴重。根據國際透明度（Transparency International）這個監視貪汙的非營利組織，索馬利亞與南蘇丹是 2020 年全世界貪汙情況最嚴重的國家，且南薩哈拉非洲是全世界貪汙情況最嚴重的地區（最廉潔的國家是紐西蘭與丹麥）。貪

汙情況嚴重不單會影響本國居民的儲蓄意願，也會影響國內外居民在本國的投資意願。

殖民的遺毒。在十七與十八世紀，當歐洲人尋找殖民地時，他們偏好氣候溫和的地區，如美國、加拿大與紐西蘭。由於殖民者計畫長期留在當地發展，所以引進跟歐洲一樣的**包容性制度**（inclusive institutions）。包容性制度廣泛地分散政治權力，且尊重財產權與法律，從而促進經濟繁榮。而在赤道地區，包括大部分非洲國家，由於氣候炎熱，因此殖民者無長期留住的打算，也因此，他們建立的是**壓榨制度**（extractive institutions），如建立為了剝削當地人口與天然資源的專制政府。即使殖民者離開之後，這些壓榨制度仍被延續下來，而妨礙了經濟發展。

以上這些原因沒一個容易解決，但也不是全然無解。例如，藉由好的政策與好的運氣，波紮那已成為中所得國家，其平均每人 GDP 與全世界的平均值相當，且其赤貧人口的比率不到其餘南薩哈拉國家的一半。雖然波紮那也是一個內陸國家，且為高 HIV 感染率所苦，但與鄰近國家相較，她有較高的投資、較好的教育、較低的人口成長率、較高的接種率、較低的營養不足率、較高的自由度，與較少的貪汙。她已成功地從被殖民國轉換成非洲歷史最悠久的民主國家。波紮那可說是一個藉由專注在那些形塑經濟成長的力量而成功的典範國家。

即席測驗

6. 因為資本受限於報酬遞減，所以更高的儲蓄與投資並無法造就更高的
   a. 長期所得。　　b. 短期所得。
   c. 長期經濟成長。　d. 短期經濟成長。
7. 當豐田汽車公司在美國擴廠時，美國的
   a. GDP 會增加且 GNP 會減少。
   b. GNP 會增加且 GDP 會減少。
   c. GDP 的增幅會大於 GNP。
   d. GNP 的增幅會大於 GDP。
8. 馬爾薩斯認為人口成長
   a. 會對經濟體系生產食物的能力形成壓力，而使人類注定活在貧窮中。
   b. 會稀釋資本純量，而使勞工的生產力下降。
   c. 會促進技術進步，因為會有更多的科學家與發明家。
   d. 最終會降至可維持的水準，因為節育的改善且家庭規模會變小。

（答案在章末）

25-4 結論

長期成長的重要性

在本章，我們說明一國生活水準的決定因素，以及政策制定者可以透過哪些促進經濟成長的政策來提升生活水準。本章的大部分內容可以用**經濟學十大原理**之一作為總結：一國的生活水準決定於該國生產商品與服務的能力。一國可以透過鼓勵生產要素的快速累積與提升生產要素的配置效率來提升生活水準。

經濟學家對政府在促進經濟成長所扮演的角色有不同的看法。在最低限度，政府可以藉由維護財產權與政治穩定，讓那隻看不見的手發揮作用。爭議較大的是，政府該不該選定並補助那些可能帶動技術進步的特定產業。毫無疑問地，這些都是經濟學中最重要的議題。本世代在經濟成長方面所下的政策，會決定下一世代將生活在什麼樣的世界。

摘要

- 以平均每人 GDP 來衡量，世界各國的經濟繁榮程度有很大的差異。富國的平均所得約是窮國的十倍。由於各國的實質 GDP 成長率差距頗大，所以各國的相對排名會隨時間經過而大幅變動。
- 一國的生活水準決定於該國生產商品與服務的能力。生產力則決定於勞工平均實體資本、勞工平均人力資本、勞工平均天然資源與科技知識水準。
- 可以影響經濟成長率的政策包括：鼓勵儲蓄與投資、鼓勵外人投資、普及教育並提升教育品質、維護財產權與政治穩定、允許自由貿易、促進新技術的研究發展，以及控制人口成長。
- 資本累積受限於報酬遞減：當一個經濟體系的資本財存量愈大時，額外一單位的資本財所能增加的產量愈少。由於報酬遞減，所以儲蓄率提高僅能使經濟體系在短期間有較高的成長率；當資本財存量、生產力與所得達到較高的水準時，經濟成長終將趨緩。另外，也是由於報酬遞減，窮國的資本報酬特別高；在其他條件不變下，因為追趕效應，這些國家的成長較為快速。
- 人口成長對經濟成長有不同的影響。一方面，人口快速成長會因對天然資源造成壓力且會稀釋勞工平均資本而使生產力下降；另一方面，更多的人口意味著更多的科學家與工程師，因而可以促進技術進步。

複習題

1. 一國的 GDP 水準所衡量的是什麼？一國的 GDP 成長率所衡量的又是什麼？你願意住在一個 GDP 水準高但成長率低的國家，還是住在一個 GDP 水準低但成長率高的國家？
2. 列出並說明生產力的四個決定因素。
3. 從哪個角度來看，大學學位是一種資本？
4. 說明高儲蓄率如何導致較高的生活水準。政策制定者不願提高儲蓄率的可能原因為何？
5. 儲蓄率上升會使經濟成長率永遠地提高或只是暫時地提高？

6. 為何解除貿易限制（如關稅）可以促進經濟成長？

7. 人口成長率如何影響平均每人 GDP 水準？

8. 描述兩種政府鼓勵科技知識進步的方法。

問題與應用

1. 大多數國家從其他國家進口大量的商品與服務。不過本章也提到，一國只有在它自己可以生產大量的商品與服務的情況下，它才能享受高生活水準。這兩個事實是否矛盾？為什麼？

2. 假設一國決定減少消費並增加投資。
   a. 此一變化如何影響經濟成長？
   b. 哪些群體會因此一變化而受益？哪些群體又可能受害？

3. 一國須決定其資源投入消費與投資的比例。此一決策牽涉到民間支出與政府支出。
   a. 描述一些分別屬於消費與投資的民間支出類型。國民所得會計帳將學費列為消費；你認為你的教育支出屬於消費還是投資？
   b. 描述一些分別屬於消費與投資的政府支出類型。你認為政府的教育支出屬於消費還是投資？你的答案會因政府的教育支出是用在一般大學還是老人大學而有所不同嗎？

4. 投資資本財的機會成本為何？你認為一國有可能「過度投資」於資本財嗎？投資人力資本的機會成本為何？你認為一國有可能「過度投資」於人力資本嗎？

5. 從 1990 年代迄今，日本與中國等亞洲國家對美國有龐大的直接與證券投資。當時，有許多美國人不滿意這個現象。
   a. 從哪個角度來看，美國接受日本的投資要比不接受來得好？
   b. 從哪個角度來看，美國自己進行這些投資會比較好？

6. 在很多開發中國家，其女生的中學入學率要低於男生。說明為何這些國家的年輕女性有更多的教育機會可以促進它們的經濟成長。

7. 國際資料顯示，政治穩定與經濟成長之間呈現正相關。
   a. 透過什麼樣的機制，政治穩定可以使經濟強勁成長。
   b. 透過什麼樣的機制，經濟強勁成長可以使政治穩定。

8. 從 1950 到 2000 年，美國製造業就業人數占總就業人數的比例從 28% 降至 13%。同時，製造業產出的成長率略高於整體經濟的成長率。
   a. 這些事實可以告訴我們哪些關於美國製造業勞動生產力（定義為勞工平均產量）成長的現象？
   b. 你認為政策制定者是否應關心製造業就業比例的下降？請說明。

即席測驗答案

1. b　2. c　3. a　4. b　5. d　6. c　7. c　8. a

Chapter 26
儲蓄、投資與金融體系

金融體系
financial system
經濟體系中協助撮合一個人的儲蓄與另一個人投資的一群機構

想像你自己剛從大學畢業,而且打算自行創業,開一家經濟預測公司。在你開始賺錢之前,你會先投下一筆可觀的成本;你必須買電腦、辦公桌椅和檔案櫃。這些是你公司在未來生產並銷售產品所需的資本財。

你如何取得投資這些資本財所需的資金?也許你可以用以前的儲蓄來支付這些開辦費用,不過,更有可能的是,像大多數的企業一樣,你並沒有足夠的錢來支付這些費用,因此,你必須另找財源。

你可以有很多種不同的方式來融通這些資本財的投資。你可以向銀行或親朋好友借錢;你也可以找人入股。不管是哪一種情況,你對電腦與辦公設備的投資是由其他人的儲蓄來融通的。

金融體系包括那些可以撮合一個人的儲蓄與另一個人的投資的機構。如我們在上一章所提到

的，儲蓄與投資是長期經濟成長的關鍵因素：當一國有較多的儲蓄時，就可以有較多的資源用於資本財的投資，從而可以提升該國的生產力與生活水準。不過，我們在上一章並沒有說明經濟體系如何撮合儲蓄與投資。在任何一個時點，總是會有人想要將部分所得儲蓄下來以供未來支用，也總是會有人想要借錢來進行事業的投資。是什麼讓這兩群人湊在一起？又是什麼讓儲蓄者的資金供給與投資者的資金需求可以達成平衡？

本章說明金融體系如何運作。首先，我們說明構成金融體系的許多不同機構。接下來，我們說明金融體系與一些重要的總體經濟變數（特別是儲蓄與投資）之間的關係。最後，我們會發展出一個資金供需模型；在此一模型，利率是使資金供需達成平衡的價格。利用此一模型，我們可以探討政府政策如何影響利率與社會稀少性資源的配置。

26-1 美國的金融機構

一國的金融體系將一國的稀少性資源從儲蓄者（支出小於收入者）的手中移至借款者（支出大於收入者）手中。儲蓄者可能因預備小孩的大學學費或退休支用而進行儲蓄；借款者可能因買房子或創業而借錢。當儲蓄者提供資金到金融體系時，他們期望日後可以收回本金並賺到利息；當借款者從金融體系借到錢時，他們知道日後須償還本金並繳納利息。

金融體系由各式各樣具撮合儲蓄者與借款者之功能的金融機構所構成。金融體系分成兩大類：金融市場與金融中介機構。以下逐一說明。

26-1a 金融市場

金融市場是指那些儲蓄者可以將資金直接提供給借款者的機構。兩個最重要的金融市場是債券市場與股票市場。

債券市場 當英特爾（Intel）要蓋一座新廠時，它可以透過發行債券直接向社會大眾借取所需資金。**債券**是一種負債憑證，上面載明發行者對持有人應盡的義務。簡單地說，債券就是一張借據（IOU，I owe you 的縮寫），它載明借款的金額與償還日期，稱為**到期日**（date of maturity），以及債券到期前定期支付的利率。購買債券的人將錢直接交給英特爾，以換取英特爾支付利息與借款金額（稱為**本金**，principal）的承諾。債券購買人可持有債券至到期日，或在到期日之前將債券賣給其他人。

金融市場
financial markets
儲蓄者可以將資金直接提供給借款者的金融機構

債券
bond
一種負債的憑證

美國有各式各樣的債券。當大公司、聯邦政府或州與地方政府需要錢來蓋新的工廠、買新的戰鬥機或蓋新的學校時，它們通常透過發行債券來取得所需資金。當你看《華爾街日報》時，你會看到一長串重要債券的價格與利率。雖然這些債券在許多方面有所不同，但有三個重要的特性。

第一個重要的特性是債券的**期限**（term），其為債券到期前的時間長度。有些債券的期限較短，如幾個月，有些債券的期限可以長達 30 年。〔英國政府曾發行一種沒有到期日的債券，稱為**永久債券**（perpetuity）；此一債券會一直定期支付利息，但不償還本金。〕債券的利率決定於期限的長短。長期債券由於持有人必須等待較久的時間才能拿回本金，所以其風險比短期債券來得大。如果長期債券的持有人在債券到期之前需要用錢，他可能被迫以較差的價格賣掉債券。為補償這種風險，長期債券的利率通常比短期債券的利率來得高。

債券的第二個重要特性是它的**信用風險**（credit risk），其為債券發行者無法全數支付利息或本金的可能性。此種可能性稱為**債務不履行**（default）。借款者可以藉由宣告破產而不履行其債務。當債券購買人認為債務不履行的可能性較高時，他們會要求較高的利率以補償此一風險。由於美國政府不履行債務的可能性低，因此美國政府公債的利率較低。相形之下，財務不健全的公司透過發行利率相當高的所謂**垃圾債券**（junk bonds）來籌措資金。債券購買人可以參考信用評等公司對不同債券的評等來評斷信用風險。例如，標準普爾（Standard & Poor）公司的評等等級從 AAA（最安全）到 D（已經不履行債務）。

債券的第三個重要特性是它的**稅負規定**（tax treatment），其為稅法關於債券利息的規定。大部分債券的利息歸於應稅所得，因此，債券持有人必須就其領到的利息繳納部分所得稅。相形之下，美國的州與地方政府發行的債券，稱為**市政債券**（municipal bonds），其債券持有人的利息所得可以不用繳聯邦所得稅。由於此一稅負上的優惠，所以美國州與地方政府發行的債券其利率比大公司或聯邦政府的來得低[1]。

債券的第四個重要特性是它是否提供**物價膨脹防護**（inflation protection）。大多數債券所支付的利息與本金的金額都是名目的且是固定的，在此情況下，如果物價上漲，則這些金額的購買力會降低，從而對債券持有人不利。不過，有些債券將利息與本金的金額跟物價膨脹連結，從而當物價上漲時，這些金額也跟著同

---

[1] 我國稅法規定，個人持有公債、公司債及金融債券的利息所得，採取分離課稅，按 10% 稅率扣繳稅款後，不再併計綜合所得總額。

比率增加。自 1997 年起，美國政府開始發行這樣的債券，稱為國庫物價膨脹防護證券（Treasure Inflation-Protected Securities, TIPS）。由於 TIPS 提供物價膨脹防護，所以其利率低於無此一特點的同級債券。

債券市場分為發行市場（又稱為初級市場）與交易市場（又稱為次級市場）；前者是發行單位出售其所發行的新債券的市場，後者是買賣已發行債券的市場。債券市場有一個重要的結論——債券次級市場價格與市場利率呈反向關係，亦即當現行市場利率下降（上升）時，已發行的債券其交易價格（稱為次級市場價格）會上漲（下跌）。

我們可以用永久債券為例，說明此一結論。假設你擁有一張我國政府過去曾發行過的永久債券，面額為 100 萬元，年利率為 4%，所以，你每年都可以領到 4 萬元利息。再假設政府現在又要發行新的永久債券，面額依然是 100 萬元，但其年利率依現行的市場利率只有 2%。如果你有一張過去發行的永久債券，現在有人要跟你買，多少錢你才願意賣呢？

你所持有的那一張年利率為 4% 的永久債券，每年都可以領到 4 萬元的利息，所有這些「4 萬元」其依現行 2% 年利率所計算的現值（present value）的總和為：

$$\frac{6\,萬}{(1+0.02)} + \frac{6\,萬}{(1+0.02)^2} + \frac{6\,萬}{(1+0.02)^3} + \cdots$$

$$= \frac{6\,萬}{1.02} \times \frac{1}{1-\frac{1}{1.02}} \quad （無窮等比級數，公比為 \frac{1}{1.03}）$$

$$= \frac{6\,萬}{0.02}$$

$$= 200\,萬元$$

因此，你所持有的那一張年利率為 4% 的永久債券，其交易價格會是 200 萬元。換個角度來看，你用你賣了那一張年利率為 4% 的永久債券的 200 萬元，可以買兩張新的年利率為 2% 且面額為 100 萬元的永久債券，每年一樣能領到 4 萬元的利息。

接下來，我們就可以用以下的公式來理解債券次級市場價格與市場利率呈反向關係的結論。

債券持有人每年可以領到的利息為債券面額乘以債券上載明的利率，其金額固定。如果我們以 R 代表永久債券每年可以領到的利息，以 i 代表現行的利率，且以代表永久債券的交易價格，那麼根據上面的計算過程我們可以得出：

$$P_b = \frac{R}{1+i} + \frac{R}{(1+i)^2} + \frac{R}{(1+i)^3} + \cdots$$
$$= \frac{R}{i} \tag{1}$$

根據此一公式，當現行市場利率 i 下降（上升）時，債券的次級市場價格 P_b 會上漲（下跌）。簡單地說，當市場利率下降時，原先利率較高的債券，因會發放較多的利息，所以就更值錢，亦即其次級市場價格會上漲。以上的結論也適用於任何期限的債券，因為道理是一樣的。我國上市櫃的銀行股其 2021 年的總獲利創歷史新高，除了股市與房地產市場的榮景，以及整體經濟表現好之外，利率下跌使其所持有的債券的獲利大幅增加，也是重要原因。

股票市場　英特爾籌措蓋工廠所需資金的另一種方式是出售公司的股票。**股票**代表公司的所有權，因此持有人對公司的利潤有請求權。例如，英特爾發行總額 1,000,000 股的股票，則每股持有人擁有 1/1,000,000 的英特爾所有權。

股票
stock
公司部分所有權的憑證

發行股票來籌措資金稱為**股權融通**（equity finance），而發行債券稱為**債務融通**（debt finance）。雖然企業可以用這兩種方式來籌措資金，但股票與債券大不相同。英特爾股票的持有人是英特爾的所有人之一，而英特爾債券的持有人是它的債權人。如果英特爾很賺錢，則股東可以配到比較多的股利，但債券持有人只能獲得定額的利息。如果英特爾虧錢，則股東可能領不到任何的股利，但債券持有人依然可以領到相同的利息。因此，與債券相較，股票是高風險高報酬。

一家上市公司所發行的股票可以在股票市場進行交易。在這些交易中，股權由賣者轉到買者，但公司並未從這些轉手交易中收到任何一塊錢。美國最重要的股票市場為紐約證券交易所（New York Stock Exchange）、美國證券交易所（American Stock Exchange）與那斯達克（NASDAQ，其為 National Association of Securities Dealers Automated Quotations 的縮寫）。在我國為臺灣證券交易所與櫃檯買賣中心。大多數國家有自己的證券交易所，交易當地上市公司的股票；最重要的交易所位於東京、上海、香港與倫敦。

一家公司的股票價格由該公司股票的市場供需所共同決定。由於股票代表對公司未來獲利的請求權，因此，股票價格反映股票交易者對公司未來獲利表現的看法。當人們對某公司的前景變得較為樂觀時，該公司股票的市場需求會增加且供給會減少，從而該公司的股票價格會上漲。相反地，當人們預期某公司的未來獲利會減少時，該公司的股票價格會因市場需求減少且供給增加而下跌。

股價指數用來反映某些股票的整體價格水準。**股價指數**（stock index）是由一群股票的價格加權平均計算而得。最有名的股價指數為始自 1896 年的道瓊工業指

數（Dow Jones Industrial Average），它是以美國 30 家主要公司的股價為基礎，如迪士尼、微軟、可口可樂、波音、蘋果與沃爾瑪（Walmart）。另一個比較有名的股價指數是標準普爾 500 指數（Standard & Poor's 500 Index），其以 500 家美國大公司的股價為基礎。由於股價反映公司未來的獲利表現，因此，這些股價指數被視為未來經濟狀況的可能指標。

我國的主要股價指數為上市公司的加權股價指數，其成分股為所有的上市公司。我們會在下一章說明什麼是現金股利，再接著利用類似式 (1) 的公式，說明股價的決定因素。

26-1b 金融中介機構

金融中介機構
financial intermediaries
儲蓄者將資金間接地提供給借款者的金融機構

金融中介機構是儲蓄者將資金間接地提供給借款者的金融機構。**中介機構**（intermediary）一詞反映這些機構在儲蓄者與借款者之間所扮演的中間人角色。在此，我們介紹兩個最重要的金融中介機構：銀行與共同基金。

銀行 如果一家小雜貨店的老闆想要籌措擴張店面所需資金的話，他的策略可能會與英特爾大不相同。不像英特爾可以發行債券或股票來籌措資金，他大概只能向當地銀行貸款；這是因為絕大多數債券與股票的買者都偏好買知名大公司（財務透明度高）所發行的債券與股票。

銀行是人們最熟悉的金融中介機構。銀行的最主要工作是接受儲蓄者的存款，並將這些存款貸給借款者。銀行支付存款利息並向借款者收取比存款利率高的放款利率。銀行藉由存放款利率的差來涵蓋銀行的成本以賺取利潤。

銀行除了作為金融中介機構外，還在經濟體系中扮演另一個重要角色。它們允許存戶在其存款金額之內開支票或提款，以利商品與服務交易的順利進行；換言之，銀行協助創造一個人們可以作為**交易媒介**（medium of exchange）的特殊資產。交易媒介是人們用來使交易輕易進行的物品。銀行提供交易媒介的功能是其他金融機構所沒有的。股票與債券雖然跟銀行存款一樣，都是人們的儲蓄標的，而構成財富的一部分，因此都具有**價值儲存**（store of value）的功能；但要動用股票與債券，並不像開一張支票或提款那麼方便。我們在此先忽略銀行的這個角色，等到本書後面討論到貨幣體系時再來說明。

共同基金
mutual fund
銷售基金憑證給社會大眾，並利用銷售收入來建立投資組合的金融機構

共同基金 另外一個日趨重要的金融中介機構是**共同基金**，其為銷售基金憑證給社會大眾，並利用銷售收入來建立**投資組合**（portfolio）的金融機構。其所建立的投資組合可以只包括股票、只包括債券，或兩者兼具。基金持有人接受該投資組

合的所有風險與報酬。如果投資組合的價值上升，則基金的淨值就會上升，從而基金持有人在贖回基金時可以獲利。相反地，如果投資組合的價值下跌，而使基金的淨值跌破基金持有人當初所購買的價格，則基金持有人若在此時贖回基金，就會有虧損。

共同基金最主要的優點是，即使是小量的基金購買金額也可以分散風險。股票與債券購買人都聽過：不要把所有的雞蛋都放在同一個籃子。假設你只有新臺幣 1 萬元，且想買股票，那麼你只能買到每股價格不到 10 元的股票（如之前的中華商業銀行）。這時候，你的風險就會很高。但如果你是買共同基金的話，那麼由於每一檔股票共同基金的投資組合大概都會有數十種股票，且不乏績優公司的股票，所以你的風險可以大幅降低。因為這項功能，所以共同基金的發行公司會向基金持有人收取手續費與管理費，每家發行公司的收費標準不一。

共同基金的第二個優點是，基金購買人等於是讓專業的基金經理人為他們進行理財。大部分的基金經理人會密切注意他們所購買的股票的公司其獲利狀況與前景。這些經理人會買進他們認為獲利前景不錯的公司的股票，而賣出那些獲利前景變差的公司的股票，讓基金的淨值得以上升，從而基金持有人可以獲取比他們自行理財更高的報酬率。

不過，財務經濟學家對第二個優點通常抱持懷疑的態度。由於有數以百計的基金經理人在緊盯每一家上市公司的前景，因此，一家公司的股價通常都已反映該公司的真正價值，也因此，基金經理人很難藉由買進好股票與賣出壞股票來「打敗大盤」（"beat the market"）。事實上，建立與股價指數成分股一模一樣之投資組合的所謂**指數型基金**（index funds），其報酬率略優於進出頻繁的共同基金的平均報酬率。這是因為指數基金很少進出股票且不用支付專業經理人高薪，所以成本得以降低。

26-1c 小結

美國與我國有各式各樣的金融機構。除了債券市場、股票市場、銀行及共同基金外，還有退休基金、信用合作社、保險公司，甚至也有地下錢莊。這些機構在很多方面都不相同。不過，在分析金融體系在總體經濟中所扮演的角色時，更重要的是要記得，儘管它們有所不同，但它們有一個相同的功能：將儲蓄者的資源導向借款者的手中。

即席測驗

1. 阿桃自行創業，但資金不夠。她向她的朋友阿寬借了 60,000 元，並答應按年率 7% 付利息。她也向她另一個朋友阿國借了 40,000 元，並答應付他 10% 的利潤。就此一情況而言，
   a. 阿寬是股東，且阿桃是債權人。
   b. 阿寬是股東，且阿國是債權人。
   c. 阿國是股東，且阿桃是債權人。
   d. 阿國是股東，且阿寬是債權人。
2. 債券的利率會較高，如果
   a. 它是短期債券，而不是長期債券。
   b. 它是不用繳聯邦稅的市政債券。
   c. 它是由聯邦政府發行的。
   d. 它是由信用品質不佳的公司發行的。
3. 共同基金的主要優點是
   a. 報酬獲政府保證。
   b. 可以分散風險。
   c. 它可以作為交易媒介。
   d. 它可以避免股票與債券價格的波動。

（答案在章末）

26-2 國民所得會計帳中的儲蓄與投資

我們在上一章曾提到，儲蓄與投資是長期經濟成長與生活水準的重要決定因素。在本章，我們說明了金融體系具有撮合儲蓄與投資的功能，因此，了解金融體系如何運作以及不同事件與政策如何影響金融體系，對了解一國的長期經濟表現至為重要。

我們在本節討論衡量金融市場活動的重要總體經濟變數，作為我們分析金融市場的起點。在此，我們探討這些總體經濟變數之間的會計關係。藉由一些國民所得會計帳的恆等式，我們突顯金融市場在總體經濟所扮演的角色。

26-2a 一些重要的恆等式

國內生產毛額（GDP）不單是一國的總所得，也是對該國所生產的商品與服務的總支出。GDP（以 Y 表示）的組成項目包括：消費（C）、投資（I）、政府支出（G），與出口淨額（NX）。我們寫成下列的恆等式

$$Y = C + I + G + NX。$$

在本章，為簡化分析，我們假設經濟體系是封閉的。一個**封閉的經濟體系**（closed economy）不單沒有從事商品與服務的國際貿易，也不進行國際間的借貸。實際的經濟體系是**開放的經濟體系**（open economy），亦即它們與世界其他經濟體系互動。不過，封閉經濟體系的簡化假設可以讓我們學到一些適用於所有經濟體系的結論。尤有進者，這個假設可以完全適用於全球經濟，因為全球就是一

個封閉的經濟體系（我們尚未與外星人進行貿易）。

由於一個封閉的經濟體系並不從事國際貿易，因此，其出口與進口都等於零，從而其出口淨額也等於零。在此情況下，上式可以改寫成

$$Y = C + I + G。$$

此式意味著一個封閉經濟體系的產出不是用於消費，或用於投資，不然就是由政府所購買。

為了解此一恆等式可以告訴我們關於金融市場的哪些事，我們可以在等式兩邊同減 C 與 G，而得到

$$Y - C - G = I。$$

等式左邊為一國總所得扣掉民間消費與政府支出後剩下的部分，此一部分稱為**國民儲蓄**，或簡稱**儲蓄**，並簡寫成 S。以 S 替代 $Y - C - G$，上式可以改寫成

$$S = I。$$

此一等式說明儲蓄等於投資。

如果我們以 T 代表政府的總收入減去政府的移轉性支付（如社會安全與福利津貼）淨額與利息支出，則國民儲蓄可以寫成

$$S = Y - C - G$$

或

$$S = (Y - T - C) + (T - G)。$$

上式將國民儲蓄分成兩個部分：民間儲蓄 $(Y - T - C)$ 與政府儲蓄 $(T - G)$。

民間儲蓄是家戶繳稅與消費之後剩下的所得，所以它等於 $Y - T - C$。**政府儲蓄**是政府支付其支出後剩下的收入，所以它等於 $T - G$。如果 T 大於 G，則我們稱政府有**預算剩餘**，因為此時政府的收入超過政府的支出。如果 T 小於 G，則我們稱為政府有**預算赤字**，因為此時政府的收入少於政府的支出[2]。

接下來我們說明這些會計恆等式與金融市場之間的關係。$S = I$ 這個等式意味著：**就一個封閉經濟體系而言，儲蓄一定等於投資**。但何以如此？或此一等式背後的機制為何？是什麼撮合儲蓄者與投資者？答案是金融體系。債券市場、股

國民儲蓄（儲蓄）
national saving (saving)
一國總所得扣掉民間消費與政府支出後剩下的部分

民間儲蓄
private saving
家戶繳稅與消費之後剩下的所得

政府儲蓄
public saving
政府支付其支出後剩下的收入

預算剩餘
budget surplus
政府收入超過政府支出的部分

預算赤字
budget deficit
政府收入少於政府支出的部分

---

[2] 經濟學家對政府儲蓄的定義分成兩種。一種是政府儲蓄的定義與家戶儲蓄的定義相對應，亦即政府儲蓄等於政府的淨收入（即上述的 T）減政府消費支出。一種是政府儲蓄等於政府的淨收入減去政府消費支出與投資支出，從而等於政府預算餘額；換言之，如果政府有預算剩餘（赤字），則政府儲蓄為正（負）值。本書採第二種定義。

票市場、銀行、共同基金以及其他的金融市場與中介機構介於 $S = I$ 這個等式的兩邊之間，它們將一國的儲蓄導向一國的投資。

26-2b 儲蓄與投資的意義

儲蓄與**投資**這兩個名詞有時會令人混淆。一般人隨意使用這兩個名詞，有時甚至交互使用。但在總體經濟學裡，這兩個名詞有它們各自嚴謹的定義。

以下面的例子為例。假設承旭的所得大於支出，且將未用完的所得存入銀行，或購買債券或某家公司的股票。由於承旭的所得大於消費，所以他增加了國民儲蓄。承旭可能認為他在「投資」他的錢，但總體經濟學家稱他的行為是儲蓄，而不是投資。

在總體經濟學裡，投資指的是新資本財（如設備或建築物）的購買。當阿信向銀行貸款買了一棟新房子時，他增加了國內投資。同樣地，當台積電利用現金增資所籌措到資金蓋一座新廠時，它也增加了國內投資。

雖然 $S = I$ 這個恆等式顯示一國的儲蓄等於投資，但就個別家戶和廠商而言，儲蓄通常不等於投資。承旭的儲蓄可能大於他的投資，而把超過的部分存在銀行。阿信的儲蓄可能小於其投資，而向銀行借款買房子。由於銀行與其他金融機構具有將某人的儲蓄融通另一人的投資的功能，所以當金融體系愈發達時，個人的儲蓄與投資愈有可能不相等。

即席測驗

4. 如果政府的收入大於支出，且家戶部門的消費支出大於其稅後所得，則
   a. 政府儲蓄與民間儲蓄均為正值。
   b. 政府儲蓄與民間儲蓄均為負值。
   c. 民間儲蓄為正值，但政府儲蓄為負值。
   d. 民間儲蓄為負值，但政府儲蓄為正值。

5. 某封閉經濟體系其國民所得為 1,000 美元，政府支出為 200 美元，稅收為 150 美元，投資為 250 美元。其民間儲蓄為
   a. 100 美元　　b. 200 美元
   c. 300 美元　　d. 400 美元

（答案在章末）

26-3 可貸資金市場

在討論過一些重要的金融機構以及這些機構在總體經濟所扮演的角色之後，接下來我們建立一個金融市場模型，來說明金融市場如何撮合一國的儲蓄與投資。這個模型也可以讓我們分析不同的政府政策如何影響儲蓄與投資。

為簡化分析，我們假設經濟體系只有一個金融市場，稱為**可貸資金市場**。所有的儲蓄者將他們的儲蓄存入這個市場，且所有的借款者在這個市場取得貸款。因此，**可貸資金**一詞指的是人們選擇儲蓄下來並貸放出去的所得，以及借款者選擇借入來融通其投資計畫的金額。在可貸資金市場裡，只有一個利率，它同時是儲蓄的報酬以及借款的成本。

單一金融市場的假設當然與事實不符。我們已知經濟體系有很多種類的金融機構，但如我們在第 2 章所提的，建立經濟模型的藝術在於簡化世界以便解釋它。就我們這裡的目的而言，我們可以忽略金融機構的多樣化，而假設經濟體系只有一個金融市場。

可貸資金市場
market for loanable funds
儲蓄者提供資金且投資者需求資金的市場

26-3a 可貸資金的供給與需求

一個經濟體系的可貸資金市場，如同其他市場，其表現決定於供給與需求。為了解可貸資金市場如何運作，我們先檢視這個市場的供給與需求。

可貸資金的供給來自於那些有多餘的所得可以儲蓄並願意貸放出去的人。此一貸放可以直接進行，如家戶購買廠商所發行的債券；也可以間接進行，如家戶把錢存到銀行，銀行再利用這些資金進行放款。不管是哪一種情況，**儲蓄是可貸資金供給的來源**。

可貸資金的需求來自於那些想要借錢進行投資的家戶與廠商。此一需求包括家戶購買新成屋的房屋貸款，以及廠商購買新的機器設備或建廠房的借款。不管是哪一種情況，**投資是可貸資金需求的來源**。

利率是資金的價格，它代表借款者取得資金的代價以及儲蓄者提供資金的報酬。由於利率高意味著借款的成本高，所以當利率上升時，可貸資金的需求量會減少。同樣地，利率高意味著儲蓄的報酬高，所以當利率上升時，可貸資金的供給量會增加。換言之，可貸資金的需求曲線是負斜率，而供給曲線是正斜率的。

圖 1 顯示使可貸資金供需達成平衡的利率水準。如圖所示，均衡利率為 5%，且均衡數量為 1.2 兆美元。

當利率低於均衡水準時，可貸資金的供給量會小於需求量，而造成可貸資金的短缺，從而在資金供不應求的情況下，利率會上升。在利率上升之後，儲蓄會增加（亦即可貸資金的供給量會增加），且投資的借款會減少（亦即可貸資金的需求量會減少），從而市場的短缺程度會降低。相反地，當利率高於均衡水準時，可貸資金的供給量會大於需求量，而造成可貸資金的剩餘，從而在資金供過於求的情況下，利率會下降。因此，利率會趨向使可貸資金供需正好相等的均衡

水準。

回想一下名目利率與實質利率的差別。名目利率是廣為媒體報導的利率，其為儲蓄的帳上報酬與借款的帳上成本。實質利率為名目利率經物價膨脹調整後的利率，它等於名目利率減物價膨脹率。由於物價膨脹會侵蝕貨幣的價值，因此，實質利率反映儲蓄的實質報酬以及借款的實質成本，而這些正是儲蓄者與借款者所真正在乎的。所以，可貸資金的供給量與需求量都決定於實質利率，而不是名目利率，因此，圖1中的利率應解釋為實質利率。在本章剩下的部分，當你看到**利率**一詞時，你應該記住我們講的是實質利率。

此一可貸資金的供需模型顯示金融市場的運作與其他市場非常類似。例如，在牛奶市場，牛奶的價格調整至使牛奶的供給量等於需求量的水準。一旦我們了解儲蓄代表可貸資金的供給且投資代表可貸資金的需求，我們就可以看出那隻看不見的手如何撮合儲蓄與投資。當利率調整至使可貸資金市場供需達成平衡的水準時，它協調了儲蓄者（可貸資金供給者）與借款者（可貸資金需求者）的行為。

我們現在可以利用此一可貸資金市場的分析來檢視不同的政府政策如何影響經濟體系的儲蓄與投資。由於此一模型只是某個特定市場的供給與需求，所以我們可以利用第4章所提到的那三個步驟來分析政策效果。第一，我們決定政策是

圖1　可貸資金市場

經濟體系的利率會調整至使可貸資金供需達到平衡的水準。可貸資金的供給來自於國民儲蓄，包括民間儲蓄與政府儲蓄。可貸資金的需求來自於想要借款進行投資的家戶與廠商。在此，均衡利率為5%，且均衡數量為1.2兆美元。

影響供給還是需求曲線。第二，我們決定移動的方向。第三，我們利用供需圖形來看均衡如何變動。

26-3b 政策1：儲蓄誘因

很多經濟學家和政策制定者主張要增加人們的儲蓄；他們的論點其實很簡單。**經濟學十大原理**之一是：一國的生活水準決定於它生產商品與服務的能力。且如我們在上一章所說明的，儲蓄是一國長期生產力的重要決定因素。如果美國的儲蓄率能夠提高，則隨著時間經過，其GDP成長率會上升，從而美國民眾未來可以享有更高的生活水準。

另一個**經濟學十大原理**是：人們的行為隨誘因起舞。不少經濟學家認為，美國儲蓄率低的部分原因是稅法降低人們的儲蓄意願。美國聯邦政府以及許多州政府的稅收主要來自於所得稅，包括對利息所得與股利所得所課的稅。我們以一個25歲年輕人用他的儲蓄1,000美元買了一張30年期、年利率為9%的債券為例，來說明此一政策的影響。若政府不對利息所得課稅，則這1,000美元在利滾利下，30年後會變成13,268美元。但如果利息所得稅的稅率為33%，則這張債券的稅後報酬率只有6%。在此情況下，這1,000美元在30年後只變成5,743美元。因此，對利息所得課稅會大幅減少現在儲蓄的未來報酬，從而降低人們的儲蓄意願。

針對此一問題，很多經濟學家和立法者建議改革稅法，以鼓勵更多的儲蓄。例如，擴大特殊帳戶（如個人退休帳戶）的免稅額度，誘使人們存更多的錢在這些帳戶。接下來，我們就以圖2的可貸資金市場模型來分析此一儲蓄誘因的效果。我們依循那三個分析步驟。

第一，此一政策會影響哪一條線？由於上述的稅負變動會改變家戶在任何既定利率下的儲蓄意願，因此，它會影響每一利率水準下的可貸資金供給量，從而可貸資金的供給曲線會移動。而上述的稅負變動不會直接影響借款者在任一既定利率下的借款金額，所以可貸資金的需求維持不變。

第二，供給曲線會如何移動？由於儲蓄的稅負減輕，所以家戶會減少消費來增加它們的儲蓄。家戶將增加的儲蓄存入上述的帳戶中，從而金融體系的可貸資金供給會增加。如圖2所示，供給曲線由 S_1 右移至 S_2。

最後，我們比較新舊均衡。如圖所示，可貸資金供給增加使均衡利率由5%降為4%，從而使可貸資金需求量由1.2兆美元增加為1.6兆美元，亦即，供給曲線移動造成市場均衡沿著需求曲線移動。由於借款成本降低，所以家戶與廠商願意借更多的錢來融通更多的投資。因此，**如果稅法的改革鼓勵更多的儲蓄，則利**

圖 2　儲蓄誘因增加可貸資金供給

鼓勵人們多儲蓄的稅法變動會使可貸資金的供給曲線由 S_1 右移至 S_2，從而均衡利率會下降，進而刺激投資。在此，均衡利率由 5% 降為 4%，且可貸資金的均衡數量由 1.2 兆美元增加為 1.6 兆美元。

率會下降且投資會增加。

雖然上述的分析結果為多數經濟學家所接受，但經濟學家對稅法的變動內容有不同的看法。很多經濟學家贊成著眼於增加儲蓄以刺激投資與成長的稅法改革，但其他經濟學家對這些稅法改革能增加多少國民儲蓄則抱持懷疑態度，且認為有損公平性。他們認為，在很多情況下，稅法變動的利益主要歸於富人，而他們是最不需要稅負減免的。

26-3c 政策 2：投資誘因

假設國會通過一項**投資抵減**（investment tax credit）法案，該法案給予蓋新廠房或買新設備的廠商稅負上的優惠。圖 3 顯示此一法案對可貸資金市場的影響。

第一，此一方案會影響供給或需求？由於投資抵減讓那些借款投資新資本財的廠商有稅負上的優惠，所以它會改變任一利率下的投資水準，從而改變可貸資金的需求。而投資抵減並不會影響家戶的儲蓄，所以可貸資金的供給並沒有受到影響。

第二，需求曲線會如何移動？由於廠商的投資意願提高，所以任一利率下的可貸資金需求量都會增加，因此，可貸資金的需求曲線會如圖 3 所示，由 D_1 右移至 D_2。

圖 3　投資誘因增加可貸資金需求

如果投資抵減法案的通過鼓勵廠商進行更多的投資，則可貸資金需求曲線會往右移，如從 D_1 右移至 D_2，從而均衡利率會上升，進而刺激儲蓄。在此，均衡利率由 5% 上升為 6%，且可貸資金的均衡數量由 1.2 兆美元增加為 1.4 兆美元。

第三，我們比較新舊均衡。在圖 3，可貸資金需求增加使利率由 5% 上升至 6%，而造成家戶的儲蓄增加，進而使可貸資金的供給量由 1.2 兆美元增加為 1.4 兆美元。家戶儲蓄增加顯現在供給曲線線上的移動。因此，**如果稅法改革鼓勵更多的投資，則利率會上升且儲蓄會增加**。

26-3d 政策 3：政府預算赤字與剩餘

一個政治上持續辯論的議題是政府預算的狀態。回想一下，政府**預算赤字**是政府支出超過稅收的部分，政府可以藉由在債券市場借款來融通預算赤字。而政府過去借款的累計總額稱為**政府債務**（government debt）餘額。政府**預算剩餘**是政府稅收超過支出的部分，它可以用來償還一部分的政府債務。如果政府的支出正好等於稅收，則我們稱政府**預算平衡**（balanced budget）。

假設原先政府預算平衡，後來由於支出增加而有預算赤字。如圖 5 所說明的，我們依循那三個步驟來分析政府預算赤字的影響。

第一，當政府開始有預算赤字時，哪一條線會移動？回想一下，國民儲蓄（可貸資金供給的來源）包括民間儲蓄與政府儲蓄。政府預算狀態的變動代表政府儲蓄的變動，因此，可貸資金的供給曲線會移動。由於政府預算赤字並不會影

個案研究：美國實質利率的下降：1984 – 2020

在過去幾十年，美國經濟有一個特別值得一提的現象：實質利率大幅且穩定地下降。在 1980 年代末期與 1990 年代，美國的實質利率介於 4 到 5% 之間；在 2010 年代，它通常低於 1%；在 2020 年，它甚至變成負值。在這段期間，很多國家的實質利率也有相同的走勢。

此一下降現象的原因為何？其意涵又為何？我們先從讓儲蓄增加，進而造成可貸資金供給曲線右移，的三個原因說起：

- 所得不均度在過去數十年提高，讓資源從低所得家庭流向高所得家庭，而高所得家庭有較高的儲蓄傾向，從而讓更多的資金流向資本市場。
- 中國經濟在過去數十年高度成長，且中國的儲蓄率高，從而讓很多資金流向全世界的資本市場。
- 2008 年的金融危機與 2020 年的疫情可能讓不少人覺得世事無常，而增加其預防性動機的儲蓄。

另一方面，以下三個原因可能讓投資減少，而造成可貸資金需求曲線左移：

- 在過去數十年，因生產力成長率與人口成長率降低，而使平均經濟成長率也跟著降低，進而造成新資本投資的需求減少。
- 舊的技術，如鐵路與汽車工廠，需龐大的資本投資；但新的技術，如矽谷所研發的那些（如 Uber），可能其資本密集度較低。
- 有些經濟學家認為，美國經濟的競爭程度不如以往的高，市場影響力較大的企業不單提高其售價，也減少其投資。

以上哪一個假說是對的？很有可能不只一個對。當可貸資金供給曲線右移且需求曲線左移時，均衡儲蓄與投資可能增加也可能減少，但均衡利率確定會下跌。

有些低利率的意涵是明顯的。例如，在過去的一個世紀，一半股票與一半債券的平衡型資產組合其實質年報酬率約為 5%；但從 2021 年往後看，其實質年報酬率可能降至 3%。這意味著預期退休後餘命為 30 年的人，要想過安穩的退休生活，其預備的退休本金要增加 27%，從而其退休前的儲蓄需增加。

不過，低利率也可能使某些人受惠，例如，想要買房的年輕家庭，其房貸利息的負擔會降低（如果房價沒漲的話）。

最後，利率是資金以百分點所表示的價格。價格低有利於需求方（如想要貸款買房的年輕家庭），但不利於供給方（如為退休預做準備的大齡男女）。如果利率反轉向上，則贏家與輸家將會互換。

響家戶與廠商在任一利率下的借款金額，所以它不會改變可貸資金的需求。

第二，供給曲線如何移動？當政府有預算赤字時，政府儲蓄為負值，從而國民儲蓄會減少。換言之，當政府透過借款來融通預算赤字時，它使可用來融通家戶與廠商投資的可貸資金供給減少了，因此，如圖 4 所示，政府預算赤字使可貸資金供給曲線由 S_1 左移至 S_2。

第三，我們比較新舊均衡。在此圖中，當政府預算赤字造成可貸資金供給減

圖 4 政府預算赤字的影響

當政府支出超過稅收時，會有預算赤字，從而使國民儲蓄與可貸資金供給減少，進而使均衡利率上升。因此，當政府借款來融通其預算赤字時，它排擠了家戶與廠商的投資。在此，當供給曲線由 S_1 左移至 S_2 時，均衡利率由 5% 上升為 6%，且可貸資金的均衡數量由 1.2 兆美元降為 8,000 億美元。

少時，均衡利率由 5% 上升為 6%。這意味著借款成本上升，從而買新成屋的家戶以及買新資本財的廠商變少了。因政府借款而使投資減少稱為**排擠**，此顯示在可貸資金需求曲線的線上移動：可貸資金需求量由 1.2 兆美元減少為 8,000 億美元。換言之，當政府透過借款來融通預算赤字時，它排擠了民間投資。

因此，我們可以得到以下的結論：**當政府有預算赤字而使國民儲蓄減少時，利率會上升且投資會減少**。由於投資對長期經濟成長很重要，因此政府預算赤字會降低一國的經濟成長率。

你可能會問為何政府預算赤字影響的是可貸資金的供給，而不是可貸資金的需求？畢竟政府是發行債券向民間借款來融通其預算赤字；為何民間借款增加影響的是可貸資金的需求，而政府借款增加影響的卻是可貸資金的供給？為回答這個問題，我們需要更精確地檢視「可貸資金」的意義。我們這裡所講的可貸資金指的是**可用來融通民間投資之資源的流量**，因此，政府預算赤字使可貸資金供給減少。如果我們將可貸資金定義為**民間儲蓄可提供之資源的流量**，那麼，政府預算赤字會增加可貸資金的需求，而不是減少供給。這兩種定義只是語意上的差異而已，並不會影響我們的分析結論：不管是哪一種情況，政府預算赤字都會造成

排擠
crowding out
政府借款所造成的投資減少

利率上升，從而排擠民間投資。

以上我們所探討的是因政府支出增加所導致的預算赤字的影響，但預算赤字也可能源自於政府減稅；兩者的影響頗為相似。減稅會使政府儲蓄（$T-G$）減少，且一開始也會使民間儲蓄（$Y-T-C$）增加；但隨後民間消費（C）會因稅後所得（$Y-T$）增加而增加，而使民間儲蓄的增加金額小於政府儲蓄的減少金額，從而使國民儲蓄（$Y-C-G$）減少。舉例來說，政府減稅 100 元會使政府儲蓄減少 100 元，且一開始會使民間儲蓄增加 100 元；但隨後民間消費會因稅後所得增加 100 元而可能增加 80 元，而使民間儲蓄只增加 20 元，小於政府儲蓄的減少金額 100 元，從而使國民儲蓄（$Y-C-G$）減少 80 元。我們也可從 Y 與 G 不變，但 C 增加來理解減稅會造成國民儲蓄減少的結果。在此情況下，利率也會上升，而一樣會排擠民間投資。

政府預算剩餘的影響與預算赤字正好相反。當政府的稅收大於支出時，它可以將多出的部分用來償還部分政府債務，且這部分的資金最終會流向可貸資金市場。換個角度來看，此一預算剩餘，或政府儲蓄，使國民儲蓄增加。因此，**政府預算剩餘使可貸資金的供給增加，從而降低利率並刺激投資**。更多的投資意味著更高的資本存量以及更快速的經濟成長。

聽專家怎麼說

財政政策與儲蓄
（Fiscal Policy and Saving）

「政府提高民間消費而使儲蓄率降低的持續性之稅賦與支出政策很可能會造成長期生活水準的下降。」

經濟學家這麼說：

- 21% 不確定
- 0% 不同意
- 79% 同意

資料來源：IGM Economic Experts Panel, July 8, 2013.

即席測驗

6. 如果人們決定準備更多的退休金，則可貸資金的 _____ 曲線會移動，而導致均衡利率 _____。
   a. 供給，上升　　b. 供給，下降
   c. 需求，上升　　d. 需求，下降

7. 如果企業對獲利前景變得較為樂觀，則可貸資金的 _____ 曲線會移動，而導致均衡利率 _____。
   a. 供給，上升　　b. 供給，下降
   c. 需求，上升　　d. 需求，下降

8. 下列何者確定會造成可貸資金供給減少而排擠投資？
   a. 政府稅收增加且政府支出減少
   b. 政府稅收減少且政府支出增加
   c. 政府稅收與支出同時增加
   d. 政府稅收與支出同時減少

9. 如果政府的預算赤字擴大，則可貸資金的 _____ 曲線會移動，而導致均衡利率 _____。
   a. 供給，上升　　b. 供給，下降
   c. 需求，上升　　d. 需求，下降

（答案在章末）

> **增廣見聞**
>
> ### 金融危機
>
> 在 2008 與 2009 年，美國與全世界其他的主要經濟體經歷了一場金融危機，而導致經濟衰退。我們會在後面章節再詳細探討這些事件；在此，我們僅就金融危機發生時的一些重大現象扼要說明如下：
>
> 1. 價格大幅下跌。在 2008 與 2009 年，美國房產的價格，在經歷之前幾年的榮景後，大約下跌 30%；而這樣的跌幅是美國在 1930 年代之後所僅見的。
> 2. 無償債能力（insolvency）。在 2008 與 2009 年，美國不少金融機構壓寶房地產市場，而持有大量的房地產抵押債權。當房價大幅下跌時，很多房貸戶不再還房貸，而拖垮了一些金融機構。
> 3. 對金融機構喪失信心。雖然部分銀行存款受到存款保險的保障，但並非所有的銀行存款都有這樣的保障。隨著周轉不靈甚至破產的銀行愈來愈多，存戶因擔心自己的銀行會是下一家，而提領未受存款保險保障的存款。銀行為應付蜂湧而至的提款潮，遂不計代價賣出資產，並減少放款。
> 4. 金融體系喪失功能。當很多金融機構陷入困境時，不少資金需求者，即使他們的投資計畫可以獲利，仍無法順利借到所需資金。這意味著金融體系已無法發揮撮合儲蓄者與借款者的正常功能。
> 5. 經濟衰退。當很多投資計畫無法取得所需資金時，商品與服務的整體需求會下滑，進而導致國民所得減少且失業增加。
> 6. 惡性循環。經濟衰退會進一步造成很多公司的獲利減少且很多資產（如股票）的價格下跌，而使經濟體系再發生上述幾點的現象，而形成惡性循環。
>
> 發生金融危機的經濟體系，如果體質不夠良好，或沒有外來的大力援助（如國際貨幣基金），就很有可能一蹶不振。

26-4 結論

莎士比亞其《哈姆雷特》（Hamlet）劇中的人物浦隆尼爾斯（Polonius）告誡他的兒子「不要跟人家借錢，也不要借錢給別人。」如果每個人都這樣做，就不會有本章的內容。

在我們的經濟社會中，借貸是稀鬆平常的。你可能會借款創業或買房子，且借你錢的人抱持著你付的利息可以讓他們退休生活過得更好的希望。金融體系的任務即在於協調所有的借貸活動。

在很多方面，金融體系就像經濟體系的其他市場。可貸資金的價格（利率），正如同其他的價格，是由市場供需所共同決定的，而且我們可以像分析其他市場那樣，分析金融市場供需的變動。**經濟學十大原理**之一是：市場通常是組織經濟活動的良好方式。此一原理也適用於金融市場。當金融市場使可貸資金供

需達到平衡時，它們讓經濟體系的資源做最有效率的運用。

不過，金融市場有一點比較獨特，它扮演了連結現在與未來的重要角色。這一點是其他市場所沒有的。儲蓄者之所以願意提供資金是因為他們要把部分的現在所得轉換成未來的購買力；而借款者之所以需求資金是因為他們要在今天進行投資以便未來有更多的資本財可以用於生產。因此，運作良好的金融市場不僅對當前世代很重要，對繼承當前世代發展成果的未來世代也很重要。

摘要

- 美國金融體系由許多類型的金融機構所構成，如債券市場、股票市場、銀行與共同基金。所有這些機構將那些想要儲蓄部分所得的家戶其資源導向想要借款進行投資的家戶與廠商。
- 國民所得會計帳恆等式顯示某些重要總體經濟變數之間的關係。特別是，就一個封閉經濟體系而言，國民儲蓄一定等於投資。金融體系扮演撮合儲蓄與投資的角色。
- 利率由可貸資金市場的供需所共同決定。可貸資金的供給來自於想要儲蓄部分所得並將它貸放出去的家戶；可貸資金的需求來自於那些想要借款進行投資的家戶與廠商。藉由分析一項政策或事件如何影響可貸資金供需，我們可以探討它們對利率的影響。
- 國民儲蓄等於民間儲蓄加政府儲蓄。政府預算赤字代表負的政府儲蓄，因此會減少國民儲蓄及融通投資的可貸資金供給。當政府預算赤字排擠投資時，一國生產力與GDP的成長率會下降。

複習題

1. 金融體系的角色為何？各舉出並描述兩個金融市場與金融中介機構。
2. 為何資產多樣化是重要的？何種金融機構可以使資產多樣化更為容易？
3. 何謂國民儲蓄？何謂民間儲蓄與政府儲蓄？這三個變數之間的關係為何？
4. 何謂投資？其與國民儲蓄的關係為何？
5. 描述會使民間儲蓄增加的稅法變動。如果政府實施這個政策，則該政策會如何影響可貸資金市場？
6. 何謂政府預算赤字？它如何影響利率、投資與經濟成長？

問題與應用

1. 就下列各組債券而言,哪一種債券的利率較高?請說明。
   a. 美國政府公債或東歐國家政府公債。
   b. 2030 年償還本金的債券或 2050 年償還本金的債券。
   c. 可口可樂公司的債券或你開在你家車庫的軟體公司的債券。
   d. 聯邦政府發行的債券或紐約州政府發行的債券。

2. 許多公司其員工握有自家公司的股票。你認為這些公司為何會鼓勵這種行為?一個人可能會**不**想握有自家公司的股票嗎?

3. 說明總體經濟學中儲蓄與投資的差異。請說明下列的情況代表投資還是儲蓄。
   a. 你家向銀行申請房屋貸款買新房子。
   b. 你從你的薪水中拿出 200 美元買 AT&T 的股票。
   c. 你的室友將所賺的 100 美元存入她的銀行帳戶。
   d. 你向銀行貸款 1,000 美元買一部車,用來外送披薩。

4. 假設 GDP 是 8 兆美元,稅收為 1.5 兆美元,民間儲蓄為 0.5 兆美元,且政府儲蓄為 0.2 兆美元。假設此一經濟體系是封閉的。計算消費、政府支出、國民儲蓄與投資。

5. 假設某一封閉經濟體系其某一年的部分總體經濟資料如下:

   $Y = 10,000$
   $C = 6,000$
   $T = 1,500$
   $G = 1,700$

   另外,其投資函數為:

   $I = 3,300 - 100\,r$

   其中 r 為以百分比所表示的實質利率。計算民間儲蓄、政府儲蓄、國民儲蓄、投資,與均衡實質利率。

6. 假設英特爾考慮蓋一座新的晶圓廠。
   a. 如果英特爾要在債券市場籌措資金,則為何利率上升會影響英特爾要不要蓋工廠的決策?
   b. 如果英特爾有足夠的自有資金,則利率上升還會不會影響英特爾要不要蓋工廠的決策?請說明。

7. 哈利、榮恩與妙麗這三個學生各已儲蓄了 1,000 美元。每人有一個投資上限為 2,000 美元的投資計畫。以下是他們投資計畫的年報酬率:

哈利	5%
榮恩	8%
妙麗	20%

   a. 如果不准借貸,從而每個學生只能用自己的儲蓄進行自己的投資計畫,則一年後,這三個學生各會有多少錢?
   b. 現在假設他們的學校開立了一個同學之間可以利率 r 相互借貸的可貸資金市場。是什麼決定一個學生會是該市場的借款者或貸出者?
   c. 如果利率為 7%,則就哈利、榮恩與妙麗三人而言,他們各自的借貸金額為何?如果利率是 10% 呢?

d. 如果該可貸資金市場只有哈利、榮恩與妙麗三人參與，則均衡利率為何？在此一利率下，誰會是借款者？誰會是貸出者？

e. 在此一均衡利率下，一年後，哈利、榮恩與妙麗各會有多少錢？比較你剛剛的答案與（a）小題的答案。誰會因可貸資金市場的開立而受益，借款者還是貸出者？有誰變得比較差嗎？

8. 假設政府今年比去年多借了200億美元。

   a. 利用供需圖形來分析此一政策。利率上升或下降？

   b. 投資、民間儲蓄、政府儲蓄與國民儲蓄會如何變動？它們各自的變動金額與200億美元相較，孰大孰小？

   c. 可貸資金的供給彈性如何影響這些變動金額？

   d. 可貸資金的需求彈性如何影響這些變動金額？

   e. 假設每個家戶都認為，政府今天的借款愈多，意味著政府未來會加更多稅以償還到期的債務。此一看法對今天的民間儲蓄以及可貸資金會有何影響？它會使你（a）與（b）小題答案中的變動幅度擴大還是縮小？

9. 本章曾說明，藉由降低民間儲蓄的稅負或減少政府預算赤字，皆能使投資增加。

   a. 為何同時執行這兩個政策會有困難？

   b. 你需要知道關於民間儲蓄的什麼資訊，才能判斷哪一種政策可以更有效地刺激投資？

即席測驗答案

1. d　2. d　3. b　4. d　5. c　6. b　7. c　8. b　9. a

Chapter 27
財務的基本分析工具

在日常生活中,你或多或少會跟金融體系打交道。你會把錢存在銀行帳戶,或跟銀行貸款買房子。在你開始工作之後,你要決定你的退休帳戶裡要擺哪些金融商品,如股票或債券。你可能會買歷史悠久的公司的股票,如臺灣水泥,或是較年輕的公司的股票,如(遊戲)橘子。每當你看晚間新聞時,你會聽到關於股票漲跌的消息以及對於市場狀況的分析。

在你一生所做的財務決策裡,幾乎所有決策都與兩項因素有關:時間與風險。如我們在上一章所說明的,金融體系撮合經濟體系中的儲蓄與投資,而儲蓄與投資攸關一國的經濟成長。因此,金融體系不僅關係到我們今天所做的決定與行動,也會影響到我們未來的生活。不過,未來是不可知的。當一個人在選擇金融商品,或一家公司在決定要不要進行某項投資時,其決策都是

建立在對未來結果的猜測，但實際的結果跟你預期的很可能天差地遠。

本章將介紹一些分析工具，這些工具有助於我們了解人們參與金融市場時所做的決策。**財務**這個領域深入探討這些工具，你可能會選修一些相關課程。由於金融體系對於經濟體系的運作十分重要，因此對金融體系的許多基本洞察有助於了解經濟體系如何運作。財務工具也可能有助於你在未來做出比較正確的財務決策。

財務 finance
研究人們如何做與資源跨時配置和風險管理有關之決策的領域

本章探討三個主題。首先，我們討論如何比較不同時點的金額。第二，我們討論如何管理風險。第三，根據我們對時間和風險的分析，檢視資產（如股票）其價值的決定因素。

27-1 現值：衡量金錢的時間價值

假設有人讓你選：今天給你 100 美元或者 10 年後給你 100 美元，你會選哪一個？這是很簡單的問題。今天拿到 100 美元當然比較好，因為你可以將它存在銀行，10 年後你仍有 100 美元，而且還有利息可賺。這說明了今天的一筆錢比未來同金額的一筆錢來得有價值。

現值 present value
為產生某一未來金額，用現行利率所計算出的在今天所需的金額

我們來看另一個較難的問題：假設有人讓你選，今天給你 100 美元或者 10 年後給你 200 美元，你會選哪一個？為了回答這個問題，你需要一些方法來比較不同時點的金額。經濟學家利用**現值**的概念來衡量。某一未來金額的現值，是用現行利率所計算出的為產生該未來金額，在今天所需的金額。

為學習如何利用現值概念，我們用一些例子來說明：

未來值 future value
在現行利率下，今天的一筆金額其未來的價值

問題：如果你今天存 100 美元在銀行帳戶，則 N 年後它的價值為何？也就是說，100 美元的**未來值**為多少？

答案：我們以 r 代表利率（若利率為 5%，則 $r = 0.05$）。假設銀行每年付利息，且你將領到的利息繼續存在銀行，以賺取更多的利息；此一過程稱作**複利**。那麼，100 美元將變成：

複利 compounding
一筆金額，如銀行存款餘額，以利上加利的方式累積

$(1 + r) \times \$100$	1 年後
$(1 + r) \times (1 + r) \times \$100 = (1 + r)^2 \times \$100$	2 年後
$(1 + r) \times (1 + r) \times (1 + r) \times \$100 = (1 + r)^3 \times \$100$	3 年後，…
$(1 + r)^N \times \$100$	N 年後

舉例來說，假設利率為 5%。如果把錢存 10 年，則 100 美元的未來值為 $(1.05)^{10} \times$

$100，亦即 163 美元。

問題： 假設在 N 年後有人付你 200 美元，此一未來金額的**現值**為何？也就是說，你現在應該存多少錢，它在 N 年後會變成 200 美元？

答案： 在回答這個問題之前，讓我們先回想一下前一題的答案。在上個問題，我們利用現值**乘上** $(1 + r)^N$ 這個因子來計算未來值。要從未來值推算現值，則**除以**因子 $(1 + r)^N$。因此，N 年後 200 美元的現值等於 $\$200 / (1 + r)^N$。如果今天將該金額存在銀行，則 N 年後將變為 $(1 + r)^N \times [\$200 / (1 + r)^N]$，亦即 200 美元。舉例來說，如果利率為 5%，則 10 年後 200 美元的現值等於 $200 / (1.05)^{10}$，亦即 123 美元。這意味著如果年利率為 5%，且現在存 123 美元在銀行，則 10 年後這筆錢將變成 200 美元。

這說明了下面這個公式：

- 如果利率為 r，那麼在 N 年後所收到的金額 X 其現值為 $X / (1 + r)^N$。

由於可以賺取利息，所以未來金額 X 的現值比 X 小。把未來某一金額折算為現值的過程稱為**折現**（discounting）。此一公式精確指出未來金額如何折現。

讓我們回到先前的問題：你會選擇今天的 100 美元，還是 10 年後的 200 美元？如果利率是 5%，則你會比較喜愛 10 年後的 200 美元，因為其現值為 123 美元，比 100 美元還高。

此問題的答案也決定於利率的高低。如果利率是 8%，則 10 年後 200 美元的現值為 $200 / (1.08)^{10}$ 美元，亦即 93 美元。在此情況下，你應該選擇今天的 100 美元。為什麼利率會影響你的決定呢？當利率較高時，把錢存在銀行可以賺較多的利息，因此，今天的 100 美元就較具吸引力。

現值的概念被應用在許多方面，包括公司在評估投資計畫時所面對的抉擇。假設通用汽車正考慮建造一座新廠；建廠的費用為今天的 1 億美元，且 10 年後會為公司帶來 2 億美元的利潤（未扣除建廠費用）。通用汽車該進行這項投資嗎？這個問題就像是我們之前討論過的一樣；要做出決定，通用公司需將 2 億美元利潤的現值與成本 1 億美元做比較。

因此，通用汽車會不會進行這項投資將取決於利率。若利率為 5%，則 2 億美元利潤的現值為 1 億 2,300 萬美元，通用公司會選擇進行這項投資。相反地，如果利率為 8%，則 2 億美元利潤的現值只有 9,300 萬美元，通用公司將放棄這項投資計畫。因此，現值的概念可以幫助我們解釋為何利率上升會使投資量（進而使可貸資金需求量）減少。

增廣見聞：複利的魔法與 70 法則

假設某國的平均年經濟成長率為 1%，另一國為 3%。一開始你可能會覺得沒什麼差別，畢竟，2% 能造成兩國多大的差異？

答案是：很大的差異。舉例來說，假設有兩位大學畢業生阿傑和阿蓮，他們都在 22 歲時接下人生的第一份工作，年薪都是 50,000 美元。阿傑所生活的經濟體其所有所得的年成長率為 1%；阿蓮的則為 3%。40 年後，當兩人都 62 歲時，阿傑的年薪為 74,000 美元，而阿蓮的年薪為 163,000 美元。由於成長率有 2 個百分比的差距，阿蓮的薪水是阿傑的 2 倍多。

一個簡單法則，稱作 **70 法則**，可以幫助我們了解經濟成長率以及複利的效果。根據 70 法則，如果某個變數每年成長 x %，那麼，大概在 70 / x 年後，此變數會倍增。在阿傑的經濟體，所得以每年 1% 的速率成長，因此 70 年後所得會倍增。在阿蓮的經濟體，所得以每年 3% 的速率成長，則只需約 70 / 3 年，即 23 年，所得就會倍增。

70 法則不只適用在成長中的經濟體，也可用在儲蓄帳戶。在 1791 年，富蘭克林（Ben Franklin）去世，並留下 5,000 美元供未來 200 年進行投資，以資助醫學院學生及科學研究。若這筆錢每年可賺取 7% 的報酬，則這筆錢每 10 年就會倍增，200 年後就倍增 20 次。經過 200 年的複利之後，這筆錢會變成 $2^{20} \times \$5,000$，約為 50 億美元（實際上，因為一些錢被花掉了，所以富蘭克林的 5,000 美元在 200 年後只變成 200 萬美元）。

這些例子告訴我們，成長率與利率經多年複利之後，會帶來驚人的結果。這是為什麼愛因斯坦曾經稱複利是「史上最偉大的數學發現」。

我們再看另一個現值的應用。假設你中了 100 萬美元的彩券；你可以選擇每年領 20,000 美元，一共領 50 年（總金額為 1,000,000 美元），也可以選擇馬上領 500,000 美元。你會選擇哪一個？為了做出正確的決定，你必須計算每筆金額的現值。假設利率為 5%，你須重複 50 次上述的計算並將各個結果加總。你會發現 100 萬美元獎金在利率 5% 之下的現值只有 383,000 美元。因此，你選擇一次領回 500,000 美元會比較有利。100 萬美元看起來似乎很多，但折現成現值後，會少很多。

即席測驗

1. 如果利率為零，則 10 年後的 100 元其現值
   a. 少於 100 元。
   b. 等於 100 元。
   c. 多於 100 元。
   d. 以上皆有可能。

2. 如果利率為 10%，則現在的 100 元其 2 年後的未來值為
   a. 80 元。
   b. 83 元。
   c. 120 元。
   d. 121 元。

3. 如果利率為 10%，則 2 年後的 100 元其現值為
   a. 80 元。
   b. 83 元。
   c. 100 元。
   d. 121 元。

（答案在章末）

27-2 風險管理

人生充滿風險。當你去滑雪時，可能會有跌斷腿的風險；當你開車上班時，可能會有發生車禍的風險；當你把一些儲蓄拿來買股票時，你可能會面臨股價下跌的風險。對於風險的理性反應不必然是不計任何代價去避免它，而是在你做決定時，將它列入考慮。我們來看該如何做。

27-2a 風險怯避

大部分的人都是**風險怯避**者。這表示絕大部分的人都不願意噩運降臨自己身上。人們厭惡壞事的程度通常甚於他們喜歡好事的程度。

舉例來說，你的朋友擲一枚硬幣；如果是正面，則他付你 1,000 美元，但如果是反面，則你付他 1,000 美元。你願意跟他賭嗎？如果你是風險怯避者，你就不會。就一個風險怯避者而言，損失 1,000 美元的痛苦超過贏得 1,000 美元的喜悅。因為這兩種結果發生的機率一樣，因此，平均而言，你如果賭的話，你的效用水準會降低。

經濟學家利用**效用**（utility）的概念發展出風險怯避模型。效用是指個人對於福祉或滿足程度的主觀衡量。如圖 1 所示，不同程度的財富都帶來某種程度的效

> **風險怯避**
> risk aversion
> 對不確定性的厭惡

圖 1　效用函數

效用函數顯示效用（對滿足程度的主觀衡量）如何受財富水準的影響。當財富增加時，效用函數變得較平坦，此反映邊際效用遞減。由於邊際效用遞減，輸 1,000 美元時效用的減少幅度會比贏 1,000 美元時效用的增加幅度來得大。

用。如果你是風險怯避者，則財富的邊際效用是遞減的：你的財富增加一塊錢，所帶給你的效用的增加幅度，隨著你的財富增加而變小。因此，當財富增加時，圖中的效用曲線變得比較平坦。由於邊際效用遞減，損失 1,000 美元所喪失的效用比贏得 1,000 美元的效用來得大，因此，人們通常是風險怯避者。

接下來，我們討論三項與風險怯避相關的議題：保險、分散（投資）以及風險報酬的取捨。

27-2b 保險市場

處理風險的一個方式就是買保險。保險契約的一般特性就是面臨風險的人支付一筆錢給保險公司，而保險公司則同意承擔全部或部分風險。保險有很多種類：車險承擔你發生車禍的風險；火險承擔你的房子被燒毀的風險；健康險承擔你可能面對昂貴醫療支出的風險；壽險則承擔你家人因為你過世而失去經濟依靠的風險。還有一種保險是承擔你活太久的風險：你今天先付一筆費用，保險公司將每年定期支付你一筆款項，稱作**年金**（annuity），直到你死亡為止。

在某種意義上，保險契約是一種賭博。你可能不會遭遇車禍，你的房子也不會被燒毀，你也不需要支付龐大的醫療費用。在保費支付期間，你都要付保費給保險公司，且除了覺得比較心安外，可能不會得到任何回報。實際上，保險公司所仰賴的就是大部分的保戶不會申請理賠，否則保險公司要支付那麼多的理賠金，早就倒閉了。

從整個經濟體系的角度來看，保險的角色並不是要去除生活中固有的風險，而是將風險更有效率地分散。舉例來說，火險本身並不會降低你房子被燒毀的風險；但如果這種不幸事件發生，保險公司會補償你。這意味著風險是由保險公司的眾多保戶一同分攤，而不是由你獨自承擔。

保險市場面臨兩個妨礙它們分散風險能力的問題。其中一個問題是**不利的選擇**（adverse selection）：高風險者比低風險者更可能投保，因為高風險者會從保險的保障中獲得較多利益。另一個問題是**道德危機**（moral hazard）：人們在投保後，因為保險公司會理賠，所以會比較不注意自己的高風險行為。保險公司意識到這兩個問題，但卻無法完全防範。保險公司無法完全區分高風險與低風險客戶，也無法監視客戶的高危險行為。保費的高低反映了保險公司所面對的實際風險。昂貴的保費說明了為什麼有些人，尤其是那些知道自己是屬於低風險的人，會拒絕投保，而寧願自行承擔風險。

27-2c 公司特定風險的分散

在 2001 年，美國最大的能源交易商——安隆公司（Enron），因為被控詐欺和作假帳而宣告破產。公司的幾名高階主管遭起訴，最後並入獄。不過，此一事件最可憐的受害者是數千名基層員工。他們不但失業，還有人賠上畢生積蓄。安隆公司的員工退休基金有三分之二是買安隆的股票，最後落得血本無歸。

如果要提供一個實際的忠告給風險怯避者，那就是：「不要把所有的雞蛋放在同一個籃子。」你以前可能聽過這句話，財務這個領域已將這個智慧轉化成一門學問，稱作**分散（投資）**。

保險市場就是分散的一個例子。假設某小鎮有 10,000 間房屋，每位屋主都面對房子失火的風險。如果有人成立了一家保險公司，且鎮上每個人都成了這家公司的股東和保戶，則他們都藉由分散來降低風險。每個人現在只需承擔 1/10,000 的失火風險，而非承擔自己房子失火的全部風險。除非整個小鎮同時失火，否則每位屋主所面對的風險會小很多。

當人們利用儲蓄來購買金融資產時，也可透過分散（投資）來降低風險。你會因為看好某公司未來的獲利而買進該公司股票，但你很有可能會看錯，因為公司的命運是很難預料的。微軟從一家由幾個愛玩電腦的年輕人所成立的小公司，在幾年內躍升為世界市值最高的公司之一。安隆則在短短幾個月之內，從一家頗受尊敬的公司變成一家一文不值的公司。幸運的是，股東不需將自己的財富與單一公司綁在一起，藉由分散（投資），可使風險大為降低。

圖 2 顯示股票投資組合的風險取決於投資組合中的股票種類數目。我們利用**標準差**（standard deviation）來衡量風險。標準差衡量變數的波動性，也就是變數的可能離散程度。投資組合其報酬率的標準差愈高，表示其報酬的波動性愈高，從而投資者無法獲取其所預期的報酬的可能性愈大。

如圖所示，隨著股票種類的增加，股票投資組合風險會快速下降。如果投資組合只有一支股票，則其報酬的標準差為 49%；當投資組合的股票種類增加到 10 時，風險便下降了一半。從 10 支股票再增加到 20 支股票時，風險又減少了 10%。股票種類再增加，風險會再降低，只是程度有限罷了。

值得注意的是，一直增加投資組合中的股票種類並不能將風險完全消除。分散投資可以消除**公司特定風險**，也就是與特定公司有關的不確定性，但並無法消除影響所有上市公司的**市場風險**，亦即與整體經濟相關的不確定性。舉例來說，當經濟邁入衰退時，大部分公司都會面臨銷售下滑、獲利下降的情況，從而大部

分散（投資）
diversification
利用許多程度較小且無關聯性的風險來取代單一風險，以降低風險

公司特定風險
firm-specific risk
只會影響單一公司的風險

市場風險
market risk
影響股票市場中所有公司的風險

圖 2　分散投資降低風險

風險（投資組合報酬的標準差）
（風險較高）

49

1. 增加投資組合中的股票數目可降低公司特定風險…

20

2. …但市場風險還在。

（風險較低）

0　1 2 4 6 8 10　20　30　40　投資組合的股票數目

本圖顯示投資組合的股票數目如何影響風險，這裡的風險是以投資組合報酬的標準差來衡量。假設投資人其投資組合中每支股票的金額都一樣。若股票數目增加，則投資組合的風險會下降，但並無法完全消除。

資料來源：Adapted from Meir Statman, "How Many Stocks Make a Diversified Portfolio?" *Journal of Financial and Quantitative Analysis* 22 (September 1987): 353-364.

分公司的股票報酬都很低。分散投資雖然可以讓持有股票的風險降低，但並無法完全消除。

27-2d 風險與報酬的取捨

經濟學十大原理之一是：人們面臨取捨。風險與報酬的取捨就是與此一原理相關的財務決策。

如我們所說明的，持有股票會有風險，即使投資組合再分散也避免不了。但如果收到的補償夠高的話，風險怯避者仍願意接受不確定性。從歷史經驗來看，股票的報酬比其他金融資產（如債券與銀行儲蓄存款）還來得高。過去兩百年以來，美國的股票其平均年實質報酬率約為 8%，而短天期政府債券的實質報酬率僅有 3%。

人們在決定如何分配儲蓄時，必須決定為賺取較高的報酬，自己願意承擔多少風險。圖 3 顯示人們建立包括下列兩類資產之投資組合時，所面對的風險與報酬的取捨：

- 第一類資產為高風險的股票投資組合，平均報酬率為 8%，且標準差為 20%。（你回想一下數學或統計課所上的，一個常態隨機變數的值大約有 95% 的時間

圖 3　風險與報酬的取捨

報酬（年率）

- 沒有股票
- 25% 的股票
- 50% 的股票
- 75% 的股票
- 100% 的股票

橫軸：風險（標準差） 0, 5, 10, 15, 20
縱軸刻度：3, 8

當人們投資股票的部位占儲蓄的比例提高時，雖然預期的平均報酬率會上升，但所面對的風險也會提高。

會落在離平均值的兩個標準差（本例為 ±40%）之內。因此，當實際報酬率的平均值大約是 8% 時，實際報酬率相當有可能介於 −32% 與 +48% 之間。）

- 第二類資產為安全性資產，報酬率為 3%，且標準差為零。這類資產可能是銀行儲蓄存款或政府債券。

圖中每一點都代表這兩類資產的某一特定投資組合。該圖顯示，當股票的比重愈大時，風險與報酬也都愈高。

　　明瞭風險與報酬之間的取捨關係並無法讓我們知道該如何做決策。人們最後會有什麼樣的投資組合取決於個人的風險怯避程度。更重要的是，股東必須了解，在賺取高報酬的同時，自己所承擔的風險也相對較高。

即席測驗

4. 保險其分散風險的能力受限於
    a. 風險怯避和道德危機。
    b. 風險怯避和不利的選擇。
    c. 道德危機和不利的選擇。
    d. 風險怯避而已。
5. 分散投資可以消除
    a. 投機泡沫。
    b. 風險怯避。
    c. 公司特定風險。
    d. 市場風險。
6. 股票的報酬率之所以會高過債券的報酬率，是因為股票持有人要求補償其所面對的
    a. 較高的市場風險。
    b. 較高的公司特定風險。
    c. 較高的稅額。
    d. 較高的交易費用。

（答案在章末）

27-3 資產評價

現在我們已對財務的兩大基礎——時間與風險——有了基本的了解,接下來我們應用這項知識。在本節,我們討論一個簡單的問題:什麼決定股票的價格?就像大部分的價格一樣,答案就是供給與需求。為了解股價,我們需思考什麼因素決定人們願意花多少錢買某一支股票。

27-3a 基本分析

假設你決定將 60% 的儲蓄投入股票,且你決定買 20 支不同的股票以分散風險。如果你翻開報紙,你將會發現有數千支股票。你該如何挑出其中的 20 支?

買股票就是買公司的股份。在決定買哪一支股票時,我們很自然地會考慮兩件事——公司價值與股票價格。如果股價低於公司價值,則稱此股票被**低估**(undervalued);如果股價高於公司價值,則稱此股票被**高估**(overvalued);如果兩者相等,則稱**股價公平反映公司價值**(fairly valued),或稱此時的股價為公允價格。在為你的投資組合選擇 20 支股票時,你通常會選擇被低估的股票。如果真能這樣,恭喜你!

不過,說比做容易。要知道股價很簡單,看報紙就可以;但要評估公司價值就很難。**基本分析**是指為評估公司價值所做的詳細分析。許多華爾街公司都僱用股票分析師做基本分析,以提供股票的購買建議。

就股票持有人而言,股票的價值就是在持有期間,所配發的股息與最後賣出價格的現值的總和。所謂**股息**(dividends)是指公司支付給股票持有人的現金。一家公司分派股息的能力與股票持有人賣出股票的價格都取決於公司的獲利能力。而影響公司獲利能力的因素有很多,包括產品需求、競爭程度、資本額大小、員工是否組工會、客戶的忠誠度、政府法規與稅制等等。基本分析的主要工作就是將這些因素都納入考量,以決定股票的合理價格。

如果你想仰賴基本分析來挑選股票,有三個方法可以遵循。一個是自己做研究,如研讀公司年報;第二個是聽從股票分析師的建議;第三個是買一檔共同基金,基金經理人會做基本分析並替你做決策。

27-3b 效率市場假說

另一個挑選 20 支股票的方法是隨機挑選。例如,將報紙上的股票版貼在牆上,然後擲飛鏢來決定。這聽起來可能很荒謬,但有個理由讓你相信這麼做不會

基本分析
fundamental analysis

研究公司會計報表與未來展望以決定公司價值的分析

增廣見聞：股市參與者不可不知的數字

當你對一家上市公司感到興趣時，以下三個數字是你應該密切關注的。你可以從媒體報導或上網至股市觀測站得知這些數字。

- **股價**。雖然有人說投資人應「手中有股票，心中無股價」（亦即股價起起落落是很正常的，投資人不必太過在意），但絕大多數的投資人仍會想要儘早得知股價。各入口網站的「股市」欄或各報的證券版會出現一些相關價格。例如，「昨收」是前一個交易日的最後一筆交易的價格；「漲跌」是與昨收價相較，股價的變動幅度；「最高」與「最低」是交易日當天（或過去一段期間）的最高價與最低價。

- **股利**（dividend）。公司會把一部分的會計利潤配發給股東，此一數額稱為**股利**。〔未配發的利潤稱為**保留盈餘**（retained earning），可作為公司未來投資的資金。〕在我國，正常的股票交易單位為「張」，一張股票為 1,000 股。另外，股票的原始發行價格為每股 10 元[1]。公司配發的股利分為現金股利（或稱股息）與股票股利。如果公司發每股 3 元的現金股利，則表示股東所持有的每張股票可以領到 3,000 元的現金；如果公司發每股 20 元的股票股利，則表示股東所持有的每張股票可以配到 2 張股票。有時新聞也會報導**股息殖利率**（dividend yield），其為現金股利占股價的百分比。如果某公司發每股 3 元的現金股利，且其每股股價為 60 元，則其股息殖利率為 5%。

- **價益比**（price-earnings ratio，或稱本益比）。一家上市公司的盈餘，或會計利潤，是會計師所認可的該公司營收減去成本的部分；**每股盈餘**（earnings per share）等於總盈餘除以股份總數。**價益比**就等於股價除以去年的每股盈餘。價益比高表示，相較於公司去年的獲利，股價並不便宜；這通常意味著投資人看好公司未來的獲利（即未來的每股盈餘會持續上升），或股價被高估了。相反地，價益比低表示，相較於公司去年的獲利，股價便宜；這通常意味著投資人不看好公司未來的獲利，或股價被低估了。

由於很多人會把他們的儲蓄拿來購買股票，且在做買賣決策時會緊盯以上的數字，所以這些數字被廣為報導。不過，有些投資人的策略是選定正派且營運績效良好的公司，然後，買了股票以後就長期持有（buy and hold）。就這些投資人而言，他們不會在乎股價每天的起起落落。

---

[1] 自 2014 年起，公司可以不受 10 元面額的限制，而能以彈性面額上市上櫃。所謂彈性面額，就是上市上櫃公司可以自行訂出最適合自家發展策略的股票發行面額。

太離譜，這個理由稱作**效率市場假說**。

為了解此一理論，我們必須先知道，每家上市公司其實都有很多分析師或基金經理人在密切注意。這些專家每天都會掌握新的資訊並利用基本分析來決定股票價值。他們的工作就是要趁股票被低估時買進，並且在股價超過公司價值時賣出。

效率市場假說的第二個部分是，供給與需求決定了股票的市場價格，且股價

> **效率市場假說**
> efficient markets hypothesis
> 主張資產價格反映與資產價值有關的所有公開資訊的理論

資訊效率
informational efficiency
資產價格理性地反映所有可得資訊

會迅速且公平反映公司價值，亦即股票市場具**資訊效率**：股價反映了所有關於資產價值的資訊。當資訊揭露時，股價就會跟著變動。當公司未來展望不錯的消息一公開，公司價值與股價都會上漲；當公司未來展望惡化時，公司價值與股價會雙雙下挫。不過，在任何時候，市場價格是市場參與者依據所有可得資訊對公司價值所做的最佳猜測。

隨機漫步
random walk
未來變動無法預測之變數的走勢

效率市場假說還暗示股價應該是**隨機漫步**的，也就是股價的變動是無法透過可得資訊來預測的。根據此一理論，唯一可以使股價變動的是一些改變市場對公司價值之認知的新聞；但新聞是無法預測的，否則就不叫做新聞了。因此，股價的變動如同新聞一樣，是無法預測的。

如果效率市場假說是正確的，那麼花太多時間來研究個股資訊以決定該買哪 20 支股票也就沒什麼意義了。如果股價反映所有的可得資訊，那麼，沒有任何股票是被低估的；你所能做的就是分散投資。

個案研究　隨機漫步與指數型基金

效率市場假說是一項關於金融市場如何運作的一項理論。此一理論可能不完全正確；如我們即將在下節說明的，股票持有人不一定理性，且股價也不是隨時都具資訊效率的。然而，用效率市場假說來描述金融市場的運作比你想像的來得實際。

許多證據顯示，股價即使不是完全隨機漫步，但也八九不離十。舉例來說，你可能想買最近上漲的股票並避開最近下跌的股票，也可能正好相反。但統計顯示，不管是哪一種操作方式都無法打敗大盤。一支股票其相鄰兩年的表現幾乎毫無關係。

指數型基金的表現就支持了效率市場假說。指數型基金是共同基金的一種，其投資組合中的股票與股票指數的成分股完全一致。這些基金的表現有時甚至超越那些根據研究報告與專業來挑選持股的一般基金。指數型基金買股票指數的所有成分股，所以報酬率跟大盤一樣；而積極操

> **聽專家怎麼說**　分散投資（Diversified Investing）
>
> 「一般而言，在沒有內線消息之下，股市投資者藉由選擇充分分散且低成本的指數型基金所獲致的績效會優於自行操作。」
>
> 經濟學家這麼說：
>
> 0% 不同意　　　0% 不確定
>
> 100% 同意
>
> 資料來源：IGM Economic Experts Panel, January 28, 2019.

作的基金經理人只買幾支他認為表現會最好的股票，希望能打敗大盤。

但實際上，積極的基金經理人所操盤的基金通常無法打敗指數型基金，甚至績效更差。舉例來說，在 2021 年年底之前的前 15 年，86% 的

美國股票基金無法打敗持有所有在美國證券交易所上市之股票的指數型基金。在上述期間,股票基金的年平均報酬率還比該指數型基金少了1.07%。最積極的基金經理人其操盤績效之所以會比指數型基金來得低,主要是因為他們交易過於頻繁而導致交易成本過高,而且他們收取較高的管理費來支付那些所謂專家的薪水。

另外那 14% 打敗大盤的基金經理人呢?也許是他們比一般人聰明,或者是比較幸運罷了。如果你讓 5,000 個人各擲十次硬幣,平均而言,會有五人連續擲出十次正面。這五個人可能會宣稱他們的技巧好,但讓他們再試一次,是否會有相同的結果就很難説了。同樣地,研究結果顯示,過往操盤績效好的基金經理人通常很難繼續維持好的績效。

效率市場假説認為要打敗大盤是不可能的。許多金融市場的研究顯示,要打敗大盤極具難度。就市場表現而言,效率市場假説雖不中亦不遠矣。

如是我聞　有 Y 染色體的投資危險

過度自信不利於投資表現,此一問題在男性中又特別普遍。

女生可能比男生投資得好──一個直男的觀點
(Women May Be Better Investors Than Men. Let Me Mansplain Why)

榮恩・萊伯(Ron Lieber)撰[1]

華爾街的大頭,甚至連華爾街之狼,都是男的。看上去,好像男生在投資方面的表現要優於女生,但其實不然。

富達投資(Fidelity)的一份資料顯示,在一個長達十年的期間,其女性客戶的獲利率,平均而言,每年要比男性客戶高出 0.4%。這看上去好像沒有差多少,但幾十年下來,獲利可能會差上數萬美元,甚至更多。

之所以會有這樣的結果,與其説是因為她們所採取的交易方式,倒不如説是因為她們所不採取的交易方式──富達投資的女性客戶的買賣金額只有男性客戶的一半。一份研究顯示:頻繁交易的投資人其年報酬率要比大盤差了 6.5%。

為何男生會過度交易?可能是因為他們過度自信。那他們為何又會過度自信?可能是因為男性睪固酮。

賀爾蒙會對投資造成三個問題:降低戒慎、更加貪婪與過度自信。當你不夠戒慎,在空頭市場,你會不懂停損,最後可能會有巨額損失;當你太過貪婪,在市場由多頭轉成空頭時,你不單不會停利,還可能加碼,最後可能血本無歸。至於過度自信的人,不會懂什麼是停損與停利,那就準備葬身股海吧!

歷史上,因過度自信而在股市慘遭滑鐵盧的一個著名的例子是被譽為「天才中的天才」的科學家牛頓。他因投資股票失利而發出以下的感慨:「我可以算出天體的運行,卻算不出人性的瘋狂。」(I can calculate the motion of heavenly bodies, but not the madness of people.)

原文出處:*New York Times*, October 29, 2021.

---

[1] 原文經本書譯著者大幅改寫。

27-3c 市場非理性

效率市場假說假設，買賣股票的人們會理性地分析與股票價值相關的資訊。股票市場真的是理性的嗎？或者，股價有時會偏離合理的公司價值嗎？

有個傳統觀點認為，股價的波動部分是因為心理因素造成的。在 1930 年代的經濟學家凱因斯（John Maynard Keynes）認為，資產市場是由「動物情緒」（"animal spirits"）所驅動，也就是由樂觀與悲觀的不理性情緒所主宰。在 1990 年代，股票市場不斷創新高，當時的聯準會主席葛林斯潘（Alan Greenspan）提出質疑，認為股市有所謂的「非理性繁榮」（"irrational exuberance"）。後來股價確實跌了下來，但根據當時的資訊，1990 年代的股市榮景是否是非理性的仍具爭議。當某一資產其價格超過其基本價值時，我們稱該市場存在**投機性泡沫**。

投機性泡沫的形成，部分可能是因為對股票持有人而言，股票價值不單決定於未來配發的股息，還決定於最後的賣出價格。因此，如果你預期明天會有人以更高的價格來買股票，那麼，即使你認為今天的股價已經高估，你今天還是會買進。當你在評價一支股票時，你所需評估的不只是公司的價值，還有其他人在未來對該公司價值的看法。

對於股市是否是理性的，經濟學家仍意見分歧。贊同市場是非理性的經濟學家指出，不少股票的價格時而大漲，時而大跌，但公司的基本面並沒有那麼大的變化；換句話說，股價常有超漲超跌的現象。贊同效率市場假說的經濟學家則指出，要知道一家公司其正確且理性的評價是不可能的，因此，不該認為特定的評價是非理性的。此外，如果市場是非理性的，那麼，理性投資人應會善加利用此一事實來獲利，例如，在股價被低估時買進。然而，如我們在前一個個案研究所討論的，要打敗大盤幾乎是不可能的。

27-3d 臺灣的股價指數：2020-2022

在 2020-2022 年期間，臺灣的加權股價指數因 Covid-19 疫情、利率與全球景氣的變化，而有相當劇烈的變動。在 2020 年 3 月 Covid-19 疫情剛爆發時，臺灣的加權股價指數就由當年 2 月底的 11,292 點跌至 8,523 點，之後一路上揚至 2022 年 1 月的 18,619 點，再一路下挫至同年 10 月的 12,629 點。接下來，我們介紹一個簡單的股價決定公式，來說明這些變動。

假設有一家公司未來每年每張股票（1,000 股）都會配發金額 D 的現金股利，且市場利率固定為 i，那麼，這家公司的股票其公允價格（P_s）為何？

根據上一章的式 (1)，我們可以得到：

$$P_s = \frac{D}{1+i} + \frac{D}{(1+i)^2} + \frac{D}{(1+i)^3} + \cdots$$
$$= \frac{D}{i}$$

換言之，股票的價格反映未來每年現金股利現值的總和。

上式告訴我們，股價與公司未來現金股利呈同向變動，而與利率呈反向變動關係；這是因為前者反映購買股票的效益，而後者反映購買股票的成本（因買股票而少賺利息）。

雖然 Covid-19 疫情造成全球 2020 年第二季的嚴重衰退，但臺灣的實質 GDP 因受惠於宅經濟的昌盛而仍微幅增加。臺灣全體上市櫃公司的稅前淨利由 2019 年的 2 兆 5,918 億元，增加到 2020 年的 3 兆 1,612 億元，再增加到 2021 與 2022 年的 5 兆 3,760 億元與 5 兆 9,913 億元[1]。而臺灣的利率，以第一銀行一年期定期儲蓄存款利率為例，由 2019 年的 1.09% 降至 2020 年的 0.8%，再升至 2022 年 3 月與 12 月的 1.09% 與 1.505%[2]。

因此，根據上式與以上的資料，臺灣的加權股價指數之所以在 2020 年 3 月之後持續漲至 2022 年 1 月，是因為上市櫃公司的獲利增加與利率降低的雙重有利因素所造成的；前者源自於宅經濟昌盛與全球經濟強勁復甦（投資人因而調高公司未來現金股利的預期），而後者源自於中央銀行為刺激經濟而引導利率下降。在 2022 年，由於 2 月爆發的俄烏戰爭造成全世界能源與原物料價格的大幅上漲，中央銀行為抑制一般物價的上漲而引導利率上升[3]，因此，雖然臺灣全體上市櫃公司 2022 年的稅前淨利較 2021 年微幅增加，但臺灣的加權股價指數仍因利率上升而下滑。

即席測驗

7. 基本分析的目標在於，
   a. 確定一家公司的真實價值。
   b. 將投資組合的分散標的予以集中。
   c. 預測投資人不理性程度的變化。
   d. 消除投資人的風險怯避。
8. 根據效率市場假說，
   a. 過度分散投資會降低投資組合的報酬。
   b. 股價的變動無法透過可得資訊預測。
   c. 積極買賣的共同基金其績效會優於指數基金。
   d. 股價會隨投資人的動物情緒波動。
9. 歷史上，指數型基金其 _____ 積極買賣的共同基金。
   a. 手續費高於
   b. 投資的分散度低於
   c. 稅的負擔高於
   d. 報酬高於

（答案在章末）

---

[1] TEJ 資料庫。

[2] 中央銀行《金融統計月報》。

[3] 我們會在第 30 章說明中央銀行的貨幣政策工具與其目標。

27-4 結論

本章說明一些人們在做財務決策時經常會使用的基本工具。現值的概念提醒我們未來的一塊錢比今天的一塊錢來得沒有價值,也使我們學會比較不同時點的金額。風險管理理論指出未來充滿不確定性,而風險怯避者可以採取預防措施來對抗不確定性。資產價值的研究則指出任何公司的股價應該反映其未來的獲利能力。

雖然大部分的財務工具都已相當完善,但效率市場假說的解釋能力以及股價是否理性反映公司的真實價值仍有許多爭議。不論理性與否,我們所觀察到的股價大幅波動有著重要的總體經濟意涵。股市波動經常與經濟波動並行;本書稍後會探討經濟波動,屆時,我們會再回過頭來研究股票市場。

摘要

- 由於儲蓄可以賺取利息,因此今天的一筆錢比未來同金額的一筆錢來得有價值。利用現值的概念,我們可以比較不同時點的金額。未來金額的現值是為產生該金額,用現行利率所計算出的在今天所需的金額。
- 由於邊際效用遞減,大部分的人是風險怯避者。風險怯避者可藉由買保險、分散投資,以及選擇低風險與低報酬的投資組合來降低風險。
- 股票的價值就是在持有期間,所配發的股息與最後賣出價格的現值的總和。根據效率市場假說,金融市場會理性地分析可得資訊,因此,市場價格是依據所有可得資訊對公司價值所做的最佳猜測。一些經濟學家對此理論存有疑慮,且認為非理性的心理因素也會影響股價。

複習題

1. 假設利率為 7%。利用現值概念來比較 10 年後的 200 元與 20 年後的 300 元孰大孰小。
2. 保險有什麼好處?哪兩個問題妨礙保險公司的完美運作?
3. 何謂分散投資?投資人投資 1 至 10 支股票與 100 至 120 支股票,哪一個分散效果較大?
4. 股票與政府債券何者風險較高?何者提供較高的平均報酬?
5. 股票分析師在決定某支股票的價值時,需考慮哪些因素?

6. 請說明何謂效率市場假說並提供與此理論相符的證據。

7. 請說明那些對效率市場假說存疑的經濟學家的觀點。

問題與應用

1. 根據一個古老傳說，美國原住民在 400 年前以 24 美元出售曼哈頓島。若年利率為 7%，則這筆錢現在變成多少？

2. 某家公司今日有一個投資計畫需斥資 1,000 萬美元，四年後的利潤為 1,500 萬美元（未扣除該 1,000 萬美元）。

   a. 若利率分別為 11%、10%、9% 與 8%，則此公司該進行這項投資嗎？

   b. 請算出公司有獲利與沒有獲利之分界利率為何？

3. A 債券 20 年後付 8,000 美元，B 債券 40 年後付 8,000 美元，且它們在到期前並未支付任何金額。

   a. 如果利率為 3.5%，則它們的現值各為何？哪一種債券的現值較高？為什麼？

   b. 如果利率上升到 7%，則它們的現值各為何？哪一種債券其現值的變動**百分比**較高？

   c. 根據以上的例子，完填下列敘述中的兩處空格：
   當利率上升時，債券的價值「　　」（填上**上升**或**下降**）；債券的到期日離現在愈久，債券的價值對利率的變動「　　」（填上**愈敏感**或**愈不敏感**）。

4. 你的銀行存款年利率為 8%。你在考慮要不要用每股 110 美元的價格買進甲公司股票。你預期該公司在未來 3 年每年都會配發 5 美元的股利，且 3 年後你可以用 120 美元的價格賣出。列出你該不該進行這項投資的計算結果並說明之。

5. 請就以下的保險分別舉例說明**不利的選擇**以及**道德危機**的行為。

   a. 健康保險。

   b. 車險。

   c. 壽險。

6. 你認為哪一種股票的平均報酬較高：對景氣較敏感之產業（如汽車業）的股票或是比較不受景氣影響之產業（如自來水公司）的股票？為什麼？

7. 一家公司面對的風險有兩種。一種是競爭者可能進入市場瓜分客戶的風險，此為公司特定風險。另外，經濟可能陷入衰退而使銷售下滑，此為市場風險。請問哪一種風險比較可能導致股票持有人要求較高的報酬？為什麼？

8. 當公司主管依據他們工作中所獲得的私人資訊買賣股票時，他們涉嫌**內線交易**。

   a. 請舉例說明內線資訊對買賣股票是有用的。

   b. 那些依據內線資訊買賣股票的人通常獲得很高的報酬。請問這是否違反了效率市場假說？

   c. 內線交易是違法的，你認為理由何在？

9. 阿丹的效用函數為 $U = W^{1/2}$，其中，W

是其以百萬美元為單位的財富水準，U 是其效用水準。有下列兩個方案讓阿丹選：（A）確定有 400 萬美元，（B）參加一項賭博，贏 100 萬美元的機率為 0.6 且贏 900 萬美元的機率為 0.4。

a. 畫出阿丹的效用函數。他是風險怯避者嗎？

b. 計算出 A 方案與 B 方案的金額期望值。

c. 計算出 A 方案與 B 方案對阿丹的效用期望值。

d. 阿丹應該選 A 方案還是 B 方案？為什麼？

即席測驗答案

1. b 2. d 3. b 4. c 5. c 6. a 7. a 8. b 9. d

Chapter 28

失業

在 2008-2009 年，當美國次級房貸風暴所引發的全球經濟衰退愈演愈烈時，臺灣的失業率也自 2008 年 4 月的 3.81% 持續攀升至 2009 年的 6.13%，工廠裁員減薪的新聞也被密集報導。失去工作可能是人一生中最苦惱的事情之一。大部分的人依靠工作收入來維持他們的生活水準；很多人不僅從工作中得到收入，也從工作中獲得成就感。失去工作意味著現在的生活水準會降低，對未來會感到焦慮，而且自尊心也會受到傷害。因此，在經濟衰退時，聽到政府官員要推出什麼樣的振興經濟方案來創造就業，也就不足為奇了。

失業不單是個人的悲劇，也同時是一國的總體經濟問題。在前面幾章，我們提到一國生活水準及其成長率的決定因素。例如，一國的儲蓄率與投資率愈高，其資本存量與 GDP 的成長率也會

愈高。一個更明確的一國生活水準決定因素是它的失業人數。那些想要工作卻找不到工作的人，對一國的生產是沒有貢獻的。雖然在一個包含數以萬計廠商和數以百萬計勞工的經濟體系裡，某種程度的失業是不可避免的，但不同國家的失業人數，以及同一國家不同時期的失業人數可能會有明顯的差異，像我國 1980 年的平均失業率僅有 1.23%，而 2009 年的平均失業率卻高達 5.85%。

本章開始我們對失業的研究。失業問題通常分為兩類：長期問題與短期問題。一國的**自然失業率**（natural rate of unemployment）指的是該國在正常情況下的失業率水準；**循環性失業**（cyclical unemployment）指的是一國每年環繞其自然失業率上下波動的失業，它與經濟活動的短期波動密切相關。循環性失業有其自身的理由，我們在本書後面討論經濟的短期波動時會再詳細說明。在本章，我們討論一國自然失業率的決定因素。如我們即將說明的，**自然**（natural）一詞並不隱含這個失業率水準是這個社會想要的水準，也不隱含它是固定或不受經濟政策影響的；它只是意味著這個失業率即使在長期也不會自行消失。

在本章，我們先看一些描述失業的相關事實。具體而言，我們檢視三個問題：政府如何衡量失業率？在失業數據的解釋上，可能會有哪些問題？失業者失業的期間一般有多長？

接下來我們說明失業的成因以及政府可以幫助失業者的方法。我們討論四個關於自然失業率的解釋：工作搜尋、最低工資法、工會及效率工資。如我們即將看到的，長期失業並不是由單一問題所引起的，實際上它反映出許多相關的問題，因此，政策制定者並無法輕易降低自然失業率。不過，對失業的研究可以讓我們了解政策制定者可以有的選項，以及他們所面對的取捨。

28-1 失業的認定

首先，讓我們更精確地檢視**失業**的定義。

28-1a 失業如何衡量？

在美國，失業的衡量是勞工部勞動統計局的工作，在我國則為行政院主計總處。美國勞動統計局每個月會發布失業以及勞動市場其他方面的數據，如就業的種類、平均工作週數，以及失業持續期間。這些數據都來自於對大約 6 萬家戶的調查，這個調查稱為當前人口調查（Current Population Survey）。

根據問卷問題的答案，美國勞動統計局將每個受訪家庭的成年人（16 歲和 16

歲以上）分成三類：

- **就業**（employed）：這一類人口包括從事有酬工作者、自行創業者，或幫家屬從事營利工作而不支領薪資者。正職與兼職工作者都算。它也包括那些有工作但因休假、生病或天氣惡劣而暫時無法工作者。
- **失業**（unemployed）：這一類人口包括那些沒有工作、且隨時可以工作，且曾在前四週內找工作的人。它也包括那些**被暫時解僱**（laid off）而正等待被召回的人。
- **非勞動力**（not in the labor force）：這一類人口包括那些不屬於前兩類的人，如全職學生、家庭主婦（夫）或退休的人。

圖 1 顯示美國 2021 年 12 月與臺灣 2021 年全年的人口分類。

將就業人口與失業人口相加即可得到**勞動力**：

$$勞動力 = 就業人口 + 失業人口。$$

將失業人口除以勞動力再乘以 100 即可得到**失業率**：

$$失業率 = \frac{失業人口}{勞動力} \times 100。$$

美國勞動統計局除了計算整體成年人口的失業率外，也計算一些特定族群的失業率，如黑人、白人、男性、女性等。我國並未針對膚色進行失業統計，但有根據性別、年齡或教育程度來區分的失業統計資料。例如，在 2021 年，我國 20 到 24 歲這個年群的平均失業率為 12.52%；學歷在大學及以上的這個族群其平均失業率為 4.89%。（有興趣的讀者可根據圖 1 中的資料來源，上網找更多有關失業與就業的統計資料。）

除了失業率之外，另外一個重要的人力運用指標為**勞動力參與率**，其衡量勞動力占成年人口的比例：

$$勞動力參與率 = \frac{勞動力}{成年人口} \times 100。$$

此一統計量告訴我們，成年人口中選擇參與勞動市場的比例。如同失業率，勞動力參與率不單只針對整體成年人口，也針對特定族群。

接下來我們以圖 1 中的資料說明上述統計量的計算。就美國而言，其 2021 年 12 月的就業人口數為 156.0 百萬人，失業人口數為 6.3 百萬人，因此，其勞動力為：

$$勞動力 = 156.0 + 6.3 = 162.3 \text{ 百萬人}。$$

勞動力
labor force
勞工總人數，包括就業與失業人口數

失業率
unemployment rate
失業人口占勞動力的百分比

勞動力參與率
labor-force participation rate
勞動力占成年人口的百分比

圖 1　美國 2021 年 12 月與臺灣 2021 年全年的人口分類

（a）美國

就業
（156.0 百萬）

失業
（6.3 百萬）

非勞動力
（99.8 百萬）

成人人口（262.1 百萬）

勞動力（162.3 百萬）

（b）臺灣

就業
（1,144.8 萬）

失業
（47.1 萬）

非勞動力
（827.4 萬）

十五足歲以上民間人口（2,019.3 萬）

勞動力（1,191.9 萬）

美國勞動統計局和我國行政院主計總處將成人人口（我國為十五足歲以上民間人口）分為三類：就業、失業與非勞動力。

資料來源：Bureau of Labor Statistics；行政院主計總處網站：首頁〉政府統計〉主計總處統計專區〉就業、失業統計〉統計表〉時間數列統計表〉人力資源重要指標。

失業率為：

$$失業率 = (6.3 / 162.3) \times 100 = 3.9\%。$$

由於成年人口數為 262.1 百萬人，所以勞動力參與率為：

$$勞動力參與率 = (162.3 / 262.1) \times 100 = 61.9\%。$$

因此，在 2021 年 12 月，美國有 61.9% 的成年人參與勞動市場，其中的 3.9% 沒有工作。

就我國而言，2021 年全年的就業人口數為 1,144.8 萬人，失業人口數為 47.1 萬人，因此，勞動力為：

$$勞動力 = 1,144.8 + 47.1 = 1,191.9 \text{ 萬人}。$$

失業率為：

$$(47.1 / 1,191.9) \times 100 = 3.95\%。$$

我國 2021 年十五足歲以上民間人口數為 2,019.3 萬人，所以勞動力參與率為：

$$勞動力參與率 = (1,191.9 / 2,019.3) \times 100 = 59.02\%。$$

因此在 2021 年 1，我國大約近六成的成年人參與勞動市場，其中的 3.95% 沒有工作。

勞動市場的統計資料可以讓經濟學家及政策制定者了解經濟體系隨著時間的變化。圖 2 顯示美國自 1960 年起的失業率。本圖顯示一個經濟體系總是會有失業，且失業率每年不同。被失業率環繞的正常失業率水準稱為**自然失業率**，而偏離自然失業率的失業稱為**循環性失業**。圖 2 中的自然失業率是美國國會預算辦公室的經濟學家所估計的時間序列資料。他們所估計的美國 2021 年的自然失業率為 4.5%，低於全年 5.4% 的實際失業率。我們會在本書後面的章節討論短期的經濟波動現象，包括環繞在自然失業率上下波動的短期失業率。不過，我們在本章忽略短期的波動，而聚焦於為何在市場經濟中，失業總是會存在。

自然失業率
natural rate of unemployment
被失業率所環繞的正常失業率水準

循環性失業
cyclical unemployment
偏離自然失業率的失業

28-1b 失業率資料是否可靠？

衡量一國的失業人數看起來似乎是一件容易的事，但其實不然。雖然我們很容易區分一個人有工作還是沒有工作，但要區分一個人是失業還是非勞動力有其難度。

事實上，在任何一個時點，總是會有人加入勞動力，也總是會有人退出勞動力。那些加入者包括初次尋職的年輕勞工，如剛從大學畢業者，也包括離開職場一段時間後再重返職場的年長勞工。並不是每一個失業者最後都會找到工作，幾

圖2　自1960年起美國的失業率

本圖利用美國失業率的年資料來顯示勞動力中沒有工作的比率。自然失業率為被實際失業率所環繞的正常失業率水準。

資料來源：U.S. Department of Labor, Congressional Budget Office.

個案研究：美國男性與女性的勞動力參與率

在過去一個世紀，女性在美國社會所扮演的角色有重大改變。部分原因在於新科技（如洗衣機、乾衣機、冰箱和洗碗機）使花費在例行家務的時間減少；部分原因則在於節育觀念的普及與節育技術的改善，使一般家庭的小孩數目減少。另外，美國政治與社會態度的轉變也造成婦女角色的改變。這些發展合起來對美國的社會與經濟產生深遠的衝擊。

其中，又以對勞動力參與率的衝擊最為明顯。圖3顯示美國自1950年起的男性與女性的勞動力參與率。在第二次世界大戰剛結束時，只有33%的女性有工作或正在找工作，但男性的此一比率高達87%。在之後的數十年間，隨著女性加入勞動市場的人數不斷成長，且有些男性離開勞動市場，而使得男性與女性勞動力參與率的差距不斷地縮小。在2021年，美國女性的勞動力參與率為56%，男性為68%。以勞動力參與率來看，美國男性與女性在經濟體系中所扮演的角色愈來愈平等。

美國女性勞動力參與率上升容易理解，而男性參與率下降的原因包括：第一，年輕男性在學時間比他的父親和祖父長。第二，年長的男性較早退休且壽命更長。第三，隨著愈來愈多的女性投入勞動市場，愈來愈多的父親留在家裡帶小孩。全職學生、退休者和家庭主夫均不屬於勞動力。我國男性與女性勞動力參與率的演變與美國的類似。在1978到2021年這段期間，男性勞動力參與率從77.96%逐漸下降至66.93%；女性勞動力參與率則由39.13%逐漸上升至51.49%。

圖 3　自 1950 年起美國男性與女性的勞動力參與率

本圖顯示美國成年男性與女性為勞動力的比率。如圖所示，在過去的數十年，美國女性加入勞動力，而男性卻離開。

資料來源：U.S. Department of Labor.

乎有一半的失業者最後會退出勞動市場。

由於人們進出勞動力是如此地頻繁，因此失業統計量並不容易解讀。一方面，那些被認定為失業的人可能並沒有努力在找工作。他們之所以宣稱自己失業，可能是想讓自己有領取政府失業津貼的資格（特別是在 2020 與 2021 年的疫情期間），或是他們其實還有工作，只是領的是「檯面下」的薪水。將這些人歸於非勞動力或就業可能會更正確。如果一國有比較多這種人的話，則失業率數據高估實際的失業情況。另外，有些列為非勞動力的人事實上是想要工作的。這些人可能有找過工作，但都不順利，最後就放棄了。這樣的人稱為**怯志勞工**，但他們不算失業，而算非勞動力。如果一國有比較多怯志勞工的話，則失業率數據低估實際的失業情況。

怯志勞工
discouraged workers
想要工作卻已放棄找工作的人

28-1c 失業者失業的期間有多長

在判斷失業問題的嚴重程度時，一個該問的問題是，失業勞工的平均失業期間是長還是短。如果失業期間短，則問題可能不嚴重；失業者可能在幾個星期之內就可以找到適合自己的工作。但如果失業期間長，則問題就比較嚴重；失業的勞工可能會有幾個月的時間是處在經濟與心理的雙重壓力下。

由於失業期間的長短會影響我們對失業問題嚴重程度的看法，所以經濟學家投入相當多的心力研究失業期間的資料。他們發現了一個重要、但看似矛盾的結果：**大部分的失業期間是短暫的，但在任一時點觀察到的失業卻是長期的。**

為了解為何會有這樣的結果，讓我們看下面的例子。假設你在過去一年每個星期都到政府的失業辦公室訪問失業者。每個星期你都發現有四個人失業，其中三個人是同樣的人，他們失業一整年，第四個人則每個星期都不同。根據這個經驗，你會認為，一般而言，失業是短期的還是長期的？

一些簡單的計算有助於你回答這個問題。在這個例子中，你總共遇見了 55 個失業的人，其中 52 個失業一星期，另外的 3 個失業一整年；這意味著 95%（52／55）的失業在一星期之內結束。但每當你走入失業辦公室時，你遇到的四人中有三人失業一整年。因此，即使 95% 的失業在一星期內結束，但不管是哪一個星期，75% 的失業者失業一整年。社會的實際情況就如同這個例子，大部分的失業期間是短暫的，但在任一時點觀察到的大部分失業是長期的。

因此，經濟學家和政策制定者在解讀失業數據，以及在設計協助失業者的政策時，都必須很小心。大部分失業的人（如上例中的 52／55）會很快找到工作，但在任一時點，經濟體系的大部分失業者其失業期間較長（如上例中的 3／4）。

28-1d 為何總是會有人失業？

以上的討論並未說明何以經濟體系會有失業。在大多數的市場中，價格會調整至使供給量等於需求量的水準。在一個理想的勞動市場，工資會調整至使勞動供給量等於勞動需求量的水準，從而想要工作的勞工都可以找到工作，亦即沒有人失業。

當然，實際的情況並不會這麼理想；即使經濟表現再好，也總是會有人失業。換言之，失業率永遠不會降到零，而是在自然失業率上下波動。本章接下來的內容說明長期失業的成因。

長期失業的成因有四個。第一個是勞工需要時間去搜尋最適合他們的工作，這種因撮合勞工與工作需要時間而產生的失業有時稱為**摩擦性失業**，且這個失業成因通常被用來解釋期間相對較短的失業。

另外三個失業的成因都指向，部分勞動市場所提供的工作數量可能無法讓每一個想要工作的勞工都有工作。當勞動供給量超過勞動需求量時，就會發生這種現象。這種型態的失業有時稱為**結構性失業**，且它通常被用來解釋期間較長的失業。如我們即將看到的，當由於某個原因使工資高於均衡工資時，就會發生結構

摩擦性失業
frictional unemployment
因勞工花時間尋找最適合他們興趣與技能的工作而產生的失業

結構性失業
structural unemployment
因勞動市場中的工作數目無法滿足每一個想要工作的人而產生的失業

性失業。

我們將檢視三個工資為何會高於均衡工資的原因：最低工資法、工會和效率工資；第一個源自於政府，第二個源自於勞工，而第三個源自於廠商。

即席測驗

1. 某國的人口為 100 人，其中 40 人有全職工作，20 人從事兼職工作（但仍想上全職班），10 人正在找工作，10 人為怯志勞工，10 人為全職學生，10 人退休。該國的失業人口為
   a. 10 人。　　　b. 20 人。
   c. 30 人。　　　d. 40 人。

2. 承上題。該國的勞動力人口為
   a. 50 人。　　　b. 60 人。
   c. 70 人。　　　d. 80 人。

（答案在章末）

28-2 工作搜尋

失業的第一個成因是工作搜尋。**工作搜尋**是撮合勞工與適合工作的過程。如果所有的勞工和所有的工作都一樣，則所有的勞工都同樣適合每一個工作，那麼就不會有工作搜尋的問題；被解僱的勞工會很快找到工作。但實際上每位勞工的興趣和技能都不同，每個工作的屬性也不一樣，而且求職者與雇主的資訊也不完全。

工作搜尋
job search
勞工尋找與其興趣和技能相符的工作的過程

28-2a 為何有些摩擦性失業是不可避免的？

摩擦性失業通常是不同廠商間的勞動需求變動的結果。當消費者決定購買特斯拉汽車，而不是福特汽車時，特斯拉公司會增加勞工雇用量，而福特公司會解僱員工，從而被福特公司解僱的那些員工現在必須找新的工作，而特斯拉公司則必須針對新的職缺決定僱用哪些新的員工。在這個過渡期間有些人會失業。

同樣地，由於一國不同的地區生產不同的產品，因此，有些地區的就業可能會增加，有些則可能會下降。例如，當石油的國際價格下跌時，美國德州的石油開採公司會減少產量及勞動雇用量，而密西根的汽車製造公司會因石油價格下跌刺激汽車銷售而增加產量及勞工雇用量。在不同產業或不同地區之間的需求組成變動稱為**部門轉移**（sectoral shifts）。由於勞工要花時間才能在新的部門找到工作，所以，部門轉移會造成短暫的失業。

因此，摩擦性失業之所以不可避免，是因為經濟體系總是在變動。例如，從 2010 年到 2020 年，美國新聞與圖書出版業的就業量減少 235,000，旅館業減少 238,000，州與地方政府減少 534,000。在同一期間，製造業的就業量增加 650,000，

營造業增加 1.8 百萬,健康照護業增加 3.0 百萬。在一個運作良好且與時俱變的市場經濟中,這樣的勞動力的翻轉是正常的。由於勞工會移向那些使其身價最高的產業,因此,長期下來,此一進程會使得生產力與生活水準提升!但在過程中,衰退產業的勞工會失業而必須搜尋新的工作,結果是部分摩擦性失業的出現。

28-2b 公共政策與工作搜尋

即使有些摩擦性失業是不可避免的,但這並不意味著摩擦性失業無法改善。如果關於職缺與求職者的資訊能更快速地散播,則經濟體系撮合工作與勞工的速度會更快。例如,網際網路可以協助工作的搜尋而減少摩擦性失業。此外,公共政策也可以扮演某種角色。如果政策可以使失業勞工在更短的時間內找到新工作,則它可以降低自然失業率。

在政策上有許多方法可以讓工作搜尋更為順利。一個方法是透過公營的職業介紹所,它可以扮演撮合工作與勞工的角色。另一個方法是透過公辦的職業訓練,它可以協助衰退產業的勞工取得新興產業所需的技能,且可以幫助弱勢族群取得一技之長。贊成政府這些計畫的人認為,藉由讓勞動力更充分地就業,這些計畫可以讓經濟體系更有效率地運作,也可以改善社會的所得分配。

批評這些計畫的人則質疑政府是否應該介入工作搜尋。他們認為讓民間市場撮合勞工與工作是比較好的方式,也認為政府在傳遞正確的資訊給適合的勞工以及決定何種勞工訓練最具價值等工作上,不會做得比較好,且有可能更糟;他們主張這些決策最好由勞工與雇主自己做。事實上,大多數的工作搜尋是在政府沒有介入的情況下進行的。報紙廣告、網際網路的求才網站、大學的就業輔導室、獵才(headhunters)公司,和口耳相傳,都可以協助散播關於職缺與求職者的資訊。同樣地,大多數的勞工教育是由民間完成的,不是透過學校,就是透過在職訓練。

28-2c 失業保險

一項會增加摩擦性失業的政府計畫是**失業保險**,雖然這不是政府的本意。這項計畫提供失業勞工部分收入以對抗失業。那些主動辭職、因過失被開除或剛進入職場的失業勞工,並不適用這項計畫;失業津貼只付給那些因先前雇主不再需要他們的技能而被解僱的勞工。一般而言,有失業保險保障的美國失業勞工,可以領取他先前薪資的 50%,時間最長為 26 週。在我國,失業給付每月按申請人離職退保前六個月的平均月投保薪資 60% 發給,最長發給六個月。在不景氣時,失業給付會增加,如 2020-2021 的疫情期間。

失業保險
unemployment insurance

在勞工失業時可以部分保障其收入的政府計畫

雖然失業保險可以減輕勞工失業時的困境，但它也會讓失業人數增加。我們可以用**經濟學十大原理**之一：人們的行為隨誘因起舞，來說明何以如此。由於失業津貼在勞工找到新工作以後便停止支付，因此失業者不會積極地找工作，且有可能拒絕不吸引他的工作。此外，由於失業保險可以減輕失業時的負擔，所以勞工與雇主在談工作條件時，可能比較不會積極要求工作保障的保證。

許多勞動經濟學家研究失業保險的誘因效果。其中一個研究檢視伊利諾州在 1985 年進行的一項實驗。當失業勞工申請失業保險給付時，州政府隨機挑選部分的申請者，且如果他們在 11 週內找到工作的話，每人可以領取 500 美元的紅利。這組勞工被用來與未提供紅利的控制組做比較。結果發現，這組可領取紅利的勞工其平均失業期間要比控制組勞工的平均失業期間短 7%。這個實驗顯示，失業保險制度的設計會影響失業者搜尋工作的努力程度。

一些其他的研究則藉由長期追蹤同一組勞工來檢視工作搜尋的努力程度。失業保險津貼通常只能領取六個月或一年，而不是一直領下去。這些研究發現，當失業者不能再領津貼時，他們找到工作的機率明顯上升。因此，領取失業保險津貼的確會降低失業者搜尋工作的努力程度。

即使失業保險會降低工作搜尋的努力程度，而使失業增加，但這並不意味著它是一個不好的政策。這個政策的確達成它降低勞工收入不穩定度的目標。此外，當勞工因有失業保險而勇於拒絕對他不具吸引力的工作時，他比較有機會找到更符合他的興趣與技能的工作，從而他可以發揮更大的生產力。

即席測驗

3. 失業保險制度其主要的政策目標為降低
   a. 失業者找工作的難度。
   b. 勞工其所得的不確定性。
   c. 工會的影響力。
   d. 摩擦性失業人口。

4. 失業保險制度的一個意料外的結果為降低
   a. 失業者找工作的努力程度。
   b. 勞工其所得的不確定性。
   c. 工會的影響力。
   d. 摩擦性失業人口。

（答案在章末）

28-3 最低工資法

在看過為何會有摩擦性失業之後，接下來我們說明職缺數目少於勞工人數下的結構性失業。

我們先複習為何最低工資法會造成失業。一般而言，雖然最低工資並不是造

成一國失業的最主要原因，但它的確造成某些族群的高失業現象。此外，如我們即將看到的，由於我們可以用最低工資來了解結構性失業的其他成因，所以我們以最低工資作為分析結構性失業的起點。

圖 4 顯示最低工資所造成的失業。當工資因最低工資法而高於使勞工供需達成平衡的均衡工資時，勞動的供給量會大於且勞動需求量小於均衡數量，從而會有剩餘勞動。由於願意工作的勞工多於職缺，所以有些勞工會失業。

雖然最低工資法是社會總是會有失業的原因之一，但它並不會影響每一個勞工。大多數的勞工其工資遠高於最低工資，因此，就這些勞工而言，最低工資法並不會讓工資無法調整至均衡水準。受最低工資法影響最大的是那些技能水準最低且工作經驗最少的勞工，如青少年。由於他們的均衡工資低，所以其水準有可能低於法定的最低工資，從而就這些勞工而言，最低工資法可以解釋為何會有失業。

雖然圖 4 所顯示的是最低工資所造成的失業，但它也說明了一個更一般性的結論：**不管什麼原因，如果工資高於均衡水準，則一定會有失業**；最低工資法是工資可能「太高」的一個原因。在下兩節，我們會說明另外兩個使工資高於均衡水準的原因：工會與效率工資。在這兩種情況下，失業之所以會產生，其基本道理跟圖 4 所說明的一樣，但這兩個原因可以解釋更多的失業現象。

圖 4　工資高於均衡水準所造成的失業

在這個勞動市場，使供需達成平衡的工資為 W_E。在此均衡工資下，勞動供給量和需求量都等於 L_E。相形之下，如果工資因某個原因（如最低工資法）高於均衡水準，則勞動供給量增加為 L_S，且勞動需求量減少為 L_D。此時的剩餘勞動，$L_S - L_D$，相當於失業。

值得一提的是，因工資高於均衡水準所產生的結構性失業與因搜尋工作所產生的摩擦性失業，雖然都是失業，但意義卻有很大的不同。搜尋工作的需要並不是源自於工資無法使勞工供需達成平衡。當工作搜尋是失業的成因時，失業勞工在**找尋**最適合他們興趣與技能的工作。相形之下，當工資高於均衡水準時，勞動的供給量大於勞動的需求量，此時失業勞工在**等待**新的職缺。

最低工資在我國稱為基本工資。表1顯示我國歷年基本工資調整情形。最近一次的月薪及時薪的調整是在2023年1月1日。每月基本工資由原先每月的25,250元上調為26,400元；時薪則由原先的168元上調為176元。相較於我國

表1　我國歷年基本工資調整情形（自勞基法實施以來）

實施日期	每月（元）	增加率（%）	每日（元）	每時（元）
1984.07.01	6,150	7.89	205	—
1986.11.01	6,900	12.20	230	—
1988.07.01	8,130	17.83	271	—
1989.07.01	8,820	8.49	294	—
1990.08.01	9,750	10.54	325	—
1991.08.01	11,040	13.23	368	—
1992.08.01	12,365	12.00	412	51.5
1993.08.16	13,350	7.97	445	55.5
1994.08.20	14,010	4.94	467	58.5
1995.08.01	14,880	6.21	496	62
1996.09.01	15,360	3.23	512	64
1997.10.16	15,840	3.13	528	66
2007.07.01	17,280	9.09	—	95
2011.01.01	17,880	3.47	—	98
2012.01.01	18,780	5.03	—	103
2013.01.01	18,780	0	—	109
2013.04.01	19,047	1.42	—	109
2014.01.01	19,047	0	—	115
2014.07.01	19,273	1.18	—	115
2015.07.01	20,008	3.81	—	120
2016.10.01	20,008	0	—	126
2017.01.01	21,009	5.00	—	133
2018.01.01	22,000	4.71	—	140
2019.01.01	23,100	5.00	—	150
2020.01.01	23,800	3.03	—	158
2021.01.01	24,000	0.84	—	160
2022.01.01	25,250	5.21	—	168
2023.01.01	26,400	4.55	—	176

資料來源：行政院勞動部網站：首頁〉業務專區〉工資、工時〉基本工資〉基本工資之制訂與調整經過。

2022 年 12 月工業及服務業每月平均總薪資 57,405 元，最近的每月基本工資約為該平均薪資的 46%。

即席測驗

5. 在一個競爭的勞動市場，政府提高最低工資會使得勞動供給量 _____，且使得勞動需求量 _____。
   a. 增加，增加
   b. 增加，減少
   c. 減少，增加
   d. 減少，減少

6. 在 2020 年 1 月 1 日，我國的月基本工資接近
   a. 24,000 元。
   b. 25,000 元。
   c. 26,000 元。
   d. 27,000 元。

（答案在章末）

28-4 工會與集體談判

工會
union
與雇主就工資、福利與工作條件進行談判的勞工組織

工會是一個勞工組織，代表勞工與雇主就工資、福利與工作條件進行談判。在 1940 與 1950 年代，在工會極盛時期，美國約有 33% 的勞工加入工會。而目前只有不到 11% 的勞工加入工會。不過，在很多歐洲國家，工會持續扮演重要角色。例如，在比利時、挪威和瑞典，超過半數的勞工是工會成員。在法國、義大利與德國，大多數的勞工其工資是透過集體談判決定的，即使在這些勞工當中，只有部分是工會成員。在這些情況下，工資並不是由競爭的勞動市場其供需所決定的均衡水準。

28-4a 工會經濟學

集體談判
collective bargaining
工會與廠商協商就業條件的過程

工會是一種卡特爾（cartel）。就像任何一個卡特爾，工會是一群賣者採取集體行動，希望能聯合起來發揮市場影響力。在美國，大多數的勞工以個人身分跟雇主討論他們的工資、福利與工作條件。相形之下，工會勞工聯合起來跟雇主進行談判。工會與廠商協商就業條件的過程稱為**集體談判**。

罷工
strike
由工會所發起的其成員集體停止工作的行為

當工會與廠商談判時，它會要求更高的工資、更好的福利以及更好的工作條件。如果工會與廠商無法達成協議，則工會會發動**罷工**。由於罷工會造成產量、銷售與利潤的減少，所以面對罷工威脅的廠商可能會同意支付比沒有罷工威脅下更高的工資。研究工會影響的經濟學家通常發現，就條件相似的勞工而言，加入工會的勞工可以比未加入工會的勞工多賺 10% 到 20% 的收入。

當工會把工資提高到高於均衡水準時，勞動的供給量會增加且需求量會減少，從而造成失業。那些還保有工作的勞工變得更好，但那些因工資上升而失業的勞工則變得更差。因此，工會通常被視為會引發受惠於較高工資的工會工人

（稱為**局內人**，insiders）與無法保住工作的非工會工人（稱為**局外人**，outsiders）之間的衝突。

局外人可能有兩種反應方式。有些不會去找新的工作，而是等待成為局內人的機會，以賺取較高的工會工資；有些則到沒有工會的企業上班。因此，當工會造成某些產業的工資上升時，其他沒有工會的產業其勞動供給會增加，從而造成這些產業工資的下降。換言之，工會工人獲取集體談判的好處，但非工會工人承擔了部分成本。

28-4b 工會對經濟體系是好是壞？

就整體經濟而言，工會是好是壞，經濟學家有不同的意見。正反兩方的看法分別說明如下。

反對的人認為，工會只是一種卡特爾。當工會把工資提高到高於勞動市場是競爭市場下的水準時，勞動需求量會減少，從而有些勞工會失業，且其他產業的工資會下降。批評者認為，此時的勞動配置不單是沒有效率，而且是不公平的。之所以沒有效率是因為此時的就業水準低於競爭下的水準；之所以不公平是因為有些勞工的利得是建立在其他勞工的損失上。

贊成的人則認為，工會可以對抗廠商所擁有的市場影響力。此一市場影響力的極端例子是「企業城鎮」（company town），其為某一地區大多數的勞工都在同一家企業上班。在一個企業城鎮裡，如果勞工不接受該企業所提供的工資和工作條件，則他們除了搬家和不工作外，別無選擇。因此，如果沒有工會，則該企業會運用它的市場影響力，而支付較低的工資且提供較差的工作環境。在此情況下，工會可以平衡廠商的市場影響力，而使勞工的權益獲得保障。

擁護工會的人也認為，工會可以讓廠商更有效率地處理勞工所關心的事項。當勞工接受一項工作時，除了工資之外，勞資雙方也會在其他工作條件上達成協議，如工時、加班、休假、病假、升遷、工作保障等。工會可以對廠商施壓，要求廠商落實這些工作條件。因此，即使工會會造成工資高於均衡水準以及失業，但它們可以協助廠商讓員工更快樂且更有效率地工作。

所以，經濟學家對工會是好是壞並沒有共識。工會，就如同許多的機構，正反影響都有。例如，愈來愈壯大的「慈濟」，可能會排擠部分社福團體所能收到的慈善資源。

即席測驗

7. 在美國，就條件相似的勞工而言，加入工會的勞工可以比未加入工會的勞工多賺_____的收入。
   a. 2%　　　　b. 5%
   c. 15%　　　d. 40%
8. 擁護工會的人認為，

a. 工會可以平衡廠商的市場影響力。
b. 如果沒有工會，「企業城鎮」的企業會支付較低的工資且提供較差的工作環境。
c. 工會可以協助廠商讓員工更快樂且更有效率地工作。
d. 以上皆是。

（答案在章末）

增廣見聞　結構性失業的成因

失業有時肇因於勞工與廠商之間的錯配（mismatch）。如果應徵工作的勞工只會開卡車，但廠商要的是電腦技師，則那是一種錯配；如果應徵工作的勞工只有高中肄業，但廠商要的勞工要有大學學歷，則那也是一種錯配；如果應徵工作的勞工住在德州，但徵人的廠商位在佛羅里達州，則那也是一種錯配。

在一個由供需主宰的理想的勞動市場，一有錯配就會造成工資的調整。卡車駕駛、高中肄業生與德州勞工的薪資會下降，而電腦技師、大學畢業生與佛州勞工的薪資會上升。當工資有足夠的調整幅度時，勞動市場會回復沒有失業的均衡。

在現實世界，工資往往不會有足夠的調整幅度，從而當錯配發生時，結果就是有些勞動市場會有失業。在上述例子中，卡車駕駛、高中肄業生與德州勞工會有剩餘，這是一種結構性失業。它發生於當供給或需求變動時，由於不同的原因，工資僵固在均衡水準之上。

28-5 效率工資理論

效率工資
efficiency wages
廠商為提升員工生產力所支付的高於均衡水準的工資

經濟體系總是會有失業的第四個原因——廠商為提升勞工的生產力，而將工資定在均衡水準之上。此一工資稱為**效率工資**。根據效率工資理論，如果廠商支付的工資高於均衡水準，則其運作會更有效率。

在某些方面，效率工資所引發的失業與最低工資法和工會所引發的失業類似。在這三種情況，失業都是因為工資高於均衡水準所造成的。不過，它們之間有一個重要的差別：即使存在剩餘勞動，最低工資法和工會都讓廠商無法降低工資；效率工資理論則主張，在很多情況下，對廠商的此一限制是沒有必要的，因為廠商本來就有可能為本身的利益而將工資定在均衡水準之上。

為何廠商願意這樣做？既然勞動成本是一般廠商最主要的成本，工資愈低不是對廠商愈有利嗎？怎麼會有廠商反其道而行？效率工資理論告訴我們，廠商支

付高薪有可能反而使它們的利潤增加，這是因為勞工的生產效率提升的緣故。

以下我們分別介紹四種效率工資理論。

28-5a 勞工健康

第一種且是最簡單的一種效率工資理論，強調工資與勞工健康之間的關聯性。工資較高的勞工可以吃得更營養，而變得更健康且更有生產力，從而廠商的利潤可能更高。

此一效率工資理論並不適用於美國等富裕國家，因為在這些國家，由於均衡工資已經可以讓勞工獲得足夠的營養，所以廠商不會因要讓勞工可以吃得更營養而支付高於均衡水準的工資。但就失業率高的低度開發國家（如一些非洲國家）而言，廠商可以把工資再壓低，但部分廠商並沒有這樣做，因為它們擔心把工資壓低會對勞工的健康及生產力有不利的影響，反而使它們的利潤減少。因此，廠商關心員工的健康可以解釋為何在市場有剩餘勞動的情況下，廠商沒有削減工資。

28-5b 員工離職率

第二種效率工資理論強調工資與員工離職率之間的關聯性。員工主動離職的原因有很多，包括跳槽。他們會比較離職的好處與留下來的好處。如果廠商付給員工的工資高於市場行情（即均衡水準），則員工離職的可能性會降低。

為何廠商會關心員工的離職率？這是因為廠商僱用和訓練新員工會增加廠商的支出，且剛訓練好的新員工其生產力不會比有經驗的員工高。因此，如果員工的離職率高，則廠商的生產成本也會跟著提高，從而如果廠商支付的工資高於均衡水準，那麼其利潤有可能因為員工離職率下降而增加。

28-5c 員工素質

第三種效率工資理論強調工資與員工素質之間的關聯性。所有廠商都希望員工愈能幹愈好，且它們試圖從應徵者中挑出最好的。但由於廠商無法完全測出申請者的素質，所以廠商有可能僱到不適任的員工。為降低這種可能性，有些廠商會付高於市場行情的工資，以吸引那些能力強的勞工來應徵，從而可以提高僱到這些勞工的機率。如果廠商只是依市場行情支付薪水，它就不可能吸引到那些能力強的員工。如果勞工相當在意工資的高低，那麼廠商的利潤可能會因支付較高的工資吸引到素質好的勞工而提升。

28-5d 員工努力程度

第四種效率工資理論強調工資與員工工作努力程度的關聯性。通常廠商會在意員工是否摸魚,所以廠商會監督員工是否努力工作。但由於監督的成本高(如需僱用領班來監督作業員)且不一定完全有效,所以廠商會想其他的辦法來解決此一問題。

有些廠商會支付高於均衡水準的工資。當員工領的薪水比其他公司高時,他們會努力工作以保住飯碗,因為他們一旦因摸魚而被開除時,代價會很高,從而廠商的利潤可能因員工努力工作所增加的收益超過多付的勞動成本而上升。如果廠商依市場行情支付工資,則員工比較不會努力工作,因為他們一旦因摸魚而被開除,他們很快可以找到工資一樣的其他工作。因此,廠商支付高於均衡水準的工資會讓員工有努力工作的動機。

如果支付效率工資的廠商(如下面的「個案研究」中提到的福特汽車在 1914 年支付比市場行情多一倍的日薪)變多了,則如同最低工資水準被政府調高一樣,勞動市場的供給量會增加(如下面的「個案研究」中所提到的大排長龍現象),從而失業會增加。

28-5e 勞工士氣

第五種且是最後一種效率工資理論主張高工資鼓舞勞工的士氣,而提升勞工的生產力。此一理論偏離一般經濟學家的理性概念,而立基於社會規範與人們的遊戲要公平的觀念。如果獲利廠商把利潤分享給員工,則勞工會認為那是公平的,即使此時的工資高於均衡水準。廠商可能認同這樣的公平觀念,或它可能會發現,當它的員工覺得受到不公平對待時,他們的生產力會降低。如果是這樣,則支付高工資會是廠商的最佳選擇。

個案研究 亨利・福特和非常慷慨的 5 美元日薪

亨利・福特是一位有遠見的工業家。身為福特汽車公司的創辦人,他有責任引進現代化的生產技術。福特以裝配線的生產方式來生產汽車。在這樣一個生產方式下,技能水準不高的勞工只需重複地做些簡單的工作。福特用這樣的生產方式生產出福特 T 型車(Model T Ford),是早期最有名的汽車之一。

在 1914 年,福特另有一個創舉:5 美元日薪。雖然這個薪水在今天看起來不多,但 5 美元日薪在當時可是比市場行情多一倍。當這個新的

日薪被宣布時，來應徵的求職者在工廠外大排長龍，其人數遠大於福特汽車所需的人數。

福特的高工資政策有許多效率工資理論所預測的結果：員工離職率降低、曠職者減少且生產力上升。由於員工的生產效率大幅提升，所以即使工資變高了，福特汽車的平均成本是下降的。因此，對福特汽車而言，支付高於均衡水準的工資反而使它的利潤增加。福特自己就稱日薪 5 美元是「我們曾經做過最好的成本削減措施之一」。

為何亨利‧福特會採用這樣的效率工資？為何其他廠商沒有跟進？根據一些分析家的看法，福特的決定與其裝配線的生產方式密切相關。由於裝配線線上的員工彼此間的相互依存程度很高，如果有人沒來上班或動作太慢，其他員工就無法完成自己的工作。因此，在這樣的生產方式下，低員工離職率、高員工素質以及高努力程度就顯得很重要；也因此，相較於當時的其他公司，支付效率工資對福特公司而言，是一個較佳的策略。

不過，並不是只有福特一家公司支付比均衡水準高的工資。根據一篇在 2018 年發表的文章，速食連鎖店 In-N-Out Burger 其店長的平均年薪超過 16 萬美元，是同業的三倍。此一政策可以回溯至公司的創辦人，其用意為讓公司上下都專注在優質的服務，且此一做法延續至今。跟福特一樣，In-N-Out Burger 藉由高薪來提升勞工效率。

除此之外，由臺灣「鞋王」張聰淵所創辦的華利集團，其在北越的鞋廠所付給基層操作員的工資，比當地的鞋廠高出一到兩成，從而不單沒有缺工的問題，且當 2014 年越南爆發嚴重的排華衝突事件時，員工還與當地政府聯手保護鞋廠[1]。

---

[1] 《商業周刊》，1796 期，頁 28，2022.4.18~2022.4.24。

即席測驗

9. 根據效率工資理論，
   a. 廠商支付高於均衡水準的工資有可能增加利潤。
   b. 勞動的超額供給會對工資形成下調的壓力。
   c. 部門轉移是摩擦性失業的主要成因。
   d. 工會和非工會勞工都可獲取集體談判的好處。

10. 當一家公司支付效率工資時，它可能
    a. 無法吸引到足夠的勞工。
    b. 必須更密切地監視其員工。
    c. 會面臨勞工素質降低的問題。
    d. 會發現其員工的離職率下降。

（答案在章末）

28-6 結論

在本章，我們說明了失業的衡量以及經濟體系總是會有失業的原因。我們看到工作搜尋、最低工資法、工會以及效率工資如何解釋為何有些勞工會失業。不過，就各國的自然失業率而言，這四個解釋中的哪一個最重要並沒有定論。

我們可以從本章的分析得到一個重要的結論：雖然經濟體系總是會有一些失業，但它的自然失業率是會隨時間改變的。很多事件和政策可以改變一個經濟體系正常情況下的失業水準。當資訊革命改變工作搜尋的過程，當行政部門調整最低工資水準，當勞工組成工會或退出工會，以及當廠商改變它們對效率工資的信心時，自然失業率也會跟著變動。失業並不是一個容易解決的問題，但我們如何看待這個問題以及解決辦法是否有效，決定了這個問題的嚴重程度。

摘要

- 失業率是那些想要工作但沒有工作的人的百分比。政府統計單位每個月根據對數以千計的家庭所做的調查計算出這個統計量。
- 失業率並不是衡量沒有工作的完美指標。有些人稱他們自己失業，可能實際上並不想工作；而有些人想要工作卻因為一直找不到工作而退出勞動力，從而不算失業。
- 在美國，失業者在短期間內可以找到工作。不過，在任一既定時間，大部分的失業者是那些長期失業者。
- 失業的成因之一是，勞工需花時間尋找最適合他們興趣與技能的工作。失業保險是一項可以保障勞工收入的政府政策，但它也增加了摩擦性失業的人數。
- 失業的第二個成因是最低工資法。藉由將低技能與沒經驗勞工的工資提高到高於均衡水準之上，最低工資造成勞動供給量增加，且勞動需求量減少。因這樣產生的剩餘勞動相當於失業。
- 失業的第三個成因是工會的市場影響力。當工會將工資推高到均衡水準之上時，工會引發了剩餘勞動。
- 失業的第四個成因是廠商採效率工資。根據效率工資理論，廠商支付的工資高於均衡水準有可能使廠商的利潤增加。高工資可以改善勞工健康、降低勞工離職率、提升勞工素質與勞工的努力程度。

複習題

1. 成年人口可以區分為哪三類？勞動力、失業率以及勞動力參與率如何計算？
2. 一般的失業是短期的還是長期的？請說明。
3. 為何摩擦性失業是不可避免的？政府如何減少摩擦性失業人數？
4. 最低工資法比較適合解釋青少年的結構性失業還是大學畢業生的結構性失業？

為什麼？
5. 工會如何影響自然失業率？
6. 說明工會對經濟體系是有利的理由。
7. 說明四種廠商利潤可能因廠商支付較高的工資而增加的理由。

問題與應用

1. 行政院主計總處公布的我國 2022 年 8 月的就業人數為 11,402,000 人，失業人數為 449,000 人，且非勞動力人數為 8,137,000 人。利用這些數字計算：
   a. 15 歲以上民間人口。
   b. 勞動力人口。
   c. 勞動力參與率。
   d. 失業率。

2. 說明下列事件會造成失業率與勞動力參與率上升、下降，還是沒有影響？
   a. 阿甘找了很久之後，終於找到工作。
   b. 阿丹大學畢業之後馬上找到工作。
   c. 阿國找工作找了很久之後，最後放棄，不再找工作。
   d. 阿賢辭掉工作當全職爸爸。
   e. 阿珠剛滿 15 歲，但無意工作。
   f. 阿花剛滿 15 歲，目前正在找工作。
   g. 阿桃退休後過世。
   h. 阿珍上班時猝死。

3. 上行政院主計總處的網站（http://www.dgbas.gov.tw）查詢 2022 年 8 月的我國失業率水準。找出 20 到 24 歲這一年群該月的失業率。此一失業率比我國的平均失業率水準高還是低？你認為主要原因為何？

4. 在 2012 年 1 月和 2019 年 1 月之間，美國總就業人數增加 1,730 萬人，但失業人數僅減少 630 萬人。這些數字是否有矛盾的地方？為何我們可能預期失業人口減少的數目小於就業人口增加的數目？

5. 兩個重要的人力運用指標為失業率與就業率（就業人口占成年人口的比率），它們反映一個經濟體系是否充分運用其人力。說明下列事件對這兩個指標的影響，並說明哪一個指標較能反映經濟體系的表現。
   a. 一家汽車公司宣布破產並解僱員工，這些被解僱的員工馬上找工作。
   b. 一些被解僱的勞工在無法順利找到工作之後，不找了。
   c. 很多大學生一畢業就失業。
   d. 所有大學生一畢業就找到工作。
   e. 股市狂漲使財富暴增的 60 歲勞工提早退休。
   f. 醫學進步使很多退休者的壽命得以延長。

6. 下列的勞工比較有可能經歷短期失業還是長期失業？請說明。
   a. 因為惡劣天氣而被解僱的建築工人。
   b. 在一個偏遠地區工廠丟掉工作的製造業工人。
   c. 因來自於鐵路的競爭而被解僱的驛馬車產業工人。
   d. 因對街新餐廳開張而丟掉工作的快餐店

廚師。
e. 因公司裝設自動化焊接機器而失去工作的一個僅受短暫正規教育的專業焊接工人。

7. 利用勞動市場圖形，畫出最低工資率上升對勞工收到的工資、勞工供給量、勞工需求量以及失業人數的影響。

8. 假設一個經濟體系只有兩個勞動市場：製造業與服務業勞動市場。再假設一開始這兩個產業都沒有工會。
   a. 如果製造業勞工組成工會，則製造業的工資與就業量會如何變化？
   b. 這些製造業勞動市場的變化對服務業勞動市場供給的影響為何？對其均衡工資與就業量的影響又為何？

9. 結構性失業的另一種定義是勞工所具有的技能與雇主所要求的發生錯配。假設一個經濟體系只有汽車製造業與飛機製造業兩個產業。
   a. 如果一開始所有的勞工是同質的且可以在這兩個產業之間自由移動，則這兩個產業的工資會有所不同嗎？請說明。
   b. 假設有一天，此一經濟體系開放國際貿易並開始進口汽車和出口飛機。這會如何影響這兩個產業的勞動需求？
   c. 假設一個產業的勞工並無法很快透過訓練而取得另一個產業所需要的技能。在此情況下，(b) 小題中勞動需求的變動會如何影響短期與長期的均衡工資？
   d. 如果由於某個原因工資無法調整至均衡水準，則會有什麼現象出現？

10. 假設美國國會通過一項法案，該法案要求雇主提供員工某些福利（如醫療保險），而使得每位員工每小時的雇用成本增加 4 美元。
    a. 此一法案對勞動需求的影響為何？（在回答這題和以下問題時，請儘可能地用數值例說明。）
    b. 如果員工對這項福利所認定的價值正好等於它的成本，則此一法案對勞動供給的影響為何？
    c. 如果工資可以自由浮動，則此一法案對工資與就業水準的影響為何？雇主會變得更好還是更差？員工呢？
    d. 假設在此一法案通過前，市場工資比最低工資高出了 3 美元。在此情況下，此一法案對工資、就業水準與失業水準的影響為何？
    e. 現在假設員工不認為這個法案對他們有任何的價值。此一不同的假設會如何影響你的 (b) 與 (c) 小題的答案？

即席測驗答案

1. a　2. c　3. b　4. a　5. b　6. a　7. c　8. d　9. a　10. d

Chapter 29 貨幣體系

當你在餐廳心滿意足地用完一頓大餐後，在結帳時，你可能會從皮夾拿出一張上面印著臺灣帝雉和四個小朋友看著地球儀的千元大鈔，交給老闆，而且老闆會毫不遲疑地收下這張紙。不過，單就這張紙本身而言，可說是毫無價值的。

就現代人而言，這樣的社會習俗一點也不奇怪。即使紙鈔本身並沒有任何的固有價值（intrinsic value），但餐廳老闆卻深信，他在未來可以用這張紙跟第三個人交換對他有價值的東西。而這第三個人也同樣深信，會有第四個人願意接受這張紙……。就餐廳老闆和其他人而言，你的鈔票代表對商品與服務在未來的請求權。

這種以貨幣來進行交易的社會習俗在一個龐大且複雜的社會中相當管用。如果我們的經濟體系沒有貨幣這種在交易中被廣泛接受的東西，那麼我們必須用**以物易物**（barter）的方式來進行交易。例如，你答應餐廳老闆用洗碗來交換在餐廳用餐，而老闆也同意。可以想像的，在以物易物

的交易體系中，除非交易雙方所提供的東西都剛好是對方所需要的，亦即雙方的東西剛好**互為需要**（double coincidence of wants），否則不會成交。在此情況下，經濟體系就無法有效率地配置其稀少性資源。這是因為以物易物的交易方式會有很高的交易成本，從而每個人所需要的東西，不管自己擅不擅長生產，絕大多數會由自己生產。

不過，如果有貨幣這種東西，則交易就會簡單多了。餐廳老闆可以不用管你會不會洗碗，只要你付得起餐費就好。他可以拿你所給的鈔票來付廚師薪水，廚師再拿去付小孩安親班的費用，安親班再拿來付老師的薪水，老師再拿去付她的小孩的學費。當貨幣在經濟體系中流轉時，它使交易能夠順利進行，因而讓每個人得以專業化生產他（她）所擅長的東西，從而可以提升每個人的生活水準。

在本章，我們說明貨幣在經濟體系所扮演的角色。我們會討論貨幣是什麼、貨幣有哪些型態、銀行體系如何協助貨幣的創造，以及政府如何控制流通中的貨幣數量。由於貨幣對經濟體系相當重要，本書後面會花比較多的篇幅探討貨幣數量的變動會如何影響不同的經濟變數，包括物價膨脹、利率、生產與就業。例如，我們會在下一章檢視貨幣數量變動的長期影響，我們也會在本書後面探討貨幣數量變動的短期影響。本章則建立這些分析所需要的基礎。

29-1 貨幣的意義

貨幣是什麼？貨幣不就是「錢」嗎？當你讀到傑夫・貝佐斯（Jeff Bezos）很有錢的報導時，你知道他很富有，幾乎沒有什麼東西是他買不到的。從這點來看，**貨幣**（money）意味著**財富**（wealth）。

不過，經濟學家所稱的貨幣有它特定的意義：**貨幣**是經濟體系中，人們通常用來購買商品與服務的資產。你皮夾中的鈔票是貨幣，因為你可以用它去餐廳吃飯，或去服飾店買衣服。相形之下，如果你像貝佐斯一樣，擁有很多亞馬遜公司的股票，那麼你也是很有錢；但你擁有的股票並不是貨幣，因此在你還沒有將股票轉換成現金之前，你不能直接拿股票去用餐或買衣服。根據經濟學家的定義，貨幣只包括那些在交易中通常會被賣者所接受的幾種資產而已。

29-1a 貨幣的功能

貨幣有三種功能：**交易媒介**、**計價單位**和**價值儲存**。這三種功能合起來讓我們可以區分貨幣和經濟體系的其他資產，如股票、債券、房地產、藝術品，甚至

貨幣
money
經濟體系中，人們通常用來購買商品與服務的資產

棒球卡。以下我們分別介紹這三種功能。

交易媒介是買者在購買商品與服務時，交給賣者的東西。例如，當你在服飾店買衣服時，店家給你衣服，而你把你的錢交給店家。貨幣由買者手中轉移至賣者手中，可以讓交易成交。當你走進一家商店時，你確信店家會接受你的鈔票，並把東西賣給你，因為鈔票是一種會被普遍接受的交易媒介。

計價單位是人們用來標示價格和記載債務的標準。當你走進便利商店時，你會發現絕大多數的商品都貼有價格標籤，上面的數字就是以新臺幣為計價單位所表示的價格。同樣地，當你向銀行借錢時，你的借款金額也是以多少元新臺幣來表示。

價值儲存是人們可以將購買力由現在轉移到未來的一種功能。當賣者在今天接受買者所給的鈔票時，他可以把這些鈔票留到以後再用。當然，貨幣並不是經濟體系中唯一具有價值儲存功能的資產，人們也可以藉由持有其他資產（如股票、債券）將購買力由現在轉移到未來。

經濟學家用**流動性**一詞來描述一項資產被轉換成交易媒介的難易程度。因為貨幣本身就是交易媒介，所以它是流動性最高的資產。其他資產的流動性可能大不相同。大多數的股票和債券只需要花少許的交易成本就能賣掉，所以它們的流動性高。相形之下，房地產和古董可能需花較長的時間才能賣掉，所以它們的流動性低。

當人們在決定資產組合時，必須考慮整個組合的流動性以及價值儲存的功能。貨幣是流動性最高的資產，但其價值儲存的功能通常是最差的。當物價上漲時，貨幣的價值會降低；換言之，當商品與服務變貴時，每一塊錢所能購買的數量會變少。我們會在下一章說明貨幣的價值如何決定。

29-1b 貨幣的種類

當貨幣以一種具固有價值的財貨型態出現時，我們稱之為**商品貨幣**。固有價值一詞意指就算這項財貨不被用做貨幣，它本身仍有價值。例如，黃金就是一種商品貨幣。黃金因被用在工業生產或用來製造金飾，所以有固有價值。雖然我們今天已不再使用黃金作為貨幣，但在過去，黃金一直是一種人們普遍使用的貨幣形式，因為它易於攜帶、衡量且成色容易鑑定。當一個經濟體系使用黃金作為貨幣（或以黃金作為發行紙鈔的準備），我們稱它採**金本位**（gold standard）。

商品貨幣的另外一個例子是香菸。在第二次世界大戰的戰俘營裡，戰俘在交易財貨時，就是以香菸作為交易媒介及計價單位，且香菸具有價值儲存的功能。

交易媒介
medium of exchange
買者在購買商品與服務時，交給賣者的物品

計價單位
unit of account
人們用來標示價格與記載債務的標準

價值儲存
store of value
人們可以將購買力由現在轉移到未來的功能

流動性
liquidity
一項資產被轉換成交易媒介的難易程度

商品貨幣
commodity money
具固有價值的貨幣

PART X　長期的貨幣與物價

同樣地，當蘇聯在 1980 年代末期解體時，香菸即逐漸取代盧布，成為莫斯科的貨幣。在這兩個例子中，即使不抽菸的人也願意接受香菸作為交易媒介，因為他們知道，他們可以用香菸買東西。

不具有固有價值的貨幣稱為**強制貨幣**（fiat money）。fiat 是指政府的命令或法律，因此，強制貨幣之所以為人們所接受是因為它具有法律上的效力。每一張美鈔上都寫著：「此鈔票可用來償還所有的債務，不管是政府的還是民間的。」所

> **強制貨幣**
> fiat money
> 不具固有價值的貨幣，因政府法令規定而成為貨幣

增廣見聞　加密虛擬貨幣：一時的流行還是未來

在最近幾年，一種稱為**加密虛擬貨幣**（cryptocurrencies）的新型貨幣在全世界繁衍。這些通貨利用密碼學的工具，創造出一種只以電子形式存在的交易媒介。它們仰賴一種稱為**區塊鏈**（blockchain）的技術來維持一個記載交易的公開帳簿。

第一個加密虛擬貨幣──**比特幣**（bitcoin）──在 2009 年出現。它是由名為中本聰（Satoshi Nakamoto）的電腦專家所構想出來的。中本聰寫下並流傳一本內含比特幣協定的白皮書，但他的真實身分無人知曉。根據此一協定，人們可以經由用電腦解出複雜的數學問題來創造比特幣。透過此一方法所能「挖」出的比特幣數量的上限為 2,100 萬個。持有者可以用它們在有組織的交易所來買賣美元，匯率則由市場供需決定。它們也有價值儲存的功能，且持有者可以用它們來買東西，只要賣者願意接受它們。本質上，中本聰創造一個從無到有且數量永遠有限的虛擬資產。

比特幣不是商品貨幣，因為它們沒有固有價值，而且除了交易之外，別無其他用途。比特幣也不是強制貨幣，因為它們不是源自政府的法令。比特幣的粉絲愛用比特幣是因為它們獨立於政府之外。一些比特幣的使用者從事毒品之類的非法交易，且受益於比特幣交易的匿名性。

在比特幣的短暫歷史裡，其美元價值有巨大的波動。在 2010 年，一個比特幣的價格介於 5 美分與 39 美分之間，在 2011 年，上漲到 1 美元之上，且在 2014 年跌破 500 美元之前，在 2013 年曾上漲到超過 1,000 美元。在接下來的幾年，比特幣的價格曾在 2021 年 4 月飆漲到 60,000 美元，在 2021 年 7 月，跌至 31,000 美元；在 2021 年 11 月又飆漲到 67,000 美元，在 2022 年 7 月，又跌至 20,000 美元。在這段期間，又有其他的加密虛擬貨幣出現，如以太幣（Ethereum）、萊特幣（Litecoin）等，為比特幣帶來了競爭。這些其他的加密虛擬貨幣跟比特幣在協定的細節上有所不同，但跟比特幣一樣，價格都有很大的波動。有一些較新的加密虛擬貨幣，稱為穩定幣，則釘住美元，但有時候釘住匯率並無法維持。

在長期，加密虛擬貨幣是否能成功，決定於它們在貨幣的三項功能（交易媒介、計價單位與價值儲存）上的表現；很多經濟學家並不看好。加密虛擬貨幣其價格的波動度太高，折損了它們在計價單位與價值儲存方面的功能。至少到目前為止，只有少數店家願意收它們，從而它們並未計入貨幣數量的標準計數之內。

加密虛擬貨幣可能成為未來的貨幣，但也有可能會過氣。或者，他們可能成為一種新的利基型資產。

以，政府印的鈔票就是跟「大富翁」遊戲中的「鈔票」不一樣。

29-1c 美國經濟體系中的貨幣

我們以後會說明，在經濟體系中流通的貨幣數量，稱為**貨幣存量**（money stock），它對許多經濟變數都有很大的影響力。但在我們說明之前，我們需要先知道：貨幣存量會計入哪些項目？亦即，如果你要衡量一國有多少貨幣，你會把哪些東西算成貨幣？

最明顯的項目是**通貨**，其為社會大眾所持有的紙鈔與鑄幣。通貨是我們的經濟體系中最廣被接受的交易媒介。毫無疑問地，它是貨幣存量的一部分。

不過，通貨並不是你可以用來買東西的唯一交易媒介。在美國，許多商家都接受個人支票。就買東西而言，你支票存款帳戶裡的財富幾乎跟你皮夾中的財富一樣方便。因此，在衡量貨幣存量時，你可能會納入**活期存款**，其為存戶可隨時開支票提領或透過簽帳卡（debit card）動支的銀行帳戶餘額。

一旦你考慮將活期帳戶餘額納入貨幣存量時，你會考慮是否也該把其他種類的銀行帳戶餘額納入。雖然儲蓄帳戶的存戶不能開支票提款，但他們可以輕易地將儲蓄帳戶的資金轉入活期帳戶。此外，貨幣市場共同基金的存戶通常也可以開支票提款，因此，這些其他種類帳戶的餘額也應是貨幣存量的一部分。

你當然也可以把其他具有某種程度流動性的資產納入貨幣存量，但在美國最常使用的貨幣存量計為 M1 與 M2。M2 包括 M1 和其他貨幣性資產。就本書的目的而言，我們不需要深入追究不同的貨幣衡量指標之間有何不同。重要的是，貨幣存量不單包括通貨，還包括那些隨時可以提領用來購買商品與服務的金融機構存款。

就我國而言，貨幣存量（我國中央銀行稱貨幣總計數）共分為 M1A、M1B 與 M2 三種。其中

  M1A ＝通貨淨額＋企業及個人（含非營利團體）在貨幣機構[1]之支票
     存款及活期存款
  M1B ＝ M1A ＋個人（含非營利團體）在貨幣機構之活期儲蓄存款，或
  M1B ＝通貨淨額＋存款貨幣

通貨
currency
社會大眾所持有的紙鈔與鑄幣

活期存款
demand deposits
存戶可隨時開支票提領的銀行帳戶餘額

---

[1] 支票存款、活期存款與活期儲蓄存款合稱存款貨幣（deposit money），而那些可以吸收存款貨幣並利用其所吸收的存款貨幣來進行放款的金融機構，稱為存款貨幣機構，包括本國一般銀行、外國銀行在台分行、中小企業銀行、信用合作社與農漁會信用部。存款貨幣機構與中央銀行合稱貨幣機構。

PART X 長期的貨幣與物價

增廣見聞：信用卡、簽帳卡與貨幣

信用卡是不是交易媒介？看起來好像是，但其實不然。

根據我們之前所提的交易媒介的定義，它是買者購買商品和服務時，交給賣者的東西。當你用信用卡購物時，店家刷完卡後，會還給你信用卡，跟你用鈔票買東西時，店家會收下你的鈔票，是不一樣的。所以信用卡並不算是一種真正的付款方法，而是一種**延遲**支付的方法。當你用信用卡買單時，發卡銀行會先替你付款給餐廳，然後再向你收帳。到了你該付信用卡帳單時，銀行會直接從你指定的帳戶扣款，或是你從 ATM 轉帳繳信用卡帳單。不管是哪一種方式，你的存款餘額是貨幣存量的一部分，但你的信用卡額度並不是。

如果你使用的是簽帳卡，則當你刷卡時，銀行會自動從你的帳戶扣款，所以它並沒有延遲支付的功能。從這個角度來看，簽帳卡與支票頗為類似。簽帳卡背後的存款餘額也是貨幣存量的一部分。

即使信用卡並不是貨幣，但在分析貨幣體系時，它仍然相當重要。有信用卡的人只需在每個月的某一天付清所有的帳單，而不需要在每次消費時都付款。因此，平均而言，有信用卡的人可能比沒有信用卡的人持有較少的貨幣，從而當信用卡愈普遍時，人們所持有的貨幣數量可能就愈少。

因此，M1B 與 M1A 的差別在個人在貨幣機構之活期儲蓄存款餘額。除了 M1A 與 M1B 之外，貨幣總計數還包括 M2，其為

$$M2 = M1B + 準貨幣$$

所謂準貨幣（quasi-money）是指一些流動性略低的金融資產，包括企業及個人在貨幣機構之定期存款、定期儲蓄存款、外匯存款（包括外匯活期與定期存款）以及郵政儲金（含劃撥儲金、存簿儲金及定期儲金）；自 2004 年 10 月起還包括貨幣市場共同基金（其購買的金融商品為一年期以下之有價證券）。表 1 列出我國部分年份各類貨幣總計數之金額與年增率。

即席測驗

1. 強制貨幣是
   a. 具固有價值的一種貨幣種類。
   b. 源自政府法令的一種貨幣種類。
   c. 任何用做交易媒介的資產。
   d. 任何用做計價單位的資產。

2. 貨幣供給不包括下列何者？
   a. 鑄幣
   b. 紙鈔
   c. 信用卡循環額度
   d. 可供簽帳卡簽帳之銀行存款餘額

（答案在章末）

表 1　我國各類貨幣總計數之金額與年增率

新臺幣億元；%

年	M1A（期底）金額	年增率	M1B（期底）金額	年增率	M2（期底）金額	年增率
1961	77	—	77	—	174	—
1966	181	12.30	181	12.30	465	20.88
1971	399	24.85	457	30.63	1,205	28.15
1976	1,373	23.06	1,639	25.06	4,105	25.95
1981	3,320	8.93	4,505	13.71	11,191	19.05
1986	6,719	46.11	11,349	51.41	31,913	23.30
1991	12,474	6.59	21,584	12.09	74,030	19.37
1996	16,334	3.86	34,261	8.31	139,739	9.13
2001	19,187	0.84	50,259	11.88	197,369	4.44
2006	30,700	2.91	82,226	4.47	257,988	5.27
2011	45,292	5.73	118,302	3.26	324,519	4.84
2016	63,420	4.65	161,777	5.79	413,018	3.55
2021	101,804	15.24	249,734	12.08	538,752	7.34

資料來源：中央銀行網站：首頁〉統計與出版品〉統計〉金融統計〉重要金融指標〉貨幣總計數。

個案研究　我國的通貨都跑去哪裡了？

根據中央銀行的統計資料，在 2022 年年底，在臺灣地區流通的通貨金額（亦即所謂的通貨淨額）應該有新臺幣 29,474 億元左右。若以當年的期中人口 2,332 萬人口（包括嬰兒）計算，則平均每個人的口袋裡和枕頭下放的鈔票跟銅板應該約有 126,000 元。除了那些一下子可以籌出幾千萬元現鈔當作保釋金的犯罪嫌疑人外，一般人聽到這個數字可能都會很驚訝，因為一般人平常所帶的錢遠低於這個數字。到底這些錢在誰的手上？沒有人真的知道，但有兩種可能的解釋。

第一種解釋是部分鈔票被放在不少公司與有錢人家中的保險櫃裡。

第二種解釋是部分鈔票被毒販、逃稅者或其他罪犯所持有。就大多數國人來說，通貨並不是持有財富的好方法。通貨不單可能會遺失或被偷，而且不像銀行存款可以賺到利息。因此，大多數的人僅持有少量的通貨。但就罪犯而言，通常不會把錢存在銀行，以免被查到犯罪證據。因此，就他們而言，通貨可能是最好的價值儲存工具。

29-2 美國聯邦準備體系

當一個經濟體系採行強制貨幣制度時，必須有某個機構來監督管理這個制度。在美國，這個機構是**聯邦準備**（或稱聯邦準備銀行），通常簡稱為 Fed。Fed 是**中央銀行**的一個例子；中央銀行是一國監督銀行體系並管理貨幣數量的一個機構。全世界其他主要的中央銀行還包括英格蘭銀行（Bank of England）、日本銀行（Bank of Japan），以及歐洲中央銀行（European Central Bank）。

聯邦準備
Federal Reserve（Fed）
美國的中央銀行

中央銀行
central bank
經濟體系中監督銀行體系與管理貨幣數量的機構

29-2a Fed 的組織

美國在 1907 年發生一連串的銀行倒閉事件後，美國國會深信需要中央銀行來確保全國銀行體系的健全，故在 1913 年成立 Fed。今天，Fed 由其理事會負責管理；理事會共有七位理事，由總統任命並經參議院同意。理事任期長達十四年，以確保理事在制定貨幣政策時，不會受到短期政治壓力的影響，而保有他們的獨立性。

在七位理事中，最重要的是理事會主席。他指揮 Fed 的全體職員，主持理事會議，並經常在美國眾議院一些委員會所舉辦的聽證會上，就 Fed 的政策作證。理事會主席的任期為四年。川普總統於 2017 年任命鮑爾（Jerome Powell）為理事會主席，鮑爾於 2021 年再獲拜登總統的任命。

Fed 有兩項相關的任務。第一項任務是管理銀行，以確保銀行體系的健全。具體而言，Fed 監督每家銀行的財務狀況並負責票據交換以利銀行間的交易往來。它同時也是銀行的銀行，亦即當銀行本身需要資金周轉時，Fed 貸款給它們。當發生財務危機的銀行短少現金時，Fed 是這些銀行資金來源的**最後依靠者**（lender of last resort）。Fed 這麼做是為了要維持整個銀行體系的穩定。

Fed 的第二個也是更重要的任務是控制經濟體系可以使用的貨幣數量，稱為**貨幣供給**。政策制定者針對貨幣供給所做的決策稱為**貨幣政策**。就 Fed 而言，貨幣政策是由聯邦公開市場委員會（Federal Open Market Committee，簡稱 FOMC）所制定的。FOMC 大約每六個星期開會一次，討論經濟情勢，並決定是否修改現行的貨幣政策。

貨幣供給
money supply
經濟體系中可以使用的貨幣數量

貨幣政策
monetary policy
中央銀行關於貨幣供給所做的決策

29-2b 聯邦公開市場委員會

Fed 由理事會和十二家位在全美主要大城市的區域性聯邦準備銀行所組成。而聯邦公開市場委員會的成員除了七位理事外，還包括十二位區域性聯邦準備銀

行總裁中的五位。這十二位總裁會出席每次的 FOMC 會議,但只有其中的五位具有投票權。這五位具有投票權的成員由這十二位總裁輪流擔任,但紐約聯邦準備銀行的總裁每次都有投票權,因為紐約是美國的金融中心,且 Fed 買賣政府公債都是由紐約聯邦準備銀行的營業臺負責執行。

經由 FOMC 的決策,Fed 有權力增加或減少貨幣供給。打個簡單的比方,當 Fed 要增加貨幣供給時,你可以想像成 Fed 把增印的鈔票用直升機載到全國各地去撒;當 Fed 要減少貨幣供給時,你可以想像成它用一台超強的吸塵器把鈔票從人們的皮夾中吸走。雖然在實務上,Fed 改變貨幣供給的方法要比這來得複雜許多,不過,直升機─吸塵器的比方可以讓我們比較容易了解貨幣政策的意義。

在本章後面,我們會說明 Fed 實際上如何改變貨幣供給;不過在這裡,我們只要知道,Fed 所使用的主要工具是**公開市場操作**(open-market operation),其為美國政府公債的買賣。如果 FOMC 決定增加貨幣供給,則 Fed 會多印鈔票,並利用這些鈔票在國內的債券市場買進美國政府公債,從而這些鈔票就會流到社會大眾手中。因此,Fed 買進債券的公開市場操作會使貨幣供給增加。相反地,如果 FOMC 決定減少貨幣供給,則 Fed 就在國內的債券市場賣出它所持有的美國政府公債,從而錢就由社會大眾手中流回 Fed。因此,Fed 賣出債券的公開市場操作會使貨幣供給減少。

由於貨幣供給的變動會對經濟體系產生重大影響,因此中央銀行的角色相當重要。**經濟學十大原理**之一是:當政府印太多鈔票時,物價會上漲。**經濟學十大原理**中的另外一個原理是:社會面臨物價膨脹與失業的短期取捨。這些原理彰顯出中央銀行的影響力。我們在後面的章節會說明,中央銀行的政策對經濟體系長期的物價膨脹率與短期的就業與產出都有重大的影響。有人就稱 Fed 理事會主席是全美國影響力第二大的人物。

即席測驗

3. 關於聯邦準備體系,下列何者為非?
   a. 它根據依美國憲法創立。
   b. 它管理銀行體系。
   c. 它借錢給銀行。
   d. 它進行公開市場操作。

4. 如果中央銀行要讓貨幣供給增加,它會
   a. 調高所得稅稅率。
   b. 調降所得稅稅率。
   c. 在公開市場操作中買進債券。
   d. 公開市場操作中賣出債券。

(答案在章末)

29-3 銀行與貨幣供給

到目前為止，我們介紹了「貨幣」這個概念並說明中央銀行如何藉由公開市場操作來控制貨幣供給。雖然此一關於貨幣供給的說明是正確的，但並不完整，因為它忽略了銀行在貨幣體系中的核心角色。

回想一下，你所持有的貨幣數量包括通貨與活期存款。因為活期存款是擺在銀行裡，因此，銀行的行為會影響經濟體系的活期存款金額，進而影響貨幣供給。本節說明銀行如何影響貨幣供給，以及為何銀行會使中央銀行控制貨幣供給的任務變得更複雜。

29-3a 百分之百準備之銀行體系的簡例

為了解銀行如何影響貨幣供給，我們先假想一個沒有任何銀行的世界。在這個簡單的世界裡，通貨是僅有的貨幣。為具體說明，讓我們假設通貨的總金額為 100 美元，從而貨幣供給也是 100 美元。

現在假設某人開了一家銀行，就稱為第一國民銀行，它只是一個存款機構，亦即它只接受存款，但不做放款。它的目的在於提供一個安全的地方讓存戶保有他們的錢。每當有人存錢時，銀行就把錢鎖在金庫裡，直到存戶來銀行提款或開支票由持票人來提款為止。銀行所收到但並未貸放出去的存款稱為**準備金**。在這個假想的經濟體系裡，由於所有的存款都變成準備金，所以這個體系稱為**百分之百準備的銀行體系**（100-percent-reserve banking）。

我們可以用 T 字帳（T-account）來表示第一國民銀行的財務狀況。T 字帳是用來顯示銀行資產與負債變動的簡化財務報表。以下是經濟體系整個 100 美元貨幣都存入第一國民銀行時的 T 字帳：

第一國民銀行

資產		負債	
準備金	$100.00	存款	$100.00

T 字帳的左邊是銀行的資產 100 美元（銀行放在金庫中的準備金），右邊為銀行的負債 100 美元（銀行欠存戶的總金額）。第一國民銀行的資產與負債相等，這是 T 字帳的原則。

接下來考慮此一假想經濟體系的貨幣供給。在第一國民銀行開張之前，貨幣供給為人們所持有的 100 美元通貨。在銀行開張之後，人們把 100 美元的通貨存

準備金
reserves
銀行所收到的存款中未貸出的部分

進銀行，此時的貨幣供給就變成 100 美元的存款（因為所有的通貨都進到銀行的金庫，所以現在沒有任何通貨流通在外）。由於存到銀行的通貨有多少，存款金額就有多少，因此，貨幣供給並沒有變動。所以，**如果銀行把所有的存款都作為準備金，則銀行不會影響貨幣供給**。

29-3b 部分準備之銀行體系的貨幣創造過程

有一天，第一國民銀行的董事長突然靈機一動：為什麼要讓所有的錢都呆呆地被鎖在金庫裡，而不把一部分的錢拿來放款賺取利息，反正不會那麼湊巧所有的存戶都在同一天來領光所有的存款，而且總是會有家庭想要買房子，會有廠商想要蓋新工廠，會有學生想要辦就學貸款，他們也都樂意付利息來取得貸款。因此，第一國民銀行就只留一部分的存款作為準備金。這種體系就稱為**部分準備銀行體系**。

銀行的總存款中作為準備金的比率稱為**存款準備率**。此一比率決定於政府的法規與銀行的政策。中央銀行規定銀行必須保有的準備金最低金額稱為**應提準備**（reserve requirement）（譯者按：有人稱為法定準備，但我國中央銀行稱為應提準備。）銀行也可以提列超過法定最低金額的準備金，超過的部分稱為**超額準備**（excess reserves）。在此，我們假設存款準備率是固定的，以方便檢視部分準備體系下的貨幣供給。

假設第一國民銀行的存款準備率為 10%。此意味著它保有存款的 10% 作為準備金，並將其餘的 90% 全部貸放出去。在此情況下，第一國民銀行的 T 字帳變成：

第一國民銀行

資產		負債	
準備金	$10.00	存款	$100.00
放款	90.00		

由於放款並不會改變第一國民銀行對存戶的義務，所以它的負債仍然是 100 美元。但它現在有兩種資產：放在金庫的 10 美元準備金以及 90 美元的放款。所以，它的總資產還是等於它的總負債。

此時的貨幣供給有何不同？在第一國民銀行進行任何放款之前，貨幣供給是 100 美元的銀行存款；但當第一國民銀行進行放款後，貨幣供給就增加了。此時的貨幣供給除了存款的 100 美元之外，還包括借款人從銀行取得的 90 美元，從而

部分準備銀行體系
fractional-reserve banking
銀行只保有部分存款作為準備金的銀行體系

存款準備率
reserve ratio
準備金之於存款的比率

貨幣供給（等於通貨加存款）等於 190 美元。因此，當銀行只保有部分存款作為準備金時，銀行創造了貨幣。

這似乎有點神奇，因為銀行竟然可以無中生有。不過，其實也沒那麼神啦！雖然銀行把部分存款貸放出去可以創造貨幣，但它並沒有創造任何財富。第一國民銀行貸放出去的資金使借款人得以購買商品與服務，但借款人也背負了相同金額的負債。換言之，當銀行替借款人創造貨幣資產時，它同時也為他創造了等額的負債，從而借款人並沒有變得更富有。雖然整個經濟體系在這個貨幣創造過程結束後沒有變得更富有，但由於有更多的交易媒介，所以整個經濟體系的流動性提高了。

29-3c 貨幣乘數

銀行體系創造貨幣的過程並沒有就這樣結束。假設第一國民銀行的借款人用那 90 美元向某人買東西，而這個人將所收到的 90 美元存到第二國民銀行。以下是第二國民銀行的 T 字帳：

第二國民銀行

資產		負債	
準備金	$ 9.00	存款	$90.00
放款	81.00		

在錢存進之後，第二國民銀行有 90 美元的負債。如果它的存款準備率也是 10%，則它的資產包括 9 美元的準備金和 81 美元的放款。就這樣，第二國民銀行創造了另外 81 美元的貨幣。如果這 81 美元再存入第三國民銀行，且它的存款準備率也是 10%，則它的 T 字帳如下：

第三國民銀行

資產		負債	
準備金	$ 8.10	存款	$81.00
放款	72.90		

此一過程會一直持續下去。每當錢被存到銀行，且銀行貸放出去一部分時，更多的貨幣就會被創造出來。

最後有多少的貨幣被創造出來？我們加一加便知道：

原始貨幣	= $100.00
第一國民銀行	= $90.00（= 0.9 × $100.00）
第二國民銀行	= $81.00（= 0.9 × $90.00）
第三國民銀行	= $72.90（= 0.9 × $81.00）
⋮	⋮
貨幣總供給	= $1,000.00

由以上的結果可以得知，即使創造貨幣的過程可以一直持續下去，但其所創造出來的貨幣數量並非無窮大。在上例中，100 美元的準備金可以產生的貨幣金額最多為 1,000 美元。我們稱每一元準備金所能產生的貨幣數量為**貨幣乘數**。在這個貨幣乘數假想的經濟體系中，由於 100 美元的準備金最後產生 1,000 美元，因此，貨幣乘數等於 10。

貨幣乘數
money multiplier
銀行體系每一元準備金所能創造的貨幣數量

貨幣乘數的大小決定於什麼因素？答案其實很簡單：貨幣乘數是存款準備率的倒數。如果我們以 R 代表所有銀行的存款準備率，那麼每一元準備金最多可以產生 $1/R$ 這麼多的貨幣。在我們的例子中，$R = 1/10$，因此，貨幣乘數等於 10。

這個貨幣乘數的倒數公式是可以理解的。如果銀行的存款總額為 1,000 美元，那麼 1/10（10%）的存款準備率意味著銀行必須持有 100 美元的準備金。貨幣乘數的概念剛好倒過來：如果整個銀行體系的準備金總額為 100 美元，那麼它所能吸收的存款最多只有 1,000 美元。換言之，如果 R 為準備金之於存款的比率（亦即 R 為存款準備率），那麼存款之於準備金的比率（亦即貨幣乘數）一定等於 $1/R$。

此一公式顯示，銀行所能創造的貨幣數量取決於存款準備率。當 R 愈高時，$1/R$ 就愈小。例如，當存款準備率為 1/20（5%）時，貨幣乘數的最大值為 20，亦即每一元準備金最多可以產生 20 元這麼多的貨幣；當存款準備率為 1/4（25%）時，貨幣乘數的最大值為 4，亦即每一元準備金最多可以產生 4 元這麼多的貨幣。因此，存款準備率愈高，則銀行從每一元存款所能貸出的金額就愈少，從而貨幣乘數也就愈小。在百分之百準備的特殊例子中，存款準備率為 1，因此銀行無法進行任何放款，所以也就無法創造任何貨幣。

29-3d 銀行資本、槓桿操作，與 2008-2009 年的金融危機

在上一節，我們簡單說明了銀行如何運作。然而，就現代銀行體系而言，實際的運作要複雜許多，且此一複雜性在 2008-2009 年的金融危機中扮演了關鍵角色。要說明此點，我們需先進一步說明銀行實際上是如何運作的。

在前面的銀行資產負債表中我們看到，銀行吸收存款，並將存款用來放款或作為準備金。但在實際上，銀行不只透過吸收存款來取得金融資源，也像其他公司一樣，透過發行股票或債務來取得金融資源。銀行透過發行股票所取得的資源稱為**銀行資本**。銀行以不同的方式運用這些金融資源，來替股東創造利潤。銀行除了放款與保有準備金之外，還會購買金融證券，如股票與債券。

> **銀行資本**
> bank capital
> 銀行透過發行股票所取得的資源

以下是一個更為實際的銀行資產負債表的例子：

更為實際的國民銀行

資產		負債與股東權益	
準備金	$200	存款	$800
放款	700	債務	150
證券	100	資本（股東權益）	50

此一資產負債表的右邊是銀行的負債與資本〔或稱**股東權益**（owners' equity）〕。這家銀行的股東注入了 50 美元的資本，它也吸收了 800 美元的存款以及發行了 150 美元的債務。這些項目的總金額為 1,000 美元，並被用在資產負債表左邊的三個用途：200 美元的準備金、700 美元的放款，以及該銀行所購買的 100 美元的證券（如公債與公司債）。銀行根據資產的報酬與風險以及相關規定（如應提準備），決定如何將其資源在資產負債表左邊的這些項目進行配置。

根據會計法則，資產負債表左邊項目的總金額必須等於右邊項目的總金額。這是因為，根據定義，銀行的股東權益其值等於資產（準備金、放款與證券）之值減去負債（存款與債務）之值。因此，銀行資產負債表左右兩邊的總金額恆等。

經濟體系中的許多企業都會進行**槓桿操作**，亦即借款進行投資。當任何人透過增加債務的方式來融通其投資計畫時，他正在進行槓桿操作。就銀行而言，由於借貸是其業務的核心，所以槓桿操作對銀行特別重要。

> **槓桿操作**
> leverage
> 將所借金額用來補充既有資金以進行投資

槓桿比率是銀行的資產之於其資本的比率。在上面這個例子，槓桿比率是 20（$1,000 / $50）。槓桿比率是 20 意味著每 20 元的銀行資產，其中只有 1 元是來自於銀行的資本，剩下的 19 元都是借來的（吸收存款或發行債務）。

> **槓桿比率**
> leverage ratio
> 銀行的資產之於其資本的比率

你可能在物理課學過，利用槓桿來擴大力量；銀行的槓桿操作也有類似的結果。何以如此？讓我們繼續上面的例子。假設銀行的資產價值因其所持有的證券其價格上漲而增加 5%。那麼，銀行的資產價值由原先的 1,000 美元上升為 1,050 美元，且由於銀行的存款與債務金額之總和仍為 950 美元，所以銀行資本由原先

的 50 美元增加為 100 美元。因此，當槓桿比率是 20 時，銀行的資產價值增加 5% 會使其股東權益增加 100%。

當銀行的資產價值下跌時，也會有相同的擴大效應。假設銀行的某個房貸戶還不出房貸，而使銀行的資產價值下跌 5%，成為 950 美元。由於銀行的存戶與債權人，相較於銀行的股東，有優先請求權，所以銀行的股東權益降為零。因此，當槓桿比率是 20 時，銀行的資產價值下跌 5% 會使其股東權益下跌 100%。如果銀行的資產價值下跌超過 5%，則銀行變成**無償債能力**（insolvent），亦即銀行無法全額給付存款與債務。

銀行的監理機關會要求銀行保有一定金額的資本。此一**應有資本**之規定的目的在於保證銀行能全額給付存款（不需求助於存款保險基金）。銀行被要求的資本金額決定於銀行所持有的資產種類。如果銀行所持有的資產其安全性高，如政府公債，則銀行被要求的資本金額就比較低。如果銀行所持有的資產其風險性高，如次級房貸或現金卡債權，則銀行被要求的資本金額就比較高。

應有資本
capital requirement
政府對銀行資本之最低金額的規定

在 2007 與 2008 年，很多銀行發現，在其一些資產〔特別是抵押貸款（mortgage loans）和以抵押貸款支撐的證券〕發生虧損時，其應有資本不足，進而迫使銀行必須減少放款，此一現象有時稱為**信用危機**（credit crunch）。銀行減少放款最後造成經濟衰退（我們會在後面的章節詳細探討此一事件）。以我國為例，全體存款貨幣機構 2009 年年底的對民間部門的放款餘額由 2008 年年底的 16 兆 4,199 億元降為 16 兆 3,592 億元，且證券投資金額由 2 兆 553 億元降為 1 兆 8,706 億元。我國 2009 年的經濟成長率為 –1.57%。

為解決信用危機這個問題，美國財政部與 Fed 通力合作，共挹注數以百億美元計的資金到銀行體系，以增加銀行的資本金額，讓銀行的放款能回復到正常水準，而這確實在 2009 年下半年時發生。

即席測驗

5. 阿桃從錢包裡拿出一張 100 元鈔票存入其支票存款帳戶。如果銀行將這 100 元全部作為準備金，則貨幣供給會 _____；如果銀行將這 100 元的一部分貸放出去，則貨幣供給會 _____。
   a. 增加，增加更多　　b. 增加，增加較少
   c. 不變，增加　　　　d. 減少，減少更多

6. 如果存款準備率為 1/4，且中央銀行增加發行 120 元的通貨，則貨幣供給可能增加的最大金額為
   a. 30 元。　　　　b. 120 元。
   c. 180 元。　　　d. 480 元。

7. 如果銀行資本為 200 元且槓桿比率為 5 時，則銀行的資產價值下跌 10% 會使其股東權益下跌
   a. 100 元。　　　b. 150 元。
   c. 180 元。　　　d. 185 元。

（答案在章末）

29-4 Fed 控制貨幣的工具

在我們說明過銀行體系如何創造貨幣之後,我們可以了解 Fed(或一國的中央銀行)如何控制貨幣供給。由於貨幣供給等於準備金乘以貨幣乘數,而貨幣乘數又是存款準備率的倒數,因此,Fed 可以透過影響銀行體系的準備金以及存款準備率來影響貨幣供給;也因此,Fed 可以使用的工具包括兩類:一類為影響銀行體系的準備金數量,另一類為影響存款準備率,從而影響貨幣乘數。

29-4a Fed 如何影響準備金數量

Fed 可以改變貨幣供給的第一種方法是改變準備金數量。Fed 可以藉由買賣債券的公開市場操作或藉由借錢給銀行來改變銀行體系的準備金數量。以下分別說明。

公開市場操作 當 Fed 買或賣政府公債時,我們稱它在進行**公開市場操作**。如果 Fed 要增加貨幣供給,它就指示紐約聯邦準備銀行的營業臺在債券市場買進債券。Fed 買進債券後,其所支付的錢就會流入經濟體系。這些錢有一部分成為社會大眾持有的通貨,有一部分則被存到銀行。這些存款再透過銀行的放款,可以創造出更多的貨幣。因此,當 Fed 買進債券時,整個銀行體系的準備金會增加,從而可以使貨幣供給增加。

如果要減少貨幣供給,則 Fed 的做法正好相反:它賣出它所持有的債券。當社會大眾以他們所持有的通貨購買這些債券時,流通中的貨幣數量就直接減少。如果人們以他們所持有的銀行存款購買這些債券,則銀行會發現它們的準備金減少,從而銀行會減少放款來因應準備金的減少,以避免應提準備不足的情形出現。在此情況下,貨幣創造的過程會反轉,即整個經濟體系的貨幣供給會因銀行減少放款而減少。

公開市場操作很容易執行。Fed 買賣債券與個人買賣債券的行為非常類似。(當然,當個人買賣債券時,貨幣會轉手,但流通中的貨幣數量並沒有改變。)此外,Fed 可以在任何一天利用公開市場操作來改變貨幣供給,且變動的金額可大可小。因此,公開市場操作是 Fed 最常使用的貨幣政策工具。

Fed 借錢給銀行 Fed 也可以透過借錢給銀行來增加準備金數量。當銀行準備金不足時,可以向 Fed 借錢以補足應提準備。銀行準備金之所以會不足,可能是銀行放款放過頭,或突然之間有太多的存戶來領錢,或其他的商業原因。

公開市場操作
open-market operations
中央銀行買賣政府公債的行為

銀行有幾種不同的方式可以從 Fed 借到錢。傳統上，銀行向 Fed 的**貼現窗口**（discount window）借錢，其所付的利率稱為**貼現率**。當 Fed 借錢給銀行時，整個銀行體系的準備金會增加，而這些新增加的準備金可以讓銀行創造出更多的貨幣。

貼現率
discount rate
中央銀行貸款給銀行所收取的利率

Fed 可以透過調整貼現率來改變貨幣供給。當 Fed 調高貼現率時，等於是間接地告誡銀行，不要放款放過頭使得準備金不足，而必須付出較高的代價才能從 Fed 取得必要的資金。銀行通常懂得 Fed 的這項暗示，而會減少放款，從而使貨幣供給減少。相反地，當 Fed 調降貼現率時，等於是暗示銀行可以盡量放款，不用擔心準備金不足的問題。因此，當 Fed 這樣做時，表示它希望貨幣供給能夠增加。

在最近幾年，Fed 建立一些銀行向 Fed 借錢的新機制。例如，在**期限拍賣機制**（Term Auction Facility）下，Fed 設定要借給銀行的金額，再由合格的銀行競標，最後依標單利率之高低依序得標。此一做法與貼現窗口不同的是，前者由 Fed 定出借款金額，借款利率則由銀行競標決定，而後者由 Fed 定出借款利率，借款金額則由銀行決定。在此一機制下，當 Fed 願意借出更多金額時，貨幣供給會增加。

Fed 不單利用借錢給銀行來控制貨幣供給，也利用它來幫助發生狀況的金融機構。例如，在 1987 年 10 月 19 日，美國股市重挫 22%；很多華爾街券商發生資金不足的情況。隔天早上，在股市開市之前，當時 Fed 理事會主席葛林斯潘就宣布，Fed 已備妥經濟與金融體系所需的流動性。很多經濟學家認為，葛林斯潘當時的舉動讓市場猶如吃下一顆定心丸，使得美國的金融市場得以迅速穩定下來。

同樣地，在 2008 與 2009 年，美國的次級房貸風暴愈演愈烈之際，Fed 為避免情勢繼續惡化，就曾提供資金給許多陷入困境的美國金融機構。

在 2020 年年初，當股市與債市因 Covid 疫情而重挫時，Fed 再度積極扮演最後倚靠者的角色，並增加經濟體系的流動性。鮑爾主席誓言支持銀行與經濟，「直到我們確認我們已在復甦的道路上。」

29-4b Fed 如何影響存款準備率

Fed 除了可以透過影響銀行體系的準備金數量，也可以透過影響存款準備率，進而影響貨幣乘數，來改變貨幣供給。Fed 可以透過規定銀行必須保有的準備金數量或透過付給銀行準備金的利率來影響存款準備率。以下逐一說明。

應提準備
reserve requirements
銀行就其存款所必須保有的準備金最低金額

應提準備 Fed 可以影響存款準備率的一種方法是調整**應提準備**，其為銀行就其存款所必須保有的準備金最低金額。應提準備的調整會影響銀行體系的放款金

額,進而影響貨幣供給。當 Fed 調高應提準備時,銀行必須持有更多的準備金,從而放款金額會減少,進而使貨幣供給減少。換個角度來看,應提準備愈高,意味著貨幣乘數愈低,從而貨幣供給會愈小。相反地,當 Fed 調降應提準備時,貨幣乘數就愈高,從而貨幣供給會愈大。

Fed 比較少調整應提準備,因為如果太常調整的話,會干擾銀行的營運。例如,當 Fed 調高應提準備時,有些銀行的準備金可能變成不足而必須設法補足,如向其他銀行拆借,或賣出它們的資產,並可能在未來減少放款以避免準備金再度不足。

不過,當大多數的銀行都保有超額準備時(亦即銀行的實際準備超過應提準備),此一政策工具的效果就比較有限,就如同 2008 年之後的美國;美國甚至在 2020 年 3 月將應提準備降為零。不過,未來如果有需要的話,Fed 還是有可能會重啟這項工具。

準備金利息 傳統上,Fed 並未付給銀行準備金利息。但在 2008 年 10 月,Fed 開始對**準備金付息**,亦即當銀行將準備金存在 Fed 時,Fed 付給銀行準備金利息,就如同銀行付存款利息一樣。此一變動說明了為何應提準備不再是必要的:一旦應提準備變成生息資產,即使銀行沒被要求提應提準備,他們還是會照提。

準備金利息 interest on reserves
Fed 支付給銀行存在 Fed 準備金的利率

此一變動也讓 Fed 多了一項貨幣政策工具。當準備金的利率愈高時,銀行所願意保有的準備金數量就愈多。這意味著實際的存款準備率愈高,從而貨幣乘數愈低,進而貨幣供給會愈小。相反地,當 Fed 調降準備金的利率時,銀行所願意保有的準備金數量會減少;這意味著資金從中央銀行回流到銀行,而銀行為避免這些資金成為「爛頭寸」,會調降利率以增加放款,從而貨幣供給會增加。

不過,銀行願意增加多少放款還要看當時的經濟狀況。如果經濟狀況差,從而放款的呆帳率會上升,則銀行不見得會增加多少放款;在此情況下,貨幣供給增加的幅度就可能相當有限。歐洲央行與日本央行甚至分別於 2014 年 6 月與 2016 年元月開始實施「負利率」政策,亦即銀行不單無法獲得準備金利息,還要付利息給央行。負利率政策是希望更多的資金從央行回流到銀行,迫使銀行增加放款,以加大刺激經濟的力道。

不過,歐洲央行為抑制物價膨脹,而於 2022 年 7 月告別負利率;截至 2023 年 2 月底,日本央行仍維持負利率政策。

如我們即將說明的,Fed 近期政策強調聯邦資金利率(銀行同業隔夜拆款利率)的短期目標值,而 Fed 的準備金利率是達成該目標值的一項特別有用的工具。

29-4c 控制貨幣供給的問題

上述 Fed 的工具（公開市場操作、借錢給銀行、應提準備，以及準備金利率）對貨幣供給可以有強而有力的影響，但由於下面兩個問題，使 Fed 無法精確地將貨幣供給控制在它所希望的水準。

第一個問題是，Fed 並無法控制家戶要把多少錢存到銀行。當家戶存到銀行的錢愈多時，銀行的準備金就愈多，從而銀行體系所能創造的貨幣也就愈多。相反地，當家戶存到銀行的錢愈少時，銀行體系所能創造的貨幣就愈少。為了解這為什麼會是一個問題，假設有一天人們突然對銀行體系失去信心，而紛紛把錢從銀行提領出來。在此情況下，即使 Fed 並沒有採取任何使貨幣緊縮的行動，銀行體系的準備金仍會大幅減少，從而貨幣供給也就大幅減少。

第二個問題是，Fed 並無法控制銀行的放款金額。在某些情況下，例如在經濟前景比較悲觀時，銀行為避免放款變成呆帳，其放款意願會降低，而寧願保有

個案研究：銀行擠兌與貨幣供給

在 2007 年年初，中華商業銀行的存戶因擔心該銀行可能會因為「力霸掏空案」而破產，遂紛紛前往提款，而發生所謂的「擠兌」現象。

擠兌是部分準備銀行體系下的產物。由於銀行只保有一部分的存款作為準備金，因此，當大批存戶在同一天前來提款時，銀行就無法滿足所有的提款要求。即使銀行事實上是**有償債能力的**（solvent，意即它的資產大於負債），它也沒有那麼多的庫存現金可以讓所有的存戶都能拿回他們的錢。因此當擠兌發生時，除非中央銀行願意全力支援，否則銀行只能被迫關門。

銀行擠兌會使貨幣供給的控制變得複雜。美國在 1929 到 1933 年經濟大蕭條（Great Depression）期間，曾爆發一連串的擠兌與銀行倒閉事件。之後，家戶與銀行都變得相當謹慎。不少家庭寧願把錢擺在家裡，也不願存到銀行；這意味著銀行可以用來放款的資金減少，因此，貨幣供給就跟著減少。而沒有倒閉的銀行因害怕會有擠兌，所以保有比較多的超額準備；這意味著貨幣乘數的下降以及貨幣供給的減少。從 1929 年到 1933 年，美國的貨幣供給減少 28%。

今天，不管是在美國還是在臺灣，即使有銀行發生擠兌，也不太會波及到其他銀行。這是因為絕大多數的銀行存款都有存款保險的保障，因此，即使有銀行倒閉，大多數存戶的存款，在一定金額之內，都可以獲得存款保險公司的理賠。所以，財務狀況出問題的銀行都不一定會發生嚴重的擠兌現象，更何況那些沒有問題的銀行。因此，存款保險使銀行體系的穩定度大為提升。在 2008 年全球金融海嘯期間，我國財政部、中央銀行及金管會為有效安定存款人信心，決定仿照歐美各國做法，將要保機構每一存款人的最高保額，從新臺幣 150 萬元變成全額保障，並實行至 2010 年年底為止。自 2011 年起，最高保額為 300 萬元。

比較多的超額準備，從而貨幣供給會減少。由於在經濟前景比較悲觀時，Fed 並無法勉強銀行多放款，因此，即使 Fed 希望銀行多放款以增加整個社會的支出水準，進而刺激景氣，但我們通常可以看到貨幣供給減少的結果。

所以，在部分準備之銀行體系下，貨幣供給的多寡部分決定於存款人及銀行的行為。由於 Fed 並無法完全掌控他們的行為，因此也就無法完全控制貨幣供給。不過，如果 Fed 夠警覺的話，這些問題不一定會很嚴重。Fed 每週都會蒐集存款與準備金資料，所以它可以很快得知存款人或銀行行為的變化，從而可以針對這些變化做出適當的反應。

尤有進者，如我們即將說明的，Fed 近期藉由設定利率目標值，而非貨幣供給目標值，來執行其政策。Fed 藉由改變利率目標值，可以讓準備金數量自動調整，從而能調和銀行與存戶其行為的變化。

29-4d 聯邦資金利率

當你在報紙上讀到關於美國貨幣政策的報導時，你通常會看到許多關於聯邦資金利率的討論。以下是關於聯邦資金利率的一些 Q&A：

Q：什麼是聯邦資金利率？

A：**聯邦資金利率**是美國銀行同業間的短期貸款（或稱拆款）利率。當某一家銀行準備金不足，而另一家銀行有超額準備時，後一家銀行可以把部分準備金拆借給前一家銀行。此一拆款是暫時性的，通常只是隔夜而已。此一拆款的價格就是聯邦資金利率。

Q：聯邦資金利率與貼現率的差別為何？

A：貼現率是銀行經由貼現窗口直接向 Fed 借錢時所支付的利率，聯邦資金利率是銀行在聯邦資金市場拆借時所支付的利率。準備金短缺的銀行會選擇哪一種借款方式，端看利率孰高孰低。實務上，這兩種利率呈現亦步亦趨的變動。

Q：聯邦資金利率是否只跟銀行有關？

A：不。雖然只有銀行參與聯邦資金市場，但這個市場所造成的經濟衝擊是非常廣泛的。由於金融體系的各個環節高度連結，因此各種貸款利率之間的關聯性相當高。所以，當聯邦資金利率變動時，其他的利率也會呈同方向變動。

Q：Fed 與聯邦資金利率的關係為何？

A：在最近幾年，Fed 會設定聯邦資金利率的目標值。聯邦公開市場委員會（FOMC）在每六週一次的會議中，會決定是否調整這個目標值。

Q：Fed 如何達成它所設的目標值？

聯邦資金利率
federal funds rate
美國銀行同業間的隔夜拆款利率

A：雖然聯邦資金利率是由聯邦資金市場的供需所共同決定的，但 Fed 可以用貨幣政策工具來影響市場，最直接的工具是準備金利率。當 Fed 提高準備金利率時，聯邦資金市場的供給方會要求更高的利率，而使聯邦資金利率上升；當 Fed 調降準備金利率時，聯邦資金市場的供給方會想要貸出更多資金，而使聯邦資金利率下降。

Q：Fed 其聯邦資金利率目標值的變動如何影響貨幣供給？

A：當 Fed 宣布調高聯邦資金利率目標值時，它會調高準備金利率並進行賣出債券的公開市場操作，而收回銀行體系的資金。銀行體系的資金減少後，其放款也會跟著減少，從而造成貨幣供給的減少。相反地，當 Fed 宣布調降聯邦資金利率目標值時，它會調降準備金利率並進行買進債券的公開市場操作，以充裕銀行體系的資金，從而銀行的放款與貨幣供給會增加。因此，聯邦資金利率與貨幣供給是一體的兩面：在其他條件不變下，聯邦資金利率下降意味著貨幣供給會擴張，聯邦資金利率上升意味著貨幣供給會緊縮。

即席測驗

8. 中央銀行採行下列何項行動會使貨幣供給增加？
   a. 賣出政府債券。
   b. 調降應提準備。
   c. 調升其對準備金所付的利率。
   d. 調高貼現率。
9. 如果中央銀行調升其對準備金所付的利率，則貨幣供給會因 ＿＿＿＿ 增加而 ＿＿＿＿。
   a. 貨幣乘數；減少。　b. 超額準備；減少。
   c. 貨幣乘數；增加。　d. 超額準備；增加。
10. 在部分銀行準備體系，即使中央銀行不採行任何行動，貨幣供給會因家戶選擇保有 ＿＿＿＿ 的通貨或銀行選擇保有 ＿＿＿＿ 的超額準備而減少。
    a. 更多，更多　　　b. 更多，更少
    c. 更少，更多　　　d. 更少，更少

（答案在章末）

29-5 結論

有人說，貨幣是人類最偉大的發明之一。這是因為貨幣使交易大為順暢，因而使專業分工程度大為提高，從而大幅提升人類的生產力與生活水準。我們現在已經知道貨幣是什麼以及影響其供給的因素，接下來我們就可以探討貨幣數量如何影響一國經濟的表現。我們在下一章探討貨幣供給成長與物價膨脹之間的長期關係，並在隨後幾章說明貨幣數量如何影響一國的短期實質所得水準。

摘要

- **貨幣**是指人們通常用來購買商品與服務的資產。
- 貨幣有三種功能。作為交易媒介,它被用來進行交易;作為計價單位,它是人們標示價格與其他經濟價值的標準;作為價值儲存,它具有將購買力由現在轉移到未來的功能。
- 商品貨幣,例如,黃金是具固有價值的貨幣。即使不作為貨幣,它本身還是有它的價值。強制貨幣,例如,紙鈔是不具固有價值的貨幣。它如果不是被當作貨幣,本身是沒有價值的。
- 在美國,貨幣包括通貨和一些銀行存款,如支票存款。
- Fed(美國的中央銀行)負責管理美國的貨幣體系。其主席由美國總統任命並經國會同意,任期為四年。他(她)主持聯邦公開市場委員會,該委員會決定貨幣政策的走向。
- 當銀行貸出部分它們所吸收的存款時,貨幣供給會增加。由於銀行放款的多寡會影響貨幣供給,因此,Fed 並無法完全控制貨幣供給。
- 銀行存戶經由將資金存入銀行帳戶而提供銀行資源,這些存款是銀行負債的一部分。銀行股東也提供銀行資源(稱為銀行資本)。因為槓桿操作,銀行資產價值的小幅變動會造成銀行資本價值的大幅變動。為保護存戶,銀行的監理機關會要求銀行保有一定金額的資本。
- Fed 主要透過公開市場操作來控制貨幣供給。當它買進政府公債時,貨幣供給會增加;當它賣出政府公債時,貨幣供給會減少。Fed 也透過其他工具來控制貨幣供給。Fed 可以透過調降貼現率、增加對銀行放款、調降應提準備,或調降銀行準備金利率,使貨幣供給增加。Fed 可以透過調高貼現率、減少對銀行放款、調高應提準備,以及調高銀行準備金利率,使貨幣供給減少。
- 當 Fed 宣布調高聯邦資金利率目標值時,它會進行賣出債券的公開市場操作,而收回銀行體系的資金。銀行體系的資金減少後,其放款也會跟著減少,從而造成貨幣供給的減少。相反地,當 Fed 宣布調降聯邦資金利率目標值時,它會進行買進債券的公開市場操作,以充裕銀行體系的資金,從而銀行的放款與貨幣供給會增加。因此,聯邦資金利率與貨幣供給是一體的兩面:在其他條件不變下,聯邦資金利率下降意味著貨幣供給會擴張,聯邦資金利率上升意味著貨幣供給會緊縮。

複習題

1. 貨幣與其他資產有何不同?
2. 何謂商品貨幣?何謂強制貨幣?我們用的是哪一種貨幣?
3. 何謂活期存款?為何它們是貨幣存量的一部分?
4. 在美國,誰負責貨幣政策的制定?這個小

組的成員如何決定？
5. 如果 Fed 要透過公開市場操作來增加貨幣供給，它會怎麼做？
6. 為何銀行不保有百分之百的準備金？銀行所保有的準備金數額與銀行體系所創造的貨幣供給之間的關係為何？
7. A 銀行的槓桿比率是 10，B 銀行的槓桿比率是 20。假設兩家銀行的資產價值同減 7%。哪一家銀行的資本變動較大？這兩家銀行都還有償債能力嗎？
8. 何謂貼現率？當 Fed 調高貼現率時，貨幣供給會如何變動？
9. 何謂應提準備？當 Fed 調高應提準備時，貨幣供給會如何變動？
10. 為何 Fed 無法完全控制貨幣供給？

問題與應用

1. 下列何者是美國的貨幣？何者不是？請用貨幣的三種功能來說明你的答案。
   a. 美國的一分硬幣。
   b. 墨西哥披索。
   c. 畢卡索的畫。
   d. 信用卡。
2. 說明下列事件會使貨幣供給增加還是減少。
   a. Fed 進行買進債券的公開市場操作。
   b. Fed 調降應提準備率。
   c. Fed 提高付給準備金的利率。
   d. 花旗銀行償還之前跟 Fed 的借款。
   e. 因扒竊猖獗，人們決定減少現鈔的持有。
   f. 擔心銀行被擠兌，銀行決定持有更多的超額準備。
   g. FOMC 調高聯邦資金利率的目標值。
3. 你的叔叔開了一張臺灣銀行支票帳戶的 1 萬元支票，來償還他在臺灣銀行的貸款。請用 T 字帳分別說明此一交易對你叔叔和臺灣銀行之資產與負債的影響。
4. 假設華南銀行的存款總額為 2.5 億元，且存款準備率維持在 10%。
   a. 列示華南銀行的 T 字帳。
   b. 假設華南銀行的最大存戶提領了 1,000 萬元的現金，且華南銀行決定透過減少放款來回復 10% 的存款準備率。列示它此時的 T 字帳。
   c. 說明華南銀行的這項舉動對其他銀行的影響。
   d. 就華南銀行而言，要做到像（b）小題所描述的那樣，可能有困難，為什麼？請說明華南銀行回復其原先存款準備率的其他方法。
5. 假設你把藏在枕頭下的 100 元存入銀行。如果這 100 元留在銀行體系作為準備金，且所有銀行的存款準備率為 10%，則整個銀行體系增加的存款總額最多會有多少？貨幣供給又增加多少？
6. 假設第一銀行一開始的銀行資本為 200 億元。後來它吸收了 800 億元的存款，且存款準備率維持在 12.5%。它將剩下的資產全部用來放款。
   a. 列示第一銀行的 T 字帳。
   b. 第一銀行的槓桿比率為何？
   c. 假設第一銀行的貸款戶有 10% 無法償

還貸款，且第一銀行的這些債權變得無任何價值。列示第一銀行此時的 T 字帳。

d. 第一銀行的資產總值下降多少個百分點？其銀行資本下降多少個百分點？哪一項的下降百分點較大？為什麼？

7. 假設 Fed 買了 1,000 萬美元的政府公債。如果應提準備率為 10%，則貨幣供給最大的可能增加金額會是多少？最小的可能增加金額又會是多少？

8. 假設應提準備率為 5%。在其他條件相同下，是 Fed 買了 2,000 美元的政府公債，還是你把藏在枕頭下的 2,000 美元存入銀行，會使貨幣供給增加得比較多？如果有增加得比較多，則會多多少？

9. 假設支票存款的應提準備率是 10%，且銀行不保有任何的超額準備。

   a. 如果 Fed 賣出 100 萬美元的政府公債，則對整個經濟體系的準備金與貨幣供給的影響為何？

   b. 現在假設 Fed 將應提準備率調降為 5%，但銀行決定保有 5% 的存款作為超額準備。為何銀行會這麼做？在此情況下，貨幣乘數與貨幣供給可能會如何變動？

10. 假設銀行體系的準備金總額為 1,000 億美元，且存款的應提準備率為 10%，同時，銀行不保有超額準備且社會大眾不持有通貨。

    a. 此時的貨幣乘數與貨幣供給各為何？

    b. 如果 Fed 將應提準備率調高為 20%，則銀行體系的準備金與貨幣供給的變化各為何？

11. 假設應提準備率為 20%，同時，銀行不保有超額準備且社會大眾不持有通貨。Fed 決定要使貨幣供給增加 4,000 萬美元。

    a. 如果 Fed 進行公開市場操作，則它該買還是該賣債券？

    b. Fed 需買或賣多少債券才能達成它的目標？請說明。

12. 假設某一經濟體系只有 2,000 張 1 美元的紙鈔。

    a. 如果人們不把錢存到銀行，則貨幣供給為何？

    b. 如果人們不持有通貨而把錢全部存入銀行，且銀行保有百分之百的準備，則此時的貨幣供給為何？

    c. 如果人們持有等額的通貨與存款，且銀行維持百分之百的準備，則此時的貨幣供給為何？

    d. 如果人們把錢全部存入銀行，且銀行維持 10% 的存款準備率，則此時的貨幣供給為何？

    e. 如果人們持有等額的通貨與存款，且銀行維持 10% 的存款準備率，則此時的貨幣供給為何？

即席測驗答案

1. b 2. c 3. a 4. c 5. c 6. d 7. a 8. b 9. b 10. a

Chapter 30
貨幣供給成長與物價膨脹

在2020年代的臺灣，一支普通的冰棒大概賣20塊錢左右，但在1960年代，一支普通的冰棒只賣一、二毛錢。不單冰棒如此，大部分商品與服務的價格在過去數十年間也都有大幅上漲的現象。此一整體物價水準上漲的現象稱為**物價膨脹**（inflation），或稱為通貨膨脹。在本書前面，我們曾以消費者物價指數（CPI）或GDP平減指數的變動率來衡量物價膨脹率。就臺灣而言，1960年的CPI為12.53，2022年的CPI為102.95（基期年為2021年），這表示在1960到2022年這段期間，臺灣的CPI以平均每年3.45%的速度在上升，約與美國過去80年間的平均水準（3.5%）相當。

就二十世紀下半期而言，大部分國家的物價水準呈現持續上升的情形，物價膨脹看上去好像

是很自然且不可避免的。但事實上，物價膨脹並不一定會發生。以美國為例，它在十九世紀就曾發生大部分物價呈現長期間持續下降的現象。一般物價呈現持續下跌的現象稱為**物價緊縮**（deflation，或稱為通貨緊縮）。美國 1896 年的平均物價水準大約比 1880 年下跌了 23%。就那些背負龐大負債的美國農民而言，穀物價格的持續下跌造成他們收入及償債能力的持續下滑，對他們無異是雪上加霜，所以他們支持政府扭轉物價緊縮現象的政策。

雖然在最近的歷史中，物價膨脹是司空見慣的現象，但不同期間的物價膨脹率卻有很大的差異。從 2010 年到 2020 年，美國的物價以平均每年 1.7% 的速度在上漲（臺灣為 0.87%）；但在 2022 年年初，當美國經濟剛從 Covid 疫情所造成的衰退轉向復甦之際，物價膨脹率卻超過 7%，創 40 年來新高；即使是專家，也不曉得物價這波的上漲會持續多久。

就各國而言，物價膨脹的差異更為可觀。在 2020 年，美國的物價膨脹率為 1.2%，臺灣為 −0.23%，日本為 0%，墨西哥為 3.4%，奈及利亞為 11%，土耳其為 12%。不過，若以歷史標準來看，即使像奈及利亞與土耳其這樣子的物價膨脹也還算是很溫和的。在 2018 年，委瑞內拉的物價膨脹率為 100 萬 %，相當於物價**每天**上漲 2.5%。像這樣一個非比尋常的高物價膨脹就稱為**惡性物價膨脹**（hyperinflation）。

什麼因素決定一個經濟體系是否有物價膨脹？如果有，則物價膨脹率為何？本章透過**貨幣數量理論**（quantity theory of money）來回答這些問題。我們在第 1 章曾將這個理論總結在**經濟學十大原理之一**：當政府印太多鈔票時，物價會上漲。長久以來，此一結論廣為經濟學家所接受；它可以解釋不同程度的物價膨脹現象。

在介紹完物價膨脹理論之後，我們會繼續探討一個相關的議題：為何物價膨脹是個問題？乍看之下，答案似乎很明顯：因為人們不喜歡物價膨脹。不過，對整個社會而言，物價膨脹到底造成了哪些社會成本？我們會在本章第二節回答這個問題。

30-1 物價膨脹的古典理論

貨幣數量理論通常被稱為「**古典**」（"classical"）物價膨脹理論，因為它是由早期的一些經濟學家所提出的，如十八世紀的休姆（David Hume）與二十世紀的傅利曼（Milton Friedman）。在今天，大多數的經濟學家也利用這個理論來說明物價水準與物價膨脹率的長期決定因素。

30-1a 物價水準與貨幣的價值

假設我們觀察到冰棒的價格經過一段時間之後，由 2 毛錢上漲為 20 元。你會怎麼看待這樣的現象？當然，這可能是因為人們變得非常喜歡吃冰棒，所以後來的人願意比以前的人多花近 100 倍的價格來買冰棒。不過，更有可能的原因是，人們沒有變得比較喜歡吃冰棒，而是錢變薄了，也就是隨著時間經過，錢變得愈來愈沒有價值，所以，後來的人必須花更多的錢才能買到一支冰棒。的確，物價膨脹與貨幣的價值較有關係，而與商品本身的價值較無關係。

一個經濟體系的整體物價水準與貨幣的價值可以說是一體的兩面。這一點，我們可以藉助數學來說明。假設 P 代表由 CPI 或 GDP 平減指數所衡量的物價水準，那麼，P 也衡量購買一籃子的商品與服務所需要的金額。如果我們反過來看，則每一塊錢所能購買的商品與服務數量為 $1/P$。例如，如果 1 斤米為 30 元，則一塊錢可以買 1/30 斤的米。因此，如果 P 是以貨幣所衡量的商品與服務的價格，則以商品與服務數量所衡量的貨幣的價值為 $1/P$。所以，當整體的物價水準上升時，貨幣的價值會下跌。

30-1b 貨幣供給、貨幣需求與貨幣均衡

貨幣的價值如何決定？就如同香蕉的價格由香蕉的供需所共同決定一樣，貨幣的價值是由貨幣的供需所共同決定。因此，我們發展貨幣數量理論的下一步是考慮貨幣供給與需求的決定因素。

我們先考慮貨幣供給。我們在上一章曾說明 Fed（或中央銀行）與銀行體系合起來如何決定貨幣供給。當中央銀行買進債券或調降準備金利率時，銀行的放款會增加，從而造成貨幣供給增加；當中央銀行賣出債券或調高準備金利率時，銀行的放款會減少，從而造成貨幣供給減少。不過，在本章，為簡化分析，我們忽略銀行行為對貨幣供給的影響，而假設貨幣供給量是中央銀行可完全掌控的政策變數。

接下來考慮貨幣需求。影響貨幣需求量的因素有很多。例如，人們皮夾裡的鈔票金額決定於他們對信用卡的依賴程度，以及用提款卡領錢方不方便。此外，由於人們財富以貨幣形式持有的部分，無法賺取利息，因此，利率反映人們持有貨幣的機會成本，也因此，利率的變動也會影響人們的貨幣需求量。這一點。我們會在以後章節再詳細說明。

雖然有很多變數會影響貨幣需求，但其中又以平均物價水準最為重要。人們持有貨幣主要是因為它是交易媒介，人們用它來購買商品與服務。當物價水準

愈高時，交易金額通常也會愈高，從而人們需持有較多的貨幣才能完成交易。因此，當物價水準愈高時（亦即貨幣的價值愈低），人們對貨幣的需求量會愈大。

什麼樣的機制可以確保中央銀行所決定的貨幣供給量會與人們所決定的貨幣需求量達成平衡？這決定於我們所考慮的時間長短。在本書後面我們會說明，在短期，利率扮演關鍵角色。**在長期，一般物價水準會調整至使貨幣需求量等於貨幣供給量的水準**。如果物價水準高於均衡水準，亦即如果貨幣的價值低於其均衡水準，那就表示人們的貨幣需求量大於貨幣供給量，從而貨幣的價值會上升，亦即物價水準會下跌，直到貨幣供需達成平衡為止。相反地，如果物價水準低於均衡水準，亦即如果貨幣的價值高於其均衡水準，那就表示人們的貨幣需求量小於貨幣供給量，從而貨幣的價值會下跌，亦即物價水準會上升，直到貨幣供需達成平衡為止。

圖 1 說明這些結論。如圖所示，橫軸為貨幣數量，左邊的縱軸為貨幣的價值 $1/P$，右邊的縱軸為物價水準 P。由於左邊的縱軸（$1/P$）其座標為正常的座標，所以右邊的縱軸（P）其座標與正常的情況顛倒：愈靠近橫軸，其值愈大。

圖中的兩條線為貨幣的供需曲線。由於中央銀行將貨幣數量固定在某一個水

圖 1　貨幣供需如何決定均衡物價水準

如圖所示，橫軸為貨幣數量，左邊的縱軸為貨幣的價值，右邊的縱軸為物價水準。由於中央銀行將貨幣數量固定在某一個水準，所以貨幣供給曲線是一條垂直線。另外，由於當貨幣的價值下降時，人們會想要持有更多的貨幣數量，所以貨幣需求曲線是負斜率的。在均衡點（A 點），貨幣的價值（左邊縱軸）與物價水準（右邊縱軸）調整至使貨幣供需達成平衡的水準。

準，所以貨幣供給曲線為一條垂直線。至於貨幣需求曲線，由於當貨幣的價值愈低時（亦即物價水準愈高），人們的貨幣需求量愈大，所以它是一負斜率曲線。

在均衡點（如圖中的 A 點），貨幣需求量等於貨幣供給量，且其對應的貨幣價值與物價水準為均衡的貨幣價值與物價水準。由於貨幣需求量為人們想要持有的貨幣數量，而貨幣供給量為人們實際持有的貨幣數量，所以當人們想要持有的貨幣數量等於人們實際持有的貨幣數量時（A點），貨幣市場處在均衡狀態。

30-1c 貨幣供給增加的影響

接下來我們說明貨幣政策改變所造成的影響。假設原先貨幣供需達成平衡，突然間，中央銀行決定印更多的鈔票並且把這些增印的鈔票用直升機運到全國各地去撒。（實際上的可能做法是，中央銀行透過買進債券將資金注入銀行體系，銀行再增加放款，而使貨幣供給增加。）在此情況下，均衡會如何變動？

如圖 2 所示，上述中央銀行的做法使貨幣供給曲線由 MS_1 右移至 MS_2，且均衡點由 A 點移至 B 點。結果，均衡的貨幣價值（顯示在左邊的縱軸）由 1/2 降為 1/4，且均衡的物價水準（顯示在右邊的縱軸）由 2 上升為 4。因此，當貨幣供給增加時，亦即當貨幣數量變多時，物價水準會上升，而使貨幣的價值下跌。

圖 2　貨幣供給增加的影響

當中央銀行增加貨幣供給時，貨幣供給曲線由 MS_1 右移至 MS_2。貨幣的價值（左邊的縱軸）與物價水準（右邊的縱軸）會調整至使貨幣供需重回平衡的水準，均衡點由 A 點移至 B 點。因此，當貨幣供給增加使貨幣數量變多時，物價會上漲，而使貨幣的價值下跌。

貨幣數量理論
quantity theory of money
主張貨幣數量決定物價水準且貨幣數量成長決定物價膨脹率的理論

此一關於物價水準如何決定以及為何會變動的解釋稱為**貨幣數量理論**。根據此一理論，貨幣的價值決定於貨幣數量，且貨幣數量的成長是物價膨脹的主因。如經濟學家傅利曼所言：「不論何時何地，物價膨脹都是一種貨幣現象。」

30-1d 趨向均衡的調整過程

我們剛剛比較了貨幣供給增加之後的新舊均衡。經濟體系如何從原先的均衡移到新的均衡？貨幣供給增加的立即效果是，貨幣會有超額供給。在原先的均衡下，貨幣供給量等於需求量。在貨幣供給增加之後，由於一開始物價還在原先的均衡水準，亦即貨幣需求量還沒有改變，所以此時的貨幣供給量大於需求量，亦即人們實際持有的貨幣數量大於想要持有的貨幣數量，從而人們會處分掉多餘的貨幣。

處分掉這些多餘的貨幣有幾種方式。人們可能會多購買商品與服務，或把它們存入銀行，或去買債券，從而會有其他人取得這些貨幣，並用它們來購買商品與服務。不管是哪一種情況，貨幣供給增加均會使商品與服務的需求跟著增加。

不過，經濟體系其商品與服務的供給能力並不會隨貨幣供給增加而增加。如我們在經濟成長那一章所說明的，經濟體系所生產的商品與服務的數量決定於勞動等生產要素的數量以及技術水準，而這些並不會因貨幣供給增加而改變。

因此，商品與服務的需求增加會造成物價的上漲，從而造成人們的貨幣需求量會增加；亦即，人們的貨幣需求量會由圖 2 中的 A 點沿著貨幣需求曲線往 B 點移動，直到新的均衡（B 點）達成為止。所以，當貨幣供給增加時，物價會上漲，而使貨幣需求量增加，從而使貨幣供需可以重新達成平衡。

30-1e 古典二分法與貨幣中立性

名目變數
nominal variables
以貨幣為單位衡量的變數

實質變數
real variables
以實體單位衡量的變數

古典二分法
classical dichotomy
名目變數與實質變數學理上的區分方法

我們剛剛說明貨幣供給的變動如何影響一般物價水準。接下來，我們探討貨幣供給的變動會不會影響其他經濟變數，如生產、就業、實質工資與實質利率。長久以來，經濟學家一直被這個問題所吸引。

經濟變數可分為兩類。一類為**名目變數**，亦即以貨幣為單位所衡量的變數；另一類為**實質變數**，亦即以實體單位所衡量的變數。例如，稻農的收入是名目變數，因為我們用多少錢來衡量收入；而稻米的產量是實質變數，因為我們用多少公噸來衡量產量。另外，像名目 GDP 是用當期價格所衡量的一國最終商品與服務的價值；由於當期價格是個名目變數，所以名目 GDP 也是名目變數。而實質 GDP 是用固定價格所衡量的一國最終商品與服務的價值，它的變化反映產量的變化，所以它是個實質變數。這種將經濟變數一分為二的分法，稱為**古典二分法**（classical dichotomy；dichotomy 是一分為二的意思，而**古典**是指早期的經濟思想家）。

絕大多數的商品價格是表示成多少錢，所以它們是名目變數。例如，1 斤的稻米 30 元，1 斤的玉米 60 元。這些價格毫無疑問是名目變數，但**相對**（relative）價格呢？所謂相對價格是兩物價格的比值。在上例中，1 斤的玉米值 2 斤的稻米。我們稱玉米之於稻米的相對價格為 2，其意為 1 斤的玉米可以換 2 斤的稻米。因此，相對價格並不是以多少錢來表示，而是數量的概念，所以相對價格是實質變數。

經濟體系還有一些重要的實質變數。例如，實質工資（等於名目工資除以物價水準），它反映工資的購買力，亦即一單位的勞動可以換多少單位的商品與服務。又例如，實質利率（經物價膨脹調整後的名目利率），它代表資產（如債券）的實質報酬率，亦即資產在未來所能換得的商品與服務數量之於它現在所能換得數量的增加率。簡單地說，當經濟變數前面有「實質」兩字時，意味著它經物價膨脹調整過了，因此，是以實體單位衡量。

為什麼我們要把經濟變數分成這兩類？這是因為名目變數與實質變數受到不同因素的影響。根據古典分析，名目變數受到貨幣體系變動的影響，實質變數則不然。

這樣的概念其實隱含在我們所做的長期實質經濟的分析裡。在前面幾章，我們在說明產出、儲蓄、投資、實質利率與失業如何決定時，都沒有提到貨幣。我們只提到，一國的產出水準決定於生產力與生產要素數量，實質利率會調整到使可貸資金供需達成平衡的水準，實質工資會調整到使勞動供需達成平衡的水準，而之所以會有失業，是因為實質工資被訂在高於均衡水準之上。這些結論都與貨幣供給量無關。

根據古典分析，貨幣供給的變動只會影響名目變數，並不會影響實質變數。當中央銀行讓貨幣供給倍增時，包括物價水準與名目工資等所有的名目變數，其值也都會倍增；而實質變數，如產出、就業、實質工資與實質利率，都不會變動。這種貨幣面變動不會影響實質變數的性質稱為**貨幣中立性**。

我們可以用下面的類比來說明貨幣中立性。作為計價單位，貨幣是我們用來衡量經濟交易的標準。當中央銀行讓貨幣供給倍增時，所有的價格也會倍增，從而貨幣的價值會變成原先的一半。如果政府將一英碼的長度從原先的 36 英寸縮小為 18 英寸時，會有類似的變化：在這新的度量標準下，所有距離的**碼數**（名目變數）會倍增，但**實際的**距離（實質變數）並沒有改變。貨幣，跟英碼一樣，都只是一種衡量單位，其價值的變化並不會有任何的實質影響。

貨幣中立性
monetary neutrality
貨幣供給變動不會影響實質變數的主張

貨幣中立性是否真的成立？並不盡然。當度量標準改變時，也許在長期不會有任何影響，但在短期，困擾與錯誤是不可避免的。同樣地，今天大多數的經濟學家認為，在短期間（一年或兩年），貨幣數量的變動是會影響實質變數的。休姆自己也曾經懷疑過，貨幣中立性在短期是否成立（我們會在後面的章節中，探討貨幣在短期不具中立性的情況）。

不過，就長期（如十年以上）而言，古典分析是正確的：貨幣數量的變動對名目變數（如物價水準）有顯著的影響，但對實質變數（如實質 GDP）的影響則微不足道。我們也可以用歸謬證法來說明，為何就長期而言貨幣中立性是成立的：如果貨幣中立性在長期並不成立，亦即如果一國在長期其實質 GDP 可以隨貨幣數量增加而增加，那麼，由於一國中央銀行要印多少鈔票都沒問題，因此全世界也就沒有窮國了。但事實不然，所以，貨幣中立性在長期是成立的。

30-1f 貨幣流通速度與數量方程式

我們可以藉由下面的問題，從另一個角度來看貨幣數量理論：平均而言，每一塊錢每一年被用來支付新生產的商品與服務的次數為何？此一問題的答案稱為**貨幣的流通速度**，亦即，就新生產的商品與服務之交易而言，每一塊錢每一年被轉手的平均次數。

> **貨幣的流通速度**
> velocity of money
> 貨幣轉手的速率

如果我們以 P 代表物價水準（GDP 平減指數），Y 代表產量（實質 GDP），且 M 代表貨幣數量，則貨幣的流通速度等於名目 GDP 除以貨幣數量：

$$V = (P \times Y) / M。$$

何以如此？讓我們用一個只生產披薩的簡單經濟體系來說明。假設該經濟體系一年只生產 100 塊披薩，且單價為 10 美元，同時，貨幣數量為 50 美元。那麼，貨幣的流通速度為

$$V = (10 \text{ 美元} \times 100) / 50 \text{ 美元} = 20。$$

在這個經濟體系，人們每年總共花 1,000 美元買披薩。由於它的貨幣只有 50 美元，因此，平均而言，每一塊錢每年必須換手 20 次，才能完成 1,000 美元的披薩交易。

我們可以把上上式改寫成

$$M \times V = P \times Y。$$

此一方程式的意義為，貨幣數量（M）乘以貨幣的流通速度（V）等於產品的價格（P）乘上產量（Y）。我們稱它為**數量方程式**，因為它連結了貨幣數量（M）與

> **數量方程式**
> quantity equation
> 即 $M \times V = P \times Y$，其為連結貨幣數量、貨幣的流通速度與名目 GDP 的方程式

名目 GDP（$P \times Y$）。由數量方程式可以得知，經濟體系的貨幣數量增加一定會反映在另外三個變數中的其中一個：物價水準會上升、產量會增加，或貨幣的流通速度會下降。

一般而言，貨幣的流通速度是相當穩定的。例如，圖 3 顯示自 1959 年起，美國的名目 GDP、貨幣數量（M2）與貨幣的流通速度。在此期間，美國的貨幣供給和名目 GDP 都增加約 40 倍。相較之下，貨幣的流通速度，雖然不是固定的，但也沒什麼顯著變化。因此，起碼就近數十年的美國經濟而言，貨幣流通速度固定的假設，大致上是成立的。

綜合以上的說明，貨幣數量理論可以歸納成下列五點：

1. 貨幣的流通速度在長期相當穩定。
2. 由於流通速度是穩定的，因此，當中央銀行讓貨幣數量（M）變動時，會造成名目 GDP（$P \times Y$）的同比例變動。
3. 由於一國的產出水準主要決定於生產要素數量與技術水準，所以貨幣具中立性。
4. 如果一國的實質 GDP 沒有太大的變動，且貨幣的流通速度相當穩定，則一國貨

圖 3　名目 GDP、貨幣數量與貨幣的流通速度

本圖顯示以名目 GDP 所衡量的產出名目價值、以 M2 衡量的貨幣數量，以及以它們的比值所衡量的貨幣流通速度。為方便比較，這三個變數其 1959 年的數值都標準化為 100。如圖所示，在這段期間內，名目 GDP 與貨幣數量都大幅增加，而貨幣的流通速度則相當穩定。

資料來源：U.S. Department of Commerce; Federal Reserve Board.

個案研究 四個惡性物價膨脹下的貨幣與物價

惡性物價膨脹一般的定義為**每個月**的上漲率超過 50% 的物價膨脹。這意味著物價水準在一年上漲超過 100 倍。

惡性物價膨脹的資料顯示，貨幣數量與物價水準之間有相當明顯的關係。圖 4 畫出 1920 年代發生在奧地利、匈牙利、德國與波蘭的惡性物價膨脹資料。每一個圖形都顯示貨幣供給與物價的指數。不管是哪一條線，線愈陡就代表成長率愈高。

從這四個圖可以看出，這四個國家的貨幣供給與物價水準呈現亦步亦趨的變動。這四個國家一開始的貨幣供給與物價均只是溫和成長，但後來的成長速度愈來愈快。最後，當貨幣供給穩定下來時，物價也跟著穩定下來。這四個國家當時的情形充分說明了**經濟學十大原理之一：當政府印太多鈔票時，物價會上漲**。

圖 4 四個惡性物價膨脹下的貨幣與物價

(a) 奧地利　(b) 匈牙利　(c) 德國　(d) 波蘭

本圖顯示四個惡性物價膨脹下的貨幣與物價。不管是哪一個國家，貨幣供給與物價水準呈現亦步亦趨的變動。這兩個變數之間的高度相關，支持貨幣數量理論之貨幣供給成長是物價膨脹主因的主張。

資料來源：Adapted from Thomas J. Sargent, "The End of Four Big Inflations," in Robert Hall, ed., *Inflation* (Chicago: University of Chicago Press, 1983), pp. 41-93.

幣數量的變動主要反映在物價水準上。
5. 因此，當一國的中央銀行讓貨幣供給快速增加時，結果就是高物價膨脹率。

30-1g 通貨膨脹稅

如果物價膨脹這麼容易解釋，那麼為何有些國家會發生惡性物價膨脹？換言之，為何有些國家的中央銀行會印這麼多的鈔票？

答案是，這些國家的政府通常有龐大的支出（如軍費支出），但所能課徵的稅收（相對於其支出）有限，且政府的償債能力差，所以也無法透過發行公債籌足所需的財源，最後只好不斷地印鈔票來支應政府的支出。

當政府以印鈔票來增加收入時，我們稱為政府在課**通貨膨脹稅**。不過，人們並沒有收到稅單，所以通貨膨脹稅跟其他的稅負不盡相同。既然沒有稅單，那麼為何我們稱通貨膨脹稅是一種「稅」呢？這是因為當政府印太多鈔票時，物價會上漲，從而貨幣的價值會下跌，也就是人民手中每一塊錢所能購買的商品與服務數量變少了，這不是就像政府課稅一樣嗎？因此，**通貨膨脹稅就如同政府向所有持有貨幣的人課稅**。

通貨膨脹稅的嚴重性因國因時而異。臺灣在光復之初曾發生惡性物價膨脹。當時的臺灣百廢待舉，政府又大量徵收物資來支應國共內戰，且後來又有大批國軍撤退來臺，政府的支出遂一飛沖天，政府於是以大量印製鈔票來因應。當時的貨幣為舊臺幣，初期最高面額為十圓，後來提高為壹萬圓，並有面額最高壹佰萬圓的臺灣銀行「即期定額本票」在流通。貨幣供給大幅增加遂造成臺灣當時每年的物價漲幅都在 500% 到 1,200% 之間[1]。政府後來在 1949 年 6 月 15 日實施幣制改革，規定舊臺幣持有者，可以無限制以四萬圓舊臺幣兌換一元新臺幣的比率，兌換新臺幣。此一規定意味著，臺灣的貨幣供給額在幣制改革之後變成原先的四萬分之一，故物價得以迅速穩定下來。

幾乎所有的惡性通貨膨脹與臺灣光復之初的惡性通貨膨脹有相同的發展模式。政府有龐大支出、稅收不足，且公債無人問津，結果，政府增印鈔票來支應支出。貨幣供給大幅成長遂導致惡性物價膨脹。通常是在政府實施幣制改革或財政改革（如大幅削減政府支出）之後，物價膨脹才會平息。

30-1h 費雪效果

根據貨幣中立性原理，貨幣供給成長率提高會造成物價膨脹率的上升，但不

通貨膨脹稅
inflation tax
政府藉由創造貨幣所取得的收入

---

[1] 「通貨膨脹的經驗」，中央銀行網站。

會影響任何的實質變數。此一原理的一個重要應用在於貨幣對利率的影響。利率是重要的總體經濟變數，因為它會影響儲蓄與投資，進而影響一國的長期經濟表現。

為了解貨幣、物價膨脹與利率之間的關係，讓我們回想一下名目利率與實質利率的區別。**名目利率**（nominal interest rate）是你看得到的利率；如果你有一個定期存款帳戶，名目利率告訴你，你帳戶餘額的增長速度會有多快。而**實質利率**（real interest rate）為經物價膨脹調整後的名目利率；它告訴你，你帳戶餘額的購買力會以多快的速度提升。實質利率等於名目利率減去物價膨脹率：

實質利率 ＝ 名目利率 － 物價膨脹率。

比方說，如果銀行一年期定期存款的牌告利率為 7%，且物價膨脹為 3%，則你定期存款的實質價值以每年 4% 的速度成長。

上式可以改寫成：

名目利率 ＝ 實質利率 ＋ 物價膨脹率。

因此，名目利率不單決定於實質利率，也決定於物價膨脹率。之前，我們曾說明，實質利率是由可貸資金的供需所共同決定的，且根據貨幣數量理論，物價膨脹率決定於貨幣供給成長率。

接下來，我們說明貨幣供給成長如何影響利率。在長期，由於貨幣是中立的，所以貨幣供給成長率的變動並不會影響實質利率，從而根據上式，名目利率會隨物價膨脹率的變動而有一對一的調整。因此，**中央銀行提高貨幣供給成長率，會造成更高的物價膨脹率以及更高的名目利率**。此一名目利率隨物價膨脹率的調整稱為**費雪效果**（以第一位研究此一效果的經濟學家 Irving Fisher 命名）。

費雪效果
Fisher effect
名目利率隨物價膨脹率的一對一調整

值得注意的是，費雪效果的分析是從長期著眼。在短期，如果物價膨脹沒有被預期到（比方說，突然發生石油危機），則費雪效果並不成立。如果你跟銀行貸款，則貸款的名目利率一開始就已經決定。如果物價膨脹超乎你的預期，則名目利率並不會像上一段所說的，會隨物價膨脹率做一對一的調整。更精確地說，費雪效果講的是名目利率會隨預期的物價膨脹做調整。在長期，由於人們有較長的時間且可以根據較多的資訊修正其對物價膨脹的預期，因此，人們的預期物價膨脹率會比較接近實際的物價膨脹率。在短期，則不一定。

要了解名目利率如何隨著時間經過而變動，費雪效果是相當重要的。圖 5 顯示美國自 1960 年起的名目利率與物價膨脹率，它們的走勢頗為一致。從 1960 年代初期到 1970 年代，因為物價膨脹率上升，所以名目利率也跟著上揚。從 1980 年代初期到 1990 年代，由於美國的物價膨脹受到 Fed 的控制，所以名目利率下滑。

圖 5　名目利率與物價膨脹率

本圖顯示美國自 1960 年起以三個月期美國國庫券利率所代表的名目利率，以及以 CPI 所衡量的物價膨脹率。這兩個變數的走勢頗為一致，因此，可以用來印證費雪效果：名目利率隨物價膨脹率呈同向變動。

資料來源：U.S. Department of Treasury; U.S. Department of Labor.

即席測驗

1. 根據貨幣中立性，貨幣供給的變動不會影響 _____ 變數，特別是在 _____ 期。
   a. 名目，短　　　　b. 名目，長
   c. 實質，短　　　　d. 實質，長

2. 如果名目 GDP 為 400 元，實質 GDP 為 200 元，且貨幣供給為 100 元，則
   a. 物價水準為 1/2，且流通速度為 2。
   b. 物價水準為 1/2，且流通速度為 4。
   c. 物價水準為 2，且流通速度為 2。
   d. 物價水準為 2，且流通速度為 4。

3. 根據貨幣數量理論，在長期，下列何者在數量方程式中是最穩定的？
   a. 貨幣　b. 流通速度　c. 物價水準　d. 產出

4. 惡性物價膨脹之所以會發生，通常是因為中央銀行透過 _____ 貨幣，來融通龐大的政府預算 _____ 。
   a. 緊縮，赤字　　　b. 擴張，赤字
   c. 緊縮，剩餘　　　d. 擴張，剩餘

5. 根據貨幣數量理論及費雪效果，如果中央銀行讓貨幣供給成長率增加，則
   a. 物價膨脹率和名目利率都會上升。
   b. 物價膨脹率和實質利率都會上升。
   c. 名目利率和實質利率都會上升。
   d. 物價膨脹率、名目利率和實質利率都會上升。

（答案在章末）

30-2 物價膨脹的成本

在 1974 年，臺灣的 CPI 年增率因第一次石油危機而高達 47.50%。在 2007 年下半年到 2008 年第三季，臺灣的汽油與一些民生用品價格飆漲也引發部分民怨；在 2022 年也有類似的情況。為何一般社會大眾會普遍認為物價膨脹是一個嚴重的社會問題？本節透過物價膨脹所造成的社會成本來回答這個問題。

30-2a 鞋皮成本

如我們之前所說明的，物價膨脹就像是對貨幣持有人所課的稅，不過，這個稅本身並不是一項社會成本，它只不過是資源從家戶轉移到政府而已。然而，大部分的稅都會讓人們有想要藉由改變行為來規避它的誘因，從而造成整個社會的無謂損失。就像其他的稅一樣，通貨膨脹也會造成無謂損失，這是因為當人們試著規避它時，會浪費稀少性資源。

人們要怎麼做才能規避通貨膨脹稅。由於物價膨脹會減損貨幣的實質價值，所以人們可以藉由減少貨幣的持有來規避通貨膨脹稅。一個減少貨幣持有的方式是多上銀行。例如，你原本可能每四個星期從你的儲蓄存款帳戶提領 8,000 元，現在改成每個星期提領 2,000 元。透過多上銀行，你可以減少你口袋中的貨幣，而讓更多的財富留在可以生息的儲蓄存款帳戶裡。

人們減少貨幣持有的成本稱為物價膨脹的**鞋皮成本**，因為你常跑銀行，會讓你的皮鞋更快磨損。當然，鞋皮成本不應該只照字面解釋：人們減少貨幣持有的實際成本並不在於皮鞋的磨損，而在於人們所多花的時間與精力。

在物價穩定時期，不會有鞋皮成本，但在惡性物價膨脹時期，鞋皮成本就會很顯著。以下所描述的是，一個玻利維亞人在玻利維亞發生惡性物價膨脹時的經驗（《華爾街日報》，1985 年 8 月 13 日）：

> 當米蘭達先生領到 2,500 萬披索的教師月薪時，他一刻也不敢浪費。披索的價值每一個小時都在下跌，因此，當他的太太衝到市場買足一整月的米和麵條時，他也趕緊到黑市把剩下的錢換成美金。
>
> 米蘭達先生所做的，正是惡性物價膨脹下的求生首要法則。玻利維亞的物價以年增率 38,000% 的速度在飆漲。不過，根據官方的數字，玻利維亞去年的物價膨脹率「只」有 2,000%，今年預估為 8,000%，但民間的預估值要高上好幾倍。不管是政府還是民間的預估值，玻利維亞的物價膨脹率把以色列的 370% 和阿根廷的 1,100% 都給比了下去。

鞋皮成本
shoeleather costs
人們因物價膨脹而減少貨幣的持有所造成的資源浪費

我們可以想像，如果米蘭達不立刻把他的薪水換成美金，會有什麼後果。他領到薪水的那一天，要用 50 萬披索才能換到 1 美元，所以他的薪水只值 50 美元。幾天之後，披索就貶到 90 萬換 1 美元，從而如果他這時候才來換美金，他的薪水只能換到 27 美元。

這個故事告訴我們，物價膨脹的鞋皮成本不容小覷。在玻利維亞的物價持續飆漲之際，披索已喪失價值儲存的功能，所以米蘭達先生被迫將他的披索立刻轉換成實物或美金，因為它們有比較穩定的價值儲存功能。米蘭達先生為減少披索的持有而花費的時間與精力就是一種資源的浪費。如果玻利維亞的中央銀行採行低物價膨脹政策，則米蘭達會很樂意持有披索，且他的時間與精力可以花在生產性用途上。事實上，在這篇報導刊登不久之後，玻利維亞的物價膨脹率就因貨幣政策轉趨緊縮而大幅下降。

30-2b 菜單成本

大多數的廠商不會每天變動產品價格，而可能隔幾個禮拜、幾個月，甚至幾年才變動一次。一項調查顯示，美國的一般廠商大約一年更動一次價格。

廠商之所以不常變動價格，是因為變動價格會招致成本。我們稱調整價格的成本為**菜單成本**。這個名詞源自於餐廳印新菜單所花的成本。菜單成本包括決定新價格所耗費的資源、印製新價目表與目錄的成本、把它們寄給經銷商和顧客的成本、刊登新價格廣告的成本，甚至還包括為應付顧客抱怨所花的成本。這些菜單成本會隨著物價膨脹率上升而增加，因為廠商變動價格的頻率提高了。

> **菜單成本**
> menu costs
> 變動價格的成本

30-2c 物價膨脹誘發的稅負扭曲

幾乎所有的稅都會扭曲誘因，使人們改變他們的行為，而導致資源配置效率的降低。在物價膨脹時期，這個問題會變得更嚴重，原因在於立法者通常在立法時並沒有考慮到物價膨脹。研究稅法的經濟學家發現，物價膨脹會加重儲蓄在所得稅方面的負擔。

美國稅法上關於**資本利得**（capital gains）的規定，就是一個物價膨脹不利儲蓄的例子。資本利得是資產買賣的價差。假設你在 1975 年用你的部分儲蓄買進 10 美元的 IBM 公司的股票，且在 2020 年以 110 美元賣出這些股票。這時候，你會有 100 美元的資本利得，且要算在你的應稅所得裡。不過，因為從 1975 年到 2020 年，整體物價水準上漲 4 倍。在此情況下，就購買力而言，你在 1975 年所投資的 10 美元，相當於 2020 年的 50 美元。所以，當你在 2020 年以 110 美元賣出

IBM 的股票時，你的實質利得（購買力的增加）只有 60（110 － 50）美元。但稅法並沒有考慮物價膨脹，所以全部的 130 美元資本利得都要課稅。因此，物價膨脹會虛增資本利得，而增加這類所得在稅方面的負擔。

另外一個例子是利息所得的稅法規定。儲蓄所賺到的**名目**利息全部都要課所得稅，即使名目利率的一部分只是要彌補物價膨脹所造成的購買力損失。我們利用表 1 中的數值例來說明此一政策的影響。假設有兩個國家，A 與 B，且利息所得的稅率都是 25%。A 國的物價膨脹率為零，且名目利率與實質利率都是 4%，A 國的實質利率由從而 25% 的利息所得稅使 4% 降為 3%。B 國的稅前實質利率也是 4%，但物價膨脹率為 12%。不過，由於這 8%；根據費雪效果，名目利率為整個 12% 的利息都被認定是所得，因此，稅後的名目利率只有 9%，從而稅後的實質利率只有 1%。由於儲蓄者在意的是稅後的實質利率，因此，發生物價膨脹 1% 的國家（B 國），其人民的儲蓄意願會比物價穩定的國家（A 國）要來得低。

所以，由於名目資本利得與利息所得全部都算應稅所得，因此，物價膨脹率愈高，人們儲蓄的稅後實質報酬率就愈低，從而人們會減少儲蓄。由於投資是長期經濟成長的重要決定因素，且投資主要的資金來源為國民儲蓄，因此，當物價膨脹加重儲蓄在稅方面的負擔時，也會對一國的長期經濟成長造成不利的影響。不過，經濟學家對這個不利的影響到底有多嚴重，並沒有共識。

除了消除物價膨脹外，這個問題的一個解決辦法是進行稅制改革，將物價

表 1　物價膨脹如何加重儲蓄在稅方面的負擔

就物價膨脹率為零的 A 國而言，25% 的利息所得稅使其實質利率由 4% 降為 3%。就物價膨脹率為 8% 的 B 國而言，同樣的利息所得稅率使其實質利率由 4% 降為 1%。

	A 國 （物價穩定）	B 國 （物價膨脹）
實質利率	4%	4%
物價膨脹率	0	8
名目利率 （實質利率 ＋ 物價膨脹率）	4	12
因 25% 的稅所減少的利息 （0.25 × 名目利率）	1	3
稅後的名目利率 （0.75 × 名目利率）	3	9
稅後的實質利率 （稅後的名目利率 － 物價膨脹率）	3	1

膨脹的因素考慮進去。以資本利得為例，可以利用物價指數來調整資產的買入成本；以利息所得為例，可以只對實質利息所得課稅。不過，這些稅制改革會使已經很複雜的稅制變得更加複雜，從而這樣的改革恐怕還有得等。

30-2d 預期外物價膨脹的一項特殊成本：財富的任意重分配

到目前為止，我們所討論的物價膨脹成本，即使在物價膨脹是穩定且可預測的情況下，依然會發生。不過，當物價膨脹出乎我們意料之外時，物價膨脹會產生另外一項成本：預期外的物價膨脹會造成社會大眾的財富重分配。讓我們以下面的例子來說明這個結果。

假設阿甘向花旗銀行借 50,000 美元的就學貸款，年利率為 7%，10 年後到期。如果以複利計算，則 10 年後，阿甘須還花旗銀行 100,000 美元。此一債務的實質價值決定於這 10 年間的物價膨脹率。如果在這 10 年間發生惡性物價膨脹，那麼，由於工資也會隨物價飆漲，因此他可以很輕鬆地還掉這 100,000 美元。但如果發生物價緊縮，那麼，由於工資隨物價下跌，他會發現這 100,000 美元對他來說，是一項非常沉重的負擔。

這個例子告訴我們，預期外的物價變動會造成債權人與債務人之間財富的重分配。惡性物價膨脹會大幅降低阿甘債務的實質價值，因此，對阿甘有利，但對花旗銀行不利。相反地，物價緊縮會使阿甘債務的實質價值上升，因此，對阿甘不利，但對花旗銀行有利。如果物價膨脹可以預測得到，則阿甘與花旗銀行在決定貸款的名目利率時，都會把物價膨脹考慮進去（回想一下費雪效果）。但如果物價膨脹無法預測得到，最後的結果會對阿甘還是對花旗銀行有利，則很難預料。

另外，當物價膨脹率的平均值很高時，其波動幅度也會比較大。例如，二十世紀末期的德國，不單其物價膨脹率的平均值低，其物價膨脹率的波動幅度也很小。相反地，一些拉丁美洲國家，其物價膨脹率的平均值與波動幅度都很大。就那些曾經發生過高物價膨脹的國家而言，還找不出物價膨脹率波動幅度低的例子。這個物價平均值與波動幅度之間的關係意味著，如果一國採行高物價膨脹的貨幣政策，則它不單要承受預期中的高物價膨脹所帶來的成本，也要承受預期外物價膨脹所造成的財富任意重分配。

除了消除物價膨脹外，這個問題的另外一個解決之道是，讓利率與債務金額跟物價膨脹率連動。以上述阿甘的就學貸款為例，如果阿甘與銀行都同意實質利率為 7%，且如果未來 10 年物價膨脹率的年平均值為 x，則 10 年後，以複利計算，阿甘應還 $50,000 \times (1 + 0.07 + x)^{10}$ 這麼多美元。在此情況下，不管 x 是正還

是負,阿甘支付的實質利率與銀行所收到的實質利率都接近 7%,雙方都不會吃虧,或雙方之間的財富不會因物價膨脹或物價緊縮而重分配。事實上,一些國家都已發行過這種利率與物價膨脹率連動的政府公債。

30-2e 物價膨脹是不好的,但物價緊縮可能更糟

在美國近期的歷史,物價膨脹司空見慣;但美國以往也曾發生過物價緊縮現象,如十九世紀末期與 1930 年代初期。此外,從 1998 至 2012 年,日本整體的物價水準下滑 4%。在此,我們也簡單考慮物價緊縮的成本。

一些經濟學家認為,小幅且可預測的物價緊縮對整個社會可能是有利的。傅利曼指出,物價緊縮會降低名目利率(回想一下費雪效果),且較低的利率會降低持有貨幣的成本。他也說明當名目利率接近零時,物價緊縮的鞋皮成本會最小。名目利率接近零意味著實質利率等於物價緊縮率。傅利曼此一溫和物價緊縮的主張稱為**傅利曼法則**(Friedman rule)。

不過,物價緊縮也會招致成本;有些成本與物價膨脹的成本鏡似。例如,物價膨脹會招致菜單成本,物價緊縮也會。此外,在實務上,物價緊縮也不像傅利曼所主張的,既穩定又可預測。另外,物價緊縮時常是預料外的,而造成對債權人有利且對債務人不利的財富重分配。由於債務人通常比較窮,所以這樣的財富重分配對社會是有害的。

尤有甚者,物價緊縮之所以會發生通常是因為經濟陷入困境。我們在後面章節會提到,當某些事件(如貨幣緊縮)發生而造成對經濟體系的商品與服務的整體需求減少時,一般物價會下跌。此一總合需求的減少會導致所得的減少以及失業的增加;換言之,物價緊縮通常是經濟問題嚴重的徵兆。

即席測驗

6. 當前的物價膨脹率不會自動降低大多數人的所得因為
   a. 稅法已充分考慮到物價膨脹。
   b. 人們會減少貨幣的持有。
   c. 工資也會跟著物價一起漲。
   d. 高物價膨脹率降低實質利率。
7. 如果某一經濟體系其每年的物價膨脹率都是 10%,則不會有下列何項物價膨脹成本?
   a. 鞋皮成本
   b. 菜單成本
   c. 物價膨脹誘發的稅負扭曲
   d. 財富的任意重分配
8. 因為大多數的借款其還款金額是寫成 _____,因此,高出預期的物價膨脹對 _____ 不利。
   a. 實質的;債權人   b. 實質的;債務人
   c. 名目的;債權人   d. 名目的;債務人

(答案在章末)

如是我聞　惡性物價膨脹期間的生活

當極端的物價膨脹發生時，物價膨脹的成本會相當顯著。

52,000% 的物價膨脹會對一個國家造成什麼樣的傷害
（What 52,000 Percent Inflation Can Do to a Country）

布魯克・雷蒙（Brook Larmer）撰[1]

我走進一家空無一人的餐廳，身上背著一個塞滿成綑尼加拉瓜幣的背包。那是內戰接近尾聲的 1990 年的尼加拉瓜。服務生要求我把背包交出來，看起來好像要進行什麼非法交易似的，但實際上，我只是希望在我的錢貶值之前，趕快吃一餐。

長達十年的戰爭與預算赤字激發惡性物價膨脹與物資短缺。菜單上只有兩項可以選，且價格幾個禮拜就會倍增。在物價膨脹年增率飆過 13,000% 之際，餐廳要求先付款，讓工作人員有足夠的時間點清那些鈔票，看是否夠付餐費。雖然我點的餐其價值不到 10 美元，但我用完餐時，他們還沒點完。

惡性物價膨脹是一種源自於政府沒錢但又持續花錢（或印鈔票），且人們對鈔票的持有又喪失信心的變幻莫測現象，會對人們與國家造成莫大的傷害。提出惡性物價膨脹為月物價膨脹率超過 50% 且持續 30 天以上的定義的經濟學家漢克（Steve Hanke）說道：「如果你連政府印的鈔票都不相信了，那你還會相信什麼呢？」漢克曾研究過 58 個惡性物價膨脹的案例，包括德國的威瑪（Weimar）共和國與我親眼目睹的尼加拉瓜。在這些案例中，沒有例外地，人們都對貨幣的價值喪失信心。

在第一次世界大戰之後，德國為了戰後重建以及償還戰敗賠款而大印鈔票，最後造成相當嚴重的惡性物價膨脹──在 1923 年年尾，物價每三天半就會倍增一次，且德國馬克曾貶值到 6.7 兆換一美元。匈牙利在第二次大戰結束後，也因大印鈔票支應重建支出，而在 1946 年 7 月締造了物價每 15 小時就倍增一次的紀錄。而辛巴威也因總統與政府官員嚴重貪汙而大印鈔票，讓 2008 年的物價膨脹率高達 796 億 %，從而讓 100 兆面額的鈔票很快地淪為無用的紀念品。

惡性物價膨脹並不是像某些人所想的那樣，只是一種失控的經濟現象而已，它還牽涉到政治與群眾心理。當一個政府，不管是為了支應戰爭、贏得選舉，還是安撫民心，而持續增加它所無法負擔的支出而增印鈔票時，那是政治決定。這樣的貨幣失控接下來會造成食物短缺（因民眾會因預期價格上漲而搶購）、物價飆漲以及貨幣貶值。受害最嚴重的不會是有錢人（因他們有不動產與黃金等貴金屬），而是那些靠薪水、儲蓄與退休金過活的中產階級，他們的這些錢的價值都會被惡性物價膨脹所侵蝕。

以委瑞內拉為例，在 2013 到 2017 年期間，委瑞內拉的經濟萎縮了 35%，且在 2018 年可能繼續掉 18%；石油的產量也因為缺乏維修與投資而在 7 月掉至 70 年來的低點。根據漢克教授的估算，委瑞內拉過去 12 個月的物價膨脹率高達 52,000%。十個委瑞內拉人有九個買不到足夠的食物，平均每個人瘦了 24 磅，犯罪率也節節上升；有 230 萬人逃離委瑞內拉，包括超過全國半數的醫生。

委瑞內拉的經濟困境不是因為戰爭或重大天然災害，而是她的領導人自己造成的。委瑞內拉的石油蘊藏量甚至超過沙烏地阿拉伯，照理說她應該很富有。但她早期的石油開採主要掌握在外國公司，對其發展的助益有限。當查維茲（Hugo Chávez）於 1998 年贏得總統大選後，他藉由國際油價持續上漲的支撐，將石油公司國

有化且用石油收益挹注社會福利計畫，而讓貧窮人口與失業率減半。在查維茲於 2013 年過世後，他的繼任者，馬杜羅（Nicolás Maduro）還加碼查維茲的政策，最後讓委瑞內拉陷入上述的經濟困境。

討論題目

1. 本文提到委瑞內拉的惡性物價膨脹伴隨著經濟萎縮。產出減少為何會助漲惡性物價膨脹？惡性物價膨脹為何會讓產出減少？

2. 你認為政治人物為何會追求會導致惡性物價膨脹的政策？

原文出處：*New York Times*, November 4, 2018.

---

[1] 原文經本書譯著者大幅改寫。

30-3 結論

本章討論物價膨脹的成因與成本。物價膨脹的主要成因是貨幣供給成長。當中央銀行創造大量的貨幣時，貨幣的價值會迅速下跌。為維持物價的穩定，中央銀行必須嚴格控制貨幣供給。

物價膨脹的成本包括鞋皮成本、菜單成本、稅負的扭曲，以及財富的任意重分配。這些成本合起來是大還是小？所有的經濟學家同意，惡性物價膨脹期間，它們是很大的；但在物價膨脹溫和時期（物價指數年增率小於 10%），它們是大還是小，經濟學家則有不同意見。

雖然本章探討了許多關於物價膨脹的重要問題，但我們的討論並不完整。當中央銀行降低貨幣供給成長率時，如貨幣數量理論所預期的，價格上漲的速度會減緩。不過，在經濟體系趨向低物價膨脹的過程中，產出與就業會受到貨幣政策改變的干擾。換言之，即使在長期，貨幣政策是中立的，但在短期，貨幣政策的改變有可能影響實質變數。我們在未來章節會探討為何貨幣在短期不具中立性，以增加我們對物價膨脹成因與成本的了解。

摘要

- 經濟體系的整體物價會調整至使貨幣供給與需求達成平衡的水準。中央銀行增加貨幣供給會造成物價上漲；貨幣供給不斷成長會導致持續性的物價膨脹。
- 根據貨幣中立性原理，貨幣數量變動會影響名目變數，但不會影響實質變數。大多數經濟學家認為，貨幣中立性在長期是成立的。
- 政府可以透過印鈔票來支應支出增加。當一國高度依賴這種「通貨膨脹稅」時，結果會是惡性物價膨脹。
- 貨幣中立性原理的一個應用是費雪效果。根據費雪效果，當物價膨脹率上升時，名目利率也會同幅度上升，而使得實質利率維持不變。
- 物價膨脹的成本包括鞋皮成本、菜單成本、稅負的扭曲，以及財富的任意重分配。在惡性物價膨脹期間，這些成本通常都相當大；但在物價膨脹溫和期間，這些成本的大小不易判斷。

複習題

1. 說明物價上漲如何影響貨幣的實質價值。
2. 根據貨幣數量理論，貨幣數量增加的影響為何？
3. 說明名目與實質利率的差異，並就這兩個變數各舉一例。根據貨幣中立性原理，貨幣數量的變動會影響哪一個變數？
4. 為何物價膨脹就像一種稅？為何把物價膨脹視為一種稅可以幫助我們解釋惡性物價膨脹？
5. 根據費雪效果，物價膨脹率上升會如何影響實質利率與名目利率？
6. 物價膨脹的成本為何？你認為其中哪一項成本是最大的？
7. 如果實際的物價膨脹率低於預期，誰會受益？債權人還是債務人？請說明。

問題與應用

1. 假設今年的貨幣供給是 5,000 億美元，名目 GDP 為 10 兆美元，實質 GDP 為 5 兆美元。
   a. 物價水準為何？貨幣的流通速度又為何？
   b. 假設貨幣的流通速度是固定的，且實質 GDP 每年成長 5%。如果中央銀行讓貨幣供給維持不變，則明年的名目 GDP 與物價水準會如何變動？
   c. 如果中央銀行要維持物價穩定，則它應讓貨幣供給如何變動？
   d. 如果中央銀行希望物價膨脹率為 10%，則它應讓貨幣供給如何變動？
2. 假設信用卡更加普及，從而人們所需持有

的現金變少了。
   a. 此一情況如何影響貨幣需求？
   b. 如果中央銀行並未對此採取任何行動，則物價水準會如何變動？
   c. 如果中央銀行要維持物價的穩定，則它該採取什麼行動？
3. 不少經濟學家認為中央銀行應設法讓物價膨脹率為零。如果貨幣的流通速度是固定的，則此一零物價膨脹目標是否要求貨幣供給成長率為零？如果是，請說明為什麼；如果不是，請說明貨幣供給成長率為何。
4. 假設一國的物價膨脹率突然飆升，則通貨膨脹稅會如何變動？在什麼樣的情況下，儲蓄帳戶的存款人**不會**因此而受害？在什麼樣的情況下，儲蓄帳戶的存款人會因此而受害？
5. 假設某個經濟體系只有兩個人：勞萊與哈台。勞萊種豆子，而哈台種稻米。他們兩人消費一樣多的豆子與稻米。在 2022 年，豆子的價格為 1 美元，稻米的價格為 3 美元。
   a. 假設在 2023 年，豆子的價格為 2 美元，稻米的價格為 6 美元。物價膨脹率為何？勞萊變得更好、更差還是一樣？哈台呢？
   b. 現在假設在 2023 年，豆子的價格為 2 美元，稻米的價格為 4 美元。回答（a）小題的問題。
   c. 最後，假設在 2023 年，豆子的價格為 2 美元，稻米的價格為 1.5 美元。繼續回答（a）小題的問題。
   d. 對勞萊與哈台而言，哪一項影響較大？物價膨脹率或稻米與豆子的相對價格？
6. 假設稅率為 40%。計算下列各小題中的稅前與稅後實質利率。
   a. 名目利率為 10%，且物價膨脹率為 5%。
   b. 名目利率為 6%，且物價膨脹率為 2%。
   c. 名目利率為 4%，且物價膨脹率為 1%。
7. 回想一下貨幣的三種功能。這三種功能為何？物價膨脹會如何影響貨幣的這三種功能？
8. 假設人們預期的物價膨脹率為 3%，但實際的物價膨脹率為 5%。此一超乎預期的物價膨脹率對下列機構或個人有利還是不利？
   a. 政府。
   b. 借固定利率房貸的房貸戶。
   c. 在工作契約第二年的工會勞工。
   d. 購買政府公債的大學。
9. 解釋下列敘述為真、偽或不確定。
   a.「物價膨脹對債務人不利但對債權人有利，因為借款人必須付更高的利率。」
   b.「如果在所有物價變動之後，整體物價水準並沒有改變，則沒有人會變得更好或更差。」
   c.「物價膨脹並不會降低大多數勞工的購買力。」

即席測驗答案

1. d　2. d　3. b　4. b　5. a　6. c　7. d　8. c

Chapter 31
開放體系的總體經濟學：基本概念

當你決定買車時，你也許會比較納智捷（Luxgen）和豐田兩廠牌的最新款式。當你打算到海邊度假時，你也許會猶豫該選擇墾丁還是普吉島。當你開始存你的退休金時，你也許會考慮該投資國內共同基金還是海外共同基金。以上這些例子顯示，你所參與的不只是本國經濟，而是全球經濟。

國際貿易的開放確實有很多好處：貿易不只讓人們生產他們較擅長的商品，也讓人們能同時享有世界各地所提供的商品與服務。**經濟學十大原理**之一是：交易可以讓每個人變得更好。國際貿易讓每個國家專業化生產其具比較利益（亦即生產力相對較高）的商品與服務，從而可以提升各國的生活水準。

到目前為止，我們所介紹的總體經濟學，基本上忽略了各國經濟之間的互動。就大部分總體

經濟問題而言,國際因素並不是那麼重要。舉例來說,當我們探討自然失業率和物價膨脹的成因時,國際貿易的影響幾乎可略而不談。的確,總體經濟學家為了簡化經濟模型,他們經常假設經濟體系是一個**封閉經濟體系**──不與任何國家互動的經濟體系。

然而,一些新的總體經濟問題是在開放環境下發生的。所謂**開放經濟體系**,是指與世界其他經濟體系自由互動的經濟體系。因此,本章與下一章介紹開放體系下的總體經濟學。首先,我們介紹一個開放經濟體系其常見的總體經濟變數。我們常在報紙或夜間新聞裡看到這些變數,包括出口、進出、貿易餘額與匯率。本章先說明這些變數的意義;在下一章,我們會利用模型來說明這些變數是如何決定的,以及政府政策如何影響這些變數。

31-1 國際間商品與資本的流通

開放經濟體系與其他經濟體系有兩個互動方式。第一,在國際市場買賣商品與服務;第二,在國際金融市場買賣資本資產(capital assets),如股票和債券。接下來,我們探討這兩種經濟活動以及它們之間的密切關係。

31-1a 商品的流通:出口、進口與出口淨額

出口是指本國生產且在國外銷售的商品與服務,**進口**則是指國外生產且在本國銷售的商品與服務。例如,臺灣生產手機並賣到美國,這項交易對臺灣而言是出口,對美國而言則是進口;美國賣飛機給臺灣,這項交易對臺灣而言是進口,對美國則是出口。

出口淨額是指一國商品與服務的出口值與進口值的差額:

出口淨額 = 一國的出口值 − 一國的進口值。

出口淨額顯示一國在國際市場上扮演淨買方或淨賣方的角色,它又稱為**貿易餘額**。若一國的出口大於進口,則出口淨額為正值,顯示該國銷售到外國的商品與服務多於外國銷售到該國的商品與服務;在此情況下,該國享有**貿易順差**。相反地,若一國的出口小於進口,則出口淨額為負值,顯示外國銷售到該國的商品與服務多於該國銷售到外國的商品與服務;此時,該國有**貿易逆差**。若出口和進口正好相等,則出口淨額為零;此時,我們稱該國**貿易平衡**。

在下一章,我們會介紹解釋一國貿易餘額的理論;但在這個階段,我們不難想出一些會影響進口、出口與出口淨額的因素。這些因素包括:

- 消費者對國內外商品的嗜好。
- 國內外商品的價格。
- 匯率，亦即兩國貨幣的兌換比率。
- 國內外消費者的所得。
- 商品運輸成本。
- 政府的國際貿易政策。

以上這些變數一旦變動，貿易餘額也會跟著改變。

個案研究 美國經濟開放程度日益提升

在過去七十年，美國經濟最大的變化可能是國際貿易和國際金融的重要性日漸提升。圖1顯示美國出口值與進口值占國內生產毛額的比率。雖然在某些年間，如2020年的疫情期間，這些比率曾下滑，但一般趨勢是向上的。在1950年代，美國的進出口值占GDP的比率平均不到5%。最近幾年，這些比率約是1950年代的三倍。就臺灣而言，在1951年，出口值與進口值占GDP的比率分別只有9.9%與14.5%；但在2021年，這兩項比率分別高達66.4%與51.5%。就商品與服務而言，顯而易見地，臺灣的開放程度遠高於美國。

就美國而言，在2021年，以進出口值合併計算，最大的貿易夥伴是墨西哥、加拿大與中國，各約占美國貿易總額的14%，接下來依次為日本、德國、南韓和英國。就臺灣而言，在2022年，最大的貿易夥伴是中國（22.6%），接下來依次為美國（13.3%）、日本（9.7%）、香港（7.3%）、南韓（6.2%）、新加坡（4.6%）和馬來西亞（3.4%）。[1]

運輸層面的進步是促使國際貿易量增加的主因之一。在1950年，一般的商船載貨量不到10,000噸；但在今天，許多貨船的載貨量超過100,000噸。長途噴射機與廣體貨機先後於1958年與1967年問世，空運成本因而大幅下降。由於運輸方面的進步，一國生產的商品可以運到世界各地銷售。例如，臺灣的液晶電視機外銷到不少國家。

另外，通訊層面的進步使得業者能夠輕易地與國外客戶接洽，也是促使國際貿易量增加的另一個因素。一直到1956年，第一條跨海纜線才鋪設完成。在1966年，北美與歐洲之間只有138條線路可同時通話；但在今天，網際網路與手機通訊可以無遠弗屆。

此外，科技的進步改變了各經濟體系生產的商品，也促進了國際貿易的繁榮。過去占世界出口大宗的商品通常是體積龐大（如鋼鐵）或容易腐壞（如糧食）的商品，其運輸費用昂貴，有時甚至無法運送。然而，現代科技下的產品幾乎都很輕巧且容易運送。例如，消費性電子產品，體積小、重量輕且價格高，可以在一國生產並輕易地銷往另一國。電影工業是另一個極端的例子。電影是美國的主要出口品之一，其影片就是在好萊塢製作，並以幾近零成本的方式將影帶送到世界各地上映。又例如，臺灣的蝴蝶蘭外銷到不少國家。

---

[1] 資料來源：中華民國進出口貿易統計（經濟部國際貿易局）。

政府的貿易政策也是促進國際貿易發展的因素之一。本書在稍早曾提過，經濟學家一向認為，國與國之間的自由貿易可以讓兩國同時享有貿易利得。大部分國家的政策制定者也逐漸認同這個結論。國際協定，如《北美自由貿易協定》（NAFTA）和《關稅暨貿易總協定》（GATT），已逐步降低關稅、進口限額及其他貿易障礙。因此，圖1所顯示的貿易日益增加的現象，是大部分經濟學家和政策制定者都贊同並鼓勵的。

不過，美國川普總統不斷挑戰這些趨勢。他認為過去的貿易協定對美國是不利的，從而對很多國外商品課徵關稅，迫使其他國家跟美國重談貿易協定，希望談出對美國有利的條件。至於拜登總統，雖然調降了部分川普總統所課徵的關稅，但其對自由貿易的立場還有待觀察。

圖1　美國經濟的國際化

此圖顯示為美國自1950年來，出口與進口占GDP的比率。這兩項比率的顯著提升說明了國際貿易與國際金融的重要性日漸增長。

資料來源：U.S. Department of Commerce.

31-1b 金融資源的流通：淨資本外流

到目前為止，我們所討論的是，一個開放體系的國民如何參與全球的商品與服務市場。一個開放體系的國民也可參與全球的金融市場。一位有30,000美元的美國國民可以購買一部日本豐田（Toyota）汽車，也可以選擇購買豐田公司的股票。前項交易代表商品的流通，而後項交易則代表資本的移動。

淨資本外流一詞指的是，本國國民所購買的外國資產與外國人所購買的本國資產之間的差額：

淨資本外流
net capital outflow
本國國民所購買的外國資產與外國人所購買的本國資產之間的差額

淨資本外流 ＝ 本國國民所購買的外國資產的金額
－ 外國人所購買的本國資產的金額。

當一位美國國民購買巴西能源公司 Petrobras 的股票時，會使等號右邊的第一項數值增加，因而提升了美國的淨資本外流。當一位日本國民購買美國政府發行的債券時，會使等號右邊的第二項增加，因而降低了美國的淨資本外流。

資本的移動有兩種形式。假設麥當勞在俄羅斯設立分店，此為**對外直接投資**（foreign direct investment）；如果一位美國國民購買俄羅斯公司的股票，則稱為**對外證券投資**（foreign portfolio investment）。這兩項投資的主要差別在於前者掌控了經營權，而後者沒有。這兩個例子都是美國國民購買另一國的資產，因此皆提升了美國的淨資本外流。

淨資本外流又稱為**淨對外投資**（net foreign investment），可能是正值，也可能是負值。當淨資本外流呈現正值時，表示一國國民所購買的外國資產多於外國人所購買的本國資產，此時資本向外移動。當淨資本外流呈現負值時，表示一國國民所購買的外國資產少於外國人所購買的國內資產，此時資本流向國內；換句話說，當淨資本外流呈現負值時，一國面臨淨資本內流。

我們將在下一章介紹解釋淨資本外流的理論。在這裡，我們先簡單討論影響淨資本外流的一些重要變數：

- 外國資產的實質利率。
- 國內資產的實質利率。
- 持有外國資產可能面臨的經濟與政治風險。
- 影響外國人持有本國資產意願的政府政策。

舉例來說，假設美國投資人考慮該購買墨西哥政府債券還是美國政府債券（債券實際上就是發行者所立的借據）。投資人首先必須先比較這兩種債券的實質利率；實質利率愈高，債券就愈具吸引力。此外，投資人還必須考慮兩政府的倒債（default）風險（亦即債務人無法按時支付利息或償還本金的可能性），以及墨西哥政府在現在或未來，可能對外國投資人所作的限制。

31-1c 出口淨額與淨資本外流的恆等性

我們剛剛說明了一個開放經濟體系與世界其他經濟體系互動的兩種方式：在國際商品與服務市場以及在國際金融市場。出口淨額和淨資本外流分別衡量一國在以上兩類市場的失衡情況。出口淨額衡量一國出口與進口之間的失衡情況，淨

資本外流則衡量本國國民所購買的外國資產與外國人所購買的本國資產之間的失衡情況。

一項重要的會計事實是，就一國整體經濟而言，出口淨額（NX）和淨資本外流（NCO）必定相等：

$$NCO = NX。$$

此一等式之所以會成立，是因為任何一項影響等式一邊的交易，必然也會對等式另一邊造成相同金額的影響。因此，上式是**恆等式**。

為什麼會有這樣的結果？讓我們看下面的例子。假設你是一位居住於美國的電腦程式工程師，有一天你將你寫的軟體以 10,000 日圓的價格賣給日本的消費者。此一交易對美國而言是出口，從而提升了美國的出口淨額。接下來會發生什麼事而讓上式成立呢？答案在於你如何用這 10,000 日圓。

你可能會利用這 10,000 日圓購買日本公司的股票或日本政府債券。結果就是美國的國民持有了外國資產，而提升了美國的淨資本外流，且增加的幅度正好等於美國出口淨額增加的幅度。

你也可能不買日本的資產，而把 10,000 日圓拿去購買日本製的產品，例如，任天堂遊戲機 Gameboy，而使美國進口值增加，且增加的幅度等於美國出口增加的幅度；亦即相同金額的美國軟體的出口與任天堂遊戲機的進口使美國的出口淨額維持不變。在此情況下，美國人並未增減對外國資產的持有，外國人也未增減對美國資產的持有，因此，對美國淨資本外流不造成影響。

最後一個可能的情況是，你到銀行將 10,000 日圓換成美元。但結果還是一樣，因為銀行必須處理這 10,000 日圓。它可以購買日本資產（一項美國淨資本外流）或日本商品（一項美國進口），也可以將日圓賣給其他需要的人。最終，美國的出口淨額必定等於淨資本外流。

如果一開始是美國向其他國家購買商品與服務，上述恆等式依然會成立。例如，沃爾瑪（Walmart）向中國購買 5,000 萬美元的成衣，從而美國的出口淨額減少 5,000 萬美元。中國可能用這 5,000 萬美元買美國政府債券，這意味著美國的淨資本外流也減少 5,000 萬美元。中國也可能用這 5,000 萬美元買美國波音公司製造的飛機，而使得美國的出口淨額增加 5,000 萬美元，從而美國進口成衣與出口飛機的金額相同，所以其出口淨額不變；此時，美國的淨資本外流的金額也不變。不管是哪一種情形，相關的交易合起來一定會對出口淨額與淨資本外流有相同的影響。

從上述例子，我們可以得到以下的一般化結論：

- 當一國有貿易順差時（$NX > 0$），表示其銷售到外國的商品與服務多過於從外國進口的。該國會如何運用伴隨貿易順差而來的外匯呢？她一定是利用這些外匯購買外國資產；此時，資本流向外國（$NCO > 0$）。
- 當一國有貿易逆差時（$NX < 0$），表示其所購買的外國商品與服務多過於銷售到外國的商品與服務。該國要如何籌措伴隨貿易逆差而來的外匯短缺呢？她必須將其持有的外國資產賣掉，或賣國內資產給外國人；此時，資本流入國內（$NCO < 0$）。

因此，國際間商品與服務的流通與國際間資本的移動是一體兩面的。

31-1d 儲蓄、投資與國際間商品流通和資本移動

一國的儲蓄和投資對一國長期經濟成長相當重要。本書稍早曾提到，在封閉體系下，儲蓄等於投資。但在開放體系下，就不是那麼簡單了。接下來我們說明，儲蓄和投資跟國際間商品流通（以出口淨額衡量）與國際間資本移動（以淨資本外流衡量）的關係。

我們之前在說明國內生產毛額的組成項目時，**出口淨額**一詞曾出現過。一國的國內生產毛額（Y）包括：消費（C）、投資（I）、政府（購買）支出（G）與出口淨額（NX）。我們寫成：

$$Y = C + I + G + NX。$$

對一國商品與服務的總支出等於消費、投資、政府支出與出口淨額的總和。由於每一元的支出皆歸入這四個項目，且根據這四個項目的定義與衡量方法，此一方程式為會計恆等式。

一國的儲蓄為該國的所得支付完消費與政府支出之後剩下的部分。國民儲蓄（S）等於$Y - C - G$。我們將上式改寫可以得到：

$$Y - C - G = I + NX$$
$$S = I + NX。$$

由於出口淨額（NX）等於淨資本外流（NCO），因此，上式可再改寫成：

$$S = I + NCO$$
儲蓄 = 國內投資 + 淨資本外流。

此一方程式顯示，一國的儲蓄必然等於其國內投資與淨資本外流之和。也就是說，當你省下一塊錢以備未來之用時，這一塊錢可被用於累積國內資本，也可被

用來購買國外資產。

此一方程式似乎似曾相識。我們之前在分析金融體系的角色時，我們只探討封閉體系下的特殊情況。在封閉體系下，淨資本外流為零（$NCO = 0$），因此，儲蓄等於投資（$S = I$）。但在開放體系下，儲蓄有兩種用途：國內投資與淨資本外流。

跟以前一樣，上式等號兩邊分別代表資金的供給與需求，且金融體系介於其中。舉例來說，假設史密斯夫婦決定將其部分所得儲蓄下來以作退休之用。此一決定造成上式等號左邊的國民儲蓄增加。如果史密斯夫婦將其儲蓄用於購買共同基金，則此檔基金可能利用史密斯夫婦的資金購買通用汽車發行的股票，通用汽車再利用它所籌措到的資金在俄亥俄州蓋工廠；或者，此檔基金可能利用史密斯夫婦的資金購買豐田汽車股票。這些交易會顯現在上式等號的右邊。從美國的角度來看，通用汽車建造廠房是國內投資；美國國民購買豐田股票則會造成淨資本外流。因此，美國的所有儲蓄顯現在美國的國內投資，或美國的淨資本外流。

儲蓄、投資與國際資本移動三者之間的關係密不可分。當一國的儲蓄超過國內投資時，其淨資本外流為正值，表示該國運用部分儲蓄購買外國資產（或償還國外負債）。當一國的國內投資超過儲蓄時，其淨資本外流呈負值，表示該國藉由賣國內資產給外國人（或變賣國外資產）來融通一部分的國內投資。

31-1e 小結

表1總結了本章到目前為止所提的概念；它描述開放體系可能出現的三個情況：貿易逆差、貿易平衡與貿易順差。

當一國有貿易順差時，其出口值超過進口值。由於出口淨額為出口減掉進口，因此，當一國有貿易順差時，出口淨額大於零，且所得 $Y = C + I + G + NX$

表1　商品與資本的國際流通：小結

本表顯示開放體系可能出現的三個情況。

貿易逆差	貿易平衡	貿易順差
出口 < 進口	出口 = 進口	出口 > 進口
出口淨額 < 0	出口淨額 = 0	出口淨額 > 0
$Y < C + I + G$	$Y = C + I + G$	$Y > C + I + G$
儲蓄 < 投資	儲蓄 = 投資	儲蓄 > 投資
淨資本外流 < 0	淨資本外流 = 0	淨資本外流 > 0

必定大於國內支出 $C + I + G$。但如果所得 Y 大於國內支出 $C + I + G$，則儲蓄 $S = Y - C - G$ 必定大於投資。因此，當一國有貿易順差時，表示它有超額儲蓄（$= S - I > 0$）。由於該國的儲蓄大於投資，它一定會利用它的超額儲蓄購買外國資產；也就是說，淨資本外流必定大於零。

相反的邏輯可應用到貿易逆差下的情況（美國近幾年就是如此）。當一國有貿易逆差時，其進口值超過出口值。由於出口淨額為出口減掉進口，因此，當一國有貿易逆差時，出口淨額小於零，且所得 $Y = C + I + G + NX$ 必定小於國內支出 $C + I + G$。但如果所得 Y 小於國內支出 $C + I + G$，則儲蓄 $S = Y - C - G$ 必定小於投資。因此，當一國有貿易逆差時，表示它有超額投資（$= I - S > 0$）。由於該國的儲蓄小於投資，它一定會藉由賣國內資產給外國人來融通一部分的國內投資；也就是說，淨資本外流必為負值。

貿易平衡的情況則介於兩者之間。此時，出口等於進口，因此，出口淨額為零。同時，所得等於國內支出，且儲蓄等於投資，其淨資本外流為零。

個案研究　美國的貿易逆差是美國的國家問題嗎？

你或許聽過媒體稱美國是「世界最大的債務國」。會有這樣的稱號主要是因為在過去四十年，美國在世界金融市場借了很多錢來融通其貿易逆差。為何美國會這麼做？美國人應該為此感到憂心嗎？

為回答這些問題，讓我們看美國總體經濟的會計恆等式。圖 2（a）顯示自 1960 年起，美國的國民儲蓄與國內投資占 GDP 的比例。圖（b）顯示美國淨資本外流（也就是貿易餘額）占 GDP 的比例。如同恆等式所要求的，淨資本外流永遠等於國民儲蓄減國內投資。

如圖所示，自 1980 年代初期起，出現戲劇性的變化。在 1980 年前，美國的國民儲蓄與國內投資很接近，因此，淨資本外流相當小，其占 GDP 的比率介於 −1 與 +1 個百分點之間。然而在 1980 年後，美國的國民儲蓄降到比投資要少很多，而使淨資本外流成為很大的負值；也就是說，美國有龐大的淨資本內流，美國因此陷入負債狀態。

為了解圖 2 的波動，我們需探討影響國民儲蓄與國內投資的政策與事件。歷史顯示，美國的貿易逆差沒有單一的成因，以下是較為顯著的三個：

失衡的財政政策：從 1980 到 1987 年，淨流入美國的資本占美國 GDP 的比重從 0.5% 上升至 2.9%。這 2.4% 的變化主要是因為儲蓄下降了 2.7%。此一國民儲蓄的下降通常被歸為政府儲蓄的減少，也就是政府預算赤字的增加。之所以會有這樣的結果是因為雷根總統進行減稅並增加國防支出。

投資激增：從 1991 到 2000 年，淨流入美國的資本占 GDP 的比率從 0.5% 上揚至 3.7%。這 3.2% 的差距並不是儲蓄下降所造成的。事實上，這段時間的儲蓄反而上升，政府預算也從赤

圖 2　國民儲蓄、國內投資與淨資本外流

（a）美國國民儲蓄與國內投資（占 GDP 百分比）

（b）淨資本外流（占 GDP 百分比）

圖（a）顯示美國國民儲蓄與國內投資占 GDP 的百分比。圖（b）顯示美國淨資本外流占 GDP 的百分比。如圖所示，美國 1980 年後的國民儲蓄比 1980 年前要低。美國國民儲蓄的下降主要反映在淨資本外流的減少，而非國內投資的減少。

資料來源：U.S. Department of Commerce.

字轉為盈餘，但投資占 GDP 的比重卻從 15.3% 上升至 19.9%。在這段期間，美國經濟受惠於資訊科技的蓬勃發展，且許多廠商爭相增加高科技的投資。

經濟衰退與復甦：從 2000 到 2019 年，流入美國的資本維持在高檔，不過，儲蓄與投資卻有很大的變化。從 2000 到 2009 年，它們占美國 GDP 的比率都下跌約 6%。投資會減少是因為經濟困境使投資的報酬率下降，而儲蓄會減少是因為美國政府想透過龐大的預算赤字來振興經濟。從 2009 到 2019 年，當經濟復甦時，上述原因發生逆轉，而使得儲蓄與投資占美國 GDP 的比率都上升約 4%。

疫情支出：從 2019 到 2021 年，美國的貿易赤字與資本流入增加了 1.2%，此一變動完全是因為國民儲蓄減少。在這段期間，因為 Covid-19 疫情，美國聯邦政府大幅增加支出，而導致預算赤字擴大，進而造成國民儲蓄減少。

這些貿易逆差與資本移動對美國經濟而言會是個問題嗎？這個問題沒有簡單的答案，要看國民儲蓄與投資是如何變化的。

首先考慮貿易逆差源自於儲蓄下降的情況，如 1980 年代的美國。較少的儲蓄意味著一國儲存較少的所得以供未來支用。如果國民儲蓄下降沒有導致貿易逆差，那麼，這意味著美國的投資減少。投資減少不利於資本存量的成長、勞工生產力與實質工資。換言之，如果美國的儲蓄下滑，那麼，最好能讓外國人增加對美國的投資，否則會有上述的不利情況出現。

接下來考慮投資激增所引發的貿易逆差，如美國 1990 年代的貿易逆差。在此情況下，一國向外國借款來購置新的資本財。如果這些資本財能提升商品與服務的生產力，則該國應該能夠應付負債的增加。但如果這些投資計畫無法帶來預期的報酬，那麼，這些新增的債務會加重該國未來的負擔。

就如同一個人可能因就學貸款而負債或是因揮霍而負債一樣，一個國家也是如此。貿易逆差本身不是問題，但有時候它是問題的徵兆。

聽專家怎麼說 貿易餘額與貿易談判（Trade Balances and Trade Negotiations）

「一國可以藉由制定讓貿易順差增加（或貿易逆差減少）的政策來提升其國民的福利水準。」

經濟學家這麼說：

- 66% 不同意
- 28% 不確定
- 6% 同意

「在最近幾年，密西根與俄亥俄州的很多勞工失去工作的一個重要原因是，美國行政部門在過去三十年的貿易談判中不夠強硬。」

經濟學家這麼說：

- 87% 不同意
- 10% 不確定
- 3% 同意

資料來源：IGM Economic Experts Panel, December 9, 2014 and March 22, 2016.

即席測驗

1. 與 1950 年相較，美國當今的進出口占 GDP 的比例，
   a. 雙雙上升。
   b. 雙雙下滑。
   c. 出口上升，進口下滑。
   d. 出口下滑，進口上升。
2. 在開放經濟體系下，國民儲蓄等於國內投資
   a. 加政府預算赤字。 b. 減出口淨額。
   c. 加淨資本外流。 d. 減對外證券投資。
3. 如果一國的進口值大過其出口值，則下列何者為非？
   a. 出口淨額為負值。
   b. GDP 小於消費、投資與政府購買支出之和。
   c. 國內投資大於國民儲蓄。
   d. 淨資本外流為正值。

（答案在章末）

31-2 國際交易的價格：實質匯率與名目匯率

到目前為止，我們討論了國際間商品與服務流通以及資本移動的衡量。除了這些數量變數外，總體經濟學家也研究衡量國際交易價格的變數。如同任一市場價格在撮合買賣雙方上扮演重要角色一樣，國際價格也在國際市場上扮演相同角色。我們將討論兩個最重要的國際價格：名目匯率與實質匯率。

31-2a 名目匯率

名目匯率
nominal exchange rate
兩國貨幣的兌換比率

名目匯率指的是指兩國貨幣的兌換比率。舉例來說，如果你到銀行，你可能會看到牌告匯率顯示 1 美元兌換 80 日圓。這時候，如果你給銀行 1 美元，它將給你 80 日圓；反之，如果你給銀行 80 日圓，它會給你 1 美元。（實際上，銀行買賣日圓的匯價會有些微的差距；這些差距為銀行創造利潤。不過，為方便說明，我們忽略這些差距。）

匯率的表達方式有兩種。如果匯率為 1 美元兌換 80 日圓，我們也可以說，1 日圓兌換 1/80（0.0125）美元。在本書中，我們都以 1 美元兌換多少外國貨幣來表達名目匯率，例如，1 美元兌換 80 日圓。

升值
appreciation
一國貨幣所能換到的外國貨幣數量變多

當匯率改變使 1 美元可以換到更多的他國貨幣時，我們稱美元**升值**。如果匯率改變使 1 美元可以換到的他國貨幣變少，我們稱美元**貶值**。例如，當匯率從 1 美元兌換 80 日圓變成 90 日圓時，美元升值；同時，因為日圓能換到的美元變少了，所以日圓貶值。當匯率從 1 美元兌換 80 日圓降至 70 日圓時，美元貶值，亦即日圓升值。

貶值
depreciation
一國貨幣所能換到的外國貨幣數量變少

有時候你會聽到媒體報導美元「走強」或「走弱」；這些描述通常是指名目匯率的最近變化。當一貨幣升值時，我們稱此貨幣**走強**，因為它可以換到更多的外

國貨幣。同樣地，當一貨幣貶值時，我們稱它**走弱**。

對任一國家而言，有很多種名目匯率。美元可以用來購買日圓、英鎊、墨西哥披索等等。經濟學家在研究匯率的變化時，他們通常會利用由許多匯率加權平均而成的匯率指數。如同消費者物價指數將經濟體系中的很多價格轉換成單一的物價水準衡量指標一樣，匯率指數也將許多匯率轉換成單一的一國貨幣之國際價值的衡量指標。因此，當經濟學家在討論美元升值或貶值時，他們通常指的是美元的匯率指數。

31-2b 實質匯率

實質匯率是指兩國商品與服務的交換比率。舉例來說，假設你去購物並發現瑞士乳酪一磅的價格是美國乳酪的兩倍，則我們稱實質匯率為每一磅美國乳酪換 1/2 磅瑞士乳酪。如同名目匯率一般，我們用每單位國內商品可以換取多少單位的外國商品來表達實質匯率，但這裡的項目是商品而不是貨幣。

實質匯率
real exchange rate
兩國商品與服務的交換比率

實質匯率與名目匯率緊密相關。我們看下面的例子。假設美國米一擔 100 美元，日本米一擔 16,000 日圓。兩種米之間的實質匯率為何？為了回答這個問題，我們必須先利用名目匯率將商品價格轉換成同樣的貨幣。如果名目匯率為 1 美元兌換 80 日圓，則一擔美國米的價格等同於 8,000 日圓。由於美國米的價格是日本米的一半，因此，實質匯率為每擔美國米換 1/2 擔日本米。

我們可以用下列公式來計算實質匯率：

$$實質匯率 = \frac{名目匯率 \times 國內物價}{國外物價}。$$

我們將例子的數字帶入公式，可以得到：

$$實質匯率 = \frac{\left(\frac{80\ 日圓}{美元}\right) \times \left(\frac{100\ 美元}{每擔美國米}\right)}{\left(\frac{16,000\ 日圓}{每擔日本米}\right)}$$

$$= \frac{\left(\frac{8,000\ 日圓}{每擔美國米}\right)}{\left(\frac{16,000\ 日圓}{每擔日本米}\right)} = \frac{\frac{1}{2}\ 擔日本米}{每擔美國米}。$$

因此，實質匯率取決於兩國的名目匯率和各自以當地貨幣表示的商品價格。

增廣見聞：歐元

你可能聽過或甚至看過法國法郎、德國馬克或義大利里拉。這些貨幣都已經不存在了。在 1990 年代，許多歐洲國家決定放棄各自原有的貨幣，統一用**歐元**作為共同貨幣。歐元於 2002 年 1 月 1 日正式啟用。歐元區的貨幣政策由歐洲中央銀行（ECB）制定，且各成員國皆委派代表參與決策。歐洲中央銀行發行歐元並控制貨幣供給，就如同美國的 Fed 控制美元的供給一樣。

為何這些國家要採用共同貨幣？其中一個好處是使貿易更容易進行。如果美國五十州各有不同的貨幣，則每當你跨越一州，你就必須兌換貨幣並利用我們先前提過的匯率來計算，這會造成許多不便，且讓你不願意在別州購買商品。因此，歐洲國家採用歐元可以促進歐元區的貿易。

然而，採用共同貨幣會產生一些成本。由於只有一種貨幣，因此只能有一種貨幣政策。如果各國對貨幣政策欠缺共識，則她們必須達成某種程度的妥協，而非各走各的路。由於採用共同貨幣有好處也有壞處，因此經濟學家對於採用歐元作為共同貨幣是否是一項正確決定仍意見分歧。

從 2010 到 2015 年，當一些歐洲國家陷入經濟困境時，歐元問題再度被熱烈討論。例如，希臘就因政府債務過於龐大而面臨政府倒帳的危機。為因應這個危機，希臘不單增稅，還大幅減少政府支出，但這些做法也引發高度民怨。就有人提議希臘退出歐元區，然後重新發行自己的貨幣，並藉由讓新貨幣大幅貶值來刺激商品與服務的出口（如觀光），以擺脫經濟困境。換言之，如果希臘有自己的貨幣，則希臘解決經濟困境的工具就多了貨幣政策這一項。不過，希臘最後並沒有退出歐元區。這主要是因為歐元區國家怕希臘退出歐元區會引發骨牌效應，亦即其他陷入經濟困境的國家也會退出歐元區，而使歐元瓦解，從而對希臘進行紓困，希臘也因經濟困境舒緩而留在歐元區。

實質匯率的重要性為何？實質匯率是一國出口值與進口值的重要決定因素。當一家公司在決定要買美國米還是日本米時，它在乎的是哪種米的價格比較便宜。實質匯率使答案一目瞭然。再舉一例。假設你打算到海邊度假，你在猶豫該去墾丁還是普吉島。你可以詢問旅行社兩地的旅館價格以及新臺幣對泰銖的匯率（墾丁的旅館價格以新臺幣計價，普吉島的旅館價格以泰銖計價）。如果你在乎的是哪裡比較便宜，你的決定取決於實質匯率。

在研究一國整體經濟時，總體經濟學家看的是整體物價而非商品的個別價格；也就是說，他們利用物價指數（如消費者物價指數）來衡量實質匯率。消費者物價指數衡量一籃子商品與服務的價格。透過本國的物價指數（P）與某一國的物價指數（P^*），以及本國貨幣與該國貨幣之間的名目匯率（e），我們可以算出

本國與該國之間的實質匯率：

$$實質匯率 = (e \times P) / P^*。$$

此一實質匯率衡量本國一籃子商品之於外國一籃子商品的相對價格。

當本國之於外國的實質匯率貶值（下降）時，表示本國商品相對於外國商品變便宜了，因此，本國的消費者與外國的消費者都會多買本國商品，且少買外國商品；這會造成本國的出口增加且進口減少，從而本國的出口淨額會上升。反之，當本國之於外國的實質匯率升值（上升）時，意味著本國商品相對於外國商品變貴了，從而本國出口淨額會下降。

即席測驗

4. 如果每一元新臺幣可以兌換更多的外幣，則稱新臺幣 _____，它反映在 _____ 匯率的變動。
   a. 升值，名目　　　b. 升值，實值
   c. 貶值，名目　　　d. 貶值，實值
5. 如果本國的貨幣升值且國內外物價不變，則相對於國內商品，國外商品變得較 _____，而讓本國的貿易餘額趨向 _____。
   a. 貴，順差　　　b. 貴，逆差
   c. 便宜，順差　　d. 便宜，逆差
6. 如果美元兌日圓的匯率從 100 降為 80，且美國的物價水準從 180 升為 200，同時，日本的物價水準不變，則
   a. 美國商品相對於日本商品變貴了。
   b. 美國商品相對於日本商品變便宜了。
   c. 美國商品之於日本商品的相對價格不變。
   d. 美國商品與日本商品都相對變便宜了。

（答案在章末）

31-3 決定匯率的第一個理論：購買力平價

匯率會隨著時間改變。在 1970 年，1 美元可以換 3.65 德國馬克或 627 義大利里拉。在 1998 年，當德國和義大利正準備採用歐元作為共同貨幣時，1 美元可以換 1.76 馬克或 1,737 義大利里拉。也就是說，在這段時間，美元以德國馬克所表示的價值少了一半，但美元以義大利里拉所表示的價值其漲幅超過一倍。

是什麼因素導致這樣大的變化？經濟學家發展出許多模型來解釋匯率如何決定，但每一種模型都只說明部分影響因素。在此，我們介紹一個最簡單的匯率理論——**購買力平價**。此一理論主張一單位的任一種貨幣應該可以在所有國家買到相同數量的商品。許多經濟學家認為購買力平價理論所描述的是匯率長期水準的影響力量。我們現在就來說明此一理論的邏輯，以及它的意涵與限制。

購買力平價
purchasing-power parity
主張一單位的任一種貨幣應該可以在所有國家買到相同數量商品的匯率理論

31-3a 購買力平價理論的基本邏輯

購買力平價理論建立在**單一價格法則**（law of one price）上。此一法則講的是，同一種商品在不同地方的售價應該一致，否則會讓人們有獲利的機會。舉例來說，假設咖啡豆的價格在西雅圖比在波士頓便宜。如果你在西雅圖買咖啡豆，假設一磅 4 美元，然後在波士頓以一磅 5 美元賣出，則其中的價差讓你每磅獲利 1 美元。這種利用在不同市場買賣相同商品的價差來獲利的行為稱作**套利**（arbitrage）。在我們的例子當中，這樣的套利機會會使西雅圖的咖啡豆需求上升，而且波士頓的咖啡豆供給也會增加。西雅圖的咖啡豆價格會因需求增加而上升，波士頓的咖啡豆價格則會因供給增加而下跌。此一過程將會一直持續到兩市場的咖啡豆價格相同為止。

我們現在可以討論單一價格法則如何應用在國際市場上。如果 1 美元（或者其他貨幣）可以在美國買到比在日本還多的咖啡豆，亦即美國的咖啡豆價格比較便宜，則國際業者可以在美國購買咖啡豆，然後賣到日本，並從中獲利。從美國出口咖啡豆到日本將使美國的咖啡豆價格上漲（因為美國國內供給減少），日本的咖啡豆價格則會下跌（因為日本國內供給增加）。相反地，如果 1 美元在日本買到的咖啡豆比在美國還多，亦即日本的咖啡豆價格比較便宜，則國際業者可以在日本購買咖啡豆，然後賣到美國。咖啡豆從日本出口到美國將使美國的咖啡豆價格下跌，且使日本的咖啡豆價格上漲。單一價格法則說明了 1 美元應該可以在各個國家買到相同數量的咖啡豆。

此一邏輯引出購買力平價理論。根據此一理論，給定任何一種貨幣，它在所有國家都會有相同的購買力。**平價**意即相等，而**購買力**指的是，以能夠購買的商品數量所衡量之貨幣價值。**購買力**平價講的是，一單位的任何一種貨幣在各國有相同的實質價值。

31-3b 購買力平價理論的意涵

購買力平價理論如何解釋匯率的決定與變化？它指出，兩國貨幣之間的名目匯率取決於兩國的物價水準。如果 1 美元在美國買到的商品數量與在日本相同，則 1 美元可兌換的日圓反映出美國與日本的相對物價。例如，如果一磅咖啡豆在日本要價 500 日圓，在美國為 5 美元，則名目匯率必定是 1 美元兌換 100 日圓（500 日圓／5 美元 = 100 日圓／美元）。否則，美元的購買力在兩國不會相等。

為進一步了解其中的道理，我們用一點數學來說明。假設 P 代表美國一籃子商品的價格（以美元計價），P^* 代表日本一籃子商品的價格（以日圓計價），而 e

代表名目匯率（1 美元可以換到的日圓數目）。現在我們來看 1 美元在美國與外國可以買到的商品數量。美國的物價水準為 P，因此 1 美元在美國的購買力為 $1/P$，也就是 1 美元可以買 $1/P$ 數量的商品。在外國，1 美元可以兌換 e 單位的當地貨幣，因此，其購買力為 e/P^*。由於 1 美元在兩國的購買力相同，所以

$$1/P = e/P^*。$$

上式可改寫成：

$$1 = eP/P^*。$$

等號左邊為常數，且等號右邊為實質匯率。因此，**如果一種貨幣在本國與外國的購買力維持相等，則實質匯率（也就是本國商品之於外國商品的相對價格）不會改變**。

為了解此一分析對名目匯率的意涵，我們將上式再改寫成：

$$e = P^*/P。$$

亦即名目匯率等於外國物價（以外國貨幣計價）與國內物價（以國內貨幣計價）的比率。**根據購買力平價理論，兩國間的名目匯率必定反映兩國的相對物價水準**。

此一理論的重要意涵就是，當物價水準變動時，名目匯率會跟著改變。如我們在前一章所說明的，各國的物價都會調整到貨幣供給量等於貨幣需求量為止。由於名目匯率決定於兩國的物價水準，因此，名目匯率也決定於兩國的貨幣供給與貨幣需求。當一國的中央銀行增加貨幣供給而造成物價上漲時，也會導致其貨幣對其他貨幣貶值。換句話說，**當一國的中央銀行印製大量鈔票時，不單該國貨幣的商品與服務的購買力會降低，其所能兌換的他國貨幣數量也會減少**。

我們現在可以回答一開始的問題了：為什麼美元對德國馬克會貶值，對義大利里拉卻又升值？這是因為德國採取比美國還要緊縮的貨幣政策，而義大利則採取比美國還要寬鬆的貨幣政策。從 1970 到 1998 年，美國的物價膨脹率平均每年 5.3%，德國為 3.5%，義大利為 9.6%。當美國物價相對於德國物價上漲時，美元對德國馬克就會貶值。同樣地，當美國物價相對於義大利物價下跌時，美元對義大利里拉就會升值。

德國與義大利目前有了共同貨幣——歐元。這意味著兩國有單一的貨幣政策且兩國的物價膨脹率緊密關聯；但里拉與馬克的歷史經驗同樣會適用於歐元。二十年後，不論美元對歐元是升值還是貶值，都決定於歐元區與美國在未來二十年的物價膨脹率。

個案研究：惡性物價膨脹期間的名目匯率

總體經濟學家幾乎無法做控制實驗，他們大概只能從歷史事件中擷取自然經驗。其中一項自然經驗就是惡性物價膨脹，亦即政府大印鈔票以支付龐大政府支出所引發的高物價膨脹。由於惡性物價膨脹是很極端的例子，因此它闡明了一些基本的經濟原理。

讓我們以德國 1920 年代的惡性物價膨脹為例。圖 3 顯示德國當時的貨幣供給、物價水準與名目匯率（以每一德國馬克可兌換多少美分衡量）。如圖所示，當貨幣供給開始快速增長時，物價也開始飆升，德國馬克則大幅貶值。當貨幣供給趨於穩定時，物價與匯率也跟著穩定。

每次惡性物價膨脹都會有圖 3 所顯示的型態。我們在上一章提到的貨幣數量理論，說明了貨幣供給如何影響物價水準；本章所介紹的購買力平價理論則說明了物價水準如何影響名目匯率。

圖 3　德國惡性物價膨脹期間的貨幣、物價與名目匯率

本圖顯示德國自 1921 年 1 月至 1924 年 12 月之貨幣供給、物價水準與匯率（以每一德國馬克可兌換多少美分衡量）。當貨幣供給開始快速增長時，物價也開始飆升，德國馬克則大幅貶值。當德國中央銀行穩定貨幣供給時，物價與匯率也趨於穩定。

資料來源：Adapted from Thomas J. Sargent, "The End of Four Big Inflations," in Robert Hall, ed., *Inflation* (Chicago: University of Chicago Press, 1983), pp. 41-93.

31-3c 購買力平價理論的限制

購買力平價理論提供簡單的模型說明匯率是如何決定的。此一理論有助於我們對許多經濟現象的了解，尤其可用來解釋許多長期趨勢。例如，美元對德國馬克貶值與美元對義大利里拉升值；也可用來解釋在惡性物價膨脹期間匯率的大幅變動。

然而購買力平價理論並非完全正確，也就是說，匯率的變動並無法保證 1 美元在世界各地都有相同的實質價值。實務上，此一理論不一定會成立有兩個原因。

第一個原因是許多商品是非貿易財。例如，在巴黎剪頭髮比在紐約貴。國際旅客會避免在巴黎剪頭髮，而有些理髮師則會從紐約移住巴黎。不過，這樣的套利行動相當有限，以至於無法消弭價格差異。因此，偏離購買力平價的情況會持續存在，1 美元（或 1 歐元）在巴黎可享受到的剪髮服務比在紐約還少。

第二個使購買力平價理論無法成立的原因是，即使商品可以貿易，但兩國生產的商品並不一定是完全替代品。舉例來說，有些消費者偏愛德國車，有些則偏愛美國車，而且，消費者的嗜好會隨著時間改變。如果德國車突然變得受歡迎，需求增加所帶動的價格上漲會使德國車比美國車還貴。即使兩個市場的價格不同，但由於消費者認為這兩種車不一樣，所以不會有人去套利而使兩種車的價格趨於相等。

由於這兩個原因，因此購買力評價理論並非是決定匯率的完美理論。也由於這些原因，實質匯率會隨著時間改變。不過，購買力平價理論讓我們對匯率有了初步的了解。其基本的邏輯頗具說服力：當實質匯率偏離購買力平價理論所預測的水準時，人們有更大的誘因進行國際貿易。即使此一理論所提到的力量無法使實質匯率維持固定，但提供了為何實質匯率的變動大部分很小或短暫的理由。因此，名目匯率比較大幅度且持久的變動通常反映國內外物價的變化。

即席測驗

7. 如果一杯咖啡在巴黎賣 2 歐元，在紐約賣 6 美元，且購買力平價成立，則匯率為
   a. 一美元兌 1/4 歐元。
   b. 一美元兌 1/3 歐元。
   c. 一美元兌 3 歐元。
   d. 一美元兌 4 歐元。

8. 根據購買力平價理論，發生惡性物價膨脹的國家其貨幣會 _____，而使其 _____ 匯率維持不變。
   a. 升值，名目
   b. 升值，實值
   c. 貶值，名目
   d. 貶值，實值

（答案在章末）

個案研究：大麥克指數

當經濟學家利用購買力平價理論來解釋匯率時，他們必須蒐集各國的價格資料。其中一種分析是由國際知名的雜誌《經濟學人》所做的。

一旦有了兩國分別以當地貨幣所表示的大麥克價格，我們就可以利用購買力平價理論來預測匯率。預測的匯率是使兩國以同一種貨幣所表示的大麥克價格相等的水準。例如，如果大麥克在美國的售價為 5 美元，在日本為 500 日圓，則購買力平價理論將預測匯率為 1 美元兌換 100 日圓。

用大麥克價格預測匯率有多準？以下是 2021 年 7 月的一些例子，當時大麥克在美國的售價為 5.65 美元：

國家	大麥克售價	預測匯率	實際匯率
印尼	34,000 印尼盾	6,018 印尼盾 / $	14,517 印尼盾 / $
南韓	4,600 韓圜	814 韓圜 / $	1,150 韓圜 / $
日本	390 日圓	69 日圓 / $	110 日圓 / $
臺灣	72 新臺幣	12.7 新臺幣 / $	27.96 新臺幣 / $
墨西哥	64 披索	11.3 披索 / $	20.1 披索 / $
瑞典	54 克朗	9.6 克朗 / $	8.7 克朗 / $
中國	22.4 人民幣	4.0 人民幣 / $	6.5 人民幣 / $
歐元區	4.27 歐元	0.76 歐元 / $	0.85 歐元 / $
英國	3.49 英鎊	0.62 英鎊 / $	0.73 英鎊 / $

你可以發現預測匯率與實際匯率並不完全相同；畢竟要透過大麥克在全球套利並不容易。有些國家的這兩個匯率的差距並不大，如瑞典；有些國家的這兩個匯率的差距則很大，如臺灣。根據上表，美元對新臺幣被嚴重高估，意即新臺幣對美元被嚴重低估。一般而言，購買力平價理論不是一個準確的匯率理論，但通常能提供合理的初步預估值。

31-4 結論

本章的目的主要是介紹一些總體經濟學家用來研究開放經濟體系的基本概念。現在你了解了在開放體系中，一國的貿易餘額與淨資本外流之間的關係，以及一國的貿易餘額與超額儲蓄之間的關係。當一國有貿易順差，表示資本流向外國；一國有貿易逆差則表示資本流入國內。你也了解了名目匯率與實質匯率的意義，以及購買力平價作為匯率理論的意涵與限制。

這裡定義的總體經濟變數為分析一國經濟與世界的互動起了開端。在下一章，我們將發展一套模型來說明這些變數的決定因素，並討論不同的事件與政策如何影響一國的貿易餘額及匯率。

摘要

- 出口淨額為一國出口與進口的差額。淨資本外流為本國國民所購買的外國資產與外國人所購買的本國資產之間的差額。由於每一項國際交易均涉及以資產換取商品與服務，因此，一國的淨資本外流等於其出口淨額。

- 一國的儲蓄可用於國內投資或購買外國資產，因此，國民儲蓄等於國內投資與淨資本外流之和。

- 名目匯率是兩國貨幣的相對價格，而實質匯率則為兩國商品與服務的相對價格。當名目匯率變動使 1 美元可以換更多的外國貨幣時，我們稱美元**升值**或**走強**。當名目匯率變動導致 1 美元可換的外國貨幣變少時，我們稱美元**貶值**或**走弱**。

- 根據購買力平價理論，1 美元（或任一國家的貨幣）在各國都可買到等量的商品。此一理論主張兩國貨幣間的名目匯率反映兩國的物價水準；物價膨脹率較高的國家其貨幣應會貶值，物價膨脹率較低的國家其貨幣應會升值。

複習題

1. 請定義何謂**出口淨額**與**淨資本外流**。並說明兩者之間的關聯。
2. 請說明儲蓄、投資與淨資本外流之間的關係。
3. 如果一輛日本車售價 1,500,000 日圓，一輛類似的美國車售價 30,000 美元，且 1 美元可以兌換 100 日圓，則名目匯率與實質匯率各為何？
4. 請敘述購買力平價理論背後的邏輯。
5. 如果 Fed 大印鈔票，則美元對日圓的匯率會如何變化？

問題與應用

1. 下列交易如何影響美國的進口、出口及出口淨額？
   a. 一位美國教授夏天到歐洲旅行。
   b. 法國買了更多好萊塢電影。
   c. 你的叔叔買了一部飛雅特（Fiat）新車。
   d. 英國牛津大學裡的學生書店進口 100 條 Levi's 牛仔褲。
   e. 加拿大公民在美國北佛蒙特購物以規避加拿大的銷售稅。

2. 下列交易會被歸入出口淨額還是淨資本外流？務必說明出口淨額或淨資本外流會增加還是減少。
   a. 美國人購買 Sony 電視機。
   b. 美國人購買 Sony 股票。
   c. Sony 公司的退休基金購買美國政府債券。
   d. 日本人購買美國農產品。

3. 請說明對外直接投資與對外證券投資的差別。公司或個人哪一個比較會進行對外直接投資？誰比較會進行對外證券投資？

4. 下列交易對美國的淨資本外流有何影響？

也敘述是否涉及直接投資或證券投資。

a. 美國一家手機公司在捷克設立辦公室。

b. 倫敦哈洛德百貨公司（Harrods of London）出售股票給美國奇異電器公司的退休基金。

c. 本田（Honda）擴充在美國俄亥俄州工廠的產能。

d. 美國富達共同基金將豐田（Toyota）的股票賣給一位法國投資人。

5. 如果美元升值，以下的團體會感到開心還是不開心？請說明。

a. 持有美國政府債券的荷蘭退休基金。

b. 美國製造業。

c. 計畫到美國旅行的澳洲遊客。

d. 打算購買海外資產的美國公司。

6. 在以下的情況，美國的實質匯率會如何變動？請說明。

a. 美國名目匯率不變，但物價上漲的速度比外國來得快。

b. 美國名目匯率不變，但外國物價上漲的速度比美國來得快。

c. 美國名目匯率下降，且美國與外國的物價皆不變。

d. 美國名目匯率下降，且外國物價的上漲速度比美國來得快。

7. 一罐汽水在美國售價為 1.25 美元，在墨西哥為 25 披索。如果購買力平價理論成立，則美元兌披索的匯率為何？如果貨幣擴張導致墨西哥的物價漲了一倍，因此汽水漲至 50 披索，則美元兌披索的匯率變為多少？

8. 本章的個案研究提到利用大麥克售價來分析一些國家的購買力平價。以下為一些其他國家的資料：

國家	大麥克售價	預測匯率	實際匯率
智利	2,900 披索	__ 披索 / $	759 披索 / $
匈牙利	900 福林	__ 福林 / $	305 福林 / $
捷克	89 克朗	__ 克朗 / $	21.8 克朗 / $
巴西	22.9 里耳	__ 里耳 / $	5.25 里耳 / $
加拿大	6.77 加幣	__ 加幣 / $	1.27 加幣 / $

a. 請計算出每個國家 1 美元的預測匯率。（大麥克在美國的價格為 5.65 美元。）

b. 根據購買力平價理論，智利披索與加幣間的預測匯率是多少？實際匯率是多少？

c. 購買力平價理論對匯率的解釋能力如何？

9. 假設牛奶是唯一的商品，且購買力平價在甲乙兩國之間成立。

a. 現在，一瓶牛奶在甲國是 4 元，在乙國是 24 披索。甲乙兩國貨幣的名目匯率為何？

b. 在接下來的 20 年間，甲國每年的物價膨脹率為 3.5%，乙國為 7%。在這段期間，牛奶的價格與名目匯率將如何變動？（提示：回想一下第 27 章所提到的 70 法則。）

c. 哪一國的名目利率將會比較高？為什麼？

d. 你的一位朋友跟你講了一個快速致富之道：在名目利率較低的國家借錢，然後投資在名目利率較高的國家，藉由兩國之間的利差來獲利。你認為可不可行？請說明。

即席測驗答案

1. a 2. c 3. d 4. a 5. d 6. b 7. b 8. d

Chapter 32
開放體系的總體經濟理論

在過去幾十年，美國進口的商品與服務持續多於出口，因此，美國的出口淨額持續呈現負值。雖然，經濟學家對貿易逆差是否是美國經濟的一個問題有不同的意見，但美國的企業界對此有一強烈的看法。許多企業領導人認為，貿易逆差反映了不公平競爭：美國允許外國廠商在美國市場銷售產品，但外國政府卻阻礙美國產品在海外的銷售。

想像你現在是美國總統，如果你想要終止貿易逆差，你應該怎麼做？你應該限制進口嗎？還是對歐洲的鋼鐵實施進口限額或對中國的智慧型手機課徵進口關稅？還是你應該用其他方法來改變貿易逆差現象？

為了解一國貿易餘額的決定因素以及政府政策的影響，我們需要總體經濟理論來解釋開放經濟體系是如何運作的。先前的章節介紹了一些重要的總體經濟變數，來描述一個經濟體系和其他經濟體系的關係，包括出口淨額、淨資本外流、實質匯率與名目匯率。本章將建立一個模型來檢視這些變數的決定因素，並說明這些變數之間的關聯。

為建構這個開放體系下的總體經濟模型，我們以先前的兩個分析為基礎。第一，這個模型將實質 GDP 視為給定的，我們假設其水準決定於生產要素的供給以及現行的生產技術。第二，這個模型也將整個經濟體系的物價水準視為給定的，我們假設物價水準會調整到使貨幣供給與貨幣需求達成平衡的水準。換句話說，本章為簡化分析，將實質 GDP 與物價水準當作外生變數。

本章模型的主要目標在於突顯一國貿易餘額與匯率的決定因素。一方面，這個模型相當簡單，只是將供給與需求這項工具應用在開放經濟體系而已；不過，在另一方面，這個模型也將比我們之前學過的來得複雜，因為它涉及兩個相互關聯的市場：可貸資金市場與外匯市場。在我們建立這個開放經濟模型之後，我們將檢視不同的事件和政策如何影響一國的貿易餘額和匯率。

32-1 可貸資金與外匯的供給與需求

為了解開放經濟體系如何運作，我們著重在兩個市場的供給與需求。第一是可貸資金市場，它撮合經濟體系的儲蓄、投資與可貸資金的跨國移動（稱為淨資本外流）。第二是外匯市場，它撮合要把本國貨幣換成其他國家貨幣以及要把其他國家貨幣換成本國貨幣的人們。在這一節，我們分別討論這兩個市場的供給與需求；在下一節，我們把這兩個市場一起放入模型來說明開放經濟體系的整體均衡。

32-1a 可貸資金市場

為簡化分析，我們的開放經濟體系模型假設金融體系只有一個市場。所有的儲蓄者都到這個市場存錢，而所有的借款者都到這個市場借錢。這個市場的利率不單是儲蓄的報酬，同時也是借款的成本。

為了解開放體系中的可貸資金市場，我們從下面這條上一章討論過的恆等式開始：

$$S = I + NCO$$
儲蓄 ＝ 國內投資 ＋ 淨資本外流。

當一國儲蓄一塊錢時，這一塊錢可以用來融通國內資本財的購買，或用來融通外國資產的購買。這個恆等式的兩邊代表可貸資金市場的兩方：可貸資金的供給來自於國民儲蓄（S），而可貸資金的需求來自於國內投資（I）和淨資本外流（NCO）。

可貸資金應該被解釋為國內所產生且可用於資本累積的資源流量。無論是國內資產還是國外資產，資本資產的購買都造成可貸資金需求的增加。因為淨資本外流可能為正也可能為負，所以可貸資金的需求可能大於也可能小於國內投資。當 $NCO > 0$ 時，一國面臨資本淨流出的情況；此時，國外資本的購買會增加對國內可貸資金的需求。當 $NCO < 0$ 時，一國面臨資本淨流入的情況；此時，來自國外的資本會使國內可貸資金的需求減少。

如我們之前所說明的，可貸資金供給量和可貸資金需求量都決定於利率。較高的利率會鼓勵人們多儲蓄，因此可貸資金的供給量會增加；但較高的利率也會使借款成本增加，因此會阻礙投資，而使可貸資金的需求量減少。

一國的實質利率除了影響國民儲蓄和國內投資外，也會影響一國的淨資本外流。為什麼呢？假設有兩個共同基金，一個在美國，另一個在德國。這兩個共同基金現在要決定該買美國政府債券還是德國政府債券；共同基金的經理人在某種程度上會先比較美國與德國的實質利率再做決定。當美國的實質利率上升時，美國債券變得較具吸引力，因此美國實質利率的上升會使美國人少買外國資產，同時也會鼓勵外國人多買美國資產，從而美國的淨資本外流會下降。

在圖1，我們用熟悉的供給—需求圖形來說明可貸資金市場。如同我們之前在分析金融體系時所提到的，可貸資金的供給曲線為正斜率，因為較高的利率會使可貸資金的供給量增加；而需求曲線呈負斜率，因為較高的利率會使可貸資金的需求量減少。不過，不同於先前的分析，現在市場的需求面同時包含國內投資和淨資本外流。因此，在開放體系下，可貸資金的需求不單來自於那些想要在國內進行投資的人，也來自於那些想要購買外國資產的人。

利率會調整到使可貸資金的供給與需求達成平衡的水準。如果利率低於均衡水準，則可貸資金供給量會小於需求量；此時，可貸資金的短缺會使利率上升。相反地，如果利率高於均衡水準，可貸資金供給量會超過需求量；此時，可貸資金的剩餘會使利率下降。在均衡利率下，可貸資金的供給正好等於可貸資金的需

圖 1　可貸資金市場

在開放體系下的利率，就如同在封閉體系一樣，是由可貸資金的供給與需求共同決定的。國民儲蓄構成可貸資金的供給，國內投資和淨資本外流則構成可貸資金的需求。在均衡利率下，人們想要儲蓄的金額會正好等於人們因想要購買國內資本和國外資產而借的金額。

求；亦即**在均衡利率下，人們想要儲蓄的金額正好等於人們想要進行的國內投資金額與淨資本外流金額的總和**。

32-1b 外匯市場

在我們的開放經濟模型中的第二個市場是外匯市場，這個市場的參與者進行本國貨幣與外國貨幣的兌換。為了解外匯市場，我們看下面這條上一章也討論過的恆等式：

$$NCO = NX$$
淨資本外流 ＝ 出口淨額。

這條恆等式講的是，資本外流與內流的差額（NCO）等於商品與服務出口和進口的差額（NX）。舉例來說，當美國有貿易順差時（$NX > 0$），表示美國人從商品與服務的貿易中獲得外匯；此時，他們會怎麼做？他們一定會購買外國資產，從而美國資本向外流出（$NCO > 0$）。相反地，當美國有貿易逆差時（$NX < 0$），表示美國會因商品與服務的貿易而有外匯短缺情況；此時，美國必須靠賣資產給外國人來融通短缺的外匯，亦即外國資本會流入美國（$NCO < 0$）。

我們的開放經濟模型將這條恆等式的兩邊視為外匯市場的兩方。淨資本外

CHAPTER 32 開放體系的總體經濟理論

流代表為購買外國資產而形成的美元供給量。舉例來說，當美國的共同基金想要買日本政府債券時，它必須先將美元兌換為日圓，此舉構成美國外匯市場中的美元供給。而出口淨額代表為購買美國的商品與服務而形成的美元需求量。舉例而言，當日本航空公司想要買一架波音客機時，它需要將日圓兌換成美元，此舉構成美國外匯市場中的美元需求。

何種價格會使外匯市場的供給與需求達成平衡？答案就是實質匯率。如同我們在上一章所提的，實質匯率是國內商品和國外商品的相對價格，因此，實質匯率是出口淨額的一項重要決定因素。當美國的實質匯率升值時，美國商品相較於外國商品變得比較貴，而使得美國商品對國內與國外的消費者來說變得較不具吸引力，從而導致美國出口減少且進口增加，進而造成出口淨額下降。因此，實質匯率升值會降低外匯市場中的美元需求量。

圖2顯示外匯市場的供給與需求。如我們剛才所討論的，需求曲線呈負斜率的原因是：實質匯率升值使得美國商品變貴，因此會降低美元的需求量。而供給曲線是一條垂直線，這是因為因資本淨外流而構成的美元供給量不受實質匯率影響。（如之前所說明的，淨資本外流決定於實質利率。在討論外匯市場的時候，我們將實質利率和淨資本外流視為給定的。）

圖2　外匯市場

實質匯率由外匯市場的供給與需求所共同決定。美元的供給來自於淨資本外流；由於淨資本外流不受實質匯率影響，因此，供給曲線是一條垂直線。美元的需求來自於出口淨額；由於較低的實質匯率會刺激出口淨額，進而刺激美元的需求量，所以需求曲線呈負斜率。在均衡的實質匯率下，人們為購買外國資產而提供的美元數量會正好等於人們為購買出口淨額而需要的美元數量。

也許一開始你會覺得奇怪，為何資本淨外流不受匯率影響，畢竟，美元升值意味著美國資產相對外國資產變貴了，而使外國資產變得較具吸引力，從而美國的淨資本外流應該會增加。不過，就美國投資者而言，他終究會想把他擁有的外國資產，以及所賺取的利潤，轉回美元。例如，美元升值意味著日本的股票變便宜了，這會使美國投資者多買日本的股票；但美元升值也意味著日本公司配發的日圓股利所能換得的美元數量變少了。換句話說，美元升值使美國投資者購買日本股票的成本與擁有它們的效益都同時降低了，且這兩種效應會相互抵銷，而使美元匯率的變動不至於影響美國的淨資本外流；這反映在圖2的供給曲線是一條垂直線。

透過實質匯率的調整使外匯市場的供需達成平衡，就如同透過商品價格的調整使商品的供需達成平衡一樣。如果實質匯率低於均衡水準，則美元的供給量會小於需求量；這個美元短缺的結果會使美元的價值向上調升。相反地，如果實質匯率高於均衡水準，則美元的供給量會大於需求量；這個美元剩餘的結果會使美元的價值向下調降。**在均衡的實質匯率下，因美國商品與服務出口淨額所構成的美元需求量，會正好等於因美國淨資本外流所構成的美元供給量。**

增廣見聞　購買力平價是一個特例

細心的讀者可能會問：「為什麼本書會在這裡介紹匯率理論？不是已經在上一章介紹過了嗎？」

我們在上一章所介紹的匯率理論稱為**購買力平價**，這個理論主張一美元（或其他任何貨幣）可以在每個國家購買相同數量的商品與服務。因此，實質匯率固定，從而兩種貨幣間名目匯率的變動反映了兩國物價水準的變動。

這裡所介紹的匯率理論和購買力平價理論是有關聯的。根據購買力平價理論，國際貿易會對國際價格的差異迅速反應。假如一國的商品比另一國便宜，則商品較便宜的國家會出口，且另一國會進口，直到價格的差異消失為止；換句話說，購買力平價理論假設出口淨額對實質匯率的小變動會有高度反應。如果出口淨額真的是這樣敏感，那麼，圖2的需求曲線會是一條水平線。

因此，購買力平價理論可說是本章模型的一個特例。在這個特例中，外匯市場的需求曲線已不再是負斜率的曲線，而是對應到實質匯率等於1的一條水平線。當我們在研究匯率時，這個特例是一個很好的起點，但它絕非是故事的結尾。

所以，本章討論比較接近現實的情況，讓外匯市場的需求曲線呈負斜率。如此一來，可考慮實質匯率隨時間變動的可能性；就如同現實世界一樣，實質匯率並非是固定的。

即席測驗

1. 在其他條件不變下，一國的利率上升會降低其
   a. 國民儲蓄與國內投資。
   b. 國民儲蓄與淨資本外流。
   c. 國內投資與淨資本外流。
   d. 國民儲蓄而已。

2. 在其他條件不變下，一國貨幣升值會使其
   a. 出口增加且進口減少。
   b. 進口增加且出口減少。
   c. 進出口都增加。
   d. 進出口都減少。

（答案在章末）

32-2 開放經濟體系的均衡

到目前為止，我們討論了可貸資金市場和外匯市場的供給與需求。接下來，我們討論這兩個市場的關聯性。

32-2a 淨資本外流：可貸資金市場和外匯市場之間的連結

讓我們先回顧一下以下四個重要總體變數之間的關係：國民儲蓄（S）、國內投資（I）、淨資本外流（NCO）與出口淨額（NX）。記住以下的恆等式：

$$S = I + NCO$$

和

$$NCO = NX。$$

在可貸資金市場，供給來自於國民儲蓄，需求則來自於國內投資和淨資本外流，並且經由實質利率的調整使供需達成平衡。在外匯市場，供給來自於淨資本外流，需求則來自於出口淨額，並且經由實質匯率的調整使供需達成均衡。

淨資本外流是連結這兩個市場的變數。在可貸資金市場，淨資本外流是需求的一部分；一個人若想要買外國資產，他必須在可貸資金市場取得所需資金。在外匯市場，淨資本外流是供給的來源；美國人若想買其他國家的資產，他必須先賣美元以取得該國貨幣，從而構成外匯市場的美元供給。

如我們之前所討論的，淨資本外流的主要決定因素是實質利率。當美國利率高時，持有美國資產較具吸引力，從而美國淨資本外流的水準低；換言之，如圖3所示，實質利率和淨資本外流呈負向關係。這條淨資本外流曲線連結了可貸資金市場和外匯市場。

圖 3　利率如何決定淨資本外流

由於較高的國內實質利率使國內資產變得較具吸引力，因而造成淨資本外流減少。注意橫軸上零的位置。淨資本外流可以為正也可以為負；淨資本外流為負時，表示這個經濟體系正處於資本淨流入狀態。

32-2b 兩個市場的同步均衡

現在我們可以將模型的每個部分全都放在圖 4。此圖說明了可貸資金市場和外匯市場如何共同決定開放體系的重要總體變數。

圖（a）顯示可貸資金市場（由圖 1 而來）。跟以前一樣，可貸資金的供給來自於國民儲蓄，可貸資金的需求則來自於國內投資和淨資本外流；而均衡實質利率（r_1）平衡了可貸資金的供給量與可貸資金的需求量。

圖（b）顯示淨資本外流（由圖 3 而來）。它顯示淨資本外流如何決定於圖（a）中的實質利率。較高的國內利率使國內資產較具吸引力，因而造成淨資本外流減少，所以，圖（b）中的淨資本外流曲線呈負斜率。

圖（c）顯示外匯市場（由圖 2 而來）。因為外國資產必須以外國貨幣購買，所以圖（b）中的淨資本外流量決定了要兌換成外國貨幣的美元供給。由於實質匯率不影響淨資本外流，所以供給曲線是垂直的。美元的需求來自於出口淨額；由於實質匯率貶值會使出口淨額增加，所以外匯市場的需求曲線呈負斜率。均衡實質匯率（E_1）平衡了外匯市場的美元供給量和美元需求量。

圖 4 中的兩個市場決定兩個相對價格：實質利率和實質匯率。在圖（a）中決定的實質利率，是現在的商品與服務之於未來的商品與服務的相對價格；在圖

CHAPTER 32 開放體系的總體經濟理論

圖 4　開放經濟體系的實質均衡

(a) 可貸資金市場

(b) 淨資本外流

(c) 外匯市場

在圖 (a)，可貸資金的供給與需求決定實質利率。在圖 (b)，利率決定淨資本外流，進而決定外匯市場的美元供給。在圖 (c)，外匯市場的美元需求與供給決定了實質匯率。

(c) 中決定的實質匯率，是國內的商品與服務之於國外的商品與服務的相對價格。這兩個相對價格會同步調整，使兩個市場的供需達成平衡，進而決定了國民儲蓄、國內投資、淨資本外流和出口淨額。接下來，我們將利用這個模型，來檢視當一些政策或事件造成其中一條曲線移動時，這些變數會如何變動。

增廣見聞　解開供給與需求的結

假設蘋果園的老闆們決定消費一些他們自己生產的蘋果，那麼這個決定代表蘋果的需求增加還是供給減少？這兩個答案都有道理；只要我們在隨後的分析中夠嚴謹，那麼，我們選哪一個答案並不重要。我們在供給與需求上的劃分有時是有點武斷的。

在本章的開放經濟總體模型裡，不管是在可貸資金市場還是外匯市場，一項交易該歸於「供給」還是「需求」，也是有點武斷的。

先看可貸資金市場。本模型將淨資本外流視為可貸資金需求的一部分；不過，我們除了可以將公式寫成 $S = I + NCO$ 外，我們也可以寫成 $S - NCO = I$。當這樣寫的時候，資本外流看起來像是可貸資金供給的減少。這兩種寫法都有道理。第一種寫法（$S = I + NCO$）強調，無論是用在國內還是用在國外的可貸資金都來自於國內；第二種寫法（$S - NCO = I$）則強調，無論是來自於國內還是國外的可貸資金，都可供國內投資之用。這兩種寫法的語義差異大於實質差異。

再看外匯市場。在我們的模型中，出口淨額構成美元的需求，而淨資本外流構成美元的供給，因此，當美國居民進口一輛日本車時，我們的模型將這個交易視為美元需求量減少（因為出口淨額下降），而不是視為美元供給量的增加。同樣地，當日本居民購買美國政府債券時，我們的模型將此交易視為美元供給量的減少（因為淨資本外流下降），而不是視為美元需求量的增加。本章的定義剛開始可能會讓人感覺有點不自然，但當我們在分析不同政策的效果時，你會發現這樣的定義其實很管用。

即席測驗

3. 在剛剛介紹的模型裡，兩個市場決定哪兩種價格？
   a. 名目匯率與名目利率
   b. 名目匯率與實質利率
   c. 實質匯率與名目利率
   d. 實質匯率與實質利率

4. 在其他條件不變下，一國的淨資本外流增加會使其可貸資金需求 _____，且使其外匯市場的該國貨幣的供給 _____。
   a. 增加；增加　　　b. 增加；減少
   c. 減少；增加　　　d. 減少；減少

（答案在章末）

32-3 政策和事件如何影響開放經濟體系

我們說明了開放經濟體系中的重要經濟變數是如何決定的；現在，我們可以利用這個模型來分析政策和一些事件如何影響經濟體系的均衡。請記得我們的模型只是可貸資金市場和外匯市場的供給與需求而已。當我們利用模型去分析任何事件時，可以運用第 4 章所提的三個步驟。第一，我們決定事件影響的是供給曲

線還是需求曲線。第二，我們判斷受影響的曲線其移動方向。第三，我們利用供需圖形來檢視這些移動如何改變經濟體系的均衡。

32-3a 政府預算赤字

我們在第 26 章第一次介紹可貸資金的供給和需求時，我們曾檢視政府預算赤字（政府支出超過政府收入）的影響。因為政府預算赤字代表**負的**政府儲蓄，它會造成國民儲蓄（政府儲蓄加民間儲蓄）的減少，而使可貸資金供給減少，從而造成利率上升，進而排擠投資。

現在，讓我們探討在開放經濟下政府預算赤字的影響。第一，我們模型中的哪一條曲線移動了？如同在封閉體系下，預算赤字的最初衝擊是在國民儲蓄上，因此，會影響可貸資金的供給曲線。第二，供給曲線往哪個方向移動？預算赤字代表**負的**政府儲蓄，因此，它會造成國民儲蓄的減少，從而可貸資金供給曲線會如圖 5（a）所示，由 S_1 左移至 S_2。

> **聽專家怎麼說** 赤字（Deficits）
>
> 「如國美國減少她的財政赤字，則其貿易赤字也會縮小。」
>
> 經濟學家這麼說：
> - 57% 同意
> - 37% 不確定
> - 6% 不同意
>
> 資料來源：IGM Economic Experts Panel, June 21, 2017.

第三步驟，也是最後的步驟，就是比較新舊均衡。圖（a）顯示美國政府預算赤字對美國可貸資金市場的衝擊。由於可貸資金供給減少，因此在原先的均衡利率（r_1）下，市場會有超額需求，從而造成均衡利率由 r_1 上升至 r_2。可貸資金市場中的借款者會選擇少借一點；這個變化以圖表示即為沿著可貸資金需求線，從 A 點移動至 B 點。這意味著家戶和廠商會減少資本財的購買；如同在封閉體系下，預算赤字會排擠國內投資。

不過，在開放經濟體系下，可貸資金供給減少還會有其他影響。如圖（b）所示，利率由 r_1 上升至 r_2，會使淨資本外流減少〔這個減少是圖（a）中由 A 點移至 B 點所代表的可貸資金需求總減少量的一部分〕。國內利率上升意味著國內資產的報酬率提高，外國資產也就變得比較不具吸引力，所以國內居民會少買外國資產。較高的國內利率也會吸引想要從美國資產中獲得較高報酬的外國投資者，因此，當預算赤字導致利率上升時，國內和國外的行為會造成美國淨資本外流減少。

圖（c）顯示預算赤字如何影響外匯市場。淨資本外流減少意味著人們對外國資產，進而對外國貨幣的需求減少，因此，外匯市場上的美元供給會減少。如圖（c）所示，美元供給曲線由 S_1 左移至 S_2；而美元供給減少導致實質匯率由 E_1 升

圖 5　政府預算赤字的影響

（a）可貸資金市場

1. 政府預算赤字使可貸資金供給減少⋯

2. ⋯造成利率上升⋯

（b）淨資本外流

3. ⋯而使淨資本外流減少。

（c）外匯市場

4. 淨資本外流減少造成美元供給減少⋯

5. ⋯進而導致實質匯率升值。

當政府有預算赤字時，如圖（a）所示，可貸資金供給會由 S_1 減少至 S_2。此時，為平衡可貸資金的供給與需求，利率會由 r_1 上升至 r_2。如圖（b）所示，利率上升會使淨資本外流減少，進而如圖（c）所示，外匯市場的美元供給會由 S_1 減少至 S_2。此一美元供給的減少導致實質匯率由 E_1 升值至 E_2；而匯率的升值使貿易餘額趨向逆差。

值至 E_2，亦即美元相較於外國貨幣變得比較有價值。這個升值接著使美國商品相較於外國商品變貴，所以國內和國外的人們會少買美國商品而多買外國商品，從而美國的出口會下降，且進口會上升；這兩個力量造成美國出口淨額下降。

因此，在開放體系下，政府預算赤字會使實質利率上升，進而排擠國內投資；也會導致貨幣升值，進而使貿易餘額趨向逆差。相反地，政府預算剩餘（以及民間儲蓄增加）會使實質利率下降，也會導致貨幣貶值，進而使貿易餘額趨向順差。

這個課題的一個重要實例就發生在 1980 年代的美國。在 1980 年，雷根一當選上總統後，美國聯邦政府的財政政策立即有戲劇性的變化。總統和國會立法大幅減稅，但他們並沒有同幅減少政府的支出，因而導致嚴重的預算赤字。我們的模型預測，這樣的政策應該會導致貿易逆差；事實上，它的確發生了。由於這段期間的預算赤字和貿易逆差，不管在理論上還是實證上都密切相關，因此，它們得到一個別號——**孿生赤字**（twin deficits，或稱**雙赤字**）。不過這兩個赤字不一定如影隨形，因為除了財政政策之外，還有許多因素會導致貿易逆差。

32-3b 貿易政策

貿易政策是直接影響一國商品與服務之進口量或出口量的政府政策。貿易政策有不同的形式，一個比較常見的貿易政策就是**關稅**（tariff），即對進口財所課的稅。另外一個是**進口限額**（import quota），即對外國所生產的商品銷到國內的數量限制。

貿易政策
trade policy
直接影響一國商品與服務進口量或出口量的政府政策

讓我們思考貿易政策對總體經濟的影響。假設美國鋼鐵產業關注歐洲鋼鐵業者所帶來的競爭，並說服美國政府對歐洲鋼鐵設下進口限額。在這個事件中，美國鋼鐵產業的遊說者主張，貿易限制措施可以降低美國的貿易逆差。他們是對的嗎？我們以圖 6 說明。

分析貿易政策的第一個步驟就是決定哪一條曲線會移動。不意外地，進口限制最初的衝擊就是進口，而出口淨額等於出口減進口，所以這個政策會影響出口淨額。又由於出口淨額在外匯市場中是美元需求的來源，所以這個政策影響了外匯市場的需求曲線。

第二個步驟就是要決定美元需求曲線的移動方向。由於進口限額限制了歐洲鋼鐵在美國的銷售，所以在每一實質匯率下，進口都會減少，從而在每一實質匯率下，出口淨額（等於出口減進口）會**上升**。如圖（c）所示，外匯市場的美元需求由 D_1 右移至 D_2。

第三個步驟是比較新舊均衡。如同我們在圖（c）所看到的，美元需求增加導致實質匯率由 E_1 升值至 E_2。由於圖（a）的可貸資金市場不受影響，所以實質利率不變。由於實質利率不變，所以圖（b）的淨資本外流也不會變動。又由於淨資本外流不變，所以即使進口限額會使進口減少，但出口淨額依然不會變動。

也許你會覺得奇怪，為何當進口限額造成進口減少時，出口淨額會維持不變。這是因為實質匯率改變了。當實質匯率升值時，國內商品相較於國外商品變得較貴，而使得進口增加且出口減少。這兩個變動抵銷了由進口限額所直接引起

圖 6 　進口限額的影響

當美國政府對歐洲鋼鐵車設下進口限額時，不會影響圖（a）的可貸資金市場與圖（b）的淨資本外流。給定任何的實質匯率，它只會使出口淨額（出口減進口）上升，進而如圖（c）所示，導致外匯市場上的美元需求由 D_1 右移至 D_2。這個美元需求的增加會導致美元的價值由 E_1 升值至 E_2。美元升值會使出口淨額減少，而抵銷進口限額一開始對出口淨額的衝擊。

的出口淨額增加，最後，進口限額同時造成進口和出口減少，但出口淨額（出口減進口）維持不變。

因此，我們得到了一個令人意外的意涵：**貿易政策不影響貿易餘額**。也就是說，那些會直接影響出口或進口的政策，並不會造成出口淨額變動。如果我們回想起以下的會計恆等式，那麼，這個結果就不會那麼令人意外了：

$$NX = NCO = S - I。$$

出口淨額等於淨資本外流，而淨資本外流等於國民儲蓄減國內投資。由於貿易政

策不會改變國民儲蓄和國內投資,因此貿易餘額也不會變動。給定國民儲蓄和國內投資,儘管政府實行貿易政策,但實質匯率的調整使貿易餘額維持不變。

雖然貿易政策不會影響一國整體的貿易餘額,但這些政策會影響特定廠商、產業和國家。當美國政府對歐洲鋼鐵設下進口限額時,美國鋼鐵公司所面臨的國外競爭就會比較小,因此可以賣出更多的鋼鐵。同時,由於美元升值,美國農民會發現它的產品在世界市場變貴了,而讓出口變少了(例如,對中國)。因此,美國對歐洲鋼鐵設下進口限額會導致美國鋼鐵的出口淨額增加,且農產品的出口淨額減少。此外,美國對歐洲的出口淨額會增加,但美國對中國的出口淨額會減少。不過,美國整體的貿易餘額維持不變。

因此,貿易政策其個體經濟層面的影響大於總體經濟層面。雖然,貿易政策的倡議者有時會(不正確地)宣稱這些政策可以改變一國的貿易餘額,但通常他們比較關心的是個別廠商或產業。例如,如果你聽到美國鋼鐵公司的高層倡議對歐洲鋼鐵設下進口限額時,應該不用太訝異。經濟學家幾乎都反對諸如此類的貿易政策。自由貿易讓每個國家專業化生產其具比較利益的商品與服務,從而可以提升各國的生活水準。限制貿易會妨礙貿易利得,因此會使整個經濟體系的福利水準下降。

32-3c 政局不穩與資本外逃

在 1994 年,墨西哥的政局不穩定,包括重要的政治領導者被暗殺,使得全世界的金融市場呈現緊張狀態。人們開始將墨西哥視為一個比他們早先所認知的更不穩定的國家,所以決定將一些資產移出墨西哥,並將這些資金移到美國或其他「安全的避風港」。像這種資金大量且突然地移出一國的現象稱為**資本外逃**。為了解資本外逃對墨西哥經濟體系的意涵,我們再次依循那三個分析均衡變動的步驟;但這次我們從墨西哥的角度,而不是從美國的角度切入。

首先,資本外逃會影響模型的哪一條曲線?當全世界的投資人觀察到墨西哥的政治問題時,他們會決定賣掉一些墨西哥的資產,並將賣出金額拿去購買美國資產。這個行為會增加墨西哥的淨資本外流,因此對我們模型中的兩個市場都有影響。很明顯地,它會影響淨資本外流曲線,進而影響墨西哥外匯市場的披索的供給。此外,由於可貸資金需求來自於國內投資與淨資本外流,所以資本外逃也會影響可貸資金市場的需求曲線。

這些受影響的曲線會如何移動?當淨資本外流增加時,為融通這些外國資本資產的購買,可貸資金的需求會增加。因此,如圖 7(a)所示,可貸資金需求曲

> **資本外逃**
> capital flight
> 資金大量且突然地移出一國的現象

圖 7　資本外逃的影響

(a) 可貸資金市場　縱軸：實質利率；橫軸：可貸資金數量。供給線與需求線 D_1 右移至 D_2，利率由 r_1 上升至 r_2。

2. …造成可貸資金需求增加…
3. …進而導致利率上升。

(b) 淨資本外流　縱軸：實質利率；橫軸：淨資本外流。NCO_1 右移至 NCO_2。

1. 淨資本外流增加…

(c) 外匯市場　縱軸：實質匯率；橫軸：披索數量。供給 S_1 增加為 S_2，匯率由 E_1 貶值為 E_2。

4. 同時，淨資本外流增加使披索的供給增加…
5. …而導致披索貶值。

假如人們認為把儲蓄擺在墨西哥是危險的，則他們會把他們的資本移到安全的避風港（如美國）。這樣做會導致墨西哥的淨資本外流增加，從而如圖（a）所示，墨西哥的可貸資金需求由 D_1 右移至 D_2，進而導致墨西哥的利率由 r_1 上升至 r_2。在任何利率下，由於淨資本外流增加，所以圖（b）中的淨資本外流曲線由 NCO_1 右移至 NCO_2。同時，如圖（c）所示，外匯市場中的披索供給由 S_1 增加為 S_2，而導致披索由 E_1 貶值為 E_2。

線由 D_1 右移至 D_2。此外，由於任何利率下的淨資本外流都增加了，所以如圖 7（b）所示，淨資本外流曲線也會由 NCO_1 右移至 NCO_2。

為了解資本外逃對墨西哥經濟體系的影響，我們比較新舊均衡。圖 7（a）顯示，可貸資金需求增加導致墨西哥的利率由 r_1 上升至 r_2。如圖（b）所示，墨西哥的淨資本外流增加了。（雖然利率上升會使墨西哥的資產變得較具吸引力，但這個效果只是部分抵銷了資本外逃對淨資本外流的衝擊。）圖（c）則顯示，淨資本外流增加會使外匯市場中的披索供給由 S_1 增加為 S_2。這是因為當人們試著從墨西哥

撤出資金時，會有大量的披索被轉換成美元，而這也導致披索由 E_1 貶值為 E_2。因此，**墨西哥的資本外逃會造成墨西哥的利率上升且墨西哥披索貶值**。這就是我們在 1994 年所確實觀察到的現象。從 1994 年 11 月到 1995 年 3 月，墨西哥政府短期債券的利率由 14% 上升至 70%，而披索則由每披索兌換 29 美分貶值到每披索兌換 15 美分。

由資本外逃所引發的價格變動也影響了一些重要的總體經濟變數。一國貨幣貶值使其出口品變便宜，且進口品變貴，從而使其貿易餘額趨向順差；同時，利率上升會使其國內投資減少，而導致資本累積與經濟成長放緩。

雖然資本外逃對資本逃離的那一國來說會造成很大的衝擊，但它也會影響其他國家。舉例來說，當資本由墨西哥外流到美國時，對美國經濟體系的衝擊正好與墨西哥相反。特別是，美國的淨資本外流會因墨西哥的淨資本外流上升而下降。當披索貶值且墨西哥利率上升時，美元會升值且美國的利率會下降。不過，由於美國的經濟規模比墨西哥大多了，所以這個衝擊對美國的影響是有限的。

墨西哥所發生的事件也可能會發生在其他國家；事實上，的確如此。在 1997 年，一些亞洲國家，包括泰國、南韓與印尼等，其銀行體系破產或瀕臨破產。在 1998 年，俄羅斯政府無法履行它的債務，類似事件也發生在 2002、2019 與 2020 年的阿根廷。這些國家都發生嚴重的資本外逃，其結果都如我們的模型所預測的：利率上升且貨幣貶值。

個案研究　來自中國的資本移動

根據我們對資本外逃的分析，當一國發生資本外逃時，其貨幣會貶值，而使其出口淨額增加。相反地，當一國有大量的資本流入時，其貨幣會升值，而使其出口淨額減少。

有了這些結果，我們可以思考以下問題：如果一國政府採行鼓勵資本流向另一國的政策，則會造成什麼影響？答案與資本外逃的影響相當類似：在其他條件不變下，鼓勵資本外流的國家其貨幣會貶值且會有貿易順差；而資本接受國其貨幣會升值且會有貿易逆差。

此一分析可以讓我們了解美國與中國之間的一項政策爭議。在最近幾年，中國政府試圖藉由

聽專家怎麼說　操控匯率（Currency Manipulation）

「經濟分析可以確認一國是否利用匯率以降低其貿易對手國的福利來造福其自身人民。」

經濟學家這麼說：

- 34% 不同意
- 36% 不確定
- 30% 同意

資料來源：IGM Economic Experts Panel, June 16, 2015.

累積國外資產，包括大量的美國政府債券，以壓低人民幣的匯價（不讓人民幣對美元升值），而有利於其出口產業的發展。從 2000 到 2014 年，中國外匯存底的餘額從 1.6 兆美元增至約 4 兆美元。

美國政府三不五時就會對中國政府干預外匯市場提出抗議。中國政府刻意壓低人民幣匯價的政策使得中國商品相對於美國商品不至於漲價，而使得中國得以繼續對美國享有龐大的貿易順差。這對那些與中國進口品競爭的美國業者是不利的，也使得美國政府不斷呼籲中國政府（主要是其人民銀行）不要在中國的外匯市場買美元，而應讓人民幣對美元升值。美國有些國會議員甚至揚言，如果中國不停止「操控匯率」，則要祭出對中國進口品課徵關稅的報復手段。川普政府在訂定關稅時，有時會引用此一論述。

然而，上述中國政策對美國經濟的影響不全然是不利的。美國消費者可以買到便宜的中國進口品，且來自於中國的資本可以壓低美國的利率，而使其投資增加。在某種程度上，中國政府融通了美國的經濟成長。因此，上述中國政策對美國經濟的影響好壞參半，從而其淨影響可能有限。

一個比較複雜的問題是，為何中國領導人採取的是促進出口而不是促進內需的政策，而使其外匯存底不斷飆升？一個可能是它是中國的未雨綢繆之計。的確，從 2014 到 2021 年，當中國的經濟成長放緩時，中國政府開始支用部分外匯存底，而讓它減少近 1 兆美元。

如是我聞　區分真相與謊言

政治人物，不管是左派還是右派，對國際貿易在一國經濟福祉所扮演的角色的觀點通常是錯的。

關於貿易的五大實情（Five Big Truths About Trade）

艾倫‧布蘭德（Alan S. Blinder）撰[1]

雖然國際貿易再一次地成為敏感的政治議題，但以下五點是絕大數經濟學家，不管是偏自由的還是偏保守的，所認同的。

1. **大多數的工作機會的流失不是國際貿易所造成的。** 在美國，每個月大約有五百萬個新的工作機會被創造出來，但也有大約相同數目的工作機會流失，從而工作機會僅小幅淨增加。工作機會的創造與流失主要源自於競爭與技術變動，而不是源自於國際貿易；競爭與技術變動為大家所認同，但國際貿易就沒有這麼幸運了。

2. **國際貿易關乎效率（因此關乎工資），而與工作機會數目較無關係。** 你應該不會自己做衣服，也不會自己下田；相反地，你會用你所賺的錢來跟別人買這些東西。想像一下，如果你要自己做衣服、下田……，那麼你的生活水準會降低多少。所以，透過交易可以提升大家的生活水準。

   國際貿易也有同樣的效果。它關乎勞動能否更有效率地運用，從而關乎工資能否提高，而跟工作機會的創造與流失不那麼相關。

   不過，當貿易型態改變時，有人會獲利，也有人會遭受損失。政府可以也應該提供更多的協助，但沒有，因此，那些因國際貿易而喪

失工作的美國人其抱怨是合理的。

3. **貿易失衡是不可避免的**。我每個月對電力公司都有貿易逆差：它賣我電，但我什麼也沒賣給它。我每個月對普林斯頓大學則都有貿易順差：我賣它我的教學服務，但我什麼也沒跟它沒買。難道我應該跟電力公司或普林斯頓大學達成貿易平衡嗎？當然不，各國也一樣。

4. **有貿易逆差的國家並不是「輸家」**。數十年來，美國一直都有貿易逆差，但這意味著美國陷入某種困境嗎？可能沒有。舉例來說，那些聲稱國際貿易讓工作機會流失的人需要解釋，為何美國 2000 年的貿易逆差（占 GDP 的比率）比現在來得大，但失業率只有 4%。

貿易逆差意味著外國人賣給我們的商品與服務比我們賣給他們的還要多。由於他們賺到我們的錢，所以可以用這些錢購買我們的資產，包括國庫券、公司債或其他私人債務憑證。這些等同我們所寫的借據，但只要我們有能力還，它們只是一些紙罷了，所以聽起來也沒那麼恐怖，不是嗎？

美國算是一個特別的國家，因為她供應全世界最主要的國際準備通貨，美元。因為全世界商務持續增加，因此對美元的需求也持續增加，從而美國也必須要有經常性的貿易逆差，以供應全世界所需的美元。這有時稱為我們的「過分的特權」（"exorbitant privilege"），因為我們的進口必須要比我們的出口多。

5. **貿易協定不太會影響貿易餘額**。絕大多數的政治焦慮來自於特定的貿易協定，而不是來自貿易本身。例如，有人宣稱北美自由貿易協定（North American Free Trade Agreement, NAFTA）把美國的工作輸往墨西哥。

的確，當 NAFTA 生效時，有些美國的工作機會流失了，但它也在美國創造了一些新的工作機會（參看第 2 點）。

「貿易」跟「貿易協定」並不是同義詞。美國早在 NAFTA 之前就已經跟墨西哥進行貿易，過去數十年跟中國的貿易也在沒有一連串的貿易協定下激增。

基本上，一國的整體貿易餘額決定於她的國內決策，而不是貿易政策。美國之所以會貿易逆差是因為美國人過於揮霍、不太儲蓄，而讓美國的國民儲蓄不足以支應其國內投資。所以，美國的貿易逆差不是貿易協定所造成的，且只要美國人繼續揮霍，貿易協定也無法改善美國的貿易逆差。

因此，美國的貿易逆差源自於美元的國際角色與美國人不太儲蓄的決定，而不是源自於貿易政策。貿易逆差並不是工作機會的流失與創造的主要成因，不過，有些人的確會因貿易型態的轉變而失去工作，且政府應給他們更多的協助。重要的是，貿易提升了美國勞工的生產力與工資。

希望川普總統可以看到且看懂這篇文章。

討論題目

1. 你認為貿易逆差是否一定對一國不利？為什麼？根據字典，*逆差*其義為「支出超過收入」，但另一個定義為「不足或不利」。這另一個定義是否誤導了專家與政策制定者，而讓他們比布蘭德教授更擔心貿易逆差？

2. 你認為政府應如何幫助那些因貿易型態轉變而失去工作的勞工？這些勞工所受到的政府協助是否應異於因其他原因（如技術變動）而失去工作的勞工？

布蘭德先生是普林斯頓大學經濟學教授。

原文出處：*The Wall Street Journal*, April 22, 2016.

---

[1] 原文經本書譯著者大幅改寫。

即席測驗

5. 在開放經濟體系下，政府減少支出來降低預算赤字會造成利率 _____，而使其資本 _____，且實質匯率 _____。
   a. 下降，外流，升值
   b. 下降，外流，貶值
   c. 下降，內流，升值
   d. 上升，內流，升值

6. 如果一國解除原先的出口禁令，則其貨幣會 _____，而使其進口品變 _____。
   a. 貶值，便宜
   b. 貶值，貴
   c. 升值，便宜
   d. 升值，貴

7. 當世界局勢動盪而使美國成為資金的避風港時，美國利率會 _____，且美元會轉 _____。
   a. 上升，弱
   b. 上升，強
   c. 下降，弱
   d. 下降，強

8. 如果英國的企業增加投資，那麼，在其他條件不變下，英鎊會 _____，而使英國的貿易餘額趨於 _____。
   a. 升值，減少
   b. 升值，增加
   c. 貶值，減少
   d. 貶值，增加

（答案在章末）

32-4 結論

國際經濟學的重要性與日俱增。愈來愈多的人購買外國所生產的商品並將們所生產的商品賣到國外；同時，透過共同基金和其他的金融機構，他們在國際金融市場進行借貸。本章介紹一個開放體系的總體經濟基本模型，說明一個經濟體系與其他經濟體系如何互動，並探討一些事件和政策的影響。

雖然學習國際經濟學是有價值的，但我們也不應該過度誇大它的重要性。美國的政策制定者和評論家常常急著將美國的經濟問題怪罪於外國人；相較之下，經濟學家就比較會檢視自己國家本身是否出現問題。舉例來說，美國的政治人物通常會將外國的競爭視為美國生活水準的一個威脅，而美國的經濟學家則比較可能將美國生活水準的降低歸因於美國的國民儲蓄水準太低。無論是開放經濟體系還是封閉經濟體系，國民儲蓄太少都會阻礙資本、生產力與生活水準的成長。對政治人物來說，外國人是方便的代罪羔羊。無論你在何時聽見國際貿易和國際金融的討論，都要試著去分辨迷思與事實；你在這兩章所學到的工具應該可以幫助你做到這一點。

摘要

- 開放的總體經濟體系有兩個重要的市場：可貸資金市場和外匯市場。在可貸資金市場，透過利率的調整可以使可貸資金的供給（來自於國民儲蓄）與可貸資金的需求（來自於國內投資和淨資本外流）達成平衡。在外匯市場，透過實質匯率的調整可以使美元的供給（來自於淨資本外流）與美元的需求（來自於出口淨額）達成平衡。由於淨資本外流是可貸資金需求的一部分，也提供外匯市場中的美元供給，因此，淨資本外流是連結這兩個市場的變數。

- 使國民儲蓄減少的政策，像是政府預算赤字，會造成可貸資金供給減少，而導致利率上升。利率上升後，淨資本外流會減少，而使外匯市場的美元供給減少，進而導致美元升值和出口淨額下降。

- 雖然有人提倡利用貿易限制政策，如關稅或進口限額，來改變貿易餘額，但它們不必然有效。給定任何匯率，貿易限制措施會使出口淨額增加，而造成外匯市場上本國貨幣需求的增加，進而導致本國貨幣升值。本國貨幣升值使得國內商品相較於外國商品變得較貴，而抵銷貿易限制措施一開始對出口淨額的衝擊。

- 當投資人改變他們持有一國資產的態度時，該國經濟體系可能會大受衝擊；特別是，政局不穩定會導致資本外逃，而使該國利率上升且貨幣貶值。

複習題

1. 請描述可貸資金市場和外匯市場的供給與需求。這兩個市場如何連結？
2. 為什麼預算赤字和貿易逆差有時稱為孿生赤字？
3. 假設有一個紡織工會鼓勵人們買本國製的衣服。這個政策對貿易餘額和實質匯率的影響為何？對紡織產業與汽車產業的影響又各為何？
4. 什麼是資本外逃？當一國經歷資本外逃時，對該國的利率和匯率會有什麼影響？

問題與應用

1. 日本通常有龐大的貿易順差。你認為主要原因為何？是外國對日本商品的高需求，日本對外國商品的低需求，日本的儲蓄率相較於日本的投資率高，還是日本對進口有結構性障礙？請說明你的看法。

2. 假設國會正考慮通過國內投資補助法案。
   a. 這個政策會如何影響國民儲蓄、國內投資、淨資本外流、利率、匯率與貿易餘額？
   b. 一些出口產業代表反對該法案。你認為

他們所持的理由可能為何？

3. 本章提到在 1980 年代，美國貿易逆差擴大主要是由於美國預算赤字的增加。另一方面，媒體有時會宣稱，貿易逆差的擴大是由於美國商品的品質相較於外國商品下滑。

   a. 假設在 1980 年代期間，美國商品的品質相對下滑。**在任何匯率下**，這會如何影響出口淨額？

   b. 請仿圖 6 畫圖說明，這個出口淨額的變化對美國實質匯率和貿易餘額的影響。

   c. 媒體的宣稱和本章的模型一致嗎？美國商品品質的下滑會對我們的生活水準有任何影響嗎？（提示：當我們銷售商品給外國人時，我們得到了什麼？）

4. 有一位經濟學家在討論貿易政策曾寫到：「美國移除貿易限制的一個利益是，出口產業會發現它們更容易將商品銷售到國外，即使其他國家沒有降低貿易障礙。」請說明為什麼美國**出口**產業會因美國移除**進口**限制而獲益。

5. 假設法國對美國加州烈酒的需求突然大增。請用文字與圖形回答下列問題。

   a. 外匯市場的美元需求會如何變動？

   b. 外匯市場上的美元價值會如何變動？

   c. 出口淨額會如何變動？

6. 有一個參議員說到：「美國的貿易逆差一定要縮減，但是進口限額只會觸怒我們的貿易夥伴。假如我們補貼美國的出口，我們可以藉由提升競爭力來縮減貿易逆差。」請仿圖 6 畫圖說明出口補貼對出口淨額和實質匯率的影響。你贊成這個參議員的看法嗎？

7. 假設美國決定補貼其農產品的出口，但並沒有增稅或減少其他政府花費來抵銷該補貼支出。請仿圖 6 畫圖說明這個政策會如何影響美國的國民儲蓄、國內投資、淨資本外流、利率、匯率與貿易餘額？並用文字說明這個政策會如何影響美國的進口、出口與出口淨額？

8. 假設歐洲的實質利率上升。請說明這個發展會如何影響美國的淨資本外流。接著，用本章的公式與圖形說明它如何影響美國的出口淨額。美國的實質利率和實質匯率又會如何變動？

9. 假設美國人決定增加他們的儲蓄。

   a. 如果美國淨資本外流對實質利率的彈性很大，那麼，此一民間儲蓄的增加對美國國內投資的影響是大還是小？

   b. 如果美國出口對實質匯率的彈性很小，那麼，此一民間儲蓄的增加對美國實質匯率的影響是大還是小？

即席測驗答案

1. c 2. b 3. d 4. a 5. b 6. c 7. d 8. a

Chapter 33
總合需求與總合供給

　　一國的經濟表現每一年都不一樣。在大部分年間，商品與服務的產出會增加。這是因為一國的勞動力與資本存量增加，且技術水準提升，所以其所能生產的商品與服務數量愈來愈多，從而每個人的生活水準得以提升。在過去五十年，美國以實質 GDP 所表示的產出水準，以平均每年約 3% 的速度成長。就臺灣而言，在 1961 到 2021 年這段期間，實質 GDP 的平均年成長率為 7.07%。

　　不過，在某些年間，一國的經濟成長率低於長期的平均水準，甚至有可能是負值的。在這些年間，廠商會發現它們無法賣光它們所想要銷售的商品與服務，而被迫減少產量，勞工可能因此被解僱，而使失業率上升；有些工廠甚至關門大吉。當一國商品與服務的產量減少時，其實質 GDP 以及其他的所得衡量指標會下降。如果一國所得減少與失業增加的情況還算溫和，我們稱這

經濟衰退
recession
實質所得下降與失業增加的期間

經濟蕭條
depression
嚴重的經濟衰退

個國家發生**經濟衰退**；如果嚴重的話，則稱為**經濟蕭條**。

在 2008 與 2009 年，不少國家就發生經濟衰退。從 2007 年第四季到 2009 年第二季，美國的實質 GDP 下降 4.0%（我國下降 12.1%）；失業率則從 2007 年 5 月的 4.4% 上升至 2009 年 10 月的 10.0%（我國從 3.87% 上升至 5.96%；我國失業率最高的月份為 2009 年 8 月的 6.13%），且接下來的三年，失業率都維持在 8% 以上。如果學生在這段期間畢業，他們會發現工作很難找。

美國接下來的衰退發生於 Covid 疫情期間的 2020 年，雖然程度嚴重，但很快就消退。從 2019 年第四季到 2020 年第二季，美國的實質 GDP 下降 10%（我國下降 6.3%），失業率則從 2020 年 2 月的 3.5%，在短短兩個月之後，就上升到 14.8%（我國則從 3.70% 上升到 4.03%）。這一次，美國經濟快速反彈，在 2021 年 12 月，失業率回到 3.9%（我國則回到 3.64%），且職缺數創歷史新高。

是什麼原因造成一國經濟的短期波動，亦即一國經濟有時表現好，有時表現差？一國的公共政策是否有可能改善一國的經濟表現？這些問題是本章還有下一章所要探討的。

我們所要探討的總體經濟變數與政策工具在前面幾章已經分別介紹過。它們包括 GDP、失業、利率與物價水準等變數，以及政府支出、稅收與貨幣供給等政策工具。在前面幾章，我們探討的是一國經濟的長期表現，而我們現在所要討論的是，一國經濟環繞其長期趨勢的短期波動。換言之，我們現在專注在年與年之間經濟發生波動的成因，而不是在世代與世代之間經濟成長動力的差異。

我們用的分析模型是**總合供需模型**（model of aggregate demand and aggregate supply）。我們將利用這個模型分析不同事件與政策對一國經濟的短期影響。本章會介紹這個模型的兩條曲線：總合需求曲線與總合供給曲線。在我們開始介紹這個模型之前，讓我們先看經濟波動的一些主要特徵。

33-1 經濟波動的三個主要特徵

每一個國家都曾發生過短期的經濟波動現象。一國的經濟波動通常會有下列三個特徵：

33-1a 特徵 1：經濟波動是不規則且無法預測的

經濟波動通常又稱為**景氣循環**（business cycle）。當實質 GDP 快速成長時，大部分的廠商會發現不愁沒有顧客上門且利潤會增加；但當實質 GDP 下降時，大

部分廠商的收益與利潤都會減少。

景氣循環一詞可能會引起誤解，因為照字面意義，它似乎意味著經濟波動是有規則可循且可以預測的；但事實上，經濟波動沒有任何規則，且幾乎很難精準預測。

圖 1（a）顯示美國自 1972 年起的實質 GDP；直條區域代表經濟衰退時期。如圖所示，直條間的距離並不相同，有時間隔很短。例如，1980 年和 1982 年的兩次經濟衰退之間只隔一年；有時候則是很長一段時間沒有發生經濟衰退。美國歷史上最長的經濟持續擴張期是從 2009 年 6 月到 2020 年 2 月，長達 128 個月，之後，就發生了疫情所導致的衰退。

33-1b 特徵 2：大多數的總體經濟數量（macroeconomic quantities）一起波動

由於實質 GDP 衡量一國在一段期間內最終商品與服務的總產出水準，以及一國的總所得水準，所以最常用來觀測一國經濟的短期變化。

不過，我們也可以用其他的經濟指標來觀測一國經濟的短期波動。就那些衡量所得、支出或產出的總體經濟指標而言，它們通常緊密連動。在經濟衰退時期，個人所得、公司利潤、消費者支出、投資支出、工業生產、零售額、房屋銷售、汽車銷售等都和實質 GDP 一樣會減少。由於經濟衰退不會只侷限於某些部門，所以很多資料都會顯示出景氣不好的結果。

雖然，許多總體經濟變數會一起波動，但波動幅度不會一樣。通常，投資支出的波動幅度最大；這一點可以從圖（b）與圖（a）的比較看得出來。雖然美國的投資支出約只占 GDP 的六分之一，但在經濟衰退期間，GDP 的減少大約有三分之二來自投資支出的減少。在 2009 年，我國依定基法計算的實質 GDP 因全球金融海嘯肆虐而較 2008 年減少 1.57%，或 1,983 億元，但實質投資支出卻大幅減少 19.48%，或 6,386 億元。

33-1c 特徵 3：當產出減少時，失業增加

一國產出水準的變化與一國勞動力運用程度的變化高度相關；換言之，當實質 GDP 減少時，失業率會上升。這個結果一點也不會令人訝異：當廠商決定減少產量時，它們會解僱員工，而造成失業人數增加。

圖 1（c）顯示美國自 1972 年起的失業率。從這個圖形可以明顯看出，經濟不景氣對失業的影響：在每個經濟衰退期間，失業率都明顯上升。當經濟衰退結束

圖 1　美國的短期經濟波動

圖 (a)、(b) 與 (c) 分別顯示美國自 1970 年起的實質 GDP、投資支出與失業率。直條部分為經濟衰退期；在這些期間，實質 GDP 與投資支出下降，但失業率上升。

資料來源：U.S. Department of Commerce; U.S. Department of Labor.

表 1　臺灣的失業率：1978-2021

（單位：%）

年	1978	1979	1980	1981	1982	1983	1984	1985	1986	1987	1988
失業率	1.67	1.27	1.23	1.36	2.14	2.71	2.45	2.91	2.66	1.97	1.69
年	1989	1990	1991	1992	1993	1994	1995	1996	1997	1998	1999
失業率	1.57	1.67	1.51	1.51	1.45	1.56	1.79	2.60	2.72	2.69	2.92
年	2000	2001	2002	2003	2004	2005	2006	2007	2008	2009	2010
失業率	2.99	4.57	5.17	4.99	4.44	4.13	3.91	3.91	4.14	5.85	5.21
年	2011	2012	2013	2014	2015	2016	2017	2018	2019	2020	2021
失業率	4.39	4.24	4.18	3.96	3.78	3.92	3.76	3.71	3.73	3.85	3.95

資料來源：行政院主計處網站：首頁〉政府統計〉主計處統計專區〉就業、失業統計〉統計表〉時間數列統計表〉人力資源重要指標。

且實質 GDP 開始增加後，失業率會逐漸下降，但它永遠不可能是零。就美國而言，失業率在大約 5% 的自然失業率上下波動。就我國而言，自 1978 年起才有失業率資料。如表 1 所示，在 1978 到 2021 年這段期間，我國失業率最低的是 1980 年的 1.23%，最高的是 2009 年的 5.85%（平均失業人數為 63.9 萬人）。

即席測驗

1. 當經濟陷入衰退時，實質 GDP 會 _____，且失業會 _____。
   a. 增加，增加
   b. 增加，減少
   c. 減少，增加
   d. 減少，減少
2. 美國的經濟衰退是
   a. 規律的，約每 3 年發生一次。
   b. 規律的，約每 7 年發生一次。
   c. 規律的，約每 12 年發生一次。
   d. 不規律的。

（答案在章末）

33-2 解釋短期經濟波動

與前幾章我們所介紹的理論相較，景氣循環理論算是爭議比較大的。在本章以及下一章，我們會介紹大多數經濟學家用來解釋短期經濟波動的理論。

33-2a 古典學派的假設

在前面幾章，我們介紹用來解釋一些最重要的總體經濟變數其長期水準如何決定的理論。如生產力及實質 GDP 之水準與成長的決定因素，金融體系如何運作

以及實質利率如何使儲蓄與投資達成平衡，經濟體系為何總是會有失業，以及貨幣供給的變動如何影響物價水準、物價膨脹率和名目利率。

這些分析是以古典二分法和貨幣中立性為基礎。回想一下，古典二分法將變數分為名目變數與實質變數；而貨幣中立性是指貨幣供給的變動不會影響實質變數，從而我們在相關的章節中可以在不考慮貨幣的情況下，探討實質變數的決定因素。

就某種意義來說，貨幣在古典理論中並不重要。如果貨幣數量倍增，則所有名目變數（如所有的價格與每個人的所得）的值也會倍增。但這又怎樣？這些變動都是**名目**的，人們關心的**實質**事物（如是否有工作、可以消費得起的商品與服務數量……）並沒有改變。

古典學派的上述觀點有時被描述成「貨幣只是一層面紗」（"Money is a veil."）；換言之，名目變數是罩在實質變數外頭的一層面紗，但人們在意的是面紗下的容貌是否姣好。

33-2b 真實世界中的短期波動

古典理論的這些假設在真實世界是否成立？此一問題的答案對了解經濟體系的運作十分重要。**大多數經濟學家認為，古典理論適用於長期，但不適用於短期。**

讓我們以貨幣對經濟體系的影響為例來說明這點。大多數經濟學家認為，當貨幣供給發生變動，幾年之後，我們只會看到物價和其他名目變數的變動，實質變數則不會受到影響，這正是古典理論所主張的。但是，如果我們看的是經濟體系每一年的變化，則貨幣中立性的假設並不會成立。在短期，名目變數與實質變數相互糾結，從而貨幣供給的變動會使實質 GDP 暫時偏離它的長期趨勢。

即使古典經濟學家本身，例如，休姆也了解古典理論在短期並不成立。休姆曾觀察到，當貨幣供給因發現金礦而增加時，物價要經過一段時間才會上漲，但就業與產出很快就會增加。

因此，為了解經濟體系在短期如何運作，我們需要一個新的模型，且此一模型必須放棄古典二分法與貨幣中立性。我們不能再截然劃分實質變數（如產出與就業）的分析與名目變數（如貨幣與物價）的分析。我們的新模型會把重點放在名目變數與實質變數如何相互影響。

33-2c 總合需求與總合供給模型

在我們的短期經濟波動模型中，最重要的變數有兩個。第一個是以實質 GDP

衡量的一國商品與服務的產出水準,第二個是以 CPI 或 GDP 平減指數所衡量的一般物價水準。產出水準是實質變數,而一般物價水準是名目變數。當我們在探討這兩個變數之間的關係時,其實我們已經放棄它們可以分開分析的古典假設。

我們利用圖 2 的**總合需求與總合供給模型**來分析短期的經濟波動。橫軸變數為一國的產出水準,縱軸變數為物價水準。**總合需求曲線**顯示在每一物價水準下,家戶、廠商、政府以及外國想要購買的本國商品與服務的數量。**總合供給曲線**顯示在每一物價水準下,本國廠商所生產的商品與服務的數量。在這個模型,物價和產出會調整至使總合需求與總合供給達成平衡的水準。

也許你會認為,總合供需模型只是我們在第 4 章所介紹的市場供需模型的擴大版罷了。事實上,它們有很大的不同。當我們考慮某一個市場(如冰淇淋市場)的供給與需求時,其買者與賣者的行為決定於資源在不同市場之間的移動能力。當冰淇淋價格上漲時,其需求量之所以會減少是因為買者把他們的所得拿去買相對變便宜的別種商品。同樣地,冰淇淋價格上漲之所以會造成供給量增加,是因為相對於其他商品,生產冰淇淋的利潤提高了,從而吸引資源從其他市場流向冰淇淋市場。但就整個經濟體系而言,不同市場之間這樣的**個體經濟**(microeconomic)替代是無法行得通的。畢竟,總合供需模型中的數量是實質 GDP,它衡量包括**所有**市場的總產出水準,且其物價水準是整體物價水準,從而我們並無法進行類似個體經濟學在假設其他價格不變下所做的分析。以圖 2 中

> **總合需求與總合供給模型**
> model of aggregate demand and aggregate supply
> 大多數經濟學家用來說明一國經濟環繞其長期趨勢之短期波動的模型
>
> **總合需求曲線**
> aggregate demand curve
> 顯示在每一物價水準下,家戶、廠商、政府與外國顧客想要購買的本國商品與服務數量的曲線
>
> **總合供給曲線**
> aggregate supply curve
> 顯示在每一物價水準下,本國廠商生產的商品與服務數量的曲線

圖 2　總合需求與總合供給

經濟學家利用總合供需模型來分析經濟波動。橫軸為一國的總產出水準,縱軸為一般物價水準。產出與一般物價會調整至總合供給曲線與總合需求曲線交點所對應的水準。

的總合供給曲線為例,假設所有的價格都上漲且各個商品之間的相對價格維持不變。這意味著並沒有哪一項商品的利潤相對於其他商品提高了,從而資源並沒有在不同市場之間移動,進而實質 GDP 並沒有變動。但如我們即將說明的,要解釋經濟的短期波動,我們必須要能得到當所有價格都上漲時,實質 GDP 會增加的結果,亦即圖 2 中的總合供給曲線是正斜率的。因此,個體經濟理論並無法讓我們得到正斜率的總合供給曲線;事實上,個體經濟理論也無法讓我們得到圖 2 中負斜率的總合需求曲線。所以,我們需要一個可以讓我們能夠解釋一般物價與總合供給量以及總合需求量之間關係的**總體經濟理論**。

即席測驗

3. 根據古典總體經濟理論與貨幣中立性,貨幣供給的變動影響
   a. 失業率　　　　　　b. 實質 GDP
   c. GDP 平減指數　　　d. 以上皆非
4. 大多數經濟學家認為古典總體經濟理論
   a. 只適用長期。　　　b. 只適用短期。
   c. 長短期都適用。　　d. 長短期都不適用。
5. 在總合供需模型中,橫軸變數為 _____ 數量,縱軸變數為 _____
   a. 產出;利率　　　　b. 產出;一般物價水準
   c. 貨幣;利率　　　　d. 貨幣;一般物價水準

(答案在章末)

33-3 總合需求曲線

總合需求曲線告訴我們,在每一個物價水準下,本國人與外國人對本國所生產的最終商品與服務的總需求量。如圖 3 所示,總合需求曲線是負斜率的,這意味著在其他條件不變下,當本國一般物價水準下降時(如從 P_1 下降至 P_2),商品與服務的總需求量會增加(如從 Y_1 增加至 Y_2)。相反地,當一般物價水準上升時,商品與服務的總需求量會減少。

33-3a 為何總合需求曲線斜率為負

為何總合需求量會與一般物價水準呈反方向變動?首先,讓我們回想一下,若從支出面來衡量一國的 GDP(以 Y 表示),則它等於消費(C)、投資(I)、政府支出(G)與出口淨額(NX)之和:

$$Y = C + I + G + NX。$$

這四個組成項目的每一項都是總合需求的一部分。我們假設政府對其支出有其政

圖 3　總合需求曲線

當物價水準由 P_1 降為 P_2 時，商品與服務的需求量由 Y_1 增加為 Y_2。這樣的負向關係有三個原因：當物價水準下降時，會使實質財富增加、利率下跌且實質匯率貶值，而分別造成消費、投資與出口淨額增加。這三個增加都意味著總合需求量增加。

策考量而將它固定在某一水準；其他的三個支出項目則決定於相關的經濟變數，特別是一般物價水準。因此，為了解為何總合需求曲線斜率是負的，我們必須檢視物價水準如何影響消費、投資與出口淨額。

物價水準與消費：財富效果　當物價水準下降時，如我們在前幾章所說明的，貨幣的價值會上升，從而使人們的實質財富以及購買力增加。

因此，人們會因物價水準下跌使貨幣的實質價值上升而變得更富有，從而會增加消費支出。消費支出的增加意味著商品與服務的需求量增加。相反地，物價水準上升會降低貨幣的實質價值，從而使人們的實質財富、消費支出以及商品與服務的需求量減少。因此，消費與物價水準呈反方向變動；我們稱此為財富效果。

物價水準與投資：利率效果　物價水準是貨幣需求量的決定因素之一。當物價水準愈低時，人們為購買商品與服務所需持有的貨幣也就愈少。因此，當物價下跌時，人們會處分多餘的貨幣，例如，購買債券或存銀行儲蓄存款，亦即人們會將貨幣轉換成生息資產。在此情況下，如我們在下一章將說明的，利率會下跌。

利率下跌意味著借款的成本下降，這會誘使廠商借更多的錢購買新的機器設備或蓋新的廠房，也會誘使更多的家戶借房貸買新成屋，因此，利率降低會使商

品與服務的需求量增加。

所以，**物價下跌會造成利率下降，而使投資支出增加，從而使商品與服務的需求量增加；相反地，物價上漲會使利率上升，而使投資支出減少，進而使商品與服務的需求量減少。**

物價水準與出口淨額：實質匯率效果　如果我們以 P 代表本國的一般物價水準，且以 P^* 代表以本國貨幣所表示的外國一般物價水準，則 P/P^* 為本國商品之於外國商品的實質匯率（real exchange rate）。所以，實質匯率是一種相對價格概念。

當本國商品價格下跌，但外國商品價格不變時，表示本國商品相對外國商品變便宜了，從而不單本國的出口會增加，且本國的進口會減少，進而本國的出口淨額會增加。這意味著本國與外國人對本國所生產的商品與服務的需求量增加。

以手機為例。假設 iPhone 的單價為 1,000 美元，且美元兌新臺幣的匯率為 1 美元換 30 元新臺幣。在此情況下，iPhone 以新臺幣所表示的單價為 30,000 元（1,000×30）。如果宏達電的旗艦機種的價格下跌且 iPhone 以新臺幣所表示的價格（即上述的 P^*）不變，則臺灣出口到美國的手機數量會增加，且臺灣進口的 iPhone 數量會減少，亦即臺灣手機的出口淨額會增加。

因此，**當本國一般物價下跌而使得本國商品之於外國商品的實質匯率下降，亦即當本國商品相對於外國商品變便宜時，本國的出口會增加且進口會減少，從而本國的出口淨額會增加。**

小結　當物價下跌時，商品與服務需求量增加的三個原因如下：

1. 消費者會變得更富有，而使消費財的需求量增加。
2. 利率會下跌，而使投資財的需求量增加。
3. 實質匯率會下跌，而使出口淨額增加。

相反地，當國內物價上漲時，財富會縮水而使消費支出減少，且利率會上升而使投資支出減少，同時，實質匯率會上升而使出口淨額減少。

值得注意的是，總合需求曲線的位置決定於其他條件。我們在說明上述三種效果時，假設其他條件不變，例如，貨幣供給不變。如我們即將說明的，貨幣供給變動會造成總合需求曲線的移動。在這裡，先記住一般物價水準的變動會造成總合需求曲線線上的移動，而其他會影響支出的變數發生變動時，會造成整條總合需求曲線的移動。

33-3b 為何總合需求曲線會移動

　　許多因素會造成總合需求曲線的移動。以下我們依支出的四個組成項目分別說明這些影響因素。

消費變動引發的移動　假設國人突然變得更加關心退休後的生活費用，因而減少現在的消費以增加儲蓄。由於這會使每一物價水準下的商品與服務需求量減少，因此，總合需求曲線會往左移。相反地，如果股價大漲而使眾多的股民變得更富有，從而他們的消費支出增加，則此時總合需求曲線會往右移。

　　因此，任何會改變人們消費支出的事件或政策均會造成總合需求曲線的移動。其中一個政策變數是稅收水準。當政府減稅時，人們的稅後所得會增加，從而人們的消費支出也會跟著增加，所以總合需求曲線會往右移；相反地，當政府增稅時，人們的消費支出會減少，從而總合需求曲線會往左移。

投資變動引發的移動　任何會改變廠商投資支出的事件或政策也會造成總合需求曲線的移動。例如，電腦效能的大幅提升會使廠商增加電腦的採購，而使投資支出增加，進而使總合需求曲線往右移。相反地，如果廠商對未來的獲利前景變得悲觀，則它們會減少投資支出，而造成總合需求曲線往左移。

　　賦稅政策也會影響投資。如我們在之前曾提過的，投資抵減會增加廠商在任一利率水準下的投資，因此會使總合需求曲線往右移；相反地，取消投資抵減或原先的租稅優惠，會使廠商的投資減少，而造成總合需求曲線往左移。

　　另外一項會影響投資與總合需求曲線的政策變數是貨幣供給。我們在下一章會詳細說明，貨幣供給增加在短期會造成利率下跌，而使廠商的借款成本下降，進而刺激廠商的投資，並使總合需求曲線往右移；相反地，貨幣供給減少在短期會造成利率上升，而使廠商減少投資，從而總合需求曲線會往左移。很多經濟學家認為，美國貨幣政策變動是造成美國總合需求曲線移動的一項重要原因。

政府支出變動引發的移動　政策制定者要使總合需求曲線移動最直接的方式就是改變政府支出水準。例如，當政府增加教育支出時，學校會增建教室和增聘教師，而使商品與服務的需求增加，從而使總合需求曲線往右移；相反地，政府削減教育支出，會使商品與服務的需求減少，而造成總合需求曲線往左移。

出口淨額變動引發的移動　任何會改變出口淨額的事件與政策也會造成總合需求曲線的移動。例如，當美國經濟衰退時，由於它會減少進口支出，所以我國對美國的出口會減少，而造成我國總合需求曲線往左移；相反地，當美國經濟持續復

甦時，它會增加進口支出，從而我國對美國的出口會增加，進而造成我國總合需求曲線往右移。

另外，如果美國的物價下跌了，則由於美國商品相對於我國商品變便宜了，所以美國會減少對我國的進口，且會增加對我國的出口，從而我國的出口淨額會減少，這會造成我國總合需求曲線往左移；相反地，美國物價上漲會造成我國對美國出口增加且減少來自於美國的進口，而使我國的出口淨額增加，從而造成我國的總合需求曲線往右移。

小結 我們在下一章會更詳細分析總合需求曲線，同時也會探討貨幣政策與財政政策對總合需求的影響。不過，在目前，你要確實了解為何總合需求曲線是負斜率的，還有哪些事件與政策會造成總合需求曲線的移動以及如何移動。

即席測驗

6. 總合需求曲線是負斜率的，因為當本國一般物價水準下降時，本國
   a. 實質財富會減少
   b. 利率會降低
   c. 貨幣會升值
   d. 以上皆是

7. 下列何者會讓總合需求曲線往左移？
   a. 股價崩盤
   b. 政府增稅
   c. 政府支出減少
   d. 以上皆是

（答案在章末）

33-4 總合供給曲線

總合供給曲線告訴我們，一國在每一物價水準下，其所生產的最終商品與服務的總數量。不像總合需求曲線一定是負斜率的，總合供給曲線的形狀決定於我們所考慮的時間長短。**在長期，總合供給曲線是一條垂直線，但在短期，它是正斜率的**。以下我們分別說明。

33-4a 為何長期總合供給曲線是一條垂直線

在長期，商品與服務的供給量決定於哪些因素？如我們之前所說明的：**在長期，一國商品與服務的產出（其實質 GDP）決定於它的勞動、資本與天然資源的供給，以及將這些生產要素轉化成商品與服務產出的科技知識**。

這些主宰一國長期經濟成長的力量並不會受到物價水準的影響；換言之，物價並不會影響一國的長期產出水準。另外，我們在前面章節提到，一國的物價水

準決定於貨幣供給。因此，結合這些分析結果，我們可以知道，如果 A 國的貨幣存量比 B 國多一倍，且其他方面完全相同，則 A 國的物價水準會比 B 國高一倍，但兩國會有相同的實質 GDP。

由於一國的物價水準不會影響其實質 GDP 水準，因此，如圖 4 所示，一國的長期總合供給曲線是一條垂直線。換言之，在長期，一國的勞動、資本、天然資源與技術決定一國商品與服務的總供給量，而且不管物價水準為何，這個總供給量是一樣的。

此一垂直的長期總合供給曲線反映古典二分法與貨幣中立性。如我們之前所說明的，古典理論是以實質變數不受名目變數影響的假設為基礎。由於垂直的總合供給曲線意味著產出水準（實質變數）不受物價水準（名目變數）的影響，因此，它反映古典學派的理念。不過，大多數經濟學家認為這樣的結論只適用於長期，並不適用於短期，因此，**總合供給曲線只有在長期是垂直的**。

33-4b 為何長期總合供給曲線會移動

長期的產出水準有時稱為**潛能產出**（potential output）或**充分就業產出**（full-employment output）。更精確地說，我們稱它為**自然產出水準**，因為它是一國在自然失業率下的產出水準。

> **自然產出水準**
> natural rate of output
>
> 一國經濟在自然失業率下的商品與服務的總產量

圖 4　長期總合供給曲線

在長期，一國的產出水準決定於該國的勞動、資本與天然資源的數量，以及將這些生產要素轉化成產出的技術水準。由於產出水準不受物價水準的影響，因此，長期總合供給曲線是一條垂直線，且對應到自然產出水準。

因此，任何會影響一國自然產出水準的變動都會造成其長期總合供給曲線的移動。由於古典模型中的產出水準決定於勞動、資本、天然資源與科技知識，因此，我們可以根據這四項因素將長期總合供給曲線的移動作以下的分類。

勞動變動所引發的移動　當一國的外來移民增加時，該國的勞動供給會增加，從而其商品與服務的供給量也會增加，結果，其長期總合供給曲線會往右移。相反地，當一國勞工移民到外國的人數增加時，其長期總合供給曲線會往左移。

長期總合供給曲線的位置也決定於自然失業率水準，因此，自然失業率的變動也會造成長期總合供給曲線的移動。例如，如果最低工資率大幅提高，則自然失業率會上升，從而一國的產出水準會下降，亦即一國的長期總合供給曲線會往左移。相反地，如果失業保險制度的改革使失業勞工更努力找工作，則自然失業率會下降，從而長期總合供給曲線會往右移。

資本變動所引發的移動　由於一國資本存量的增加可提升其生產力，因此，商品與服務的供給量會增加，從而其長期總合供給曲線會往右移；相反地，一國資本存量的減少，會造成其生產力與產出水準的下降，因此，其長期總合供給曲線會往左移。

值得注意的是，以上的結果也適用於一國人力資本水準的變動。因此，一國教育普及與教育水準提升可以使其生產力增加，從而造成其長期總合供給曲線往右移。

天然資源變動所引發的移動　天然資源包括土地、礦藏、氣候等等。發現新礦藏會使一國的產出增加，而使其總合供給曲線往右移。氣候變得不穩定會使農業產出減少，而造成總合供給曲線往左移。

在許多國家，一些重要的天然資源來自於進口。這些資源供應量的變動也會影響總合供給曲線。我們在本章後面會討論石油危機對石油進口國總合供給的影響。

科技知識變動所引發的移動　科技的進步可能是我們今天的產量比上個世代高的主要原因。例如，電腦的發明使我們的生產力提升，所以當電腦普及時，長期總合供給曲線會往右移。

有些事件或政策雖然與科技知識無關，但也會有類似的效果。例如，開放貿易會使一國專業化生產其生產力相對較高的產品，從而會跟科技進步一樣，使一國的長期總合供給曲線往右移。相反地，如果一國更注重勞工安全或環境品質，而限制廠商使用某些生產方法，從而使廠商的生產成本提高，則它會造成長期總合供給曲線往左移。

小結 由於總合供給曲線反映我們在前面所介紹的古典經濟模型，因此，我們可以用它來說明我們之前的分析結果。任何會使長期實質 GDP 增加的政策或事件，其結果可以用長期總合供給曲線右移來代表；相反地，任何會使實質 GDP 減少的政策或事件，其結果可以用長期總合供給曲線左移來代表。

33-4c 用總合需求與總合供給來說明長期經濟成長與物價膨脹

在介紹過總合需求曲線與長期總合供給曲線之後，我們可以用它們來說明一國經濟的長期趨勢。圖 5 顯示一國經濟每十年的變動。圖中的兩條曲線都同時移動。雖然有許多因素會影響一國經濟的長期表現，但其中最重要的兩項因素是技術與貨幣供給。當一國技術不斷進步時，其生產力會不斷地提升，從而其長期總合供給曲線會持續不斷往右移。另一方面，總合需求曲線會因中央銀行增加貨幣

圖 5 總合供需模型中的長期經濟成長與物價膨脹

2. …而貨幣供給增加使總合需求曲線右移…

1. 在長期，技術進步使長期總合供給曲線右移…

4. …且物價不斷上升。

3. …結果為產出不斷增加…

當一國技術進步時，其長期總合供給曲線會往右移。當一國中央銀行增加貨幣供給時，其總合需求曲線也會往右移。在本圖，產出由 Y_{2000} 成長至 Y_{2010}，再成長至 Y_{2020}。因此，總合供需模型提供一個新的方法，可用來描述古典學派關於經濟成長與物價膨脹的分析結論。

圖 6　短期的總合供給曲線

物價水準

短期總合供給

1. 物價水準下降…
2. …使商品與服務的短期供給量減少。

產出水準

在短期，當物價水準由 P_1 下降至 P_2 時，產出水準由 Y_1 降為 Y_2。此一正向關係的可能原因包括工資僵固、價格僵固與錯誤認知。隨著時間經過，工資、價格與認知會調整，從而此一正向關係只是暫時的。

供給而往右移。如圖所示，結果是產出水準（Y）不斷地提升，且物價水準（P）不斷地上升。當總合需求曲線與長期總合供給曲線同時右移時，我們可以確定產出會增加，但物價的變動方向則不一定。就我國而言，在 1960 到 2020 年這段期間，實際的結果就像圖 5 所畫的那樣。

不過，總合供需模型主要是用來分析一國短期的經濟波動，而不是長期的經濟表現。為簡化分析，我們在下一節說明短期的經濟波動現象時，並未像圖 5 所畫的那樣，有考慮產出與物價的持續變動。不過，要記住的是，**一國產出與物價的短期波動指的是它們偏離其長期趨勢的波動**。

33-4d 為何短期總合供給曲線斜率為正

一國經濟其長短期的主要差別在於總合供給的不同。在長期，由於一國生產商品與服務的能力不受物價水準的影響，因此，長期總合供給曲線是垂直的。相形之下，在短期，物價水準會影響產出水準，因此，短期總合供給曲線是正斜率的。如我們即將說明的，在一兩年之內，物價上升會使商品與服務的供給量增加，且物價下跌會使商品與服務的供給量減少。因此，如圖 6 所示，短期總合供給曲線是正斜率的。

為何在短期，物價水準的變動會影響產出？在此，我們介紹三個理論。每一

個理論都有其特定的市場不完全性（market imperfection），而可以解釋為何短期總合供給不同於長期總合供給。雖然，這三個理論的切入點不同，但它們有一個共同點：**當一國實際的物價水準與人們所預期的水準不同時，其產出水準會偏離它的長期（或「自然」）水準**。當物價水準高於人們的預期水準時，產出會大於它的自然水準；當物價水準低於人們的預期水準時，產出會小於它的自然水準。

工資僵固理論　短期總合供給曲線是正斜率的第一種解釋是工資僵固理論（sticky-wage theory）。由於這個理論是這三個理論中最簡單的，所以它是本書所強調的理論。

　　根據這個理論，由於名目工資無法隨經濟情況改變而立即調整，亦即名目工資在短期是「僵固的」（"sticky"），所以短期總合供給曲線是正斜率的。名目工資調整速度緩慢的一個可能原因是，勞工與廠商簽訂長期（有時長達三年）工作契約，因此，工資的調整受限於合約的規定。

　　接下來我們舉例說明，為何名目工資僵固會導致正斜率的短期總合供給曲線。假設在一年前，某一個廠商預期一年後的物價水準不會變動，維持在 100，且根據這個預期，與員工簽訂時薪 30 美元的契約；但一年後的現在物價水準實際上只有 95。由於價格比廠商預期的低 5%，所以其每單位產品的收益比預期的少了 5%。不過，由於時薪固定在 30 美元並無法往下調，所以廠商的生產利潤比它預期的要來得少，從而它會減少勞動的雇用量，其產量也就跟著減少。雖然，隨著時間經過，勞動契約會到期，而使廠商可以跟員工協商更低的工資（員工可能因物價下跌而接受），但在新契約還沒有簽訂之前，就業與產出會低於它們的長期水準。

　　如果實際的物價水準高於預期水準，則結果正好相反。假設物價水準為 105，且時薪固定在 30 美元。由於其每單位產品的收益比預期的高 5%，但勞動成本並未隨之上升，因此，廠商會增加勞動雇用量，從而其產量會增加。雖然員工在後來會要求更高的時薪以維持其購買力，但在新契約還沒有簽訂之前，就業與產出會高於它們的長期水準。

　　因此，根據工資僵固理論，短期總合供給曲線之所以會是正斜率，是因為當實際的物價水準與預期的物價水準不同時，名目工資無法立即調整。由於工資是僵固的，所以當物價水準低於預期時，一國的產出水準會因廠商減少勞動的雇用而低於自然產出水準；相反地，當物價水準高於預期時，一國的產出水準會高於自然產出水準。

價格僵固理論 解釋短期總合供給曲線是正斜率的第二個理論是價格僵固理論（stick-price theory）。此一理論強調，當經濟情況改變時，某些商品與服務的價格不會立即調整。之所以如此，一個可能的原因是調整價格會招致我們在上一章所提到的**菜單成本**。由於這些成本，所以價格在短期可能是僵固的。

假設每一個廠商會根據它所預期的未來一年的經濟情況來訂定產品價格。再假設價格訂定之後，中央銀行突然緊縮貨幣供給；這會使整體物價水準在未來趨向一個較低的長期水準。雖然有些廠商會因貨幣供給下降使總合需求減少而調降價格，但也有些廠商可能由於其菜單成本較高而沒有降價，從而這些廠商的產品就相對變貴了。在此情況下，它們的銷售會減少，而使它們的勞動雇用量與產量減少。換言之，由於並非所有的價格都會隨經濟情況發生變化而立即調整，從而未預期到的物價下跌會使部分廠商的產品價格過高，進而使其銷售量、勞動雇用量與產量減少。這意味著一國的物價水準與產出水準呈正向關係。我們也可舉例來說明這個結果。假設中央銀行突然讓貨幣供給減少 10%。如果所有的價格（包括生產要素價格）也都下降 10%，則所有產品的銷售量與產量都不會變動（此即長期總合供給曲線所描述的情況）。但如果有些廠商由於其菜單成本較高而沒有降價，則此時整個經濟體系的產出水準會比所有價格都下降 10% 下的水準來得小。這意味著一國的短期總合供給曲線是正斜率的。

同樣的推論也適用於貨幣供給與物價水準高於廠商預期的情況。雖然有些廠商會立即調高價格，但有些廠商不會變動價格，而使它們的產品相對變便宜了，從而它們的銷售量、勞動雇用量與產量會增加。這也意味著一國的物價水準與產出水準呈正向關係，亦即一國的短期總合供給曲線是正斜率的。

錯誤認知理論 解釋短期總合供給曲線是正斜率的第三個理論是錯誤認知理論（misperceptions theory）。根據此一理論，整體物價水準的變動會暫時誤導供給者（包括勞工）對其市場的認知，而使其變動供給量，從而短期總合供給曲線為正斜率。

為說明此一結果，假設整體物價水準降到低於供給者的預期水準。當供給者看到他們所提供的商品或服務之價格下跌時，他們可能誤以為他們產品的**相對**價格下跌。例如，稻農可能會只注意到稻米價格下跌，而沒有注意到他們所購買的許多產品其實也是跌價的，從而他們可能會認為種稻不划算，而減少稻米的產量。同樣地，勞工可能只注意到名目工資下跌，而沒有注意到他們所購買的東西的價格其實也是下跌的，從而他們的工作意願可能會降低，而減少他們的勞動供

給量。在這兩種情況，物價水準下降會導致供給者對相對價格的錯誤認知，而減少他們所提供的商品與服務數量。

當物價高於供給者的預期水準時，類似的錯誤認知也可能會發生。商品與服務的供給者可能只注意到他們的產品價格上漲，而誤以為市況優於其他市場，從而增加他們的產量。當很多供給者有這樣的錯誤認知時，結果就是正斜率的短期總合供給曲線。

小結 短期總合供給曲線是正斜率的解釋有三種：（1）工資僵固，（2）價格僵固，以及（3）對相對價格的錯誤認知。這三個理論都可能只解釋到部分真相而已。如前所述，這三個理論有一個共同點：當實際的物價偏離人們所預期的物價水準時，短期的產出水準會偏離長期的（或自然）產出水準。這一點我們可以用下列等式來表示：

產出水準 ＝ 自然產出水準 ＋ a（實際物價水準 － 預期的物價水準），

其中 a 代表產出對預期外物價變動的反應程度。

這三個理論所各自強調造成實際產出偏離自然產出的原因都是暫時的。隨著時間經過，工資與價格都不再僵固，且錯誤的認知會被修正。在長期，工資與物價是可以自由變動，且人們對相對價格會有正確的認知，應是合理的假設。因此，雖然這三個理論所強調的原因不同，但它們都可以說明為何短期總合供給曲線是正斜率的，且都可以得到長期總合供給曲線是垂直的結果。

33-4e 為何短期總合供給曲線會移動

一國短期總合供給曲線告訴我們，該國在每一物價水準下的商品與服務供給量，因此，它也反映該國生產商品與服務的能力，也因此，會影響一國長期總合供給的因素也會影響它的短期總合供給。另外，從上式也可以得知，當預期的物價水準變動時，僵固工資的水準、僵固價格的水準，以及對相對價格的認知都會跟著變動，而使得每一物價水準下的產出也會跟著變動，這意味著短期總合供給曲線的移動。

我們先看長期總合供給的影響因素。如我們之前所提，一國勞動、資本、天然資源或科技知識的變化，會造成長期總合供給曲線的移動；這些變數也會使短期總合供給曲線移動。例如，當一國的資本存量增加時，其生產力會提升，從而長短期的總合供給曲線都會往右移。又例如，最低工資率往上調會使自然失業率上升，因此，一國的就業及產出會減少，從而長短期的總合供給曲線都會往左移。

影響短期總合供給曲線位置的新重要變數是人們對物價的預期水準。由於短期的商品與服務的供給量受到僵固工資、僵固價格與對相對價格的錯誤認知的影響，而這些工資、價格與認知的形成是以預期的物價水準為基礎，因此，當人們改變他們對物價的預期時，會造成短期總合供給曲線的移動。

為更具體說明此一概念，讓我們以工資僵固理論為例。根據此一理論，當勞工與廠商都預期未來物價會維持在較高水準時，他們就容易達成高名目工資的協議。高工資會使廠商的成本提高，從而在任一實際的當前物價水準下，廠商會減少商品與服務的供給量。因此，當人們提高對未來物價的預期水準時，短期總合供給曲線會往左移。相反地，當人們調降對未來物價的預期水準時，工資與成本會降低，從而廠商在任一物價水準下的產量會增加，這意味著短期總合供給曲線會往右移。

同樣的推論也適用於其他兩個理論。我們可以得到以下的結論：**物價的預期水準上升會使商品與服務的供給量減少，從而使短期總合供給曲線往左移；物價的預期水準下降會使商品與服務的供給量增加，從而使短期總合供給曲線往右移。**

如我們即將在下一節說明的，物價的預期水準的變動對短期總合供給曲線的影響，在一國經濟從短期均衡趨向長期均衡的過程中，扮演關鍵的角色。在短期，對物價的預期暫時不會改變，一國經濟的短期均衡位於總合需求曲線與短期總合供給曲線的交點。在長期，當人們觀察到實際的物價水準不同於他們所預期的水準時，人們會調整預期，從而造成短期總合供給曲線的移動，直到長期均衡達成為止。此時，總合需求曲線與長短期總合供給曲線會交在同一點，且此點對應的物價水準等於人們的預期水準。

即席測驗

8. 短期總合供給曲線是正斜率的一個理由是較高的物價水準
    a. 會讓名目工資提高，如果實質工資是僵固的。
    b. 會讓名目工資降低，如果實質工資是僵固的。
    c. 會讓實質工資提高，如果名目工資是僵固的。
    d. 會讓實質工資降低，如果名目工資是僵固的。

9. 下列何者的變動只會造成短期總合供給曲線的移動，但不會影響長期總合供給曲線？
    a. 勞動力　　　　b. 資本存量
    c. 技術水準　　　d. 預期的物價水準

（答案在章末）

33-5 經濟波動的兩個成因

在我們介紹過總合供需模型之後,接下來我們就可以分析短期的經濟波動。具體而言,我們可以利用我們已經學到的關於總合需求與總合供給的知識,來檢視兩個短期經濟波動的成因:總合需求的移動與總合供給的移動。

為簡化分析,我們假設一國經濟,如圖 7 所示,一開始處在長期均衡。總合需求曲線與長期總合供給曲線交點(圖中 A 點)所對應的物價水準為長期均衡物價水準,所對應的產出水準為長期均衡產出水準,它也是一國的自然產出水準。由於一國達成長期均衡時,也意味著它在當時處在短期均衡,所以短期總合供給曲線也會通過 A 點。如前所述,當物價的預期水準變動時,會造成短期總合供給曲線的移動,因此,每一條短期總合供給曲線都對應一個物價的預期水準。當實際的物價水準等於預期的物價水準時,人們不會調整其行為,從而一國經濟在此時達成長期均衡。因此,當短期總合供給曲線未通過長期均衡點(A 點)時,表示短期的實際物價水準(總合需求曲線與短期總合供給曲線交點所對應的水準)不同於人們所預期的水準,所以人們會調整其對物價的預期水準。此一調整會造成短期總合供給曲線的移動,這個過程會一直持續到長期均衡達成為止。

圖 7　長期均衡

一國經濟的長期均衡位於總合需求曲線與長期總合供給曲線的交點(A 點)。當一國經濟達成長期均衡時,物價的預期水準已調整至與實際物價相等的水準,因此,短期總合供給曲線也會通過長期均衡點。

33-5a 總合需求移動的影響

假設人們突然對經濟前景感到悲觀，可能的原因包括總統府醜聞、股市崩盤或海外爆發戰爭。在此情況下，人們因對未來喪失信心而改變他們的計畫，如家戶減少消費、廠商減少投資。

這樣的悲觀氣氛會對總體經濟造成什麼的衝擊？我們可以依循我們在第 4 章所介紹的那三個步驟來回答這個問題。第一，我們決定總合需求曲線還是總合供給曲線會受到影響。第二，我們決定受影響的曲線其移動方向。第三，我們比較新舊均衡，看均衡物價與均衡產出水準如何變動。不過，由於一國經濟最終會回到長期均衡，所以，我們在這裡加上第四個步驟：分析一國經濟如何從新的短期均衡移向新的長期均衡。表 2 總結這四個關於經濟波動的分析步驟。

前兩個分析步驟比較簡單。第一，由於悲觀氣氛會影響支出計畫，所以它會影響總合需求。第二，由於家戶與廠商在任一物價水準下的購買數量減少了，所以，如圖 8 所示，總合需求曲線會由 AD_1 左移至 AD_2。

接下來進行第三個步驟。當總合需求曲線往左移時，經濟體系會沿著原先的總合供給曲線 AS_1，由 A 點移向 B 點，其為新的短期均衡所在。如圖所示，產出水準會由 Y_1 降為 Y_2，且物價水準會由 P_1 降為 P_2。因此，新的短期均衡物價水準會低於人們原先的預期水準 P_1。

第四步驟：之後，人們對物價的預期水準會隨著實際的物價水準下降而往下調，從而會改變工資、物價與認知，進而造成短期總合供給曲線的移動。例如，根據工資僵固理論，一旦勞工與廠商都預期物價水準會下降，他們會協議出較低的名目工資，而使廠商的勞動成本降低。在此情況下，廠商會增加任一物價水準下的勞動雇用量，從而產出會增加。因此，物價的預期水準往下降會造成短期總合供給曲線往右移，如從圖 8 中的 AS_1 右移至 AS_2。此一移動讓經濟體系可以到達新的長期均衡點，C 點，其為新的總合需求曲線（AD_2）與長期總合供給曲線的交點。

表 2　分析總體經濟波動的四個步驟

1. 決定總合需求曲線還是總合供給曲線會受到影響（或兩者都會）。
2. 決定受影響曲線的移動方向。
3. 利用總合供需圖形來看物價與產出水準的短期變動。
4. 利用總合供需圖形來分析一國經濟如何從新的短期均衡移向新的長期均衡。

圖 8　總合需求緊縮

總合需求減少造成總合需求曲線由 AD_1 左移至 AD_2。在短期，經濟體系由 A 點移至 B 點，產出水準由 Y_1 降為 Y_2，且物價水準由 P_1 降為 P_2。隨著時間經過，人們會調降預期的物價水準，而使短期總合供給曲線由 AS_1 右移至 AS_2。此一移動使經濟體系到達新的長期均衡點 C，其為新的總合需求曲線與長期總合供給曲線的交點。在長期，物價水準下降至 P_3，且產出回到自然產出水準 Y_1。

在 C 點這個新的長期均衡，產出又回到自然產出水準。因此，經濟體系會自我修正，亦即，即使政府不採取任何的行動，一國經濟會再回到長期均衡。不過，在經濟體系由 B 點移向 C 點的過程中，雖然產出水準增加了（由 Y_2 增加為 Y_1），但物價水準會由 P_2 再進一步降為 P_3，從而人們對物價的預期水準最後也會調整到 P_3 的水準。所以，在長期，總合需求曲線移動對一國經濟的影響完全反映在物價水準上，它並不會影響產出水準；換言之，總合需求曲線移動的長期影響只是名目的變化（物價水準改變），而不會有任何實質的變化（產出水準仍回到自然產出水準）。

當總合需求突然減少時，政策制定者是否應該有所作為？在上述的分析中，我們假設他們沒有採取任何行動。不過，另一種可能是，在經濟體系步向衰退之際（由 A 點移至 B 點），政策制定者採取使總合需求增加的行動，例如，政府支出增加或貨幣供給增加。如果這些行動夠快且夠準確，它們會抵銷總合需求一開始的減少，而使總合需求曲線重回 AD_1，進而使經濟體系重新回到 A 點。如果這些行動是成功的，則經濟衰退的期間與幅度都會縮小。我們會在下一章詳細說明

增廣見聞：再論貨幣中立性

根據古典理論，貨幣是中立的，亦即貨幣數量的變動只會響物價水準之類的名目變數，它並不會影響產出水準之類的實質變數。在本章稍早，我們曾提到，大多數經濟學家認為，這樣的結果在長期是成立的，但在短期則不然。透過總合供需模型，我們可以更完整地說明這樣的觀點。

假設中央銀行突然減少貨幣供給，這會造成什麼樣的影響？由於貨幣供給是總合需求的決定因素之一，因此，中央銀行的這個舉動會造成總合需求曲線左移。這跟圖 8 一開始的情形是一樣的，所以長短期的變化也會相同。

在短期，物價與產出水準都會下降，所以一開始會有經濟衰退現象。不過，隨著時間的經過，人們會調降物價的預期水準，而使名目工資與廠商的勞動成本降低，從而短期的總合供給曲線會往右移，直到新的長期均衡達成為止。

圖 8 顯示實質變數什麼時候與貨幣有關，什麼時候又與貨幣無關。在長期，貨幣是中立的，這表現在經濟體系由 A 點移至 C 點。但在短期，貨幣供給的變動會有實質影響，這表現在經濟體系由 A 點移至 B 點。這些結果可以總結成「貨幣是一層面紗，但當這層面紗飄動時，實質產出也會暫時跟著波動」。

貨幣政策與財政政策如何影響總合需求，以及它們在實施上可能遇到的實際問題。

我們把以上的分析結果總結如下：

- 在短期，總合需求的移動會造成經濟體系產出水準的波動。
- 在長期，總合需求的移動只會影響物價水準，並不會影響產出水準。
- 政策制定者可能可以藉由影響總合需求來減緩經濟波動的幅度。

個案研究：美國史上總合需求的兩大移動：經濟大蕭條與第二次世界大戰

圖 9 顯示美國自 1900 年起，每年實質 GDP 相較於三年前水準的變動百分比。圖中的兩個直條區域為實質 GDP 大幅變動的期間，包括 1930 年左右實質 GDP 大幅減少，以及 1940 年代初期實質 GDP 大幅增加。這些變動都可歸因於總合需求的移動。

美國在 1930 年左右的經濟災難稱為**經濟大蕭條**，它是美國到目前為止幅度最大的經濟衰退。

美國 1933 年的實質 GDP 比 1929 年下降了 26%，失業率則由 3% 上升至 25%，同時，物價下跌了 22%。當時，許多國家也經歷相同的經濟困境。

大多數經濟學家認為是美國當時的總合需求大幅減少造成經濟大蕭條，但總合需求為何會大幅減少則有不同的意見。

不少經濟學家認為是貨幣供給的大幅減少。從 1929 到 1933 年，美國的貨幣供給減少 28%。

當時貨幣供給大幅減少是因為銀行體系出了問題。一方面民眾把錢從財務有問題的銀行提出來，另一方面銀行對放款也變得謹慎，而使得當時整個銀行體系的貨幣創造過程完全逆轉。而 Fed 也未採取足夠的行動來抵銷此一貨幣供給的減少。

其他經濟學家則把矛頭指向其他原因。例如，在當時，股價大約跌了 90%。人們財富大幅縮水的結果使消費支出大幅減少。另外，數以千計的銀行倒閉也使不少廠商無法取得投資所需的資金，而使投資支出大幅緊縮。當然，以上的這些因素都造成美國經濟大蕭條時期總合需求的大幅減少。

圖 9 中美國另一個實質 GDP 的大幅變動（1940 年代初期經濟高度繁榮），則比較容易解釋。由於美國參加第二次世界大戰，所以在 1939 到 1944 年期間，美國政府的支出增加了近 5 倍，使美國的產出因總合需求大幅增加而呈現倍增的結果。那段期間的物價也漲了 20%（雖然當時美國政府曾採行大規模的價格管制措施來抑制物價），失業率則從 1939 年的 17% 降至 1944 年的 1%，這是美國歷史上的最低水準。

圖 9　自 1900 年起美國的實質 GDP 成長率

在美國的經濟歷史中，有兩個時期的波動相當大。在 1930 年左右，美國經歷經濟大蕭條，當時的產出水準巨幅下降。在 1940 年代初期，美國參加第二次世界大戰，其產出水準大幅提升。這兩個事件通常被解釋為總合需求的大幅移動。

資料來源：Louis D. Johnston and Samuel H. Williamson, "What Was GDP Then?" http://www.measuringworth.com/usgdp/; Department of Commerce.

個案研究 美國 2008-2009 年的經濟大衰退

在 2008 與 2009 年，美國經濟經歷了一場金融危機與嚴重的經濟衰退。從很多角度看來，它都是美國自 1930 年代經濟大蕭條以後最嚴重的總體經濟事件。

此一金融危機的根源在於房價高漲之後崩跌。美國的平均房價在 1995-2006 年期間倍增。之所以如此，主要是因為房屋的需求大幅增加，而低利率扮演了推波助瀾的角色。美國在 2001 年曾因科技泡沫破滅而導致經濟衰退。當時，Fed 為刺激總合需求，將利率降至歷史新低的水準。由於之後的幾年，美國金融體系的資金相當寬鬆，有些金融機構〔如美國兩大房貸機構，房地美（Freddie Mac）與房利美（Fannie Mae）〕便衝刺房貸業務（就如同我國一些銀行在 2002 與 2003 年衝刺現金卡與信用卡業務一樣，埋下我國在 2006 年爆發「雙卡風暴」的種子）。但一些貸款戶是所謂的**次級**（subprime）房貸戶，亦即就他們的自備款、所得與信用歷史而言，他們有較高的債務不履行風險。

讓次級房貸戶能借到房貸的另一項原因是**證券化**（securitization），其為金融機構（特別是專門承作房貸業務的房貸機構）將其部分放款集結成**抵押擔保證券**（mortgage-backed securities）的過程。這些抵押擔保證券再賣給其他金融機構（如銀行與保險公司），而這些金融機構不一定完全察知這些證券的風險（例如，如果次級房貸戶還不出房貸的本息，則相關的抵押擔保證券的需求會減少，從而其價格會下跌）。由於房貸金融公司可以藉由賣出抵押擔保證券將房貸被倒債的部分風險轉嫁出去，所以它們承作次級房貸業務的意願提升，從而不少次級房貸戶能借到房貸。

不過，房市不可能長保榮景。從 2006 到 2009 年，全美國的房價大約下跌了 30%；這帶來下列兩項衝擊，而不利於美國的總合需求。

1. 房貸違約和法拍屋大幅增加。當房市熱絡時，不少次級房貸戶能借到房貸。但從 2006 到 2008 年，由於次級房貸戶其利率優惠期已過，而必須面臨頗高的利率，不少次級房貸戶便無法按時還款，而變成房貸違約戶。再加上當房價大幅下跌而造成房價低於房貸金額時，部分購屋人（如投資客與另一些次級房貸戶）便不再還房貸。在此情況下，銀行為減少損失，遂將這些問題房屋法拍，而造成房價的進一步下跌，並形成惡性循環，房市也因此低迷。當房市低迷時，建商也不願意推案，從而造成總合需求中的新住屋的投資支出減少。

2. 持有抵押擔保證券的金融機構遭受巨額損失。如前所述，如果次級房貸戶還不出房貸，則相關的抵押擔保證券的價格會下跌。在此情況下，那些壓寶房市會維持榮景而持有大量抵押擔保證券的金融機構甚至會面臨破產。由於這些巨額損失，不少金融機構出現資金周轉問題，而被迫緊縮放款（包括消費性貸款），從而造成總合需求中的投資支出與消費支出減少。

由於這些事件與發展，再加上當時股價也大跌，美國的總合需求遂大幅緊縮，而造成實質 GDP 與就業的減少。從 2007 年第四季到 2009 年第二季，美國的實質 GDP 下降 4.0%，失業率則從 2007 年 5 月的 4.4% 上升至 2009 年 10 月的 10.0%。

在金融危機愈演愈烈之際，美國政府採取多項刺激總合需求的措施。其中最重要的是下列三項：

1. Fed 將聯邦資金利率的目標值由 2007 年 9 月的 5.25% 一路往下調降至 2008 年 12 月的 0～0.25%，亦即 Fed 採行相當寬鬆的貨幣政

策。在一般情況下，當 Fed 調降聯邦資金利率目標值後，紐約聯邦準備銀行的營業臺就持續買進債券，直到新的聯邦資金利率目標達成為止。但當聯邦資金利率的目標值降至 0～0.25% 時，已無下降空間，且美國在 2009-2012 年這段期間的經濟金融情勢仍未大幅好轉，Fed 仍需充裕銀行體系的資金，讓銀行不要緊縮放款；為使紐約聯邦準備銀行的營業臺對買進債券的金額有所依據，Fed 遂於 2008 年年底與 2011 年 11 月實施兩輪**量化寬鬆**（Quantitative Easing，簡稱 QE）貨幣政策，期間分別為 15 個月與 8 個月，且金額分別為 1.75 兆與 6,000 億美元（簡稱 QE1 與 QE2）。所謂「量化」指的就是定量的總買進金額。後來更於 2012 年 9 月與 12 月再推出兩輪另一種型態的量化寬鬆貨幣政策（合稱為 QE3）；這兩次的「量化」指的是定量的每月買進金額，分別為每月 400 億與 450 億美元。在 2013 年 12 月，由於美國 11 月的失業率已降至 7.0% 且房市持續復甦，Fed 遂宣布自 2014 年元月起將每個月的購債總金額由原先的 850 億美元縮減至 750 億美元，且在 2014 年 10 月，因美國的勞動市場持續改善（美國 2014 年 9 月的失業率已降至 5.9%），及經濟持續溫和復甦，而宣布結束 QE3。

2. 在 2008 年 10 月，美國國會撥款 7,000 億美元給財政部，來拯救出現危機的大型金融機構，以避免問題變得一發不可收拾（如大規模銀行擠兌）。

3. 歐巴馬總統在 2009 年 1 月就任不久之後，便於 2009 年 2 月 17 日簽署 7,870 億美元的振興經濟法案。我們會在下一章討論財政政策對總合需求的影響時，再詳細說明此一政策。

由於這些措施，美國經濟在 2009 年 6 月開始復甦，但復甦力道並不強。在接下來的七年，美國實質 GDP 的年平均成長率只有 2.2%，低於其長期約 3% 的成長率。失業率直到 2016 年才降到 5.0% 以下。

哪一項措施對經濟復甦的貢獻最大？還有沒有其他更有力的措施？這將是總體經濟歷史學家在未來幾年會爭辯的問題。

個案研究　我國 2008-2009 年的經濟衰退

我國經濟在 2008 年下半年到 2009 年第三季，也因美國的次級房貸風暴所引發的全球經濟衰退而出現負成長，那五季的經濟成長率分別為為 －1.32%，－7.65%，－7.88%，－6.07% 及 －1.24%；絕大多數的經濟學家都同意是總合需求大幅減少所造成的。如表 3 所示，與 2008 年相較，我國 2009 年的總合需求之所以會緊縮是因為實質投資支出（包括存貨變動）大幅減少 6,386 億元，其中又以民間固定資本形成的減少幅度最大，達 3,585 億元。值得一提的是，相較於 2008 年，我國 2009 年的實質出口淨額是增加的。不過，此一增加並不是因為我國的出口增加，而是因為我國的出口減少幅度（7,318 億元）小於進口減少幅度（11,304 億元）所造成的。

政府為「拚經濟」，立法院在 2009 年元月三讀通過《振興經濟擴大公共建設特別條例》，政府四年內得編列經費上限為 5,000 億元的特別預算從事各項建設。政府也曾於 2009 年農曆春節前

發放每人 3,600 元的消費券，以刺激民間消費支出。（發放總金額超過 800 億元，但這不屬於政府的消費支出，因為政府並沒有購買任何的商品與服務；它的性質同老農津貼，屬移轉性支付。）而中央銀行也採行調降應提準備率（例如，支票存款應提準備率於 2008 年 9 月 18 日由原先的 12.00% 降為 10.75%），以及不斷調降重貼現率（自 2008 年 6 月的 3.625% 一路往下調降至 2009 年 2 月的 1.25%）等擴張性貨幣政策，希望能夠刺激總合需求。

在這些強力的刺激措施及全球經濟好轉的助長之下，我國經濟於 2010 年強勁復甦，當年的經濟成長率高達 10.63%。不過，我國的經濟成長率於 2011 與 2012 年又分別降至 3.80% 與 2.06%，且 2015 年的經濟成長率再降為 0.81%，2016、2017 與 2018 年這三年的經濟成長率也分別只有 1.51%、3.08% 與 2.63%。2018 年全年的平均失業率仍高達 3.71%，20-24 歲這個年群的失業率更高達 11.98%。因此，不少國人覺得我國經濟很「悶」。

表 3　我國 2008 年與 2009 年的實質 GDP 及其組成

新臺幣億元（參考年：2016 年）

	2008 （1）	2009 （2）	變動金額 （2）－（1）
實質 GDP	126,610	124,627	－1,983
民間消費	72,883	72,894	11
投資	32,780	26,394	－6,386
政府消費	20,384	21,040	656
出口淨額	1,376	5,362	3,986

說明：表中數字是行政院主計總處先前依課本所述之方法所統計之實質數字。主計總處於 2014 年 11 月將實質 GDP 的計算方式改成「連鎖法」（chain-linked）；課本方法所計算之實質 GDP 具備可加性（亦即細項加總與總數間無殘差），但連鎖值並無可加性，亦即 $Y \neq C + I + G + NX$。

33-5b 總合供給移動的影響

假設一國經濟一開始處在長期均衡。突然間，一些廠商的生產成本增加。這可能是因為天候不佳使農作物歉收，而使農業製品的生產成本上升；也可能是因為中東爆發戰爭，石油的運輸中斷，而使石化產品的生產成本上揚。

我們依循上一小節的四個步驟來分析生產成本增加對總體經濟的衝擊。第一，哪一條線會受到影響？由於生產成本只與廠商有關，所以只有總合供給曲線會受到影響。第二，總合供給曲線會往哪個方向移動？由於生產成本增加會使廠商的利潤下降，因此廠商會減少任一價格下的供給量，從而如圖 10 所示，短期總

合供給曲線會由原先的 AS_1 左移至 AS_2。（在某些情況下，長期總合供給曲線也會往左移。不過，為簡化分析，我們假設長期總合供給曲線並未受到影響。）

第三，在短期，經濟體系沿著總合需求曲線由 A 點移至 B 點，從而產出由 Y_1 降為 Y_2，且物價水準由 P_1 上升為 P_2。由於一國經濟同時面臨**停滯**（stagnation，即產出減少）與**物價膨脹**（inflation，即物價上漲），這樣的結果稱為**停滯性通膨**。由於此時的產出低於自然產出水準，所以此時的失業率高於自然失業率。

第四，廠商與勞工一開始可能會因物價上漲而調高他們對物價的預期水準，而訂出更高的名目工資。在此情況下，廠商的生產成本會更進一步增加，而使短期總合供給曲線再進一步左移，從而使停滯性通膨問題變得更加嚴重。此一物價上漲導致工資上升，再進一步導致物價上漲的現象，稱為**工資－物價相互扶搖**（wage-price spiral）。

在某個時點，此一相互扶搖的程度會減緩。這是因為產出減少意味著廠商的勞動雇用量減少，從而失業會增加，進而會對名目工資形成往下降的壓力。在名目工資下降之後，廠商的利潤可以因成本降低而止跌回升，從而使廠商願意增加供給量，進而使短期總合供給曲線往右移。此一過程會持續下去，直到短期總合

> **停滯性通膨**
> **stagflation**
> 產出減少且物價上漲的期間

圖 10　總合供給的不利移動

當某些事件造成廠商的生產成本增加時，短期總合供給曲線會由 AS_1 左移至 AS_2。經濟體系由 A 點移至 B 點，結果為停滯性通膨：產出由 Y_1 降為 Y_2，且物價水準由 P_1 上升為 P_2。

供給曲線又移回 AS_1。此時，一國經濟又回到長期均衡（A 點）。

在上述的調整過程中，我們假設總合需求不變。不過，在現實世界，不一定這樣。當停滯性通膨問題變得愈來愈嚴重時，失業率也會愈來愈高。政策制定者為降低失業率，可能會採取擴張性的貨幣政策與財政政策使總合需求增加。在此情況下，如圖 11 所示，總合需求曲線會由 AD_1 右移至 AD_2，從而一國的產出水準不會減至圖 10 中的 Y_2 水準，進而失業情形可以獲得改善。最後，一國經濟會達到 C 點這個新的長期均衡。與原先的長期均衡（A 點）相較，產出依然維持在自然產出水準，但物價水準由 P_1 上升為 P_3[1]。此一情況，我們稱政策制定者**調和**（accommodate）總合供給的變動。這樣的調和性政策雖可緩和失業問題，但必須付出物價水準變得更高的代價。

總結來說，我們可以從總合供給的移動得到下列兩點結論：

- 總合供給的不利移動會造成停滯性通膨，其為經濟衰退與物價膨脹並存的現象。

圖 11　調和總合供給的不利移動

當短期總合供給曲線由 AS_1 左移至 AS_2 時，政策制定者會試圖使總合需求曲線由 AD_1 右移至 AD_2，從而經濟體系由 A 點移至 C 點。此一政策雖可使產出在短期不至於減少，但會使長期物價水準由 P_1 上升為 P_3。

---

[1] 譯著按：圖 11 中的 AS_2 的位置其實是高於圖 10 中的 AS_2 的位置，這是因為人們會因政府採行擴張政策而調高對物價的預期水準。

- 政策制定者可以藉由增加總合需求來緩和產出與就業的減少幅度，但必須付出物價膨脹問題變得更為嚴重的代價。

個案研究：石油價格與經濟表現

石油是許多產品的重要生產投入，且全世界的石油大多由沙烏地阿拉伯、科威特和其他中東國家供應。當某些事件（通常是區域政治事件）使來自中東的石油供給減少時，全球的石油價格就會上漲，而使得石油相關製品（如汽油與塑膠產品）的生產成本上升，從而造成總合供給曲線往左移，進而發生停滯性通膨現象。

如 1973 到 1975 年，就由於石油輸出國家組織（OPEC）採取聯合禁運政策，而使石油價格大約上漲了一倍，從而造成許多國家面臨停滯性通膨問題。美國 1975 年的 CPI 年增率就超過 10%，且失業率由 1973 年的 4.9% 上升至 1975 年的 8.5%。我國 1974 年的 CPI 年增率曾高達 47.5%（我國當時尚未有失業率的統計），且 1974 年第三與第四季以及 1975 年第一季的實質 GDP 都較上年同期減少。

幾年之後，同樣的情形又再發生一次。從 1978 年到 1981 年，石油價格漲了一倍以上，結果又是停滯性通膨。美國的 CPI 年增率又超過 10%，且失業率由 1978 年的 6%，在幾年後，上升至超過 10%。我國的 CPI 年增率在 1980 與 1981 年均超過 10%，且失業率由 1980 年的 1.23% 上升至 1983 年的 2.71%。

在 2000 年代中期，由於中國、印度等大型經濟體的經濟快速成長，且其他主要國家的經濟也有不錯的表現，遂造成全球石油需求的大幅增加，再加上當時美國等主要國家的利率均維持在低檔，這意味著全球的資金相當寬鬆，同時又有投機客的炒作，遂使全球石油需求再進一步增加。在 2008 年 7 月，國際石油每桶價格曾飆漲至 140 美元以上（2003 年一桶還不到 30 美元）。我國當時的 95 無鉛汽油也漲到每公升 35 元（2003 年為 20.3 元），再加上其他民生物資的價格也有不小的漲幅，而引發停滯性通膨是否再起的疑慮。

雖然 2008 年的國際油價大幅上漲，但由於大多數國家的服務業產值占 GDP 的比重已提高至 60% 以上，且國際油價上漲主要是因為全球景氣不錯所引發的需求增加，而不是因為供給減少所造成的，所以雖然油價飆漲造成汽車等產品銷售量的下滑，但僅造成溫和的停滯性通膨。隨後，由於美國次級房貸風暴所引發的全球景氣衰退愈來愈嚴重，物價膨脹遂消退了，取而代之的是失業問題。

增廣見聞：總合需求與總合供給的起源

凱因斯

總合供需模型是如何發展出來的？答案是，這個模型在相當程度上是 1930 年代初期美國經濟大蕭條的副產品。當時的經濟學家與政策制定者對它的發生感到困惑且不太確定該怎麼處理。

在 1936 年，經濟學家凱因斯出版了《就業、利息與貨幣的一般理論》(The General Theory of Employment, Interest, and Money)一書。該書試圖解釋一般的經濟波動現象，並據以解釋美國的經濟大蕭條。凱因斯的主要論點是，一國會因總合需求減少而發生經濟衰退與蕭條。

凱因斯長久以來一直在批評古典經濟理論，因為它只能解釋一國的長期經濟表現。在其《一般理論》出版的前幾年，凱因斯就曾這樣批評過古典經濟學：

> 對當前事務而言，長期是一個有誤導效果的概念。在長期，我們都已過世。如果在經濟艱困時期，經濟學家只能告訴我們，當暴風雨遠離時，自然就會風平浪靜，那麼經濟學家也未免太好當了。

當全世界為高失業所苦時，凱因斯提倡讓總合需求增加的政策，包括政府支出增加。

在下一章，我們會詳細說明貨幣政策與財政政策如何影響總合需求。簡單地說，之所以會有現代總體經濟學，在相當程度上，要感謝凱因斯這位傳奇人物。

如是我聞：2020 年的 Covid 衰退[1]

在 2020 年，美國與全世界其他大多數的經濟體歷經了具有以下三個不尋常特點的衰退。

第一個是它的成因：Covid-19 疫情。這個具高度傳染力且危險的病毒一開始於 2019 年年尾出現在中國，並於 2020 年年初出現在美國。為降低其擴散速度，流行醫學專家建議人們避免與他人接觸，且很多國家下令電影院、運動賽事、演唱會、餐廳（外送除外）與非民生零售等行業暫停營業，商業航空班次也幾乎完全停擺。

第二個是它的速度與深度。從 2020 年 2 月到 2020 年 4 月，短短的兩個月，美國的就業率就從 61.1% 降至 51.3%，創下歷史紀錄。2020 年 4 月的失業率為 14.8%，是大蕭條之後的最高水準。

第三個是它是人為造成的瞬間全球衰退。大部分的衰退是意外事件：一些預料外的事件造成總合供給或總合需求的移動，而使產出與就業減少。當衰退發生時，政策制定者通常會想讓產出與就業盡快回復正常水準。相形之下，2020 年的衰退是人為的。為抑制 Covid-19 疫情，政策制定者所強力施行的隔離措施，讓產出與就業減少；不過，這些措施在當時是必要的。

我們可以用總合供需模型來說明 2020 年的衰退。就總合需求部分，上述的隔離政策讓民間

---

[1] 本個案研究經本書譯著者大幅改寫。

消費減少，此一減少加上疫情所帶來的不確定性，讓民間投資也減少，從而造成總合需求曲線往左移。

就總合供給的部分，一方面由於染疫的勞工無法上工，因此造成各個生產階段（上中下游）的供給減少，而使總合供給減少；另一方面，上游產品供給減少也會造成其價格上漲，而使下游廠商的生產成本上升，且貨櫃與散裝航運運價的大幅上漲，也使進口原物料的價格大漲，從而使廠商的生產成本上升，因此，成本上升也讓總合供給曲線進一步左移。

所以，美國與全世界大多數經濟體其2020年的衰退是總合需求與總合供給同步減少的結果。美國2020年的經濟成長率為−3.4%，但GDP平減指數較2019年上漲1.2%，因此就美國而言，其2020年總合供給曲線左移的幅度大於總合需求曲線。

就臺灣而言，2020年的經濟成長率為3.39%（GDP平減指數的年增率為1.88%），因此，臺灣2020年並未發生經濟衰退（2020年全四季的實質GDP的年增率都是正的）。這主要是因為實質投資、政府消費與出口淨額都增加（實質民間消費是減少的），而造成總合需求增加。在那一年，由於世界的宅經濟昌盛，且美中貿易戰爭使不少台商回臺投資，而使實質民間投資支出（2016年為參考年）由2019年的新臺幣35,991億元增為37,743億元，增加1,752億元（政府投資與公營事業投資也分別增加312億元與629億元）。另外，實質出口淨額由2019年的新臺幣25,533億元增為30,519億元，增加4,986億元；這主要是因為積體電路出口增加[2]，讓出口總額由2019年的新臺幣124,492億元增為125,975億元，增加1,483億元，且進口因對國外服務（如旅遊服務）的需求減少，而由2019年的新臺幣98,958億元減為95,455億元，減少3,503億元的緣故[3]。

由於絕大多數國家都採取極度擴張的財政政策與貨幣政策，且由於疫苗的普遍接種，所以全球經濟在2021年由總合需求增加展開強力反彈，美國與臺灣的經濟成長率分別為5.7%與6.53%。不過，總合需求增加，加上2022年2月爆發的俄烏戰爭使能源與原物料價格大漲，也造成美國2022年各月的CPI年增率達7%左右，這也讓Fed於2022年3月開始調升聯邦資金利率的目標值，由0～0.25%一路調升到2023年5月的5.0%～5.25%，以抑制總合需求，進而抑制物價膨脹。利率高漲也為美國與全球經濟帶來不確定性。

---

[2] 積體電路為我國主要出口貨品，占比由2016年28.0%升至2020年35.5%，金額為1,225億美元，成長率為22%，遠高於臺灣總出口的成長率4.9%，是帶動出口成長最主要的力量。（經濟部新聞稿，2021年1月29日）

[3] 行政院主計總處：首頁＞主計總處統計專區。

即席測驗

10. 企業悲觀氣氛瀰漫會造成總合 ＿＿＿＿ 曲線的移動，而導致產出 ＿＿＿＿。
    a. 供給；減少
    b. 供給；增加
    c. 需求；減少
    d. 需求；增加

11. 總合需求增加在 ＿＿＿＿ 會對產出造成較大的影響，且在 ＿＿＿＿ 會對物價造成較大的影響。
    a. 短期；長期
    b. 長期；短期
    c. 短期；短期
    d. 長期；長期

12. 停滯性通膨的成因為
    a. 總合需求曲線往左移。
    b. 總合需求曲線往右移。
    c. 總合供給曲線往左移。
    d. 總合供給曲線往右移。

（答案在章末）

33-6 結論

本章首先說明關於經濟波動的一些重要特徵，接著再介紹總合供需模型，並利用這個模型來說明經濟波動現象。我們在下一章會再利用這個模型對經濟波動現象作更詳細的說明，並探討政策制定者對經濟波動可能會如何反應。

摘要

- 所有社會都會經歷環繞其長期趨勢的短期經濟波動，這些波動是不規則的且無法完全預測。當經濟衰退時，實質 GDP 和其他的所得衡量指標、支出和產出會下降，且失業會增加。

- 古典經濟理論是以名目變數（如貨幣供給）不會影響實質變數（如產出與就業）的假設為基礎。大多數經濟學家認為此一假設適用於長期，但不適用在短期。經濟學家利用總合供需模型來分析短期的經濟波動。根據這個模型，商品與服務的產出與整體物價會調整至使總合供需達成平衡的水準。

- 總合需求曲線因下列三個效果其斜率為負。第一是財富效果：物價下跌使家戶所持有的貨幣其實質價值上升，從而增加消費支出。第二是利率效果：物價下跌使家戶的貨幣需求量減少，而促使家戶將部分貨幣轉換成生息資產，從而造成利率下跌，進而刺激投資支出。第三是實質匯率效果：當本國物價下跌時，本國商品之於外國商品的實質匯率下跌，而使本國的出口淨額增加。

- 任何可以提升消費、投資、政府支出與出

口淨額的事件或政策，都會造成總合需求增加。任何會降低消費、投資、政府支出與出口淨額的事件或政策，均會使總合需求減少。

- 長期總合供給曲線是一條垂直線。在長期，一國商品與服務的供給量決定於該國的勞動、資本、天然資源與技術水準，而不會受到物價水準的影響。
- 短期總合供給曲線是正斜率的理論有三。根據工資僵固理論，預期外的物價下跌，使實質工資暫時提高，從而使廠商減少勞動雇用量與產量。根據價格僵固理論，預期外的物價下跌，會使部分不願降價的廠商其銷售量下降，從而它們會減少產量。根據錯誤認知理論，預期外的物價下跌，會使部分的供給者誤以為他們的相對價格下降，從而減少產量。這三個理論都有當實際物價偏離人們的預期水準時，實際產出會偏離自然產出水準的意涵。
- 任何會影響一國長期總合供給的事件或政策也會影響該國的短期總合供給。另外，短期總合供給曲線的位置也決定於物價的預期水準。
- 經濟波動的一個可能成因是總合需求的移動。在短期，當總合需求曲線往左移時，產出會減少且物價會下跌。隨著時間經過，人們會改變對物價的預期，而導致工資、價格與認知的調整，從而造成短期總合供給曲線往右移，且一國的產出會回到自然產出水準，長期的均衡物價則下跌。
- 經濟波動的另一個可能成因是總合供給的移動。在短期，當總合供給曲線往左移時，產出會減少且物價會上漲，此一現象稱為停滯性通膨。隨著時間經過，工資、價格與認知會調整，而使一國經濟重新回到原先的長期均衡。

複習題

1. 舉出兩個當經濟衰退時其值會下降的總體經濟變數。舉出一個當經濟衰退時其值會上升的總體經濟變數。
2. 畫出一個包括總合需求、短期總合供給與長期總合供給曲線的圖形。記得標出兩軸所代表的變數。
3. 列出並說明總合需求曲線是負斜率的三個原因。
4. 說明為何長期總合供給曲線是一條垂直線。
5. 解釋短期總合供給曲線為何是正斜率的理論有哪三個？它們強調的重點為何？
6. 為何總合需求曲線會往左移？利用總合供需模型說明此一移動對產出與物價的短期與長期影響。
7. 為何總合供給曲線會往左移？利用總合供需模型說明此一移動對產出與物價的短期與長期影響。

問題與應用

1. 假設一國經濟一開始處在長期均衡。
   a. 畫圖顯示此一狀態。記得畫上總合需求、短期總合供給與長期總合供給曲線。
   b. 現在假設該國股市崩盤而使總合需求減少。利用上圖顯示產出與物價水準的短期變化。失業率又會如何變動？
   c. 利用工資僵固理論說明長期均衡產出與物價的變動（假設政策不變）。在調整過程中，物價的預期水準扮演什麼樣的角色？試繪圖說明之。

2. 說明下列事件對長期總合供給的影響（也可能沒有影響）。
   a. 外來移民增加。
   b. 政府調升最低工資。
   c. 電腦運算速度大幅提升。
   d. 地震重創新竹科學園區。

3. 假設一國經濟一開始處在長期均衡。
   a. 畫圖顯示此一狀態（均衡點為 A 點）。
   b. 假設中央銀行讓貨幣供給增加 5%。利用上圖顯示當該國由 A 點移至新的短期均衡點（B 點）時，產出與物價水準的變化。
   c. 再畫圖顯示新的長期均衡（C 點）。該國為何會由 B 點移至 C 點？
   d. 根據工資僵固理論，先比較 A 點與 B 點下的名目工資，再比較 A 點與 C 點下的名目工資。
   e. 根據工資僵固理論，先比較 A 點與 B 點下的實質工資，再比較 A 點與 C 點下的實質工資。
   f. 根據你上面的答案，貨幣在短期是否具實質效果？在長期是否是中立的？

4. 在 1939 年，美國當時的經濟尚未從經濟大蕭條完全恢復，美國總統羅斯福宣布感恩節提早一個禮拜，所以聖誕節前的購物期間可以延長。利用總合供需模型說明羅斯福總統此舉的目的。

5. 說明為何下列敘述為偽。
   a.「由於總合需求曲線是個別商品需求曲線的水平加總，所以它是負斜率的。」
   b.「由於經濟力量並不會影響長期總合供給，所以長期總合供給曲線是一條垂直線。」
   c.「如果廠商每天調整價格，則短期總合供給曲線會是一條水平線。」
   d.「只要經濟一衰退，則長期總合供給曲線會往左移。」

6. 我們介紹了三種解釋為何短期總合供給曲線是負斜率的理論。分別用這三種理論回答下列問題。
   a. 一國經濟如何在沒有任何政策干預的情況下，從衰退中復甦，並回到長期均衡？
   b. 決定復甦速度的因素為何？

7. 假設一國經濟一開始處在長期均衡。之後某一天，新的中央銀行總裁上任，他一向主張物價膨脹不是一個重要的經濟問題。
   a. 該總裁上任後，人們對物價的預期會如何變動？

b. 此一舉動會如何影響勞工與廠商所協議的新名目工資水準？

c. 名目工資的此一變動會如何影響廠商的利潤？

d. 廠商利潤的此一變動會如何影響短期總合供給曲線？

e. 如果總合需求不變，則此一短期總合供給曲線的移動會如何影響產出與物價水準？

f. 你認為這個新總裁適任嗎？

8. 說明下列事件會如何影響總合需求與短期總合供給曲線（有可能同時影響或都不影響）。如果有影響，畫圖說明其對一國經濟的衝擊。

a. 家戶決定增加儲蓄。

b. 颱風摧毀很多農田。

c. 海外工作機會增加使很多人移民海外。

9. 假設政府沒有採取任何措施。就下列事件，說明它們對產出和物價的短期與長期影響。

a. 股市突然崩盤。

b. 政府增加國防支出。

c. 技術進步。

d. 外國因不景氣而減少對我國的進口。

10. 假設廠商因對未來獲利前景感到樂觀而增加投資。

a. 畫出總合供需圖形顯示此一樂觀心理對經濟的短期影響。標出新的物價與產出水準。說明為何總合**供給**量會變動。

b. 利用上圖顯示新的長期均衡（假設長期總合供給曲線沒有變動）。說明為何短期與長期之間的總合**需求**量會變動。

c. 廠商的投資增加可能會如何影響長期總合供給曲線？試說明之。

即席測驗答案

1. c 2. d 3. c 4. a 5. b 6. b 7. d 8. d 9. d 10. c 11. a 12. c

Chapter 34
貨幣與財政政策對總合需求的影響

想像你自己是美國聯邦公開市場委員會的委員,該委員會負責制定貨幣政策。你觀察到美國總統與國會達成增稅的共識。美國 Fed 應對此一財政政策的改變做出什麼樣的反應?它應該擴張貨幣供給、緊縮貨幣供給,還是讓貨幣供給維持不變?

要回答這個問題,你需要知道貨幣政策與財政政策對經濟體系的影響。在上一章,我們利用總合供需模型來說明短期的經濟波動。我們學到,總合需求曲線與總合供給曲線的移動如何造成一國整體的產出與物價水準的波動,以及貨幣政策與財政政策如何影響一國的總合需求。因此,這些政策的變動會導致產出與物價的短期波動,從而政府會根據經濟情況對這些政策作整體的考量。

在本章,我們會更進一步探討政府的政策工具如何影響總合需求水準。這些工具包括貨幣政

策工具（如公開市場操作與應提準備率）以及財政政策工具（如政府的支出與稅收）。我們之前已探討過這些政策的長期影響，如財政政策如何影響儲蓄、投資與經濟成長，中央銀行如何控制貨幣供給以及貨幣供給如何影響長期的物價水準。在本章，我們會說明這些政策工具如何影響一國經濟的短期表現。

如同我們在上一章所提到的，除了貨幣政策與財政政策之外，還有許多因素會影響總合需求，特別是家戶與廠商想要進行的支出。當這些支出變動時，總合需求曲線會跟著移動。如果政策制定者沒有針對這些變動做出反應，則產出與就業就會有短期的波動，從而政策制定者有時會利用政策工具來抵銷這些變動對總合需求所造成的影響，以穩定經濟。在本章，我們會詳細說明貨幣政策工具與財政政策工具如何影響總合需求，以及政府使用這些工具在實務上所遭遇到的問題。

34-1 貨幣政策如何影響總合需求

一國的總合需求曲線顯示，在該國任一物價水準下，全世界對該國所生產的商品與服務的總需求量。上一章曾說明總合需求曲線之所以會是負斜率的三個原因：

- **財富效果**：當物價水準下降時，家戶所持有的貨幣其實質價值會上升，而貨幣是家戶財富的一部分，從而家戶會因實質財富增加而增加他們的消費支出，進而使商品與服務的需求量增加。
- **利率效果**：當物價水準下降時，人們想要持有的貨幣數量會減少，而將部分貨幣轉換成生息資產。這會使利率下降，從而使投資支出增加，進而使商品與服務的需求量增加。
- **實質匯率效果**：當一國的物價下跌時，其商品之於外國商品的實質匯率（亦即相對價格）會下降，而使該國的出口淨額增加。

相反地，當一國的物價水準上升時，同樣也是因為這三個效果，而使該國的商品與服務的需求量減少。

雖然這三個效果都可以解釋為何總合需求曲線是負斜率的，但它們的重要性並不一樣。由於貨幣只占家戶財富的一小部分，所以財富效果是最不重要的。另外，由於美國的出口與進口占美國 GDP 的比例不大，所以就美國而言，實質匯率效果也不甚重要[1]。因此，*就美國而言，總合需求曲線是負斜率的最重要原因是利*

---

[1] 但就小型開放經濟體而言，這個效果往往是最重要的。以我國 2021 年為例，我國的實質貿易總額（出口加進口）是實質 GDP 的 1.23 倍。

率效果。

接下來我們就進一步檢視利率的短期決定因素，我們會介紹**流動性偏好理論**。此一利率決定理論不單可以解釋為何總合需求曲線是負斜率的，也可以說明貨幣政策與財政政策如何影響總合需求曲線，從而讓我們可以更了解短期經濟波動的成因以及政策制定者可以採取的對策。

34-1a 流動性偏好理論

凱因斯在他《就業、利息與貨幣的一般理論》一書中，提出流動性偏好理論來說明利率的決定因素。該理論在本質上就是一個供需模型。根據凱因斯的說法，利率會調整至使貨幣供需達成平衡的水準。

之前我們曾區別名目利率與實質利率。**名目利率**是媒體所報導的利率，而**實質利率**是名目利率經物價膨脹調整後的利率。如果沒有物價膨脹，則名目利率等於實質利率。但如果借貸雙方均預期未來物價會上漲，則名目利率會等於實際利率加預期的物價膨脹率，以彌補貨幣的購買力的下降。

流動性偏好理論是要解釋哪一種利率？答案是都有。在以下的分析中，我們假設物價膨脹率的預期水準固定；此一假設在短期還算合理。因此，當名目利率變動時，人們會預期實質利率呈同方向且同幅度的變動。所以，在本章，我們並沒有特別去區分這兩種利率。

接下來我們就先分別說明貨幣供給與貨幣需求，再結合貨幣供需說明利率如何決定。

貨幣供給　我們之前曾說明，一國的中央銀行在相當程度上，可以控制該國的貨幣供給。它主要是透過買賣政府債券的公開市場操作來影響銀行體系的準備金數量，而改變銀行的放款，進而改變貨幣供給。當中央銀行買進債券時，貨幣供給會增加；當中央銀行賣出債券時，貨幣供給會減少。另外，中央銀行也可藉由調整準備金利率來改變貨幣供給。當中央銀行調高（降）準備金利率時，銀行的放款會減少（增加），從而貨幣供給會減少（增加）。

此外，中央銀行也可藉由調整應提準備率或貼現率來改變貨幣供給。當中央銀行調高（降）應提準備率或貼現率時，貨幣供給會減少（增加）。

不過，我們這裡的目的是要說明貨幣供給的變動如何影響利率，進而如何影響商品與服務的總合需求，因此，我們忽略中央銀行如何透過這些貨幣政策工具來影響貨幣供給的細節，而僅簡單假設中央銀行可以將貨幣供給控制在它所設定

流動性偏好理論
theory of liquidity preference
凱因斯的理論，主張利率會調整至使貨幣供需達成平衡的水準

的水準。

在此假設下,貨幣供給量不受其他經濟變數的影響,而單純由中央銀行決定。一旦中央銀行做下政策決定,則不管現行的利率水準為何,貨幣供給量都是一樣的。在此情況下,如圖1所示,貨幣供給曲線是一條垂直線。

貨幣需求 流動性偏好理論的第二個部分是貨幣需求。讓我們先回想一下,一項資產的**流動性**是指這項資產被轉換成交易媒介的難易程度。由於貨幣就是交易媒介,因此,它是流動性最高的資產。人們之所以會持有貨幣,而不持有其他報酬率較高的資產,就是因為人們需要用貨幣來購買商品與服務。

雖然貨幣需求量受到許多因素的影響,但流動性偏好理論所強調的影響因素是利率。這是因為利率是持有貨幣的機會成本;換言之,當你持有現鈔,而不持有債券或定期存款時,你會損失你原本可能賺到的利息。因此,當利率上升使持有貨幣的成本增加時,貨幣需求量會減少。相反地,當利率下降使持有貨幣的成本減少時,貨幣需求量會增加。所以,如圖1所示,貨幣需求曲線的斜率為負。

圖1 貨幣市場的均衡

根據流動性偏好理論,利率會調整至使貨幣供給量等於貨幣需求量的水準。如果利率高於均衡水準,如 r_1,則人們想要持有的貨幣數量(M_1^d)會小於中央銀行所創造的數量,從而此一貨幣的超額供給會對利率形成下降的壓力。相反地,如果利率低於均衡水準,如 r_2,則人們想要持有的貨幣數量(M_2^d)會大於中央銀行所創造的數量,從而此一貨幣的超額需求會對利率形成上升的壓力。因此,貨幣市場的供需力量會使利率趨向均衡水準;在此一水準下,人們想要持有的貨幣數量等於中央銀行所創造的數量。

貨幣市場的均衡　根據流動性偏好理論，利率會調整至使貨幣供需達成平衡的水準，此一水準稱為**均衡利率**。在均衡利率下，貨幣供給量正好等於貨幣需求量。如果利率不等於均衡利率，則人們會調整他們的資產組合，而使利率趨向均衡水準。

比方說，假設利率高於均衡水準，如圖 1 中的 r_1。在此情況下，人們想要持有的貨幣數量，M_1^d，小於中央銀行所供給的數量，亦即人們想要持有的貨幣數量小於人們實際持有的貨幣數量。那些持有多餘貨幣的人們會藉由購買生息債券或存銀行生息存款來處分多餘的貨幣。當更多人購買債券時，債券發行者就可以用比較有利的條件，亦即較低的利率，來發行債券。同樣地，當更多人存銀行存款時，銀行會調降存款利率。因此，當貨幣供給量大於貨幣需求量時，利率會下

增廣見聞　長期與短期利率

我們剛剛說明，利率是由貨幣市場的供需所共同決定的。但我們之前也曾說明，利率是由可貸資金市場的供需所共同決定的（亦即由國民儲蓄與投資所共同決定）。那麼，利率到底是由哪一個市場所決定的？

要回答這個問題，我們須再度考慮長短期的差別。簡單地說，在長期，利率是由可貸資金市場決定的；在短期，利率是由貨幣市場決定的。一國的產出、利率與物價水準是三個相當重要的總體經濟變數。根據我們之前所介紹的古典理論，這三個變數的決定方式如下：

1. **產出**是由勞動與資本的供給以及技術水準所決定。（我們稱它為自然產出水準）
2. 給定產出水準，**利率**會調整至使可貸資金供需達成平衡的水準。
3. 給定產出與利率水準，**物價**會調整至使貨幣供需達成平衡的水準。貨幣供給的變動會造成物價水準呈同比例的變動。

以上三點是古典學派的基本主張。大多數經濟學家認為，就**長期**而言，這些主張是成立的。

不過，這些主張在短期並不成立。如我們在上一章所說明的，由於許多價格會有短期僵固的現象，從而總合供給曲線的斜率為正，而不是一條垂直線。因此，**在短期**，當貨幣市場失衡時，由於價格僵固，一國無法藉由整體物價的調整使貨幣供需達成平衡，而只能藉由利率的調整來達成貨幣均衡。利率的變動會接著影響投資與總合需求，從而使產出水準偏離自然產出水準。

因此，就短期而言：

1. **物價**會僵固在某一水準，因此比較無法隨經濟情況改變而變動。
2. 給定物價水準，**利率**會調整至使貨幣供需達成平衡的水準。
3. 利率的調整會影響商品與服務的需求量，進而影響**產出**水準。

比較這三點與前面三點可以發現，整個分析的次序正好顛倒。

所以，當我們思考利率的長期決定因素時，我們要想到可貸資金理論，此一理論強調一國的儲蓄傾向與投資機會。相形之下，當我們思考利率的短期決定因素時，我們要想到流動性偏好理論，此一理論彰顯貨幣政策的重要性。

降。此一過程會持續到利率降至均衡水準為止。

相反地，當利率低於均衡水準時，如圖1中的 r_2，貨幣需求量，M_2^d，會大於貨幣供給量，從而人們會藉由減少債券和生息資產的持有來增加貨幣的持有。當人們的債券需求減少時，債券發行者須以較高的利率才能吸引買者，因此，利率會上升，直到達成均衡水準為止。

34-1b 負斜率的總合需求曲線

在看過流動性偏好理論如何決定均衡利率之後，接下來我們說明如何由流動性偏好理論得到負斜率的總合需求曲線。首先，讓我們回想一下造成總合需求曲線斜率為負的其中一個原因：利率效果。當物價水準上升時，利率會跟著上升，而使投資支出減少，進而使商品與服務的需求量減少。

流動性偏好理論如何解釋物價上漲造成利率上升？我們曾說明，物價水準是貨幣需求量的決定因素之一。當物價上漲時，人們需要更多的貨幣才能購買相同數量的商品與服務，從而人們會想要持有更多的貨幣。因此，物價上漲會使任一利率水準下的貨幣需求量增加。如圖2（a）所示，當物價水準由 P_1 上升至 P_2 時，貨幣需求曲線會由 MD_1 右移至 MD_2。

在貨幣供給不變下，如圖2所示，當貨幣需求曲線往右移時，均衡利率會上

圖2　貨幣市場與總合需求曲線的斜率

（a）貨幣市場

利率；貨幣供給；2. …使貨幣需求增加…；r_2；r_1；3. …而造成均衡利率上升…；物價水準為 P_2 下的貨幣需求，MD_2；物價水準為 P_1 下的貨幣需求，MD_1；0；中央銀行所設定的數量；貨幣數量

（b）總合需求曲線

物價水準；P_2；P_1；1. 物價水準上升…；0；Y_2；Y_1；產出水準；總合需求；4. …進而造成商品與服務的需求量減少。

如圖（a）所示，物價水準由 P_1 上升至 P_2 會使貨幣需求曲線由 MD_1 右移至 MD_2，從而使均衡利率由 r_1 上升為 r_2。由於利率是借款的成本，因此利率上升會使商品與服務的需求量由 Y_1 減少為 Y_2。所以，我們可以得到物價水準與總合需求量之間的負向關係，從而如圖（b）所示，總合需求曲線是負斜率的。

升（由 r_1 上升至 r_2）。這是因為當貨幣供給量不變時，利率變動對貨幣需求量的影響要能抵銷物價變動對貨幣需求量的影響，才能使貨幣供需重新回到平衡。因此，當物價水準上升造成貨幣需求量增加時，利率必須上升使貨幣需求量減少，貨幣市場才能重新回到均衡。

當利率上升時，由於利率反映借款的成本，所以家戶對新成屋的房貸需求會減少，且廠商對蓋新廠房與購買機器設備的借款需求也會減少，從而一國的投資支出會減少，進而使商品與服務的需求量由圖2（b）中的 Y_1 減少為 Y_2。因此，當物價水準由 P_1 上升為 P_2 時，利率會由 r_1 上升為 r_2，從而使總合需求量由 Y_1 減少為 Y_2。所以，如圖2（b）所示，總合需求曲線是一條負斜率的曲線。

當物價水準下降時，貨幣需求會減少，從而在貨幣供給固定時，均衡利率會下降。利率下降會帶動投資支出增加，進而使總合需求量增加。因此，物價水準下降會導致總合需求量增加，所以總合需求曲線斜率為負。

34-1c 貨幣供給的變動

我們剛剛利用流動性偏好理論導出負斜率的總合需求曲線。如我們在上一章所說明的，當物價以外會影響總合需求量的變數發生變動時，會造成總合需求曲線整條線的移動。這些變數包括貨幣供給。接下來，我們就利用流動性偏好理論說明貨幣供給的變動如何影響總合需求。

假設中央銀行透過買進債券的公開市場操作使貨幣供給增加。如圖3（a）所示，貨幣供給增加使貨幣供給曲線由 MS_1 右移至 MS_2。由於貨幣需求曲線並沒有變動，因此均衡利率由 r_1 下降為 r_2，而使貨幣需求量增加，進而使貨幣市場在貨幣供給增加後能重新回到均衡。

利率下降會帶動投資支出增加，從而使任一物價水準下的總合需求量增加。這意味著總合需求曲線，如圖3（b）所示，會由 AD_1 右移至 AD_2。如果物價水準為 $\overline{P}$，則總合需求量會由 Y_1 增加為 Y_2。

總結來說：當中央增加貨幣供給時，利率會下降，而使任一物價水準下的商品與服務需求量增加，進而造成總合需求曲線往右移。相反地，當中央銀行減少貨幣供給時，利率會上升，而使任一物價水準下的商品與服務需求量減少，進而造成總合需求曲線往左移。

34-1d 利率目標在貨幣政策中的角色

中央銀行的貨幣政策如何影響一國的經濟表現？我們在這裡以及之前的討

圖3　貨幣供給增加

(a) 貨幣市場

利率；貨幣供給 MS_1、MS_2；r_1、r_2；物價水準為 $\overline{P}$ 下的貨幣需求；貨幣數量

1. 當中央銀行增加貨幣供給時⋯
2. ⋯均衡利率下降⋯

(b) 總合需求曲線

物價水準；$\overline{P}$；$Y_1 \to Y_2$；產出水準；總合需求，AD_1；AD_2

3. ⋯而使任一物價水準下的商品與服務需求量增加。

如圖（a）所示，當貨幣供給由 MS_1 增加為 MS_2 時，均衡利率由 r_1 降為 r_2。由於利率是借款的成本，因此，利率下降會使商品與服務的需求量增加。如圖（b）所示，若物價水準為 $\overline{P}$，則利率下降會使總合需求量由 Y_1 增加為 Y_2。因此，貨幣供給增加會使總合需求曲線右移，如從圖（b）中的 AD_1 右移至 AD_2。

論，都以貨幣供給為中央銀行的政策工具。當中央銀行藉由公開市場操作，買進政府債券時，貨幣供給會增加，從而造成總合需求增加；當中央銀行賣出政府債券時，貨幣供給會減少，從而造成總合需求減少。

聚焦在貨幣供給始一個好的起點，但在思考近期的貨幣政策時，另一個角度是有用的。在過去，Fed 通常會設定貨幣供給目標，但現在 Fed 藉由設定**聯邦資金利率**（其為銀行之間的短期借款利率）目標來施行政策。美國聯邦公開市場委員會（FOMC）會在每六個星期召開一次的會議中檢討此一目標水準。

FOMC 之所以會設定聯邦資金利率目標的一個原因是，貨幣供給很難準確衡量（原因包括美元現鈔在全世界流通）；另一個原因是，貨幣需求會隨時間波動。就任何既定的貨幣供給而言，貨幣需求的波動會造成利率、總合需求與產出的波動。相形之下，當 FOMC 宣布其聯邦資金利率目標時，實質上，它是藉由調整貨幣供給來調和貨幣需求的波動，而使聯邦資金利率維持在它所設定的目標水準。

Fed 設定利率目標而非貨幣供給目標，基本上並不會影響我們的分析。根據流動性偏好理論：**貨幣供給與利率是一體的兩面**。當貨幣供給增加時，如圖 3 所示，利率會下降。當 FOMC 決定讓貨幣供給增加時，它會調降聯邦資金利率目標水準，從而其債券交易員會不斷地買進政府債券，直到聯邦資金利率到達 FOMC 的目標水準為止。

CHAPTER 34 貨幣與財政政策對總合需求的影響

因此，當你在報紙讀到「FOMC 將聯邦資金利率目標值由 4% 調降為 3%」的報導時，你應該知道，Fed 正採取較為寬鬆的貨幣政策。相反地，當 FOMC 調高聯邦資金利率的目標值時，表示 Fed 正採取較為緊縮的貨幣政策。

如上所述，貨幣供給與利率是一體的兩面，所以，**著眼於讓總合需求擴張的貨幣政策變動可以描述成中央銀行增加貨幣供給或引導利率下降，而著眼於讓總合需求緊縮的貨幣政策變動可以描述成中央銀行減少貨幣供給或引導利率上升。**

我國由於政府債券市場的規模不大，所以在中央銀行每季召開的理監事會議中，並未設定類似美國聯邦資金利率的利率目標。我國中央銀行是以中央銀行定期存單（發行對象為銀行）作為公開市場操作工具，且會設定 M2 成長率的目標區間。當實際的 M2 成長率高於目標區間的上限時，中央銀行為使 M2 成長率降回目標區間之內，它的一種做法是發行定期存單，而使銀行體系的準備金減少，從而使銀行的放款減少，進而使貨幣供給的成長率下降。相反地，當實際的 M2 成長率低於目標區間的下限時，中央銀行通常的做法是，其定期存單到期後不再續發，而使銀行體系的準備金能夠增加（增加金額為到期定期存單的本利和），從而使貨幣供給的成長率得以提升。

個案研究：為何美國 Fed 會關注股票市場（反之亦然）

諾貝爾經濟學獎得主薩繆爾遜（Paul Samuelson）曾這樣諷刺：「股市在過去五次經濟衰退時曾預期了九次。」（"The stock market has predicted nine out of the past five recessions."）的確，股價會異常波動且可能釋出關於經濟的錯誤訊號。

不過，股價有時能正確反映經濟的榮枯。例如，在 1990 年代，美國經濟經歷了美國史上最長的一段擴張期，美國的股價也反映了此一榮景（約飆漲了 4 倍）。同樣地，在 2008-2009 年經濟大衰退期間，美國的股價指數也曾經腰斬；在 2020 年，當 Covid 疫情創經濟時，美國股價也在 2 月 14 日至 3 月 23 日之間重挫了 34%。

中央銀行是否該關注股市的波動？當股價飆漲時，家戶的財富增加，從而其消費支出以及住宅投資支出會增加。此外，股價上漲也會讓上市公司透過現金增資來蓋新廠的意願提高，從而廠商的投資支出會增加。因此，股價飆漲會造成總合需求的增加。

如我們即將在本章後面說明的，當總合需求愈不穩定時，物價與產出也會變得愈不穩定，所以中央銀行的目標之一是穩定總合需求。因此，當股價飆漲時，中央銀行可能會透過提高利率使貨幣供給減少，從而使總合需求減少，來抵銷股價飆漲對總合需求的擴張效果。事實上，Fed 在 1990 年代末期美國股價飆漲時，曾多次調高聯邦資金利率的目標值。我國中央銀行也在 1980 年代末期我國股價狂飆時多次調高應提準備率；中國人民銀行（其中央銀行）在 2007 年也有同樣的做法。

當一國股價重挫時，其消費與投資支出都會減少，而使其總合需求減少，從而其經濟存在步向衰退的風險。為穩定總合需求，中央銀行需讓利率下降以增加總合需求。例如，在 1987 年 10 月 19 日，美國股市狂跌 22.6%（歷史單日紀錄）；當時的 Fed 就將聯邦資金利率目標值由 10 月初的 7.7% 降為 6.6%。由於 Fed 的快速反應，美國避免了一次可能的經濟衰退。另外，從 2007 年第四季起，當美國的次級房貸風暴愈演愈烈而造成美國股市多次重挫時，Fed 也曾多次調降聯邦資金利率目標值，由 5.25% 持續降至 0～0.25%。我國中央銀行也從 2008 年 9 月起，將重貼現率由原先的 3.625% 持續降至 1.25%（2009 年 2 月）。不過，這一次，貨幣政策並不足以改變經濟嚴重衰退的結果。在 2020 年股價重挫時，Fed 也曾大幅調降聯邦資金利率目標值。在 2020 年 3 月，Fed 將聯邦資金利率的目標值由 1～1.25% 一口氣降為 0～0.25%，並宣布採取無限量的 QE 政策；我國中央銀行也因為疫情的關係，而將重貼現率由 1.375% 調降為 1.125%。

當 Fed 密切注意股市動向時，全球的股市參與者也緊盯 Fed 的利率動向。這是因為 Fed 的利率決策會影響全球的資金供給、利率與經濟表現，進而影響股價。例如，當 Fed 調高利率而使貨幣供給減少時，股價通常會下跌。這有兩個理由：第一，利率上升意味著債券的報酬率提高，這會使股市的資金動能因部分資金轉向債券市場而下降。第二，總合需求會因貨幣供給減少而減少，從而造成廠商利潤減少。因此，當中央銀行調高利率的目標值時，股價終將會下跌，就如同 2022 年所發生的。

34-1e 零利率下界

如我們剛剛所說明的，貨幣政策經由利率發揮效果。此一結論產生一個問題：如果聯邦資金利率的目標值已降至接近零的水準，那麼在名目利率已降無可降的情況下，貨幣政策如何發揮效果？實際上，聯邦資金利率的目標值曾在 2008 年 12 月與 2020 年 3 月降至 0～0.25%。

有些經濟學家將此一情況稱為**流動性陷阱**（liquidity trap）。根據流動性偏好理論，擴張性貨幣政策藉由降低利率來刺激投資支出而發揮效果。但如果利率已降至接近零的水準，那麼貨幣供給即使再增加，只是讓整個經濟體系的流動性增加而已，並無法讓投資支出增加（因為銀行放款的名目利率不可能降為負值），從而總合需求、產出與就業會「陷」在較低的水準。

其他經濟學家則懷疑是否真的會有流動性陷阱，並認為即使利率已降至接近零之下界（lower bound of zero），中央銀行還是有其他可以讓經濟復甦的政策工具。例如，中央銀行可以藉由承諾未來將會讓貨幣供給持續成長，來提高人們對物價膨脹的預期。即使名目利率已降無可降，但人們對物價膨脹的預期提高意味著預期的實質利率為負值，從而可以刺激投資支出。此一政策有時稱為**前瞻引導**（forward guidance）。

再例如，中央銀行可以進行買進抵押擔保證券、公司債與長期政府債券等非典型買進標的之公開市場操作，來降低它們的利率。當公司債的利率降低時，發行公司就以較低的成本取得資金，這可以提升其投資意願。美國 Fed 確實在 2008-2009 年經濟衰退期間與 2020 年 3 月疫情剛爆發的期間積極這樣做，以引導聯邦資金利率降至接近零的水準。這樣的非傳統的貨幣政策就是我們在上一章所提到的**量化寬鬆**，因為它增加了銀行的準備金數量。在經濟大蕭條期間，Fed 同時實施前瞻引導與量化寬鬆政策。

有些經濟學家因利率可能降至接近零而主張設正值之物價膨脹目標率（the target rate of inflation）。當物價膨脹率為零時，實質利率跟名目利率一樣都無法降為負值。但如果物價膨脹率為（比方說）4%，則中央銀行很容易藉由引導名目利率接近零而讓實質利率降為負 4%。因此，較高的物價膨脹目標可以讓中央銀行有更多刺激經濟的空間，而能降低經濟體系陷入流動性陷阱的風險。

即席測驗

1. 根據流性偏好理論，經濟體系的利率會調整至
   a. 使可貸資金供需達成平衡的水準。
   b. 使貨幣供需達成平衡的水準。
   c. 跟預期物價膨脹率同幅度變動的水準。
   d. 跟全球金融市場現行利率相同的水準。
2. 如果政府要讓總合需求減少，它可以ㅤㅤㅤ貨幣供給，使利率ㅤㅤㅤ。
   a. 增加，上升　　b. 增加，下降
   c. 減少，上升　　d. 減少，下降
3. Fed 的聯邦資金利率目標
   a. 是獨立於貨幣供給之外的一項政策工具。
   b. 其大幅變動會影響總合需求。
   c. 其大幅變動不會影響總合需求。
   d. 其大幅變動會同時影響總合需求與短期總合供給。

（答案在章末）

34-2 財政政策如何影響總合需求

一國政府不單可以透過貨幣政策，也可以透過財政政策來影響經濟表現。**財政政策**是指政策制定者關於政府整體支出或稅收水準的決策。之前，我們曾說明財政政策如何影響儲蓄、投資與長期經濟成長。不過，在短期，財政政策的主要影響在於總合需求。

財政政策
fiscal policy
有關政府支出與稅收水準的政策

34-2a 政府支出的變動

當政策制定者改變貨幣供給或稅收水準時，他們藉由影響家戶和廠商的支出決策，而間接地造成總合需求曲線的移動。相形之下，當政府改變其支出水準

時，它會直接造成總合需求曲線的移動。

舉例來說，美國國防部向波音公司訂購 200 億美元的戰鬥機。這會增加波音公司產品的需求，而使它僱用更多的勞工來增加產量。由於波音公司是美國經濟體系的一部分，美國國防部此一訂單意味著不管美國的物價水準為何，美國的總合需求量都會增加，因此，美國的總合需求曲線會往右移。

此一 200 億美元的訂單會造成總合需求曲線多大的右移幅度？你可能會認為，總合需求曲線右移的幅度正好是 200 億美元。不過，事實上並不會剛好是 200 億元，這是因為以下的兩個效果使總合需求曲線的移動幅度不等於政府支出的變動。第一個效果是乘數效果，此一效果使總合需求的增加幅度**大於** 200 億美元。第二個是排擠效果，此一效果使總合需求的增加幅度**小於** 200 億美元。以下分別說明這兩種效果。

34-2b 乘數效果

當政府支出增加 200 億美元時，它會有後續的效果。政府支出增加會產生就業與廠商利潤同時增加的立即效果，而使勞工與廠商股東的所得增加，從而造成他們的消費支出增加，進而造成許多其他廠商產品的需求增加。這些廠商的勞工雇用量以及利潤也會增加，從而使整個社會的消費支出再進一步增加。此一過程會一直持續下去，因此，政府的每一塊錢支出會使商品與服務的總合需求增加不只一塊錢。我們稱政府支出對總合需求有**乘數效果**。

圖 4 說明此一乘數效果。一開始，政府支出增加 200 億美元使總合需求曲線由 AD_1 右移至 AD_2，且右移的幅度正好是 200 億美元。但當消費者因所得增加而增加消費支出時，總合需求曲線會進一步右移至 AD_3。

如果廠商因產品需求增加而增加投資，則乘數效果會再進一步擴大。例如，波音公司可能會因戰鬥機的需求增加而購買更多的機器設備或蓋新的廠。在此情況下，總合需求增加也會造成投資的增加，我們稱此為投資的**加速原理**（investment accelerator）。

34-2c 支出乘數的公式

接下來我們說明如何導出乘數效果的公式。這個公式裡的一個重要變數是**邊際消費傾向**（marginal propensity to consume，簡稱 MPC），其為家戶增加的所得用於消費的比例。比方說，如果邊際消費傾向是 3/4，則家戶每多賺一塊錢，就會花 0.75 元在消費上，剩下的 0.25 元就是儲蓄。以本例而言，美國一開始最多會增加

乘數效果
multiplier effect
擴張性財政政策所造成的總合需求總增加幅度大於該政策一開始所造成的總合需求增加的部分

150 億美元（3/4 × 200 億美元）的消費。

有了邊際消費傾向的概念後，我們就可以計算政府支出變動對總合需求的影響。首先，當政府支出增加 200 億美元時，一開始國民所得也會增加 200 億美元（因為支出等於所得）。國民所得增加 200 億美元後，消費支出會跟著增加 $MPC \times 200$ 億美元，而這部分的消費支出會成為某些人的所得，從而這些人的消費支出會增加 $MPC \times (MPC \times 200$ 億美元$)$。此一過程會一直持續下去。

我們把一開始政府增加的支出以及所有隨後增加的消費支出相加，可以得到：

$$
\begin{aligned}
&\text{政府支出的變動} &=&\ 200 \text{ 億美元} \\
&\text{第一回合消費支出的變動} &=&\ MPC \times 200 \text{ 億美元} \\
&\text{第二回合消費支出的變動} &=&\ MPC^2 \times 200 \text{ 億美元} \\
&\text{第三回合消費支出的變動} &=&\ MPC^3 \times 200 \text{ 億美元} \\
&\qquad\qquad\qquad\vdots &&\ \vdots \\
\hline
&\text{需求的變動總額} && \\
&\quad = (1 + MPC + MPC^2 + MPC^3 + \cdots) \times 200 \text{ 億美元} &&
\end{aligned}
$$

因此，我們可以把乘數寫成

圖 4　乘數效果

政府支出增加 200 億美元可以使總合需求曲線的右移幅度超過 200 億美元。之所以會有這樣的乘數效果是因為總合所得的增加會刺激消費支出的增加。

1. 政府支出增加 200 億美元，一開始使總合需求增加 200 億美元…
2. …但乘數效果使總合需求進一步增加。

$$乘數 = 1 + MPC + MPC^2 + MPC^3 + \cdots$$

此一乘數告訴我們，每一塊錢的政府支出所產生的商品與服務的總需求。

由於上式是一個無窮等比級數，公比為 MPC，因此，上式可以改寫成

$$乘數 = 1/(1 - MPC)。$$

舉例來說，如果 MPC 為 3/4，則乘數等於 4。在此情況下，200 億美元的政府支出會產生 800 億美元的商品與服務的總需求。

由此一乘數公式可以得知：當邊際消費傾向愈大時，乘數也愈大。這是因為當邊際消費乘數愈大時，同樣的所得增加，可以帶動更多的現在以及後續的消費，從而商品與服務總需求的增加幅度就愈大。

34-2d 乘數效果的其他應用

以上的乘數效果並不侷限於政府支出的變動，它適用於 GDP 的所有組成項目。舉例來說，假設外國發生經濟衰退而使美國的出口淨額減少 100 億美元，從而造成美國國民所得的下降，進而導致美國的消費支出減少。如果邊際消費傾向是 3/4，因而乘數等於 4，那麼出口淨額減少 100 億美元，意味著總合需求會減少 400 億美元。

再舉一例，假設家戶的消費支出因股價大漲而增加 200 億美元。此一消費支出增加會使國民所得增加，進而帶動更多的消費支出。如果邊際消費傾向是 3/4，從而乘數等於 4，那麼一開始消費支出增加 200 億美元，最後會使總合需求總共增加 800 億美元。

因此，即使消費、投資、政府支出與出口淨額一開始僅小幅變動，但最後可能會對總合需求，進而對產出水準，有倍數的影響。

34-2e 排擠效果

由以上的說明可以得知，政府支出一開始增加 200 億美元，總合需求的總增加金額會因乘數效果而超過 200 億美元。不過，政府支出增加對總合需求會有另外一個影響方向相反的效果。當政府支出增加而使總合需求增加時，利率也會上升，從而造成投資支出減少，進而導致總合需求減少。我們稱因政府支出增加使利率上升，所造成的總合需求減少為**排擠效果**。

為何會有排擠效果？我們可以用貨幣市場來說明。如前所述，當美國政府向波音公司購買 200 億美元的戰鬥機時，波音公司股東與員工的所得會增加（且由

排擠效果
crowding-out effect
總合需求因擴張性財政政策造成利率上升使投資支出下降而減少的部分

圖 5　排擠效果

(a) 貨幣市場

（圖：縱軸為利率，橫軸為貨幣數量。垂直的貨幣供給曲線由中央銀行所設定的數量決定。貨幣需求曲線由 MD_1 右移至 MD_2，均衡利率由 r_1 上升至 r_2。）

2. …所得會增加，而使貨幣需求增加…

3. …從而造成均衡利率上升…

(b) 總合需求的移動

（圖：縱軸為物價水準，橫軸為產出水準。總合需求曲線由 AD_1 右移 200 億美元至 AD_2，再左移至 AD_3。）

1. 當政府支出增加造成總合需求增加時…

4. …而抵銷一部分一開始的總合需求增加。

如圖 (a) 所示，當政府支出增加造成所得增加時，貨幣需求曲線會由 MD_1 右移至 MD_2，而使均衡利率由 r_1 上升至 r_2。如圖 (b) 所示，政府支出增加一開始會使總合需求曲線由 AD_1 右移至 AD_2。不過，由於利率上升造成借款成本增加，因此，住宅與投資財的需求會減少。此一排擠效果造成總合需求曲線由 AD_2 左移至 AD_3。

於乘數效果，其他一些人的所得也會增加）。當所得增加時，家戶會計畫購買更多的商品與服務，從而整個社會的交易性貨幣需求會增加。因此，政府支出增加使所得增加，而造成貨幣需求增加。

如圖 5(a) 所示，當貨幣需求增加時，貨幣需求曲線會由 MD_1 右移至 MD_2，從而在貨幣供給不變下，均衡利率會由 r_1 上升至 r_2。

利率上升意味著借款成本增加，而造成住宅與投資財的需求減少。換言之，政府支出增加一方面會造成商品與服務的需求增加，另一方面也會排擠投資。如圖 5(b) 所示，排擠效果會抵銷一部分政府支出增加所造成的總合需求增加。政府支出增加一開始使總合需求曲線由 AD_1 右移至 AD_2，但當排擠效果發生時，總合需求曲線又回移到 AD_3。

總結來說，**當政府支出增加 200 億美元時，總合需求的增加會超過還是少於 200 億美元，決定於乘數效果比較大還是排擠效果比較大**。乘數效果會使總合需求的增加超過 200 億美元，而排擠效果會使總合需求曲線往相反方向移動，且如果此一效果夠大的話，則最後總合需求的淨增加會少於 200 億美元。

34-2f 稅收的變動

除了政府支出之外，財政政策的另外一項重要工具是改變稅收水準。當政府

減稅時，人們的稅後所得會增加，從而消費支出會跟著增加，進而使總合需求增加。因此，政府減稅會造成總合需求曲線往右移。相反地，當政府增稅時，消費支出會減少，從而總合需求曲線會往左移。

稅收變動對總合需求的影響幅度也決定於乘數效果與排擠效果。當政府減稅刺激消費支出時，國民所得會增加，進而刺激更多的消費支出；這是乘數效果。另一方面，國民所得增加會使貨幣需求增加，而造成利率上升，進而造成投資支出減少；這是排擠效果。因此，政府減稅後一開始會因消費支出增加而使總合需求增加；與此一增加後的總合需求相較，最後的總合需求會比較大還是比較小，決定於乘數效果是否大於排擠效果。

除了乘數效果與排擠效果之外，政府減稅所造成的總合需求增加幅度還有另一項重要決定因素：家戶對稅收變動之持續期間的認知。舉例來說，假設政府宣布每一家戶減稅 1,000 美元。在決定這 1,000 美元要花掉多少時，家戶必須要先問自己，這額外的所得會持續多久。如果家戶預期此一減稅行動是恆常性的，則會對它們的財務有很大的幫助，從而現在的消費支出增加幅度就會比較大。在此情況下，總合需求的增加幅度也會比較大。相反地，如果家戶預期此一減稅行動是暫時性的，則消費支出與總合需求的增加幅度就比較有限。

增廣見聞　財政政策可能會影響總合供給

到目前為止，我們只提到政府支出與稅收的變動如何影響總合需求。大多數經濟學家認為，在短期，財政政策對經濟的影響主要是透過總合需求；不過，財政政策也可能會影響總合供給。

經濟學十大原理之一是：人們的行為隨誘因起舞。當政府調降所得稅稅率時，勞工賺的每一塊錢所能留下來的比例會上升，從而他們工作意願會提高，進而使商品與服務的產量增加；這意味著總合供給曲線會往右移。

供給學派經濟學家（supply-siders）主張，減稅對總合供給會有很大的影響。由於稅收等於稅率乘上稅基，而稅基主要是產出和所得，部分供給學派經濟學家甚至認為，稅率降低所造成的產出增加（稅基擴大）會大到足以使稅收增加。當然，這在理論上是有可能的，但大多數經濟學家並不認為實際上會發生。

政府支出的變動也可能會影響總合供給。例如，當交通愈便利時，廠商愈不擔心貨運不出去，從而其生產意願會愈高。因此，當政府的交通建設支出增加時，總合供給曲線會往右移。不過，由於交通建設通常耗時數年，所以它的長期影響會大於短期影響。

即席測驗

4. 如果政府要讓總合需求增加，它可以 _____ 政府支出，或 _____ 稅收。
   a. 增加，增加　　b. 增加，減少
   c. 減少，增加　　d. 減少，減少
5. 假設政府支出增加 1,200 億元且邊際消費傾向為 2/3，則總合需求的最大可能增幅為
   a. 400 億元。　　b. 800 億元。
   c. 1,800 億元。　d. 3,600 億元。
6. 承上題。如果中央銀行讓貨幣供給維持不變且允許利率變動，則與上題相較，總合需求的最大可能增幅 _____
   a. 較大。　　b. 一樣。
   c. 較小。　　d. 以上皆有可能。

（答案在章末）

34-3 政府是否應該運用政策穩定經濟？

我們已經說明貨幣政策與財政政策如何影響總合需求。接下來的問題是：政府是否應該運用這些政策工具來影響總合需求，以降低經濟波動的幅度？如果應該，則時機為何？如果不應該，則理由又為何？

34-3a 贊成者的觀點

讓我們再回到本章一開始所提的問題：當政府決定增稅時，中央銀行應如何反應？我們知道，稅收水準是總合需求曲線位置的決定因素之一。當政府增稅時，總合需求曲線會往左移，而在短期造成產出與就業的減少。如果中央銀行要抵銷此一財政政策的不利影響，它可以藉由增加貨幣供給來增加總合需求。如果貨幣供給的增加適量，則財政政策與貨幣供給的變動合起來可以讓總合需求不受影響。

因此，政府可以透過政策的搭配來穩定總合需求，進而穩定產出與就業。不過，那些認為政府有能力影響一國經濟表現的經濟學家分成兩派。溫和的一派主張，政府應該避免自己成為經濟波動的成因，因此反對貨幣政策與財政政策突然大幅變動，因為這樣的變動會造成總合需求的波動。

積極的一派則主張，政府應對民間部門的變動做出反應，以穩定總合需求。例如，凱因斯就強調總合需求的變動是短期經濟波動的主因，且總合需求之所以會變動，主要是因為社會大眾突然對經濟感到悲觀或樂觀。凱因斯用「動物情緒」（"animal spirits"）來描述社會大眾態度的突然轉變。當整個社會悲觀氣氛瀰漫時，家戶會減少消費支出，且廠商會減少投資支出，而使總合需求減少，進而造成產出減少與失業增加。相反地，當樂觀氣氛瀰漫時，家戶與廠商會增加支

出,而使總合需求增加,進而造成產出增加與物價膨脹的壓力。在某種程度上,人們對經濟前景的看法是自我實現的(self-fulfilling),亦即當悲觀(樂觀)氣氛瀰漫時,一國經濟最後真的變差(好)了。

在此情況下,凱因斯學派主張,政府應調整貨幣政策與財政政策以抵銷社會大眾態度突然轉變對總合需求的影響。例如,當人們過度悲觀時,中央銀行應讓貨幣供給增加,使利率下降,以刺激投資與總合需求。相反地,當人們過度樂觀

個案研究　白宮的凱因斯信徒

當一名記者在 1961 年問當時的美國總統甘迺迪為何主張減稅時,甘迺迪回答:「為了刺激經濟。你忘了你的大一經濟學原理課嗎?」事實上,甘迺迪的主張是立基於本章所說明的財政政策效果。他希望透過減稅來提升消費者支出,以增加總合需求,進而增加產出與就業。

在提議這項政策時,甘迺迪仰仗他的經濟顧問團隊,其成員包括像托賓(James Tobin)與梭羅(Robert Solow)這麼有名的經濟學家:他們後來都榮獲諾貝爾經濟學獎。這些經濟學家在 1940 年代當學生時就熟讀剛出版沒幾年的凱因斯的《一般理論》這本書。當他們提出減稅建議時,他們正試圖把凱因斯的理念付諸行動。

減稅不單可能會影響當前的總合需求,也可能影響未來的總合供給。甘迺迪當時的提案包括投資抵減,讓廠商投資新資本財時能享有租稅優惠。廠商投資支出增加不單能立即刺激總合需求,也會使經濟體系的未來產能與總合供給增加。在甘迺迪的減稅法案於 1964 年通過之後,確實也讓美國經濟強健成長一段時間。

自 1964 年的減稅法案之後,政策制定者不時會利用財政政策來控制總合需求。例如,歐巴馬總統就於 2009 年美國經濟大衰退之際,提出大幅增加政府支出的經濟刺激方案——美國復甦與再投資法案(ARRA)。在 2020 與 2021 年,川普總統與拜登總統也都曾提出財政刺激法案,以緩和疫情對經濟的不利衝擊,並加快復甦的腳步。

聽專家怎麼說　刺激經濟(Economic Stimulus)

「美國 2009 年的經濟刺激法案——美國復甦與再投資法案,有助於失業率的降低。」

經濟學家這麼說:

- 3% 不同意
- 0% 不確定
- 97% 同意

「考慮 ARRA 的所有經濟效果,包括增稅來融通政府支出的經濟成本,和它對未來支出及其他可能的影響,ARRA 的刺激效益超過其成本。」

經濟學家這麼說:

- 6% 不同意
- 19% 不確定
- 75% 同意

資料來源:IGM Economic Experts Panel, July 29, 2014.

時，中央銀行應讓貨幣供給減少，使利率上升，以抑制投資與總合需求。前美國 Fed 理事會主席馬丁（William M. Martin）就曾這樣描述：「Fed 的工作就是在派對開始時，把酒碗拿走。」

34-3b 反對者的觀點

有些經濟學家主張，政府應該避免為穩定經濟而積極運用貨幣政策與財政政策。他們認為，這些政策工具應被用來達成長期目標，如高經濟成長與低物價膨脹；至於短期的波動，就留給經濟體系自行處理。

他們之所以會有這樣的主張，主要是因為這些政策無法立竿見影，亦即它們對經濟的影響會有很長的時間落差。如前所述，貨幣政策效果的發揮是藉由改變利率，來影響投資支出。但許多廠商在進行投資之前會事先規劃，因此，大多數經濟學家認為，貨幣政策改變之後，至少需六個月的時間，才會對產出與就業造成影響。尤有進者，一旦這些效果發生，它們會持續數年。因為這樣的時間落差，所以他們主張中央銀行不應該試圖微調（fine-tune）經濟，亦即中央銀行不應該試圖運用貨幣政策工具來抵銷總合需求的微幅變動。他們認為，中央銀行對經濟情況的變化通常反應過慢，結果不單無法穩定經濟，反而可能變成經濟波動的成因。他們主張消極的貨幣政策，例如，維持貨幣供給緩慢且穩定的成長。

財政政策也會有時間落差問題，不過這個問題主要是來自於政治運作過程。以我國為例，大多數政府支出與稅收的變動需經立法院同意。此一過程可能耗時數年，因此等到開始實施之際，經濟情況可能已經不同了。

貨幣政策與財政政策的時間落差問題也有部分原因來自於經濟預測的準確性還不是很高。如果我們可以在一年前就準確預測到經濟情況，則政策制定者就有足夠的時間做好政策規劃。不過，經濟衰退與蕭條的到來，通常不會有太多的預警訊號出現，政策制定者只能事後因應。

34-3c 自動穩定因子

不論是贊成還是反對經濟穩定政策的經濟學家，都同意時間落差問題讓政策的短期穩定效果打了折扣。因此，如果這些時間落差問題可以避免，那麼經濟就可以比較穩定。事實上，經濟體系有所謂的**自動穩定因子**，其為當經濟步入衰退時，具刺激總合需求效果之財政政策的自動變化。

最重要的自動穩定因子是稅制。由於絕大多數的稅是以經濟活動規模為稅基，因此，當經濟衰退時，稅收會自動減少。例如，個人所得稅以家戶所得為稅

自動穩定因子
automatic stabilizers
當經濟步入衰退時，具刺激總合需求效果之財政政策的自動變化

基，公司所得稅以公司利潤為稅基。由於所得與利潤在經濟衰退時會減少，所以稅收也會跟著減少。如前所述，政府減稅可以刺激總合需求，因此，在經濟衰退時，由於稅收會自動減少，所以經濟波動的幅度可以降低。

政府支出也是一項自動穩定因子。在經濟衰退，失業增加之際，失業者可以申請失業保險給付、社會福利津貼，以及其他所得補助。因此，在經濟衰退，總合需求不足之際，此一政府支出的自動增加可以刺激總合需求。

雖然就大多數國家而言，其自動穩定因子並無法完全消除經濟衰退，不過，如果沒有這些自動穩定因子，產出與就業的波動幅度會擴大。因為這樣的效果，所以很多經濟學家反對立法規定政府的預算一定要平衡。當經濟衰退時，政府稅收會減少且支出會增加，所以政府通常會有預算赤字。如果政府的預算一定要平衡，則政府在經濟衰退時必須設法增稅或減少政府支出；換言之，嚴格要求政府預算一定要平衡，會消除目前稅制與政府支出中固有的自動穩定因子。

即席測驗

7. 假設人們對未來感到悲觀。為穩定總合需求，Fed 可以 _____ 聯邦資金目標利率，或國會可以 _____ 稅收。
   a. 調高，增加　　b. 調高，減少
   c. 調降，增加　　d. 調降，減少
8. 貨幣政策對經濟體系的影響會有時間落後問題，這是因為 _____ 需要時間。
   a. 中央銀行改變政策
   b. 政策決定之後要讓貨幣供給變動
   c. 貨幣供給變動之後要讓利率變動
   d. 利率變動之後要讓投資支出變動
9. 當經濟陷入衰退時，下列何者是自動穩定因子的例子？
   a. 更多人領取失業保險給付
   b. 股價下跌
   c. 政府提出振興經濟計畫
   d. 中央銀行改變聯邦資金利率目標

（答案在章末）

34-4 結論

政策制定者在改變政策之前，必須考慮他們決策的所有影響。在本書前面幾章，我們曾介紹古典模型，並說明財政政策如何影響儲蓄、投資與長期經濟成長，以及貨幣供給如何影響物價水準與物價膨脹率。

在本章，我們說明貨幣政策與財政政策的短期效果。我們探討這些政策工具在短期如何影響總合需求，進而影響產出與就業。當政策制定者決定減少政府支出以維持預算平衡時，必須同時考慮它對儲蓄與投資的長期影響，以及對總合需

求與就業的短期影響。當中央銀行決定降低貨幣供給成長率時，它也必須同時考慮對物價膨脹的長期影響以及對產出的短期影響。不管是政府的哪一個部會，決策者都必須同時考慮長期目標與短期目標。

摘要

- 凱因斯提出流動性偏好理論來說明利率的決定因素。根據此一理論，利率會調整至使貨幣供需達成平衡的水準。
- 物價水準上升會使貨幣需求增加，而造成均衡利率上升。由於利率代表借款成本，所以利率上升會使投資支出下降，從而造成商品與服務的需求量減少。因此，總合需求曲線的斜率為負。
- 中央銀行可以運用貨幣政策工具來影響總合需求。貨幣供給增加會使利率下降，而刺激投資支出，從而總合需求曲線會往右移。相反地，當貨幣供給減少時，利率會上升，而使投資支出減少，從而總合需求曲線會往左移。
- 政府可以運用財政政策工具來影響總合需求。政府增加支出或減稅會使總合需求曲線往右移；政府減少支出或增稅則會造成總合需求曲線往左移。
- 當政府變動支出或稅收時，對總合需求的最終影響程度可能會大於或小於政府支出或稅收的變動幅度。乘數效果會擴大財政政策對總合需求的影響；排擠效果則會削弱財政政策對總合需求的影響。
- 由於貨幣政策與財政政策可以影響總合需求，所以政府有時會運用這些政策工具來穩定經濟。經濟學家對政府是否該積極運用政策工具有不同意見。贊成者認為，家戶與廠商支出行為的改變會影響總合需求，如果政府不做出反應，則會有不必要的經濟波動，而對社會產生不利的影響。反對者則認為，由於貨幣政策與財政政策都有時間落差問題，所以這些政策的實施反而有可能使經濟波動幅度擴大。

複習題

1. 說明流動性偏好理論。它如何解釋為何總合需求曲線是負斜率的？
2. 利用流動性偏好理論說明貨幣供給減少如何影響總合需求曲線。
3. 假設政府花 30 億元購買警車。說明為何總合需求的增加可能超過 30 億元。說明為何總合需求的增加可能小於 30 億元。
4. 假設整個社會瀰漫悲觀氣氛。如果政府不

採取任何行動，則總合需求會如何變動？如果中央銀行要穩定總合需求，它該如何做？如果中央銀行不採取行動，則行政院可能採取什麼措施來穩定總合需求？

5. 舉出一個具有自動穩定因子功能的政府政策，並說明它為何具有這樣的功能。

問題與應用

1. 畫圖說明下列各項發展如何影響貨幣供給、貨幣需求與均衡利率。
    a. 中央銀行進行買進債券的公開市場操作。
    b. 信用卡普及使人們持有的現金減少。
    c. 中央銀行調降應提準備率。
    d. 家戶因變得愛購物而決定持有更多貨幣。
    e. 社會樂觀氣氛瀰漫造成總合需求增加。

2. 假設中央銀行讓貨幣供給增加5%。
    a. 利用流動性偏好理論畫圖說明此一政策對利率的影響。
    b. 利用總合供需模型說明此一利率變動對短期產出與物價水準的影響。
    c. 在經濟體系由短期均衡趨向長期均衡的過程中，物價水準會如何變動？
    d. 此一物價水準的變動如何影響貨幣需求與均衡利率？
    e. 你是否得到貨幣在短期具有實質影響但在長期是中立的結論？

3. 假設有一電腦病毒癱瘓自動提款機，而使人們決定保有更多的現金，從而使人們的貨幣需求增加。
    a. 如果中央銀行沒有變動貨幣供給，那麼根據流動性偏好理論，利率與總合需求會如何變動？
    b. 如果中央銀行要穩定總合需求，則它應該要如何變動貨幣供給？
    c. 如果中央銀行要透過公開市場操作達成此一貨幣供給的變動，則它應該要如何做？

4. 考慮兩種減稅政策，一種只持續1年，另一種則被預期為恆常性的。哪一種政策對刺激消費支出有較大的效果？哪一種政策對總合需求有較大的效果？試說明之。

5. 假設經濟體系處在高失業與低產出的衰退中。
    a. 畫出顯示此一狀態的總合供需圖形。記得畫出總合需求、短期總合供給與長期總合供給曲線。
    b. 中央銀行要如何進行公開市場操作才能使經濟體系回復自然產出水準？
    c. 畫出顯示此一公開市場操作之影響的貨幣供需圖形，並指出利率會如何變動。
    d. 畫出類似（a）小題中的圖形，顯示此一公開市場操作對產出與物價水準的影響，並說明之。

6. 在1970與1980年代初期，美國通過允許銀行支付支票存款利息的法令。
    a. 如果我們所定義的貨幣包括支票存款，則此項法令對貨幣需求的影響為何？
    b. 如果中央銀行讓貨幣供給固定，則利

率、總合需求與產出水準會如何變動？
　c. 如果中央銀行要維持市場利率（如債券之類的非貨幣性資產的利率）不變，則貨幣供給應如何變動？貨幣供給變動之後，總合需求與產出水準又會如何變動？
7. 假設某一經濟學家觀察到政府支出增加 100 億元造成總合需求共增加 300 億元。
　a. 如果此一經濟學家忽略了排擠效果，則他所估計的邊際消費傾向會是多少？
　b. 假設此一經濟學家現在承認會有排擠效果，則他現在所估計的邊際消費傾向會比原先估計的要來得大還是小？為什麼？
8. 某一經濟體系目前正處於衰退，其產出較自然產出水準少了 4,000 億元，且其政府要讓產出回復自然產出水準。其中央銀行同意調整貨幣供給使利率維持不變，從而不會有排擠效果。又，邊際消費傾向是 4/5，且物價水準在短期是完全固定的。其政府支出要變動多少金額才能使產出回復自然產出水準？試說明之。
9. 假設政府支出增加，則何者對總合需求的影響較大：中央銀行沒有採取任何行動還是中央銀行承諾要維持利率不變？試說明之。
10. 在下列哪一種情況下，擴張性財政政策會使投資在短期有更大的增幅？
　a. 投資的加速效果（investment accelerator）愈大還是愈小？
　b. 投資對利率的敏感度愈大還是愈小？
11. 考慮由下列方程式所描述的經濟體系：
$$Y = C + I + G$$
$$C = 100 + 0.75(Y - T)$$
$$I = 500 - 50r$$
$$G = 125$$
$$T = 100$$
其中 Y 為 GDP，C 為消費，I 為投資，G 為政府購買支出，T 為稅收，且 r 為利率。此外，此一經濟體系在充分就業下的 GDP 為 2,000。
　a. 說明以上每一條方程式的意義。
　b. 此一經濟體系的邊際消費傾向為何？
　c. 假設中央銀行藉由調整貨幣供給讓利率維持在 4%，亦即 $r = 4$。在此情況下，GDP 之值為何？與充分就業下的 GDP 相較，孰大孰小？
　d. 承上小題。政府購買支出要如何變動才能使經濟體系回復充分就業？
　e. 假設政府購買支出與稅收維持在一開始的水準。中央銀行要讓利率維持在什麼樣的水準才能使經濟體系回復充分就業？

即席測驗答案

1. b　2. c　3. b　4. b　5. d　6. c　7. d　8. d　9. a

Chapter 35
物價膨脹與失業之間的短期取捨

物價膨脹與失業為兩種常被用來觀察經濟體系表現的指標。美國的勞動統計局每個月會發布這兩個變數的資料；這些資料受到政策制定者的高度重視。有些評論者甚至將物價膨脹率與失業率相加而得到所謂的**痛苦指數**（misery index）；這項指數被用來衡量經濟體系的健全程度。

這兩個經濟表現指標有何關聯？在本書前面章節，我們討論了長期的物價膨脹率與失業率如何決定。我們發現，自然失業率水準決定於勞動市場的各項特性，如最低工資法、工會的市場影響力、效率工資所扮演的角色，和工作搜尋的有效性。相較之下，物價膨脹率則主要決定於中央銀行所控管的貨幣成長率。因此，就長期而言，物價膨脹率與失業率之間基本上並無關聯。

在短期,情況正好相反。**經濟學十大原理**之一是:社會面臨物價膨脹與失業的短期取捨。如果貨幣與財政的政策制定者採行擴張的總合需求政策,而使得經濟體系沿著短期總合供給曲線向上移動,那麼在短期間,產出會增加且失業會減少;不過,經濟體系必須付出物價上漲的代價。如果政策制定者採行緊縮的總合需求政策,而使得經濟體系沿著短期總合供給曲線向下移動,則物價膨脹率會下降;但是,在短期間,經濟體系必須付出產出減少和失業增加的代價。

在本章,我們將更仔細檢視物價膨脹──失業的取捨關係。在過去半個世紀以來,物價膨脹與失業之間的關係吸引了許多傑出的經濟學家。了解這兩者之間關係的最佳方法,是去看這一路走來經濟學家是如何思考的。如我們即將看到的,自從 1950 年代開始,關於物價膨脹與失業的思考歷程與美國經濟的演變息息相關。這兩個總體經濟變數的演變歷程說明了,為什麼物價膨脹與失業僅於短期存在取捨關係,而這樣的關係在長期並不存在,且這個取捨關係又帶給政策制定者什麼樣的挑戰。

35-1 菲力浦曲線

菲力浦曲線
Phillips curve
顯示物價膨脹與失業之間短期取捨關係的曲線

菲力浦曲線描述物價膨脹與失業之間的短期關係。經濟學家艾可洛夫(George Akerlof)於 2001 年領取諾貝爾經濟學獎時所發表的演說曾提到:「或許總體經濟中最重要的一項關係就是菲力浦曲線。」我們以菲力浦曲線的發現以及它在美國的應用作為本章的開始。

35-1a 菲力浦曲線的起源

在 1958 年,經濟學家菲力浦(A. W. Phillips)於英國的 *Economica* 期刊發表了一篇使他聲名大噪的論文,題目為「英國的失業與貨幣工資變動率之間的關係:1861-1957」。菲力浦發現,失業率與物價膨脹率存在反向關係,亦即失業率低的年間物價膨脹率通常較高,反之,失業率高的年間物價膨脹率通常較低。(菲力浦當年檢視的是名目工資的膨脹率,而非物價的膨脹率;這兩者的差異並不太重要,因為它們基本上呈同向變動。)菲力浦對於這兩個重要的總體經濟變數下了一個結論:它們之間存在某種被經濟學家所忽略的關係。

雖然菲力浦探討的是英國情況,但是很快地,許多學者紛紛將其研究方法運用在其他國家。菲力浦的文章發表兩年之後,經濟學家薩繆爾遜(Paul Samuelson)與梭羅(Robert Solow)隨後於《美國經濟論叢》(*American Economic*

圖 1　菲力浦曲線

菲力浦曲線顯示物價膨脹率與失業率之間呈反向關係。在 A 點，物價膨脹率低但失業率高；在 B 點，物價膨脹率高但失業率低。

Review）發表「反物價膨脹政策之解析」一文。文中提及，美國的物價膨脹與失業同樣也存在反向關係。他們解釋之所以會存在這樣的關係，是因為低失業通常伴隨著高總合需求，因而整個經濟體系的工資與物價會有較大的上漲壓力。薩繆爾遜與梭羅將物價膨脹—失業的反向關係稱之為**菲力浦曲線**。圖 1 顯示類似薩繆爾遜與梭羅所發現的菲力浦曲線。

薩繆爾遜與梭羅對菲力浦曲線之所以感興趣，是因為他們相信，它對政策制定者有相當重要的啟示。特別是，他們認為菲力浦曲線提供了政策制定者幾個可能可以選取的經濟結果。藉由改變貨幣政策與財政政策來影響總合需求，政策制定者可以在菲力浦曲線上選擇任何一點。例如，圖 1 中的 A 點代表高失業與低物價膨脹，B 點代表低失業與高物價膨脹。政策制定者當然希望物價膨脹率與失業率能同時降低；但是，根據歷史資料得出來的菲力浦曲線指出，要達到這個目標是不可能的。根據薩繆爾遜與梭羅的說法，政策制定者們會面臨物價膨脹與失業之間的取捨，而菲力浦曲線顯示此一取捨。

35-1b 總合需求、總合供給與菲力浦曲線

總合需求與總合供給模型可以用來說明菲力浦曲線所描述的各種可能結果。**菲力浦曲線顯示，經濟體系因總合需求發生變動而沿著短期的總合供給曲線移動，所產生的各種物價膨脹率與失業率的組合。**如同我們在前兩章所看到的，在短期，商品與服務需求增加會造成產出增加以及物價上漲。產出增加意味著就業

增加,也就是失業率下降。此外,較高的物價水準意味著較高的物價膨脹率。因此,在短期,總合需求的變動會導致物價膨脹率和失業率呈反向變動;菲力浦曲線所描述的就是這樣的關係。讓我們以下面的例子說明此一反向關係。

假設 2025 年的物價水準(如消費者物價指數)等於 100。圖 2 顯示兩個 2026 年可能發生的結果;其中一個是總合需求比較高時的結果,另一個則是總合需求比較低時的結果。圖(a)利用總合供給與總合需求顯示這兩種可能的結果;圖(b)則是用菲力浦曲線顯示這兩種可能的結果。

圖(a)顯示 2026 年的產出與物價水準。如果商品與服務的總合需求水準低,則經濟體系處於 A 點,產出水準為 15,000 且物價水準為 102。相形之下,如果總合需求水準高,則經濟體系處於 B 點,產出水準為 16,000 且物價水準為 106。這個例子的結論是,較高的總合需求會使經濟體系趨向較高產出與較高物價水準的均衡。

圖(b)顯示這兩個可能的結果在物價膨脹與失業上的意涵。由於廠商需要較多的勞動來生產較多的商品與服務,所以 B 點的失業率比 A 點的來得低。在這個例子,當產出水準由 15,000 提高到 16,000 時,失業率由 7% 降至 4%。此外,由於 B 點的物價水準較 A 點的來得高,所以 B 點的物價膨脹率(物價水準的變動百

圖 2　菲力浦曲線與總合供需模型的關聯

本圖假設 2025 年的物價水準為 100,並畫出 2026 年的可能結果。圖(a)顯示總合供需模型。如果商品與服務的總合需求水準低,則經濟體系處於 A 點;此時的產出水準低(15,000),物價水準也低(102)。如果商品與服務的總合需求水準高,則經濟體系處於 B 點;此時的產出水準高(16,000),物價水準也高(106)。圖(b)顯示圖(a)中的 A 點與 B 點如何對應到菲力浦曲線。如圖所示,源自於低總合需求的 A 點,其對應的失業率高(7%),但物價膨脹率低(2%)。源自於高總合需求的 B 點,其對應的失業率低(4%),但物價膨脹率高(6%)。

分比）也較高。由於 2025 年的物價水準為 100，因此，A 點的物價膨脹率為 2%，而 B 點的物價膨脹率為 6%。我們可以藉由總合供給與總合需求模型比較產出和物價水準，或者是藉由菲力浦曲線比較失業率和物價膨脹率，看出這兩個可能結果的差異[1]。

由於貨幣政策與財政政策會造成總合需求曲線的移動，因此會讓經濟體系沿著菲力浦曲線移動。貨幣供給增加、政府支出提高或是減稅都會使總合需求增加，而使得經濟體系到達菲力浦曲線上代表較低失業率與較高物價膨脹率的點。相反地，貨幣供給減少、政府支出降低或是增稅都會使總合需求減少，而使得經濟體系到達菲力浦曲線上代表較低物價膨脹率與較高失業率的點。因此，菲力浦曲線提供政策制定者物價膨脹與失業組合的選單。

即席測驗

1. 菲力浦曲線起源於物價膨脹率與 _____ 之間的 _____ 關係。
   a. 名目利率；正向　　b. 失業率；正向
   c. 名目利率；負向　　d. 失業率；負向
2. 當中央銀行增加貨幣供給而使總合需求增加時，經濟體系會沿著菲力浦曲線移向 _____ 的物價膨脹與 _____ 的失業的點。
   a. 更高，更高　　b. 更高，更低
   c. 更低，更高　　d. 更低，更高

（答案在章末）

35-2 菲力浦曲線的移動：預期所扮演的角色

菲力浦曲線似乎提供政策制定者可能的物價膨脹─失業組合的選單；但菲力浦曲線是否可以一直維持在相同的位置，而提供政策制定者穩定的選單？經濟學家在 1960 年代後期，也就是在薩繆爾遜與梭羅兩位經濟學家讓菲力浦曲線成為總體經濟政策爭論焦點之後不久，開始思考這個問題。

35-2a 長期菲力浦曲線

經濟學家傅利曼（Milton Friedman）於 1968 年在《美國經濟論叢》發表「貨幣政策的角色」一文；內容包括「貨幣政策辦得到的事」與「貨幣政策辦不到的事」。傅利曼指出，在長期，貨幣政策辦不到的一件事是，藉由提高物價膨脹率來

---

[1] 譯著按：圖 2 顯示同一年兩個可能的結果，但實際上，菲力浦曲線線上不同的點所顯示的是不同年間的物價膨脹與失業的組合。不過，如圖 2 所說明的，給定總合供給，較高的總合需求會使經濟體系趨向較低失業率與較高物價膨脹率的均衡。

降低失業率。經濟學家費爾浦（Edmund Phelps）也發表一篇否定物價膨脹與失業之間存在長期取捨關係的論文。

傅利曼與費爾浦的結論是立基於古典總體經濟學原理。古典理論指出，貨幣供給成長是物價膨脹的主因。但古典理論也主張，貨幣供給成長並不會影響實質變數（如產出與就業），而只會讓物價與名目所得呈同比例變動。特別是，貨幣供給成長並不會影響那些決定失業率的因素，例如，工會的市場影響力、效率工資的角色或工作搜尋的有效性。傅利曼與費爾浦下了這樣的結論：沒有理由認為，在長期，物價膨脹率會與失業率有關。

以下是傅利曼對中央銀行長期所能達成的目標的看法：

> 貨幣當局（中央銀行）控制名目數量，它可以直接控制的是它自己的負債部位（通貨加銀行準備金）。原則上，中央銀行可以藉由這樣的控制將名目數量釘住在某一個水準；這些名目數量包括匯率、物價水準、名目國民所得，和貨幣數量。它也可以藉由這樣的控制將名目數量的變動率釘住在某一個水準；這些變動率包括物價水準、名目國民所得，和貨幣數量的變動率。但是，中央銀行無法藉由控制名目數量將實質數量釘住在某一個水準；這些實質數量包括實質利率、失業率、實質國民所得、實質貨幣數量、實質國民所得成長率，和實質貨幣數量成長率。

傅利曼的這些看法對菲力浦曲線而言有重要的意涵。特別是，對貨幣政策制定者來說，長期的菲力浦曲線，如圖 3 所示，是一條垂直線。如果中央銀行讓貨幣供給緩慢地增加，則物價膨脹率低，且經濟體系處於 A 點；如果中央銀行讓貨幣供給快速地增加，則物價膨脹率高，且經濟體系會處於 B 點。不論是哪一種情況，失業率都會趨向其正常水準，即**自然失業率**（natural rate of unemployment）。垂直的長期菲力浦曲線說明了在長期，失業率不受貨幣成長與物價膨脹影響的結論。

垂直的長期菲力浦曲線在本質上展現了古典貨幣中立性的概念。在第 33 章，我們是以垂直的長期總合供給曲線來闡述貨幣中立性。圖 4 說明了垂直的長期菲力浦曲線與垂直的長期總合供給曲線是一體的兩面。在圖（a），貨幣供給增加使總合需求曲線由 AD_1 右移至 AD_2，從而造成長期均衡由 A 點移至 B 點，物價水準則由 P_1 上升至 P_2。但是，由於總合供給曲線是垂直的，因此產出維持不變。在圖（b），貨幣供給成長率增加導致物價膨脹率由 A 點所對應的水準上升至 B 點所對應的水準。但是，由於菲力浦曲線是垂直的，所以這兩點所對應的失業率是相同的。因此，垂直的長期總合供給曲線與垂直的長期菲力浦曲線都意味著，貨幣政

圖 3　長期菲力浦曲線

根據傅利曼與費爾浦，物價膨脹率與失業率的取捨關係在長期不存在。貨幣供給成長率決定物價膨脹率；不管物價膨脹率為何，失業率會趨向它的自然水準。因此，長期的菲力浦曲線是一條垂直線。

圖中說明：
1. 當中央銀行提升貨幣供給成長率時，物價膨脹率會升高⋯
2. ⋯但失業率維持在它的長期正常水準。

縱軸：物價膨脹率（高物價膨脹、低物價膨脹）；橫軸：失業率（自然失業率）；長期菲力浦曲線為垂直線，標示 B 點（高）、A 點（低）。

圖 4　長期菲力浦曲線與總合供需模型的關聯

（a）總合供需模型：縱軸為物價水準，橫軸為產出水準。長期總合供給為垂直線於自然產出水準。總合需求由 AD_1 右移至 AD_2，均衡由 A 點移至 B 點，物價水準由 P_1 上升至 P_2。

（b）菲力浦曲線：縱軸為物價膨脹率，橫軸為失業率。長期菲力浦曲線為垂直線於自然失業率，A 點移至 B 點。

圖中說明：
1. 貨幣供給增加使總合需求增加⋯
2. ⋯造成物價上漲⋯
3. ⋯而使物價膨脹率上升⋯
4. ⋯但產出與失業率都維持在它們的自然水準。

圖（a）顯示總合供需模型與垂直的長期總合供給曲線。擴張性貨幣政策使總合需求曲線由 AD_1 右移至 AD_2，從而造成長期均衡由 A 點移至 B 點。物價水準由 P_1 上升至 P_2，但由於總合供給曲線是垂直的，因此產出維持不變。圖（b）顯示長期菲力浦曲線，它垂直於自然失業率。擴張性貨幣政策使經濟體系由低物價膨脹（A 點）移至高物價膨脹（B 點），但失業率沒有變動。

策只會影響名目變數（物價水準與物價膨脹率），但不會影響實質變數（產出與失業率）。不論中央銀行政策所制定的貨幣政策為何，在長期，產出與失業率都會回到它們的自然水準。

35-2b 「自然」的意義

自然失業率中的「自然」其意為何？傅利曼與費爾浦用這個形容詞來形容經濟體系在長期會趨近的失業率。值得一提的是，自然失業率並非固定不變的。

舉例來說，假設一個新成立的工會用其市場影響力讓某些工人的實質工資高於均衡水準，這會造成勞動的超額供給，而使得自然失業率上升。這樣的失業之所以是「自然的」，並不是因為它對社會是好的，而是因為它不受貨幣政策的影響。貨幣成長率提高並不會降低工會的市場影響力或失業水準，而只會造成更高的物價膨脹率。

雖然貨幣政策不會影響自然失業率，但其他的政策可以。要降低自然失業率，政策制定者們應該訴諸那些可以改善勞動市場運作的政策。我們之前曾討論一些勞動市場政策，例如，最低工資法、集體談判、失業保險與工作訓練計畫，這些都會影響自然失業率。那些使自然失業率降低的政策會造成長期菲力浦曲線往左移。此外，由於較低的失業意味著較多的勞動在從事生產，因此，任何物價水準下的商品與服務供給量都會增加，從而長期總合供給曲線會往右移。給定貨幣成長率與物價膨脹率，此時的經濟體系享有較低的失業與較高的產出。

35-2c 理論與實證的調和

一開始，傅利曼與費爾浦的物價膨脹與失業無長期取捨關係的結論似乎沒有說服力。他們的論點立基於**理論**，特別是古典理論所強調的貨幣中立性。相對地，菲力浦、薩繆爾遜與梭羅所得到的物價膨脹與失業呈反向關係的結果是來自於真實世界的**實際資料**。當現實世界所呈現出來的菲力浦曲線是負斜率的時候，要如何讓人們相信，政策制定者所面對的菲力浦曲線是垂直的？看到菲力浦、薩繆爾遜與梭羅的發現，我們難道還要相信貨幣中立性嗎？

傅利曼與費爾浦充分了解這些問題，他們提出以下的觀點來調和貨幣中立性與負斜率菲力浦曲線。他們主張，物價膨脹與失業的反向關係只適用於短期，但在長期時，這樣的反向關係是不存在的。政策制定者可以採行擴張性貨幣政策來降低失業率，但這只會有短暫效果，失業率最終還是會回到自然失業率水準，而且，繼續採行擴張性貨幣政策只會讓物價膨脹率更高而已。

我們在第 33 章所討論的長短期總合供給曲線的差異就是立基於傅利曼與費爾浦的研究。你也許可以回想一下，長期總合供給曲線是垂直的，意味著在長期物價水準無法影響產出；但是短期的總合供給曲線是正斜率的，意味著物價水準的上升會使廠商增加商品與服務的供給量。例如，根據總合供給的工資僵固理論，勞工與廠商對物價水準的預期決定了名目工資。當物價高於預期時，廠商有誘因增加產出與勞動雇用量；當物價低於預期時，廠商會減少產出與勞動雇用量。不過，由於預期的物價水準與名目工資最後終將調整，所以實際物價水準與供給量只有在短期才存在正向關係。

傅利曼與費爾浦將相同的邏輯運用在菲力浦曲線上。就如同總合供給曲線只有在短期是正斜率的，物價膨脹與失業也只有在短期才有取捨關係。而且如同長期總合供給曲線是垂直的，長期菲力浦曲線也是垂直的。所以，了解長短期差異的關鍵就在於人們對物價水準的預期。

傅利曼與費爾浦引進一個新的變數來分析物價膨脹與失業率的取捨關係：**預期的物價膨脹**（expected inflation）。預期的物價膨脹衡量人們預期物價水準會有多大的變動。由於人們對物價的預期會影響名目工資，因此，預期的物價膨脹是短期總合供給曲線位置的一個決定因素。在短期，中央銀行可以將預期的物價膨脹視為已定（因此，短期總合供給曲線也已定）。當貨幣供給變動造成總合需求曲線移動時，經濟體系會沿著已定的短期總合供給曲線移動。因此，在短期，沒被預期到的貨幣政策變動會造成產出、物價、失業與物價膨脹之預期外的波動。就這樣，傅利曼與費爾浦說明了為何菲力浦曲線是負斜率的。

中央銀行只能在短期藉由增加貨幣供給來製造預期外的物價膨脹。在長期，人們終究能正確預期到中央銀行所創造的物價膨脹，從而名目工資會跟上物價膨脹的腳步；這意味著長期總合供給曲線會是垂直的。因此，在長期，總合需求的變動（如源自於貨幣供給的變化）不會影響經濟體系的產出，從而廠商也不會改變它們的勞動雇用量。因此，傅利曼與費爾浦認為，在長期，失業率會回到自然失業率水準。

35-2d 短期菲力浦曲線

傅利曼與費爾浦的分析可以概括成下列方程式：

失業率＝自然失業率－ a（實際的物價膨脹率－預期的物價膨脹率）。

此一方程式（本質雷同於之前提過的總合供給方程式）將失業率連結於自然失業

率、實際的物價膨脹率，與預期的物價膨脹率。在短期，預期的物價膨脹率是已定的，所以失業率會因實際的物價膨脹率上升而下降（a 為一參數，用來推測失業率對預期外的物價膨脹率的反應）。在長期，人們終究能正確預期到中央銀行所創造的物價膨脹率，因此，預期的物價膨脹率會等於實際的物價膨脹率，從而失業率會回到自然失業率。

這條方程式告訴我們，短期菲力浦曲線可能是不穩定的。每一條短期菲力浦曲線反映出特定的預期物價膨脹率。（更精確地說，如果你畫出此條方程式，你會發現，負斜率的短期菲力浦曲線與垂直的長期菲力浦曲線的交點所對應的實際物價膨脹率，等於預期的物價膨脹率。）當預期的物價膨脹改變時，短期菲力浦曲線會移動。

根據傅利曼與費爾浦，將菲力浦曲線視為政策制定者可選擇的選單是危險的。我們來看為什麼。想像經濟體系目前處於圖 5 中的 A 點，亦即失業率為自然失業率，同時，實際的與預期的物價膨脹率都低且相等。現在假設政策制定者想利用物價膨脹與失業的取捨關係，藉由使用貨幣政策或財政政策來擴張總合需求，使失業率下降。在短期，由於預期的物價膨脹率為已定，因此，經濟體系會

圖 5　預期的物價膨脹如何影響短期菲力浦曲線

預期的物價膨脹率愈高，物價膨脹與失業的短期取捨也隨之提高。在 A 點，預期的物價膨脹與實際的物價膨脹都低，且失業率位於自然水準。如果中央銀行採行擴張性貨幣政策，則在短期，經濟體系由 A 點移至 B 點。在 B 點，預期的物價膨脹依舊是原先的低水準，但實際的物價膨脹上升了，此時的失業率低於自然水準。在長期，人們調高他們對物價膨脹的預期，而使經濟體系移至 C 點。在 C 點，預期的物價膨脹與實際的物價膨脹都高，但失業率回到自然水準。

由 A 點移至 B 點，從而失業率會低於自然失業率，且實際物價膨脹率會高於預期的物價膨脹率。當經濟體系由 A 點移至 B 點時，政策制定者可能會想，雖然經濟體系付出物價膨脹率上升的代價，但失業率可以永久地降低。

根據傅利曼與費爾浦，這樣的想法是錯誤的，因為失業率只會暫時地而非永久地降低。時間一久，人們會習慣高物價膨脹率，而調高他們對物價膨脹的預期。當預期的物價膨脹率調高後，廠商與勞工在設定工資時會將高物價膨脹列入考量，而使短期菲力浦曲線，如圖所示，往右移；經濟體系最後會處在 C 點。與 A 點相較，此時的物價膨脹率較高，但失業率相同。因此，傅利曼與費爾浦得到這樣的結論：政策制定者面對的只是物價膨脹與失業的暫時性取捨關係；在長期，讓總合需求增加只會產生較高的物價膨脹率而已，對失業率的降低並無任何助益。

35-2e 自然率假說的天然實驗

傅利曼與費爾浦在 1968 年作了一個大膽的預測：如果政策制定者想要根據菲力浦曲線負斜率的特性，藉由提高物價膨脹率來降低失業率，則失業率的下降只是暫時的。這個觀點——不管物價膨脹率為何，失業率終究會回到自然失業率——稱之為**自然率假說**。傅利曼與費爾浦提出這個假說之後的幾年，貨幣政策與財政政策的制定者們創造出一個可以檢測這個假說的天然實驗，實驗對象就是美國經濟。

在我們說明檢測結果之前，讓我們先看一下當時的資料。圖 6 顯示美國在 1961 到 1968 年這段期間的物價膨脹率與失業率。這些資料描繪出幾近完美的菲力浦曲線。在這八年，物價膨脹率不斷上升，但失業率卻不斷下降。這些經濟資料似乎相當支持，政策制定者所面對的物價膨脹與失業存在取捨關係。

這些 1960 年代的結果讓傅利曼與費爾浦的預測顯得過於大膽。在 1958 年，菲力浦主張物價膨脹與失業存在反向關係；在 1960 年，薩繆爾遜與梭羅告訴我們，這樣的反向關係存在於美國，且美國 1960 年代的資料支持這樣的反向關係。對當時的一些經濟學家來說，在歷史上相當穩定的菲力浦曲線在政策制定者要利用它的時候，它就會變得不穩定的講法，似乎有點荒謬。

不過，事實就是如此。在 1960 年代末期，美國政府持續採行擴張性政策。這樣的擴張部分導因於財政政策：美國政府支出因越戰升溫而增加。部分則導因於貨幣政策：由於 Fed 為了不讓利率因政府支出增加而上升，遂採行擴張性貨幣政策，致使貨幣供給（以 M2 衡量）在 1970 到 1972 年這段期間，每年增加 13%。相對於 1960 年代初期每年只有 7% 的增幅，這樣的增加速度導致物價膨脹率飆

自然率假說
natural-rate hypothesis
不管物價膨脹率為何，失業率終究會回到正常或自然水準的主張

圖 6　1960 年代美國的菲力浦曲線

本圖使用 1961 到 1968 年美國物價膨脹率（以 GDP 平減指數衡量）與失業率的年資料，來顯示物價膨脹與失業的反向關係。

資料來源：U.S. Department of Labor; U.S. Department of Commerce.

高。（在 1960 年代末期與 1970 年代初期，物價膨脹率大約是每年 5% 至 6%，但在 1960 年代初期，每年只有 1% 至 2% 而已。）但如同傅利曼與費爾浦所預測的，失業率並沒有因此而下降。

圖 7 顯示美國 1961 到 1973 年物價膨脹率與失業率的歷史資料。如圖所示，在 1970 年左右，物價膨脹與失業的反向關係已不復存在。特別是在 1970 年代初期，當時的物價膨脹率維持在高檔，人們對於物價膨脹的預期趕上實際的物價膨脹，且當時的失業率落於 5% 至 6%，約是 1960 年代初期的水準。圖 7 所顯示的歷史與圖 5 所顯示的理論推演結果非常相似。在 1973 年，政策制定者開始覺得傅利曼與費爾浦是對的：在長期，物價膨脹與失業不存在取捨關係。

即席測驗

3. 自然失率是
   a. 社會的最適失業率水準。
   b. 社會的短期失業率水準。
   c. 公共政策無法降低的失業率水準。
   d. 獨立於物價膨脹的正常失業率水準。

4. 如果中央銀行降低貨幣供給成長率並讓它維持在較低的成長率，則預期的物價膨脹終究會 _____，且短期菲力浦曲線會 _____。
   a. 下降；下移　　c. 下降；上移
   b. 上升；下移　　d. 上升；上移

（答案在章末）

圖 7　菲力浦曲線的失靈

本圖顯示 1961 至 1973 年美國物價膨脹率（以GDP平減指數衡量）與失業率的年資料。如同傅利曼與費爾浦所預測的，1960 年代的菲力浦曲線在 1970 年代初期失靈了。圖中的 A、B、C 三點大略對應於圖 5 中的 A、B、C 三點。

資料來源：U.S. Department of Labor; U.S. Department of Commerce.

35-3 菲力浦曲線的移動：供給面衝擊所扮演的角色

傅利曼與費爾浦在 1968 年提出，短期菲力浦曲線會因人們改變預期的物價膨脹而移動的主張。美國 1970 年代初期的經驗說服了大部分經濟學家：傅利曼與費爾浦是對的。不過，在之後幾年，經濟學家將注意力轉到造成短期菲力浦曲線移動的另一個因素：總合供給面的衝擊。

在 1974 年，石油輸出國家組織（OPEC）以卡特爾的形式在國際石油市場發揮其市場影響力，以提升其成員國的利潤。OPEC 的成員國，例如，沙烏地阿拉伯、科威特與伊拉克，壓低石油的產量與對國際市場的供給量，而使得國際石油價格在幾年之內幾乎倍增。

大幅上漲的國際石油價格，就是供給面衝擊的一個例子。**供給面衝擊**直接影響廠商生產成本，進而影響廠商的產品訂價。這會造成經濟體系總合供給曲線的移動，進而造成菲力浦曲線的移動。例如，石油價格上漲造成汽油、燃油、輪胎和許多石油相關產品的生產成本增加，而使得任一價格水準下的產品數量減少。

供給面衝擊
supply shock
直接影響廠商生產成本與產品訂價，而造成總合供給曲線，進而菲力浦曲線，移動的事件

如圖 8（a）所示，此一供給減少造成總合供給曲線由 AS_1 左移至 AS_2，從而物價水準由 P_1 上升至 P_2，產出則由 Y_1 下降至 Y_2。物價上升與產出下降並存的經濟現象稱為**停滯性通膨**（stagflation）。

如圖（b）所示，此一總合供給曲線的移動也造成短期菲力浦曲線有類似的移動。由於廠商的勞動雇用量因產出減少而減少，因此失業率上升。如果今年的物價因油價飆升而大幅上漲，則今年的物價膨脹率會較去年的來得高。在此情況下，總合供給的減少會引發較高的失業率與較高的物價膨脹率，從而如圖（b）所示，短期菲力浦曲線會由 PC_1 右移至 PC_2。

當經濟體系遭逢總合供給變動時，政策制定者會面對要對抗物價膨脹還是失業的困難選擇。如果想要藉由緊縮總合需求來解決物價膨脹問題，則會使失業率進一步上升；如果想要藉由擴張總合需求來解決失業問題，則會使物價膨脹率進一步上升。換句話說，政策制定者現在所面對的物價膨脹與失業的取捨，比先前總合供給未減少時來得不利：若要維持原先的失業率，則必須忍受更高的物價膨脹率；若要維持原先的物價膨脹率，則必須忍受更高的失業率；不然就得像圖（b）中的 B 點那樣，同時忍受更高的物價膨脹率與更高的失業率。

政策制定者在面對總合供給的不利變動時，會問這樣的變動是暫時的，還是永久的？答案決定於人們如何調整他們對物價膨脹的預期。如果人們認為高物價

圖 8　對總合供給的不利衝擊

圖（a）顯示總合供需模型。當總合供給曲線由 AS_1 左移至 AS_2 時，均衡從 A 點移至 B 點；產出由 Y_1 下降至 Y_2，物價水準由 P_1 上升至 P_2。圖（b）顯示物價膨脹與失業率的短期取捨關係。總合供給的不利移動使經濟體系由低失業與低物價膨脹（A 點），移至高失業與高物價膨脹（B 點）。短期菲力浦曲線由 PC_1 右移至 PC_2。政策制定者現在面臨較不利的物價膨脹與失業的取捨關係。

膨脹導因於暫時性的供給面衝擊，則即使人們一開始調高預期的物價膨脹率，也會迅速調回原先的水準，從而菲力浦曲線會很快回到原先的位置。但是，如果人們因相信該衝擊會使未來的物價膨脹率維持在高檔，而調高預期的物價膨脹率，則菲力浦曲線會停留在新的位置，一個對經濟體系較不利的位置。

1970 年代的美國，預期的物價膨脹率的確顯著上升。之所以如此，部分源自於 Fed 想要藉由較高的貨幣成長來增加總合需求，以**緩和**供給面衝擊對產出所帶來的不利影響。由於這樣的政策，使得美國因供給面衝擊所造成的經濟衰退程度減輕了，但也使美國經濟面臨不利的物價膨脹與失業之取捨長達數年。這個問題在 1979 年更形惡化；那時 OPEC 再一次使用市場影響力，而使石油價格飆高一倍以上。圖 9 顯示美國那段期間的物價膨脹與失業。

在歷經兩次 OPEC 供給面衝擊之後，美國 1980 年的物價膨脹率超過 9%，失業率也有 7 個百分點。這樣的物價膨脹與失業組合已遠離 1960 年代的菲力浦曲線。根據 1960 年代的菲力浦曲線，7% 的失業率意味著物價膨脹率只有 1%，高於 9% 的物價膨脹率是無法想像的。由於美國的痛苦指數在 1980 年達到歷史新高，社會大眾普遍不滿意當時的經濟情況，而寄望 Fed 能夠改善，Fed 也迅速回應。

圖 9　1970 年代美國的供給面衝擊

本圖顯示 1972 到 1981 年美國物價膨脹率（以 GDP 平減指數衡量）與失業率的年資料。在 1973 到 1975 年間與 1978 到 1981 年間，國際石油價格上漲，造成較高的物價膨脹率與較高的失業率。

資料來源：U.S. Department of Labor; U.S. Department of Commerce.

即席測驗

5. 當不利的供給面衝擊發生時，
   a. 經濟體系會沿著菲力浦曲線移向更高的物價膨脹與更低的失業的點。
   b. 經濟體系會沿著菲力浦曲線移向更低的物價膨脹與更高的失業的點。
   c. 短期菲力浦曲線會往右移。
   d. 短期菲力浦曲線會往左移。
6. 下列何者會造成未來一年，物價膨脹率從 5% 降為 4%，且失業率從 6% 上升為 7%？
   a. 中央銀行提高貨幣供給成長率。
   b. 政府縮減支出並增稅。
   c. 國際石油價格因發現新油田而大跌。
   d. 人們提高對物價膨脹的預期。
7. 下列何者會造成未來一年，物價膨脹率從 5% 降為 4%，且失業率從 7% 降為 6%？
   a. 中央銀行提高貨幣供給成長率。
   b. 政府縮減支出並增稅。
   c. 國際石油價格因發現新油田而大跌。
   d. 人們提高對物價膨脹的預期。

（答案在章末）

35-4 降低物價膨脹的成本

在 1979 年 10 月，也就是 OPEC 十年內帶給全球經濟體系第二次不利的供給面衝擊時，Fed 主席伏克爾（Paul Volcker）決定採取行動。身為一國貨幣體系的捍衛者，伏克爾毫不猶豫地採行**反物價膨脹**（disinflation）政策，亦即降低物價膨脹的政策。伏克爾清楚知道，Fed 有能力藉由緊縮貨幣數量來降低物價膨脹。但在短期，整個經濟體系得為反物價膨脹行動付出多大的（社會）代價？這個問題的答案是比較不確定的。

35-4a 犧牲比率

為降低物價膨脹率，Fed 必須採行緊縮性貨幣政策。圖 10 顯示此一政策的影響。當 Fed 降低貨幣供給成長率時，總合需求會減少，而使得廠商所生產的商品與服務數量減少，進而導致失業率的上升。經濟體系由圖中的 A 點沿著短期菲力浦曲線移至 B 點，從而物價膨脹率下降，但失業率上升。隨著時間經過，人們開始了解物價上漲速度減慢，從而調降預期的物價膨脹率。這會造成短期菲力浦曲線往下移，且經濟體系會由 B 點移至 C 點。此時的物價膨脹率小於一開始的 A 點，失業率則回到自然水準。

因此，如果一國想要降低物價膨脹率，則必須忍受一段期間的高失業與低產出。在圖 10，此一成本顯現在經濟體系由 A 點移至 C 點之前，會先經過 B 點。此一成本會有多高，決定於菲力浦曲線的斜率，以及預期的物價膨脹率會因新的貨幣政策而有多快的調整速度。

圖 10　反物價膨脹貨幣政策的長短期影響

1. 緊縮性貨幣政策使經濟體系沿著短期菲力浦曲線移動…

2. …但在長期，人們調降預期的物價膨脹率，而造成短期菲力浦曲線往左移。

當 Fed 準備採行緊縮性貨幣政策來降低物價膨脹時，經濟體系沿著短期菲力浦曲線由 A 點移至 B 點。隨著時間經過，人們調降預期的物價膨脹率，而造成短期菲力浦曲線往下移。經濟體系最後到達 C 點，失業率回到自然水準。

許多研究藉由檢視物價膨脹與失業的資料，來估計降低物價膨脹的成本。這些研究的結果通常以**犧牲比率**這個統計量來表示。犧牲比率是，物價膨脹降低 1 個百分點，年產出所減少的百分點。一般研究所得到的犧牲比率是 5，也就是說，物價膨脹率每降低 1 個百分點，會有 5% 的年產出被犧牲掉。

這樣的估計結果必定讓伏克爾感到憂慮。當時的年物價膨脹率接近 10%，為達到適度的物價膨脹率，比方說每年 4%，則需要再降低 6%。若犧牲比率是 5，則降低物價膨脹率 6% 必須犧牲 30% 的年產出。

根據對菲力浦曲線與反物價膨脹之成本的研究，此一成本有不同的付出方式。一種方式是，減少當年度 30% 的產出，讓物價膨脹率立即降到 4%；這樣的後果相當嚴重。另一種方式是，把該成本分作幾年來攤銷。如果物價膨脹率的降低耗時 5 年，則產出平均每年只需減少 6%；如果耗時 10 年，則產出平均每年只需減少 3%。不過，無論是哪一種方式，要降低物價膨脹率似乎都沒那麼容易。

35-4b 理性預期與無成本之反物價膨脹

當伏克爾在考量反物價膨脹之成本會有多大時，一群經濟學教授正發動一項

犧牲比率
sacrifice ratio
物價膨脹降低 1 個百分點，年產出所減少的百分點

理性預期
rational expectations
主張當人們在對未來作預期時，會把他們所擁有的訊息，包括與政府政策攸關的訊息，做最適運用的理論

知識革命，挑戰傳統的犧牲比率概念。這群經濟學教授包括了著名的經濟學家盧卡斯（Robert Lucas）、沙金特（Thomas Sargent）與貝羅（Robert Barro）。他們的革命立基於被稱為**理性預期**的新的經濟理論與政策之研究方法。根據理性預期理論，當人們在對未來作預期時，會把他們所擁有的訊息，包括與政府政策攸關的訊息，做最適的運用。

如同傅利曼與費爾浦一開始所強調的，預期的物價膨脹是解釋為何物價膨脹與失業僅在短期具有取捨關係，但長期不具取捨關係的一個重要變數。物價膨脹與失業取捨關係的消失速度決定於人們對物價膨脹預期的調整速度。理性預期的擁護者們以傅利曼與費爾浦的分析為基礎，主張當經濟政策改變時，人們會跟著調整他們對物價膨脹的預期。那些試圖估計犧牲比率的研究，忽略了政策改變對人們物價膨脹預期的直接影響。因此，理性預期學派主張，犧牲比率的估計值不是可靠的政策指南。

根據沙金特的研究，實際的犧牲比率很有可能比既有的估計值小很多。的確，在最極端的情況下，犧牲比率有可能是零：如果政府承諾執行低物價膨脹政策，且人們相信政府的這項承諾，則理性的人們會立即調降他們對物價膨脹的預期。在此情況下，短期菲力浦曲線將會向下移動，從而經濟體系可以從圖 10 中的 A 點直接移至 C 點，亦即經濟體系不需承受一段期間的高失業與低產出。

35-4c 伏克爾的反物價膨脹政策

當伏克爾就任時，物價膨脹率高達 10% 左右；當時的經濟學家對反物價膨脹之成本提出兩種相反的看法。其中一群經濟學家根據犧牲比率的推估認為，如果要降低物價膨脹，則要付出產出大幅減少與高失業的成本。另一群經濟學家則根據理性預期理論主張，反物價膨脹之成本可以很低，甚至可能是零。究竟哪一個是對的？

圖 11 顯示美國自 1979 到 1987 年的物價膨脹與失業。如同你所看到的，伏克爾有效地降低物價膨脹率。物價膨脹率由 1980 年和 1981 年的約 10%，降至 1983 年和 1984 年的約 4%。物價膨脹得以降低，完全歸功於貨幣政策。這時期的財政政策對物價膨脹反而產生推波助瀾的效果：在雷根主政時期，預算赤字擴大，而造成總合需求增加，物價膨脹率可能因此上升。所以，1981 到 1984 年這段期間物價膨脹率的下降歸功於 Fed 主席伏克爾的反物價膨脹政策。

圖 11 也顯示伏克爾的反物價膨脹政策的確造成高失業。在 1982 年與 1983 年，美國的失業率將近 10%，比伏克爾就任時大約高出 4%，實質 GDP 也遠低於

圖 11　伏克爾的反物價膨脹政策

本圖顯示美國 1979 到 1987 年物價膨脹率（以GDP平減指數衡量）與失業率的年資料。這段期間物價膨脹率的下降是以 1982 年與 1983 年間的高失業率為代價。圖中的 A、B、C 三點大略對應於圖 10 中的 A、B、C 三點。

資料來源：U.S. Department of Labor; U.S. Department of Commerce.

趨勢值。伏克爾的反物價膨脹政策造成美國自 1930 年代經濟大蕭條以來最嚴重的經濟衰退。

這樣嚴重的結果是否意味著理性預期理論是錯的？一些經濟學家的回答會是非常肯定的。的確，圖 11 所顯示的反物價膨脹的實際結果類似於圖 10 中的推測結果。要從高物價膨脹（兩圖中的 A 點）變成低物價膨脹（C 點），經濟體系必須先經歷一段痛苦的高失業率時期（B 點）。

不過，有兩個理由讓我們無法完全否定理性預期理論。第一，即使伏克爾的反物價膨脹政策造成失業率暫時升高的社會成本，但該成本不如很多經濟學家原先推估的那樣大。這可能是伏克爾對反物價膨脹的強硬立場對物價膨脹預期產生一些直接效果，就如同理性預期學派所主張的。

第二，即使伏克爾宣布他將致力於降低物價膨脹，但社會大眾大多不相信他。由於只有少數人認為伏克爾可以迅速降低物價膨脹，所以，就整個經濟體系而言，預期的物價膨脹的降幅有限，而使得短期菲力浦曲線無法快速下移。因此，伏克爾反物價膨脹政策實施後的結果，不必然否定理性預期學派的反物價膨

脹成本可能為零的主張。不過，這也告訴我們，政策制定者在宣布新的政策時，不能期待人們會立刻相信，特別是在政策做了重大改變之後。理性的人們可能在沒有具體證據的情況下，懷疑政策制定者其降低物價膨脹的承諾；所幸，伏克爾最終靠著其堅毅的決心，提供了物價膨脹會降低的具體證據。

即席測驗

8. 降低物價膨脹的成本會比較高，如果
   a. 人們相信政府的低物價膨脹政策。
   b. 工資與物價不是很僵固。
   c. 物價膨脹的預期其調整速度緩慢。
   d. 中央銀行總裁很不喜歡物價膨脹。
9. 理性預期學派主張
   a. 如果人們相信政府的低物價膨脹政策，則犧牲比率會小很多。
   b. 如果反物價膨脹政策沒被預期到，則其對失業的衝擊會小很多。
   c. 人們不會相信政府的低物價膨脹的承諾。
   d. 預期的物價膨脹決定於當前的物價膨脹。

（答案在章末）

35-5 最近歷史

最近的歷史可以劃分成三個時期：葛林斯潘年代、大衰退與疫情。

35-5a 葛林斯潘年代

自 1970 年代由 OPEC 所帶來的物價膨脹，以及 1980 年代的伏克爾反物價膨脹政策之後，美國的物價膨脹與失業的波動就變得相當溫和。圖 12 顯示美國自 1984 到 2005 年的物價膨脹與失業。這個時期稱之為葛林斯潘年代；葛林斯潘（Alan Greenspan）於 1987 年接任 Fed 主席，並在位超過 18 年。

這個時期以一個有利的供給面衝擊揭開序幕。在 1986 年，OPEC 成員國開始爭論各成員國的石油產量配額，而使得它們長期以來的限量供應協議破裂，石油價格幾乎下降一半。如圖 11 所示，此一有利的供給面衝擊使美國 1984 到 1986 年間的物價膨脹率與失業率都持續下降。

自那時候起，Fed 小心避免重複 1960 年代的政策錯誤；當時，在美國的總合需求因政府支出增加而上升之際，Fed 還讓貨幣供給增加。雖然失業率低於自然水準，但物價膨脹率也上升。在 1989 年與 1990 年，當失業率下降且物價膨脹率上升時，Fed 調高利率以緊縮總合需求，而造成 1991 年與 1992 年的小幅度經濟衰退。當時的失業率超過自然水準，物價膨脹率則再一次下降。

之後，在 1992 到 2000 年這段期間，美國經濟持續繁榮。物價膨脹率逐漸下降，在 1990 年代末期幾乎接近零；失業率也下降，而讓許多經濟觀察家相信自然失業率已經降低。此一經濟良好表現部分歸功於葛林斯潘與其 Fed 同僚，因為唯有靠謹慎的貨幣政策，物價膨脹才有可能降低。而一些有利的供給面衝擊（如資訊與通訊技術的進步）也是故事的一部分。

不過，美國經濟在 2001 年開始出現問題。網路科技之股價泡沫破滅，911 恐怖攻擊與企業會計醜聞都壓抑著總合需求。失業率因經濟衰退而上升，但在擴張性貨幣政策與財政政策的幫助下，美國經濟開始復甦。在 2005 年初，失業率已接近自然水準。

在 2005 年，美國小布希總統提名伯南克（Ben Bernanke）接任 Fed 理事會主席；伯南克於 2006 年 2 月 1 日宣誓就職。伯南克在被提名時說道：「我的首要任務是維持葛林斯潘年代所建立的政策與政策策略的連貫性。」

圖 12　葛林斯潘年代

本圖顯示 1984 到 2005 年美國物價膨脹率（以 GDP 平減指數衡量）與失業率的年資料。在這段期間，葛林斯潘為 Fed 主席，物價膨脹率與失業率的波動幅度都相當小。

資料來源：U.S. Department of Labor; U.S. Department of Commerce.

35-5b 2008-2009 的大衰退

伯南克原本可能希望能夠延續葛林斯潘年代的政策,而無災無難地做完他的任期;不過,毫無疑問地,在他的前兩年任內,他的確面臨一些重大經濟挑戰。

如同我們在前面章節所提到的,伯南克所面臨的主要挑戰來自於住屋市場與金融體系的問題。從 1995 到 2006 年,美國的住屋市場持續繁榮,平均房價的漲幅超過一倍。但此一榮景終有結束的時候;從 2006 到 2009 年,美國的房價大約下跌了三分之一,並引發其他資產(如股票與債券)價格的重挫,從而導致美國家庭財富的大幅縮水以及不少金融機構,特別是那些壓寶美國房價會持續上揚的金融機構,陷入財務危機,最後形成美國的金融危機,並引發全球的金融海嘯,而使得全球因總合需求大減而陷入第二次世界大戰以後最嚴重的經濟衰退與失業困境。

雖然我們已在前面章節說明過此一金融危機的成因與大多數國家所採取的因應政策,但我們仍可以用圖 13 來清楚顯示它對美國的物價膨脹與失業的影響。從

圖 13 美國在 2008-2009 年經濟衰退期間與之後的菲力浦曲線

本圖顯示 2006 到 2019 年美國物價膨脹率(以 GDP 平減指數衡量)與失業率的年資料。在這段期間,金融危機造成總合需求大幅減少,而導致失業率飆升且物價膨脹率降到非常低的水準。

資料來源:U.S. Department of Labor; U.S. Department of Commerce.

2007 到 2010 年，如圖所示，總合需求大減使得美國失業率由不到 5% 大增約 10% 的同時，物價膨脹率也由 3% 降至約 1%。

在 2010 年之後，美國經濟從大衰退後緩慢復甦，Fed 主席由伯南克於 2014 年傳給葉倫（Janet Yellem），然後再於 2018 年傳給鮑爾（Jerome Powell）。失業率逐漸降低，而物價膨脹率維持在 1% 與 2% 之間的水準。在 2018 與 2019 年之前，失業率已降至 4% 以下，物價膨脹率則溫和升至 2% 這個 Fed 宣布的目標水準。

值得一提的是，這個時期的短期菲力浦曲線並沒有大幅變動。雖然美國 2009 年與 2010 年的物價膨脹率非常低，但美國社會的預期的物價膨脹率並沒有明顯降低，而讓短期菲力浦曲線往下移。同樣地，雖然美國 2018 與 2019 年的低失業率讓物價膨脹有點上升，但並沒有使預期的物價膨脹率提高，而讓短期菲力浦曲線往上移。相反地，預期的物價膨脹率很穩定地維持在 2% 的水準，而讓短期菲力浦曲線也相當穩定。

這可能跟人們在伏克爾成功降低物價膨脹之後，對 Fed 致力於將物價膨脹率維持在 2% 的承諾產生很大的信心有關。在此情況下，預期的物價膨脹率與短期菲力浦曲線的位置並沒有因一些短期事件而大幅變動。

35-5c 疫情

美國自 2008-2009 大衰退之後的長期擴張因 Covid 疫情而終止於 2020 年。疫情不單影響總合需求與總合供給，也影響物價膨脹與失業。

疫情一開始造成總合需求的減少。人們被告知要避免購物、在餐廳用餐、搭乘飛機，與其他會跟人近距離接觸的經濟活動。從 2020 年

聽專家怎麼說　2021-2022 的物價膨脹（The Inflation of 2021-2022）

「目前造成物價上漲的供給瓶頸可以合理地預期將減弱，而不會讓長期的物價膨脹高於 Fed 的目標。」

經濟學家這麼說：
- 55% 同意
- 11% 不同意
- 34% 不確定

「美國目前的財政與貨幣政策的組合會引發高物價膨脹延續更久的嚴重風險。」

經濟學家這麼說：
- 53% 同意
- 13% 不同意
- 34% 不確定

「美國目前的高物價膨脹其背後的一個顯著成因是，非競爭市場中具優勢地位的公司利用其市場影響力提高價格以提升其獲利。」

經濟學家這麼說：
- 10% 同意
- 79% 不同意
- 11% 不確定

資料來源：IGM Economic Experts Panel, November 23, 2021, January 11, 2022.

2月到4月，美國失業率從3.5%跳升至14.8%（臺灣從3.70%升至4.03%）；CPI則下降1%（臺灣則下降0.68%），而有短暫的物價緊縮現象。

但總合需求很快就回復，一方面是因為限制放寬，另一方面是因為擴張性貨幣政策與財政政策。Fed將利率降至接近零的水準，且美國國會通過川普與拜登總統所提的一系列的紓困法案。

疫情對總合供給持續造成不利的衝擊。在疫情初期，很多非必要的商業活動被暫停；即使在限制放寬之後，仍有很多人不願意回去工作。舉例來說，美國2020年的退休人數是2019年的兩倍，55歲及以上的年群其勞動力參與率在疫情爆發初期下降了2%，且截至2021年年底，還未回復到疫情爆發前的水準。另外，疫情也造成全球供應鏈的中斷，而有些企業無法取得重要的投入也讓總合供給進一步地減少。

在2021年年底，美國失業率又回到5%以下，但不利的供給面衝擊與擴張性貨幣政策與財政政策所造成的總合需求增加，合起來讓物價膨脹上升。美國以CPI計算的物價年增率，在2022年元月達到7.5%，創40年來新高；在2022年6月，更達到8.9%。

接下來，美國的失業率與物價膨脹率會如何演變，部分決定於預期的物價膨脹率的變化。如果人們相信Fed的決心與能力，則高物價膨脹會是短暫的；如果人們不相信Fed的決心與能力，且認為俄烏戰爭會愈演愈烈，則短期菲力浦曲線可能會往上移，從而經濟體系會面臨物價膨脹與失業之間較不利的取捨關係。

即席測驗

10. 導致大衰退的2008-2009的金融危機讓總合 _____ 減少，而造成短期菲力浦曲線 _____ 。
    a. 供給；整條線的移動
    b. 供給；線上的移動
    c. 需求；整條線的移動
    d. 需求；線上的移動

11. 美國2020年的退休人數增加讓總合 _____ 減少，而使物價膨脹 _____ 。
    a. 供給；上升
    b. 供給；下降
    c. 需求；上升
    d. 需求；下降

（答案在章末）

35-6 結論

本章說明了經濟學家對物價膨脹與失業的看法是如何演變的。我們討論了二十世紀許多經濟學家的觀點：從菲力浦、薩繆爾遜與梭羅的菲力浦曲線，到傅利曼與費爾浦的自然率假說，再到盧卡斯、沙金特與貝羅的理性預期理論。其中已有六位經濟學家榮獲諾貝爾經濟學獎。

在過去半個多世紀以來，雖然物價膨脹與失業的取捨關係引發不少爭辯，但經濟學家仍產生一些共識；這些共識可以用傅利曼在 1968 年對物價膨脹與失業之間關係的看法來代表：

> 物價膨脹與失業之間永遠會有暫時的取捨關係，但沒有永久的取捨關係。而這暫時的取捨關係不是來自於物價膨脹本身，而是來自於預料外的物價膨脹（通常發生於物價膨脹率持續上升期間）。一般人之所以會相信有永久性的取捨關係，是因為把「高」與「上升」這兩個字眼給搞混了。例如，上升的物價膨脹率可能可以降低失業率，但是，高物價膨脹率並無法降低失業率。
>
> 但「暫時」是多久？我大膽判斷，一個較高且預料外的物價膨脹率其最初的影響會持續二到五年。

直到今天，上述傅利曼的論述依舊代表了大多數總體經濟學家的看法。

摘要

- 菲力浦曲線描述物價膨脹與失業之間的反向關係。政策制定者可藉由擴張總合需求，選擇菲力浦曲線上高物價膨脹率與低失業率的組合。政策制定者也可藉由緊縮總合需求，選擇菲力浦曲線上低物價膨脹率與高失業率的組合。
- 菲力浦曲線所描述的物價膨脹與失業的取捨關係只存在於短期。在長期，人們依實際的物價膨脹率調整預期的物價膨脹率，而造成短期菲力浦曲線的移動，從而使長期菲力浦曲線垂直於自然失業率。
- 短期菲力浦曲線的變動也可能因總合供給面的衝擊而移動。一個不利的總合供給面衝擊，例如，國際石油價格上升，帶給政策制定者一個較差的物價膨脹與失業取捨關係。也就是，在這不利的供給面衝擊

後，在任一給定的失業率下，政策制定者必須接受較高的物價膨脹率，或在任一給定的物價膨脹率下，接受較高的失業率。

- 當中央銀行藉由緊縮貨幣供給成長來降低物價膨脹時，會使經濟體系沿著短期菲力浦曲線移動，而導致失業率暫時升高。反物價膨脹的成本決定於預期的物價膨脹之下降速度。一些經濟學家認為，如果政府降低物價膨脹之承諾的可信度高，則人們會迅速調降對物價膨脹的預期，而使反物價膨脹的成本得以降低。

複習題

1. 畫出代表物價膨脹與失業短期取捨關係的曲線。中央銀行如何使經濟體系由線上某一點移到另一點？
2. 畫出代表物價膨脹與失業長期取捨關係的曲線。說明長短期取捨關係之間的關聯。
3. 自然失業率中的「自然」代表什麼意思？各國自然失業率不同的可能原因為何？
4. 假設旱災使農作物收成減少而造成農作物價格上漲。短期物價膨脹與失業的取捨關係會如何受到影響？
5. 中央銀行決定降低物價膨脹率。用菲力浦曲線顯示此一政策的短期與長期影響。反物價膨脹的短期成本在什麼情況下可以降低？

問題與應用

1. 假設自然失業率為 6%。在同一圖中畫出兩條菲力浦曲線，並標示出下列四種情況。
    a. 實際物價膨脹為 5%，且預期物價膨脹為 3%。
    b. 實際物價膨脹為 3%，且預期物價膨脹為 5%。
    c. 實際物價膨脹為 5%，且預期物價膨脹為 5%。
    d. 實際物價膨脹為 3%，且預期物價膨脹為 3%。
2. 畫圖說明下列四種情況對長短期菲力浦曲線的影響。你的答案中要有經濟推論。

    a. 自然失業率上升
    b. 石油進口價格下跌
    c. 政府支出增加
    d. 預期的物價膨脹下降
3. 假設經濟體系原先處於充分就業，但當前消費減少導致經濟衰退。
    a. 用總合供需圖形與菲力浦曲線圖形說明經濟體系的短期變化。物價膨脹率與失業率會如何變動？
    b. 現在假設預期的物價膨脹率隨著時間變動，且變動方向與實際物價膨脹率的變動方向一致。短期菲力浦曲線會如何變動？經濟衰退結束之後，經濟體系所面

對的物價膨脹與失業組合會變得更好還是更差？

4. 假設經濟體系處於長期均衡。
   a. 畫出經濟體系的長短期菲力浦曲線。
   b. 假設企業看壞未來景氣而導致總合需求減少。畫圖顯示此一衝擊的影響。如果中央銀行採取擴張性貨幣政策，是否可以讓經濟體系回到原先的物價膨脹率與失業率？
   c. 假設經濟體系回到長期均衡之後，石油進口價格上漲。畫圖顯示此一衝擊的影響。如果中央銀行採取擴張性貨幣政策，是否可以讓經濟體系回到原先的物價膨脹率與失業率？如果中央銀行採取緊縮性貨幣政策，是否可以讓經濟體系回到原先的物價膨脹率與失業率？請說明這裡的情況與（b）小題不一樣的地方。

5. 假設物價膨脹率為 10%，且中央銀行打算採取緊縮性貨幣政策讓物價膨脹率降為 5%。經濟學家傅利曼相信，人們對物價膨脹的預期會因新政策而迅速調整；但經濟學家詹姆士不以為然。哪一位經濟學家會比較贊成中央銀行的這項政策？為什麼？

6. 假設中央銀行想要藉由將失業率維持在自然水準，讓物價膨脹率低且穩定。再假設中央銀行所認定的自然失業率為 4%，但實際的自然失業率卻是 5%。如果中央銀行依它所認定的自然失業率制定政策，則對經濟體系會有什麼影響？中央銀行如何了解它所認定的自然失業率是錯的？

7. 假設中央銀行宣布，它將採取緊縮性貨幣政策來降低物價膨脹率。以下情況會讓隨之而來的經濟衰退更嚴重還是不那麼嚴重？請說明。
   a. 薪資契約的期間短。
   b. 人們不相信中央銀行降低物價膨脹的決心。
   c. 預期的物價膨脹依實際的物價膨脹迅速調整。

8. 在 2008 年，Fed 同時面臨因金融危機所造成的總合需求減少，以及因全世界原物料價格上漲所造成的短期總合供給減少。
   a. 假設經濟體系原先處於充分就業。用總合供需圖形與菲力浦曲線圖形說明這兩個變化對經濟體系的短期影響。產出、失業、物價水準，與物價膨脹率會如何變動？為什麼？
   b. 假設 Fed 對這些衝擊迅速反應，且想要藉由調整其貨幣政策讓失業與產出維持在自然水準。它該採取什麼行動？在（a）小題的圖形中顯示其所採取的行動所造成的結果。
   c. Fed 是否有可能不採取你在（b）小題所描述的行動？為什麼？

即席測驗答案

1. d 2. b 3. d 4. a 5. c 6. b 7. c 8. c 9. a 10. d 11. a

Chapter 36
總體經濟政策的六項爭議

當你翻開報紙，很難不看到一些政治人物或專欄作家對某些經濟政策提出呼籲。總統應該增稅以降低預算赤字，還是根本不需要擔心預算赤字問題。中央銀行應該調降利率以刺激景氣，還是為避免物價膨脹率上升而不應調降利率。國會應改革稅制以促進經濟的快速成長，還是應該透過稅制改革讓所得分配更平均。這些經濟議題長久以來一直是世界各國政治爭議的焦點。

在前幾章，我們介紹了一些經濟學家在分析整體經濟表現及政策效果所用的工具；本章則就總體經濟政策的六項主要爭議提供正反面的觀點。希望你到目前所學到的經濟學知識，有助於你評斷這些正反面觀點。

36-1 政策制定者應該多積極穩定經濟？

在前三章，我們說明了總合需求與總合供給的改變如何導致生產與就業的短期波動。我們也說明了貨幣政策與財政政策如何改變總合需求，進而影響這些波動。但即使政策制定者**能夠**影響短期的經濟波動，他們真的**應該**這麼做嗎？第一項爭論是關於貨幣政策與財政政策制定者是否應該用他們可使用的工具來降低經濟的波動幅度。

36-1a 強力穩定經濟

如果讓經濟體系自由運作，則其波動是不可避免的。當家戶與廠商變得悲觀時，他們會縮減支出，而使商品與服務的總合需求減少，從而造成商品與服務的產出下降。接著，廠商會裁員，而使失業率上升；實質 GDP 及其他所得的衡量指標也隨之下降。失業率的上升及所得的減少會使人們更加悲觀，而使經濟衰退的幅度擴大。

經濟衰退意味著資源的浪費，對社會沒有任何好處。由於總合需求不足，部分勞工想工作卻沒有工作，工廠也會有閒置的產能。

社會沒有理由承受經濟波動所帶來的痛苦。總體經濟理論的發展已告訴政策制定者如何降低經濟的波動幅度。反景氣循環的貨幣政策與財政政策可以穩定總合需求，進而穩定生產與就業。當總合需求不足時，為讓社會達成充分就業，政策制定者應該增加政府支出、減稅並擴張貨幣供給。當經濟體系因總合需求過大而有物價膨脹的壓力時，政策制定者應降低政府支出、增稅並減少貨幣供給。這樣的政策讓經濟更加穩定，而造福了每個人。

36-1b 溫和穩定經濟

雖然理論上貨幣政策與財政政策可以用來穩定經濟，但在實務上這些政策的施行有其困難。

其中一個問題在於，貨幣政策與財政政策並無法立即影響經濟，且常常需要一段很長的時間，才能完全發揮效果。貨幣政策透過利率的變動來影響支出，特別是家戶與廠商的投資，進而影響總合需求。但許多家戶與廠商早已事先擬定其支出計畫，因此，利率的改變需要一段時間才能影響商品與服務的總合需

求。許多研究指出，貨幣政策通常在實行六個月之後才會對總合需求產生影響。

另外，由於政府支出與稅收的變動需經過冗長的政治運作過程，因此財政政策也需要一段時間才能完全發揮效果。所以，試圖穩定經濟的政策制定者需考慮未來政策效果發揮時的經濟情況。不幸地，經濟預測的準確度不高。一方面是因為總體經濟學是一門年輕的科學，另一方面則是因為造成經濟波動的因素很難預測。屢見不鮮的是，經濟穩定政策非但無法穩定經濟，反而背道而馳。在政策開始施行到效果產生的這一段時間，經濟情況很可能改變。因此，穩定政策可能使經濟的波動幅度加大而非縮小；一些經濟學家甚至認為，歷史上許多重大的經濟波動，包括美國1930年代的經濟大蕭條，就是這樣發生的。

醫生守則第一條就是「不要造成傷害」。人類的身體有自然的復原能力；醫生如果不確定病因，那麼，最好的辦法就是什麼都別做。介入自己不了解的東西只會讓事情更糟。

面對生病的經濟也是這樣。政策制定者當然希望能夠緩和經濟的波動，但因為總體經濟現象往往相當複雜且世事難料，所以這樣的希望是不切實際的。雖然當經濟衰退的程度嚴重或時間拖長時，經濟政策制定者使用貨幣政策或財政政策來干預經濟是合理的，但人們不應期待他們可以阻止每一次衰退。在大多數的情況下，政策制定者應慶幸他們沒有造成傷害。

即席測驗

1. 貨幣政策變動後，大約多久會影響總合需求？
   a. 一個月　　　　b. 六個月
   c. 兩年　　　　　d. 五年
2. 財政政策會有較長的時間落後問題主要是因為

a. 政府決策官員不常碰面。
b. 廠商在做投資時對利率變動的反應較遲緩。
c. 政府改變支出或稅收的政治程序冗長。
d. 消費者對其稅後所得變動的反應較遲緩。

（答案在章末）

36-2 政府應藉由增加支出還是減稅來對抗經濟衰退？

當小布希在2001年出任美國總統時，美國經濟正步入衰退；他所採取的對策是減稅。當歐巴馬在2009年出任美國總統時，美國經濟也正步入衰退，而且是數十年來最嚴重的；他所採取的對策除了減稅之外，還包括大幅增加政府支出（我國也是如此）。總體經濟學的第二項爭論是：哪一項財政政策工具——增加政府支出還是減稅——是對抗經濟衰退的較佳工具？

36-2a 政府藉由增加支出來對抗經濟衰退

在 1936 年，凱因斯出版了《就業、利息與貨幣的一般理論》一書。當時，美國經濟尚未完全脫離經濟大蕭條的陰霾。從那時候開始，經濟學家了解到經濟衰退的基本問題在於總合需求不足。當廠商無法銷售足夠數量的商品與服務時，它們便會減少產出與勞動雇用量。因此，經濟體系要脫離衰退的關鍵在於讓總合需求回復到足以支撐充分就業的水準。凱因斯的那本書讓經濟學有了不同的風貌。

貨幣政策通常是對抗經濟衰退的第一道防線。中央銀行藉由增加貨幣供給來降低利率，而使投資的資金成本下降，從而使民間的投資支出增加，進而使總合需求增加。這有助於經濟體系的產出與就業回復到正常的水準。

不過，財政政策也是對抗經濟衰退的一項工具。當政府減稅時，家戶的可支配所得會增加，從而人們的消費支出會增加。當政府增加商品與服務的購買時，總合需求直接增加。尤有甚者，政府的這些措施會有乘數效果：總合需求增加會使所得增加，而讓消費支出增加，從而總合需求會再進一步增加。

當利率低到不能再低而讓貨幣政策失效時，財政政策就特別有用。美國在 2008 與 2009 年發生經濟大衰退及 2020 年發生 Covid 衰退之際，Fed 就曾將目標利率降至接近零的水準。雖然有些中央銀行將目標利率降至微負的水準，但名目利率不太可能為負值（如為負值表示你借錢給人家還要付他利息），因此，在那時候 Fed 喪失了其刺激經濟最有力的工具。在此情況下，美國政府很自然地轉向財政政策來刺激總合需求。

傳統的凱因斯分析指出，政府增加支出要比減稅來得有效。當政府減稅一塊錢時，這一塊錢有一部分會被家戶儲蓄下來而沒被花掉，這一部分對總合需求就沒有貢獻。相較之下，政府所花的每一塊錢都立即使總合需求增加一塊錢。

在 2009 年，據歐巴馬行政團隊的經濟學家估計，美國減稅 1 美元會讓 GDP 增加 0.99 美元，而政府支出增加 1 美元會讓 GDP 增加 1.59 美元。因此，美國當時雖然也有減稅，但主要的措施是增加聯邦政府支出。

當然，我們無法確知這些刺激政策的效果到底有多大；也因為歷史無法重演，所以我們也無法知道如果政府沒採取任何行動，結果會怎樣。但有一點是肯定的：如果政府沒採取任何行動，那麼結果會比現在來得糟。在 1930 年代的經濟大蕭條期間，美國的實質 GDP 減少了 27%，且失業率高達 25%。在最近這一次的衰退，美國的實質 GDP 僅減少了 4%，且失業率最高只有 10%。不論是看實質 GDP 還是失業率，美國 2008-2009 的衰退幅度都沒有 1930 年代經濟大蕭條來得嚴重。

36-2b 政府藉由減稅來對抗經濟衰退

　　藉由賦稅政策來刺激衰退下的經濟在歷史上屢見不鮮。例如，美國的甘迺迪與雷根總統都曾提出大規模的減稅措施，且在施行之後，美國經濟都有強健的成長。

　　減稅對總合需求與總合供給都有重大的影響。減稅除了藉由讓家戶的可支配所得增加而使總合需求增加外，也藉由改變誘因來增加總合需求。例如，擴大投資抵減可增加廠商的投資誘因。由於投資支出是 GDP 組成中波動性最大的項目，因此，投資能否增加是經濟體系能否自衰退邁向復甦的關鍵。

　　減稅不單可以增加總合需求，也可以使總合供給增加。當政府調降邊際稅率時，人們的稅後所得會增加，從而不單已就業者願意增加工時，失業者也會更努力尋找工作。這些意味著總合供給增加。在總合供給與總合需求都增加的情況下，商品與服務的產出可以確定擴張，而物價膨脹率不見得會上升。

　　另外，當經濟衰退時，政府增加支出可能會產生一些問題。當政府藉由舉債來融通增加的支出時，家戶可能會預期未來的稅負會因政府債務增加而增加，從而減少現在的支出，進而部分甚至完全抵銷政府支出增加對總合需求的影響。另外，這些未來的可能稅負，如同其他的稅負一樣，會造成無謂損失。當廠商預見這樣一個扭曲程度升高的未來經濟體系時，它們會降低其未來利潤的預期，從而減少現在的投資支出。因為這些不同的效果，所以政府支出乘數可能小於傳統的分析結果。

　　此外，政府花錢能否花得有效率且即時也是一大問題。大型政府支出計畫通常需要數年的規劃，但當失業率因經濟衰退而飆升時，經濟體系迫切需要總合需求增加。如果政府支出在未經審慎評估的情況下快速增加，則最後可能只是浪費公帑而已；如果政府要審慎評估支出計畫，則對拯救失業又緩不濟急。

　　最後，減稅可以避免集權式且不完美的政治運作，而享有分權式的支出決策的好處。家戶會把可支配所得花在有價值的事物上，且廠商會把資金花在有利可圖的投資計畫上。相形之下，當政府支出快速且大幅增加時，由於受到多方的政治壓力，到最後可能只是多了一些冗員和「蚊子館」而已。尤有甚者，未來世代的稅負會增加。因此，政府支出增加雖會有總合需求增加的短期效益，但整個經濟體系必須付出資源使用效率與世代間負擔公平程度雙雙下降的長期成本。

即席測驗

3. 根據凱因斯學派，下列何者讓總合需求的增加幅度最大？
   a. 稅收增加 100 億元。
   b. 稅收減少 100 億元。
   c. 政府購買支出增加 100 億元。
   d. 政府購買支出減少 100 億元。

4. 政府調降所得稅率通常可讓總合需求 _____ 且讓總合供給 _____。
   a. 增加；增加　　b. 增加；減少
   c. 減少；增加　　d. 減少；減少

（答案在章末）

36-3 貨幣政策的制定應該依法則還是依權衡？

如同我們在貨幣體系那一章所說明的，在美國，貨幣政策是由聯邦公開市場委員會所制定的。委員們每六個星期開會評估經濟情勢，並依據這些評估以及對未來經濟情況的預測，決定調升、調降或不更動短期利率。在某些情況下，Fed 可能會採取非傳統的貨幣工具，如量化寬鬆或前瞻引導。

一些經濟學家對聯邦公開市場委員會這個機構的設計頗有意見。因此，第三項總體經濟政策的爭議就是中央銀行是否應縮減其權衡權力，而改依法則來執行貨幣政策。

36-3a 依法則制定的貨幣政策

權衡的貨幣政策會有兩個問題。第一個問題是權限不明與權力的濫用。警察在執行任務時，會被清楚告知他們的權限；警察如果可以為所欲為，則會相當危險。當政府賦予中央銀行維持經濟秩序的權力時，卻沒有清楚告知它的權限；此時，貨幣政策可能有過當之虞。

一個中央銀行濫用權力的例子是，中央銀行有時會利用貨幣政策來影響選舉。如果中央銀行官員比較偏好在位的候選人，就比較容易在選前利用擴張性的政策來刺激生產與就業，以幫他贏得選舉（即使他們知道物價膨脹的惡果會在選後浮現）。這意味著，權衡的貨幣政策可能會導致選舉前後的經濟波動幅度擴大。經濟學家稱此為**政治景氣循環**（political business cycle）。例如，在 1972 年美國總統大選之前，尼克森總統就對當時的 Fed 主席伯恩斯（A. Burns）施壓，要 Fed 實行更為擴張的貨幣政策，以提高他的連任機會。

第二，權衡的貨幣政策可能導致過高的物價膨脹。中央銀行官員經常喊出零物價膨脹的口號，不過，他們通常無法達成零物價膨脹的目標。為什麼呢？

也許是因為一旦社會大眾對物價膨脹形成預期之後（短期菲力浦曲線的位置就固定下來了），政策制定者會面對物價膨脹與失業的短期取捨。為降低失業率，他們可能會違背穩定物價的承諾。政策制定者承諾要做的與他們實際做的往往不一致，這之間的差異稱作**政策的時間不一致性**（time inconsistency of policy）。由於政策制定者經常有時間不一致性的問題，因此，每當中央銀行宣示要降低物價膨脹時，人們會抱持著懷疑的態度，而造成人們預期的物價膨脹會比政策制定者所宣示的目標還來得嚴重的結果。預期的物價膨脹提高會使短期的菲力浦曲線往上移，而使政策制定者面對較為不利的物價膨脹與失業的短期取捨。

要避免權衡政策所引發的兩個問題，中央銀行必須讓社會大眾相信，它會依法則制定政策。舉例來說，假設國會通過一項法律，要求中央銀行每年增加3%的貨幣供給。（為什麼是3%呢？因為美國實質GDP平均每年約成長3%，且貨幣需求跟著實質GDP成長，因此，3%的貨幣供給成長大約就是讓長期物價穩定的成長率了。）這樣的法律規範可以解決中央銀行可能濫權的問題，從而可以抑制政治景氣循環的發生；此外，政策也不會再有時間不一致性的問題。由於低物價膨脹現在是中央銀行的法定責任，因此，人們會相信中央銀行對於低物價膨脹的宣示。因為人們降低了對物價膨脹的預期，所以經濟體系所面對的物價膨脹與失業的短期取捨就變得比較有利。

貨幣政策的其他法則也是可行的。例如，當失業率每超過自然水準1%時，貨幣成長需提升1%。不論法則的內容是否很精確，中央銀行依法則制定政策可以避免權衡政策所引發的兩個問題。

36-3b 依權衡制定的貨幣政策

權衡的貨幣政策雖然有很多陷阱，但它仍具有一個重要的好處：彈性。中央銀行必須面對各種無法預知的狀況。在1930年代，美國銀行倒閉家數創歷史紀錄；在1970年代，油價飆漲；在1987年10月，美國股市一天之內崩跌了22%；從2007到2009年，美國發生次級房貸風暴；在2020年，疫情造成美國經濟肝腸寸斷。中央銀行必須決定如何因應這些經濟衝擊。制定政策規則的人不可能考慮到各種意外並事先擬定正確的應變措施。任命優秀的人來執行貨幣政策並盡量給予他們空間會是比較好的做法。

此外，權衡政策的問題大部分是假設性的。政治景氣循環的實際重要性並不是很明顯。例如，雖然尼克森在1972年的確對伯恩斯施壓，但似乎沒有成功，因為那年的利率是大幅攀升的。而且，反政治景氣循環的結果反倒曾經發生過。例

如，在 1979 年，美國卡特總統任命伏克爾擔任 Fed 理事會主席。同年 10 月，伏克爾以緊縮性貨幣政策對抗從前主席任內就存在的高物價膨脹率。可想而知，伏克爾的決定會導致經濟步入衰退，進而導致卡特總統的聲望下滑。伏克爾並非利用貨幣政策來幫助任命他為主席的總統，他採取他自認為對國家有利的措施，雖然這些措施最後讓卡特在 1980 年的大選敗給了雷根。

時間一致性的實際重要性也不明顯。雖然大部分人對中央銀行的宣示存疑，但中央銀行可以透過行動實踐承諾，來建立公信力。在 1990 與 2000 年代，儘管 Fed 面對藉由提高物價膨脹率來降低失業率的誘惑，它依然控制了物價膨脹率，並讓它維持在低檔。此一經驗顯示，中央銀行不需依循法則也能達成低物價膨脹的目標。

企圖用法則來取代權衡勢必會遭遇訂定法則的困難。儘管有許多探討不同法則之成本與效益的研究，經濟學家對於什麼是最佳法則並沒有達成共識。如果真的可以有共識，那麼社會也只能在共識達成之前，給予中央銀行官員權衡的空間來執行他們認為合適的貨幣政策。

即席測驗

5. 貨幣政策的制定應該依法則而不是依權衡的支持者通常主張
   a. 政策制定者可能會違背穩定物價的承諾。
   b. 依法則可以擴大政治景氣循環。
   c. 財政政策比貨幣政策更能穩定經濟。
   d. 政策制定者有讓意料外物價膨脹爆發的空間。

6. 政策制定者承諾要做的與他們實際做的往往不一致，這之間的差異稱作
   a. 政策的偏好不一致性。
   b. 政策的意志不一致性。
   c. 政策的時間不一致性。
   d. 以上皆非。

（答案在章末）

36-4 中央銀行應該以近零物價膨脹率為目標嗎？

經濟學十大原理之一是：當政府印太多鈔票時，物價會上漲；我們在貨幣供給成長與物價膨脹那一章曾深入討論過此一原理。**經濟學十大原理**中的另一項是：社會面臨物價膨脹與失業的短期取捨；本書在上一章也曾詳細說明過此一原理。將兩個原理放在一起，會引發一個問題：中央銀行應以什麼樣的物價膨脹率為目標？

36-4a 近零物價膨脹

物價膨脹不單對社會沒有好處，而且還會給社會帶來一些實質成本。如我們所提過的，物價膨脹所造成的社會成本包括：

- 伴隨減持貨幣而來的鞋皮成本。
- 伴隨價格頻繁調整而來的菜單成本。
- 物價膨脹所誘發的稅負扭曲。
- 預期外物價膨脹所造成的財富任意重分配。

一些經濟學家認為，就溫和的物價膨脹而言，這些成本不高；但其他經濟學家則認為，即便物價膨脹是溫和的，這些成本還是很高。此外，很多人不喜歡物價膨脹。例如，在 2021 年，當物價膨脹率上升至 6% 時，社會大眾認為它是國家的主要問題之一。

當然，零物價膨脹的效益必須與達成它的成本相比較。物價膨脹的降低，如短期菲力浦曲線所示，通常會伴隨著一段期間的失業增加與產出減少。但反物價膨脹所引起的經濟衰退只是暫時的；一旦人們知道政策制定者的目標為零物價膨脹時，其對物價膨脹的預期會下降，而使社會可以面臨較為有利的物價膨脹與失業之間的短期取捨。就長期而言，由於人們調整了對物價膨脹的預期，因此，物價膨脹與失業之間不存在取捨關係。

所以，雖然社會需為降低物價膨脹付出短期成本，但可享有長期利益。也就是說，一旦反物價膨脹所導致的衰退結束，零物價膨脹的效益就會持續到未來。若政策制定者有遠見，他們會願意為了長久的利益而付出短暫的代價。伏克爾在 1980 年代初期就是這麼想的；當時，他透過緊縮性貨幣政策將美國的物價膨脹率從 1980 年的 10% 降低到 1983 年的 4%。雖然美國 1982 年的失業率是經濟大蕭條以來的新高，但美國經濟最後仍從衰退中復甦，且物價膨脹也控制在低檔。今日，伏克爾被中央銀行官員視為英雄。

此外，降低物價膨脹的成本不一定會像某些經濟學家所強調的那麼高。如果社會大眾相信中央銀行所宣示的零物價膨脹目標，那麼，人們會降低對物價膨脹的預期，而造成短期菲力浦曲線往下移，從而使經濟體系得以用較低的成本來降低物價膨脹。此一策略的關鍵就是在於中央銀行的公信力，亦即人們相信中央銀行會貫徹它所宣示的目標。國會可透過制定穩定物價是中央銀行首要目標的法律，來幫助中央銀行達成目標。這樣的法律可以降低達成零物價膨脹的成本，卻不會影響零物價膨脹所帶來的效益。

36-4b 與溫和的物價膨脹共存

達成近零物價膨脹率的效益，相較於，比方說，4% 的物價膨脹率，相當有限，但成本可能很高。犧牲比率的估計顯示，物價膨脹每降低 1%，產出一年會減少 5%。假設將物價膨脹從 4% 降為零，則一年會有 20% 的產出損失。雖然我們不喜歡 4% 的物價膨脹率，但我們也不見得願意放棄 20% 的年所得來擺脫它。

零物價膨脹的實際社會成本甚至會比這 20% 還來得高，這是因為損失的所得並非是由全民平均分攤的。當經濟陷入衰退時，並不是所有人的所得都會等比例下滑；相反地，所得下滑主要是集中在那些失業者的身上。這些受害者通常是低技能或者是沒有經驗的勞工，因此，降低物價膨脹的大部分成本是由這些負擔不起的人承擔。

雖然經濟學家可以列出幾項物價膨脹的社會成本，但經濟學家對這些成本是否顯著並未達成共識。至少就溫和物價膨脹而言，鞋皮成本、菜單成本與其他成本似乎不高。人們厭惡物價膨脹是事實，但通常也會陷入了一項迷思：物價膨脹會侵蝕生活水準。不過，生活水準決定於生產力，而非貨幣政策；降低物價膨脹並無法使實質所得增加得更快。

此外，政策制定者不需要讓物價膨脹真的降下來，就可以降低物價膨脹的社會成本。他們可透過修改稅法將物價膨脹納入考量，來消除物價膨脹所誘發的稅負扭曲。也可以透過發行與物價膨脹連動的政府債券（在 1997 年柯林頓政府就曾這麼做），以降低預期外物價膨脹所造成的債權人與債務人之間的財富重分配。這樣的政府債券不單可以隔絕物價膨脹對持有人的不利影響，也可以鼓勵民間的債權人與債務人訂下與物價膨脹連動的債務契約。

雖然一些經濟學家認為，不需要任何成本就能夠降低物價膨脹是有可能的，但實務上有其難度。除非人們完全相信中央銀行可以實踐零物價膨脹的承諾，否則，經濟體系會經歷一段期間的失業增加與產出減少。

而且，反物價膨脹所導致的衰退可能會對經濟體系造成永久性的傷害。當經濟衰退時，各產業的廠商會大幅減少新廠與設備的投資，而使投資成為 GDP 的組成中波動性最大的項目。即使經濟衰退結束了，但由於資本存量小於經濟衰退沒有發生下的水準，所以生產力、所得與生活水準也都會低於經濟衰退沒有發生下的水準；有些勞工甚至會長期失業，其工作技能便喪失了價值。

些許的物價膨脹甚至有可能是一件好事。一些經濟學家認為物價膨脹有潤滑勞動市場運作的效果。這是因為名目工資在短期可能是僵固的，因此，如果物價

上升，實質工資就有機會降低；這意味著在溫和的物價膨脹下，實質工資比較可以隨勞動市場狀況的變動而調整。

此外，由於名目利率不可能降到零以下，所以物價膨脹有可能使實質利率為負，進而可以在經濟發生衰退時，能更有效刺激投資與消費。而這是零物價膨脹下不可能有的效果。

既然零物價膨脹的效益有限，且會帶來前面所提到的高成本，政策制定者就不應該一味地追求零物價膨脹。曾任 Fed 副主席的經濟學家布蘭德（Alan Blinder）在他的著作《冷靜的頭腦，溫軟的心》（*Hard Heads, Soft Hearts*）一書中主張，政策制定者不該做以下的選擇：

> 低物價膨脹與溫和物價膨脹為美國與其他工業化國家所帶來的成本並不高，就像是社會只是感冒而已，並不是罹患癌症。一個理性的人，不會動大手術來治癒感冒，但我們卻經常動經濟大手術（高失業）來治療物價膨脹這樣的小感冒。

布蘭德認為，我們最好能學習忍受溫和的物價膨脹。

即席測驗

7. 下列何者**不**是維持零物價膨脹率的論點？
   a. 可消除物價膨脹所誘發的稅負扭曲。
   b. 可降低減持貨幣而來的鞋皮成本。
   c. 可降低伴隨價格頻繁調整而來的菜單成本。
   d. 如果名目工資無法調降，則它可阻止實質工資下跌。

8. 下列何者**不**是維持正的物價膨脹率的論點？
   a. 實質利率可以為負值。
   b. 可消弭財富的任意重分配。
   c. 實質工資可以降低。
   d. 零物價膨脹的成本太高。

（答案在章末）

36-5 政府應該平衡其預算嗎？

政府的財政一直是總體經濟學的爭論焦點之一。當政府支出超過其稅收時，就發行政府債券來彌補預算赤字。我們在金融體系那一章，說明了政府預算赤字如何影響儲蓄、投資及利率；但它會對經濟體系造成多大的問題？總體經濟政策的第五項爭議就是關於政策制定者是否應將平衡政府預算列為首要目標。

36-5a 贊成平衡預算

美國聯邦政府現在的債務比四十年前還嚴重。在 1980 年，美國聯邦政府的債務是 7,120 億美元；在 2021 年則是 22.4 兆美元。如果我們把美國聯邦政府今日的債務除以美國的人口數，可以算出每個美國人平均約需分攤 68,000 美元。就我國而言，在 2021 年年底，中央政府的債務餘額為新臺幣 58,247 億元，每個國人平均約需分攤新臺幣 24.8 萬元[1]。

政府負債最直接的影響就是未來納稅人的負擔加重。當這些債務與累積的利息到期時，未來的納稅人將面臨一個困難的選擇。他們可以付較多的稅，或享有較少的政府支出，或兩者並行，以便政府有足夠的錢來償還債務和利息。或者他們可以採取拖延戰術，讓政府去借新債來還舊債。當政府有預算赤字並發行債券時，意味著現在的納稅人讓未來的納稅人負擔一部分他們現在享有的政府支出，從而未來世代的生活水準會因繼承大筆債務而下降。

除了直接的影響之外，預算赤字也會產生許多總體經濟面的影響。由於預算赤字代表政府儲蓄為**負數**，因此會使國民儲蓄（民間儲蓄與政府儲蓄的總和）下降；這會造成實質利率上升與投資減少，從而導致長期的資本存量小於預算平衡下的水準，進而降低了勞動生產力、實質工資以及商品與服務的產出。因此，當政府債務增加時，未來世代不單會面臨更重的稅負，其所得也會較低。

然而，在某些情況下，預算赤字有其正當性。從過去歷史來看，政府債務增加最常見的原因就是戰爭。當軍事衝突使政府支出暫時增加時，政府透過舉債來支付此一額外的支出是很合理的；不然，戰爭時期的稅率會大幅上升，而造成龐大的無謂損失，且高稅率對戰爭時期的納稅人也並不公平，因為光是打仗就已經讓他們的犧牲夠大的了。

同樣地，在經濟衰退時，預算赤字也是合理的。當經濟步入衰退時，稅收會自然下降；這是因為所得稅與薪資稅是以所得為稅基。若政府在經濟衰退時試圖平衡預算，就必須在失業率已經很高的情況下，提高稅率或刪減政府支出。這樣的做法會更進一步抑制總合需求，而導致經濟的波動更加劇烈。

不過，並不是所有的預算赤字都是因為戰爭或經濟衰退。在 2021 年，美國國會預算辦公室推估，如果現行政策不變，則美國政府債務占 GDP 的比例會從 2021 年的 102% 上升至 2040 年的 195%。該推估是以這段期間，美國並沒有重大戰爭，也沒有重大經濟衰退為前提。美國政府之所以會有龐大的預算赤字是因為，

---

[1] 資料來源：《財政統計月報》，2022 年 8 月，表 2-13。

美國總統與國會開出太多的政府支出支票，但沒有通過融通這些支出所需的租稅法案。

這樣的結果是無法維持下去的，最終，美國政府必須承認自己過去的錯誤，而採行讓預算平衡的政策。問題是，這是要透過減少支出、還是增稅，還是兩者並行來達成。如果政府預算能維持平衡，則國民儲蓄、投資及經濟成長都可以提升，從而未來的大學畢業生可以踏入一個更繁榮的經濟。

36-5b 反對平衡預算

政府債務問題經常被誇大了。雖然政府負債意味著年輕世代的賦稅負擔加重，但與一個人的終生所得相比，此一負擔並不大。美國聯邦政府的債務讓每個美國人平均約需負擔 68,000 美元。假設美國大學畢業生的年所得為 50,000 美元，且工作 40 年，則他的終生所得為 200 萬美元；他所需負擔的政府債務僅占他的終生所得約 3.4 個百分點。

此外，政府預算赤字是政府諸多稅收與支出決策下的結果，把預算赤字的影響拿出來單獨討論有時會讓人誤解。舉例來說，假設政府透過減少教育支出來削減預算赤字。此一政策會使年輕世代變得更好嗎？這些人所負擔的政府債務雖然會減輕，但如果他們的教育程度較低，則他們的生產力與所得也會下降。許多教育報酬（因多受一年教育而增加的工資）的研究顯示，教育報酬是很高的。因此，縮減教育預算的淨效果是，未來世代會變得更差。

在某種程度上，有遠見的父母可以消除政府負債對他們小孩的不利影響。假設家長擔心這種不利影響，他們可透過多儲蓄並留下更多的遺產來化解。遺產可以讓小孩有能力負擔未來的稅負。一些經濟學家認為，人們確實會這麼做。如果這是真的，那麼，民間儲蓄的增加可以抵銷政府的負儲蓄；如此一來，預算赤字就不會對經濟造成影響了。

批評預算赤字的人有時會主張，政府債務不可能永無止境地增加；但事實上，它可以。如同銀行在貸款前會先比較貸款人的貸款金額與其所得，來評估其償債能力一樣，我們也應該比較政府債務與國家整體所得的規模，來判斷政府債務是否會對經濟體系造成嚴重問題。人口成長與科技進步使美國的整體所得隨時間增加，而使得美國支付政府債務利息的能力也隨著增加。只要美國的政府債務其成長速度比國民所得來得慢，那麼美國的政府債務就可以永無止境地增加。

我們來看看一些數字。美國國會預算辦公室推估，美國經濟的實質產出平均每年將成長 2%，如果年物價膨脹率為 2%，則名目所得將以每年 4% 的速度成

長。因此，政府債務每年增加 4% 並不會讓債務占所得的比率上升。在 2021 年，美國聯邦政府債務共 22.4 兆美元，其 4% 為 9,000 億美元。只要聯邦預算赤字低於 9,000 億美元，則美國聯邦政府的預算就可以繼續保持赤字狀態，而且也不用擔心美國經濟會有瓦解的一天。

的確，巨額預算赤字，像美國在 2020 與 2021 年疫情期間的 2.7 兆美元的預算赤字，是無法永遠持續下去的，但零預算赤字是財政政策制定者的錯誤目標。只要赤字金額不大，就不會有政府無法再借款或經濟會崩潰的一天。

即席測驗

9. 就美國而言，政府負債會大幅增加通常是因為
   a. 經濟衰退　　b. 戰爭
   c. 金融危機　　d. 減稅
10. 在其他條件不變下，龐大的政府預算赤字會讓國民儲蓄 _____，從而 _____ 資本形成及經濟成長。
    a. 增加；有利於　　b. 增加；不利於
    c. 減少；有利於　　d. 減少；不利於

（答案在章末）

36-6 稅法應該進行改革以鼓勵儲蓄嗎？

一國的生活水準決定於該國生產商品與服務的能力，這是**經濟學十大原理**之一。如我們在生產與經濟成長那一章所說明的，一國的生產力主要決定於它為未來所進行的儲蓄與投資的多寡。我們的第六項爭議是關於政策制定者是否應該改革稅法以鼓勵儲蓄。

36-6a 贊成藉由稅法改革提高儲蓄

一國儲蓄率的高低是經濟長期繁榮的關鍵。儲蓄率愈高，就有更多的資源可用來投資新廠與設備，而可以提升經濟體系的資本存量，進而可以提升勞動生產力、工資及所得。**經濟學十大原理**之一是：人們的行為隨誘因起舞。這可用在人們決定儲蓄多少的決策上。如果一國的法律讓儲蓄變得更具吸引力，那麼，人們就會願意多儲蓄，而使未來的經濟可以更繁榮。

不幸地，美國對儲蓄報酬課以重稅的稅制使美國人不大願意儲蓄。舉例來說，一位 25 歲的勞工將所得中的 1,000 美元存起來以備 70 歲退休後支用。如果她購買利率為 6% 的債券，則在不課利息所得稅的情況下，她的 1,000 美元在 45 年後會累積成 13,800 美元；但如果她的利息所得適用的邊際稅率為 40%，則她所享

有的稅後利率只有 3.6%，從而她的 1,000 美元在 45 年後只會變成 4,900 美元，大約只有不課稅下的 64%。

如果你想把財富留給小孩（或任何人），而非將它用來消費的話，稅法又再一次降低你的儲蓄意願。雖然遺產有一定的免稅額，但如果金額龐大，則美國遺產稅的稅率高達 50%。（在 2009 年元月，我國遺贈稅由最高稅率 50% 調降至 10% 的單一稅率。）

一個範圍更廣的分析方式就是重新思考政府課稅的整體基礎。美國稅制的核心是所得稅，不論美國人將所賺的每一塊錢花掉或存起來，被課的稅都是一樣多的。許多經濟學家提出另一個替代方案，也就是消費稅。在消費稅下，家戶根據它消費多少來納稅；所得被儲蓄下來的部分免稅，當你將儲蓄領出來作消費之用時才會被課稅。因此，從所得稅轉換成消費稅將可以大大提升人們儲蓄的誘因。

36-6b 反對藉由稅法改革提高儲蓄

雖然儲蓄的增加可能對社會有利，但這並非是財稅政策的唯一目標。政策制定者也必須確定加諸人民的稅負是公平的。那些要增加儲蓄誘因的提議其問題在於，會使賦稅負擔落在那些最無法承擔的人身上。

無可否認地，高所得家庭的儲蓄率比低所得家庭來得高，因此，任何稅制的改變如對儲蓄較多的人有利，也就是對高所得者有利。當有錢人繳的稅變少時，就意味著低所得家庭的賦稅負擔加重了。

此外，那些被設計用來鼓勵儲蓄的財稅政策並不見得可以有效地達成目標。理論上，較高的報酬率是否會提升儲蓄並沒有一定的結論；這是因為**所得效果**與**替代效果**有相反的影響。一方面，較高的報酬率使儲蓄的效益提高：今天存的每

聽專家怎麼說 對資本與勞動課稅（Taxing Capital and Labor）

「資本所得稅率低於勞動所得稅率的一個缺點是，它讓人們有將勞動所得改稱資本所得的誘因。」

經濟學家這麼說：
- 96% 同意
- 3% 不同意
- 1% 不確定

「資本所得稅率恆低於勞動所得稅率下的長期經濟表現，會優於資本所得稅率恆等於勞動所得稅率且稅收總額與前者相等下的表現。」

經濟學家這麼說：
- 46% 同意
- 21% 不同意
- 33% 不確定

「雖然經濟學家對不同租稅政策的可能效果通常看法分歧，但看法分歧的另一個原因是他們對效率與均等的取捨有不同的主張。」

經濟學家這麼說：
- 98% 同意
- % 不同意
- 2% 不確定

資料來源 IGM Economic Experts Panel, October 9, 2012.

一塊錢可產生更多的未來消費，因此，替代效果會使儲蓄增加。另一方面，較高的報酬率使儲蓄的必要性下降：家戶為達成預定的未來消費水準所需的儲蓄變少。此外，那些被設計用來鼓勵儲蓄的財稅政策並不見得可以有效地達成目標。

理論上，較高的報酬率是否會提升儲蓄並沒有一定的結論；這是因為所得效果與替代效果有相反的影響。一方面，較高的報酬率使儲蓄的效益提高：今天存的每一塊錢可產生更多的未來消費，因此，替代效果會使儲蓄增加。另一方面，較高的報酬率使儲蓄的必要性下降：家戶為達成預定的未來消費水準所需的儲蓄變少了，因此，所得效果會使儲蓄減少。如一些研究所顯示的，替代效果與所得效果大致相互抵銷，那麼，當較低的資本利得稅提升儲蓄的報酬率時，儲蓄並不會改變。

除了給予有錢人賦稅優惠外，還有其他辦法可以提升國民儲蓄。國民儲蓄是民間儲蓄與政府儲蓄的總和。政策制定者可以透過降低預算赤字來提升國民儲蓄，而非改變稅法來鼓勵民間儲蓄。這是提升國民儲蓄並為下一代創造繁榮的最直接方法。

即席測驗

11. 支持對消費課稅而不是對所得課稅的人主張
    a. 當前的稅制不利於儲蓄。
    b. 高所得家庭的儲蓄率低於低所得家庭。
    c. 消費稅是較佳的自動穩定因子。
    d. 對消費課稅不會造成無謂損失。

12. 反對對消費課稅而不是對所得課稅的人主張
    a. 從對所得課稅轉向對消費課稅對有錢人有利。
    b. 民間儲蓄不太受租稅誘因的影響。
    c. 降低預算赤字是提升國民儲蓄的較好方式。
    d. 以上皆是。

（答案在章末）

36-7 結論

本章討論了與總體經濟政策有關的六項爭議。每一項爭議，我們都提供正、反方的觀點。如果你發現「公說公有理，婆說婆有理」時，你也不必氣餒，因為這六項爭議當中的「公」「婆」可能都是赫赫有名的經濟學家。

當你聽到政治人物提出一些乍聽之下非常美好的政策主張時，你在你的心中要先打下一個問號，畢竟，天下沒有白吃的午餐。任何一項政策都有它的效益，也都有它的成本；而政治人物通常只提效益，而不提成本。希望經濟學的學習有助於你認清政治人物的真正面目。

摘要

- 支持積極貨幣政策或財政政策的人認為，經濟體系本質上是不穩定的，因此，政府應該透過政策影響總合需求，以降低經濟的波動幅度。反對者則強調，政策對經濟的影響會有一段時間落差，且未來的經濟情勢很難預測，因此，試圖穩定經濟只會使經濟的波動幅度變大而已。

- 支持政府應藉由增加支出來對抗經濟衰退的人認為，就刺激總合需求而言，政府增加支出要比減稅來得有效；這是因為政府所減的稅有一部分會被家戶儲蓄下來而沒被花掉。反對政府應藉由增加支出來對抗經濟衰退的人認為，減稅對總合需求與總合供給都有重大的影響，且當政府支出快速且大幅增加時，整個經濟體系可能要付出資源使用效率與世代間負擔公平程度雙雙下降的長期成本。

- 支持法則的貨幣政策的人認為，權衡的政策會有權限不明、權力濫用及時間不一致性的問題。反對者則認為，在經濟快速變化之際，權衡的政策較具彈性。

- 支持零物價膨脹的人強調，物價膨脹的成本高且效益低。此外，消除物價膨脹的成本——壓抑產出與就業——是短暫的。如果社會大眾相信中央銀行所宣示的零物價膨脹目標，那麼，人們會降低對物價膨脹的預期，而使經濟體系消除物價膨脹的成本得以降低。反對者則認為，溫和的物價膨脹對社會成本的影響不大，但為了降低物價膨脹所導致的經濟衰退成本卻很高。

- 支持政府平衡預算的人認為，預算赤字讓未來世代承擔較重的稅並使其所得降低，對他們是不公平的。反對者則認為，預算赤字只是財政政策的一小部分，對預算赤字過分擔憂會模糊各項支出計畫對不同世代的影響。

- 支持稅制改革以鼓勵儲蓄的人認為，不少稅法的規定讓人們不願意儲蓄，如高資本所得稅以及高遺產稅。他們贊成改革稅制來鼓勵儲蓄，如將所得稅轉換成消費稅。反對者則認為，很多刺激儲蓄的方案只會造福那些不需要賦稅優惠的有錢人，且對民間儲蓄的影響有限。透過降低政府的預算赤字來提升政府儲蓄，是使國民儲蓄增加的比較直接且公平的方法。

複習題

1. 什麼因素導致貨幣政策與財政政策對總合需求的影響會有時間落差？時間落差對主動性與被動性政策之爭議有何意涵？

2. 根據傳統的凱因斯分析，為何減稅對 GDP 的影響要比同金額的政府支出增加來得小？為何結果有可能正好相反？

3. 什麼會促使中央銀行官員製造政治景氣循環？政治景氣循環對政策法則的爭議有何

意涵？

4. 請說明中央銀行的可信度如何影響降低物價膨脹的成本。

5. 為何一些經濟學家會反對以零物價膨脹為目標？

6. 請說明政府預算赤字對未來勞工的兩種不利影響。

7. 在哪兩種情形下，經濟學家會認為預算赤字是合理的？

8. 一些經濟學家認為，政府可以一直有預算赤字。你認為呢？請說明。

9. 利用稅制改革來鼓勵儲蓄可能會造成什麼不利影響？

問題與應用

1. 本章指出，經濟體系就像人類的身體一般，具有「自然的復原能力」。
   a. 請利用總合供需圖形說明總合需求減少的短期影響。產出、所得與就業會發生什麼變化？
   b. 如果政府不使用穩定政策，則經濟體系長期會發生什麼變化？請將這些變化畫在（a）小題的圖中。這樣的變化通常會發生在幾個月還是幾年之內？
   c. 你認為經濟體系的「自然的復原能力」是否意味著政策制定者應該對景氣循環採被動策略？請說明。

2. 要穩定經濟的政策制定者必須決定要如何調整貨幣供給、政府支出或稅收。為何政策制定者很難決定這些政策變數的合宜調整力道？

3. 財政政策與貨幣政策皆有時間不一致性的問題。假設政府宣布要降低資本投資（如新工廠）的所得稅。
   a. 如果投資人相信資本稅會維持在調降後的水準，則政府此一措施會如何影響投資？

   b. 在投資人對宣布的稅率調降已有反應之後，政府會食言嗎？請說明。
   c. 根據你的（b）小題答案，投資人會相信政府的宣示嗎？政府該如何提升政策的可信度？
   d. 請說明為何此一情況與貨幣政策制定者所面對的時間不一致性很相像。

4. 為何降低物價膨脹率的成本是短暫的，而效益卻是永久的？為何物價膨脹上升的成本是永久的，而效益卻是短暫的？請用菲力浦曲線說明。

5. 假設政府減稅並增加支出，而使預算赤字占 GDP 的比率上升到 12%。如果名目 GDP 每年成長 5%，預算赤字會一直持續下去嗎？請說明。如果這樣的預算赤字規模維持 20 年之久，則你所面對的稅負及下一代面臨的稅負會發生什麼變化？此刻的你可以做什麼來抵銷此一未來的影響？

6. 請說明以下各項政策如何影響世代之間的所得重分配。此一重分配是從年輕一代移轉給年長一代，還是相反？
   a. 預算赤字增加。

b. 對就學貸款提供更多補貼。

c. 擴大高速公路與橋樑的投資。

d. 社會福利津貼增加。

7. 如果社會選擇增加儲蓄，意味著它做出什麼樣的取捨？政府如何提升國民儲蓄？

8. 經濟學家泰勒（John Taylor）主張，中央銀行應該利用以下的法則選定聯邦資金利率（r）目標：

$$r = 2\% + \pi + \frac{1}{2}(y - y^*)/y^* + \frac{1}{2}(\pi - \pi^*)$$

其中，π 代表過去一年的平均物價膨脹率，y 代表近期的實質 GDP，y^* 代表自然產出水準，π^* 則代表中央銀行對物價膨脹的目標。

a. 請說明此一利率設定法則背後之邏輯。你贊同中央銀行遵循此一法則嗎？

b. 一些經濟學家推崇此一貨幣政策法則，但也認為 π 和 y 應是對未來物價膨脹與產出的預測值。利用預測值而不是實際值的優點為何？缺點又為何？

即席測驗答案

1. b 2. c 3. c 4. a 5. a 6. c 7. d 8. b 9. b 10. d 11. a 12. d

索引

GDP 平減指數 GDP deflator 452

二劃

人力資本 human capital 363, 487

三劃

工作搜尋 job search 549
工會 union 554

四劃

不利的選擇 adverse selection 421
中央銀行 central bank 570
中位數選民理論 median voter theorem 428
互補品 complements 59
內隱成本 implicit costs 5, 237
公司特定風險 firm-specific risk 529
公共財 public goods 206
公有資源 common resources 207
公開市場操作 open-market operations 578
分散（投資）diversification 529
升值 appreciation 620
天然資源 natural resources 488
支付能力原則 ability-to-pay principle 227
支付意願 willingness to pay 126
比例稅 proportional tax 228
比較利益 comparative advantage 42
水平公平 horizontal equity 227

五劃

世界價格 world price 160
代理人 agent 420
出口 exports 47, 610
出口淨額 net exports 448, 610
卡特爾 cartel 321
古典二分法 classical dichotomy 592
可貸資金市場 market for loanable funds 511

囚犯困境 prisoners' dilemma 325
外部性 externality 12, 182
外部性內部化 internalizing the externality 185
外顯成本 explicit costs 5, 237
失業保險 unemployment insurance 550
失業率 unemployment rate 543
市場 market 54
市場失靈 market failure 12
市場風險 market risk 529
市場經濟 market economy 11
市場影響力 market power 12
平均收益 average revenue 257
平均固定成本 average fixed cost 244
平均稅率 average tax rate 225
平均總成本 average total cost 244
平均變動成本 average variable cost 244
未來值 future value 524
正常財 normal good 58, 402
民間儲蓄 private saving 509
生命週期 life cycle 382
生產力 productivity 13, 486
生產可能曲線 production possibilities frontier 24
生產函數 production function 239, 342
生產者物價指數 producer price index（PPI）468
生產者剩餘 producer surplus 131
生產要素 factors of production 340

六劃

交易成本 transaction costs 199
交易媒介 medium of exchange 564
共同基金 mutual fund 506
共謀 collusion 321
劣等財 inferior good 58, 402
名目 GDP nominal GDP 450

名目利率 nominal interest rate 475
名目匯率 nominal exchange rate 620
名目變數 nominal variables 592
存款準備率 reserve ratio 573
成本 cost 131
成本效益分析 cost-benefit analysis 211
自動穩定因子 automatic stabilizers 709
自然失業率 natural rate of unemployment 545
自然率假說 natural-rate hypothesis 725
自然產出水準 natural rate of output 665
自然獨占 natural monopoly 280
行為經濟學 behavioral economics 430

七劃

利潤 profit 236
均等 equality 136
均等 equality 3
均衡 equilibrium 66
均衡價格 equilibrium price 66
均衡數量 equilibrium quantity 66
完全互補品 perfect complements 399
完全替代品 perfect substitutes 398
投資 investment 447
私有財 private goods 206

八劃

亞羅不可能定理 Arrow's impossibility theorem 427
供給曲線 supply curve 63
供給法則 law of supply 62
供給的價格彈性 price elasticity of supply 89
供給表 supply schedule 62

索引

供給面衝擊 supply shock 727
供給量 quantity supplied 62
供需法則 law of supply and demand 68
受益原則 benefits principle 226
固定成本 fixed costs 243
固定規模報酬 constant returns to scale 249
奈許均衡 Nash equilibrium 323
定額稅 lump-sum tax 225
怯志勞工 discouraged workers 547
所得效果 income effect 403
歧視 discrimination 369
物價膨脹（通貨膨脹）inflation 14
物價膨脹率 inflation rate 468
股票 stock 505
金融中介機構 financial intermediaries 506
金融市場 financial markets 502
金融體系 financial system 501

九劃

垂直公平 vertical equity 227
封閉經濟體系 closed economy 610
恆常所得 permanent income 383
政府（購買）支出 government purchases 447
政府儲蓄 public saving 509
政治經濟 political economy 425
活期存款 demand deposits 567
流動性 liquidity 565
流動性偏好理論 theory of liquidity preference 693
科技知識 technological knowledge 488
計價單位 unit of account 565
負所得稅 negative income tax 385
風險怯避 risk aversion 527

十劃

乘數效果 multiplier effect 702
俱樂部物品 club goods 207
個體經濟學 microeconomics 27, 440
套牢成本 sunk cost 263
差別取價 price discrimination 291
效率 efficiency 3, 135
效率工資 efficiency wages 556
效率市場假說 efficient markets hypothesis 533
效率規模 efficient scale 245
核心 CPI core CPI 468
消費 consumption 447
消費互斥性 rivalry in consumption 206
消費者物價指數 consumer price index（CPI）466
消費者剩餘 consumer surplus 127
草原的悲劇 Tragedy of the Commons 213
財政政策 fiscal policy 701
財務 finance 524
財產權 property rights 11
追趕效應 catch-up effect 491

十一劃

停滯性通膨 stagflation 681
商品貨幣 commodity money 565
國內生產毛額 gross domestic product（GDP）442
國民儲蓄（儲蓄）national saving（saving）509
基本分析 fundamental analysis 532
寇斯定理 Coase theorem 197
康朵賽矛盾 Condorcet paradox 426
強制貨幣 fiat money 566
排他性 excludability 206
排擠 crowding out 517
排擠效果 crowding-out effect 704
淨資本外流 net capital outflow 612
現值 present value 524

理性的人們 rational people 5
理性預期 rational expectations 732
累退稅 regressive tax 228
累進稅 progressive tax 228
統計歧視 discrimination 373
規模不經濟 diseconomies of scale 249
規模經濟 economies of scale 249
貧窮率 poverty rate 379
貧窮線 poverty line 379
貨幣 money 564
貨幣中立性 monetary neutrality 593
貨幣供給 money supply 570
貨幣的流通速度 velocity of money 594
貨幣政策 monetary policy 570
貨幣乘數 money multiplier 575
貨幣數量理論 quantity theory of money 592
通貨 currency 567
通貨膨脹稅 inflation tax 597
部分準備銀行體系 fractional-reserve banking 573

十二劃

剩餘 surplus 66
勞動力 labor force 543
勞動力參與率 labor-force participation rate 543
勞動邊際產量 marginal product of labor 342
報酬遞減 diminishing returns 490
循環性失業 cyclical unemployment 545
循環流程圖 circular-flow diagram 22
景氣循環 business cycle 15
替代品 substitutes 59
替代效果 substitution effect 403
無異曲線 indifference curve 395
無謂損失 deadweight loss 149
發送訊號 signaling 422

索引

短缺 shortage 68
稀少性 scarcity 2
稅負歸屬 tax incidence 115
結構性失業 structural unemployment 548
絕對利益 absolute advantage 40
菜單成本 menu costs 601
菲力浦曲線 Phillips curve 716
貶值 depreciation 620
費雪效果 Fisher effect 598
貼現率 discount rate 579
貿易平衡 balanced trade 610
貿易政策 trade policy 643
貿易逆差 trade deficit 610
貿易順差 trade surplus 610
貿易餘額 trade balance 610
進口 imports 47, 610
進口關稅 tariff 165
開放經濟體系 open economy 610
集體談判 collective bargaining 554

十三劃

債券 bond 502
搭便車者 free rider 208
會計利潤 accounting profit 238
準備金 reserves 572
準備金利息 interest on reserves 580
當事人 principal 420
經濟利潤 economic profit 238
經濟衰退 recession 654
經濟學 economics 2
經濟蕭條 depression 654
補償性差異 compensating differential 362
資本 capital 354
資本外逃 capital flight 645
資訊效率 informational efficiency 534
道德危機 moral hazard 420
預算赤字 budget deficit 509
預算限制線 budget constraint 393
預算剩餘 budget surplus 509

十四劃

寡占 oligopoly 306, 319
實物移轉 in-kind transfers 382
實質 GDP real GDP 450
實質利率 real interest rate 475
實質匯率 real exchange rate 621
實質變數 real variables 592
實體資本 physical capital 487
槓桿比率 leverage ratio 576
槓桿操作 leverage 576
福利 welfare 385
福利經濟學 welfare 126
誘因 incentive 7
銀行資本 bank capital 576
需求曲線 demand curve 56
需求法則 law of demand 56
需求的交叉價格彈性 cross-price elasticity of demand 88
需求的所得彈性 income elasticity of demand 88
需求的價格彈性 price elasticity of demand 80
需求表 demand schedule 56
需求量 quantity demanded 56

十五劃

價值儲存 store of value 565
價格上限 price ceiling 104
價格下限 price floor 104
彈性 elasticity 80
摩擦性失業 frictional unemployment 548
數量方程式 quantity equation 594
罷工 strike 554
複利 compounding 524
鞋皮成本 shoeleather costs 600

十六劃

機會成本 opportunity cost 5, 41
獨占性競爭 monopolistic competition 306
獨占廠商 monopoly 278
篩選 screening 423
隨機漫步 random walk 534

十七劃

優勢策略 dominant strategy 326
應有資本 capital requirement 577
應提準備 reserve requirements 579
矯正稅 corrective tax 188
總合供給曲線 aggregate supply curve 659
總合需求曲線 aggregate demand curve 659
總合需求與總合供給模型 model of aggregate demand and aggregate supply 659
總成本 total cost 236
總收益 total revenue 85, 236
總體經濟學 macroeconomics 27, 440
聯邦準備 Federal Reserve (Fed) 570
聯邦資金利率 federal funds rate 582
購買力平價 purchasing-power parity 623
賽局理論 game theory 319

十九劃

邊際成本 marginal cost 244
邊際收益 marginal revenue 258
邊際產值 value of the marginal product 343
邊際產量 marginal product 241
邊際產量遞減 diminishing marginal product 241, 343
邊際替代率 marginal rate of substitution 396
邊際稅率 marginal tax rate 225
邊際變動 marginal change 6

二十劃

競爭市場 competitive market 54, 256
犧牲比率 sacrifice ratio 731

二十三劃

變動成本 variable costs 243